京津冀城市轨道交通关键技术

京津冀城市轨道交通联合技术中心　组织编写
韩春素　丁树奎　张兴彦　主　编

中国建筑工业出版社

图书在版编目(CIP)数据

京津冀城市轨道交通关键技术 / 京津冀城市轨道交通联合技术中心组织编写；韩春素，丁树奎，张兴彦主编. —北京：中国建筑工业出版社，2020.10
ISBN 978-7-112-25578-8

Ⅰ. ①京… Ⅱ. ①京… ②韩… ③丁… ④张… Ⅲ. ①城市铁路—轨道交通—工程技术—研究—华北地区 Ⅳ. ①U239.5

中国版本图书馆CIP数据核字(2020)第210310号

责任编辑：李笑然 刘瑞霞
责任校对：姜小莲

京津冀城市轨道交通关键技术

京津冀城市轨道交通联合技术中心 组织编写
韩春素 丁树奎 张兴彦 主 编

*

中国建筑工业出版社出版、发行（北京海淀三里河路9号）
各地新华书店、建筑书店经销
北京红光制版公司制版
北京建筑工业印刷厂印刷

*

开本：787毫米×1092毫米 1/16 印张：41 字数：992千字
2020年11月第一版 2020年11月第一次印刷
定价：**128.00元**
ISBN 978-7-112-25578-8
(36346)

版权所有 翻印必究
如有印装质量问题，可寄本社图书出版中心退换
（邮政编码 100037）

编 写 委 员 会

主　　编：韩春素　丁树奎　张兴彦

副 主 编：罗富荣　朱敢平　张继菁　周　伟　刘　毅　徐　凌
　　　　　吕志刚　韩圣章　布永忠

参编人员：（按姓氏笔画排序）

于海霞	于雪松	于喜林	万小飞	马　骉	马识途
马继山	王　芳	王　亮	王　盛	王　辉	王　楠
王会发	王体广	王清永	王道敏	孔　宏	左　晓
叶鹏君	叶新丰	田桂艳	田韶英	朱胜利	刘　刚
刘　欣	刘　峥	刘东宇	刘雨濛	刘魁刚	闫　伟
阮　巍	孙希波	杜玉峰	李　欣	李　祥	李　瑛
李　楠	李卫娟	李月阳	李永政	李亚铁	李名淦
李宏安	李松梅	李诚智	李晓争	李铁生	李嘉俊
吴　磊	吴林林	吴秋颜	张　东	张　波	张　磊
张卫华	张玉成	张世勇	张全秀	张孝聪	张茜珍
张树成	张彦彬	张艳兵	张晓斌	陈　滔	金　奕
周　炜	周广浩	周双禧	周兴祥	郑习羽	孟海超
赵永康	赵耀强	郝志宏	郝津津	胡家鹏	禹　倩
姜　斌	姜敬波	贾世迎	倪庆博	徐　鼎	高文新
高玉娟	郭文远	唐　扬	涂　杰	梅　棋	曹向静

曹忠林　盛宇平　康雪军　董剑锋　韩智铭　温晨龙
赖华举　解亚雄　靖　娜　翟宇昕　冀祖卿

专家顾问：（按姓氏笔画排序）

付庆文　刘天正　刘纯洁　苏　斌　李　竹　陈　旭
陈　曦　罗　平　金　淮　赵鹏林　韩志伟　路宗存
谭志文

编 写 分 工

章节名	组织编写单位	编写人员
第一篇		
综 述	北京市轨道交通设计研究院有限公司	张继菁
第1章	石家庄市轨道交通有限责任公司	韩春素
第2章	石家庄市轨道交通有限责任公司	布永忠 马识途 韩智铭
第3章	中国雄安集团基础建设有限公司	盛宇平
第4章	北京市轨道交通建设管理有限公司	刘魁刚 刘 刚 孙希波 张彦彬 孔 宏 叶新丰 万小飞 张树成 李名淦
第5章	北京市轨道交通建设管理有限公司 北京市轨道交通设计研究院有限公司	王 盛
第6章	天津轨道交通集团有限公司	王 芳 张孝聪 郝津津
第7章	北京市轨道交通建设管理有限公司	郝志宏 王体广 李月阳 左 晓
第8章	北京市轨道交通建设管理有限公司	李 祥
第9章	北京市轨道交通设计研究院有限公司	胡家鹏 金 奕 赵永康 梅 棋 李诚智
第二篇		
综 述	北京市轨道交通设计研究院有限公司	郝志宏
第10章	北京市轨道交通建设管理有限公司 北京市轨道交通设计研究院有限公司	郝志宏 王体广 李月阳 左 晓
第11章	北京市轨道交通设计研究院有限公司	李嘉俊 王 亮 张 东 刘 欣 翟宇昕 梅 棋
第12章	天津轨道交通集团有限公司	闫 伟 赵耀强 解亚雄
第13章	天津轨道交通集团有限公司	冀祖卿 刘东宇 倪庆博

第14章	北京市轨道交通建设管理有限公司	张世勇	周 炜	李永政
	北京市轨道交通设计研究院有限公司	胡家鹏	张 磊	李 楠
		梅 棋		
第15章	北京市轨道交通设计研究院有限公司	李松梅	陈 滔	杜玉峰

第三篇

综 述	北京市轨道交通设计研究院有限公司	李松梅		
第16章	天津轨道交通集团有限公司	张晓斌	周双禧	
第17章	天津轨道交通集团有限公司	姜敬波	马继山	涂 杰
第18章	石家庄市轨道交通有限责任公司	张全秀	高文新	郭文远
第19章	天津轨道交通集团有限公司	郑习羽	唐 扬	
第20章	天津轨道交通集团有限公司	吴 磊	高玉娟	张茜珍
第21章	天津轨道交通集团有限公司	李 瑛	吴秋颜	于雪松
第22章	天津轨道交通集团有限公司	曹忠林	叶鹏君	刘 峥
第23章	天津轨道交通集团有限公司	王 楠	张玉成	周兴祥

第四篇

综 述	北京市轨道交通设计研究院有限公司	梅 棋		
第24章	天津轨道交通集团有限公司	于喜林	王清永	王会发
第25章	北京市轨道交通设计研究院有限公司	曹向静		
第26章	北京市轨道交通设计研究院有限公司	李 欣	靖 娜	温晨龙
第27章	北京市轨道交通设计研究院有限公司	张 波	王 辉	马 骉

序 1

2016年9月的一天，北京市轨道交通设计研究院金淮院长到我办公室，他提议发起成立"京津冀城市轨道交通联合技术中心"。真是个"金"院长！这正是我们企盼的提高石家庄市轨道交通技术水平的好抓手，一拍即合。往大里说，这是为国家"京津冀协同发展"战略创立一个战术支点。联合技术中心着眼于京津冀轨道交通规划设计、建设、运营、开发的迫切需求，合力开展技术研究与创新，必将形成具有区域特征的解决轨道交通行业重点领域关键技术、共性技术和前沿技术的共同体，为提升我国轨道交通行业的可持续发展能力做出贡献。往小里说，这是京津轨道交通强强联合提携石家庄共同发展的好主意。北京、天津是国内最早开通地铁运营的城市，在地铁规划设计、建设、运营、开发等方面都积累了丰富的经验。联合技术中心的成立，集老经验与再创新于一体，京津冀城市轨道交通发展怎能不如虎添翼！

2016年12月8日，京津冀城市轨道交通联合技术中心成立及第一届年会在北京市轨道交通建设管理有限公司会议室召开。京津冀30多家单位参会，覆盖轨道交通全过程的技术研究联盟正式亮相。BIM、标准、市域快轨三大方向被列为第一批研究和攻关重点。

时光如梭，岁月荏苒。惊回首，四年了，京津冀城市轨道交通联合技术中心不负众望，成果斐然。四年来，随着中国城市轨道交通由技术跨越式发展逐步转为高标准高质量发展，为使京津冀城市轨道交通行业的科研、设计、建设、运营和开发工作者们，不断提高新时代京津冀城市轨道交通建设标准和要求，更好地实现轨道交通规划设计建设运营的高标准高质量发展，经京津冀城市轨道交通联合技术中心第二届二次年会研究决定，由中心秘书处牵头组织编写了《京津冀城市轨道交通关键技术》（以下简称《关键技术》）一书，并以"综合、绿色、安全、智能"为主篇。

在各方面各单位同志们的积极努力下,《关键技术》即将付梓了。该书集学术价值、社会价值于一身,我相信其必将成为促进京津冀轨道交通技术发展的优秀专著,并发挥出引领中国轨道交通高质量发展的作用和技术力量。

2020年6月

序 2

京津冀协同发展是以习近平同志为核心的党中央作出的一项重大战略决策。交通一体化是京津冀协同发展的骨骼系统，对疏解北京非首都功能、统筹区域协调发展、形成经济发展的新增长，具有重要支撑作用。

城市轨道交通是打造"轨道上的京津冀"一个重要组成部分，三地轨道交通的协同发展需要更多的沟通与合作，京津冀城市轨道交通联合技术中心正是在这样的背景下应运而生。北京作为国内最早开通地铁运营的城市，在地铁规划、建设、运营管理方面积累了丰富的经验，拥有多项具有自主知识产权的核心技术，技术中心的成立为三地轨道交通的发展提供了共享资源、分享经验的技术平台。

自 2016 年 12 月 8 日成立至今，京津冀城市轨道交通联合技术中心始终以"共享资源，共进发展"为宗旨，积极发挥各方优势，密切加强合作，为北京、天津、河北三地的轨道交通协同发展提供了强大的技术支撑。

四年来，技术中心承担了多项轨道交通技术标准编制工作并开展了三地标准体系的建设工作，形成了系列成果。技术中心聚焦京津冀三地城市轨道交通的共性问题，做了大量的技术研发和实践探索工作：BIM 技术在轨道交通领域的应用研究、绿色建造及减排降噪技术研究、建设阶段和运营阶段的安全风险控制及应用研究、适用于轨道交通网络化运行的全自动运行系统技术和装备研究、轨道交通智能测控设备和装备全寿命周期健康状态管理研究，取得了多项科研成果，推动了中心可持续发展，提升了整体创新能力。

技术中心发挥优势，共建科研机构和创新团队，城市轨道交通全自动运行系统与安全监控北京市重点实验室、北京市轨道交通工程技术研究中心等科研机构良性互动，互为支持，共同承担了多项政府研究课题。

经过四年的积累与沉淀，京津冀城市轨道交通联合技术中心在许多轨道交通的关键技术上取得了发展与突破，涉及轨道交通的综合、绿色、安全、智能等各个方面，可谓硕果累累，将这些成果编撰成书也是水到渠成，《京津冀城市轨道交通关键技术》的编写是京津冀城市轨道交通联合技术中心发展至今的一次总结，是京津冀城市轨道交通协同发展继续前行的新起点，也必将对全国轨道交通技术的发展起到一定的促进作用。

2020 年 6 月

序 3

过去的六年，京津冀协同发展从顶层设计走向实践操作，实际效果看得见、摸得着。天津，作为首都北京和雄安新区的海上门户，始终着眼大格局，秉持大胸怀，融入大战略，在协同发展中定位天津角色，加速推进"轨道上的京津冀"建设，赋予了京津冀一体化发展新的动能。

目前，已实施完成京津城际铁路、京沪高铁、津秦客专、津保铁路、京津城际延伸线天津至于家堡、西站至东站地下直径线、京沪高铁至西站北联络线。成为东北至华东华南、东北至西北、北京至华东、华南铁路通道上重要的关键节点。正在建设的京滨铁路共同组成天津滨海新区至北京城市副中心的快速铁路通道，支撑北京、天津和河北唐山地区一体化协同发展。京滨铁路建成后，将结束宝坻区不通高铁的历史，形成天津市中心城区、滨海新区直达北京城市副中心的快捷通道，是继京津城际、京沪高铁后京津之间的第3条高铁通道，届时北京直达天津滨海新区只需57分钟，从宝坻南站到北京站仅需18分钟，宝坻到天津机场只需15分钟。津兴铁路建成后将实现天津与北京大兴国际机场的直接连通，形成京津之间的第4条高铁通道，进一步完善北京大兴国际机场客流集疏运快速客运通道，天津与雄安新区和北京大兴国际机场将实现0.5小时通达。

天津位于渤海西岸，华北平原内的海河河口，地貌以冲积平原为主，地势平坦。天津市第四系分布广、厚度大，埋深500~550米。天津市区地层不仅呈现陆相和海相沉积交替出现的特点，还呈现出沉积物的多源性和沉积环境的多变性。其结果是，地基中的隔水层（黏性土）厚度较小，分布不连续，相隔不远就出现了缺口；而透水层多由粉土和粉细砂构成，极易发生渗透破坏。由于天津地质条件的这种特殊性，天津轨道交通建设、设计、施工和科研单位，多年来一直在探索减少事故、提高工程施工效率、保证工程安全的方法。这本《京津冀城市轨道交通关键技术》收录了探索过程中，最具特色的 11 项关键控制技术研究，包括：天津滨海国际机场扩建配套交通技术研究，装配式双向先张预应力轨道板技术研究，车辆永磁同步牵引系统研究，车站基坑关键技术研究，盾构隧道施工关键技术研究，城市岩土与地下工程安全控制关键技术研究，通信列车控制系统研究，车辆应急驾驶防碰撞系统研究，列车蓄电池自牵引应用研究，双轮铣搅拌水泥地下连续墙技术研究和智能化运营与维保系统研究。

《京津冀城市轨道交通关键技术》共 27 章，天津轨道交通集团有限公司负责撰稿 11 章，编者均是长期从事城市轨道交通建设管理和设计的人员，在多年的实践中积累了丰富的经验和技术成果。在编写过程中，严格遵循国家对城市轨道交通建设制定的政策、规程、规范，坚持理论与实际相结合的原则，坚持实事求是的原则，坚持近期和长远相结合的原则，秉持勘察和设计保障工程建设、工程建设保障运营以及追求不断创新的理念，完成了 11 章的编撰，这是三十多位参编者多年从业经验的总结和宝贵的技术结晶。

特别值得感谢的是，多年来，京津冀城市轨道交通联合技术中心同心协力、钻坚仰高，不断助推轨道交通技术发展，《京津冀城市轨道交通关键技术》一书的编写和出版，更是凝聚了联合技术中心工作人员的心血和智慧，他们与各地编者一起挑灯夜战、几易其稿，并多次召开三地研讨会，反复磋商讨论，完成了这部沉甸甸的书稿。大家不为名利，只想把轨道交通建设、运营和管理中经验和教训与同行们分享，多一点参考，多一点启迪。凡是过往，皆为序章。在本书付梓之际，希望京津冀联合技术中心再接再厉、再续华章，天津轨道交通集团将一如既往地支持联合技术中心的工作，在京津冀协同发展中，担当天津责任、展现天津作为、做出天津贡献，开创更加辉煌的未来。

2020 年 6 月

前 言

2015年4月，中共中央政治局审议通过了《京津冀协同发展规划纲要》，明确了京津冀区域整体定位及三省市定位，以此为蓝图，国家发改委和交通运输部联合制定了《京津冀协同发展交通一体化规划》，提出要建设"轨道上的京津冀"的设想。

城市轨道交通是轨道交通的重要组成部分，北京、天津、河北省三地轨道交通的协同发展需要通过一个平台来共同针对热点问题开展科技攻关，推动区域性研究与技术应用，促进复合型人才的培养。在此背景下，在京津冀三地主要的轨道交通建设单位的倡议下，京津冀城市轨道交通联合技术中心于2016年12月8日正式成立。

中心自成立后发挥了服务、协调、指导和桥梁的作用，为促进三地城市轨道交通事业的历史性发展提供了技术研究和应用的平台。成立之初，成员单位有北京市轨道交通建设管理有限公司、天津轨道交通集团有限公司、石家庄市轨道交通有限责任公司三家公司。为全面贯彻党中央关于"京津冀协同发展"战略，深入推进京津冀城市轨道交通一体化协调发展重大部署，又吸收了中国雄安集团有限公司、中国雄安集团基础建设有限公司为技术中心的新成员单位。新成员的加入，为技术中心增加了新的活力。

四年来，京津冀城市轨道交通联合技术中心不负众望，聚焦京津冀三地城市轨道交通的共性问题，围绕建设综合、绿色、安全、智能地铁开展关键技术研究和实践探索工作。期间各成员单位承担了多项标准指南编制工作并开展了轨道交通标准体系的构建工作，为轨道交通技术体系提出标准化需求，最终形成京津冀轨道交通工程区域一体、协同发展的标准化体系。

天津轨道集团组织编写的《铣削式水泥土地下连续墙技术规程》（地标）以及《天津轨道交通BIM技术应用标准》等7项企业技术标准已经颁布实施；

北京市轨道交通建设管理有限公司及北京轨道交通设计研究院有限公司完成了《城市轨道交通全自动运行系统指南》《城市轨道交通全自动运行系统技术规范》等的编制工作。三地共同完成了住房和城乡建设部《城市轨道交通工程 BIM 应用指南》，正在开展京津冀地方标准《城市轨道交通工程信息模型设计交付标准》的编制、《京津冀轨道交通工程三地地方标准体系》的研究工作。

京津冀三地轨道交通积极践行绿色地铁理念，北京地铁实施了绿色安全建造等相关技术的研发和推广，研发了可重复使用的明挖基坑装配防尘隔离棚结构，北京地铁还致力于"地铁车站地面无冷却塔空调技术"研究，加强地铁与周边环境的融合。天津地铁开展了"车辆永磁同步牵引系统应用技术"研究，可以降低城市轨道交通牵引系统的噪声。

轨道交通的安全涉及两个方面：建设安全和运营安全，这两个方面都与人民的生命、财产安全密切相关，三地轨道交通建设和运营单位开展了很多安全方面的关键技术研究：软土地区盾构施工关键技术研究、地铁工程结构抗浮措施研究、石家庄地铁无水砂层盾构施工关键技术研究、石家庄地铁下穿高铁关键技术研究、双轮铣搅拌水泥土地下连续墙技术在天津地铁工程的应用研究、地铁车辆应急驾驶防撞系统应用研究等，为轨道交通的建设和运营安全保驾护航。

随着智能化时代的到来，建设智能轨道交通是轨道交通发展的必然方向，京津冀三地轨道交通行业在这方面也开展了很多探索。北京地铁承担了北京市科委"城市轨道交通 BIM－GIS 数据库平台及施工管理应用关键技术研究"课题，实现了城市轨道交通工程全生命期数据的自动采集、多方共享、无损传递和智能分析，为实现我国城市轨道交通建设的信息化和智慧化奠定了坚实基础。承担了市科委重大项目"新机场线快速轨道交通设备系统关键技术研究及应用示范"，研发了基于现代计算机、通信、控制和系统集成等技术实现列车运行全过程自动化的大兴机场线新一代城市轨道交通系统，为市域铁路、城际铁路等实现全自动运行开创了先河，为后续互联互通的全自动运行系统的推广应用做出了重要示范。石家庄地铁公司组织开展"城市轨道交通车辆段全生命期 BIM 关键技术"的研究工作，针对轨道交通车辆段工程初步设计、施工图和施工等阶段对工程量、造价及交付的管理需求，建立轨道交通工程车辆段 BIM 全生命期关键技术应用体系，推进 BIM 快速准确算量、施工计量和资产移交的精细化管理。天津轨道交通集团完成了住房和城乡建设部课题"城市轨道交通车辆大数据集群及新维修模式研究"。

四年来，通过技术中心各成员单位的共同努力，在众多轨道交通关键技术上取得了丰硕的成果，《京津冀城市轨道交通关键技术》编写委员会收集和总结了技术中心几年来的技术成果，希望与同行共享京津冀三地轨道交通协同发展的一点经验和做法。

本书共分为四篇，分别以"综合、绿色、安全、智能"为主题，收纳了京津冀三地轨道交通在这四个方面的技术创新和经验总结。

本书在编写过程中得到了技术中心各成员单位的大力支持和无私帮助，提供了很多思路和资料，在此一并表示感谢！由于我国轨道交通技术发展日新月异，本书难免存在不足和局限之处，恳请各位同行不吝批评指正。

京津冀城市轨道交通联合技术中心
2020 年 6 月

目 录

第一篇 综 合 篇

第1章 石家庄智慧轨道交通规划与实施 ·· 2
  1.1 概述 ··· 2
  1.2 智慧轨道交通的内容与目标 ··· 3
    1.2.1 智慧轨道交通的内容 ··· 3
    1.2.2 智慧轨道交通的目标 ··· 4
  1.3 石家庄轨道交通智慧化规划与实施 ······································ 5
    1.3.1 城市轨道交通行业现状 ··· 5
    1.3.2 石家庄市轨道交通发展 ··· 7
    1.3.3 石家庄智慧轨道交通规划与实践 ··································· 7

第2章 京津冀城市轨道交通地方标准体系 ····································· 9
  2.1 概述 ··· 9
    2.1.1 城市轨道交通标准体系研究背景 ··································· 9
    2.1.2 城市轨道交通标准体系发展现状 ·································· 10
    2.1.3 京津冀城市轨道交通标准体系存在的问题 ······················· 11
    2.1.4 京津冀城市轨道交通标准体系的编制要求 ······················· 11
  2.2 京津冀城市轨道交通标准体系梳理 ····································· 12
    2.2.1 城市轨道交通特征分析 ·· 12
    2.2.2 城市轨道交通标准体系分析 ······································ 13
    2.2.3 京津冀城市轨道交通现行标准梳理 ······························ 14
  2.3 京津冀城市轨道交通地方标准体系 ····································· 16
    2.3.1 方案总体概述 ·· 16
    2.3.2 标准体系分类模式分析 ·· 17
    2.3.3 标准体系框架方案 ··· 19
  2.4 京津冀城市轨道交通地方标准编制建议 ······························· 20
    2.4.1 标准编制重点领域 ··· 20
    2.4.2 标准编制建议 ·· 21

第3章 雄安新区城市轨道交通建设及运营组织模式 ······················· 24
  3.1 概述 ·· 24

3.2 用世界眼光做好顶层规划···24
  3.2.1 对外畅通，快捷高效··24
  3.2.2 对内便捷，绿色智能··24
  3.2.3 创新驱动，引领发展··25
3.3 构建满足雄安新区生长要求的轨道交通建设格局·····················25
  3.3.1 一干多支···25
  3.3.2 互联互通···25
  3.3.3 灵活编组···25
  3.3.4 不断生长···26
3.4 建立符合雄安新区城市发展要求的轨道交通运营体制机制·······26
3.5 快速开展先行先试推动城市轨道交通建设·····························26

第4章 站点一体化开发资源共享设计在北京地铁7号线东延的探索·····28
4.1 北京地铁7号线东延概述···28
  4.1.1 北京地铁7号线工程··28
  4.1.2 北京地铁7号线东延工程··28
  4.1.3 功能定位···30
  4.1.4 总体规划要求···30
  4.1.5 目标愿景···33
4.2 站点一体化设计···33
  4.2.1 全线一体化概况···33
  4.2.2 分类指引···35
  4.2.3 全线一体化汇总···36
  4.2.4 规划原则···36
  4.2.5 规划策略···36
  4.2.6 设计理念···37
4.3 地面附属一体化设计···41
  4.3.1 设计目标···41
  4.3.2 设计原则···41
  4.3.3 建筑方案···41
  4.3.4 景观设计···48
  4.3.5 照明设计···49
  4.3.6 材料设计···50
  4.3.7 色彩设计···50

第5章 车站公共区装修设计关键技术···51
5.1 车站装修材料研究···51
  5.1.1 研究背景···51
  5.1.2 术语及定义···52
  5.1.3 地铁车站装修材料调研··52

	5.1.4	地铁车站装修材料未来发展趋势分析	56
	5.1.5	地铁车站装修材料选用的基本要素	57
	5.1.6	地铁材料的选用原则	57
	5.1.7	材料技术性能控制要点	57
	5.1.8	装修材料管理办法	61
5.2	乘客服务设施	66
	5.2.1	研究内容与意义	67
	5.2.2	术语	67
	5.2.3	规范性引用文件	67
	5.2.4	地铁车站乘客服务设施调研	68
	5.2.5	地铁车站乘客服务设施提升建议	70
	5.2.6	地铁车站乘客服务设施提升建议总结	76
5.3	车站广告设置	77
	5.3.1	研究背景概述	77
	5.3.2	地铁广告设置情况调研	77
	5.3.3	北京地铁广告的现状及问题概述	84
	5.3.4	北京与其他城市地铁广告对比分析	89
	5.3.5	地铁广告的未来发展趋势	91
	5.3.6	广告设置建议	96

第6章 天津滨海国际机场扩建配套交通 · 99

6.1	项目背景	99
6.2	项目基本情况	100
	6.2.1	工程概况	100
	6.2.2	机场总体布局	100
6.3	项目关键技术方案及技术效益	102
	6.3.1	零换乘交通组织	102
	6.3.2	大跨度结构和站桥合一结构	105
	6.3.3	在二级基坑地连墙里预埋格构柱作为竖向支撑的应用技术	106
	6.3.4	竖向及水平支撑体系优化技术	106
	6.3.5	深厚地下承压含水层分布条件下悬挂式止水帷幕深度优化技术	107
	6.3.6	与悬挂式止水帷幕结合的地下水回灌减沉的成套技术	108
	6.3.7	天窗节能措施	108
6.4	项目借鉴意义	109
	6.4.1	轨道交通带动区域一体化的借鉴意义	109
	6.4.2	轨道交通综合枢纽设计及建设条件复杂困难时的借鉴意义	109

第7章 北京地区深层地下空间建造技术 · 112

7.1	北京地区深层富水地层中的地下工程建造难题	112
	7.1.1	国内及北京的地铁发展及现状	112

	7.1.2 北京工程地质及水文地质特点	112
	7.1.3 北京地铁深度变化趋势	115
	7.1.4 深层富水地层的建造难题	116
7.2	深层地铁车站"全分离式"新站型布局研究	116
	7.2.1 国内外在深层地铁车站建筑布局方面的研究	117
	7.2.2 车站建筑布局研究	122
	7.2.3 车站紧急疏散研究	127
7.3	深层富水地层中的明挖工程建造技术	135
	7.3.1 明挖工程的地下水处理方法选择及发展趋势简述	135
	7.3.2 明挖车站止水施工的探索——以北京地铁8号线三期永定门外站为例	136
7.4	深层富水地层中的暗挖工程建造技术	143
	7.4.1 采用暗挖堵水施工地下车站——以北京2019年各站点堵水技术研究试验为例	143
	7.4.2 水下暗挖施工新工法研发	149
7.5	深层地铁线路案例研究——以R1线可实施性研究为例	158
	7.5.1 R1线概况	158
	7.5.2 R1线工程地质及水文地质条件	160
	7.5.3 R1线典型深层车站建筑布局方案	161
	7.5.4 分离式车站与传统暗挖车站工程造价分析研究	167
7.6	结论与建议	168

第8章 北京大兴国际机场线设计标准及新技术

8.1	概述	169
8.2	设计标准	169
	8.2.1 时效性标准	169
	8.2.2 舒适性标准	170
	8.2.3 间隔性标准	170
	8.2.4 安全可靠性标准	171
	8.2.5 列车运行交路	172
	8.2.6 车辆选型	173
	8.2.7 限界设计	175
	8.2.8 建筑标准	178
8.3	新技术的应用	179
	8.3.1 时速160km/h下的技术创新	179
	8.3.2 工程建造技术创新	183
	8.3.3 运营保障设备技术创新	185

第9章 北京大兴国际机场轨道线航空旅客行李托运系统

9.1	轨道交通大兴机场线概况	187
9.2	航空旅客行李托运系统技术方案	187

		9.2.1 行李托运各运输过程中设备选型方案	187
		9.2.2 草桥站和大兴机场站行李托运系统设计方案	189
	9.3	行李托运系统运输过程设备设施相关技术要求	190
		9.3.1 行李托运系统运输过程设备设施简介	190
		9.3.2 行李运输列车车厢改造	190
		9.3.3 行李运输推车	191
		9.3.4 上下车渡板	192
		9.3.5 技术小结	192
	9.4	总结	193

第二篇 绿 色 篇

第10章 轨道交通行业绿色安全建造发展 196
- 10.1 目前轨道交通存在的问题 196
  - 10.1.1 环境问题 198
  - 10.1.2 劳动力问题 198
  - 10.1.3 技术提升问题 201
- 10.2 国家对绿色安全建造（装配式）的推广政策 201
  - 10.2.1 新型建筑模式推动产业转型升级 201
  - 10.2.2 加速新型标准体系建立 202
  - 10.2.3 推进建筑产业信息化发展 202
- 10.3 北京市关于装配式建造、轨道交通绿色安全建造相关政府指导文件 202
- 10.4 北京地铁在绿色安全建造方面的行动 204
  - 10.4.1 施工场地绿色安全标准化 204
  - 10.4.2 明挖车站与暗挖区间装配式结构技术 205
  - 10.4.3 车站站内结构装配式 210
  - 10.4.4 矿山机械化 212
  - 10.4.5 五小成果推广 218
  - 10.4.6 波纹板暗挖衬砌的研发推广 220
  - 10.4.7 暗挖竖井封闭防护大棚 224
  - 10.4.8 明挖基坑防护大棚 229
  - 10.4.9 施工现场数字化管理系统（工程项目数字化管理平台） 234

第11章 轨道交通绿色建筑评价体系 236
- 11.1 研究意义 236
- 11.2 研究目的 236
- 11.3 技术路线 236
- 11.4 国外绿色建筑评价体系的发展现状 237
  - 11.4.1 美国LEED绿色建筑评价体系 237

11.4.2	英国BREEAM绿色建筑评价体系	239
11.4.3	加拿大GB Tool绿色建筑评价体系	240
11.4.4	国外绿色建筑评价体系综述	241

11.5 国内绿色建筑评价标准的发展现状 ... 241
- 11.5.1 国家绿色建筑评价标准 ... 241
- 11.5.2 北京绿色建筑评价标准 ... 244
- 11.5.3 上海市绿色轨道交通建筑评价体系 ... 245
- 11.5.4 长沙市绿色轨道交通建筑评价体系 ... 246
- 11.5.5 国内绿色轨道交通建筑评价体系综述 ... 247

11.6 轨道交通绿色评价系统研究内容 ... 248
- 11.6.1 轨道交通绿色评价体系概念与构成 ... 248
- 11.6.2 体系文件的编制 ... 248
- 11.6.3 体系表 ... 249

11.7 结论与建议 ... 250

第12章 装配式双向先张预应力轨道板系统研究 ... 251

12.1 研究背景及目标 ... 251
- 12.1.1 研究背景 ... 251
- 12.1.2 研究目标 ... 252

12.2 轨道结构设计研究 ... 252
- 12.2.1 轨道板结构 ... 252
- 12.2.2 普通段板式轨道结构 ... 252
- 12.2.3 减振段板式轨道结构 ... 253
- 12.2.4 排水设计 ... 254
- 12.2.5 减振垫层及轨道板更换 ... 254

12.3 仿真计算与分析 ... 255
- 12.3.1 静力学分析 ... 255
- 12.3.2 动力学分析 ... 258

12.4 制造工艺流程研究 ... 260
- 12.4.1 顶模处理 ... 260
- 12.4.2 边模处理与钢筋骨架安装 ... 260
- 12.4.3 顶模与边模拼装 ... 261
- 12.4.4 预应力张拉系统安装 ... 261
- 12.4.5 预应力钢筋张拉 ... 262
- 12.4.6 混凝土灌注 ... 262
- 12.4.7 放张 ... 263
- 12.4.8 起模脱模 ... 263
- 12.4.9 封锚 ... 263
- 12.4.10 养护 ... 263

12.4.11 批量试制 ·· 264
12.4.12 样品及细部结构 ······································ 264
12.5 铺设工艺研究 ·· 265
12.5.1 基底施工 ·· 265
12.5.2 钢筋网片安装 ·· 265
12.5.3 轨道板运输 ·· 265
12.5.4 轨道板初步定位、粗铺 ································· 266
12.5.5 轨道板精调 ·· 266
12.5.6 模板与扣压装置安装 ··································· 267
12.5.7 复测 ·· 267
12.5.8 自密实混凝土灌注 ···································· 267
12.6 测试试验研究 ·· 269
12.6.1 轨道板静态检测及检验 ································· 269
12.6.2 轨道板动态疲劳加载试验检测 ························ 269
12.6.3 轨道板在线动态检测 ·································· 269
12.7 研究成果及推广应用 ·· 270
12.7.1 研究结论 ·· 270
12.7.2 研究成果 ·· 271
12.7.3 推广应用 ·· 271

第13章 车辆永磁同步牵引系统应用 ···························· 272
13.1 概述 ·· 272
13.2 技术现状 ··· 272
13.2.1 永磁材料的发展 ······································· 272
13.2.2 永磁同步电动机的发展概况 ··························· 273
13.2.3 永磁同步牵引电动机的优点 ··························· 273
13.2.4 永磁同步电动机的结构及其特点 ····················· 273
13.2.5 永磁同步牵引系统设计原理 ··························· 274
13.3 国内外现状 ··· 274
13.4 永磁牵引系统方案 ·· 276
13.4.1 技术路线及研究方法 ·································· 276
13.4.2 总体技术方案 ·· 276
13.4.3 牵引制动特性要求 ···································· 277
13.4.4 永磁牵引系统技术方案 ································ 277
13.4.5 电气原理技术方案 ···································· 278
13.4.6 主要设备 ·· 280
13.5 项目试验研究 ·· 282
13.5.1 地面试验研究 ·· 282
13.5.2 装车试验研究 ·· 282

13.6 永磁系统关键技术 283
　13.6.1 永磁同步牵引系统设计技术和故障保护策略 283
　13.6.2 永磁同步牵引电动机控制技术 283
　13.6.3 永磁同步牵引电动机无位置传感器控制技术 283
　13.6.4 永磁同步牵引电动机与系统匹配的设计技术 283
　13.6.5 永磁同步牵引电动机温升 284
　13.6.6 齿槽转矩 284
　13.6.7 失磁 284
13.7 效益分析 284
　13.7.1 节能效果分析 284
　13.7.2 经济效益分析 285
　13.7.3 推广应用情况 285

第14章 地铁车站地面无冷却塔空调技术 286

14.1 概述 286
14.2 研究目的、意义及必要性 286
　14.2.1 目的与意义 286
　14.2.2 必要性 286
14.3 行业技术发展现状与趋势 288
　14.3.1 冷却塔的发展现状及趋势 288
　14.3.2 蒸发冷凝装置的发展现状及趋势 289
　14.3.3 适用于小系统水容积的快速循环水质控制技术的发展现状及趋势 290
　14.3.4 小结 292
14.4 研究目标及技术创新点 292
　14.4.1 研究目标 292
　14.4.2 关键技术及创新点 292
14.5 研究的技术路线及关键技术内容 293
　14.5.1 研究的技术路线 293
　14.5.2 高效地下式单进风冷却塔的研发 294
　14.5.3 具备快速循环水质控制功能的蒸发冷凝装置的研发 294
14.6 地铁冷却塔及水质控制设置方案调研 295
　14.6.1 地铁空调系统冷却技术及冷源装置 296
　14.6.2 地铁冷却塔设置方案 296
　14.6.3 国内地铁典型冷却塔设置案例 297
　14.6.4 地铁空调循环冷却水系统的水质控制方案 298
　14.6.5 调研分析 299
14.7 无塔技术研究重点与设备研发 300
　14.7.1 研究关注的重点 300
　14.7.2 无塔技术示范应用站点 301

  14.7.3 地下式单进风冷却塔的研发 ·· 301
  14.7.4 具备快速循环水质控制功能的蒸发冷凝装置的研发 ··············· 302
 14.8 辅助系统方案研究及工程示范 ··· 303
  14.8.1 十三陵景区站系统技术方案研究 ····································· 303
  14.8.2 水库路（昌平东关）站系统技术方案研究 ························· 305
 14.9 结论及建议 ·· 307
  14.9.1 结论 ·· 307
  14.9.2 建议 ·· 308

第15章 基于6号线西延金安桥站的车站装配式研究 ··············· 309
 15.1 概述 ·· 309
  15.1.1 研究背景 ·· 309
  15.1.2 研究意义 ·· 310
 15.2 国内外相关研究综述 ··· 311
  15.2.1 地上装配式结构的发展状况 ··· 311
  15.2.2 地铁装配式车站结构的发展状况 ···································· 312
 15.3 地铁装配式车站建筑综合技术研究 ··· 320
  15.3.1 车站结构柱跨与建筑功能关系的研究 ···························· 320
  15.3.2 车站层高与建筑功能关系的研究 ···································· 322
  15.3.3 车站设备用房区房间布置综合研究 ································ 322
  15.3.4 装配式车站结构对公共区装修影响研究 ······················· 323
 15.4 装配式地铁车站结构设计方案研究 ··· 324
  15.4.1 设计原则 ·· 324
  15.4.2 技术标准 ·· 325
  15.4.3 主体结构断面形式研究 ··· 326
  15.4.4 构件拆分、接头（接缝）及节点构造研究 ···················· 328
  15.4.5 预制构件吊装施工及装配施工研究 ································ 334
  15.4.6 车站防水方案研究 ··· 334
  15.4.7 工程材料与结构耐久性研究 ··· 336
 15.5 装配整体式节点力学性能研究 ·· 339
  15.5.1 灌浆套筒接头试验结论 ··· 339
  15.5.2 装配整体式节点试验结论 ·· 340
  15.5.3 装配整体式节点力学性能模型参数研究 ······················· 340
 15.6 装配整体式地铁车站静力结构特性研究 ·· 341
  15.6.1 数值模型与相关参数 ··· 341
  15.6.2 计算结果 ·· 344
  15.6.3 主要结论及建议 ·· 346
 15.7 装配整体式地铁车站抗震结构时程分析研究 ······························· 346
  15.7.1 工程概况 ·· 346

15.7.2　数值模型与相关参数 ································· 347
　　15.7.3　计算结果与分析 ····································· 349
　　15.7.4　主要结论及建议 ····································· 355
15.8　预制构件设计及生产研究 ······································ 356
　　15.8.1　预制构件模板方案设计及加工技术研究 ················· 356
　　15.8.2　预制构件制作工艺及吊装运输研究 ····················· 356
　　15.8.3　预制构件生产工艺及质量控制技术研究 ················· 359
　　15.8.4　预制构件深化设计技术研究 ··························· 359
15.9　试验段示范工程实践 ·· 361
　　15.9.1　拼装设备的投入及研制 ······························· 361
　　15.9.2　施工流程及实施效果 ································· 363
　　15.9.3　试验段实践现场情况 ································· 365

第三篇　安　全　篇

第16章　软土地区城市轨道交通盾构施工关键技术 ···················· 368
16.1　盾构机进出洞端头加固关键技术 ································ 368
　　16.1.1　盾构机进出洞加固概述 ······························· 368
　　16.1.2　盾构进出洞常用加固工法 ····························· 369
　　16.1.3　端头加固方法及适用性 ······························· 370
16.2　高承压水软土地层盾构掘进防喷涌技术 ·························· 371
　　16.2.1　高承压水地层盾构掘进喷涌风险 ······················· 371
　　16.2.2　高承压水地层盾构掘进防喷涌技术 ····················· 372
16.3　软土地层盾构掘进姿态控制技术 ································ 372
　　16.3.1　软土地层盾构掘进姿态引发问题概述 ··················· 372
　　16.3.2　盾构姿态描述 ······································· 373
　　16.3.3　盾构姿态影响的主要因素 ····························· 373
　　16.3.4　盾构姿态控制原则及纠偏措施 ························· 375
16.4　软土地区盾构施工对近邻建（构）筑物影响及对策 ················ 376
　　16.4.1　盾构施工对近邻建（构）筑物影响 ····················· 376
　　16.4.2　盾构掘进近邻建筑物保护措施 ························· 377
16.5　软土地层盾构隧道长期沉降 ···································· 378
　　16.5.1　软土地层盾构隧道长期沉降危害 ······················· 378
　　16.5.2　地铁盾构隧道产生长期沉降的原因 ····················· 381
　　16.5.3　地铁盾构隧道长期沉降的处理措施及方法 ··············· 384

第17章　天津盾构法区间隧道施工安全技术 ·························· 385
17.1　盾构法区间隧道施工中存在的安全质量问题 ······················ 385
17.2　盾构法区间隧道施工安全管控关键措施 ·························· 390

17.2.1	盾构法区间隧道施工前安全管控措施	390
17.2.2	盾构法始发接收环节关键管控措施	391
17.2.3	盾构掘进及拼装施工环节关键管控措施	393
17.2.4	联络通道及泵站施工	394
17.2.5	盾构法施工应急管理关键管控措施	395

17.3 已运营车站、隧道区间病害排查分析与处理 · 398
   17.3.1 已运营车站、隧道区间的病害排查检测内容 · 398
   17.3.2 病害排查检测方法 · 398

17.4 运营期间隧道监测项目及控制要点 · 400

17.5 小净距隧道施工影响机理及变形控制措施实例分析 · 402
   17.5.1 工程概述 · 403
   17.5.2 盾构施工对建（构）筑物影响分析及控制标准 · 407
   17.5.3 盾构穿越建（构）筑物控制要点 · 412
   17.5.4 盾构穿越津山铁路控制要点 · 413

17.6 穿越既有运营期线路精细化施工控制实例 · 414
   17.6.1 盾构穿越既有地铁运营线路的施工原则 · 414
   17.6.2 工程概况 · 414
   17.6.3 盾构施工对建（构）筑物影响分析及控制标准 · 418
   17.6.4 盾构穿越既有线控制要点 · 425

第18章 地铁工程结构抗浮研究与应用 426

18.1 概述 · 426
   18.1.1 石家庄地铁概况 · 426
   18.1.2 地铁工程结构抗浮研究的必要性 · 427
   18.1.3 国内外结构抗浮研究现状 · 427

18.2 地铁工程抗浮设防水位研究方法 · 429
   18.2.1 水文地质调查 · 429
   18.2.2 数值模拟 · 433
   18.2.3 影响因素分析 · 446
   18.2.4 理论分析 · 448
   18.2.5 综合研究 · 453

18.3 地铁工程结构抗浮应用 · 456
   18.3.1 地铁工程结构抗浮措施 · 456
   18.3.2 地铁工程结构抗浮设计 · 457
   18.3.3 地铁工程结构抗浮案例 · 458

第19章 双轮铣搅拌水泥土地下连续墙技术在天津地铁工程的应用 462

19.1 技术内容 · 462
19.2 主要技术性能和技术特点 · 465
19.3 适用范围及应用条件 · 467

19.3.1	适用工程地质条件	467
19.3.2	适用的工程应用条件	468

19.4 应用情况
　　19.4.1 双轮铣搅拌水泥土地下连续墙在地铁基坑工程中作止水帷幕 468
　　19.4.2 双轮铣搅拌水泥土地下连续墙作挡土止水墙及地下连续墙施工槽壁保护 475

19.5 效益分析
　　19.5.1 经济效益 482
　　19.5.2 社会效益 483
　　19.5.3 环境效益 483

第20章 天津地区地铁车站基坑安全与环境影响控制关键技术 484

20.1 超深基坑地下水控制技术研究 484
　　20.1.1 天津地铁车站深基坑承压水分布条件分析 485
　　20.1.2 抽水量的估算及参数优化 486
　　20.1.3 天津市不同含水层间水力联系和隔水能力研究 491
　　20.1.4 承压水控制策略 493
　　20.1.5 减小与控制降水引起地面沉降的措施 499

20.2 地铁深基坑施工全过程变形控制技术研究 502
　　20.2.1 基坑开挖引起的全过程变形及特点 502
　　20.2.2 基坑支护结构施工引起的土层变形预测及控制技术研究 503
　　20.2.3 基坑开挖前降水及开挖过程降水引起的土层变形预测及控制技术研究 506
　　20.2.4 基坑支护结构不同变形模式对建筑物的影响及支护结构变形控制标准研究 509

20.3 超深复杂地铁基坑防止局部破坏诱发连续破坏的设计理论 515
　　20.3.1 基坑开挖支护结构与土体大变形产生机理 516
　　20.3.2 基坑支护体系连续破坏与坍塌机理 519

第21章 天津地铁1号线信号系统改造工程关键技术 528

21.1 改造背景 528
21.2 改造技术难点 529
21.3 改造关键技术应用 529
　　21.3.1 新旧设备倒切技术应用 529
　　21.3.2 高效的施工安装调试技术应用 530
　　21.3.3 多级梯度层级的施工组织技术应用 530
　　21.3.4 规范标准的施工工艺技术应用 531
　　21.3.5 专项设备改造技术应用 531
21.4 改造后评价效果 535
　　21.4.1 总体效果 535

21.4.2　系统技术指标效果 ··· 535
　21.5　改造技术应用总结 ··· 536

第22章　新一代地铁车辆应急驾驶防碰撞系统应用研究 ·· 537
　22.1　研究背景 ·· 537
　22.2　关键技术研究 ·· 537
　　22.2.1　列车间通信、测距技术 ··· 537
　　22.2.2　列车位置识别技术 ··· 538
　22.3　系统构成及功能 ··· 540
　　22.3.1　系统构成 ··· 540
　　22.3.2　系统主要功能 ··· 540
　22.4　测试及应用分析 ··· 541
　　22.4.1　系统应用分析 ··· 541
　　22.4.2　系统测试情况总结 ··· 543
　　22.4.3　系统应用效果评价 ··· 543

第23章　列车蓄电池自牵引应用研究 ·· 545
　23.1　研究背景 ·· 545
　23.2　技术方案 ·· 545
　　23.2.1　电池选型 ··· 545
　　23.2.2　系统设计 ··· 548
　23.3　安全可靠性设计 ··· 553
　　23.3.1　整车级安全设计及试验 ··· 553
　　23.3.2　锂电池安全设计 ·· 553
　23.4　试验验证 ·· 557
　23.5　应用前景 ·· 559
　23.6　经济、社会效益分析 ··· 562

第四篇　智　能　篇

第24章　城市轨道交通智能化运营与维保系统 ·· 564
　24.1　背景 ·· 564
　24.2　技术方案 ·· 565
　　24.2.1　总体方案 ··· 565
　　24.2.2　走行部状态监测系统 ·· 567
　　24.2.3　车门健康状态监测系统 ··· 568
　　24.2.4　车地无线传输系统 ··· 569
　　24.2.5　地面设备 ··· 570
　　24.2.6　地面设备显示界面 ··· 571
　24.3　经济、社会和环境效益 ·· 571

		24.3.1 经济效益	571

        24.3.1　经济效益 571
        24.3.2　社会和环境效益 571
    24.4　推广应用前景 571
        24.4.1　天津地铁1号线应用 572
        24.4.2　天津地铁4、10号线应用 572

第25章　基于大数据的智能车辆段 573
  25.1　车辆检修模式及车辆基地概述 573
    25.1.1　车辆检修模式 573
    25.1.2　车辆综合基地功能及分类 574
  25.2　基于大数据的智能车辆段建设 575
    25.2.1　车辆实时监测数据的落地应用 575
    25.2.2　车辆地面检测设备的配置及应用 579
    25.2.3　智能管控系统平台建设 583
    25.2.4　车辆段机电设备设施监控 588
  25.3　关于智能车辆段建设的思考与建议 588

第26章　北京地铁电梯物联网解决方案 589
  26.1　概况 589
  26.2　系统建设目的 589
  26.3　系统设计 590
    26.3.1　总体功能 590
    26.3.2　建设要求 590
    26.3.3　系统结构 590
    26.3.4　数据采集方案 594
    26.3.5　状态监测与智能诊断 595
    26.3.6　数据采集方案 597
    26.3.7　网络方案 598
  26.4　工程建设 598
  26.5　系统功能 601
    26.5.1　智能诊断 602
    26.5.2　可视化信息管理 602
    26.5.3　检维修决策 602
    26.5.4　检维修管理 602
    26.5.5　安全风险预测 603
    26.5.6　全寿命周期管理 603
  26.6　未来展望 603
    26.6.1　故障预测与健康管理 603
    26.6.2　智慧地铁应用 603

第 27 章 京津冀城市轨道交通 BIM 标准体系 604
27.1 BIM 标准体系概述 604
27.2 国内外标准研究 605
27.2.1 国外标准研究情况 605
27.2.2 国内标准研究情况 607
27.3 轨道交通 BIM 标准体系建设需求 609
27.3.1 轨道交通 BIM 标准体系框架 609
27.3.2 轨道交通 BIM 标准编制需求 610
27.3.3 轨道交通 BIM 标准编制原则 611
27.3.4 轨道交通 BIM 标准体系建设要点 612
27.4 轨道交通 BIM 标准体系主要内容 612
27.4.1 模型建设标准 612
27.4.2 模型应用标准主要内容 614
27.4.3 模型交付标准主要内容 615
27.4.4 BIM 构件标准主要内容 615

参考文献 617

第一篇 综合篇

当前我国城市轨道交通正处于快速发展的历史阶段：建设轨道交通的城市越来越多，在建轨道交通里程越来越多，轨道交通标准制式越来越多，轨道交通新技术应用越来越多。城市轨道交通具有便捷、高效等各方面优势，是城市交通系统现阶段发展必不可少的重要元素。但是，城市体现出综合性，不能仅仅依靠城市轨道交通。铁路、公路、水运、民航、管道、邮政等各种运输方式都在各自领域有所建树，然而将其紧密衔接、高效联合的重任，必定由城市轨道交通系统来担当。加快建设交通强国，必须按照高质量发展要求，推动城市轨道交通牵头联合多交通运输方式综合发展，着力提高交通运输发展的质量效益。综合交通运输体系是现代交通运输业的重要标志。随着我国工业化、新型城镇化水平不断提高，对交通运输的质量、效率、成本等方面要求越来越高，迫切需要对其综合性技术进行深入的研究和探索，本篇内容就是京津冀地区近几年的一些工程实践的探索和应用总结。

综合交通运输不是各种运输方式的简单叠加，而是不同运输方式的深度融合和系统集成。实现由各种交通方式相对独立发展向更加注重一体化融合发展转变，是建设现代化综合交通体系的方向和路径。为此，要紧紧围绕建设现代化综合交通体系这个发展任务，统筹制定交通发展战略、规划和政策，强化规划协同，实现"多规合一""多规融合"，不断健全适应综合交通一体化发展的体制机制，加快建设现代化高质量综合立体交通网络，构筑多层级、一体化的综合交通枢纽体系，推动旅客联程运输和货物多式联运发展。

第1章 石家庄智慧轨道交通规划与实施

1.1 概述

智慧轨道交通早有说法与实践，但作为一个新的热词却是2017年的事。既然是新词就要知道它的"前世今生""来龙去脉"。

21世纪初，互联网开始加速发展，各种创新型应用和互联网新概念不断出现。2005年，中国科学院研究生院的刘锋首创"威客witkey"（智慧的钥匙）概念，并创办了网站。2007年，中国就诞生了互联网虚拟大脑的初步概念。2008年11月，在纽约召开的世界外国关系理事会上，IBM董事长兼CEO彭明盛首次提出了"智慧地球"（Smart Planet）理念，进而引发了智慧城市规划建设的热潮。2009年1月，"智慧地球"成为美国国家战略的一部分，迪比克市与IBM合作，建立了美国第一个智慧城市。利用物联网技术，在一个有六万居民的社区里将各种城市公用资源（水、电、油、气、交通、公共服务等）连接起来，监测、分析和整合各种数据以做出智能化的响应，更好地服务于市民。"智慧地球"提出把感应器嵌入和装备到电网、铁路、桥梁、隧道、公路、建筑、供水系统、大坝、油气管道等各种物体中，并且被普遍连接，形成所谓"物联网"。并通过超级计算机和云计算将"物联网"整合起来，实现了人类社会与物理系统的整合。

2010年，IBM正式提出了"智慧城市"愿景，IBM研究认为，城市主要由六个核心系统组成：组织与人、业务与政务、交通、通信、水、能源。这些系统不是零散的，而是以一种协作的方式相互衔接。而城市本身，则是由这些系统所组成的宏观大系统。近年来，欧洲、亚洲，许多城市都确立了智慧城市战略，智慧城市被视为重振经济的重要领域，亦作为提升城市竞争力及解决城市发展问题、再造城市的新的重要途径。

近年来，我国城市轨道交通继续保持快速增长、良性发展的态势。超大规模轨道交通建设和运营网络的逐步形成，以及城市轨道交通设施结构所处环境的复杂性，对城市轨道交通结构健康服役提出了越来越严峻的挑战。同时，"互联网＋"、智能化应用方兴未艾，越来越引起城市轨道交通系统的重视，催生了诸多新理念、新技术的诞生和发展应用。

为了更好地应对"互联网＋"和智能化发展为中国轨道交通高速发展带来的新趋势，探讨轨道交通基础设施智慧建造与运营、优化轨道交通系统的节能水平所面临的新挑战和新需求，2017年10月20—21日，RT FORUM 2017智慧轨道交通大会｜秋季论坛在无锡圆满落幕，论坛紧扣当今城市轨道交通业界最为关注的"智能、安全、节能、环保"等主题展开全方位的探讨。2017年11月9日，"2017中国智慧轨道交通与创新发展论坛"在成都召开，论坛的主题是"让智慧轨道交通更安全、更高效、更节能"，共吸引了600余位轨道交通领域的领导、专家、技术人员参会。2017年12月9日，"智慧轨道交通前沿问题研讨会"在石家庄铁道大学召开，研讨会主要是由中国铁路总公司系统的专家学者，共同探讨智慧轨道交通在大铁路方面如何发展。

2019年7月，中国城市轨道交通协会组织编制并发布了《智慧城市轨道交通信息技术架构及网络安全规范》发行稿。基于"智慧城市"理念，城市轨道交通行业提出了"智慧轨道交通"理念，也基于国内外专家对"智慧城市"概念的解读，对"智慧轨道交通"理念做以下三点认知：(1) 智慧轨道交通建设必然以信息通信技术在轨道交通中的进一步广泛应用为主线，以互联网以及物联网、移动互联、超大计算机、云计算和大数据等新兴热点信息通信技术的综合创新应用为核心。(2) 智慧轨道交通是一个复杂的相互作用的系统。在这个系统中，信息通信技术必须与其他技术、设备、系统等资源要素优化配置并共同发生作用，促使轨道交通更加智慧。(3) 智慧轨道交通的服务对象面向城市轨道交通的全过程全领域，其结果是城市轨道交通更高效率更合情理地融入城市生产、生活方式的各个方面，让人类拥有更美好的轨道上的城市生活。

随着云计算、大数据、物联网、人工智能、5G、卫星通信、区块链等新兴信息技术的飞速发展，京沪穗等先行城市的智慧车站建设已经起步，一批后发城市跃跃欲试，将很快遍及全行业，加强规范化智能智慧建设成为普遍呼声。2020年3月，中国城市轨道交通协会为了促进我国城市轨道交通行业信息化的健康发展和智慧城市轨道的有序建设，顺应行业呼声，适应发展需要，研究编制了《中国城市轨道交通智慧城轨发展纲要》，指导和鼓励各城市按照"因地制宜、开拓创新、大胆探索、勇于实践"的原则，有序推进智慧城市轨道的建设。

1.2 智慧轨道交通的内容与目标

1.2.1 智慧轨道交通的内容

从纵向上看，城市轨道交通主体属于自然科学和社会科学；从横向上看，就是工程技术中的一个门类。再向下细分，按照工作阶段进程，可以分为线网规划、项目可行性研究、工程勘察设计、土木工程建设、设备制造及系统升级、运营管理、沿线城市开发7大类。

1. 轨道交通技术基本内容
(1) 线网规划综合技术；
(2) 项目可行性研究综合技术；
(3) 工程勘察设计综合技术；
(4) 土建工程综合技术；
(5) 设备制造及系统升级综合技术；
(6) 运营管理综合技术；
(7) 沿线城市开发综合技术。

2. 轨道交通技术进步的共性目标
主要包括：理念新，功能优，建设投资少，运营成本低，可靠安全、节能、环保。
各分项目标都会有两个方面的分析基础：一是目前基本成果；二是可能发展方向预测。

3. 对智慧轨道交通技术的具体认识

（1）智慧轨道交通是"互联网＋"的应用技术成果，是当代通信信息技术对轨道交通行业的全覆盖。

（2）智慧轨道交通：通信信息技术＋轨道交通技术＋承载技术的工艺设备及材料。技术就是智慧，智慧更强调人性化。

基于以上认识，对智慧轨道交通的应用方向做立体分析：

横向 X 轴全目标：理念新，功能优，建设投资少，运营成本低，可靠安全、节能、环保。

纵向 Y 轴全过程：线网规划，勘察设计，工程建设，装备制造，运营管理，沿线开发。

竖向 Z 轴全方式（各种系统制式）：市域快轨（120～160km/h）、地铁、轻轨、APM、直线电机、磁悬浮、独轨（跨座式单轨）（80～120km/h）、现代有轨电车（有网、无网）、悬挂式轨道交通、气动轨道交通、氢电池有轨电车（80km/h 以下）。

1.2.2 智慧轨道交通的目标

1. 对智慧轨道交通目标与形式的具体认识

（1）智慧轨道交通的具体目标：

1）简化和方便人工操作，替代部分人工和设备；

2）提高人工和设备的工作效率、精度和可靠度；

3）方便人们高效和个性化使用轨道交通；

4）替代人工完成对人和物的安全识别。

（2）智慧轨道交通的当前表现形式：

1）应用传感器；

2）应用摄像头；

3）应用机器人；

4）应用互联网（物联网）；

5）应用云计算；

6）应用新兴的大型数据库；

7）发展各种专用系统软件；

8）发展感应供电方式；

9）发展电池电容供电方式；

10）车辆和轨道交通方式制式创新；

11）管理创新。

2. 对智慧轨道交通已有技术与前沿技术的具体认识

智慧轨道交通就是应用和体现人类智慧的轨道交通，具有了狭义和广义之分。

（1）狭义智慧轨道交通：主要是通信信息技术在轨道交通行业中的人性化应用。

（2）广义智慧轨道交通：还包括轨道交通全行业全产业链条的所有软硬件技术（包括规划、政策、管理、使用等）进步；也包括企业管理、工程建设管理、全面安全质量管理、运营服务管理、沿线资源开发管理等管理技术创新。轨道交通全行业管理的智慧化也是智慧轨道交通重要的一个部分。

智慧轨道交通建设已经取得了重要进展，很多技术已经被应用在轨道交通系统中，可以分为三类：

(1) 已经应用技术的保证、推广和提高，如：

1) 企业管理类：人事管理；培训管理；合同管理；账务管理；资产管理。

2) 工程管理类：盾构施工；风险监控；现场管理；监测量测；检验系统；渣土车定位定线管理；业主单位管理；施工单位管理；监理单位管理等；应用于规划、设计、建设、运营、资产管理的 BIM 技术（立体化呈现）。

3) 运营类：无人售票；票款自动结算；综合通信系统；综合环境监控系统。

4) 制造企业管理：独立体系。

(2) 技术创新（前沿问题），如：

1) 运营类：购检票多功能化；无人驾驶；信号控制系统；机器人服务；人脸识别；电子围栏；安检系统升级。

2) 工程类：风险控制；应用于规划、设计、建设、运营、资产管理的 BIM 技术（立体化呈现）。

(3) 当前课题：

1) 智慧地下基础设施建设与发展；

2) 基于大数据的轨道交通运营维护安全风险感知与分析技术；

3) 轨道交通全生命周期 BIM 解决方案；

4) 基于 BIM 的轨道交通建设管理平台研究及应用。

3. 相关行业的建议

目前，主要有中国城市轨道交通协会、国家发展和改革委员会综合运输研究所、中国智慧轨道交通联盟、中国土木工程学会轨道交通分会、轨道交通工程信息化国家重点实验室、中国智慧基础设施联盟等机构和单位在从事智慧轨道交通的相关工作。特别是中国城市轨道交通协会以"交通强国，城轨担当"的使命感，顺应行业呼声，适应发展需要，已经研究编制了《中国城市轨道交通智慧城轨发展纲要》，为城市轨道交通行业今后一个时期的智慧城市轨道技术发展和实施指明了方向。具体建议如下：

(1) 对智慧化技术经过实践验证的成果，可以相对固定下来并标准化，作为阶段性标准，由中国城市轨道交通协会发布。

(2) 有争议的技术，可以多方研究讨论、分别试验，协会要及时总结，提出各自优点、缺点及适用条件。

(3) 由中国城市轨道交通协会分阶段提出各项技术的可能发展方向及研究目标。

1.3 石家庄轨道交通智慧化规划与实施

1.3.1 城市轨道交通行业现状

中国城市轨道交通协会发布的《城市轨道交通 2018 年度统计和分析报告》显示，截至 2018 年底，中国内地共有 35 个城市开通城市轨道交通，运营线路总长度 5761.4km，城轨交通去年累计完成客运量210.7亿人次，增长14%。其中北京年运量达38.5亿人次，日均客运量超过1000万人次。

报告显示，从运营线网规模看，2018年共计有17个城市的线网规模达到100km或以上，其中上海784.6km、北京713km、两市运营规模均超过700km。广州运营线路长度超过400km，南京、武汉、成都、重庆线路长度超过300km，深圳、天津线路长度超过200km。

从运营线路制式结构看，截至2018年底，城轨交通运营线路中7种制式同时在运营，其中地铁4354.3km，占比75.6%；轻轨255.4km，占比4.4%；单轨98.5km，占比1.7%；市域快轨656.5km，占比11.4%；现代有轨电车328.7km，占比5.7%；磁浮交通57.9km，占比1%；APM10.2km，占比0.2%。

从新增运营线路长度来看，2018年青岛新增124.6km，涨幅232.5%，居全国首位，武汉、广州次之，分别新增96.8km、87.1km。

报告显示，2018年城轨交通全年累计完成客运量210.7亿人次，比上年增长25.9亿人次，增长14%。北京全年累计完成客运量38.5亿人次，其次是上海、广州、深圳，这4个一线城市的客运量占到全国总客运量的58%。

随着大量新建线路投入网络化运营，强二线城市的轨道交通网络愈发丰满，逐渐追赶上一线城市。数据显示，2018年成都、南京、武汉三市累计完成客运量均突破10亿人次，其中成都11.6亿人次、南京11.2亿人次、武汉10.5亿人次。从增速上看，青岛客运量较上年增长134%、昆明增长60%、杭州增长56%、成都增长48%。

从日均客运量来看，北京是日均客运量最大的城市，达到1054.4万人次；其次是上海，日均客运量达到1017.2万人次；广州日均客运量为835.4万人次。北上广三市的日均客运量遥遥领先，这三市之外，深圳日均客运量为451万人次，成都、南京和武汉三市突破300万人次，重庆、西安突破200万人次。

报告同时显示，轨道交通仍在快速建设中。目前正在实施的建设规划线路总长7611km，其中地铁6118.8km，占比80.4%；现代有轨电车691.6km，占比9.1%；市域快轨665km，占比8.7%。

值得一提的是，前几年不受关注的市域快轨正进入加速期。市域铁路的发展，对于各地正大力打造的都市圈具有重要意义。原来中心城市的远郊区以及周边中小城市变成了中心城区通勤的范围，加速了都市圈的形成。国家发改委2019年2月发布的《关于培育发展现代化都市圈的指导意见》（发改规划〔2019〕328号）提出，要大力发展都市圈市域（郊）铁路，通过既有铁路补强、局部线路改扩建、站房站台改造等方式，优先利用既有资源开行市域（郊）列车；有序新建市域（郊）铁路，将市域（郊）铁路运营纳入城市公共交通系统。

中国城市轨道交通审批建设四个阶段：

2000年前国家批准了7个城市：北京、天津、上海、广州、深圳、南京、长春。

2005—2007年国家批准了8个城市：杭州、哈尔滨、沈阳、成都、武汉、西安、苏州、重庆。

2008—2010年国家批准了13个城市：东莞、宁波、无锡、长沙、郑州、福州、昆明、大连、南昌、青岛、合肥、南宁、贵阳。

2012—2016年国家批准了15个城市：常州、厦门、兰州、太原、石家庄、佛山、乌鲁木齐、徐州、南通、济南、呼和浩特、芜湖、绍兴、洛阳、包头。

1.3.2 石家庄市轨道交通发展

石家庄市为国家第33个轨道交通审批建设、第29个开通试运营的城市，首通里程30.3km，排名第23位。从国家审批建设规划到正常线试运营的建设速度看，全国排名第二。首开两条线，且6A配车，顺利通过试运营基本条件专家评审，并获得国家验收最高标准评价，为全国第一。

从国家审批建设规划到正常线试运营的建设速度看，不足5年，全国仅有4个城市：

成都，2005.8—2010.9，61个月；18.5km 6B。

西安，2006.9—2011.9，60个月；20.5km 6B。

郑州，2009.2—2013.12，58个月；26km 6B。2008年开工试验段。

石家庄，2012.7—2017.6，59个月；30km 6A。

1.3.3 石家庄智慧轨道交通规划与实践

1. 智慧轨道交通的思想与理念

石家庄市智慧轨道交通的思想与理念：必须坚持以人民为中心的发展思想，坚持创新、协调、绿色、开放、共享的发展理念。

企业"五位一体"总体布局为：线网规划，勘察设计，工程建设，运营管理（装备制造），沿线开发。

企业"四个全面"战略布局为：坚持"全面规划计划公司智慧轨道交通建设；全面提升开通运营线路智慧轨道交通技术应用水平；全面部署新开线路智慧轨道交通设计建设；全面加强企业对智慧轨道交通工作管理"。

2. 智慧轨道交通规划设想

四条基本原则：(1) 以现状为基础；(2) 强化全方位系统学习研究；(3) 稳扎稳打，实事求是定规划；(4) 把握好重点突破与全面推进的关系。

主要工作及目标：矩阵化选题，明确重点及目标任务。

(1) 开通运营线路技术升级：无人售票；票款自动结算；综合通信系统；综合环境监控系统。

(2) 在建线路设计：购检票多功能化；无人驾驶线路；信号控制系统升级；人工智能现场机器人服务；人脸识别安检；电子围栏公安应用；包裹安检系统升级。

(3) 工程管理：风险控制方法创新；逐步推进应用于规划、设计、建设、运营、资产管理的BIM技术（立体化呈现）。

七项效果指标对照：理念新，功能优，建设投资少，运营成本低，可靠安全、节能、环保。

3. 智慧轨道交通的企业管理

树立企业文化标识，规划建设运营，托起幸福城市的智慧轨道交通。

(1) 基本理念、目标、企业标识及其实现。

企业管理的基本理念：定目标，严考核，抓典型，树正气。

目标：河北省公共交通行业第一品牌，管理一流，可持续发展。设计建设便捷型功能型地铁，运营管理安全型文化型地铁。

企业标识：建立学习型、创新型、责任型、共赢型企业标识。

努力做到：学习在心上，创新在手上，责任在肩上，共赢在理上。

（2）如何建立学习型、创新型、责任型、共赢型企业标识。

第 2 章 京津冀城市轨道交通地方标准体系

2.1 概述

交通运输与社会进步发展的关系十分密切，方便的交通运输条件是城市形成和发展的基本因素之一。城市轨道交通具有运量大、效率高、能耗低、集约化、乘坐方便、安全舒适等优点，是解决城市交通拥堵问题、实现城市空间布局调整及城市均衡发展的重要途径，对现代化城市发展的促进作用尤为明显。不同国家在对城市轨道交通制式分类时存在差异，按照国际流行的一般分类方法，城市轨道交通可划分为地铁、轻轨和有轨电车 3 大类，其中地铁是最主要的城轨交通制式。自 1863 年第一条地铁在英国伦敦诞生，城市轨道交通距今已有近 150 年发展历程，截至 2018 年底，全球共有 56 个国家和地区的 179 座城市开通地铁，总里程达 14219.36km，车站数超过 10631 座。我国大陆地区共有 34 个城市建有地铁，总运营里程达到 5013.3km，排名全球第一，占全球地铁总里程的 35.26%，并且还在以超过每年 800km 的速度增长。城市轨道交通的跨越式发展使中国正从"城轨大国"向"城轨强国"迈进。

2.1.1 城市轨道交通标准体系研究背景

党的"十八大"以来，党中央、国务院把标准化摆在经济社会发展全局来统筹推进，纳入国家基础性制度建设范畴，上升到国家战略层面，成为促进经济社会健全发展和推进国家治理体系、治理能力现代化的重要手段。新时期作为引领我国经济发展新常态、参与国际市场竞争的战略平台，京津冀地区走向一体化是党中央、国务院在新的历史条件下所倡导的战略方针，是促进京津冀地区优势互补、带动华北乃至整个北方腹地发展的战略，是新型城镇化发展的新支点，是新一轮全面深化改革开放的引擎，同时也是探索建立以首都为核心实现区域一体化发展的现实需要。

京津冀一体化发展历史悠久。1882 年《北京城市建设总体规划方案》的提出，标志着双重"首都圈"正式诞生。1996 年《北京市经济发展战略研究报告》首次引入了"首都经济圈"的概念，充分肯定了京津两地的经济核心地位。进入 21 世纪，京津冀一体化建设开始提速。《京津冀协同发展规划纲要》指出，推动京津冀协同发展是一个国家重大发展战略，京津冀协同发展需要环保和交通两个领域"先行"，尤其是把交通一体化作为先行领域，加快构建快速、便捷、高效、安全、大容量、低成本的互联互通综合交通网络。在各种交通体系中，轨道交通具有全天候、网络化、节能减排、绿色环保、人流和物流相对分离等优势，非常适合优先在京津冀地区重点发展。根据《京津冀协同发展交通一体化规划》，京津冀地区将以现有通道格局为基础，打造"轨道上的京津冀"，以干线高铁、城际铁路、区域快线、地铁为支撑的四个层次的轨道交通网，能进一步加强区域内各城市间的联系。

由于京津冀长期以来的行政和经济壁垒，三地轨道交通的发展程度极不均衡，由此导致三地缺乏技术指标统一、政府层面互认的地方标准。随着京津冀协同发展进程的加快，河北和天津作为疏解北京非首都城市功能的主要去向，在轨道交通一体化方面必将得到极大发展空间。石家庄地铁如火如荼的建设现状、雄安新区的设立和发展前景，这些均预示着京津冀轨道交通一体化的发展趋势。与京津冀轨道交通工程火热建设状态相比，三地地方标准体系的构建已经相对滞后。目前京津冀地区一体化尚处于初始阶段，与长三角、珠三角地区相比还有一段差距，轨道交通条件限制区域统一市场的形成，导致各地区各自为战，区域一体化效应没有得到充分体现。

当前，制约京津冀城市轨道交通一体化发展的因素有两方面：一方面，京津冀轨道交通发展程度不同，缺乏三地统一的轨道交通建设和运营标准；另一方面，轨道交通涉及的各专业的一体化发展不同，京津冀城市轨道交通尚未形成各专业统一的标准体系。总体而言，京津冀轨道交通工程，无论在三地地方标准的通用性方面，还是多专业构成标准体系方面，均还有很大的发展空间。因此，在京津冀协同发展的大背景下，通过梳理京津冀三地地方标准，构建相应的标准体系，对于京津冀轨道交通一体化和实现三地协同发展意义重大。

2.1.2 城市轨道交通标准体系发展现状

1. 国外城市轨道交通标准体系

城市轨道交通发展的同时，一些国家大力开展城市轨道交通标准体系的研究工作。城市轨道交通主要涉及三类标准，即国际标准、区域性标准和工业发达国家标准。

国际标准主要有：国际标准化组织（ISO）标准、国际电工委员会（IEC）标准和国际铁路联盟（UIC）标准等。ISO标准主要涉及铁路钢轨、转辙及辙叉，覆盖了各类钢轨、轻枕和道岔；IEC标准主要涉及电力牵引、电动车辆及供电系统等；UIC标准偏重于车辆、牵引供电、架空接触网、通信、信号、运营以及线路等方面。区域性标准主要有欧洲标准（EN），是欧共体为了建立单一市场，实现成员国产品和服务的自由流通，减少成员国间的贸易技术壁垒而制定。欧洲标准为非强制性标准，由三个欧洲标准化组织制定，即欧洲标准化委员会、欧洲电工标准化委员会和欧洲电讯标准学会。工业发达国家标准包括德国、英国、法国、日本和美国等国家标准，其中德国标准比较先进、齐全、实用，在国际上享有较高声誉，其半数被ISO、IEC以及EN等国际和区域标准采用。

2. 国内城市轨道交通标准体系

国内城市轨道交通建设始于20世纪60年代，最初30多年，只在北京、天津两城市建设规模很小的地铁，发展缓慢，标准体系工作也未能得到重视。直到20世纪90年代，国内开始加快城市轨道交通建设，才陆续开展城市轨道交通标准体系的构建工作。通过统计城市轨道交通领域各级、各专业的461项标准发现，到目前为止现行城市轨道交通国家标准共96项，行业标准71项，待编标准132项。我国城市轨道交通标准体系的构建工作具有如下特点：

（1）制定急需标准指导城市轨道交通建设

为了促进城市轨道交通发展，适应城市轨道交通建设需要，我国于20世纪80年代经过十多年时间制定了第一批城市轨道交通标准，涉及建设、车辆、供电、信号等关键技术，标准实施后在城市轨道交通建设中起到了极大作用。目前我国处于城市轨道交通飞速发展阶段，急需构建更为完善的标准体系。

（2）大量采用相关铁路标准

常规钢轮、钢轨方式的轨道交通与铁路系统在组成、运营管理等方面有很多相似之处，在城市轨道交通建设的起步阶段，建设标准、车辆、供电、信号、环境保护与安全卫生等方面大量采用相关的铁路标准。

（3）大量采用其他行业的相关标准

城市轨道交通是典型的技术密集、机电设备密集的系统工程，涉及车辆、供电、通信信号等多个专业。在通风空调、给水排水、防灾报警、自动扶梯等方面，目前还没有轨道交通方面专用的标准体系，但作为通用产品及技术，这些产品大量借用一般工业和民用建筑方面的相关标准。

2.1.3 京津冀城市轨道交通标准体系存在的问题

当前形势下，国内城市轨道交通建设如火如荼，京津冀一体化快速发展，在这个大背景下，京津冀城市轨道交通必将迎来重大发展契机，亟需与之匹配的标准体系。目前京津冀城市轨道交通标准体系尚存在以下问题：

1. 标准体系不完整，制修订工作滞后

由于城市轨道交通建设起步较晚，城市轨道交通只是编制了部分急需的标准。到目前为止，与飞速发展的轨道交通现状相比，已制定的标准数量较少，覆盖面小、标龄长、修编不及时，远远满足不了城市轨道交通的发展建设需要，没有形成完整系统的标准体系。再加上由于科学技术的快速发展，有些标准已不适应城市轨道交通系统的要求，对现行标准的审定和修编不及时，难以保证城市轨道交通标准体系的合理性。

2. 缺乏京津冀三地统一的标准体系

京津冀长期以来的行政和经济壁垒使三地轨道交通的发展程度极不均衡，由此导致三地缺乏技术指标统一、政府层面互认的地方标准，在京津冀一体化快速发展形势下，缺乏三地统一的城市轨道交通标准体系。

3. 关键设备和产品标准尚未形成系列化

目前，城市轨道交通信号系统中，诸如车载 ATP、ATO 设备系统、列车自动监控系统（ATS）、车载计算机系统（硬、软件）、局域网（LAN）以及数字式无绝缘轨道电路、环线电缆等轨旁设备以及信号系统与其他机电设备系统接口等方面标准严重缺少。

4. 城市轨道交通发展新理念的践行不足

随着科学技术发展和社会进步，新产品、新技术、新材料发展很快，现代化智慧交通注重资源共享、互联互通、节能环保、安全智能等，现有标准体系对城市轨道交通发展的新理念践行不足。

2.1.4 京津冀城市轨道交通标准体系的编制要求

1. 制定标准体系的目的

系统分析方法是建立城市轨道交通标准体系的重要方法。标准体系的建立可有效促进城市轨道交通标准化的改革和发展，保护区域市场、开拓国内及国际市场，提高标准化管理水平，确保标准编制工作的有序进行，减少标准之间的重复与矛盾。实践证明，不建立标准体系、不规范标准的最佳秩序，往往会使标准的制定处于盲目状态，出现标准之间存在不协调、不配套、组成不合理，甚至互相矛盾的问题。

标准体系的制定适应了城市轨道交通标准体制、管理体制、运行体制的改革，有利于促进京津冀城市轨道交通建设、产品和运营产业化发展，有利于提高标准化工作的科学管理水平，并且对于今后一定时期内标准制定、修订立项以及标准的科学管理有很强的指导作用。

2. 制定标准体系的原则

京津冀城市轨道交通标准体系的制定应遵循以下原则：

（1）有利于满足新技术的发展及推广，尤其是高新技术在城市轨道交通领域的推广应用，充分发挥标准化的桥梁作用，扩大覆盖面，起到保证城市轨道交通建设质量与安全的技术控制。

（2）数量合理，具有前瞻性。应以最小的资源投入获取最大标准化效果，兼顾现状并考虑今后一定时期内技术发展需要，以合理的标准数量覆盖最大范围。

（3）具有系统性和开放性。以系统分析的方法，做到结构优化、层次清楚、分类明确、协调配套，形成科学、开放的有机整体；考虑技术产品升级换代的需要，处理系统兼容和接口，注重系统资源共享。

（4）强调技术产品的成熟、安全、可靠，符合国家国产化政策需求。

（5）重视体系中标准的先进性，并兼顾国内技术发展水平，提高标准的可执行性和可操作性。

2.2 京津冀城市轨道交通标准体系梳理

城市轨道交通行业的业务主要包括：发展规划、设计咨询、投资融资、工程建设、运营管理和装备制造等。按照城市轨道交通的寿命周期，依据其重要程度可合并划分为建设、运营和产品（装备）三大业务板块；按照标准适用层次结构，可将城市轨道交通标准体系分为基础标准层、通用标准层和专用标准层；按照标准制定级别，可将城市轨道交通标准体系分为国家标准、行业标准、地方标准、企业标准和团体标准五个级别。

2.2.1 城市轨道交通特征分析

1. 核心流程识别梳理

城市轨道交通建设工程项目一般具有建设规模大、建设周期长、参与单位多、技术要求高且涉及的学科门类多、受周围环境制约大、对社会影响大及社会关注度高等特点。按照城市轨道交通建设的自身生命周期，建设阶段可大致分为前期策划，设计、计划、招标投标，施工建设及初期运营四个阶段。根据城市轨道交通建设次序，建设板块的核心流程主要包括：前期筹备、勘测设计、工程施工、系统联调及试运行、验收及移交、初期运营、项目后评估等阶段。

城市轨道交通的公共服务特性决定了其运营应以安全、准时、便捷、舒适、文明为目标，为乘客提供持续改进的服务，其运营板块的业务也正是围绕其公共服务特性展开。城市轨道交通运营板块的核心业务主要包括：行车组织、客运管理、维护管理、安全与应急管理等。

城市轨道交通的产品系统随着线路规模的增大，呈现出产品数量多、制式多样化等特点，针对产品的研究、制造、安装及维护等一般以专业系统为管理划分界面，不同产品的研究、制造、检测等工作构成了城市轨道交通产品板块的工作内容。城市轨道交通的产品板块核心业务主要包括：基础设施、车辆、通信信号、供电、机电设备及自动售检票等。

2. 京津冀城市轨道交通工程特点

北京轨道交通工程总体来说具有投资大、施工工艺复杂、施工周期长、周边环境复杂、涉及专业与人员众多等特点。在地质条件上表现为工程地质与水文地质条件复杂；在建设条件上表现为周边环境复杂，包括：周边建筑物、道路、地下管线及周边区域性质环境等；在施工方法上表现为多样性发展，明挖法、矿山法和盾构法综合使用；在施工条件上，受地下水保护限制，常表现为带水施工。

天津市作为国内发展较快的都市，建立便利及现代化的交通设施是国家发展也是城市快速进步的需要。在地质条件方面，天津地区位于华北平原沉降带的东北部、纬向构造体系和新华夏构造体系的交接部位，基底构造复杂，区域性深大断裂发育，地震频繁。在水文气象条件方面，天津地区地处经纬度均居中的东部内陆，但由于天津地区处于内陆版块，距离沿海岸线较远，故其气象条件正常情况下不受海水制约。在地层条件及抗震方面，天津软土层分布广泛，地下水丰富，且历史上曾多次发生地震，地震易对地下结构造成不可恢复型震害。

河北轨道交通建设主要集中在石家庄地区，轨道交通发展才刚刚起步，尚未建成网络化程度较高的轨道交通体系，轨道交通还有很大的发展空间。由于石家庄地区工农业的发展，区域性多年超采和气候干旱造成水位下降，大范围区间位于无水的粉细砂、中粗砂层。

2.2.2 城市轨道交通标准体系分析

1. 交通运输标准体系

交通运输行业的标准体系是由交通运输部和国家标准委联合制定，标志性成果是两部门联合印发的《交通运输标准化体系》，主要包括标准化政策制度体系、技术标准体系、标准国际化体系、实施监督体系和支撑保障体系5部分，覆盖交通运输各领域标准化工作全过程。交通运输标准体系建设的核心是技术标准体系，其框架如图2.2.1所示。交通运输技术标准体系主要框架包括：综合交通运输标准体系、铁路行业技术标准体系、公路工程标准体系、水运工程建设标准体系、民用航空标准体系和邮政业标准体系，包含标准6489项。

2. 铁路标准体系

铁路标准体系涵盖高速铁路、城际铁路、客货共线和重载等不同类型铁路特点，满足各种地质地形、气候条件运输需求。铁路标准体系是铁路标准化工作的顶层设计文件，在标准管理界面划分的基础上，对技术标准进行了梳理和分类，按照完整性、系统性、先进性、前瞻性、稳定性和适用性等原则，形成了铁路标准体系框架结构，如图2.2.2所示。铁路技术标准体系包括：通用及综合、机车车辆、工务工程、通信信号、牵引供电和运营与服务6大标准子体系。

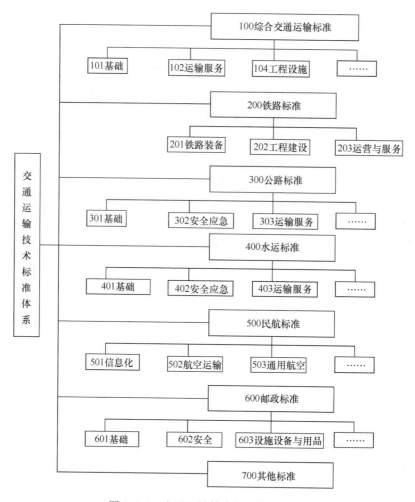

图 2.2.1　交通运输技术标准体系框图

2.2.3　京津冀城市轨道交通现行标准梳理

长期以来，城市轨道交通建设、运营及装备相关标准都是国家标准和行业标准，主要分工是：住建部主要负责设计建设板块，交通运输部主要负责运营管理及安全板块，工信部主要负责产品装备板块。住建部针对城市轨道交通的建设及产品标准专门编制了相关的标准体系并正式发布；交通运输部在《城市客运标准体系（2014 年）》的基础上专门针对城市轨道交通运营及安全标准开展了《城市轨道交通运营标准体系》的编制工作，目前已形成征求意见稿；工信部也正在开展行业层面的城市轨道交通装备体系的研究工作，并已完成了中期评审，待进一步修改完善后发布。故城市轨道交通行业在国家层面现行的标准体系主要有两个：一是《工程建设标准体系（城乡规划、城镇建设、房屋建筑部分）》；二是《城市轨道交通产品标准体系》。现行城市轨道交通标准体系如图 2.2.3 所示。

现行标准体系采用层次结构，由基础标准层、通用标准层和专用标准层三个层次构成，基础标准层包括术语、分类计量符号、限界和工程制图 4 个门类；通用标准层包括城市轨道交通专业的共性标准；专用标准层是城市轨道交通各专业的个性标准。将京津冀城

第2章 京津冀城市轨道交通地方标准体系

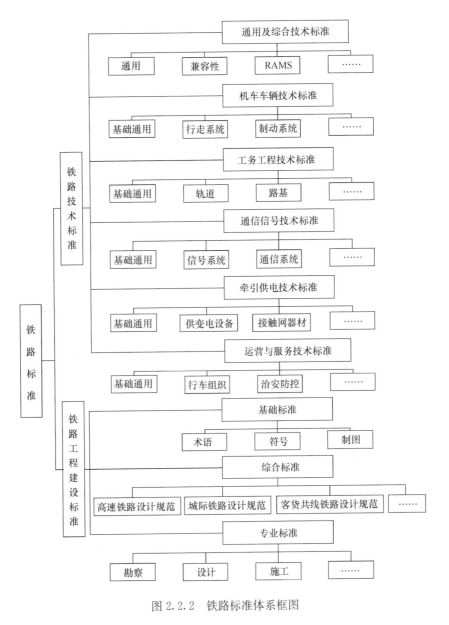

图 2.2.2 铁路标准体系框图

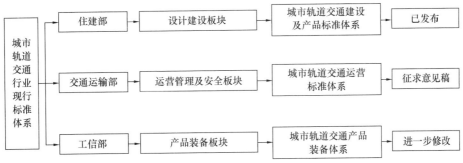

图 2.2.3 现行城市轨道交通标准体系

15

市轨道交通标准体系分层、分类、分级进行梳理。通过标准信息网、城市轨道交通标准体系项目以及相关文献书籍，收集京津冀城市轨道交通相关规范标准461项，并按照以上层次类别进行梳理，梳理结果见表2.2.1。

现行城市轨道交通标准梳理 表2.2.1

	子体系	国家标准	行业标准	地方标准	企业标准	团体标准	待编
1	建设板块	51	27	31	7	23	70
2	产品板块	28	31	5	13	39	32
3	运营板块	17	13	27	7	10	20
	子体系合计	96	71	63	27	72	132
	总计	461					

由图2.2.3和表2.2.1可知，城市轨道交通行业主管部分层面的标准体系尚存在体系覆盖不全面、子体系划分不准确、不切近生产实践等问题。标准体系的各个板块中均存在较大缺口，尤其是随着我国经济社会管理体制发生变化，城市轨道交通领域的技术和产品进入快速发展阶段，智慧、绿色、安全、共享成为城市轨道交通发展的重要理念，而为适应发展形势而确立的一些新理念标准项目无法很好地与现有体系结构融合归并。另外，现有城市轨道交通标准体系中，地方标准、企业标准和团体标准较少，在京津冀一体化快速发展阶段，亟需三地统一的城市轨道交通标准体系。

2.3 京津冀城市轨道交通地方标准体系

2.3.1 方案总体概述

1. 构建思路

京津冀城市轨道交通标准体系的构建是一项复杂的系统工程，需要对我国城市轨道交通行业发展过程中所必需的各种标准进行系统归纳和梳理，旨在指导整个京津冀城市轨道交通行业的发展。京津冀城市轨道交通标准体系的构建思路是：积极借鉴国内外城市轨道交通标准体系的建设成果，从城市轨道交通的行业特征出发，结合京津冀三地发展趋势，构建完整、全面、科学、合理的地方标准体系。

2. 总体目标

构建京津冀城市轨道交通标准体系，需对京津冀城市轨道交通工程建设、运营管理、产品装备等标准进行全面梳理和研究，符合现有的行业建设和运营管理现状。一方面明确一定发展阶段的标准体系建设目标，统筹规划京津冀城市轨道交通标准发展；另一方面有效提升标准的质量和实施效益，促进京津冀城市轨道交通健康发展。构建的地方标准体系应能够满足需求、面向市场、服务区域、结构合理、主次分明、水平先进。

3. 基本原则

京津冀城市轨道交通涉及多个学科和专业门类，需要纵观全局、统筹兼顾，在构建京津冀城市轨道交通标准体系时需要遵循以下基本原则：

（1）完整性：标准体系应全面覆盖京津冀城市轨道交通行业的所有门类及系统分类，

确保引导行业的整体发展，有效避免标准体系不断修改而影响专业门类的协调性和统一性。

（2）目的性：标准体系作为人为构造系统，是一种管理方法和工具，京津冀城市轨道交通标准体系应以服务京津冀轨道行业发展为目标，其目的有别于城市轨道交通相关的国家标准体系和行业标准体系，应围绕京津冀的标准化方针政策进行。

（3）系统性：标准体系中每个标准的效应除了直接产生于各个标准自身之外，还应依靠众多标准的集合作用来体现。标准体系不是众多相互孤立和分散标准的简单堆砌和叠加，而是以某种内在联系关联起来的有机整体。标准体系中的各个标准应相互联系、相互统一。

（4）先进性：标准体系应当具有一定的先进性，立足京津冀，面向整个行业，并着眼于国际，抓住城市轨道交通发展的先进理念，保证标准体系高起点。

（5）前瞻性：标准体系不仅应解决目前京津冀城市轨道交通发展迫切需要的标准问题，还应成为引导京津冀轨道交通行业标准化发展的指导文件，因此既要考虑到目前行业发展现状和需求，也要对未来发展趋势有一定的预见性。

（6）可扩展性：标准体系的构建是一个长期过程，需要随着行业发展而逐渐完善，因此京津冀城市轨道交通标准体系应在确保现有体系完整合理的前提下，可以随着行业动态发展进行扩充。

2.3.2　标准体系分类模式分析

目前，城市轨道交通标准体系框架分类模式主要有两种：一是专业分类模式；二是业务分类模式。这两种分类模式均有代表性标准体系。

1. 方案一：专业分类模式

专业分类模式是按照标准化原理来组织标准体系，将标准按照基础标准、通用标准和专用标准分层，然后在专用标准层对应城市轨道交通的专业门类进行分类梳理，代表性的成果有《城市轨道交通工程建设标准体系》和《城市轨道交通产品标准体系》，这两个标准体系是由中华人民共和国住房和城乡建设部标准定额司发布，标准体系框图如图2.3.1、图2.3.2所示。专业分类模式的优点是：符合标准化原理统一、简化、协调的特点；按照基础、通用、专用三个标准层设置，逻辑清晰，与现行行业标准体系基本对应；体系梳理工作量小。专业分类模式的缺点是：专业门类设置不够清晰，体系框架与实践应用存在交叉，使用较为不便；不够契合城市轨道交通行业的关键流程和核心要素，体系框架与管理机制存在交叉，管理复杂程度较大；子体系之间可能存在一定标准重合和冲突现象。

2. 方案二：业务分类模式

业务分类模式采用二维结构，将城市轨道交通标准体系先按照核心业务板块进行划分，再根据各核心业务板块的特点，细分关键流程或核心要素来梳理体系，代表性的成果有中国城市轨道交通协会编写的《城市轨道交通团体标准体系研究》（图2.3.3）。业务分类模式的优点是：将城市轨道交通标准体系按照核心业务划分为建设、运营、装备、开发四个子体系，再划分为基础、通用、专用三个层次；体系框架贴合行业实践应用；体系框架与现有管理机制重合度高，管理较为简单。业务分类模式的缺点是：子体系之间存在一

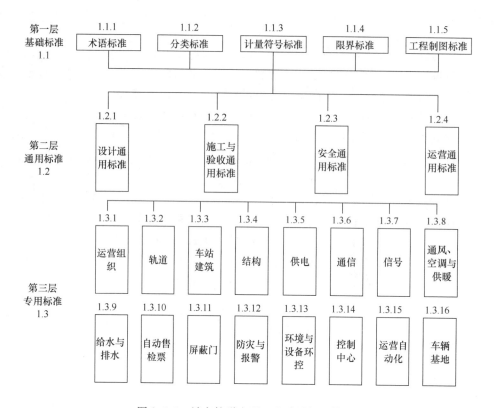

图 2.3.1 城市轨道交通工程建设标准体系

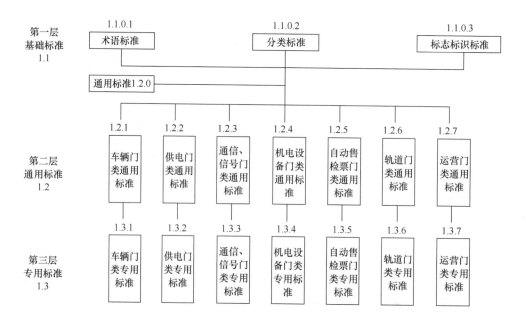

图 2.3.2 城市轨道交通产品标准体系

定标准重合、冲突现象；体系框架层次不够分明，体系梳理工作量大；部分薄弱板块（如开发板块）现行标准太少。

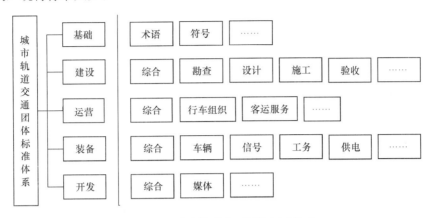

图 2.3.3　城市轨道交通团体标准体系

2.3.3　标准体系框架方案

根据京津冀城市轨道交通行业内各类标准的计划、编制及使用情况，并考虑到标准体系框架的先进性、创新性以及扩展性，标准体系的分类模式采用业务分类模式。在构建京津冀城市轨道交通标准体系时，首先沿用标准体系常用的基础、通用和专用三个层次；其次综合考虑城市轨道交通多种类型的全生命周期，将城市轨道交通标准分为建设、运营和产品三大板块；再次根据标准制定级别，将其分为国家标准、行业标准、地方标准、企业标准和团体标准。

京津冀城市轨道交通标准体系的三个子体系如图 2.3.4～图 2.3.6 所示。

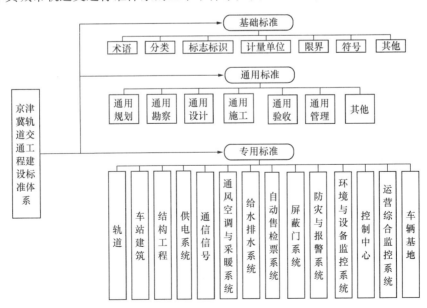

图 2.3.4　建设标准体系框架图

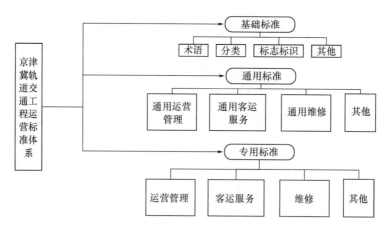

图 2.3.5 运营标准体系框架图

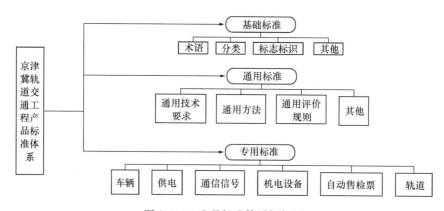

图 2.3.6 产品标准体系框架图

2.4 京津冀城市轨道交通地方标准编制建议

2.4.1 标准编制重点领域

通过对461项现行标准进行梳理，结合三地轨道交通的发展特点，提出京津冀城市轨道交通标准编制的五个重点领域。

1. 城市轨道交通建设领域

城市轨道交通土建工程涉及众多专业门类，京津冀三地轨道交通的发展程度极不均衡，目前城市轨道交通的现行标准中大量参照了民用建筑领域、市政工程领域、铁路行业等已实施的标准，对京津冀自身城市轨道交通的建设特点针对性不足，有必要编制针对性的地方标准。现阶段，城市轨道交通在勘察、设计、施工、验收和移交等各方面制定了一定数量的国家标准、行业标准、地方标准、企业标准和团体标准，但在标准体系完整性和标准覆盖度方面尚存在不足。尤其是随着城市轨道交通功能需求的不断增长和施工新技术的不断发展，有必要将编制重点聚焦于建筑功能类标准和新技术应用标准，如预制装配式地下车站、冻结法带水施工等。

2. 节能环保领域

"绿色""节能"是现代城市轨道交通发展的重要理念，涉及通风空调、环境污染防治、水资源保护、减震降噪、车辆牵引以及动力照明灯多个行业板块。目前专门针对城市轨道交通行业的节能环保类专业标准较为欠缺，标准数量与内容覆盖度均需补充完善，应重点在节能环保标准体系、环境质量评价标准、绿色城市轨道交通体系标准等方面加快编制。

3. 通信信号及信息化领域

通信信号及信息化系统专业多、系统多、技术更新快，网络化发展趋势要求原来的服务单线变为服务网络，信息化系统是城市轨道交通网络运转的基础支撑系统，它对城市轨道交通的运营安全至关重要。另外，随着云计算、移动互联网、信息安全等技术的发展，通信信号及信息化系统也需要与时俱进。因此京津冀城市轨道交通需要在网络技术性标准、智能云计算等新技术应用标准、网络新产品监测标准等方面重点关注，促进城市轨道交通的智能化发展。

4. 运营管理领域

目前城市轨道交通运营管理类的标准较少，行业范围内具有共性的运营管理与运营技术标准尚存不足，因此应该着眼于京津冀城市轨道交通未来发展，探索新兴运营管理模式和相关技术标准。尤其考虑到运营管理的模式、架构和流程等内容受运营单位影响较大，很难具有行业共性，应着重在核心运营业务、运营管理需求以及新技术应用方面加快标准的编制工作。

5. 高新产品领域

城市轨道交通是高新产品集中行业，涉及牵引车辆、机电设备、轨道结构等各个模块。随着城市轨道交通制式多元化、国产化不断发展推进，对城市轨道交通高新产品集成化、智能化、交互性的要求越来越高。因此应在车辆产品的关键零部件、机电设备智能运维、产品性能评估等方面重点关注，引导城市轨道交通集中高新技术产品，向智能化方向发展。

2.4.2 标准编制建议

1. 新编类标准

(1) 质量评定类：《城市轨道交通产品质量等级评定标准》

2019年4月30号，国家认监委发布了《城市轨道交通装备产品认证实施规则》，纳入认证目录内的产品将按照统一的认证标准、规则和程序开展认证，产品认证作为一种普遍采用的市场准入方式，有助于营造公开、公正和公平的市场环境。同时为了保障产品质量和运营安全，还应该制定《城市轨道交通产品质量等级评定标准》与该认证规则相适应，质量等级评定标准应该根据各地的经济情况和发展要求设定不同的质量等级以及评定方法等，有助于帮助生产企业建立完善的产品质量保证体系，正确执行产品技术要求，增强产品质量的稳定性。

(2) 安全疏散类：《地铁区间疏散平台技术规程》

地铁疏散平台目前已经成为地铁系统重要的消防、防恐设施之一。现有的国家标准《地铁设计规范》GB 50157—2013只规定了隧道内疏散平台宽度一般情况下为700mm，困难情况下不小于550mm；疏散平台距轨道顶距离不大于900mm。有关地铁疏散平台内容的标准规范太过单薄，鉴于建设地铁区间疏散平台的迫切要求，应相应编制一本关于地铁区间疏散平台技术规程的规范。

（3）预制装配类：《地下轨道交通明挖预制装配式地下车站结构构件生产及检验规范》《地下轨道交通明挖预制装配式地下车站结构施工及验收规范》《地下轨道交通明挖预制装配式地下车站结构设计规范》

2018年全国首例"预制装配式地铁车站"建成，与传统建造方式相比，装配式车站能显著提高工程质量、施工效率和安全性，可大量节省各类材料和劳动力，是推动地铁地下车站结构建造技术变革和适应建筑产业化的创新技术，目前还没有相应的技术规范出台。

2. 推广类标准

（1）环保节能类：《城市轨道交通节能技术规范》DB11/T 1486—2017、《地铁噪声与振动控制规范》DB11/T 838—2019

《城市轨道交通机电设备节能要求》GB/T 35553—2017是城市轨道交通节能类国家规范，它只是对供电照明、通信信号和动力设备等各方面设定了能效限定标准，而在《城市轨道交通节能技术规范》DB11/T 1486—2017还额外增加了车辆、线路和车站建筑等方面的要求，并且提出了具体的节能措施，比如在区间线路设置"高站位、低区间"的节能坡；车辆的制动方式采用电力再生制动和机械制动混合运算的控制方式；地上车站及其附属建筑的外墙宜采用外保温构造等。

《城市轨道交通引起建筑物振动与二次辐射噪声限值及其测量方法标准》JGJ/T 170—2009是城市轨道交通环境保护类行业标准，它规范了轨道交通列车运行引起建筑物振动和噪声的测量方法及数据处理，然而却没有提出合理的减振减噪措施，但是《地铁噪声与振动控制规范》DB11/T 838—2019增加了设置隔声窗、声屏障等措施，而且除了测量方法外，又增加了振动预测模型和振动数值仿真预测两部分内容，将减振降噪等工作更加细化，这对城市轨道交通建设中的防治噪声污染工作极为有益，可以进行推广。

（2）运营安全类：《城市轨道交通运营线路安全评价规范》DB11/T 1510—2018、《城市轨道交通综合救援应用技术规范》DB11/T 1482—2017

在现行的国家标准和行业标准中，尚未制定运营线路安全的评价规范，本规范对安全管理、运营组织、供电消防等许多方面制定了评价方法和安全措施，比如在开展综合评价时，人员访谈对象要求覆盖线路负责人和被评价车站负责人，车站人员访谈时，现场访谈比例应不低于当值人员的50%，建立严格的站务员培训系统等，这些措施可以防范运营过程出现大的安全隐患事故。

《城市轨道交通综合救援应用技术规范》DB11/T 1482—2017增加了轨道交通相关场所的设计和危险源探测等方面的处置措施，并对火灾的处置要求进行了较为详细的规定，比如轨道交通应依托公安机关消防机构设置综合救援调度指挥平台，还要设置路网运营指挥中心，在出现事故时方便调动各方开展救援工作，这些在国家标准中还未制定更好的规范。

（3）产品维修类：《城市轨道交通设施养护维修技术规范》DB11/T 718—2016、《城市轨道交通设施结构检测技术规程》DB11/T 1167—2015

目前，有关设施养护标准并没有对轨道、桥梁、车站、路基和涵洞等轨道交通结构设置养护维修技术规范，该标准对此设置了较为合理的维修技术标准，例如车站日常养护主要针对主体结构、顶面、墙面等进行日常养护、综合维修以及大修，并且针对车站各部结构也制定了相应的维修养护技术规范，这对于轨道交通设施的安全十分有益。

国家标准和行业标准还没有制定城市轨道交通设施结构检测的规范，本规范主要用来制定城市轨道交通设施检测的观测项目、仪器设备、测点布设和测量方法，例如观测隧道结构的竖向变形时，仪器使用精度应为不低于DS1及DSZ1的精密水准仪，测点布置于便于测量的侧墙或者底板等，根据本项规范，可以科学地开展测量工作，以保证设施结构的稳定性。

第 3 章 雄安新区城市轨道交通建设及运营组织模式

3.1 概述

雄安新区作为北京非首都功能疏解集中承载地，将建设成为高水平社会主义现代化城市、京津冀世界级城市群的重要一级、现代化经济体系的新引擎、推动高质量发展的全国样板。交通拥堵向来是城市发展的"病"，雄安新区要成为在新时代具有示范引领作用的城市，必须要解决交通拥堵这个城市病，要增强对北京非首都功能和人口的吸引力，必须建立与传统城市不尽相同的新型轨道交通体系，建立创新管理体制机制。

2018 年 4 月，《河北雄安新区规划纲要》（以下简称《规划纲要》）正式批复，千年大计的宏伟蓝图已经绘制，坚持世界眼光、国际标准、中国特色、高点定位，紧紧围绕打造北京非首都功能疏解集中承载地，创造"雄安质量"，建设成为新时代推动高质量发展的全国样板，这是雄安新区的使命。《规划纲要》提出发展以绿色、智能为核心的交通系统，实现起步区绿色出行比例达到 90%、公共交通占机动化出行比例达到 80% 的目标，如何科学、合理地规划、建设和运营管理雄安新区城市轨道交通，以支撑可持续健康发展的高水平社会主义现代化城市建设，是落实雄安新区规划的关键之一。

3.2 用世界眼光做好顶层规划

构建快捷高效交通网，是《规划纲要》的重要内容之一。《规划纲要》明确，按照网络化布局、智能化管理、一体化服务要求，加快建立连接雄安新区与京津及周边其他城市、北京新机场之间的轨道交通网络；坚持公交优先，综合布局各类城市交通设施，实现多种交通方式的顺畅换乘和无缝衔接，打造便捷、安全、绿色、智能交通体系。

3.2.1 对外畅通，快捷高效

雄安新区地处北京、天津、保定腹地，距北京、天津均为 105km，距石家庄 155km，距保定 30km，距北京新机场 55km，要坚持交通先行，雄安新区轨道必须加快实现与这些周边城市和机场的快速直达连接，提高新区对周边腹地的辐射带动能力，为高效承接北京非首都功能疏解提供保障和支撑，实现新区快速高效对外连接，带动京津冀一体化发展。

3.2.2 对内便捷，绿色智能

优先发展以轨道交通为骨干的城市公共交通系统，解决城市交通问题，成为世界各国的共识。坚持以人为本的交通发展理念，结合新区组团的功能定位，规划建设运行高效的城市轨道交通网络，打造绿色智能内部交通体系，应成为雄安交通建设的重要内容。按照网络化、多模式、集约型的原则，以起步区和外围组团为主体布局轨道交通网络，实现起步区与外围组团、城镇的便捷联系，并据新区建设步骤和人口规模、交通出行需求，放眼长远规划，整体布局轨道交通网络，有序建设轨道交通。

3.2.3 创新驱动，引领发展

推动新区轨道交通规划、建设、管理、运营各个环节的体制机制创新，促进政策、技术标准的对接协调，与其他交通方式共同创新交通发展政策、管理服务模式，全方位提升综合交通管理水平，引领城市轨道交通发展，形成样板。在新型轨道交通创新方面先行先试，示范应用于一体化智能对外交通系统，整合不同服务主体，创新市场化运营服务模式。

3.3 构建满足雄安新区生长要求的轨道交通建设格局

整体设计、多措并举，建立雄安新区"一盘棋"轨道交通建设格局，统筹轨道交通规划、建设、运营、管理全过程，在规划设计、装备技术、政策法规、体制机制等方面协调开展建设，引导绿色交通出行，促进雄安新区健康发展。

3.3.1 一干多支

构建城市轨道交通快速主干道，承担起步区与外围组团间长距离出行，实现起步区与周边城市和机场的快速直达连接，提高新区对周边腹地的辐射带动能力。构建网络化的轨道慢线走廊，串联各组团功能中心、城际或高铁站、科技基地等城市核心区，提高起步区对周边组团的辐射带动能力。规划中的雄安至北京大兴国际机场快线是雄安新区规划纲要和总规中构建"四纵两横"区域高速铁路交通网络中的"一纵"，也是新区交通专项规划中"一干多支"轨道交通快线网中的"一干"。

3.3.2 互联互通

实现多线资源共享、降低线路和设备空置率，增加运营组织灵活性，降低换乘增加的运营管理难度和安全风险，满足乘客对直达、不同旅行速度的出行要求。轨道交通与其他制式交通实现信息互通互动，实现"一次操作、多式联运、一键支付、全程保护"，提供全方位出行信息，探索整合便民生活服务。

3.3.3 灵活编组

根据客流需求和时空分布不均衡程度，通过大数据分析，灵活调整在线运营车辆编组数量和编组形式，实现基于需求的实时运能可配置的运输组织。基于全天候运营场景，采用全客车、客车＋行李车、客车＋货车、全货车等不同编组模式，实现基础设施的充分有效利用，并创新运营、维护模式，支撑全天候运营需求。这种集约高效的轨道交通格局，能够有效提高快速响应运量能力、减少列车空驶率和乘客等候时间，提高服务水平和运营经济性。

3.3.4 不断生长

根据建设区域、新建区域及老城区不同特点，因地制宜、分区施策，在新建区域率先打造未来轨道交通发展雏形，形成可复制推广模式并不断生长。

"一干多支、互联互通、灵活编组、不断生长"是新区新型城市轨道交通建设模式，该种模式有利于实现市内轨道、高速区域轨道的便捷和灵活运营，能够应对不断发展的城市要求。

3.4 建立符合雄安新区城市发展要求的轨道交通运营体制机制

打破传统壁垒，构建"政府＋平台＋市场＋监管"的交通经营管理新模式。发挥政府在保障基本公共服务、鼓励创新发展、促进公众参与等方面的关键引导作用，逐步完善市场机制和激发市场活力，发挥市场在资源配置中的决定性作用。

建立综合交通大部门政府管理机构。统一负责包括城市轨道交通在内的各类交通运输行业管理，重点承担战略规划、政策研究制定、监督评估等职责，按照负面清单管理交通运输服务业准入。

组建统一交通管理平台公司。政府向平台公司授予公共交通运营管理权，提升公交行业建设和管理水平。利用信息化手段，整合轨道交通、公交、自行车、出租车、物流工配、停车场、交通枢纽的不同方式、不同主体服务。通过归集和应用交通大数据，制定服务最优、社会效益最大化的运营方案和调度规则，促进不同交通方式间互联互通、相互协同，为乘客提供贯穿全出行链的行程规划、引导、预约、提醒等出行信息，实现"门到门"的出行服务。

建立公共交通购买服务的市场化运营机制。以服务质量为主要标准，由平台公司通过招标选择优质、专业市场主体授予特殊经营权，开展运营服务，明确市场退出机制，维护公共利益，促进服务质量不断改善。建立差异化票价标准，基本公共服务采用公益性票价，定制化和响应式公交等个性化服务探索市场化票价，建立公共交通财政补贴制度，重点保障基本公共服务。支持公共运营管理机构围绕主营业务开展物业开发、商业经营、汽车租赁、物流共配、广告等多种经营，反哺公共交通建设和运营。

探索第三方机构监督考核机制。建立公平竞争、优胜劣汰的市场机制，创新交通运营服务的社会参与监督评价机制，组建第三方评价监督机构，代表市民提出政策建议、受理交通投诉、监督市场主体服务，并引入社会团体和市民参与，以持续提升公共交通管理服务水平。

雄安新区要以乘客出行便捷为导向，必须要打破不同交通方式、不同运营主体之间的壁垒，建立多元化服务、一体化组织、市场化运营、可持续发展的新型公共交通管理模式，不断推动公共交通服务创新提升，以满足人民对美好生活的需要。

3.5 快速开展先行先试推动城市轨道交通建设

紧紧抓住北京非首都功能集中承载地功能定位，着力在创新发展、城市治理、公共服务等方面推动城市轨道交通加快开展先行先试、率先突破。按照先建快线后建慢线，先联通外围后联通内部组团的原则，率先打通雄安新区与北京、大兴机场的联系，建立北京非首都功能疏解的"轨道上的快速通道"。

构建便捷、安全、绿色、智能的现代化交通运输体系，打造交通强国建设的先行区和推动交通运输高质量发展的全国样板，雄安新区的城市轨道交通承担千年大计的历史使命，必须坚持"创新、协调、绿色、开放、共享"的发展理念，探索综合治理新体系、创新引领新发展、人本交通新方式、公共优先新举措，雄安新区的城市轨道交通规划、建设、运营必须经得起实践、历史和人民的检验。

第4章 站点一体化开发资源共享设计在北京地铁7号线东延的探索

4.1 北京地铁7号线东延概述

4.1.1 北京地铁7号线工程

北京地铁7号线西起北京西客站，以地下线方式沿两广大街一直向东敷设，出东四环后沿垡头西路向南过欢乐谷，再沿垡头南路向东到达东五环焦化厂。线路全长23.67km，全部为地下线，全线共设车站21座，平均站间距1.14km，原焦化厂内设置车辆基地一处。

西接中心城：7号线是北京南城一条东西向的大动脉，西至北京西站。

东达环球度假区——文化和国际交往的门户，环球度假区站为八通线、7号线沿线换乘站，是通州东南部重要的轨道交通节点。

北京地铁7号线（含东延）全线敷设于丰台、西城、朝阳、通州四个城区，是北京南城一条东西向的大动脉，连接了首都多个重要城市功能区（图4.1.1），穿过北京西站、老城区、CBD、欢乐谷、垡头集团、二道绿隔、文化旅游区等功能片区。

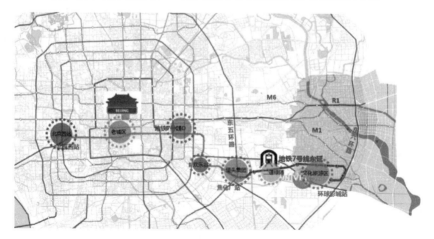

图4.1.1 7号线途径的重点功能区示意

4.1.2 北京地铁7号线东延工程

北京地铁7号线东延工程起自既有7号线终点焦化厂站（不含），线路以地下线方式沿规划焦化厂中路向东南下穿五环路后向东敷设，经过豆各庄安置用房核心区域后，沿既有万通路继续向东，下穿京哈高速和南大沟后进入通州区范围；通州段线路沿万盛南街向东敷设，沿六环路内侧转向南进入环球影城项目并设置终点站。线路从焦化厂站站后折返线至终点全长 16.6km，全为地下线，全线共设车站 9 座，平均站间距 1.86km，其中 2020 线网中换乘站两座分别与城际铁路联络线及八通线南延线在施园站换乘，与八通线南延线在环球影城站换乘。在六环内，群芳南街南侧设置张家湾车辆段一座。

7 号线东延全线经过朝阳和通州两个行政区（图 4.1.2）。其中朝阳区 3 站，周边以住宅为主；通州区 6 站，南侧以多功能用地为主，北侧以多功能及住宅用地为主。万盛南街西口站与高楼金站是本线重点站。

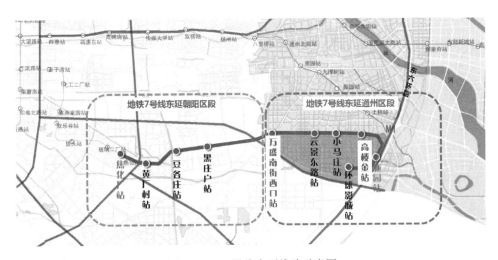

图 4.1.2　7 号线东延线路示意图

7 号线东延项目穿过垡头集团、32 片区、文化旅游区（图 4.1.3），全线可分为三个区段：

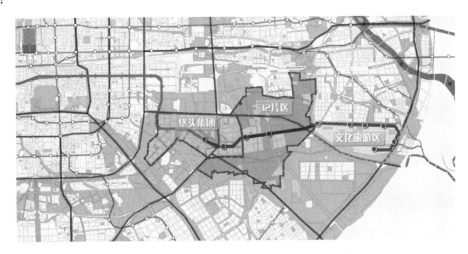

图 4.1.3　7 号线东延途经的重点功能区示意

城市服务段——垡头集团范围（黄厂村站、豆各庄站）沿线主要是城市建成区，集聚商业、办公、居住等城市功能区。

景观过渡段——32片区范围（黑庄户站）沿线用地基本为生态景观绿地，为北京市第二道绿化隔离地区。

环球影城段——文化旅游区范围（万盛南街站、云景东路站、小马庄站、高楼金站、环球影城站、施园站）沿线北侧用地为通州新城，南侧为环球影城。

4.1.3 功能定位

轨道交通线网中骨干线7号线的东部延伸，构建中心城与通州新城南部地区联系走廊，缓解既有八通线、6号线压力（图4.1.4）。

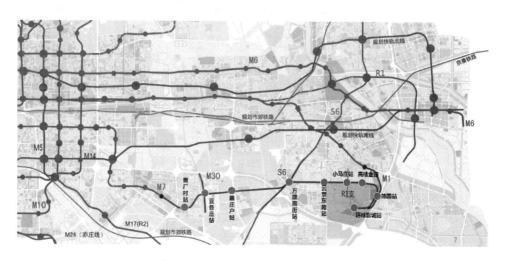

图4.1.4　7号线东延与线网关系示意

服务于环球影城项目，构筑环球影城与对外交通枢纽间的快速轨道交通联系。

带动沿线功能区发展建设（垡头核心区、通州文化旅游区）。

是城市东西联络的重要组成部分，是首都北京展示文化自信的窗口。

4.1.4 总体规划要求

引导城市格局：促进城市与交通协调发展。

服务城市职能：有效支撑功能和人口疏解。

提升效率品质：结合区域定位，精细化设置轨道一体化站点，发挥站点触媒作用，提升地区更新发展质量，发挥轨道交通的综合效益。

总体规划对轨道交通建设提出了明确的要求，此次规划设计应与周边城市功能相结合，精细化设置轨道一体化站点，发挥轨道交通的综合效益（图4.1.5）。

1. 区域要求——垡头片区

垡头功能区立足于"科技CBD"的功能定位，以打造"环渤海总部商务区"为目标，重点发展环保及新能源、智能装备等新兴产业和相关商务配套产业，打造新兴产业的创新培育基地。

7号线地铁及附属设计应与垡头功能区"科技CBD"的城市功能定位相融合，体现科技感与未来感（图4.1.6）。

第 4 章　站点一体化开发资源共享设计在北京地铁 7 号线东延的探索

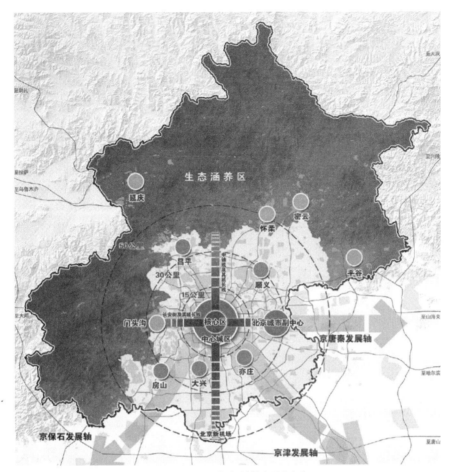

图 4.1.5　北京市总体规划示意

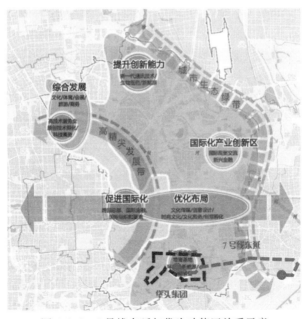

图 4.1.6　7 号线东延与垡头功能区关系示意

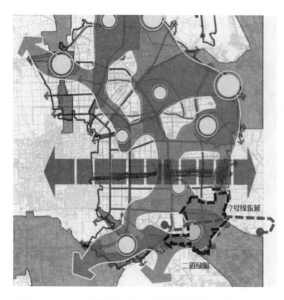

图 4.1.7　7 号线东延与二道绿化隔离区关系示意

2. 区域要求——二道绿隔

二道绿化隔离地区应以"共生"理念为指导，在边缘集团与乡域建设组团外围布局环形绿带，强调城市与自然的融合共生。"绿环"一方面在组团之间形成了相对隔离，遏制建设用地无序发展；另一方面"绿环"促进了城市生态空间的内外互通，"组团＋绿环"形成了"城市＋自然"的结合体，城与绿相互渗透，互利共生，达到和谐共存的状态。

7 号线地铁及附属设计的设计应与二道绿隔"共生"的理念相融合，强调绿色生态，使站体与自然融合共生（图 4.1.7）。

3. 区域要求——北京城市副中心

北京城市副中心为北京新两翼中的一翼，应当坚持世界眼光、国际标准、中国特色、高点定位，以创造历史、追求艺术的精神，以最先进的理念、最高的标准、最好的质量推进北京城市副中心的规划建设，着力打造国际一流的和谐宜居之都示范区、新型城镇化示范区和京津冀区域协同发展示范区。构建"一带、一轴、多组团"的城市空间结构；突出水城共融、蓝绿交织、文化传承的城市特色；坚持用最先进的理念和国际一流的水准规划建设管理北京城市副中心。

其中提到高标准规划建设交通市政基础设施体系：构建以北京城市副中心为交通枢纽门户的对外综合交通体系，打造不同层级轨道为主、多种交通方式协调共存的复合型交通走廊。以北京城市副中心站客运枢纽为节点组织城际交通和城市交通转换。建设以公共交通为主导的北京城市副中心内部综合交通体系。加强北京城市副中心与中心城区、与各新城之间的快速便捷联系，建设七横三纵的轨道交通线网，建设五横两纵的高速公路、快速路网络（图 4.1.8）。

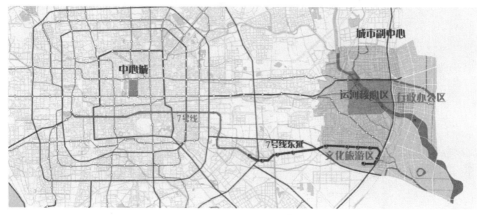

图 4.1.8　7 号线东延的区位关系示意

4. 区域要求——环球影城

环球影城将进一步加快通州副中心的市政设施、交通路网、环境绿化等配套的建设和完善。

初步预计，环球影城开园第一年有望接待游客 800 万人次，创造 11 万直接或间接就业机会。

通常消费辐射半径达 5km 左右，将直接提升周边区域价值，也会带动休闲、餐饮、住宿、度假等多种业态的发展。

4.1.5 目标愿景

随着北京轨道交通的快速发展，换乘距离远、与周边功能衔接差、建筑和环境景观的关系不够紧密等问题日益突出。车站设计方面，建筑单体形式呆板、缺乏时代感。部分出入口设置占用便道影响通行，与城市其他设施互相干扰，与周边环境的协调性差。

应该抓住 7 号线东延项目的契机，高品质建设轨道交通设施，体现轨道交通对地区发展的带动作用和对城市更新改造带来的机遇。实现空间集中、交通高效、市民方便、现代美观、环境协调的城市功能。实现轨道设施之间以及轨道设施与其他城市功能的统筹整合，充分发挥轨道交通的综合效益（图 4.1.9）。

图 4.1.9 目标愿景示意

4.2 站点一体化设计

4.2.1 全线一体化概况

7 号线东延全线经过朝阳和通州两个行政区。其中朝阳区 3 站，周边以住宅为主，现状条件复杂,道路空间相对局促;通州区 6 站,南侧以规划多功能用地为主,北侧以多功能及住宅用地为主,道路两侧规划景观绿带,且环球影城区域规划尚未实施,具有较好的一体化条件(图 4.2.1、表 4.2.1)。

图 4.2.1 7 号线东延线路途经用地功能图

7 号线东延站点一体化情况汇总　　　　　　　　　　表 4.2.1

序号	站点	一体化类型	建议实施模式
1	黄厂村	通道连通	地下空间与周边土地衔接一体化
2	豆各庄	通道连通	地下空间与周边土地衔接一体化
3	黑庄户	通道连通、车站剩余空间利用	地铁配套服务或区域公益性配套织补一体化、地下空间与周边土地衔接一体化
4	万盛南街	附属设施与建筑结合车站剩余空间利用与周边用地结合	用地条件带一体化方案上市、与地铁同步建设交通接驳设施一体化、商业开发综合利用一体化、地下空间与周边土地衔接一体化
5	云景东路	通道连通	地下空间与周边土地衔接一体化
6	小马庄	通道连通	与地铁同步建设交通接驳设施一体化、地下空间与周边土地衔接一体化
7	高楼金	车站剩余空间利用、与周边用地结合	用地条件带一体化方案上市、地铁配套服务或区域公益性配套织补一体化、地下空间与周边土地衔接一体化
8	环球影城	与周边用地结合	与地铁同步建设交通接驳设施、公共服务设施一体化

万盛南街西口与高楼金站含剩余空间,且与城市建设区联系紧密,作为本次一体化重点站(图 4.2.2)。

第 4 章　站点一体化开发资源共享设计在北京地铁 7 号线东延的探索

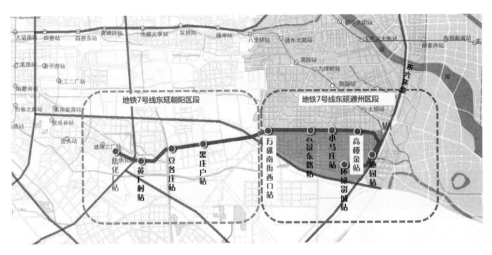

图 4.2.2　7 号线东延一体化重点车站示意

4.2.2　分类指引

1. 站点设计类型

根据站点区位、站点周边的土地利用等因素，以功能为导向，可将站点分为公共中心型、交通枢纽型、居住区型、开放空间型，分类的目的旨在一体化设计中给予侧重考虑（图 4.2.3）。

站点	设计重点			
	公共中心型	交通枢纽型	居住区型	开放空间型
黄厂村	√			√
豆各庄			√	
黑庄户	√			
万盛南街	√	√		√
云景东路	√			√
小马庄	√	√	√	√
高楼金	√			
环球影城	√	√		√

图 4.2.3　7 号线东延站点设计类型

公共中心型站点——位于繁华的城市中心街区，优先配设一些综合性的、易于吸引人流的娱乐休闲设施和餐饮零售设施，与站点大厅连接为一个整体。在用地条件许可的情况下，设置城市广场和富有特色的街道，将周边公交站点、社会停车场以及大型商业、文化、娱乐设施联系为一体。

交通枢纽型站点——侧重各种交通方式的换乘与接驳，尤其是垂直交通体系的完善。由于客流量大，有必要设置人流集散场地。

居住区型站点——对于该区域的居民来说，通勤是最大的出行目的，吸引人们乘坐轨道交通的优势就是配套设施的完善。如自行车停放设施的配备，自行车是城市轨道交通换乘方式中仅次于常规公交的一种重要方式。居住区当中可以结合步行系统设置自行车道通向城市轨道交通站。轨道交通与自行车之间考虑采用直接换乘方式，加强站点周围自行车、小汽车停车服务。建立串联轨道站点、社会停车场、公交站点之间的步行交通网络。

开放空间型站点——考虑站点是否有需求进行绿地下的地下空间开发，站点自身与周边景观的和谐一致，把自身融入站点其他区域当中，增加对周边美化效果的贡献。

2. 设计创新优化点

7号线东延段全线基本采用标准站的站体设计方案：

（1）站台加宽至13m，有利于站内空间组织；

（2）站体两侧皆预留一定宽度的连通空间，为未来一体化预留条件；

（3）所有车站设备都在站体主体内布置，外围通道可根据需要灵活布局。

4.2.3 全线一体化汇总

7号线东延是连接中心城与副中心重要的轨道干线，也是在北京新总规批复和副中心详细规划公示后首条建设通车的线路，同时也是支撑未来以环球影城为主的文化旅游区功能的重要交通保障。

7号线东延站点区域基本具备较好的一体化条件，尤其以副中心最突出，沿线两侧基本以规划多功能用地为主，不同于中心城内受现状复杂因素制约的影响。

7号线东延的一体化以轨道先行、带动用地为主，一体化的内容应该具有前瞻性和时序性，在充分考虑现状与规划、近远期结合后，以轨道站点的建设引导周围用地高效开发，创造人性化的轨道交通接驳示范。

4.2.4 规划原则

城市：通过轨道站点一体化精细化设计，发挥轨道交通的综合效益，强化站点触媒作用，提升地区环境品质。

人：一体化的根本是强调以人为本，充分考虑实施时序，让人们得到便捷舒适的服务和使用体验。

1. 市政交通一体化

多种公共交通换乘；丰富地下步行网络；结合站体市政管线。

2. 城市功能一体化

高效紧凑的城市；活力的公共空间；混合的城市功能。

3. 环境景观一体化

塑造城市景观；提升环境品质；创造特色文化。

4.2.5 规划策略

1. 统筹城市功能

（1）以轨道站点为核心组织城市公共功能；

（2）创造以公共交通出行为主的生活方式。

2. 激活剩余空间

（1）盘活地铁剩余空间；

（2）发挥空间连接价值；

(3)改善乘车使用体验;
(4)服务周边城市区域。
3. 优化人流集散
(1)梳理功能流线需求;
(2)统筹考虑不同标高、不同功能、不同交通、不同环境的便捷可达性。
4. 创造环境品质
(1)依托站点出口及附属,有机组织城市景观环境;
(2)在提升轨道使用品质同时将轨道站打造为具有吸引力的城市公共空间。
5. 提升土地价值
(1)优化周边用地可达性和便捷性;
(2)提升轨道对建设服务能力;
(3)增加周边用地价值。
6. 强调规划实施
(1)总结一体化指标和内容;
(2)结合地块控规,落实规划条件;
(3)做好远期审批建设铺垫。

4.2.6 设计理念

1. 功能连接交融的触媒
(1)连接城市功能,串联城市生活

7号线东延各站点紧邻住宅用地和多功能用地,周边为大量居住区、商务办公、商业娱乐、学校、绿地等内容,通过一体化设计用下沉广场及地下过街通道将不同地块、不同功能的城市生活有机地串联在一起(图4.2.4)。

图4.2.4 连接城市功能,串联城市生活

(2)利用剩余空间,提升服务品质

高楼金站和万盛南街西口站因施工工艺产生了一定面积的剩余空间,通过一体化设计

的下沉广场、外挂空间等形式对其进行综合利用。根据剩余空间的尺度条件灵活布置多种服务类型，包括超市、生活配套、餐饮零售等形式，方便快捷地为相邻地块及周边区域进行高品质服务。

（3）打开地下空间，创造公共景观

以下沉广场的设计代替传统的过街通道，空间宽敞，尺度宜人。对下沉广场内的楼梯、垂直电梯等设备设施进行艺术化的处理，并通过大面积的绿化种植进行消隐，创造高品质的地铁公共景观环境（图4.2.5）。

图4.2.5　打开地下空间，创造公共景观

2. 人流便捷通达的枢纽

（1）地下交通换乘

万盛南街西口站是7号线东延与规划S6线的换乘车站，同时其南侧地块规划通马路公交枢纽，通过一体化下沉广场将7号线、S6线、公交枢纽进行统筹与联通，形成舒适的地下交通换乘条件（图4.2.6）。

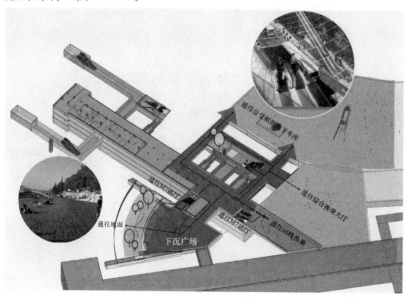

图4.2.6　地下交通换乘分析图

（2）地面交通接驳

7号线东延全线出入口以交通一体化的原则进行设计，充分考虑地铁乘客与地面公交、自行车、出租车的接驳需求，设置公交港湾、自行车停车场、出租车停靠站等接驳设施，形成便捷的地面交通接驳条件（图4.2.7）。

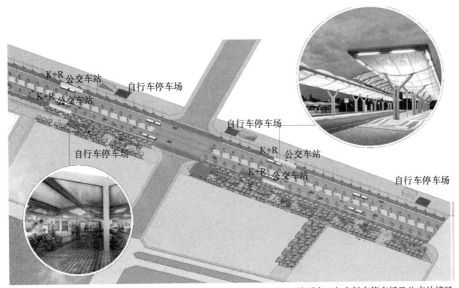

图4.2.7　地面交通接驳分析图

3. 环境宜人舒适的景观

（1）创造富有活力的公共空间

通过一体化设计带来的丰富的商业服务内容和高品质的公共景观环境，结合相邻地块功能吸引年轻人及周边居民到来，成为市民生活的目标地（图4.2.8）。

图4.2.8　站前广场效果图

（2）激活相邻用地的地下空间

一体化下沉广场将地铁剩余空间和相邻地块进行互联互通，全露天的室外空间环境使人仿佛身处地面，形成多首层的商业界面，有效提升相邻地块的地下空间商业价值（图4.2.9）。

图4.2.9　下沉广场效果图

（3）将阳光引入地铁空间

大尺度的一体化下沉广场与地铁产生大面积的贴临界面，通过大面积的玻璃幕墙将温暖的阳光引入地铁空间，一改地铁封闭、灰暗的固有印象，形成舒适宜人的地铁候车乘车环境。

（4）形成多层次的立体景观

出入口站前广场、一体化下沉广场、地面景观廊道和城市绿地根据各自不同的种植条件，采用不同类型的绿化配植方案，形成地上地下联动、植物种类互动的多层次立体景观系统（图4.2.10）。

图4.2.10　地面景观效果图

(5) 消隐地铁附属设施

高楼金站下沉广场将 C 出入口、D 出入口、1 号安全口、2 号安全口、3 号安全口及冷却塔进行有效的消隐；万盛南街西口站下沉广场将 D 出入口、1 号安全口、2 号安全口、消防水池进行有效的消隐。一体化下沉广场可以将杂乱的地面附属设施进行消隐，将地面绿化及活动空间还给市民。

4. 远近实施结合的规划

(1) 统筹考虑实施时序

因不同地块的开发时间不同，一体化方案充分考虑相邻地块及周边区域的未来发展，预留暗梁暗柱，相邻地块的地下空间远期开发时可以与下沉广场无缝衔接。

结合轨道投资和周边用地建设时序以及重点站的示范性，合理地安排全线车站的建设时序。

(2) 结合规划条件落实一体化理念

一体化设计与规划设计相互推进，以一体化方案推动并明确规划条件：明确用地性质为绿地；明确该绿地为交通集散服务型绿地；明确该绿地可以采用下沉形式建设；不再控制绿地率，改为控制绿化覆盖率，同时保证市政功能和绿化效果；在备注中明确，该绿地含有轨道交通附属设施（包括出入口、风亭、冷却塔等）。

4.3 地面附属一体化设计

4.3.1 设计目标

7 号线东延项目是连接堡头集团、二道绿隔、北京城市副中心的重要交通通道，也是进入通州文化旅游区、环球影城的专用通道。

7 号线东延将承担展示北京国际形象，体现北京国际现代、文化自信的重要职责。因此，全线将以国际、现代、文化为主题，将城市功能区有机串联，形成一条独具特色的京东城市景观线。

4.3.2 设计原则

一线一景，重点设计。

万盛南街等站点及周边地区将直接受到环球影城的辐射带动作用，对未来的建设产生巨大的推动力（图 4.3.1）。

7 号线东延全线的附属设施应具有风格上的一致性、易识性，形成完整的线路特征，使乘客感受连续的乘车体验（图 4.3.2）。

在一致性的基础上，应充分考虑重点站的个性化设计，体现该站所在区域的特色与活力，又能很好地与该区域协调、融合（图 4.3.3）。

4.3.3 建筑方案

1. 附属设施的构成

附属设施包括出入口、无障碍出入口、安全口、一体化出入口、高风亭、矮风亭、区间风亭、冷却塔、站前广场、自行车停车场等（图 4.3.4）。

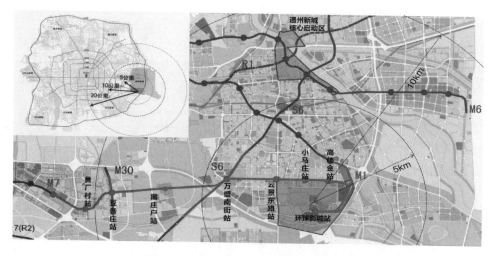

图 4.3.1　7 号线东延站点辐射范围示意

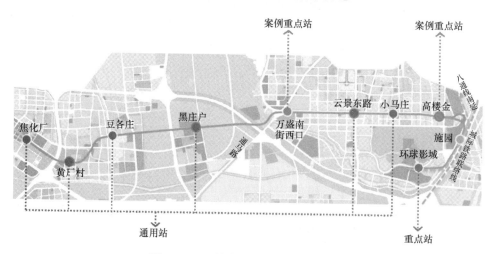

图 4.3.2　7 号线东延站点分类示意图

图 4.3.3　7 号线东延一体化设计原则

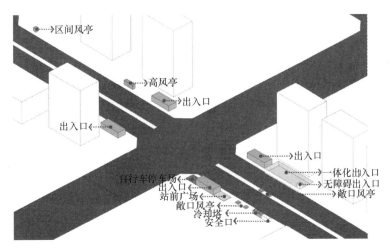

图 4.3.4　地铁附属设施分类示意图

2. 出入口方案构思

出入口是附属设施中与乘客关联最密切，最能体现线路特色，同时也是城市景观的重要组成部分，是附属设施设计的重中之重。

通过对国外案例的分析可以发现国外的出入口设计，在满足功能实用的基础上，也特别强调其特色性和景观性，很多出入口都充分呼应城市周边环境，成为城市公共环境中重要的节点（图 4.3.5）。同时在设计中通过造型、空间、灯光、材料、色彩等手法，提升地铁使用的舒适性和整个城市公共空间的品质。所以我们希望本次出入口的设计同样需要在满足地铁功能的基础上，要回归到对人使用的关怀，和对城市环境融合的关注。

图 4.3.5　国外地铁出入口案例

通过对北京案例的分析可以看出，近几年出入口的建筑形式正在逐渐演化，在颜色、材质、形式上融入更多的传统元素与现代手法，更能体现线路的个性与特色。

但是总体形象上形成四面围合加顶盖的方盒子模式，强调封闭的使用界面（图 4.3.6）。同时很多站点受制于场地限制和环境挑战，很难与城市空间积极呼应。集散广场、自行车停车场、无障碍电梯和安全口等附属设施在布局上和材质上进行了统筹，但是对人的感受度关怀不足。

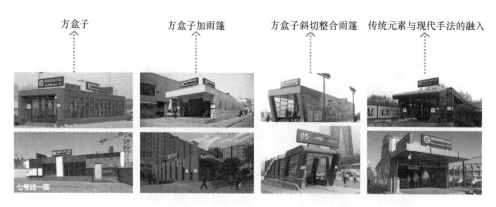

图4.3.6 北京既有线路地铁出入口案例

出入口是地铁站与城市融合互动的直接界面,是市民使用轨道交通最频繁的功能,是组织地铁地面功能的核心,是城市街道上最重要的市政建筑。

我们希望7号线东延出入口建筑设计从地铁本身功能出发,以人的使用需求和心理感受为切入点,体现城市景观风貌和文化特色,成为城市公共空间重要组成部分(图4.3.7)。

图4.3.7 出入口方案构思

3. 建筑生成

(1) 服务于北京城市副中心和环球影城,我们应该设计一个什么形式的出入口,才能符合车站、线路、区域乃至城市的特质(图4.3.8)?

(2) 传统的地铁出入口做法基本是沿街布置封闭长方形盒子形式,三面围墙加屋顶作为出入口的围护结构(图4.3.9)。

第 4 章 站点一体化开发资源共享设计在北京地铁 7 号线东延的探索

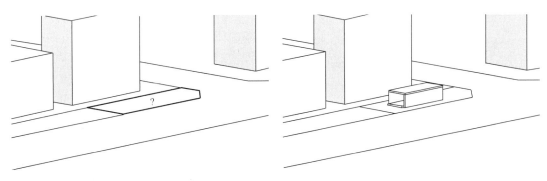

图 4.3.8　全新线路，如何设计　　　　图 4.3.9　传统盒子，围墙屋顶

（3）然后确定出入口方向之后，布置站前集散广场，设置自行车停车场和相关附属设施（图 4.3.10）。

（4）7 号线东延大部分出入口设置在路侧的公园绿地当中，环境品质较好，空间舒展度较大，传统的出入口做法与环境相对闭塞，场地特征和线路属性不易突出，我们希望对 7 号线东延出入口进行重新理解（图 4.3.11）。

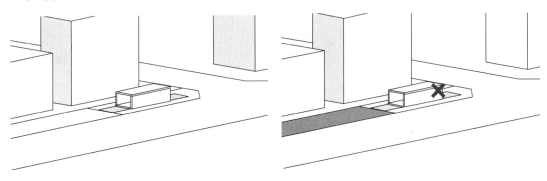

图 4.3.10　前后广场，附属设施　　　　图 4.3.11　全线绿地，重新设计

（5）首先我们希望打破原有方盒子形式，对建筑语言进行解构和重新组织。将屋顶略微提升，与围墙之间形成一定空间，让更多的新鲜空气与自然采光进入出口（图 4.3.12）。

（6）为了体现屋顶的轻盈，使得漂浮的屋顶形成一种功能提示。采用钢构件形式，且工厂预制，施工速度快，便于控制工期与成本（图 4.3.13）。

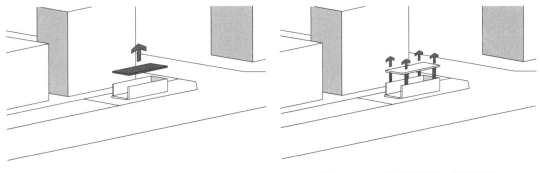

图 4.3.12　提升屋顶，采光通风　　　　图 4.3.13　钢结构预制，漂浮轻盈

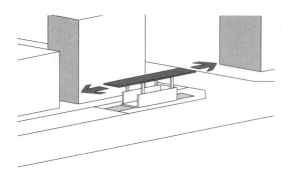

图4.3.14 延长屋顶，飘逸舒展，遮风挡雨

（7）考虑到站前广场与自行车停车场的使用需求，将屋顶沿长度方向扩展，即增加城市灰空间，又为出口周边提供遮阳挡雨功能，还让出口建筑统领起周边功能，也让建筑形体也相对更加飘逸舒展（图4.3.14）。

（8）提炼两侧围护墙体，形成与景观互动的建筑语言，衍生出不同尺度的景观挡墙，可与绿化种植相结合成为景观小品，也可以经过设计成为车站的标志和信息牌，增加与行人的更舒适的互动。同时可以与风亭、冷却塔等设施巧妙结合，使之消隐于绿化景观当中（图4.3.15）。

（9）宽度方向的墙体用玻璃幕墙围合，视线更加通透，使内部空间与绿化景观产生互动；同时适当突出长度方向的挡墙，强化方向感，呼应轨道列车线性前进的特征(图4.3.16)。

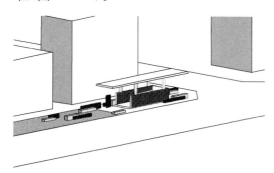

图4.3.15 景观挡墙，设施消隐

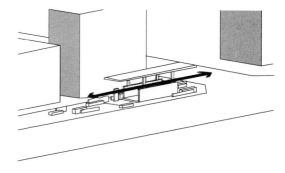

图4.3.16 视线通透，景观互动

（10）提取屋顶、挡墙等个性手法作为统一的设计要素，通过分解与重构应用到其他附属设施及一体化设计当中，保证附属设施的一致性，同时可以体现线路的完整性，使附属设施成为独具文化特色的城市景观（图4.3.17）。

7号线东延标准出入口形式如图4.3.18所示。国际——直达环球影城，国际交往的门户。现代——通往行政副中心，面向未来的办公新区。文化——西接首都功能核心区，古都风貌的展示区。

4. 无障碍出入口

独立的无障碍出入口以景观电梯的形式夹在两面挡墙中间，形成虚与实的对比，路过行人只见挡墙不见电梯，使无障碍出入口巧妙地融入景观当中。

与出入口结合的无障碍出入口与出入口就近设置，通过挡墙的手法整合在一起，识别性强，避免孤立的出地面建筑对环境产生影响。同时整合设置可以减少乘客行动距离，方便特殊人群使用。

一体化设计的无障碍出入口主要负责下沉广场到地面这一高差的无障碍运送，以全通透景观电梯的形式置于下沉广场当中，可以通过电梯俯瞰广场全景，玻璃电梯与混凝土挡

第 4 章 站点一体化开发资源共享设计在北京地铁 7 号线东延的探索

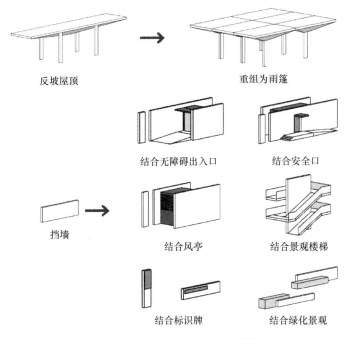

图 4.3.17 统一元素,特色线路

图 4.3.18 7 号线东延标准出入口效果图

墙相结合,形成材料的对比,丰富下沉广场的景观。

5. 安全口

独立的安全口设置在两面挡墙中间,使其融入景观当中。

一体化设计的安全口与下沉广场的墙面相结合,楼梯间的形体消隐在墙体之中,广场的空间更加完整、舒适,便于使用。

6. 风亭

敞口风亭主要设置在用地资源充足的规划绿地和路中绿地里,高度较低不会对景观产生影响。方案在风亭上部设置顶盖，四周为防雨百叶，既满足了风量要求，又规避了传统敞口风亭易进雨水与杂物的缺点。顶盖与框架为深灰色金属，防雨百叶为木色金属，与总体设计相呼应。

7. 冷却塔

路侧冷却塔使用深灰色金属框架，木色金属百叶作为围挡，设计手法一致，既满足了通风需求，又满足了景观效果。

一体化设计的冷却塔与下沉广场结合的冷却塔通过挡墙与金属格栅的形式作为围挡，兼顾水平与俯视视线，减少对景观的影响（图4.3.19）。

图4.3.19　7号线东延冷却塔景观消隐效果图

4.3.4　景观设计

1. 站前广场

出入口广场是人员疏散的区域，易于聚集人群。设计中综合考虑了楼扶梯、无障碍电梯、自行车停车、出租车接驳、绿化种植、休息座椅等多方面内容，为人提供安全舒适的集散空间（图4.3.20）。

图4.3.20　站前广场景观效果图

通过挡墙、绿篱、大屋檐的设计手法为出入口广场提供优质的景观环境：雨篷下的灰空间为行人遮风挡雨，绿篱结合座椅提供休息空间，通过铺装与微地形引导交通。

2. 自行车停车场

结合出入口就近设置自行车停车场，方便骑车人群到站进行交通接驳。

将出入口大屋檐出挑形成的灰空间作为自行车停车场，可以遮阳挡雨；通过挡墙与绿篱形成绿化停车景观（图4.3.21）。

图4.3.21　自行车停车场效果图

4.3.5　照明设计

1. 室外灯光布置

地铁出入口区域白天充分利用自然光，夜晚采用灯光照明（图4.3.22）。

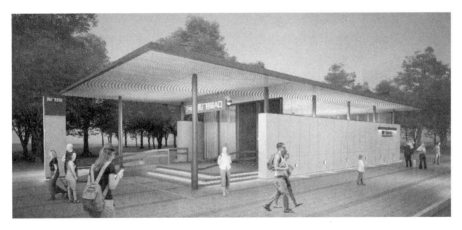

图4.3.22　7号线东延标准出入口夜景效果图

布置具有方向性、韵律性的灯光，使得出入口建筑成为街头夜景。

墙体顶部设置向上的灯光，照射整个大屋顶，宛如飘浮在空中，特色鲜明，通过灯光布置突出其标志性与引导性。

2. 室内灯光布置

出入口内部通过直射光与漫射光组合的形式作为内部照明，光线柔和，营造舒适的夜间进站环境。

带状灯光照射整个屋顶，通过漫反射为出入口照明。

具有设计感的定向光源通过直射照亮车站地面及墙体。

4.3.6 材料设计

主要材料选用金属铝板、混凝土挂板和玻璃，以营造轻盈通透的形体，减少体量的厚重压抑感（图4.3.23）。

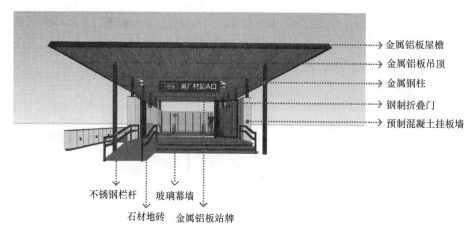

图4.3.23　7号线东延标准出入口材料分析

辅选材料包括：不锈钢和石材。

4.3.7 色彩设计

色彩选择力求突出个性：清水混凝土原色质朴沉稳；深灰色铝板现代简练；吊顶铝板及格栅选用原木色，色彩温雅而大气，与深灰和清水的组合更能体现文化特质；高透蓝色玻璃幕墙轻盈通透；各种色彩恰当融合，相得益彰（图4.3.24）。

图4.3.24　7号线东延标准出入口色彩分析

第 5 章 车站公共区装修设计关键技术

随着轨道交通的大规模建设，为了提升精细化设计水平、提高设计质量，更好展现装修方案创意。通过调研总结国内外轨道交通行业相关技术现状及发展趋势，研究适用于当前轨道交通公共区装修的材料、设施、广告设置三方面的关键技术。规范材料的选用、实现设施及广告设置的科学合理性、统一细部工艺等目的，为装修设计提供切实可行的指导，有效提高设计质量。

5.1 车站装修材料研究

5.1.1 研究背景

装修材料是地铁装饰设计表达的工具，材料包含了色彩、质感、规格等观感指标，软硬度、耐磨度等技术指标，使用年限、施工工艺、维护标准等使用指标，以及价格指标。地铁的装修材料是服务于地铁文化概念和设计理念的，满足地铁装饰设计和施工要求，最终通过空间的造型，赋予不同的装修材料，营造出地铁的空间形象，其中包含了色彩印象、质感感受和材料的结构、工艺细节。

地铁的装修材料是地铁的使用年限、成本控制方面的重要因素。因此，对装修材料更全面、系统的了解和研究是非常重要的。

随着现代科技的进步，地铁的装修材料日新月异，新规范的出台，科技化、人性化、商业化、艺术化、环保化的要求提高，以及地铁行业管理、运营水准的提高必然会使地铁材料的选择和使用带来阶段性、各种性能指标的新要求。

车站装修材料专题研究的目的，是针对地铁行业以往的建设经验、地铁运营的研究、地铁装修选用材料的原则标准，结合新的建设需要和材料工艺水平的提高，为下阶段地铁站内装修材料的选择提供保障。

1. 研究目的及意义

（1）制定有关地铁装修材料方面的技术标准

科技的发展使得装修材料的种类日新月异，对地铁装修材料如何选择、对目前成熟型建材如何评估，是建设地铁的主要问题。而对装修材料的专题研究工作，总结出有关地铁装修材料方面的技术标准和选材标准是非常有意义的。

（2）有利于京津冀地铁的装饰设计工作

国内地铁经过了 30 年的使用经验，地铁装修材料的品种随着经济条件的提高不断完善，但目前来说，材料的品种单一，可选性小，难以达到设计效果。而材料专题的研究着重针对重点站使用材料标准的提升，有利于京津冀轨道交通建设过程中增加可供选择的材料，以满足设计效果。

(3) 有利于地铁建设的成本控制

根据材料专题的研究成果，通过合理而科学的选材程序，有利于地铁公司主材的甲控，降低材料的成本，有利于地铁建设的成本控制。

(4) 有利于地铁运营维护

根据运营反馈的使用意见，通过技术手段有效规避材料使用的缺陷，提升运营维护便捷性。

2. 研究方法

调查法：通过对国内外各城市的调查，得到目前地铁行业装修材料的使用现状。

比较分析法：对各城市使用的站内装修材料进行对比研究，找到不同时期行业内对装修材料特性的需求，分析未来的使用发展趋势。

实证分析法：通过上一轮的建设经验，得到了一部分装修材料在地铁行业中的使用效果，验证了其适用性及适用范围。

5.1.2 术语及定义

1. 标准站的定义

标准站相较于重点站来说空间体量小、文化表达比重轻，站内装修更强调功能性和标准化，对成本控制要求较高，装修规模小于重点站，艺术化装饰少于重点站。

2. 重点站的定义

重点站的建筑体量和文化比重都要高于标准站，着重强调文化表达。成本、装修规模和艺术审美要求相应的要高于标准站，装修风格和对材料的应用也要比标准站更丰富，对创新的需求较高。

5.1.3 地铁车站装修材料调研

1. 国外特色站材料

国外优秀的城市地铁从需求出发，形式上城市特色与地铁特色一脉相承，形式上更抓住当地的建筑、艺术特色，并通过对各种类型材料的大胆尝试、应用，去实现装修效果，满足城市特色文化的表达，功能上注重人文关怀、技术上保持创新性先进性（图5.1.1～图5.1.4）。我们也能够发现这些车站的建设有时代的印记，材料的使用形式本身就具有很高的艺术性。

图 5.1.1　莫斯科地铁

图 5.1.2　汉堡地铁

图 5.1.3　迪拜地铁

图 5.1.4　斯德哥尔摩地铁

2. 国外普通站材料

当今国外标准站更注重功能及维护便捷性，相对于重点站来说空间体量小，空间整体装修风格较为简洁，材料应用的种类较为单一，与国内标准站大致相同。这里我们主要针对英国、德国、日本的标准站进行了调研（图 5.1.5～图 5.1.7）。

图 5.1.5　英国地铁

图 5.1.6　德国地铁

图 5.1.7　日本地铁

3. 国内地铁装修材料调研

本次国内部分调研，主要对32个城市运营的133条地铁线的材料使用进行了归纳分析。从总体上看，国内地铁材料的应用趋于相似（图5.1.8～图5.1.10）。

4. 北京装修材料使用阶段性对比

北京地铁在成网的过程中共经历了不同时代背景下的四个阶段，而装修材料的采用也随着这四个阶段不断变化着（图5.1.11～图5.1.13）。

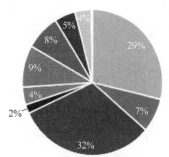

图5.1.8 天花饰面材料使用占比

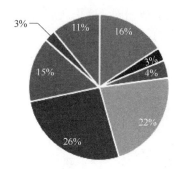

图5.1.9 墙柱饰面材料使用占比

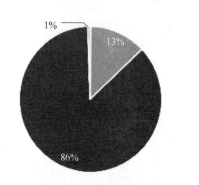

图5.1.10 地面饰面材料使用占比

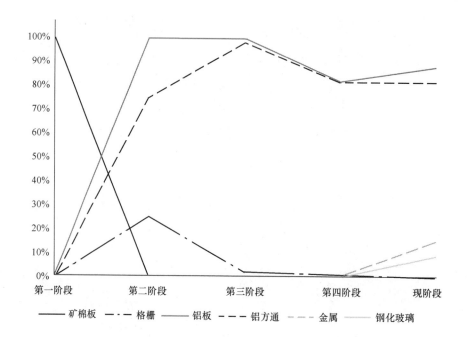

图5.1.11 北京地铁天花饰面材料使用趋势图

第 5 章 车站公共区装修设计关键技术

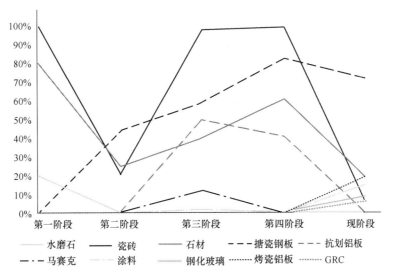

图 5.1.12 北京地铁墙柱饰面材料使用趋势图

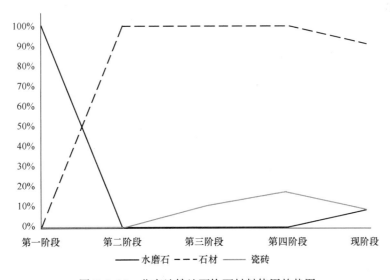

图 5.1.13 北京地铁地面饰面材料使用趋势图

第一阶段为起步阶段，修建了 1 号线和 2 号线环线。北京地铁最初以备战为目的建造，后改为民用。这个时期正处于改革开放的时期，体现在装修风格上，便是舍弃了多余的艺术处理及装饰，以功能性为主，材料的选用上有强烈的时代特点和局限性。

第二阶段以 13 号线、八通线、5 号线为代表。新建设的开始，其中 13 号线和八通线涵盖了大量地上车站，相比第一阶段，这个时期开始注重材料的性能要求及防火要求，地面采用耐磨的石材，墙柱加入了对搪瓷钢板的应用，天花则全面由铝制材料接替第一阶段的矿棉板吊顶。

第三阶段是奥运阶段，以奥支线、老机场线、10 号线一期为代表。这一轮的加速建设是为了满足奥运会需求，在技术和外观上的提升都可谓里程碑式的一个阶段，建成的线路数量也是几个阶段中最多的。在车站装饰风格上首次有了对中国特色和城市文化的体现，

55

重点站除功能性外还加入了艺术表现形式；标准站则是更加统一了装饰风格和装修材料的选用，同时兼顾运营维护需求。为满足装修效果，选用的材料种类比前两个阶段有所增加，但综合考虑材料性能和性价比等原因，在车站覆盖率上有明显差异。

第四阶段为完成"十一五"规划阶段，以7号线为代表。装修延续了奥运会时期的风格，文化的表达更加深入和细腻。同时格外重视前面几个阶段中运营意见的反馈。本阶段材料的选用也趋于稳定，更加标准化、统一化，种类上较为单一，同时也更加注重成本的控制。

第五阶段也就是现阶段，是北京地铁线网化的重要阶段。目前已建线路在材料的使用上仍延续了第三、第四阶段的原则，受多方面原因制约，没有较大的突破，但在艺术表现上有了较多的尝试，材料使用的创新空间较小，同时兼顾维护及成本的要求，大大限制了文化的表达。

5.1.4 地铁车站装修材料未来发展趋势分析

从各地地铁站装修风格及材料使用的趋势来看，近几年的站内装修风格越来越倾向于增强装修艺术化、突出精神化的设计，普遍在审美上有所提高，并承载了各地城市文化的表达。对材料的选用除了在安全性上提高标准、严加要求外，更强调装修材料的可持续性和环保性，对成本控制的要求也逐渐提高。在此趋势下，减少装修建材的覆盖及使用，以简装修、裸装修为基调的装修风格逐渐成为未来的发展趋势。

未来地铁车站装修材料使用呈现出四大趋势：

1. 简装趋势

简装风格是近两年逐渐兴起的装修趋势。简装即轻度化装饰处理，特征为减轻站内装修的造型设计、减少天地墙的装饰装修覆盖面积及饰面材料的使用。简装风格中包含裸装风格，裸装又分为全裸装和半裸装，裸装即比简装更多地减少装修覆盖。全裸装几乎不使用饰面材料做装饰，较为明显的是取消天花吊顶及墙柱饰面，直接将管道及建筑结构裸露出来；半裸装则是在天花及墙柱部位相应的保留一些饰面材料做造型设计和遮挡。地铁行业中出现更多的是半裸装，对天花及墙面有局部遮挡。

2015年以前国内并没有简装风格车站出现，随着时代发展，顺应行业及文化需求，简装风格逐渐成为现阶段地铁装修风格的趋势。此种装饰手法的流行趋势并非盲目形成，裸装手法应用在标准站中，能够在减少装修材料使用、降低装修成本的同时满足标准化车站的装修装饰需求，同时也能够展现工业建造之美，响应工业化城市的文化表达需求。

2. 绿色环保趋势

（1）绿色环保材料的定义

绿色环保材料是指在原料中采取、产品制造、使用或者再循环以及废料处理等环节中对地球环境负荷为最小和有利于人类健康的材料，亦称之为"环境调和材料"。综合国家政策和实际使用趋势上来说，绿色环保材料越来越受到地铁行业的欢迎。

（2）绿色环保材料的特点

1）无毒无害——选用无毒害、无污染、无放射性的原料制作的材料，有利于环境保护和人体健康。

2）节约资源——材料性能耐久，使用周期长，减少新材料的制作，从而减少原料开采,减少能耗,节约能源。

3)减少废料——使用低能耗、低损耗的制作工艺和无环境污染的生产技术,在生产过程中减少废料的产生,减少环境污染。

4)可降解——使用可自然降解的材料,使生产过程中产生的余料、脚料、废料,及更换拆卸的材料不会对环境造成破坏。

5)可再生资源——使用可再生的资源制造的材料,减少对各种不可再生资源的使用。

6)可回收再利用——尽可能少用天然资源,加强对余料、脚料、废料的再利用。

3. 普通站的标准化趋势

标准站相较于重点站来说空间体量小、文化表达比重轻,站内装修更强调功能性和标准化,对成本控制要求较高,装修规模小于重点站,艺术化装饰少于重点站。

目前标准站装修材料的应用种类上趋于雷同,但材料的使用规格还未形成统一标准。材料规格的统一有利于形成量化生产,从而降低装修成本,同时也方便运营单位囤购更换的材料和零件,有益于后期维护。

4. 文化站的多元化趋势

文化站的建筑体量和文化比重都要高于标准站,着重强调文化表达。成本、装修规模和艺术审美要求相应的要高于标准站,装修风格和对材料的应用也要比标准站更丰富,对创新的需求较高。

除了一直以来常驻的装修材料,地铁行业近年来出现了一些对新材料的应用,但受成本控制以及行业标准影响,这些材料并不适合在地铁空间大面积使用,多应用于对美观度有较高要求的文化站、重点站中,以提升装修效果,从而满足对城市文化及精神面貌的表达。

5.1.5 地铁车站装修材料选用的基本要素

地铁装修材料是地铁装饰设计的重要组成部分,它的选用不但代表着一种设计理念,包括色彩、质感、色差、厚度、规格等观感技术标准,更重要的是材料本身的技术标准,包括环保、防火、硬度、耐磨、防滑、防渗透性、结构密实度、强度、热膨胀系数、耐候性、耐蚀性,抗弯、抗折、抗压、抗冲击等技术性指标,以及使用年限、施工工艺、维护方案等使用性指标。而其中材料的使用性指标是人们非常容易忽视的部分,技术性标准却是我们选材的首要依据。同时地铁材料选择是地铁装饰工程的主要控制标准,占地铁装饰工程费用的50%~75%,材料的价格更是地铁选材的重要依据。

5.1.6 地铁材料的选用原则

标准站材料选用原则如下:

技术性标准 优先于 使用性标准 优先于 价格标准 优先于 视觉标准 优先于 材料特性

重点站材料选用原则如下:

技术性标准 优先于 视觉标准 优先于 使用性标准 优先于 材料特性 优先于 价格标准

5.1.7 材料技术性能控制要点

地铁车站由于处于封闭的地下空间,站内装修材料除了需要符合常规公共空间的防火要求外,对耐酸碱、抗震、吸水率等性能的要求,也因独特的空间环境而比常规空间中的要求更高。另外，作为大型的公共交通空间，存在复杂的功能需求，其特性使其具有空间中结构、设备、管线众多，人流量巨大等特点。因此在材料的选择过程中，应多选用优等品，对材料的防污、耐磨、抗震、防撞击、耐酸碱、吸水率等各项性能指标的要求要高于国家标准，以满足地铁站内空间的特殊性，材料的性能指标应充分满足地铁行业的使用需求。

公共区墙、顶面应尽可能地降低噪声、消除混响，分别考虑采用有吸声功能的装修材料（或喷涂料）及构造处理措施（如饰面后敷设吸声材料）。

地下车站装修材料应具有耐久、防火、防潮、防霉、无毒、吸水率低、无异味等基本性能要求，同时应具备便于施工、安装、维护、易清洁等性能特点。禁止采用含石棉、玻璃纤维及塑料等制品的装修材料。

1. 天花饰面材料控制要点

天花是地铁空间中设备管线最为繁杂的地方，地铁车站各设备系统专业的大量管线主要都集中安装在天花上，在目前地铁的运营中，几乎每天都有天花部位需要进行检修维护。在天花饰面材料的选择上，方便灵活的安装方式、满足设备管线检修时一个人能独立拆卸的安装结构是必须满足的因素。控制要点如下：

（1）观感

1）视觉效果良好

金属吊顶产品表面涂层厚度达标，均匀，附着力强，不易磨损。选用优质的标准厚度的铝卷材料精心制造。

2）使用寿命长，耐久性好

铝合金面板使用寿命长，可固定于钢质或铝质吊挂系统上。面板涂层不会褪色、材料刚性强、能承受频繁操作。

3）灵活的选择性

在面板的形状、规格及颜色、涂层等方面提供最广泛的选择。同时也可以实现多种波浪形及弧形吊顶造型。

（2）环保

等级需符合国家相关规范标准，尽量采用便于工业化生产加工环保节能产品。

1）所有材料都可再循环使用、生产新的面板；

2）生产工艺和环节产生的废弃物满足国家环保相关法律法规要求；

3）原材料及其配件无毒无污染，使用过程中和遇火燃烧后不可产生对人体有危害的气体或物质。

（3）运维

施工便捷，维护简单易操作。

1）吊顶需具备成熟的可拆卸体系，方便设备管线的维护与更换。要求每个单元板块等都能单独方便拆卸或开启，拆除或开启时，均不需要连带拆除相邻的板材、固定件、吊顶龙骨及吊挂系统。

2）易于清洁。面漆耐磨不会褪色，也不会受潮或沾灰。使用微湿抹布即可轻易清理灰尘。

（4）工艺

1）安装结构应安全稳定，符合地铁环境振动、风压的特殊需求。金属材料不得采用卡齿龙骨安装体系。

2）吊顶板经过开孔、裁切等加工后必须进行收边收口的处理。

3）顶面应尽可能地降低噪声、消除混响，分别考虑采用有吸声功能的装修材料（或喷涂料）及构造处理措施（如饰面后敷设吸声材料）。

（5）环境特殊性

1）顶面装修材料的吸水率要求≤2.0%；

2）材料要求防水、防潮、防霉，金属材料要求防锈；

3）不应大面积采用质量大的材料。

2. 墙柱饰面材料控制要点

墙柱面是整个地铁车站空间视觉效果的主要组成部分。地铁车站内由于人流量巨大，墙面材料除了考虑视觉效果的因素外，易于清洁和抗震、抗冲击性能好也是需要重点参考的因素。另外，由于地铁车站内的内壁渗水和腐蚀，一般考虑墙面采用离壁墙和干挂体系。在墙面装修材料的后面隐藏了许多的设备管线，需要定期的检修和维护，所以站厅、站台公共区暗藏设备管线多的区域，墙面材料和安装结构易于拆换也是比较必要的。控制要点如下：

（1）观感

1）视觉效果良好

满足设计效果需求。具有足够的强度和刚度，平整性好，产品精致，无色差，颜色无褪变，外观质感品质较高。

2）使用寿命长，耐久性好

面板使用寿命长，耐久性好。面板防污、耐磨、抗震、防撞击性能较好。

3）灵活的选择性

在面板的形状、规格及颜色、涂层等方面提供最广泛的选择。

（2）环保

符合国家相关规范标准，尽量采用便于工业化生产加工、环保节能的产品。

1）所有材料都可再循环使用、生产新的面板；

2）生产工艺和环节产生的废弃物满足国家环保相关法律法规要求；

3）产品自身挥发物质均满足国家环境相关法律法规要求。

（3）运维

施工便捷，维护简单易操作。

1）所有系统均有完善的设计，面板的安装或拆卸十分简便，可现场进行空洞开孔及施工误差调整。

2）安装体系应具备单独门式结构，即装饰伪装门的安装结构条件。

3）单独面板应具备独立的拆卸安装条件，便于后期维护更换。

4）易于清洁。面漆耐磨不会褪色，也不会受潮或沾灰。使用微湿抹布即可容易地清理灰尘。

（4）工艺

1）墙面体系应满足方便施工及运营维护要求。检修口的结构形式，要求充分满足检修的功能需要，安装便捷、方便拆卸、维修便利，但无关人员不可随意拆卸。抗振动结构设计，应耐撞、耐推、耐正负风压。

2）出于运营安全考虑原则上不考虑使用背托体系，宜采用施工规范的背栓式体系。

（5）环境特殊性

1）墙面装修材料的吸水率要求≤1.5%；

2）墙面的抗冲击力指标（莫氏）≥6.0；

3）材料要求防水、防潮、防霉，金属材料要求防锈。

3. 地面饰面材料控制要点

地铁车站内由于人流量巨大，地面饰面材料首要考虑防污、耐磨、耐腐蚀性能。同时地面也是表达整个地铁车站空间视觉效果的重要部分，简洁明了、富引导性的视觉效果也是在选材上需注意的要素。

（1）观感

色差小，平整度高。

1）视觉效果良好

平整性好，无色差（除石材，石材要求无明显色差），无反碱、锈斑明显缺陷。

2）耐磨、耐久性好

材料的防污、耐磨、抗震、防撞击性能较好，经过大客流的超频使用无明显变化。

3）防水、防潮、防霉

由于地铁是一个地下工程，目前从地铁的建设情况来看，地铁的渗水现象是非常普遍的，材料的防水、防潮、防霉是重要指标，吸水率越低越好。

（2）环保

符合国家相关规范标准，尽量采用便于工业化生产加工、环保节能的产品。

1）生产工艺和环节产生的废弃物满足国家环保相关法律法规要求；

2）产品自身挥发物质均满足国家环境相关法律法规要求。

（3）运维

易维护，易更换。

1）材料质量不宜过大，给更换维修造成困扰；

2）材料应属于市面常规材料，更换采购便捷。

（4）工艺

公共区地面装修材料的吸水率≤1.0%，硬度（莫氏）≥6.0，并且要求防滑、耐久、耐酸碱腐蚀等。

（5）环境特殊性

1）耐久性。装修材料选用和使用达到20年的使用寿命是必要的，地面饰面材料达到40年更佳。

2）地面饰面材料应防滑、耐磨。地面出入口踏步及平台：公共区步行楼梯均要求采用强度高、耐磨、耐久、防滑、易清洁的装修材料，如毛面（或火烧板面）的花岗石（或仿花岗岩）装修材料，并要求在楼梯面上设置强度高、耐磨且耐久的防滑设施。

3）地面饰面材料应采用燃烧性能等级为A级不燃材料。

4）人行通道在地面出入口附近或坡度大于3%时，均要求选用设有防滑措施的地面装修材料（或构造）。

5.1.8 装修材料管理办法

1. 装修材料的采购方式

（1）甲供

"甲供材料"简单来说就是由甲方提供的材料。凡是甲供材料，进场时由施工方和甲方代表共同取样验收，合格后方能用于工程上。施工合同里对于甲供材料应有详细的清单。

甲供的优势：

1）质量可控；2）进度可控；3）成本可控；4）降低甲方承担的风险。

甲供的劣势：

1）浪费严重，尤其是差价过大的材料；2）材料供应速度跟不上，乙方索赔工期、索赔损失；3）工程材料出现问题，在材料上面容易产生纠纷；4）甲方工作量巨大，要具有一定专业性。

（2）甲控

甲指乙购：甲方指定一种品牌由乙方购买，称为"甲指材料"。

甲控乙购：甲方指定多种品牌由乙方购买，称为"甲控材料"。

甲控乙购的优势：

1）质量可控；2）降低甲方承担的风险。

甲指乙购的劣势：

1）甲方成本稍高；2）乙方积极性不高；3）乙方资金占用量大，工程材料进度上难以控制。

（3）乙购材料

乙购材料是指由乙方选定购买并提供材料。

乙购的优势：

1）供货速度快，工期能按时完成；2）甲方不占用库房，节省库房管理；3）工程材料出现问题，甲方便于索赔；4）材料购买出现错误，乙方责任自担。

乙购的劣势：

1）质量难以把控；2）容易以次充好；3）甲方对工程质量承担的风险增加。

2. 装修材料管理职责

（1）建设单位职责

1）负责组织相关单位完成材料样（品）板、供应商选择和确认；

2）负责装修施工单位甲指乙购材料采购合同的备案工作；

3）负责对装修施工单位的日常管理以及装修施工单位与其他专业施工单位的协调工作。

（2）设计单位职责

1）负责协助、指导装修施工单位根据设计要求放线、排版，按现场实际情况深化装修设计排版图，并在深化设计图中标注"所有技术规格与图纸、招标文件一致"，并经设计、监理、施工、材料供应商审核、签字确认后同时报甲方备案，以协助装修施工单位完成材料的采购计划制订。

2) 负责材料样（品）板的确定以及材料样品的封存。
3) 配合建设单位完成材料供应商选择和确认。
4) 配合协助装修施工单位材料采购数量与实际使用的差异化比对。
(3) 监理单位职责
1) 协助完成材料样（品）板的确定、封存以及供应商选择和确认。
2) 负责装修施工单位甲指乙购材料采购合同的审查备案工作。
3) 审查装修施工单位报送的工程材料、构配件、设备质量证明文件的有效性和符合性，并按规定对用于工程的材料采取平行检验或见证取样方式进行抽检。
4) 检查施工现场原材料、构件的采购、入库、保管、领用等管理制度及其执行情况。
5) 参加材料、设备的现场开箱检查。对材料、设备保管提出监理意见，发现装修材料检查不合格时，有权责令施工单位禁止使用，并通报建设单位。
6) 负责装修施工单位材料设备采购计划备案、审查工作。
7) 负责对装修施工单位的日常监理管理以及装修施工单位与其他专业施工单位的协调工作。
8) 协助装修施工单位进行材料采购数量与实际使用的差异化比对。
(4) 装修施工单位
1) 在材料采购前，按规定的时间、数量要求提供材料样（品）板上报相关单位审核、确认，并对经确认的材料样（品）板进行封存；
2) 负责制订主要装修材料的采购计划；
3) 负责材料入场验收报验工作；
4) 负责提供材料入场验收所需的相关资料；
5) 负责按合同相关条款规定进行材料抽检、复检的所有工作；
6) 验工计价时施工单位必须提供深化设计图、材料及货单、材料进场复试报告作为计量文件附件。

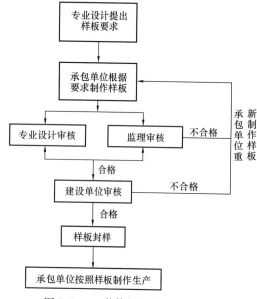

图 5.1.14 装修材料管理控制流程

3. 装修材料管理
(1) 装修材料管理控制流程
装修材料管理控制流程如图 5.1.14 所示。
(2) 装修材料采购计划
1) 装修施工单位根据施工图纸材料数量、投标清单各种材料损耗、定额规定的损耗率作为该工程材料的总控制量，制订各种材料的总量编制采购计划，上报送监理审查、备案。
2) 装修施工单位以书面形式将材料采购完成情况和材料采购计划随施工进度计划一并报送监理审查、备案。
(3) 装修材料样板管理
1) 样板确定方式及确定内容

材料样板由建设单位、监理单位、专业设计、供应商、装修施工单位相关人员共同签字确认后，作为后期生产加工的材料样品。材料样板应分别明确名称、规格、品牌（生产厂家）、使用部位等。施工阶段的材料样板由装修施工单位人员牵头完成；甲指乙购确认的采购样板，可以直接作为施工材料样板。

2）材料样板的分类

① 甲指乙购材料；

② 甲控乙购材料（建设单位指定品牌的材料）；

③ 乙购材料（装修施工单位申报品牌，甲方确认的材料）；

④ 装修施工单位自行采购的其他辅助材料。

3）材料封样流程

材料封样流程如图5.1.15所示。

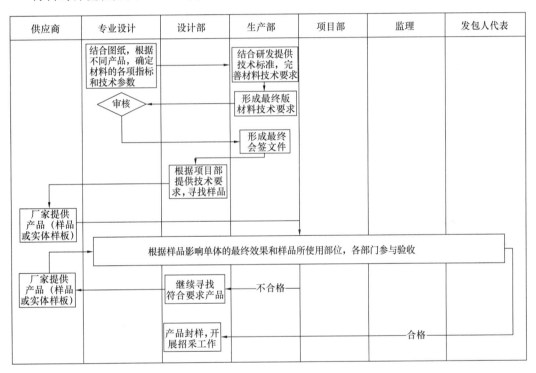

图5.1.15 材料封样流程

封样材料分乙购采购材料封样和甲指、甲控材料封样，基本原则是：

① 甲控乙购、乙购采购材料封样

装修施工单位按图纸及规范要求，根据施工阶段要求，在材料采购前15天将所需使用的每种材料同时报送两个样品（同时报送现场验收记录、材料型式检验报告和出厂合格证，作为《材料封样确认单》的附件）至项目监理部。

监理审查通过后报专业设计、建设单位机电装修部，装修施工单位根据材料所使用部位填写《材料封样确认单》逐级进行审批，专业设计、建设单位机电装修部应在5日内对收到的材料样品进行审查、确认，并将符合要求的材料样品封样确认单与封样材料粘贴在一起，一份存于现场项目监理部，一份存于建设单位材料封样室。

材料进场后，装修施工单位应及时报验监理代表，对进场材料进行开箱检查，材料与封样材料一致并按相关规范验收要求复试合格后，经监理、施工、材料供应商签字确认后方可用于装修施工。

② 甲指乙购材料封样

装修施工单位要求通过公开招标确定的材料供应商根据设计和相关规范的材料技术要求，提供合格的材料样品，并将样品、材料型式检验报告和出厂合格证作为《材料封样确认单》的附件提交监理项目部。

专业设计和建设单位机电装修部在接到甲指乙购材料样品，与供应商投标样板进行比对、审核，在3日内完成样品审查。并在材料样品最终确定后，将材料封样确认单与封样材料粘贴在一起，一份存于现场项目监理部，一份存于建设单位材料封样室。

4) 封样材料管理

① 装修施工单位现场必须设置材料样板间，在材料样板间内分类摆放并进行登记，作为材料进场验收和质量验收的依据。

② 材料样板间的建立及管理标准：

- 样板间：原则上设立分区/期的独立材料样板间。
- 设计封板：装修专业设计责任人在样（品）板表面签字封样。
- 台账建立：各类材料分册建立，承包人应安排专人负责做好材料样板的台账管理，并实行责任签收制度。台账内容包括材料样板名称、规格型号、生产厂家、签收时间、编号、应用工程名称及部位、使用期限等栏目。
- 样板间不易（宜）存放的大件或贵重样板（如门扇、大型设备等），其实物图片及相关资料必须由装修专业设计负责人签名确认作为货品进场验收的参照物。
- 装修材料发生变更时，其封样样（品）板应及时组织相关部门确认。
- 封样要求：见专业设计具体要求。

(4) 装修材料进场报验

1) 现场报验流程

① 装修施工单位应指定专人接收材料，并由项目部专人、供应商、监理共同参与材料验收。应在《材料（设备）进场报验单》上签字确认。

② 监理单位检查进场材料的出厂合格证、检验报告等是否齐全，如验收资料不齐全应及时通知装修施工单位增补，资料补齐后方可办理验收手续；检查同一批进场的产品型号、规格是否一致，产品质量是否符合要求，不合格材料坚决杜绝进场，并在《材料（设备）进场报验单》上签署有关质量意见。

③ 材料验收单由装修施工单位接收材料专人填写，参加验收人员共同签署意见，并附送货单统计报表，提交监理单位备案。

④ 进场材料（设备）经监理或质检部门检验不合格需退场的，监理单位出具书面退货原因，并将检验报告等证明文件一起报建设单位机电装修部，经审核后办理相关手续。

2) 材料质量的检验方法和质量标准

材料质量的检验方法主要有书面检验、外观检验、理化检验和无损检验四种，其中理化检验和无损检验要依靠试验设备和仪器，在专业的试验室进行检验试验。

① 书面检验是指通过对采购供应的材料质量保证资料、试验报告等进行核认。

② 外观检验是指对采购供应的材料从品种、规格、标志、外形尺寸等进行直观检查，看其有无质量问题。

③ 材料质量标准是用以衡量材料质量的尺度，也是作为验收、检验材料质量的依据。不同的材料有不同的质量标准，对于进场材料的验收，一般可依据审核认可的材料质量保证资料或试验报告对所供材料进行抽查复核认证，或者依据《建筑材料质量标准与管理规程》进行检查验收。

3) 对材料不合格的处置方式

在入场材料检验中，如发生材料检测结果为不合格，建设单位或监理单位将封存所供批次的材料。如装修施工单位在未经建设或监理单位同意将所供批次的材料擅自运走，将视同所供批次的材料复检不合格，按合同相关条款追究其责任。复检期间，装修施工单位应按原定采购计划要求另行提供检测合格的产品，并不得影响装修工程施工进度，如因材料采购原因造成的施工进度滞后，建设单位按合同相关条款追究其责任。

4. 新材料的引入管理机制

(1) 新材料的选用原则

成熟可靠，符合标准，经济绿色，鼓励推新。

1) 成熟可靠

产品有使用的成功案例应用。产品的技术性能稳定可靠，相关性能指标符合国家和行业的标准要求。

2) 符合标准

产品的性能指标满足轨道交通行业的设计、消防、使用及运营维护等相关规范要求。

3) 经济绿色

新材料选用时应对造价进行详实的预估及分析，满足工程造价的整体控制需要且材料的生产工艺满足国家绿色环保需要。

4) 鼓励推新

新材料的出现是社会行业发展的必然趋势，是材料工艺技术进步的产物，是装饰行业创新发展的保障，对于行业中成熟可靠的新材料应该鼓励选用。

(2) 新材料的选用申报流程

1) 新材料的选用

新材料的选用，应能使设计方案合理地实施。设计单位在对方案中新材料的选用明确过程中，应对选用材料的合理性及经济控制等指标进行汇报论证，达标且在方案评审中通过专家组一致认可，方可提出新材料的使用需求建议。

2) 新材料的论证

① 设计论证

设计单位在完成方案评审后应该对新材料的性能技术标准进行深化研究，提出有效的技术性能指标参数，并对材料使用的风险报告评估阐述，同时形成相应的设计概算文件一同提交业主单位（文件含新材料使用申请表、风险评估、性能指标参数、设计概算）。

② 总体审核

总体设计单位（含概念设计单位）应对设计单位提出的关于新材料的使用进行审核把

控,并出具总体意见。审核通过后,应向建设管理单位专递设计单位申请文件。

③ 建设单位审核

● 设计部审核

建设单位设计部门应该对提交的新材料使用的方案合理性及技术性能要求进行审核把控。

● 总工办审核

建设单位总工办应该对提交的新材料的质量及施工工艺控制风险进行审核把控。

● 合同部审核

建设单位合同部应该对提交的新材料使用的成本造价进行审核把控。

建设单位各部门审核通过后按照内部管理流程进行推进。

● 材料的招采

招标单位应该对新材料的供应商的资质、生产加工能力进行排查,严格执行新材料的性能技术指标参数,检验履约执行水平,保障新材料的使用。

(3) 新材料的使用管理机制

1) 使用范围

① 纳入行业首次使用的新材料不宜大范围使用,应充分做好使用意见及维护意见收集,对于符合行业需求、使用回馈良好的材料再逐步推广到广泛使用。

② 实施过程中必须坚持厂家打样、设计封样、现场样板段机制以保证新材料的实施。

2) 关于材料技术标准的制定

① 新材料的技术标准应该不低于国家、行业的规范要求。

② 新材料的技术指标参数应充分考虑轨道交通行业客流特点及使用维护特点,对相关技术参数指标进行把控,优化提升。

③ 新材料的技术性能指标应通过材料评审会评审。

3) 新材料的经济技术指标

① 标准站新材料选用应符合车站装修设计投资额度控制。

② 重点站新材料的选用应符合全线装修设计投资额度控制。

③ 新材料的经济指标若超过控制额度时应提交相应审批流程,原则上应该鼓励新材料的创新使用,经审批后方可进行下步流程。

4) 新材料的可维护性

① 新材料的使用必须满足运营使用的安全性要求,且应具备耐久性等特点。

② 新材料的使用必须保障运营后期维护使用的功能要求,具备可拆卸、易维护、能更换等要求。

5.2 乘客服务设施

随着近年来京津冀城市轨道交通建设的里程不断推进,以及客流不断增加造成了车站服务设施的使用率持续上升,也就给运营服务带来了一定的压力,特别是北京地铁的客流量已达到了千万级别,这使乘客的出行及服务需求和公共交通设施的服务标准变得更加复杂和严格，为了应对乘客及运营的需求，需要对乘客服务设施的功能性及文化性进行针对性的研究从而进行提升，以满足社会发展的需求，同时对后续新建线路的乘客服务设施的发展提供指导。

5.2.1 研究内容与意义

1. 研究内容

地铁车站乘客服务设施是一个多专业的领域，其功能主要是以服务乘客为目的，通过现场调研和听取北京地铁运营单位的意见，地铁乘客服务设施主要包含：导向标识设计、紧急疏散、PIS、售票、安检、防爆、垃圾桶、座椅、无障碍、排水设施、安全、宣传、AFC、暖通、紧急停车按钮、广告、电扶梯、照明等，在此基础上，由于乘客服务设施的特殊性，通过对这些专业进行分析并总结出乘客使用率较高的及最能体现地域文化特色的服务设施，经过前期的探讨总结出主要为垃圾桶、座椅、栏杆、售票室、直饮机、母婴室、自助售卖机、卫生间等和乘客接触率较高的服务设施，而这些设施的功能性和文化性还具有一定的提升潜力，所以依据主要研究的乘客服务设施专业对北京、上海、广州、深圳等一线城市地铁乘客服务设施发展较好的线路及车站进行了调研总结，通过研究这8类设施的功能性及文化性提升，以满足城市发展及乘客的需求。

2. 研究意义

课题对于研究"乘客服务设施"从而提升车站的功能及传播文化功能具有重大意义。同时乘客服务设施借助一定的科技手段，增强与乘客之间的互动，让乘客更能从多方面感受到提升服务设施的功能性带来的变化，同时了解轨道交通与城市文化之间的联系，增加浓郁的文化氛围，进一步体现高端而附有内涵的轨道交通服务设施建设的新理念，对京津冀地铁车站乘客服务设施的建设与发展提供规范性指导，同时向全国城市进行推广和辐射，从而产生显著的经济效和社会效益。

通过研究对车站乘客服务设施的功能性提升及文化性，从而提升城市的公共管理及文化水平，促进城市的发展，增强文化自信，进而提高人们的精神文明建设，以更好地服务乘客。

5.2.2 术语

乘客服务设施为地铁车站中主要以服务乘客为目的的设施。乘客通过地铁设施感受到科技、人文带来的便利及满足乘客的乘车需求，通过充分利用地铁设施的相关资源，如：垃圾桶、座椅、栏杆、客服中心、直饮机、母婴室、自助售卖机、卫生间等，为乘客提供咨询、消费、自助、安全、休息、人文等增值服务。

5.2.3 规范性引用文件

《地铁设计规范》GB 50157—2013
《消防应急照明和疏散指示系统》GB 17945—2010
《无障碍设计规范》GB 50763—2012
《消防安全疏散标志设置标准》DB 11/1024—2013
《消防应急照明和疏散指示系统技术标准》GB 51309—2018

《北京市生活垃圾管理条例》
《民用建筑工程室内环境污染控制规范》GB 50325—2010
《建筑装饰工程石材应用技术规程》DB 11/512—2017
《天然花岗石建筑板材》GB/T 18601—2009
《城市公共厕所设计标准》CJJ 14—2016
《城市轨道交通无障碍设施设计规程》DB11/T 690—2009

5.2.4 地铁车站乘客服务设施调研

随着京津冀城市轨道交通的快速发展，开通线路里程不断增加，线路的增加也带动了客流的不断增长，客流的不断增长对车站乘客的服务设施的使用及管理带来一定的压力，现如今乘客服务设施是以满足乘客的基本需求为主，但在设施的功能扩展及文化表达性上面带有一定的缺失，所以，对国内一线城市的地铁乘客服务设施进行调研并进行总结，通过吸取其发展经验，以促进京津冀城市轨道交通乘客服务设施的发展。

1. 地铁车站乘客服务设施调研

（1）垃圾桶

北京地铁的垃圾桶基本采用透明的防爆型垃圾桶，并在垃圾桶上标注基本的垃圾分类标志（图5.2.1），但是和国家新的相关规定有一定的差别。其设置位置采用传统的位置，一般设置在站台、站厅的出入口楼梯处。

（2）座椅

北京地铁7号线座椅（图5.2.2）采用不锈钢材质并结合线路文化特色进行艺术化处理，其造型很好地结合了7号线"城南窗韵"的主题思路，其设置方式采用"隔断式"方法，防止乘客在座椅上面进行"躺卧"。主要设置在站台的两侧中间位置。

图5.2.1 北京地铁垃圾桶

图5.2.2 北京地铁7号线座椅

（3）栏杆

北京地铁部分车站栏杆（图5.2.3）采用了两种不同的形式，在站厅及楼梯的栏杆采用了标准的不锈钢玻璃栏杆，保持了一定的统一性，同时，在站厅的楼梯处栏杆结合线路文化特色采用了"勾阑"的艺术形式，这和北京文化及线路文化做到了统一，这在众多不锈钢的栏杆当中增添了一点亮色。

第 5 章　车站公共区装修设计关键技术

图 5.2.3　北京地铁 7 号线栏杆

（4）售票室

深圳地铁世界之窗站售票室（图 5.2.4）采用开放的形式，并在功能上实行多元化，在满足基本售票、补票的功能之上，还增加问询、急救、导引等功能，体现了一个大的综合性服务台的职能，实现了功能集约化、功能多元化及一体化。

（5）母婴室

目前，城市地铁线路受多方面因素的制约，地铁车站母婴室还没有全方位地设置，只是在部分线路设置，如图 5.2.5 所示深圳地铁福田站的母婴室设置，前期和相关专业协调配合设置母婴室设备房，并在内部设置一些基本的设施，以满足乘客的需求。

图 5.2.4　深圳地铁世界之窗站售票室　　　图 5.2.5　深圳地铁福田站母婴室

（6）直饮机

同样受社会发展及车站后期维护等因素的制约，车站直饮机设施的设置比例较小，经调研，目前只有北京地铁 8 号线的森林公园南门等站在站台设置了 1～2 台直饮机（配合奥运设置），但使用率较低，空置时间较长（图 5.2.6）。

（7）自助售卖机

前期经过和相关专业及运营单位的沟通，一般在站厅的出站位置（现场为主）附近设

69

置自助售卖机，其设置数量一般为1~2台，在特殊站点根据车站空间具体设置。上海地铁的迪士尼站自助售卖机很好地和车站建筑进行了一体化设计，对车站空间进行了有效的深化整合（图5.2.7）。

图5.2.6　北京地铁森林公园南门站直饮机　　图5.2.7　上海地铁迪士尼站自助售卖机

（8）卫生间

地铁车站的卫生间内部设施的设置基本完善，男、女、第三人卫生间基本设置在站台的两侧，以方便乘客使用，而内部设施的设置主要以洗手池、纸巾、垃圾桶、镜子等为主，满足乘客的基本需求（图5.2.8）。

2. 地铁车站服务设施调研总结

地铁车站服务设施调研总结见表5.2.1。

图5.2.8　北京地铁通用型卫生间

地铁车站服务设施调研总结　　表5.2.1

功能性	① 服务设施满足乘客的基本需求。 ② 受时代发展的局限性，各线路服务设施发展不均衡，部分线路功能性的设施有待提升。 ③ 部分线路受时代的发展较快，设施功能较为齐全
一体化性	服务设施在满足基本功能的前提下，对设置方式及位置有待优化提升，设置存在一定的紊乱
文化性	线路的服务设施和线路、地域文化的结合性较低，地铁的传播性功能表达欠缺

5.2.5　地铁车站乘客服务设施提升建议

1. 垃圾桶乘客服务设施提升

随着地铁近年来客流的不断加大，为了提升乘客的安全措施，地铁站内的垃圾桶已在逐步升级为防爆型垃圾桶，并在相应的位置进行设置；同时在满足车站及乘客的安全性的要求下，为了后期加强运营管理及面对更大的客流量带来的各种问题，对垃圾桶设施的功能进行提升，如：安全性、环保性、统一性及设置原则、后期维护等。

(1) 安全性

1) 防爆型垃圾桶主体部分其透明度应不低于60%，以便维护人员能快速识别桶内物体，防止意外发生，给乘客营造安全的乘车环境。

2) 不锈钢主体架构四周边缘应设置倒角，角度不低于45°，防止四周角度划伤乘客及维护人员。

3) 垃圾桶的安装以"半固定"模式为主，在垃圾桶底部设置强力胶条或螺丝固定，方便后期维护人员进行维护，避免垃圾桶发生移位。

(2) 环保性

1) 依据北京市最新垃圾分类制度，在站内采取垃圾分类（《北京市生活垃圾管理条例》2020年5月实施）。

2) 垃圾桶在分类制度的原则上，在垃圾桶上提示分类的颜色及标识，如：回收垃圾使用绿色、不可回收垃圾使用红色等，并在垃圾桶上面根据分类原则设置提示垃圾的类别示例，以达到快速识别的目的。

3) 垃圾桶防爆型材料采用宜降解材料，避免二次污染，增强环境保护意识。

(3) 统一性

车站付费区及非付费区应统一设置防爆型垃圾桶，且在尺寸、样式等方面进行统一使用以提升运营管理效率，避免造成后期维护不便。

(4) 设置原则

1) 非付费区设置位置。主要以站厅和出入口接驳处及楼扶梯处设置为主，根据站厅的建筑形式来设置；同时，过长通道根据实际情况适当增加垃圾桶数量。

2) 站厅付费区设置位置。应在站厅楼扶梯及闸机、售票室附近等位置设置，具体位置根据站内的现场情况来设置。

3) 由于站台在上下车的时候客流较大，垃圾桶应设置在受客流影响较小的站台两侧及三角房位置，以免造成客流的阻挡。

(5) 后期维护

垃圾桶的安装以"半固定"方式为主，在垃圾桶底部设置强力胶条、螺丝及锁具等进行固定，满足和地面起到连接的作用，方便专职维护人员后期进行维护，同时防止乘客在使用中对垃圾桶进行"碰撞"及产生移动。

2. 座椅乘客服务设施提升

地铁车站座椅是乘客经常使用的设施之一，也是运营保障服务的必要设施之一。前期经过和运营单位、专家进行探讨交流，对座椅设施的功能主要从安全性、一体化、人性化、设置原则和文化性等方面去提升。

(1) 安全性

1) 现在座椅的材质基本主要以金属材质为主，为了考虑座椅使用的长期性，材质主要以不锈钢为主，这就对座椅的安全性提出了要求，特别是座椅的倒角位置，角度应以45°为倒角，同时座椅形式应不考虑不锈钢穿孔板形式，防止人员出现损伤。

2) 座椅的材质应结合相关标准，避免出现木质材质的座椅，避免防火等级不过关。

(2) 一体化

1) 考虑线路的统一及协调性，座椅外观形式全线应达到统一，避免出现另类的造型，以符合地铁的公共性及实用性，避免给乘客及运营单位造成使用不便。

2）座椅的材料可考虑车站建筑、装修等使用材料，结合这些材料的材质及特点可一体化使用，提升车站整体的协调性。

（3）人性化

1）地铁的乘客是多样化的，座椅规格在尺寸（高度）设计上应充分考虑不同乘客的需求，推出符合大众使用的座椅标准。

2）由于地铁车站存在一定比例的地上及高架车站，而京津冀地区在气候上区别于其他地区，特别是在秋、冬两季气温较低，本着以人为本的原则，考虑乘客在使用座椅的时候造成不便，在站内建议设置一定比例的"包塑"座椅，提升座椅的服务水平。

3）随着客流的不断加大，乘客的综合素质参差不齐，出现了乘客把增加座椅当"躺椅"的现象，为了杜绝此现象的出现，促进城市文明发展，在座椅上设置"隔断"功能，防止再出现乘客拿座椅当"躺椅"的现象，以提升社会文明的发展。

（4）设置原则

地铁是一个密集性的场所，有限的空间不能随便被遮挡、使用，结合车站建筑及客流特点，座椅的设置位置前期应和相关专业进行配合，一体化设置，优化车站空间。

同时，考虑地铁空间的特殊性，其位置应设置在站台两侧的端墙及三角房、楼扶梯后侧，避免设置在站台乘客交叉区域，防止阻挡客流及便于运营管理。

（5）文化性

京津冀地区具有悠久的文化，需要地铁这个公益设施来传播该地区优秀的文明，而座椅具有很强的艺术塑造性，座椅可作为线路及地区文化特色的载体，以此来传播优秀的文化。

3. 栏杆乘客服务设施提升

栏杆设施在站内主要起到区分客流及车站分区的功能，并在一定程度上起到防护的作用。现在地铁车站栏杆主要以不锈钢及玻璃材质为主，且样式简单以满足功能为主；为了更好地服务乘客及提升运营的管理能力，对栏杆设施的安全性、维护性、一体化、文化性等方面进行提升。

（1）安全性

1）车站站厅的栏杆一般采用不锈钢玻璃材质，建议在站厅紧急疏散口处采用不锈钢材质，摒弃玻璃材质，防止在紧急情况下出现意外伤害。

2）车站楼梯处的栏杆目前也以不锈钢玻璃材质为主，而楼梯是一个相对狭小的空间，特殊情况下玻璃容易出现损坏，所以，此处的栏杆建议使用不锈钢板的形式，防止出现意外。

（2）维护性

目前，地铁栏杆的不锈钢形式多种多样，主要以不锈钢板、管状及蜂窝板、玻璃为主，从运营维护的角度考虑，地铁栏杆建议线路或车站形式设置统一性，并减少蜂窝板形式的设置，以提升后期的维护性。

（3）一体化

车站栏杆可结合车站建筑、装修的特点及车站材料的使用等方面进行全方位的整合一体化设计及实施，如车站中经常使用的不锈钢、玻璃、石材等材质同步使用，以达到线路及车站的栏杆使用做到整体统一的目的。

（4）文化性

1）车站栏杆和座椅一样，也具有一定的艺术塑造性，车站栏杆的设计思路可结合车站装修及线路文化特点，利用栏杆这个载体有效地传播线路及装修文化特点，可在前期设计阶段进行概念化设计。

2）为了有效地宣传地铁的文化属性及内涵，可在栏杆上面设置地铁的LOGO标志及线路色等。

4. 售票室乘客服务设施提升

如今地铁车站售票室功能主要以售票、补票为主，以满足乘客的基本需求。售票室的功能不断趋于完善，如：二维码、网络化的实施，极大地方便了乘客进出站。但是，经过前期调研，售票室的功能集约化、车站一体化还有提升的空间，特别是售票室和服务中心的结合问题以及售票室的位置设置等。

（1）功能集约化

1）由于各个地区的地铁车站售票室使用及设置存在较大的差异，功能范围也有一定的不同，主要满足基本的买票和售票功能。经调研，各地的车站售票室在网络化、集约化、功能性等方面还是存在一定的差异，建议售票室内统一设置网络购票、补票、急救等功能，以扩大售票室的功能范围。

2）同时，为了优化地铁车站空间使用，建议售票室和乘客中心结合车站的整体结构环境进行有效的结合，统一使用管理，不再单独设置，以节省站内的使用空间。

（2）一体化

1）车站售票室在前期设计中，充分协调建筑、结构、装修等专业，融入车站的整体设计当中，和车站融为一个整体，让售票室不再是一个"突兀"的房子。

2）鉴于目前大部分的车站售票室基本采用封闭式的形式，建议采取开放型的形式，让售票室更好地和车站融为一体，更好地面向乘客。

5. 母婴室乘客服务设施提升

由于母婴室是给特定人群使用的，在地铁车站中的设置比例还比较低，随着人们乘坐地铁出行的比例越来越大，"母婴"乘车也越来越多，一些地铁线路开始设置母婴室，但是母婴室的设置只是简单地满足乘客基本的需求，内部设施只是简单地解决了有无的问题，所以母婴室的设置需要常态化，并在前期需要和建筑等相关专业进行充分的协调配合，在设置位置、硬件设施设置等方面进行充分的准备。

（1）加强功能性

1）由于母婴室的特殊性，前期应结合建筑结构专业，在站内合适位置预留设备用房，并结合相关专业预留风、水、电等设备的空间位置。

2）根据室内空间在相应的位置设置洗手池、洗手液、垃圾桶、沙发、马桶、护理桌、烘手器、纸巾、一次性手套等设施；洗手池及护理桌子的尺寸根据室内空间大小及相关标准比例设置。

（2）一体化设计

母婴室的空间存在一定的局限性，内部的洗手池、洗手液、垃圾桶、护理桌、烘手器、纸巾等设施可结合内部空间一体化设计，以在有限的空间内设置使用。如：烘手器和纸巾可内置使用，前期结合装修专业进行安装使用；洗手池和洗手液结合一体化设计使用等。所有的设施前期和相关专业协调好相应的设置位置，如：采取壁挂或者落地等。

（3）人性化

1）由于母婴室功能的特殊性，需前期和装修专业协调灯光的使用方式，并把母婴室内部的灯光设计为以"暖"色系为主，避免出现"冷光源"造成乘客的不适。

2）母婴室是一个内部封闭的空间，注重乘客的隐私性，在封闭的空间必定会造成空气的"堵塞"，所以要适当增强母婴室内部的通风系统，保持内部空气的流通性，如：在母婴室内增加通风口、增加设置落地的空气过滤器等。

6. 直饮机乘客服务设施提升

直饮机设施作为展现城市服务水平的设施之一，在地铁车站中作为服务设施之一已在地铁车站中推广使用，如：北京地铁 8 号线（森林公园南门站），但是此站点直饮机的设置是以配套奥运会而存在，主要以满足社会功能及乘客需求为主，在一些功能拓展及文化性上面还有待提升。

同时，由于社会发展的不平衡，地铁直饮机的设置率还是比较低的，在京津冀地铁车站的设置率也比较低，为了适应社会的快速发展及乘客的不断需求，建议直饮机成为地铁车站的固定配套设施。

（1）设置原则

直饮机在设置前期，应和建筑结构专业协调配合，以固定直饮机的安装位置及安装方式，并预留相关专业的实施，如：水、电专业等；并根据车站建筑结构空间比例及客流的预期变化来设置直饮机的数量。

（2）人性化

1）直饮机的作用是满足乘客基本的"口渴"问题，水的温度固然重要，考虑北方的气候问题，和直饮机的相关供应商配合，建议把直饮机的出水设置为"温水"，以满足以人为本的指导思想。

2）在前期设计中，同样和相关供应商做好社会调查研究，在直饮机的设置高度上必须符合满足国人的需求。

（3）文化性

如今直饮机的设置形式一般当作功能性设施来使用，在文化艺术性方面还有提高的空间，建议直饮机设施充分考虑站点及线路的文化特色，以考虑直饮机的艺术传播形式，体现车站及线路的文化特色。

7. 自助售卖机乘客服务设施提升

在社会节奏不断加快的今天，为了减少乘客的时间成本及人力成本，自助售卖系统现已大规模地应用到城市当中。在地铁当中其也是基本设置的服务设施之一，自助售卖机在地铁中的设置，极大地方便了乘客对购买的需求，也极大地提升了地铁的服务功能与品质。

由于自助售卖机的特殊性，在地铁车站中会占用一定的空间，如果设置不合理会造成客流的拥堵。所以，自助售卖机的乘客服务设施提升应主要以空间布局的合理性进行提升，建议自助售卖机前期和建筑结构专业进行协调配合，以对自助售卖机空间布局进行有效地合理分配，实施车站一体化设计，预留自助机械的专属用房，建议在出站位置设置专属用房,以规范自助机械在车站中的无序设置。

8. 卫生间乘客服务设施提升

如今,在京津冀轨道交通中的卫生间覆盖率基本达到了100%,其使用率在车站中是最高的。

随着客流的不断加大,卫生间作为一个解决乘客基本需求的设施已经无法满足乘客对卫生间功能需求的越来越多元化,如:内部的通风、味道、增设洗手液、烘手器、儿童座椅等,同时对第三人卫生间内部设施也需要进一步的提升,以满足乘客的需求。所以,为了提升卫生间的服务水平,建议着重对其安全性、人性化、一体化、文化性等四个方面进行提升。

(1) 安全性

1) 卫生间的使用率不断提高,会造成一个普遍的问题,就是地面的湿度就会加大,为了避免乘客在使用过程中滑倒摔伤,建议在地面设置防滑垫。

2) 如今社会大众的隐私安全问题越发突出,在地铁中为了避免乘客在使用过程中发生不必要的尴尬,建议卫生间门采取封闭形式。

3) 为了避免乘客在使用过程中出现特殊情况,卫生间的锁具应具备双向开锁的功能,以满足运营单位在应急时使用。

(2) 人性化

1) 在地铁中男女如厕也是一个公共话题,为了调整男女的如厕尴尬问题,前期和建筑结构等专业协调配合,并根据最新规范,蹲位比例设置为1:2。

2) 卫生间厕位经过前期的调研,现行使用空间存在一定的偏小问题,造成乘客使用不便,建议厕位尺寸深化为1000mm×1500mm,且门为内开,在厕位的相应位置(如厕位对应的天花、侧墙等)增设通风系统,加大空气流通性。

3) 乘客出行过程中,一般会携带一些包裹,这就给乘客在使用卫生间的过程中造成不便,所以在厕位的门上方设置挂钩,挂钩的设置高度根据门的高度比例设置,以方便乘客使用。

4) 在每个卫生间蹲位设置纸巾,纸巾采取机械抽取装置,防止过度浪费使用,满足乘客及运营的管理需求。

5) 如今卫生间的洗手池形式多种多样,包括:包裹式、挂盆式、落地式等,甚至在一条线路也有多种样式,这虽然方便了乘客的使用,但是这给运营的后期维护管理造成一定的困扰,经过和运营单位的沟通,洗手池建议统一采用"挂盆"的形式(高低位),既不影响乘客的使用也方便运营的管理。

同时,为了提升乘客的个人卫生,减少交叉感染,洗手池水龙头建议采用自动出水,且水温建议采用温水,以提升运营的服务水平。

6) 根据洗手池的空间布局及特点,在洗手池相应位置设置洗手液、烘手器等,设置位置避免和乘客产生冲突。

7) 为了考虑一些带小孩的乘客,根据卫生间内部空间特点,设置壁挂的折叠儿童座椅(含安全带),座椅高度建议设置为1200mm。

8) 为了考虑乘客使用的安全性,在每个厕位设置"包塑"安全扶手,防止乘客出现意外滑伤。

（3）一体化

由于卫生间内部设施的复杂性，功能性设施较多，存在一定的凌乱，为了更好地使用及维护这些设施，在前期概念设计阶段，加强和各个专业的协调配合，对一些设施进行一体化设计、综合处理，减少设施设置的随意性，如：纸巾、洗手液、烘手器、垃圾桶、水龙头等结合建筑结构进行一体化设计处理，避免出现卫生间给乘客一种脏乱差的感觉，实现内部空间的优化处理。

（4）文化性

卫生间作为地铁车站的重要服务设施，是直接服务乘客的，现在卫生间的硬件设施虽然满足了乘客的基本需求，在软件设施方面还有待提高，特别是内部的装修几乎是相同的，无装修艺术性，建议卫生间充分考虑车站整体的装修风格及线路文化特点，提升内部的装修品质，从而带动运营的服务水平。

5.2.6 地铁车站乘客服务设施提升建议总结

首先经过对国内城市地铁车站设施的调研，发现车站乘客服务设施发展参差不齐，即便是地铁发达城市，发展程度也不尽相同，珠三角及长三角沿海城市的地铁服务设施发展较好，在设施功能提升及文化表达性（结合区域、线路文化及车站装修特点）方面处于领先水平，如：上海的迪士尼线，其设施功能及文化性基本体现了迪士尼乐园文化特点一体化设计思路，突破了传统（设计手法及管理）的服务设施发展理念，用同样的材料通过艺术设计的表达方式给车站的服务进行有效的提升，同时也给乘客的使用带来了不一样的体验。

通过本课题的研究更加系统地规范了京津冀城市轨道交通公共区域车站设施的设置方式，并使其达到最佳使用效果；本着以人为本及乘客的多元化需求为导向，融合车站空间、装修、人文、科技为一体的服务设施设置理念，形成面向乘客的集多种功能为一体的互动型服务设施设置方法，最终可以达到乘客对车站服务设施最大效率的使用，同时提升运营的管理水平及服务水平，直接提升城市的建设水平，对提升社会效益具有推动作用。

同时通过开展本次研究，促进了企业科研能力的提升。在坚实的理论基础和实践经验下，以点带面，将课题的研究成果（表5.2.2）应用到京津冀新建地铁车站乘客服务设施的建设中，乃至向全国辐射。

地铁车站乘客服务设施提升建议总结　　　　表 5.2.2

设施	服务设施提升建议总结要点
座椅	
栏杆	
垃圾桶	经和运营单位的沟通配合及实地调研分析，对车站乘客服务设施的提升总结为主要以下几点：
售票室	① 提升设施的安全性能，避免乘客出现意外。
母婴室	② 提升人性化，根据乘客的需求提升设施的功能。
直饮机	③ 基于设施原本基础功能之上，以扩大设施的功能属性，提升服务水平。
自助售卖机	④ 设施进行整合车站一体化设计，深化设施的使用功能及优化车站空间的使用。
卫生间	⑤ 结合车站建筑、装修设计特点，增强车站内部各个专业的协调性，以突出车站文化特点

5.3 车站广告设置

5.3.1 研究背景概述

随着社会经济的发展,大众收入的提高和休闲的增多,日常外出活动日益频繁和丰富,人们乘坐地铁的时间逐步增长,接触地铁广告媒体的时间占据了人们每天日常工作生活时间的很大一部分。地铁广告的受众接触频率越来越高、受众群体也在不断扩大。因此,地铁广告越来越受到广告主的青睐。

轨道交通广告是地铁非票务资源开发的重点,之前由于没有统一的规划设置,加之各个城市地铁装修的不断发展变化,地铁广告也需要跟随地铁装修的发展要求不断提高。另一方面随着广告形式越来越多样化,更多新型广告的出现逐渐打破了传统广告设置的原则。

车站广告设置的研究着重针对车站建设时期广告标准的提升,通过技术手段有效规避广告建设时期广告设置的缺陷,提升运营维护便捷性,有利于广告体系的完善及提升空间整体效果,有利于地铁运营维护和广告资源开发。研究主要针对在地铁建设时期地铁广告的种类、设置形式、布置方式和对未来地铁广告的发展趋势,即新型广告的形式种类、设置方式和与装修一体化的趋势做了分析及设置建议。

北京是中国大陆地区第一个开通地铁的城市,也是第一个设置地铁广告的城市,自1979年到2019年北京地铁广告已发展了整整四十年。作为首都,作为国际化大都市,北京地铁广告设置应在全国具有示范效应,充分体现北京的城市特点。以调研为基础,结合北京现有车站广告建设特点及国内外地铁空间广告设置的形式、特点及趋势提出下阶段地铁建设时期广告的规划设置的合理建议,并提出完善广告实施中的接口优化建议。

5.3.2 地铁广告设置情况调研

现阶段地铁广告媒体类型主要为平面广告、视讯广告和其他广告三大类,此次研究的对象为建设阶段地铁广告媒体类型及分类,见表5.3.1。

地铁建设阶段广告媒体类型及分类   表5.3.1

平面广告	广告灯箱	36封/24封/12封/4封广告灯箱、拉布灯箱、滚动灯箱、梯顶广告、梯牌广告
视讯广告	LED屏	
	LCD屏	
	投影广告	

1. 国外地铁广告调研案例

世界上第一条地铁早在1863年通车,而我国大陆的第一条地铁在1969年开通。从时间上来看,国外地铁比我国大陆城市地铁早开通一百年,在地铁广告的设置方面有许多值得我们借鉴的优秀经验,国外优秀的城市地铁广告从需求出发,地铁成为城市宣传的窗口。以下列举了纽约、东京和首尔这三个比较有代表性的国外城市地铁广告设置情况。

（1）纽约地铁

从车站数目来看，纽约地铁是世界上最庞大的城市轨道交通系统，有472座车站已投入使用（数据截止到2019年）。纽约地铁排在北京、首尔、上海、莫斯科、东京、广州之后，是第七大繁忙的地铁（排名截止到2018年），同时纽约地铁系统是美国和美洲最繁忙的城市轨道交通系统。纽约人口密度大，开车停车都很不方便，所以地铁依然是纽约人出行的最主要交通之一，人流量很大。

基于以上特点以及对纽约地铁广告的调研，纽约地铁车站部分常用广告见表5.3.2。

纽约地铁部分广告分类　　　　　　　　　表5.3.2

城市	建设时期	广告类型	国内使用情况
纽约地铁部分广告分类	前期规划建设广告	灯箱广告牌	国内有使用
		扶梯侧面广告牌	国内有使用
		电子屏组合	国内有使用
		时钟广告	
	后期加设广告	台阶广告	
		检票处广告	
		站台海报	
		墙帖	国内有使用
		自动售货机广告	
		车内挂板	
		车厢内海报	国内有使用
		车体喷绘广告	国内有使用

从调研可知，纽约地铁历史悠久，设施相对来说比较老旧。纽约地铁广告的特点在于，可以利用纽约地铁旧旧的氛围，作为怀旧场景化营销的场所。纽约地铁车站内广告比国内的地铁广告形式、内容丰富，位置多样（图5.3.1）。

图5.3.1　纽约地铁广告照片

(2) 东京地铁

东京地铁是亚洲最早拥有地铁的城市，拥有 285 座车站，日平均客流量为 1100 万人次。东京地铁广告和国内地铁广告设置原则与形式基本一致，站内及通道也有广告，不是铺天盖地设，只在重要的视线范围设置，如立柱、地面、电梯扶手、台阶等处基本是路标指示。

基于以上特点以及对东京地铁广告的调研，东京地铁车站部分常用广告见表 5.3.3。

东京地铁部分广告分类　　　　　　　　　　　　　　　　　表 5.3.3

城市	建设时期	广告类型	国内使用情况
东京地铁部分广告分类	前期规划建设广告	灯箱广告牌	国内有使用
		扶梯侧面广告牌	国内有使用
		电子屏组合	国内有使用
	后期加设广告	检票处广告	国内有使用
		站台海报	国内有使用
		墙帖	国内有使用
		车体喷绘广告	国内有使用
		车内挂板	国内有使用
		车厢内海报	国内有使用

从调研中了解到，在广告设置原则与形式基本一致的情况下，东京地铁广告设置比国内创新性强，善于使用实体广告，比如在车站内设置商家真实的商品，这种方式会让很多乘车的人能够直接看到或者体验到这种商品（图 5.3.2）。

图 5.3.2　东京地铁广告照片

(3) 首尔地铁

韩国首尔地铁目前的站内广告设置格外繁多，在这种情况下，韩国首尔市长提出构想，将取消首尔市内所有地铁站内广告，继而展示艺术作品，争取将地铁站打造成"艺术站点",将公共空间改变为"美术馆"。

在 2018 年首尔市厅召开的"2018 年社会问题解决设计国际论坛"的演讲中,朴元顺市长提出了撤掉所有地铁站内商业广告,改为展示艺术作品构想,并将没有商业广告的牛耳新设线轻轨选为优先案例。这表示首尔市为了深受广告困扰的市民们,放弃了 35 亿韩元的牛耳新设线广告收益。

基于以上特点以及对首尔的地铁广告的调研,首尔地铁车站部分常用广告见表 5.3.4。

首尔地铁部分广告分类   表 5.3.4

城市	建设时期	广告类型	国内使用情况
首尔地铁部分广告分类	前期规划建设广告	灯箱广告牌	国内有使用
		扶梯侧面广告牌	国内有使用
		电子屏组合	国内有使用
	后期加设广告	站台海报	国内有使用
		墙帖	国内有使用
		车体喷绘广告	国内有使用
		车内挂板	国内有使用
		车厢内海报	国内有使用

从调研中可知,首尔地铁广告设置较国内多,建设时期的广告形式与国内广告设置形式基本相同,仅在屏蔽门上设置与屏蔽门结合的电子屏广告不同(图 5.3.3)。

图 5.3.3 首尔地铁广告照片

近年来首尔政府一度出现要取消地铁广告的设置,这一举措从地铁空间整体效果及乘客感受来看,地铁站里出现艺术性作品能够提升空间效果,乘客乘坐地铁站的时候可以欣赏艺术作品而不是看杂乱的广告。

从国外地铁现阶段在建设时期的广告设置情况可知,国外在地铁建设时期的广告设置情况基本相似,主要以不同尺寸的灯箱广告、扶梯侧面广告、电子屏和电子屏组合为主要设置对象。

2. 国内地铁广告调研案例

国内地铁广告调研主要对上海、深圳和广州这三座中国的一线城市的地铁广告的使用种类、数量等情况进行了调研。

根据地铁站所处的地段和来往人流的主要阶层和客流量对地铁站进行分级，最高级别的称作 S 级，其下有 A++、A+、A、B 级的分级。

（1）上海地铁

上海地铁，一共 14 条地铁线路、329 个站点，平均每位乘客 50.8 分钟封闭接触时间。上海地铁广告种类主要为常规媒体、电子媒体和超级媒体。新型的超级媒体广告通过大尺幅的广告画面，使乘客沉浸于广告营造的场景营销中，从而提升广告的冲击力，增强广告的经济价值（图 5.3.4）。

图 5.3.4　上海地铁照片

上海地铁广告种类主要分为三大类：

1）常规媒体，包含 4/6 封灯箱、12 封灯箱、12 封看板、梯楣媒体。

2）电子媒体，包含双联电子屏、三联电子屏、DP 炫动画廊、电子梯牌、炫动画墙、炫动投影画廊、电视墙品牌专区、电子媒体站等多种电子媒体。

3）超级媒体，包含 24 封灯箱、48 封灯箱、非标超级灯箱、超级橱窗灯箱、站台超级大看板。

上海地铁车站内通过大数据分析广告最佳位置的广告位能更好地满足广告设置的需求，而新型的超级媒体广告通过大尺幅的广告画面，合理规划设置位置，使乘客沉浸于广告营造的场景营销中，从而满足广告设置需求。通过这些方式来达到广告传播的效果。

从调研上海地铁广告设置情况可知，上海地铁广告设置主要以12封灯箱为主，在重点站配以超级灯箱、LED动态屏和大投影来吸引消费者关注（图5.3.5）。

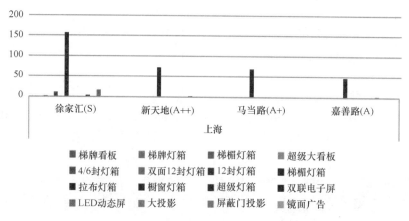

图5.3.5 上海地铁广告设置情况调研

（2）深圳地铁

深圳地铁，目前运营地铁线路8条，站点166个，每日客运量排名第四，仅次于北京、上海和广州（图5.3.6）。深圳地铁广告种类主要为常规媒体和电子媒体。经调研可知18～54岁之间乘坐地铁的人群占地铁人群的64.7%，乘客年龄偏向于年轻化，所以地铁广告的形式设置应该符合年轻人的审美标准，吸引年轻人，所以深圳地铁的广告样式和形式值得借鉴。

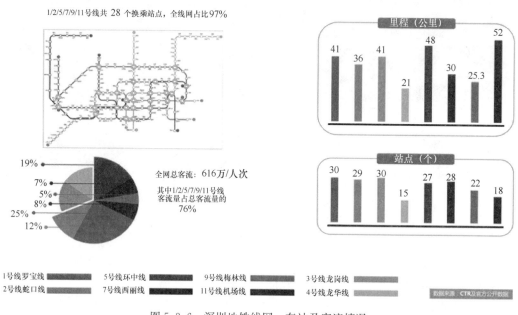

图5.3.6 深圳地铁线网、车站及客流情况

深圳地铁广告种类主要分为三大类：

1) 常规媒体，包含4/6封灯箱、12封灯箱、12封看板、梯楣媒体。

2）电子媒体，包含双联电子屏、三联电子屏、DP 炫动画廊、电子梯牌、炫动画墙、炫动投影画廊、电视墙品牌专区、电子媒体站等多种电子媒体。

3）超级媒体，包含 24 封灯箱、48 封灯箱、非标超级灯箱。

深圳的常规媒体多以多种方式搭配销售较常见，强调大面积、大尺寸、效果震撼（图 5.3.7）；这也反映了市场对地铁广告的需求，为以后规划地铁广告提供了新思路。

图 5.3.7 深圳地铁照片

通过调研深圳各级站点广告类型分布情况可知，深圳地铁广告 12 封灯箱的使用占据了主要地位，双联电子屏、4/6 封灯箱、LED 动态屏和超级大看板的使用紧排其后，除此之外还有梯楣灯箱、拉布灯箱和橱窗灯箱的穿插使用（图 5.3.8）。结合深圳地铁早期广告设置情况来看，目前深圳地铁广告电子屏和动态屏的出现及使用，说明了深圳地铁广告设置趋向创新化、多元化和多样化的发展趋势。

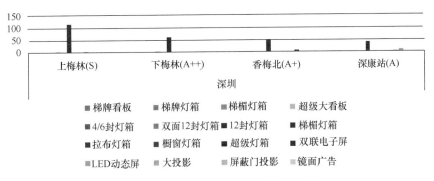

图 5.3.8 深圳地铁广告设置情况调研

(3) 广州地铁

广州地铁，体量大，和北京地铁情况相似（图 5.3.9）。现已建成开通 1～8 号线、APM、广佛线等 10 条、309km 的地铁线路，以及海珠区环岛新型有轨电车试验段（7.7km）。广州地铁覆盖面积广泛，经过广州每一个商圈，覆盖群体以年轻群体为主；覆盖广州核心区高端人群。

广州地铁广告种类主要分为三大类：

1）常规媒体，包含 4/6 封灯箱、12 封灯箱、12 封看板、梯楣媒体。

2）电子媒体，包含双联电子屏、三联电子屏、DP 炫动画廊、电子梯牌、炫动画墙、

图 5.3.9　广州地铁照片

炫动投影画廊、电视墙品牌专区、电子媒体站等多种电子媒体。

3）电视媒体。

广州地铁广告类型主要包括：灯箱媒体、特殊媒体、线网媒体、电子媒体等形式，提供的地铁广告形式十分多样化，同时各类组合广告也是大面积设置，以达到广告设置的效果（图 5.3.10）。

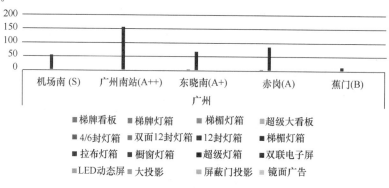

图 5.3.10　广州地铁广告设置情况调研

从国外、国内城市的地铁广告调研情况来看，在建设阶段的所有地铁广告类型，国内与国外基本一致；国内各个城市的地铁广告类型基本一致，仅在个别广告类型上有差异；目前国内在建设阶段设置的地铁广告数量较少，和装修整体空间的融合度较差。

在借鉴国外、国内城市地铁广告现有情况及地铁广告的发展来看，地铁广告的设置应在种类上呈现多元化，多引用创新型广告，设置数量上在现有的基础之上还应该考虑到广告设置的精准性，在和装修的融合程度上应尽量考虑装修整体，以达到广告与装修的一体化趋势。

5.3.3　北京地铁广告的现状及问题概述

1. 地铁广告现状

（1）广告技术日趋系统化和科技化

投影广告与装修和屏蔽门的系统结合，越来越多形式的投影广告开始出现在车站里面（图 5.3.11～图 5.3.14）。

图 5.3.11 投影广告

图 5.3.12 屏蔽门广告

图 5.3.13 电子屏广告

图 5.3.14 大型拉布灯箱广告

（2）现有广告的安装、运用、维修趋于成熟和规范化

（3）北京地铁广告设置情况调研

从图 5.3.15 可知北京地铁广告的设置形式较丰富，主要以 12 封灯箱为主，在重点站增加形式更加富有科技化的投影广告、屏蔽门广告。

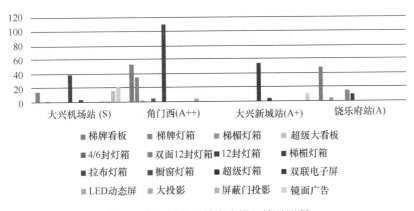

图 5.3.15 北京地铁广告设置情况调研

2. 现阶段地铁广告存在的问题

根据调研情况可知，轨道交通广告在实施、使用中存在诸多问题需要解决。以下对这些问题进行了分类列举：

（1）地铁空间有限，不同线路广告设置不规范，导致整个线网广告设置不协调、不美观。

（2）不同区域广告规划设计不到位，导致后期现场实施预留条件不够，影响空间整体效果。

（3）同类广告，规格不一，导致后期上刊难、维护难，如何科学规划，让广告主满意？

（4）创新型广告预留条件不够，导致现场管线外露情况严重，影响空间整体效果。

（5）地铁广告目前的规范体系不完善。

3. 北京地铁广告设置情况调研分析

地铁广告媒体按照建设需求可分为传统广告、新型广告、其他广告媒体三类（表5.3.5）。

北京地铁广告种类分析　　　　　　表5.3.5

传统广告	广告灯箱	4封、6封、12封、18封、24封、48封灯箱广告、梯楣/顶灯箱广告、动感灯箱广告、超级灯箱广告、特殊位置灯箱广告
新型广告		电子屏、投影广告
其他广告		

（1）梯牌广告（图5.3.16）

图5.3.16　梯牌广告

（2）12封灯箱广告——轨行区（图5.3.17）

（3）12封灯箱广告——站厅、站台、通道（图5.3.18）

（4）4/6封灯箱广告（图5.3.19）

（5）梯楣广告（图5.3.20）

（6）超级灯箱广告（图5.3.21）

（7）电子屏广告（图5.3.22）

（8）屏蔽门投影广告（图5.3.23）

第 5 章 车站公共区装修设计关键技术

图 5.3.17 轨行区 12 封灯箱广告

图 5.3.18 站厅、站台、通道 12 封灯箱广告

图 5.3.19 4/6 封灯箱广告

图 5.3.20　梯楣广告

图 5.3.21　超级灯箱广告

图 5.3.22　电子屏广告

图 5.3.23 屏蔽门投影广告

4. 北京地铁广告形式分析

北京地铁车站内各个区域内广告设置形式见表 5.3.6。

北京地铁车站内各个区域内广告设置形式　　表 5.3.6

地铁车站内位置		广告形式
站厅	站厅墙面	灯箱广告
	楼梯	楼梯楣头多滚动广告、电子显示屏
站台	轨行区	灯箱广告
其他空间		灯箱广告、屏蔽门投影广告、电子显示屏
通道墙面		灯箱广告、LED 屏
出入口扶梯		梯牌广告、梯牌灯箱广告、梯楣广告、梯楣灯箱广告

5.3.4 北京与其他城市地铁广告对比分析

通过对北京、上海、广州、深圳这四个城市的各类型广告设置的调研情况可知，众多城市最受欢迎的是 12 封灯箱，因为其可量产、标准化、投资小、组合灵活、维护简单的特征（图 5.3.24）。新式电子类广告更适宜设置在价值高、人流大的站点，与站内多种广告联动，保证资源最大化利用，其他广告形式在车站少数量设置。例如车站设置 24 封灯箱、48 封灯箱、超级看板、超大灯箱和大投影等广告形式，通过超大的广告画面，震撼视觉感官，能更好地传递信息，将广告媒体的价值最大化。

普通车站广告的商业价值不是很大，广告设置形式较为单一，主要以传统的 12 封广告灯箱、梯牌、梯楣广告为主（图 5.3.25）。

重点车站的广告通过设置多种广告形式将广告媒体融合到一起，形成广告媒体形式的多样化，更加立体地展现广告画面（图 5.3.26）。

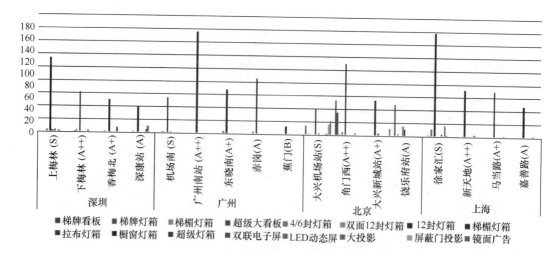

图 5.3.24 北京与其他城市地铁广告对比分析

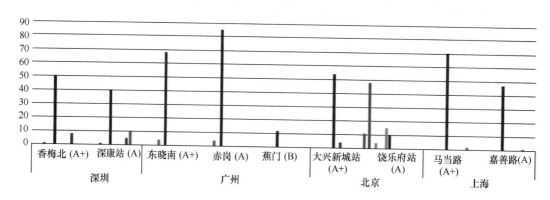

图 5.3.25 各个城市普通车站广告设置对比分析

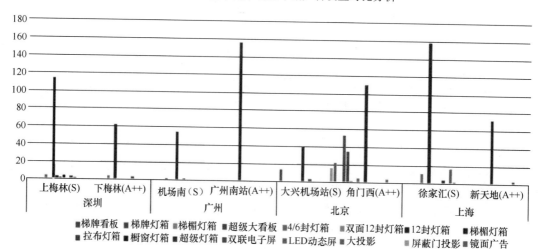

图 5.3.26 各个城市重点车站广告设置对比分析

北京地铁广告在原有基础上，借鉴其他城市的广告设置，精简广告规模，优化广告尺度，配合多种广告形式，增加广告类型，来进行广告的宣传，提升广告媒体在车站空间中的设置价值。

北京地铁广告在经历了四十年的发展之后，地铁广告牌体形式由传统的看板广告到灯箱广告再到现在的电子媒体广告，广告牌体的科技含量越来越高，也越来越具有创新性、多样性、互动性。广告牌体的设置不再是大面积满铺式设置，而是根据具体的点位选择在价值比较高的区域重点设置。地铁功能由战略防备功能逐渐向全民通勤功能转变，地铁内的装修效果也越来越重要，在广告设置方面尤其要注意与装修接口的整合及与整体空间效果的统一。总的来说，优质站点广告设置类型丰富，总数量多，广告投资相对较大；资源相对较差的站点广告设置类型相对传统，数量少，投资少。

5.3.5 地铁广告的未来发展趋势

1. 地铁广告的未来发展趋势

（1）广告形式的创新性、多元化

广告形式的创新性、多元化是指在原有传统广告形式上，增加新型广告形式，让地铁内广告的形式更加丰富、多样（图 5.3.27）。如今新型广告形式各式各样，但运用在地铁空间的广告依旧局限在仅有的几种形式上，因此增加更多新型的广告形式不仅可以让车站空间更加丰富，也可以最大化提升广告媒体带来的经济价值。

图 5.3.27 创新型广告形式

（2）广告设置的多样性、投放精准性

广告设置的多样性、投放精确性是指广告设置点位的多样性、投放位置受众目标群体的精准性。除去传统轨行区、站厅侧墙、出入口楼扶梯侧墙位置外，开发其他客流必经区域设置广告，将多种广告形式在一个区域结合、展现出来，不仅可以增强广告的宣传效果，还可以加强车站区域的识别性、提升空间效果（图 5.3.28）。

（3）广告与装修的一体化趋势

广告与装修的一体化即指将广告与装修一体化设计，将原有广告的固定形式优化升级，做出与装修融合的广告媒体新形式，削弱了广告因单独存在而造成的影响。形成一种广告既是装修，装修也包含广告的融合感。既保证了整体车站的装修效果，同时也满足广告的功能使用（图 5.3.29）。

图 5.3.28　区域结合广告形式

图 5.3.29　与装修结合的广告形式

2. 地铁广告接口优化建议

为更好地配合轨道交通地铁的发展建设和运营需求，完善地铁车站中广告设施的规划与设置，提出以下对广告接口的规划和建议：

广告箱体应以嵌入式、与装修饰面齐平安装（图5.3.30）；条件不满足时，则采用半嵌入式安装（图5.3.31）。

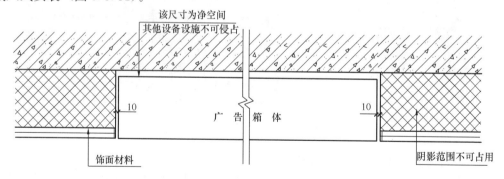

图5.3.30　嵌入式安装（与装修饰面齐平）

梯楣灯箱安装形式参见图5.3.32和图5.3.33。

广告箱体形式应经装修专业封样沟通，确认样式、颜色和安装工艺等，保证广告设施对装修界面的影响最小。

广告箱体的数量与点位应在遵循其他设备规范要求下进行设置，保证车站功能设备的实施（图5.3.34）。

广告箱体应给出详细尺寸，包括箱体和预留尺寸等。广告箱体与装饰面预留缝隙应在10mm以内（图5.3.35）。

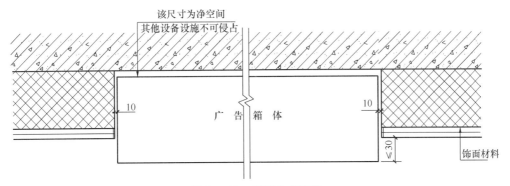

图 5.3.31 半嵌入式安装

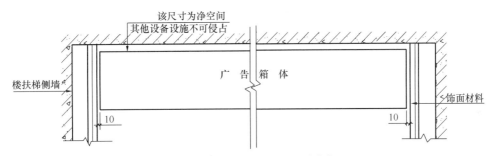

图 5.3.32 梯楣灯箱安装（同墙宽）

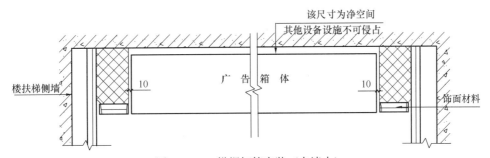

图 5.3.33 梯楣灯箱安装（在墙中）

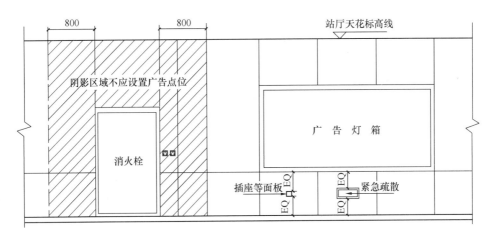

图 5.3.34 广告箱体立面安装位置

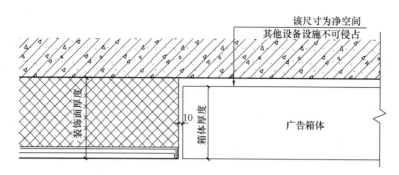

图 5.3.35　广告箱体与装饰面接口

广告箱体距地高度应保持该车站（或该条线路）统一，且横向、纵向应与装修材料分缝对齐（图 5.3.36～图 5.3.38）。

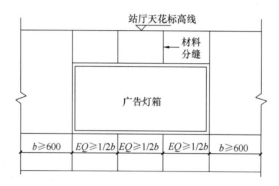

图 5.3.36　箱体与装修材料分缝关系

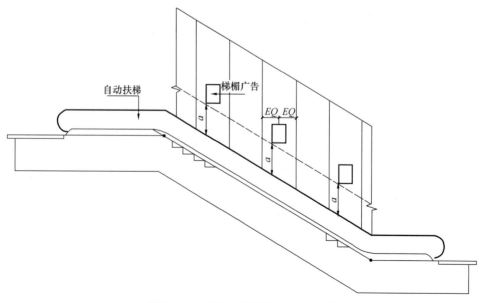

图 5.3.37　箱体在梯侧墙面立面安装

图 5.3.38 箱体距地尺寸

如部分区域空间高度受限,则该区域广告箱体距地高度应做相应调整。例如,通道高度无法与站厅、站台高度一致,则广告设置高度需相应调整降低。

通道高度在 2400~2600mm 之间,应保证广告箱体顶边距离天花大于 100mm,如图 5.3.39 所示。

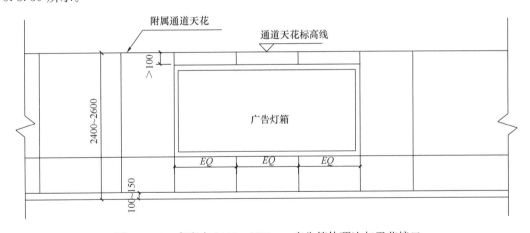

图 5.3.39 高度在 2400~2600mm 广告箱体顶边与天花接口

通道高度在 2600mm 以上,应保证广告箱体顶边距离天花不小于 200mm,如图 5.3.40 所示。

针对非常规广告箱体,如超级灯箱、梯楣灯箱、超级拉布灯箱等,采用嵌入式安装时,装修材料分缝应保证最小尺寸不得小于 1/2 墙面标准板,同时不得大于墙面标准板尺寸的分缝原则进行排版。

重点站和特殊车站的广告设置要求应遵循以上原则外,应根据整个地铁线网文化定位、特色线路及一体化设计等因素综合考虑广告形式和点位设置。将车站装修风格和文化定位融入广告形式及内容的设定中去。

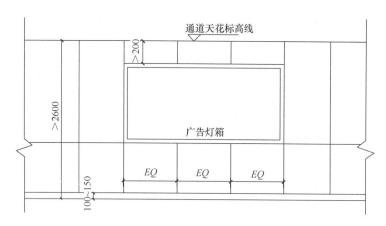

图 5.3.40　高度在 2600mm 以上广告箱体顶边与天花接口

5.3.6　广告设置建议

1. 根据车站规模设置

以下为标准站站型剖面图：以人流动线为依据，符合视觉停留点为设置原则进行设置广告（图 5.3.41）。

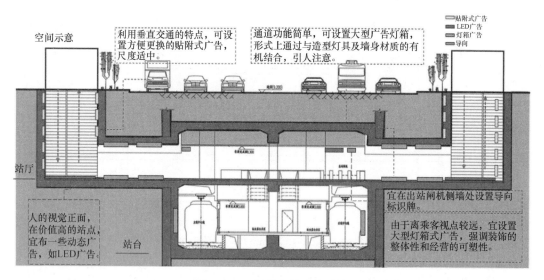

图 5.3.41　标准车站人流动线

2. 根据车站乘客通行时间设置

根据乘客在地铁车站的停留时间长短来设置不同等级的地铁广告（图 5.3.42、图 5.3.43）。

根据车站乘客通行在各个空间的时间进行计算，站台通行时间为 6.3min，站厅通行时间为 4.1min（含换乘时间），通道通行时间为 2.6min，由此可知广告在站内的设置最好以"站台＞站厅＞通道＞站点出入口"的价值等级顺序设置（图 5.3.44）。

第 5 章 车站公共区装修设计关键技术

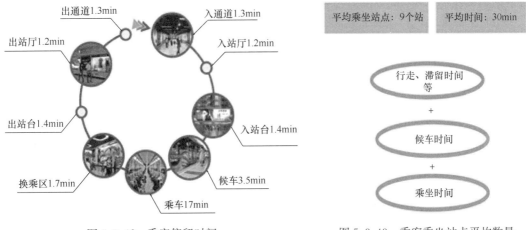

图 5.3.42 乘客停留时间

图 5.3.43 乘客乘坐站点平均数量和平均时间

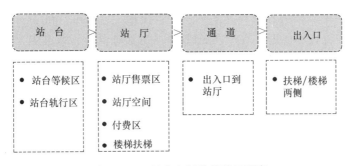

图 5.3.44 站内空间价值等级顺序

3. 地铁广告位价值判断标准及广告设置建议

地铁广告位的价值判断标准主要有以下三个方面：

（1）人流量——基础指标，人流量越大的区域，广告位价值越高；

（2）人流停留时间——人流停留时间越长的区域，广告位价值越高；

（3）人流消费水平——人流消费水平越高，广告位价值越高（判断不同站点广告价值标准）。

标准站广告设置建议：

（1）充分考虑车站客流特点，分区域设置，以多样式、高收益换取规模化设置，总量控制；

（2）设置种类应根据行业发展与时俱进，采用多种形式，多样化，并应具备节能环保要求；

（3）广告的设置形式宜根据空间规划合理设置，满足空间建设的文化需求；

（4）常规车站的设置规格宜标准化、统一化，便于后期实施的接口预留及维护。

重点站广告设置建议：

（1）重点车站的设置应区别于标准站的设置，在设置位置、形式、数量应该遵从车站文化需要，合理设置；当车站广告价值需求与车站文化需求一致时，宜采用改变形式等手段，配合文化需求，同时保证价值实现。

（2）重点车站的广告设置数量并不能作为经济测算的硬性指标，但应保证广告的商业价值的最大化实现。

（3）重点站的车站广告建设应该注重于空间的一体化建设需要，满足地铁车站文化提升需求。

经过本次广告专题调研可知，在轨道交通建设的过程中，广告设置的前提条件是在车站原有的布局中，综合考虑车站的位置、体量、客流、广告安装的最佳位置、广告设置形式、内容、广告接口及与装修一体化发展的趋势进行设置。通过对国内外轨道交通既有线在建设阶段广告设置的调研，结合北京现阶段轨道交通地铁广告的建设情况、问题总结，提出了在建设时期广告设置的新的设计趋势，着重以提升近阶段轨道交通建设时期的广告设置水平为目标，规范和指导轨道交通新线在建设时期广告的设置和接口，从而为今后京津冀城市轨道交通车站建设时期的广告设置提供设计参考。

注：本章图片部分来源于全媒通官网（http：//www.qmtmedia.com/）；深圳地铁线网、车站及客流情况的图片来源于CTR及官方公开数据；其余图片来源于网络。

备注：参考图片部分来自全媒通官网网站：http：//www.qmtmedia.com/；深圳地铁线网、车站及客流情况的图片来源于CTR及官方公开数据；其余图片来源于网络。

第 6 章 天津滨海国际机场扩建配套交通

6.1 项目背景

"十二五"规划纲要提出区域协调发展战略,京津冀一体化成为天津建设发展的时代背景。对如何融入并促进京津冀一体化发展,天津地铁建设进行了积极的探索与实践,对线网规划进行适时调整,地铁 2 号线、C2 线、Z2 线、城际铁路线得以交汇于滨海国际机场,滨海国际机场成为京津冀地区空铁联运的重要节点,区域重大基础设施布局得到优化,轨道上的京津冀初现端倪,天津在京津冀区域中的地位进一步增强(图 6.1.1)。

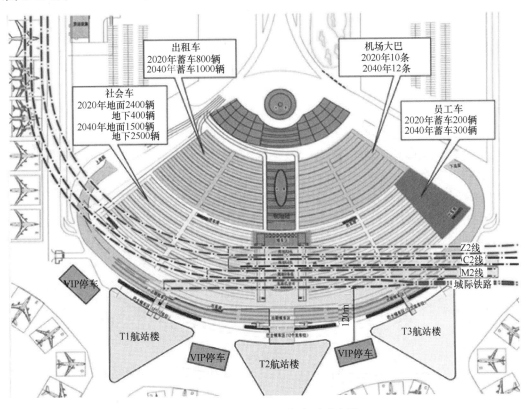

图 6.1.1 滨海国际机场交通示意图

"十二五"期间,天津重大基础设施建设及改造迎来了又一个高峰,整合交通基础设施建设,优化交通资源配置及衔接,提供优质交通服务,缓解市内交通压力,成为天津可持续发展的必然要求。

据统计,滨海国际机场 2010 年旅客吞吐量为 727.7 万人,货邮吞吐量为 20.2 万吨。

规划至远景年度，天津机场的旅客吞吐量将达到6500万人，仅靠现有的公交、出租以及私家车三种交通方式是无法快速而又舒适地完成旅客集疏散工作的，特别是机场受周边环境制约，通往市区及滨海新区的道路条件受限，通行能力较低，不能满足远期进出港旅客通行要求，引入具有高效、快速、准时、安全、环保、大容量的城市轨道交通运输系统是必要的。

机场交通中心的建设，可以增加旅客出行所选择的交通方式，方便旅客出行，同时轨道交通与地面交通实施了统一规划和建设，使得各种交通方式可以顺利实现快速换乘，不仅方便了旅客，而且也完善了客运交通网络，提升了基础设施服务水平。

6.2 项目基本情况

6.2.1 工程概况

天津滨海国际机场位于天津东丽区，是华北地区重要的客运机场，也是天津大型门户枢纽和北方国际航空物流中心，客运量逐年快速增长。天津机场除当时正在运营的T1航站楼外，T2航站楼于2011年5月底开工建设，除此之外，还有规划中的T3航站楼。机场由津汉公路李明庄段向东南方向引出机场专用路——机场大道与市区连接，平行机场大道两侧的道路有东二、东三路，西一、西二、西三路。沿机场大道两侧地块内分布着为机场提供服务的天然气、消防、供热、污水处理等配套设施建筑。

在既有T1航站楼东侧规划有T2、T3航站楼，依次排列成"U"形布置，规划对既有高架桥进行改造使其可以服务T2、T3航站楼，本次滨海机场扩建工程包含了T2航站楼及对航站楼前高架桥改造，T3航站楼为远期规划。

机场配套交通中心工程邻近机场航站楼，规划有地铁2号线延伸线、Z2线、C2线以及京津城际铁路，3条地铁1条国铁线路，其中2号线延伸线与规划Z2线由机场北侧李明庄方向引入机场，C2线与京津城际铁路由机场南侧军粮城方向引入机场，四条线路均在机场规划的T2航站楼前设站，车站平行航站楼且中心与航站楼中心对齐。与滨海机场扩建工程同期实施的为地铁2号线和京津城际铁路，为远期建设的Z2、C2线预留条件（图6.2.1）。

6.2.2 机场总体布局

交通中心工程由北向南主要包括远期规划的Z2和C2线机场站、地铁2号线机场站（含部分区间工程和明挖区间风井土建结构工程）、京津城际铁路机场站土建结构工程、地下停车场、换乘通道、与T1航站楼连接的连接通道和与T2航站楼连接的集散大厅工程（图6.2.2）。地铁2号线机场站和城际铁路机场站站中心

图6.2.1 滨海国际机场地理位置示意图

里程和新建 T2 航站楼中心对齐。

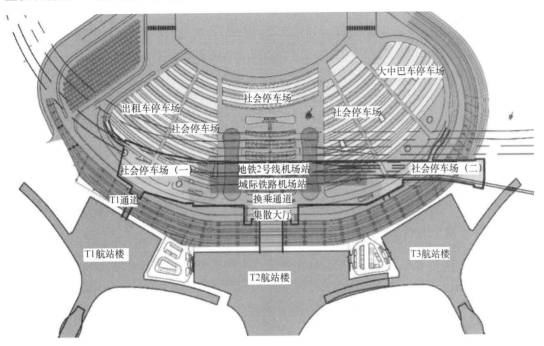

图 6.2.2 机场交通中心工程平面示意图

机场交通中心工程占地面积约 60000m²，总建筑面积约 110555m²，根据交通中心的布置特点，各功能分区建设规模如下：

（1）地铁 2 号线机场站（含部分区间工程和明挖区间风井土建结构工程）：共地下两层，地下一层建筑面积 8493m²，主要为车站的站厅层、公共换乘厅、设备用房以及部分配套商业设施，国铁、地铁、出租和航空可在地下一层完成客流的相互换乘。地下二层的建筑面积约 12836m²，主要为车站的站台层、楼扶梯以及设备用房和区间行车；车站为岛式站台车站，车站站台计算长度为 118m、宽 14m。地面建筑面积为 360m²，总建筑面积为 21689m²。

明挖区间风井位于机场西三路与东三路交口的西侧，建筑面积 2360m²，内设牵引降压混合所及环控机房，并兼做区间紧急疏散口。

（2）京津城建铁路机场站土建结构工程：共地下两层，地下一层建筑面积 9894m²，主要为车站的站厅层、公共换乘厅、设备用房以及部分配套商业设施，城际铁路、地铁、出租和航空可在地下一层完成客流的相互换乘。地下二层的建筑面积约 11179m²，主要为车站的站台层、楼扶梯以及设备用房和区间行车；车站为岛式站台车站，车站站台计算长度为 230m、宽 12m。地面建筑面积为 250m²，总建筑面积为 21323m²。

（3）地下停车场：地下停车场位于地铁 2 号线车站的西侧和东侧，主要布置了社会车辆停车区、乘客上车区以及设备用房等，分别设置了 2 个双车道出入口、3 个人员疏散口以及 2 组地面风亭。地下停车场工程为地下一层（中间设置夹层），总建筑面积约 43657m²，蓄车位约 700 个（有效使用面积为 31500m²）。

（4）换乘通道：换乘通道位于 T2 航站楼的北侧、城际机场站的南侧。通道总宽度为

24m，其中，两侧为商业设施，宽度为14m，中间人行通道宽为10m。为地下一层结构，通道总宽度为24m，总建筑面积约13036m²。

（5）T1航站楼连接通道：T1航站楼连接通道位于T1航站楼的北侧、地下停车场的南侧。结构净宽为10m，上下两端与交通中心和航站楼之间设置变形缝，布置有通往地面的出入口和疏散楼梯间。为地下一层结构，结构净宽为10m，总建筑面积约2420m²。

（6）集散大厅：集散大厅位于T2航站楼的北侧、机场交通中心工程的南侧。结构净宽为45m，上下两端与交通中心和航站楼之间设置变形缝，两侧布置通往地面的出入口和疏散楼梯间。为地下一层结构，结构净宽为45m，总建筑面积约6070m²。

6.3 项目关键技术方案及技术效益

6.3.1 零换乘交通组织

天津滨海国际机场当时运营的T1航站楼北侧高架桥底下，由南向北为大巴车车道、出租车车道，再北侧为社会车辆地面停车场，出港旅客由航站楼地面出口出港后需要穿越机动车车道乘坐各种交通工具，这样会造成人流和车流的交叉干扰，存在一定的安全隐患。具体详见图6.3.1。

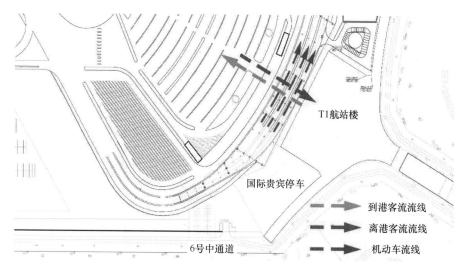

图6.3.1 天津滨海国际机场2013年现状流线图

为了消除隐患，为了进一步提高天津市高效快速、准时安全、低碳环保出行，分担北京航运、铁路、轨道交通压力，进行了轨道交通与航站楼零换乘设计，推进北京天津一体化发展。

1. 技术方案

（1）交通布局原则

独立性原则：地下社会车辆停车场单独设置；车流线相对独立，与地面公交车、出租车流线互不干扰。

分散性原则：避免出入口集中设置在某一条道路上，可以均衡车站周边道路的交通流量。

层次性原则：交通中心与航站楼连接通道、集散大厅及交通中心换乘大厅内设有与地面出租车、社会车辆换乘的竖向交通设施，使地面车流流线与地下客流流线立体交叉。

(2) 交通布局方案

机场交通中心工程位于滨海机场 T1 航站楼北侧的地面停车场地下，停车场中部设置了两个地面候车岛，其中有竖向交通设施与交通中心地下一层的换乘大厅相连接，避免了地面车流与客流的交叉干扰。交通中心东西两端各设置了一个地下停车场，与航站楼在地下实现连通，使社会车辆的接送乘客在地下得以完成，不仅减缓了地面的交通压力，同时也避免了现状地面交通的社会车流与人流的交叉干扰，西端地下停车场的入口位于机场地面停车场的西南端，与地面停车场西端主道路相接，出口位于地面停车岛西侧，接入地面停车场中部道路，东端地下停车场内的入口位于地面停车岛东侧，与停车场南部主道路相连，出口位于地面停车场东南侧，接入东侧主道路。此外，集散大厅及与 T1 航站楼连接通道都设有竖向交通设施连接出租车候车区，避免了客流与车流的交叉干扰。

(3) 交通流线组织

1) 离港流线

① 乘坐社会车辆客流

离港旅客可以乘坐社会车辆进入机场交通中心地下停车场，在等候区外下车，去往 T1 航站楼的离港旅客可以通过地下连接通道进入 T1 航站楼；去往 T2 航站楼的旅客可以通过换乘通道到达集散大厅，去往 T2 航站楼办理登机手续（图 6.3.2）。

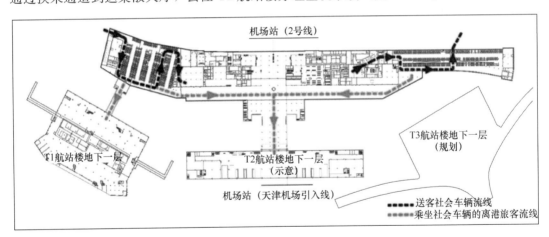

图 6.3.2　乘坐社会车辆离港流线图

② 乘坐轨道交通客流

乘坐轨道交通到达机场交通中心的离港旅客，出站后即可到达交通中心的换乘大厅，去往 T2 航站楼的离港旅客直接通过集散大厅到达 T2 航站楼；而去往 T1 航站楼的离港旅客需要通过换乘通道到达与 T1 航站楼连接通道进入 T1 航站楼办理登机手续（图 6.3.3）。

2) 到港流线

① 乘坐社会车辆客流

T1 航站楼的到港旅客可以通过与 T1 航站楼连接通道到达地下停车场乘坐社会车辆，也可以通过候车厅内的垂直交通设施到达地面停车场乘坐社会车辆；T2 航站楼的到港旅

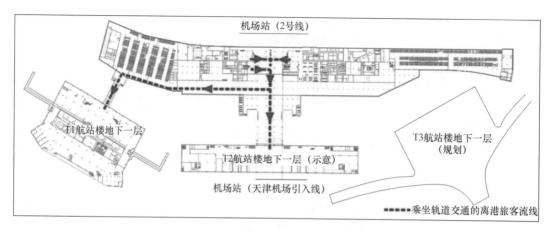

图 6.3.3 乘坐轨道交通离港流线图

客可以通过集散大厅到达换乘通道继而进入交通中心东西两端的地下停车场乘坐社会车辆，也可以通过集散大厅到达交通中心的换乘大厅，再通过竖向交通设施到达地面停车场的候车岛乘坐社会车辆离开（图6.3.4）。

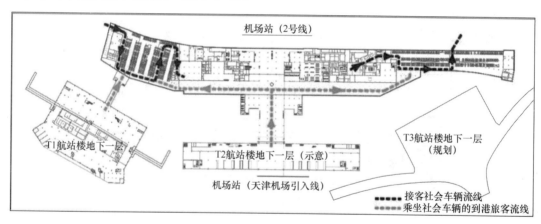

图 6.3.4 乘坐社会车辆到港流线图

② 乘坐出租车客流

需要乘坐出租车的到港旅客可以通过设在集散大厅或与T1航站楼连接通道内的竖向交通设施到达地面出租车等候区搭乘出租车离开（图6.3.5）。

③ 乘坐轨道交通客流

T1航站楼的到港旅客可以进入T1连接通道，通过换乘通道，到达交通中心的换乘大厅，再进入付费区换乘轨道交通；T2航站楼的到港旅客可以通过集散大厅到达交通中心的换乘大厅，再进入付费区换乘轨道交通（图6.3.6）。

2. 技术效益

交通中心工程在设计中充分考虑客流流线的人性化设计，进、出港旅客通过交通中心与航站楼的换乘通道及共享大厅形成立体化交通模式，避免了传统航站楼步行流线与车型流线在地面交通干扰的情况。

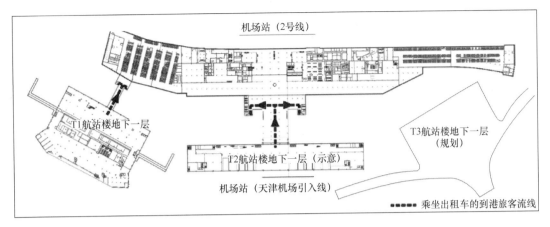

图 6.3.5　乘坐出租车到港流线图

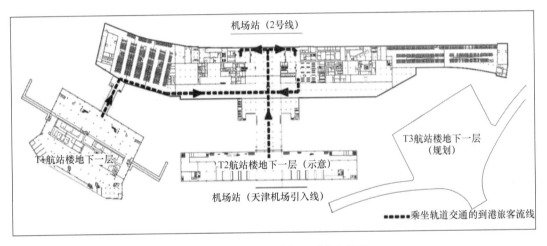

图 6.3.6　乘坐轨道交通到港流线图

6.3.2　大跨度结构和站桥合一结构

1. 技术方案

通过比选研究确定此处结构的主要受力体系即梁柱体系的选型。最后采用传力明确、施工工艺成熟、结构可靠性较高的双向板、横纵梁结构体系。

为了使航站楼与地铁换乘距离更短，航站楼前高架桥尽可能贴近交通中心工程，受高架桥跨度限制，交通中心东端主体结构与新建机场高架桥交叉处采用一体化结构设计，上部高架桥与下部地下结构两者共用桩、柱基础，结构受力复杂，设计、施工难度极大，为天津市首例与高架桥合建的地下车站。如何从结构形式布置、结构受力及传递、施工工序等方面考虑两者存在的相互关系及影响，有必要对站桥结构形式及地铁车站受力体系进行研究，同时也为今后类似项目设计及施工提供技术储备。

研究了机场高架桥支承于地下结构及桩基础时的"高架桥-地下结构-桩基础"动力相互作用及提出了地震安全策略。在不同人工地震波（小震、大震）作用下，对桥墩墩底简化为固定端单独桥体及考虑土与结构的相互作用的"桥梁-地下结构-桩-土"的整体结构体系进行了各种不同工况的计算，得到了桥梁、地下结构的变形特征和受力特征，评估了不同地震荷载情况下，结构的安全度。进一步研究了在地震作用下，桥墩与地下结构接触处的应力及结构加强措施的有效性，提出了地震安全策略。

2. 技术效益

连接通道公共区大跨度空间设计是机场交通中心的显著特色之一，公共区中间45m的南北向通道，只分了3跨，每跨15m，通道连接了交通中心和航站楼，通道将交通中心的各个空间很好地衔接起来，空间开阔，气势恢宏。此跨度对有覆土（较大荷载）的地下结构来说设计难度较大。

航站楼钢箱梁桥体与城铁M2线机场站相交叉，斜交角度为45°，结构形式为高架桥与下部地铁共构。虽然设计施工难度极大，但极大程度地利用了地下及地上空间，极大地解决了市政土地集约利用的难题。

6.3.3 在二级基坑地连墙里预埋格构柱作为竖向支撑的应用技术

鉴于在城市地下工程中的诸多优越性，盖挖逆作法现已成为地下工程的主要施工方法。竖向支撑系统作为盖挖逆作工程的关键构件，施工期间承受着由各层结构板传递的竖向荷载。

1. 技术方案

本工程的竖向支撑系统包括地下连续墙和中间桩柱，均兼有临时结构和永久结构的双重功能。连续墙既是施工期间基坑的围护结构和竖向支撑结构，又是施工期间的抗浮结构。本工程盖挖范围双层结构与单层结构交界处二级基坑地连墙平面长451m，设计时采用在地连墙中事先预埋临时格构柱，顶板施工完成后，向下开挖土体的同时凿除二级基坑地连墙上部的素混凝土，同时保留格构柱作为施工期间顶板的竖向支撑构件，待结构底板施工完成后，再顺作该位置处的永久柱，之后再拆除相应临时格构柱。

2. 技术效益

此法避免了外放地连墙增设大量中间桩、柱的施工需要，永临结合的竖向支撑系统不仅简化了施工工序，也大大地节省了工程造价，节约了工期，经济效益显著。

6.3.4 竖向及水平支撑体系优化技术

1. 技术方案

本工程主体结构采用盖挖逆作法施工，负一层结构净高8.95m，负二层结构净高8.81m，为了加快施工进度，创造良好的施工条件，采用与主体结构相结合的永久立柱与立柱桩作为主要竖向支撑系统；单层基坑深12.65m，仅仅采用顶板作为支撑，双层结构基坑深24m，仅采用了顶板、中板和一道混凝土支撑共三道支撑，支撑竖向间距大，设计难度高。

2. 技术效益

出土速度快，节省了施工工期，并能有效控制基坑变形，对航站楼及高架桥提供了有利的保护，同时很大程度地减少了施工期间对机场地面环境的负面影响。

6.3.5 深厚地下承压含水层分布条件下悬挂式止水帷幕深度优化技术

机场交通中心工程场区土层主要为填土、黏土、粉质黏土、粉土、粉砂等。填土厚度最厚 5.30m，主要为素填土，以粉质黏土为主，土体较松，工程性质较差；场地浅部发育厚 0.9～5.2m 的⑥$_2$淤泥质粉质黏土层，具有高灵敏度、高压缩性、低强度等特点，易发生蠕变和扰动，工程性质差；场地浅部粉土较为发育，渗透性强，场地自上而下分布有 4 层承压含水层（图 6.3.7）。

本工程双层车站基坑坑深 23.86m，坑底为⑨$_1$层粉质黏土，局部为⑨$_2$粉砂层，单层停车场基坑坑深 14m，坑底为⑥$_4$粉质黏土、⑥$_5$粉土或⑦粉质黏土层，结合本工程基坑坑深分析，第一层、第二层、第三层承压水均存在突涌的可能，且第三层承压水极厚，最小 12m，局部达 37m 厚，围护结构隔断承压水层困难，且不经济，基坑开挖及降水的难度很高，如完全截断承压含水层，许多工程止水帷幕将会超过 60m，施工质量难于保证，工程造价高。而如采用悬挂式止水帷幕，由于没有截断承压含水层，又会对周围环境产生影响。

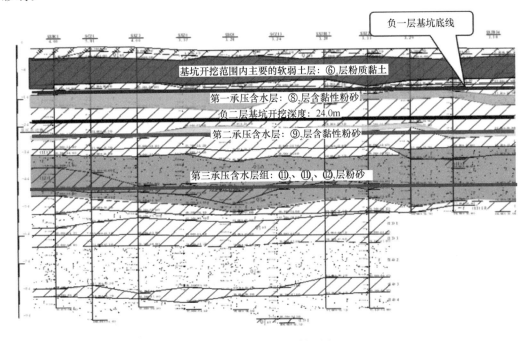

图 6.3.7 地质纵剖面图

1. 技术方案

针对机场交通中心深厚地下承压含水层分布条件，对比研究了不同承压水的控制策略，包括浅层截断、深层降压策略，浅层、深层均截断的策略，以及非对称墙深、分仓降水等，开展对比研究，对不同地下水控制策略的环境影响进行了评估，结合坑外地下水回灌研究，研究环境沉降可控情况下的地下连续墙深度优化设计。

2. 技术效益

经过计算、现场抽水试验，同时采用新型加压回灌技术结合悬挂式止水帷幕技术，对地连墙设计深度与降水设计进行优化，地连墙由原来的最深 68m 缩短至 48m 左右，地连墙虽未穿透承压水层，但可保证基坑安全，确保周边环境变形，节省工程投资，还可节省施工工期。

6.3.6 与悬挂式止水帷幕结合的地下水回灌减沉的成套技术

沿海地区基坑影响范围内的含水层主要是粉土、粉细砂等相对低渗透性土层，自然回灌困难，但加压回灌时灌入的水易沿井外壁上返，导致回灌失败。常规构造的回灌井无法在沿海地区有效应用，因此，在天津首次开展了承压水条件下的深基坑回灌技术的系统研究。

1. 技术方案

本技术研发了可防井壁外涌水的加压回灌井技术（图6.3.8），使沿海地区粉土、粉细砂中回灌量提高 50%～100%。具有很强的针对性和适用性。针对机场交通中心深基坑，提出回灌方案，并在三个天津地区典型深基坑进行回灌试验，开展承压含水回灌井与降压井共同作用下的地下水渗流性状、承压含水层回灌井构造、回灌井成井技术、回灌影响范围与回灌井布置、回灌量、回灌量与地面回弹的关系研究，研发了成套回灌技术。

当地面环境要求更加严格，采用悬挂式止水帷幕无法满足要求时，可结合坑外回灌，减小地面沉降。包括低渗透性土层加压回灌技术、承压含水回灌井与降压井共同作用下的地下水渗流性状计算、承压含水层回灌井构造设计、回灌井成井技术、回灌影响范围预测，回灌井布置、回灌量、回灌量与地面回弹的关系计算。

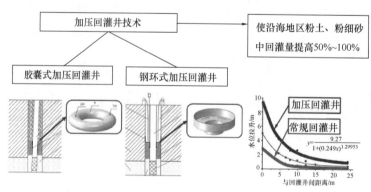

图 6.3.8　加压回灌井技术

2. 技术效益

轨道交通枢纽、地铁车站等超深基坑工程为防止突涌，同类技术通常采用截断承压含水层技术，许多工程止水帷幕将会超过 60m，施工质量难于保证，工程造价高。本项目提出在悬挂式止水帷幕的基础上，结合地下水回灌技术，一方面提高对地面沉降控制的主动性，显著降低了成本，降低了地面沉降；另一方面采用基坑抽出的地下水进行回灌，减少了水资源的浪费。

6.3.7 天窗节能措施

1. 技术方案

在公共区中间的核心区域，设计了三个大型采光天窗，将自然光引入地下，为旅客营造了地下与地上、室内与室外渗透交融的感觉。除了公共区设置了采光天窗，设计在东西两端的地下停车场也分别设置了采光通风天窗。

2. 技术效应

巨大的采光天窗设计贯通站厅和站台空间，形成从室外空间到站台的跨越，让旅客有了一个完整、贯通的整体空间感和清晰的方位感，每位旅客都能准确判断自己的距离，消解自身的紧张和焦虑情绪。除了公共区设置了采光天窗，设计在东西两端的地下停车场也分别设置了采光通风天窗，天窗不仅可以采光，给地下停车场带来良好的空间效果，还可以通风，是地下停车场很好的节能措施。

6.4 项目借鉴意义

6.4.1 轨道交通带动区域一体化的借鉴意义

随着京津冀协同发展、自贸区、国家自主创新示范区、滨海新区开发开放等国家发展战略和"一带一路"倡议的陆续出台，天津进入一个快速发展时期，享受多个国家发展战略叠加带来的多方利好，带动经济快速发展。同时2017年末，国家发展改革委、民航局印发《推进京津冀民航协同发展实施意见》，对天津机场定位为：区域航空枢纽、国际航空物流中心。其发展目标是至2030年，北京"双枢纽"机场成熟运营、协调发展、适度竞争，国际竞争力位居世界前列，天津、石家庄机场区域航空枢纽辐射能力显著增强，将天津建成我国国际航空物流中心，基本实现京津冀地区主要机场与轨道交通等有效衔接，打造形成分工合作、优势互补、空铁联运、协同发展的世界级机场群。根据中国民航科学技术研究院"天津航空枢纽发展定位研究"专题，预测2035年天津机场的旅客吞吐量将达到7000万人次，货邮吞吐量达到200万～280万吨。

在新一轮的天津机场总规修编交通集疏运专项规划中，为适应客货运的发展，天津滨海国际机场近期将加快T3航站楼及大通关物流基地的建设，推进第三跑道实施。京滨城际铁路也将与T3航站楼一体化建设，京津冀区域空铁联运能力将进一步增强，京津冀一体化发展水平进一步提升。

轨道交通依靠它的正向效应，逐步超越了传统的交通意义，正在史无前例地优化改造着城市功能结构，引领着城市发展。轨道交通与对外交通枢纽的一体化规划和建设，形成综合交通枢纽，对外起到加速区域协调一体化发展的作用，对内起到促进城市发展的作用。可以说，轨道交通和对外交通枢纽的结合，是轨道交通价值的最大体现，这对其他区域和城市轨道交通建设，有着重要的示范意义。

6.4.2 轨道交通综合枢纽设计及建设条件复杂困难时的借鉴意义

机场交通中心工程建设条件复杂困难：涉及多项子工程及多家建设单位，工程衔接复杂，交通衔接组织复杂；需预留远期C2、Z2线工程条件；工期紧张，天津地铁2号线于2012年7月开通运营，新建T2航站楼要求于2014年5月正式投入使用，为使天津机场可与城际铁路车站和市内轨道交通直接换乘，确保高效、快速、准时、安全、环保、大容量地完成旅客集疏散工作，要求机场交通中心工程必须与T2航站楼同期开通运行，施工工期异常紧张；工程环境复杂，T1航站楼地下室距基坑净距为50.5m，机场既有高架桥桥桩外边缘距地下连续墙最小距离5.44m。该工程实施时不仅要保证T1航站楼与机场高架桥的安全，还要将工程实施期间带给机场的负面影响降到最小；地质条件较差，本工程场地内浅部发育厚0.9～5.2m的⑥$_2$淤泥质粉质黏土层，分布于人工填土层之下，分布不连续，呈软塑～流塑状，具高灵敏度、高压缩性、低强度等特点，易发生蠕变和扰动，砂层及微承压水层极厚，基坑开挖及降水的难度很高。

如此困难复杂的条件，其建设经验和采用的创新性、适用性技术，对轨道交通综合枢纽建设，有着重要的借鉴意义。

1. 工程衔接

统筹考虑各项工程的衔接，做好工期匹配和条件预留。

机场交通中心枢纽与2号航站楼通过集散大厅互相联通，距离很近，交通中心的部分结构与机场高架桥基础联系紧密，部分地下结构位于航站楼前高架桥下，高架桥和地下结构二者需要协同考虑，且交通中心为地下结构，基坑面积达60000m^2，最大开挖深度达24m。结合天津滨海国际机场扩建工程与机场交通中心工程同步实施，将有效降低工程投资和工程施工风险，节约二次工程费用。如果等2号航站楼建成后再施工机场交通中心地下结构，不但工程造价大幅增加，施工技术风险也大大增加。因此，作为机场配套工程，机场交通中心必须与2号航站楼同期施工。同时也为2号航站楼的顺利开通运营创造良好的集疏运条件和舒适的运营环境。

2. 零换乘交通组织

综合交通枢纽涉及多类交通系统衔接，条件复杂，零换乘交通组织方便了乘客的出行和换乘，对城市轨道交通网具有很好的完善和稳固作用，同时它提高了不同线别作用和效率，充分发挥了立体交通枢纽的综合作用。通过对各种不同交通流线的梳理，使大部分人流在地下完成换乘，极大地提升了本地区的交通承载能力，改善了机场作为城市窗口的作用，对城市建设、经济发展、对外形象都有着巨大的积极作用。

3. 大跨度结构和站桥合一结构设计

地下车站与市政桥梁融为一体合建，避免了桥梁桩基础穿越车站对车站建筑功能的影响，增强了车站的整体稳定性，提升了结构的受力性能，可广泛应用于国内外地铁车站与市政桥梁合建设计和施工中，为类似项目设计及施工提供技术储备。

4. 在二级基坑地连墙里预埋格构柱作为竖向支撑的应用技术

对于盖挖法施工的地下结构工程，应优先考虑永久柱与临时柱结合的方案，一般来说，这种思路设计较为经济，而且结构的受力和变相状况也较为明确，对类似工程提供了有益的参考。

5. 深厚地下承压含水层分布条件下悬挂式止水帷幕深度优化技术

采用常规的设计方法，需要全部截断基坑开挖深度影响范围内的承压水含水层，地下连续墙的深度大，存在着造价高、施工难度大、质量不能可靠保证、工期长等困难。通过地下水回灌对地面沉降控制的成套技术，采用悬挂式地连墙，大大优化其深度可大幅度降低造价。本技术除在机场交通中心采用外，在后期的天津地铁及其他深基坑项目等工程中均可推广采用。

6. 与悬挂式止水帷幕结合的地下水回灌减沉的成套技术

沿海地区基坑影响范围内的含水层主要是粉土、粉细砂等相对低渗透性土层，自然回灌困难，但加压回灌时灌入的水易沿井外壁上返，导致回灌失败。常规构造的回灌井无法在沿海地区有效应用。本技术研发了可防井壁外涌水的加压回灌井技术，使沿海地区粉土、粉细砂中回灌量提高 50%～100%。具有很强的针对性和适用性。

第7章 北京地区深层地下空间建造技术

7.1 北京地区深层富水地层中的地下工程建造难题

由于受经济造价、环境保护、与既有地下建筑物的标高冲突等方面的影响，日益密集的轨道交通线网已由浅层空间迅速向深层空间发展。相比于浅埋车站，深埋车站在防灾设计和建筑设计理念上有着很大的不同，目前国内缺少可供借鉴的先例，且深埋车站的关键土建技术问题亟待解决。在北京地区典型地层中修建深埋车站存在诸多难题。

7.1.1 国内及北京的地铁发展及现状

自 20 世纪 60 年代北京建成第一条地铁线路以来，经过近 50 年的发展，中国进入了城市轨道交通蓬勃发展的时期，轨道交通已经成为解决大中城市交通问题的主要方式。截至 2019 年 12 月，我国大陆地区已有 38 个城市（分别是：北京、上海、广州、天津、深圳、南京、重庆、长春、武汉、大连、沈阳、成都、佛山、西安、苏州等）拥有 170 条运营线路，总里程达 6019km。其中温州、济南、兰州、常州、徐州、澳门、呼和浩特七座城市开通了城市首条地铁。2019 年中国地铁里程新增 968.7km，也为 2019 年中国地铁建设画上了完美的句号。

与此同时，北京、上海、广州等一线大城市轨道交通已进入了大规模网络化建设和运营时代。截至 2019 年 12 月，北京地铁运营线路共有 23 条，运营里程已达 678km。目前远景规划处于编制中，预计到 2029 年，北京地铁通车里程将超过 1200km。随着轨道交通网络日益加密，新建线路中穿越工程将大量出现，2020 年通车线网中各线穿越点的数目高达 118 处，三线换乘甚至四线换乘地铁车站已开始出现，城区线路暗挖站的比例有可能超越 50%～60%。

轨道交通形成的大型网络正以前所未有的速度利用着城市地下空间，它与其他交通设施、地下市政设施、城市防灾设施、地下公共空间以及其他地下设施一起，成为地下空间开发利用的重要组成部分。

7.1.2 北京工程地质及水文地质特点

北京的自然地理特点为西、北及东北方向三面环山，山区之东、南及东南面为广阔的平原区（北京平原），北京市城区基本位于北京平原区。北京的地势是西北高、东南低。北京平原主要由永定河、清河、潮白河等几条河流冲洪积而成，北京平原地区各河流冲积扇平面分布详见图 7.1.1；山前平原地区地势西北高、东南低，平均降坡 1‰左右。

北京平原地区根据古河道和古河间地块可划分若干水文地质单元。古河道水文地质单元的特点是含水层岩性以圆砾、卵石为主，渗透性强，地下水位较低。地下水的形成以沿古河道方向的侧向补给、径流、排泄为主，总体径流方向为自永定河出山口呈辐射状分别向东北、东、东南等下游方向运动，在古河道范围内具有区域性统一的潜水面，局部受地下水开

第 7 章 北京地区深层地下空间建造技术

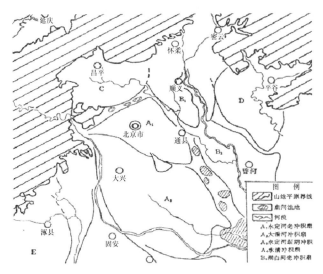

图 7.1.1 北京平原地区冲积扇分布图

采或工程降水的影响，地下水位略有起伏变化。在河间地块水文地质单元的特点是含水层的岩性以粉细砂和粉土为主，渗透性较小。隔水层岩性为粉质黏土、黏土，含水层与隔水层基本呈互层状分布。除了地下水的侧向补给、径流和排泄以外，垂直方向运动较明显。北京平原地区根据古河道地块及地层分布规律划分大致分为 5 类地质类型，如图 7.1.2 所示。其中 A、B、C、D 区域为永定河流域沉积层，由西向东岩层逐渐降低，土质粒径逐渐减小；土层颗粒由上到下逐步增大；含水层数量为 2~3 层；E 区域为潮白河流域，由北向南流向，岩层及卵砾石未探及，土质互层严重，土质粒径较小；含水层数量较多。

区域 A 为永定河冲洪积扇上游区域，此区域的地层特点为地表以下 5~10m 范围内为填土层、少量黏性土层，下方为大量巨厚碎石土层。场地内通常分布 1 层地下水，地下水

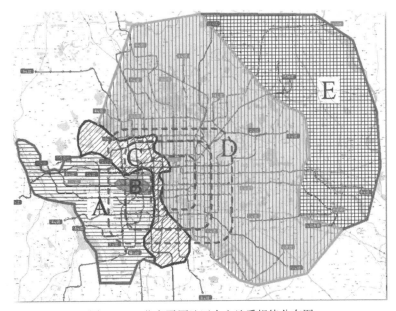

图 7.1.2 北京平原地区水文地质规律分布图

类型为潜水，含水岩组为第四纪厚层碎石土层，含水岩组富水性较强，隔水层为第三纪沉积岩层，含水层底板埋深为 40~50m。区域 B 为区域 A 区的特例，位于玉渊潭区域，由于第三纪沉积岩出露的影响，含水层底板埋深浅，埋深 0~20m。场地内赋存上层滞水和松散岩类孔隙潜水，潜水赋存于砂卵、砾石层的孔隙之中，水量不大，其水位变化主要受下伏隔水层基岩面起伏变化影响。区域 C 的地层特点为地表以下约 30m 范围内依次为填土层、砂土层、粉质黏土互层，30m 以下为大量卵石-圆砾层。该区域含水层主要为砂卵-砾石层，场地内主要分布 2~3 层地下水，地下水类型为潜水，含水岩组富水性强，埋深 10~15m；承压水含水层底板埋深为 80~100m，结构底板下基本无隔水层。区域 D 地层特点为土层颗粒较细，场地下方为大量的粉质黏土、黏质粉土，局部夹杂沙土。此区域地下水主要赋存于砂-卵石地层中，场地内主要分布 2~3 层地下水，地下水类型为潜水、层间水，含水层底板埋深较浅，结构底板下有一定隔水层，厚度不均。区域 E 为潮白河冲洪积扇区域，场地多为黏性土-砂土互层，本区域地下水主要赋存于砂层，场地内主要分布多层地下水，地下水类型为潜水、承压水，场地局部有一定隔水层但天然隔水层连续性差。北京平原地区各区域典型地质剖面图如图 7.1.3 所示。

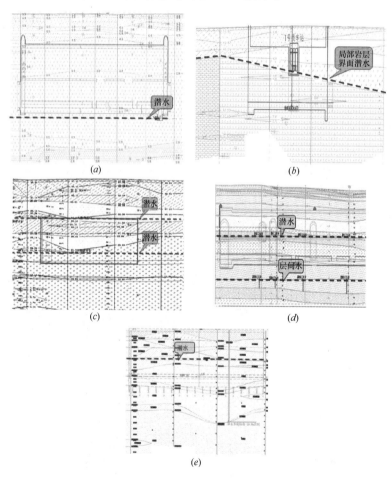

图 7.1.3　北京平原地区各区域典型地质剖面图
(a) A 区域典型地质剖面；(b) B 区域典型地质剖面；(c) C 区域典型地质剖面；
(d) D 区域典型地质剖面；(e) E 区域典型地质剖面

综上，北京地区位于永定河及潮白河冲洪积扇区，除通州区域南北向流域地层基本均为细颗粒交互土层，市区整体地质为从西至东土体颗粒由粗到细。在中轴线区域，基本地层埋深 10～15m 可见粗砂卵石层，向下多层巨厚卵砾石，未见岩层。地下水分层附着于各透水层中，局部有承压型，地下水埋深 10～15m 左右。这样的地层，在建设深层地下空间如地铁线路时，面临了一个重大的技术难题，即在施工中如何处理高透水性土层中强补给性的地下水。解决地下水问题有两个思路：一是降水，二是堵水。如果按照之前的降水施工方法，不但浪费了宝贵的水资源，巨量的水体抽取和排放均是难度极大的工程问题，各区域降深 5m 的单井日出水量概况如图 7.1.4 所示。

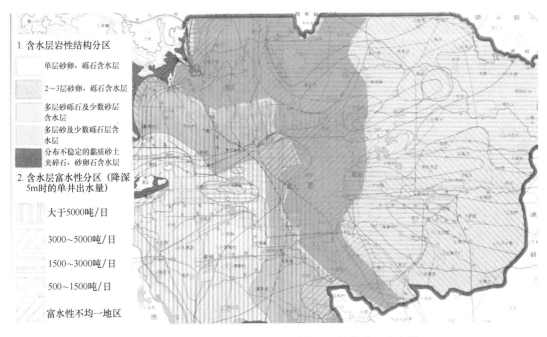

图 7.1.4 北京各区域含水层及降深 5m 的单井日出水量

而堵水施工会伴随着巨大的工程安全风险并引起工程造价增加。如何解决这个问题，我们认为需针对目前地铁工程的整体设计，进行详细梳理分析，并对设计理念进行变革和提升，以适应新形势的要求，满足地铁建设需求。

7.1.3 北京地铁深度变化趋势

随着全国地铁建设的快速发展，地铁网络日臻完善，换乘车站越来越多，仅就北京而言，目前北京在建线的交叉换乘站如 19 号线金融街站、平安里站、牡丹园站、8 号线三期王府井站等，这些新线地铁车站受既有线及地下其他建（构）筑物的影响，无法实现上跨，只能采取下穿既有线的方式，最深达到了 30 多米。由于相互交叉的线路布置形式，必然导致后期修筑的线路埋深加大，尤其是多条线路交叉换乘节点，车站标高方面的冲突将愈加明显。表 7.1.1 为前几轮建设中埋深最大车站的统计情况。

在这样的线网建设中，由于浅层地下空间已被先期建（构）筑物占据，地铁建设必然是往深层地下空间发展。表 7.1.2 为本轮建设中各条线路中深埋车站的统计情况及各线最大埋深。

已建各条线路中最大埋深统计　　　　　　　　　　表 7.1.1

线路	M4 宣武门站	M5 崇文门站	M10 一期劲松站	M10 二期莲花桥站	M8 一期安华桥站	M9 军事博物馆站	M7 磁器口站	M6 一期东四站	M14 蒲黄榆站
底板埋深 (m)	23	25	24	25	25	33.6	34	31.3	31.6

在建各线路中最大埋深统计　　　　　　　　　　表 7.1.2

线路	M12 蓟门桥站	M3 工体站	昌南线六道口站	M19 北太平庄站	M8 三期王府井站
底板埋深 (m)	39.3	36.7	35.25	38.5	32

从目前趋势看，预计下轮建设中将出现埋深至 45m 以上的地铁车站，近 40% 暗挖站底板进入承压水。如拟建中的北京地铁 R1 线的埋置深度更深达 50m，整体线路基本在地下 40m 以下。地铁即将进入深层地下空间开发的时代，许多深埋工程带来的技术问题亟待解决，大深度地下空间的有效利用则是必须面对的课题，深埋地下工程相关技术的研究不仅是长远之计，更是迫在眉睫。

7.1.4 深层富水地层的建造难题

如前所述，随着地铁线网的不断加密，北京未来地铁车站埋深将进一步增大，车站结构将大部分甚至全部进入承压水层，深层地铁建设时代即将到来。而修建深埋地铁车站，从土建实施方面来说，最关键的问题集中在如何解决富水地层中的地下水，只有解决这个关键技术问题，深埋地铁工程的实施才有了充分的技术保障。除此之外，深埋车站还有其他方面技术问题，主要概况为：

(1) 深埋地铁车站与浅埋车站相比，在防灾设计和建筑设计理念上有不同之处。车站建筑技术标准与车站布局、各设备专业新模式，国内缺少可供借鉴的先例。

(2) 深埋工程的土建实施方案、结构形式等问题都是关系到深层空间开发的关键基础性技术问题，亟待解决。

(3) 以 8 号线三期、R1 线等为代表的深埋城区线，还面临着地铁施工对既有建筑物、既有线、市政管线的影响范围加大等技术难题。

北京的实际需求和国外的发展经验表明地下工程深埋方向发展是必然的趋势，埋深加大是对传统设计和施工方法的挑战。上述土建实施方面的几个技术问题，是北京市实施下一步轨道交通建设规划必须解决的问题，对其提前进行深入研究，更好规划轨道交通线路，具有重要意义。北京的建设经验将给全国的相关城市建设提供必要的技术储备和建设经验，同时对深埋地铁施工工法技术的研究和提高，对提高行业技术水平，提高工程质量，减小工程造价，加快建设速度具有重要意义。

7.2 深层地铁车站"全分离式"新站型布局研究

深埋地铁车站应首先从建筑布局的角度出发，革新传统的厅台合建车站建筑思路，尽量将受高程控制的站台层置于深层，并尽最大可能压缩其体量，而把车站的站厅层及设备层等置于浅层，采用外挂或端头厅的形式，从而减小整个车站的施工难度，节约工程造价。由此，分离岛式、分离侧式车站便是这类车站的典型形式。本节将主要介绍深层地铁车站"全分离式"新站型布局的研究成果。

7.2.1 国内外在深层地铁车站建筑布局方面的研究

1. 国外在深层地铁车站建筑布局方面的研究

通过对国外伦敦地铁朱比利线和莫斯科地铁等深埋方案的研究，初步总结国外深层地铁站在布局方面的特色，可为本次深层地铁车站建筑布局的研究提供借鉴。伦敦地铁最早采用了深埋的圆形隧道，车站最大埋深达到59m。深埋车站大多数为侧式站台，设置于一个大直径的圆形隧道中，形成了特殊的空间效果，如图7.2.1所示。

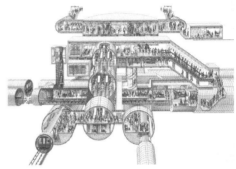

图 7.2.1　伦敦地铁深埋的圆形隧道

1979年开通的银禧线（Jubilee Line，或译作朱比利线）是英国伦敦地铁其中一条深层行车路线。该路线于1979年启用，并于1999年做出延伸。全线共有27个车站，其中13个设于地下。英国深层地铁在建筑布局中的特色表现在，如绍斯沃克站中将站台的两个圆形隧道分开，站厅位于周边建筑物内，通过扶梯通道和水平通道与站台进行联系（图7.2.2）。英国地铁中站厅站台层联络的扶梯设施设置较多，当那些带有深层隧道的线路开始投入运营时，乘客可以较大数量地通过扶梯到达站台（图7.2.3）。

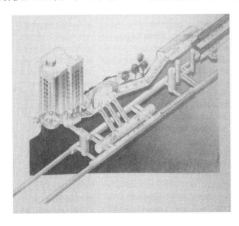

图 7.2.2　绍斯沃克站地铁车站　　　　图 7.2.3　英国地铁中的扶梯设施

莫斯科地铁有的深埋换乘车站有三条线立体交叉，平均深度为60m，埋深最深的为3号线的胜利公园站，深度达97m。该站的设计理念——深埋、站台暗挖：车站地下一层为站厅层，地下二层设计为联系地下一层和地下三层站台的转换层，面积较大，该站设置转换厅设计为莫斯科深埋地铁站建筑布局的一大特点，通过此层设计将缩短站厅至站台的提升高度，通过通道将与地下三层的站台层进行联系，整个站台分两个平行的分离岛式站台（图7.2.4）。

通过对国外深埋地铁车站的分析得知，深埋地铁车站由于埋深的增加，与浅埋方式的地铁车站有较大的不同，为了实现大深度站厅到站台的连接，多采用多层的和竖直向的分离结构。一部分深埋车站的大厅与站台层竖直方向有较大的距离，这种分离结构形式的地铁站在俄罗斯和朝鲜地铁比较常见。另一种比较常见的深埋车站形式为多层结构车站，在东京地铁、伦敦地铁中较常见，中间层主要为设备层和转换厅层。

图7.2.4　胜利公园站自站厅下站台自动扶梯

2. 国内在深层地铁车站建筑布局方面的研究

到目前为止，国内还没有真正意义上的深层地铁车站，但一些浅层地铁车站因受限于站址周边环境，形成了不少非常规的车站建筑布局形式，可为深层地铁车站建筑布局的研究提供借鉴。下面将国内近年来出现的一些分离岛式车站和分离侧式车站做一个大致分类（表7.2.1）。

分离岛式、分离侧式车站分类比较表　　　　表7.2.1

分类 项目	Ⅰ	Ⅱ	Ⅲ	Ⅳ
车站类型	端进式站厅、地下分离岛式站台车站	外挂式站厅、地下分离岛式站台车站	外挂式站厅、地下分离侧式站台车站	单跨三洞（局部双层）分离岛式车站、单跨双洞分离岛式车站
车站描述	采用站厅与站台分离设置，通过专用斜通道连接站厅与站台，站台为两个独立的马蹄形隧道，由三个横通道把左右站台连成一体的车站	通过站厅横通道+斜通道与左右线联络通道相连，站台为两个独立的马蹄形隧道	采用站台分离、站厅斜角外挂的形式，左右线通过站台上、下联络通道换乘，站台为两个独立的马蹄形隧道（近期实施），站厅与R4线预留	采用站厅、站台分离设置，通过站台层联络通道实现换乘
站厅层	地下三层（站厅、设备、站台），分设于车站两端	外挂于车站有明挖条件的一角	地下二层[远期商业开发（设备）、站厅（设备）]斜对角外挂于车站站台两侧	地下二层，设于左右线间

续表

项目 \ 分类	Ⅰ	Ⅱ	Ⅲ	Ⅳ
设备层	位于站厅地下二层	位于站厅地下二层	位于站厅地下二层（一层）	位于站厅地下一层（二层）
联络通道	设在分离站台间	设在分离站台间	分别设在分离站台上方和下方	设在左右线站台与中间站台层之间
斜通道	设在端厅与联络通道间	设在较高位置站厅通道与联络通道间	无斜通道，增设与站台平行的通道	无
施工方案	站台隧道暗挖，站厅三层盖挖顺作	站厅明挖，其余暗挖	站台隧道暗挖，站厅两层（预留）明挖	中间双层（站厅和设备、站台），PBA工法施工，两侧为独立的马蹄形隧道，CRD工法施工
优点	内部空间紧凑、使用合理、方便乘降	集散厅和设备、管理用房放在明挖地块内	根据实施需求、站址周边环境灵活设置站台、站厅形式	根据站址周边环境灵活设置
典型站	广州地铁2号线江南西站、越秀公园站	广州地铁5号线小北站（广州地铁2、8号线延长线凤凰新村站，单站厅明暗结合）、地铁10号线二期马官营站的分离岛单层暗挖方案	北京地铁14号线红庙站、地铁10号线二期马官营站的分离侧单层暗挖方案	北京地铁10号线一期金台夕照站（单跨双洞：呼家楼站、国贸站、工体北路站）

(1) 端进式站厅、地下分离岛式站台车站（图7.2.5、图7.2.6）

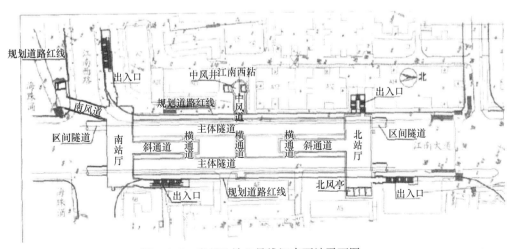

图7.2.5 广州地铁2号线江南西站平面图

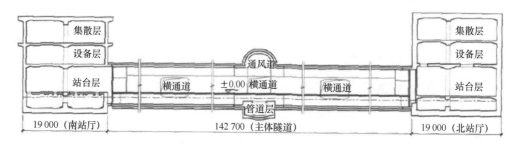

图 7.2.6　广州地铁 2 号线江南西站纵剖面图

（2）外挂式站厅、地下分离岛式站台车站（图 7.2.7、图 7.2.8）

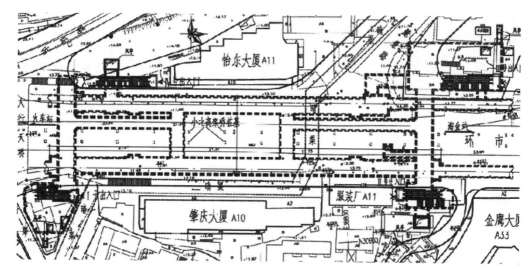

图 7.2.7　广州地铁 5 号线小北站平面图

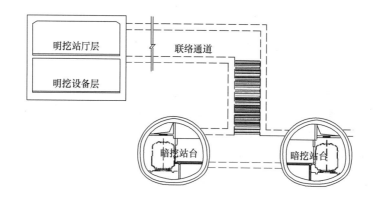

图 7.2.8　广州地铁 5 号线小北站横剖面图

（3）外挂式站厅、地下分离侧式站台车站（图 7.2.9、图 7.2.10）

（4）单跨三洞（局部双层）分离岛式车站、单跨双洞分离岛式车站（图 7.2.11、图 7.2.12）

第 7 章 北京地区深层地下空间建造技术

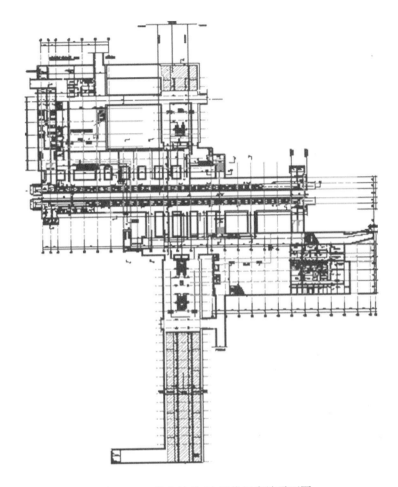

图 7.2.9 北京地铁 14 号线红庙站平面图

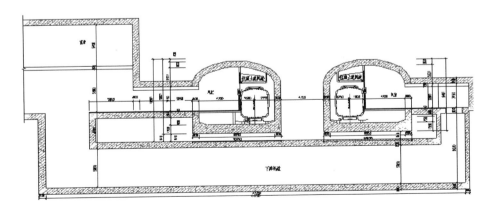

图 7.2.10 北京地铁 14 号线红庙站横剖面图

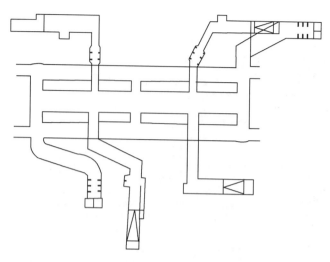

图 7.2.11　北京地铁 10 号线一期金台夕照站平面图

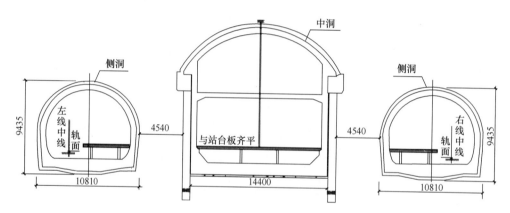

图 7.2.12　北京地铁 10 号线一期金台夕照站横剖面图

7.2.2　车站建筑布局研究

1. 深层地铁车站全分离站型研究

深层地铁站型研究的出发点是基于厅台合建车站在深层的土建实施难度，其研究思路是改变车站目前常规的建筑布局，尽量将受高程控制的站台层置于深层，并尽可能压缩其体量，而把车站的站厅层及设备层等置于浅层，采用外挂或端头厅的形式，形成站台与站厅分离、站台与站台分离的新型站型。置于深层且受承压水影响的站台层体量较小，较厅台合建的车站结构更易于实施；置于浅层的站厅层和设备层仍可采用常规工法实施。这样，新型站型的实施风险和难度均能得到减小。但车站站型改变的同时也带来一系列新的问题，如车站疏散、通风空调等。就疏散而言，因站台与站厅间通道较长，难以满足规范要求的 6min 紧急疏散要求，需要研究新的对策，如增设疏散平台。就通风空调而言，需要结合具体线路客流、线路特点并同时考虑深层车站对活塞风效应的影响，对方案进行综合比较分析后选用屏蔽门系统或闭式系统。同时，还应对火灾时楼扶梯口风速进行分析，以满足规范要求。还可根据埋深及车站布置形式，分析列车运行活塞效应，研究对系统形式的改进。

2. 建筑布局设计原则与标准布局设计

深层分离式站型的建筑布局，所遵循的建筑设计原则是将车站深层部分的体量尽量减小，采用小断面形式的车站，达到减小施工难度、降低施工造价、降低施工风险的目的。缩小体量的方法将线路标高无法抬升的站台层与站厅层分开设置，将埋深大的站台设计成两个左右线单独断面的小单体，站厅站台通过专用的斜通道进行连接。此站型的基本特点是：站台为两个独立的深层隧道；浅埋外挂式站厅层根据周边用地条件的不同，可以采用明挖法或暗挖法施工。

(1) 站厅层

本深层方案的站厅层的基本设置原则为：站厅层与站台层分开设置，站台层位于埋深较深的区域，站厅层根据周边用地条件，可采用两种布置方式（图7.2.13）：

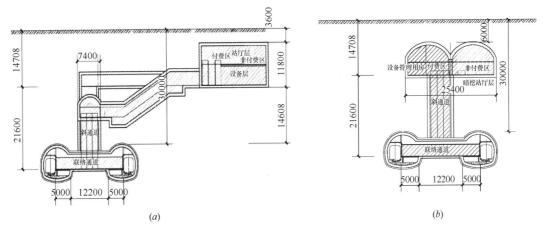

图 7.2.13 深层分离式车站的标准站厅层建筑布局设计
(a) 站厅斜上方设置（站厅明挖法施工）；(b) 站厅正上方设置（站厅暗挖法施工）

1) 浅埋明挖外挂两层厅形式

将站厅层设置在道路一侧，可与周边开发结合设计，或单独设置在地下以及半地下土层。此种情况，覆土深度较浅，站厅层和站台层的间距相差会较大，可以把站厅部分设置为两层，其中下层为设备层，设备层含公共区部分，乘客从站台层通过楼扶梯先进入此公共区部分，再上到上一层的站厅层。在设备层的公共区部分配备事故通风系统，可作为安全区域，因此站台层的乘客疏散到设备层即为疏散到安全区域，减少紧急疏散的爬升距离。

设备层的设备管理区域将主要的设备房间例如通信信号用房、AFC设备房间、变电所房间、冷冻站房间均设置在设备层，设备层中部设置一个交通区域，联通站厅和站台层。设备层两端是新排风道，主要负责设备层以及站厅层的通风系统。负一层站厅层中部位置长约67m为公共区，由检票机和栅栏分隔成付费区和非付费区，通过出入口经过非付费区进入到付费区的楼扶梯处，在付费区内沿车站纵向设2部自动扶梯和2组楼梯直达设备层然后继续向下至站台层，车站中部布置紧急疏散楼梯间与残疾人电梯间。

2) 暗挖单层厅形式

如道路地块管线较为复杂或者无明挖条件的区段，可以将站厅层采用暗挖法施工，站厅层到站台层的间距不是很大，将站厅层设置成一层。

（2）站台层

站台层为分离岛式站台形式，车站站台层的两个单洞依据线路条件来决定两侧站台的间距，本车站方案两站台边缘间距12.2m，单侧站台宽度为5m宽，设定列车为8A编组，站台长度为186m。为使站台得以联通需要设计两站台间的联络通道，车站186m长站台需要在两端暗挖两个6m宽的联络通道，同时为了联络疏散楼梯间与无障碍电梯间，在两站台中间部分暗挖3m宽的联络通道。两个分开站台的间隔是土层，有一定空间，将站台到站厅的交通设施通道设计在此空间内。为尽量使站台层的体量最小，将除配电室及必要的管线间布置在站台层，除此之外的设备管理用房均不设置在站台层，使站台层成为两个纯粹的乘车空间（图7.2.14、图7.2.15）。

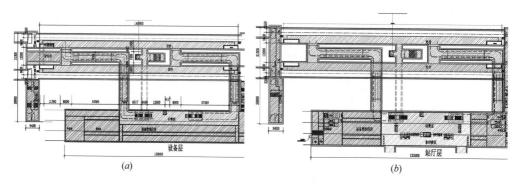

图 7.2.14　站厅层方案一

（a）站台层与设备层关系图；（b）站厅层与站台层关系图平面图

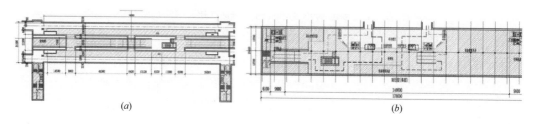

图 7.2.15　站厅层方案二

（a）站台层平面图；（b）站厅层平面图

（3）斜通道

深层地铁车站内部的交通设施设计首先应满足紧急疏散时的要求，同时符合乘客使用便利性的原则进行设计。地铁站的交通设施设计有电扶梯、楼梯和垂直电梯三种，为满足火灾状态下的紧急疏散要求，应设计楼梯作为安全疏散的主要设施，但考虑深层车站的埋深较大，楼梯数量以及宽度的设计应与普通两层车站有一定的差别。本设计中单独设计一个疏散楼梯间，梯段宽度为2.4m宽，同时将扶梯作为疏散时的一部分补充设施，增加扶梯数量的设置。

在分离式站台相隔土层中布置从站台层提升到站厅层的斜通道作为交通设施联系，斜通道的净宽度取决于扶梯的数量，目前设计两处通道净宽为5.7m的斜通道，各通道内可以布置三部净宽 1m 的扶梯（两部上行扶梯一部下行扶梯），均考虑一级负荷供电，在火灾情况下，下行扶梯将停止运行，作为楼梯使用，两部上行扶梯仍作为疏散梯使用，增加疏散能力，疏散计算将在后续章节加以说明。交通设施中还应考虑楼梯和垂直电梯的设计，在 3m 宽联络通道处的间隔土层位置设计垂直的井道作为楼梯间与垂直电梯间，楼梯间梯段净宽度保证 2.4m，满足双向混行的楼梯宽度，由于爬升高度较大，考虑乘客日常使用该楼梯的情况较少，所以将楼梯设置成楼梯间形式，同时增加在紧急疏散情况下的使用宽度。

斜通道的设计是两个空间的联络通道，由于站厅层设置在站台层的侧上方和站台层的正上方两个位置的原因，所以斜通道出现两种形式，一为有转折斜通道，另一种为不经转折的通道（图 7.2.16、图 7.2.17）。在线路轨顶埋深约 30m 的情况下，站厅至站台的垂直距离约 21.6m，按北京地标要求，扶梯提升高度超过 13m 时扶梯高度分为两次提升，斜通道较长这一现象是不可避免的。对于长通道中的带有转折的设计，增加了扶梯距离前方障碍物距离这一限制，此类型通道将比不转折通道长度加长。方案在站厅层与站台层埋深相等的情况下，转折通道的长度为 77.6m；没有转折的通道中，由于通道提升中没有转折设置，两部扶梯之间的水平段保持最短距离 12m，所以通道长度可设置为最短 63m。

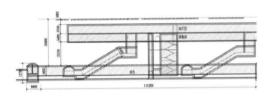 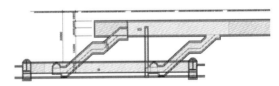

图 7.2.16　建筑方案一纵剖面图　　　　图 7.2.17　建筑方案二纵剖面图

车站可以根据周边用地情况不同，通过对通道转折的不同设置从而形成不同的站型，体现在站厅层的具体设计中（图 7.2.18、图 7.2.19）。

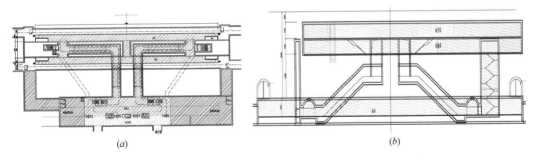

图 7.2.18　方案一
(a) 建筑方案通道设计；(b) 建筑方案通道设计剖面图

（4）深层分离站型中避难层的设置研究

深层地铁车站在埋置深度达到一定程度，普通分离式站型无法满足疏散要求。提出了深层分离式站型的避难层概念，并对此进行了初步的研究。

深层地铁车站在内部的交通设施设计上，不仅仅要解决乘客的使用功能，更重要的是安全的问题，而在地下空间中，火灾是最需考虑的，尤其是在深埋车站。根据民用建筑的

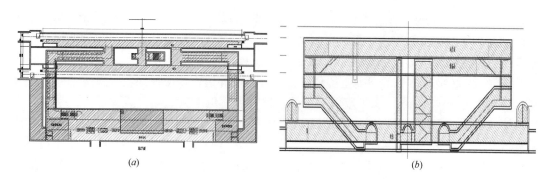

图 7.2.19 方案二
(a) 建筑方案通道设计；(b) 建筑方案通道设计剖面图

概念，在超过 100m 的高层建筑设计防火中，由于人员来不及疏散到地面，故在疏散过程中，将在大厦中的某一层（从地面到该层不超过 50m）作为临时避难的场所，经过特殊的建筑手法设计，该层能在一定的时间内抵抗火灾。由于深埋地铁车站中，站台埋深较深，到达站厅的疏散距离较大，在一些车站客流量大、车站站台埋深特别深的车站中，有可能造成疏散不满足由站台到站厅疏散的要求，故需要借用民用建筑的概念，在站台、站厅之间设置避难层（图 7.2.20）。

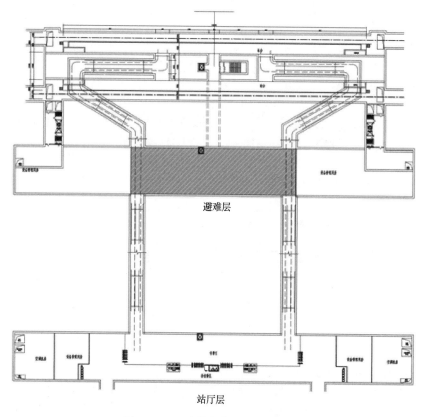

图 7.2.20 建筑方案避难层示意图

避难层的净面积应满足设计避难人数避难的要求，并宜按 5 人$/m^2$ 计算。避难层可兼作设备层,设备管理用房宜集中布置,并应采用耐火极限不低于3h的防火隔墙与避难区分隔开。设备管理用房的门不应直接开向避难区,确需直接开向避难区时,与避难层区出入口的距离不应小于5m,且应采用甲级防火门(图7.2.21、图7.2.22)。

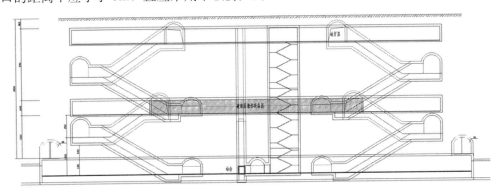

图 7.2.21　建筑方案避难层纵剖面图

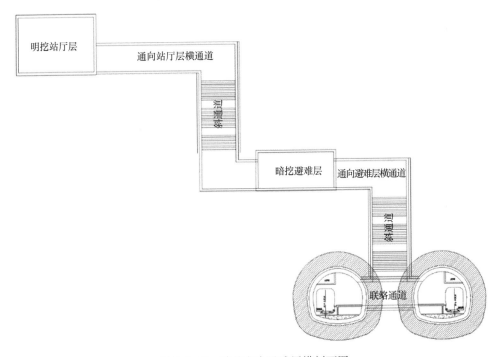

图 7.2.22　建筑方案避难层横剖面图

7.2.3　车站紧急疏散研究

通过对深埋地铁站在紧急疏散方面的研究得知,在朱比利地铁线修建之前的深埋车站,每个侧式站台与站厅层相连接的出入通道只设有一个,站台没有设置另外的紧急疏散楼梯。因此紧急情况下的疏散是个问题,1987年,伦敦地铁国王十字站发生火灾,共死亡31人,造成悲剧的一个突出原因就是疏散能力不足,因此在修建朱比利地铁延伸线,充分考虑了安全设施的设计和施工,在每座车站的站台两端各设一个出口,单独通向地面；同时在两座车站之间的区间隧道内，每隔 1km 设置一个安全出口，这样乘客的疏散距离不超过 500m，可以安全达到地面。

我国深层地铁站目前对于建筑布局中紧急疏散方面的设计是在满足现行地铁规范对于紧急疏散的要求前提下设计的。站台内紧急疏散是指在紧急状况下将站内的人员疏散到安全区域。当站厅层发生紧急状况时，将站台人员疏散到安全层，然后向室外疏散，当站厅层发生紧急状况时，将站厅人员向室外疏散。紧急疏散到达层和车站通道的疏散能力应满足客流要求，以便客流到达该层时能尽快离开。

车站内所有人行楼梯、自动扶梯和出入口宽度应满足远期高峰小时设计客流量。在紧急情况下，6min 内将该站最大断面客流和站台上候车乘客及工作人员撤离站台层。对于换乘车站，按换乘客流量进行演算，对于其他较特殊的车站，还分别按可能发生的突发性客流进行演算。

通过对国内外深层地铁站紧急疏散方面的研究，将对此次深层车站的设计有一些借鉴作用。

1. 静态紧急疏散计算研究

本次研究对于深层地铁新布局的紧急疏散验算将按照现行国家标准《地铁设计规范》GB 50157—2013 和北京市地方标准《城市轨道交通工程设计规范》DB11/995—2013 两个规范的公式来进行计算，验算的客流选取北京地铁 8 号线三期两座车站的客流为例对新站型进行验算（一座为一般性客流的车站木樨园桥北站，另一座为客流较大的王府井站），试图找到新站型建筑布局中影响客流疏散的因素，进而对深层地铁车站的建筑布局以及疏散设计提出要求。

（1）紧急疏散计算（国标）

地铁车站失火成灾的时间很短。《地铁设计规范》GB 50157—2013 规定："人行楼梯和自动扶梯的总量布置除应满足上、下乘客的需要外，还应按站台层的事故疏散时间不大于 6min 进行演算。"

1）木樨园桥北站

以木樨园桥北站为例（表 7.2.2、表 7.2.3），本站客流以商业客流为主，本站超高峰系数取 1.3。

木樨园桥北站远期（2040 年）早高峰小时客流表（单位：人）　　表 7.2.2

北向南			南向北		
下车	断面流量	上车	上车	断面流量	下车
3239	23475	2071	4511	26436	1414

木樨园桥北站系统运输能力表　　表 7.2.3

高峰小时开行列车对数（单位：对）		
初期（2018 年）	近期（2025 年）	远期（2040 年）
30	30	30

按现行国家标准《地铁设计规范》GB 50157—2013 中的公式计算：

$$T = 1 + \frac{Q_1 + Q_2}{0.9[A_1(N-1) + A_2 B]} \tag{7.2.1}$$

式中：Q_1——1 列车乘客数（人），26436/30＝882 人；

Q_2——站台上候车乘客（人），(2071＋4511×1.3)/30＋10＝275 人；

A_1——自动扶梯通过能力（人/min·m），7300/60＝121.7 人/min；

A_2——人行楼梯通过能力（人/min·m），3700/60＝61.7 人/min；

N——自动扶梯台数：台－厅＝6 台；

B——人行楼梯总宽度（m），台－厅＝2.2m。

计算如下：
$$T = 1 + \frac{(882+275)}{0.9 \times [121.7 \times (6-1) + 61.7 \times 2.2]} = 2.76\text{min} < 6\text{min}$$

2）王府井站

疏散计算中客流较大车站：以王府井站为例（表 7.2.4、表 7.2.5）。8 号线王府井站与既有 1 号线换乘，且周边为大型商业建筑，以商业客流和旅游客流为主，因此本站超高峰系数取 1.4。

王府井站远期（2040 年）早高峰小时客流表（单位：人）　　　表 7.2.4

北向南			南向北		
下车	断面流量	上车	上车	断面流量	下车
9796	37024	6686	8610	34316	7420

王府井站系统运输能力表　　　表 7.2.5

高峰小时开行列车对数（单位：对）		
初期（2018 年）	近期（2025 年）	远期（2040 年）
30	30	30

按现行国家标准《地铁设计规范》GB 50157—2013 中的公式计算：
$$T = 1 + \frac{(1234+724)}{0.9 \times [121.7 \times (6-1) + 61.7 \times 2.2]} = 3.93\text{min} < 6\text{min}$$

通过计算，深层车站新方案按照地铁规范疏散计算是可以满足紧急疏散要求的，说明此种站型是成立的。

(2) 紧急疏散计算（地标）

北京市地方标准《城市轨道交通工程设计规范》DB11/995—2013 规定："车站公共区站台至站厅、站台至其他安全区的疏散楼、扶梯和疏散通道的通过能力，应保证远期或客流控制期超高峰小时一列进站列车所载乘客及站台上的乘客能在 6min 内全部疏散至站厅或其他安全区域，乘客从站台楼扶梯口或通道口通过全部疏散设施的时间不应大于 4min，即高峰时段该站台上的候车乘客和进站列车所载乘客通过楼扶梯、疏散通道等安全出口的时间不得超过 4min，这是考核站台上所有安全出口通行设施能力的规定。"

地标针对上述条文还做出如下解释："总的紧急疏散时间中考虑了最后一名乘客从站台楼扶梯口提升到站厅安全区所需要时间 Δt_1。对层数超过三层的车站以及大深度的地下车站，由于楼扶梯提升时间对疏散总时间影响较大，因此必须考虑最后一名乘客从站台提升到站厅的时间 Δt_1"。说明地铁疏散 6min 以及 4min 要求的制定考虑了车站埋深较大时的情况。接下来将对新站型的 Δt_1 进行核算，以此时间数值作为衡量深层地铁新站型还能否满足地标的安全疏散标准。

北京市地方标准较现行国家标准的疏散计算因素除考虑了扶（楼）梯的数目和客流因素，另还考虑了通道的长度因素以及疏散设施的匹配度因素。由于新站型的两个方案中通道长度不同，需针对两个方案分别进行计算。

1）木樨园桥北站

木樨园桥北站按北京地标中的公式进行计算。

方案一：车站站厅层设置在站台层正上方。为使通道实现最短化，需满足扶梯之间的间距要求即可。计算方法如下：地下车站乘客从站台清空所需时间 T_z 应按公式（7.2.2）计算，乘客从站台撤离至站厅或安全区所需时间 T_l 应按公式（7.2.3）计算：

$$T_z = \frac{(Q_1+Q_2)\alpha}{A_s N_s + [0.85(N_x-1)+B_l]A_l} \leqslant 4\mathrm{min} \tag{7.2.2}$$

$$T_l = 1 + t_1 + T_z + \Delta t_1 \leqslant 6.0\mathrm{min} \tag{7.2.3}$$

$$\Delta t_1 = \frac{L_z}{V_z} \tag{7.2.4}$$

式中：T_z——疏散乘客从站台楼扶梯口或通道口通过所有疏散设施所需时间；

T_l——最后一名乘客从站台撤离到站厅或其他安全区所需时间；

Δt_1——最后一名乘客从站台自动扶梯下的水平梯级口或楼梯口（疏散通道口）疏散到站厅或其他安全区所需时间，本站 $\Delta t_1 = 1.2\mathrm{min}$；

Q_1——远期或客流控制期高峰小时行车间隔内一列进站列车的客流断面流量（人），本站＝882人；

Q_2——远期或客流控制期高峰小时行车间隔内站台上候车乘客总数（人），本站＝220人；

α——超高峰系数，本站＝1.3；

A_s——上行自动扶梯的通过能力，本站＝121.7人/min；

N_s——上行自动扶梯总数，本站＝4；

N_x——下行自动扶梯总数，本站＝2；

A_l——人行楼梯的通过能力，本站＝61.7人/min；

B_l——站台上人行楼梯的总宽度（m），本站＝2.2m；

t_1——离站台自动扶梯或楼梯（疏散通道）最近的列车车门的第一名乘客走到该自动扶梯水平梯级口或楼梯口（疏散通道口）所需的时间，本站＝0.33min；

L_z——自动扶梯上基点与扶梯下第一步水平梯级之间的水平投影长度（m），本站＝37.4m；

V_z——自动扶梯名义速度（m/min），本站 $V_z = 0.65 \times 60 = 39\mathrm{m/min}$。

注：1. 站台乘客平均步行速度为60m/min；2. 站台上如果只设上行自动扶梯时，上行自动扶梯总数需减去一台检修扶梯，检修扶梯不参加疏散。

计算方法如下：

$$T_z = \frac{(882+220) \times 1.3}{\{121.7 \times 4 + [0.85 \times (2-1+2.2) \times 61.7]\}} = 2.09\mathrm{min} < 4\mathrm{min}$$

$$T_l = 1 + 0.33 + 2.09 + 1.2 = 4.62\mathrm{min} < 6\mathrm{min}$$

由上可知，深层车站方案一中站台到站厅提升高度为21.6m、通道长度最短为62m，可满足紧急疏散要求。

方案二：深层车站方案中站厅层设置在站台的斜上方方案，乘客需在通道内转折通行。计算方法如下：

$$T_z = \frac{(882+220) \times 1.3}{\{121.7 \times 4 + [0.85 \times (2-1+2.2) \times 61.7]\}} = 2.09\text{min} < 4\text{min}$$

$$\Delta t_1 = \frac{37.4}{39} + \frac{42.7}{60} = 1.66\text{min}$$

$$T_l = 1 + 0.33 + 2.09 + 1.66 = 5.08\text{min} < 6\text{min}$$

通过计算得知，在本方案中，站台到站厅的提升高度同样为21.6m、通道长度为77.6m情况下，方案二中"最后一名乘客从站台撤离到站厅或其他安全区所需时间"较方案一多0.46min，亦可满足紧急疏散要求。

2）王府井站

王府井站按北京市地方标准中的公式进行计算。

方案一：深层车站方案站厅层设置在站台层正上方，为使通道实现最短化，需满足扶梯之间的间距要求即可，计算方法如下：

$$Q_1 = \frac{37024}{30} = 1234 \text{ 人}$$

$$Q_2 = \frac{6686 + 8610}{30} = 510 \text{ 人}$$

$$T_z = \frac{(1234+510) \times 1.3}{\{121.7 \times 4 + [0.85 \times (2-1+2.2) \times 61.7]\}} = 3.3\text{min} < 4\text{min}$$

$$\Delta t_1 = \frac{37.4}{39} + \frac{15}{60} = 1.2\text{min}$$

$$T_l = 1 + 0.33 + 3.3 + 1.2 = 5.85\text{min} < 6\text{min}$$

通过带入王府井站客流计算，通道长度62m长度的情况下，可满足紧急疏散要求。

方案二：深层车站方案中站厅层设置在站台层的斜上方，乘客需在通道内转折通行。

$$T_z = \frac{(1234+510) \times 1.3}{\{121.7 \times 4 + [0.85 \times (2-1+2.2) \times 61.7]\}} = 3.3\text{min} < 4\text{min}$$

$$\Delta t_1 = \frac{37.4}{39} + \frac{42.7}{60} = 1.66\text{min}$$

$$T_l = 1 + 0.33 + 3.3 + 1.66 = 6.29\text{min} > 6\text{min}$$

通过计算得知，在站厅层位于站台层侧上方的方案中，站台到站厅提升高度同样为21.6m与通道长度为77.6m情况下，在客流增加以及通道长度加长的情况下，紧急疏散时间满足不了规范规定的紧急疏散要求。

2. 动态仿真模拟研究

深层车站作为北京城市轨道交通网络里的一种车站建造方式，由于其工程主体结构深度大、通道距离长、纵深高差大，工程情况对车站运营与乘客服务层面造成影响，实际运营中具有较大的安全隐患，因此需要进一步研究。根据深层车站的设计平面图，以设计客流条件和设施设备布设条件为基础，通过仿真模拟找出深层车站规划瓶颈位置并对通道的主要设施的服务水平进行评价，提出提高车站运营服务水平的方法和手段。通过系统分析车站设施瓶颈，检验客流疏散能力，评估车站负荷、车站拥挤等方面原因，从流线组织和运营组织方面提出优化措施，提高了车站运营效率，并对深层车站设施设备服务水平、客流组织问题等进行研究，探索了优化深层车站的运营管理的方法。

随着计算机的发展，目前利用计算机模拟的方法已经成为解决车站设计方案评估的主要方法。该方法通过站内的客流活动和运动的微观仿真，对客流运营状况进行直观的展示，通过对仿真结果进行分析，可以直观判断站内的客流拥挤情况，发现车站内各项设施设备的瓶颈，评估车站的极限能力，为实际运营工作提供辅助决策的作用。计算机模拟仿真方法在利用计算机大规模的运算能力和模拟能力方面具有优势，并且能够进行重复性的、多重性的以及现实中难以开展的试验。采用专门针对城市轨道交通的行业软件 SRAIL 仿真工具进行仿真研究，对车站的客流疏散能力及设施设备瓶颈进行评估。

（1）疏散仿真方案设计

根据现行国家标准《地铁设计规范》GB 50157—2013 中关于站台层事故疏散时间计算的方法，采用一列乘客数和站台上候车滞留及工作人员数进行疏散仿真验算，仿真乘客从站台层至通道层最后到达设备层的疏散过程。仿真基本设置如下：

1）仿真客流方案。仿真的客流输入为一列列车的荷载 1460 人，站台候车和工作人员约为 200 人，共 1660 人，采用脉冲式生成方法，在站台边产生。

2）客流疏散流线。客流疏散的流线如图 7.2.23 所示。疏散过程中的楼扶梯乘客使用比例采用测算的方法，比例设置见表 7.2.6。

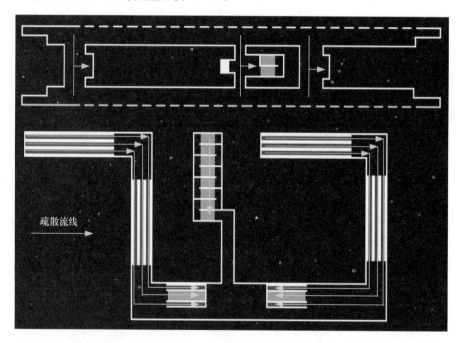

图 7.2.23　疏散流线设置

3）根据规范，疏散过程中进站方向的扶梯停运，可以作为疏散步梯进行客流的疏散。

4）疏散路径中各设施处通过能力。根据现行国家标准《地铁设计规范》GB 50157—2013 和技术标准，采用以下的设施通过能力作为模型的输入，见表 7.2.7。

第7章 北京地区深层地下空间建造技术

客流疏散各流线的走行比例　　　　　　　　　　表 7.2.6

	站台往楼扶梯分布		
	1号楼扶梯	2号楼扶梯	备用扶梯
疏散	45%	45%	10%
	1、2号楼梯分布		
	左梯	中梯	右梯
1号扶梯	37.5%	37.5%	25%
2号扶梯	37.5%	37.5%	25%

设施通过能力　　　　　　　　　　表 7.2.7

名称		通过能力	
		（人/h）	（人/min）
1m宽通道	单向通行	5000	83.3
1m宽楼梯	单向上行	3700	61.7
1m宽自动扶梯（30°）	0.50m/s	6000	100
	0.65m/s	7300	121.7

（2）疏散仿真结果分析

该设计条件下车站的通道设置符合疏散时间要求，疏散时间约为 5.5min。2 号楼扶梯的走行距离较长导致了其在疏散过程中的时间消耗过高，影响了总体的疏散走行时间和效率（图 7.2.24、图 7.2.25）。

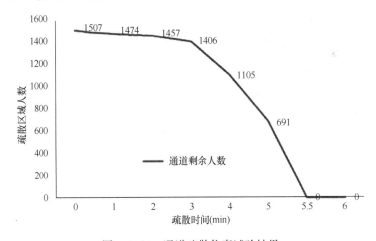

图 7.2.24　通道疏散仿真试验结果

（3）仿真评价总体结论及建议

仿真总体结论：

1) 本次深层车站建筑方案为一理想中间站型，根据甲方要求，仿真测试的初始客流方案采用木樨地站作为依据，即早高峰 11235 人。通过仿真测试获得了车站的最大适客量、车站的瓶颈位置、服务水平等数据，完成了工作要求。

2) 采用压力测试法，车站通过多次仿真测试，获得本次深层车站设计方案的早高峰最大适客量为 16852 人，采用现有的客流组织方案，该车站在最大适客量下各部分水平及

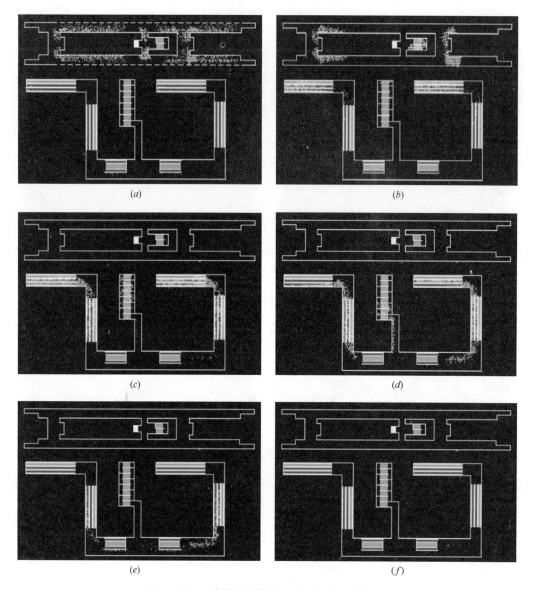

图 7.2.25 乘客疏散散点运动时空分布仿真图
(a) 疏散开始后 1min；(b) 疏散开始后 2min；(c) 疏散开始后 3min；
(d) 疏散开始后 4min；(e) 疏散开始后 5min；(f) 疏散开始后 6min

能力达到饱和。

3) 初始客流方案下（早高峰 11235 人）的车站的客流集散瓶颈主要位于设备层 1、2 号扶梯的上行方向入口处，最大的客流密度超过 3.2 人/m^2；最大适客量方案下乘客走行的瓶颈位置主要位于设备层 1、2 号扶梯的上行方向入口处、备用楼梯的缓冲平面，扶梯的连接平台和中间缓冲平台，排队密度超过 5.1 人/m^2。车站的备用楼梯设置具有一定的安全隐患，初始方案下客流最大密度为 2 人/m^2，最大适客量条件下约为 3 人/m^2，且备用楼梯的缓冲平台宽度太低，容易与此进出站客流的走行冲突。

4) 初始方案下车站各区域的服务水平以 C/D 为主，略低于设计服务水平；最大适客量方案下车站各区域服务水平低于 E 水平。

5）楼扶梯的设计长度在两个客流方案下不能满足设施适应性标准（走行时间不大于 1.5min），在最大适客量条件下不能满足站台客流疏散要求，存在较大的安全疏散隐患。

6）根据紧急情况下的疏散仿真验算，在给定方案下，客流疏散时间为 5.5min，能够满足现行国家标准《地铁设计规范》GB 50157—2013 的疏散要求。

仿真建议：

1）建议在设备层楼扶梯处设置客流隔离栏杆，分离进出站客流；同时在最大适客量条件下启用备用扶梯来分担客流。对本次建议的措施进一步仿真测试发现，启用该方案能够较大改善瓶颈处的拥挤状况，提高客流集散水平，减少高密度持续时间和拥挤情况的发生，提高客流的运行速度，减少阻滞和排队现象。

2）建议提高中间 3 号楼梯的客流走行速度，具体可通过加宽楼梯缓冲平台的宽度，提高通过的效率。

3）建议在一定程度上缩短设备层楼扶梯的走行长度。从疏散的结果来看，仿真过程中乘客通过设备层 1、2 号扶梯的时间和 3 号楼梯的时间均较长，使得车站的整体疏散过程中存在一定的安全隐患。为了减少这种因为突发事件引起的客流疏散，需在一定程度上降低设备层楼扶梯的长度，减少乘客走行时间。

7.3 深层富水地层中的明挖工程建造技术

深埋地铁车站即使经过建筑方案优化，站台层等控制性结构进入深埋地下空间仍不可避免，富水地层中的地下水处理是关键性的技术问题。目前地下水处理方法主要有止水施工和降水施工，在深埋地下结构中采用降水施工，一是水资源浪费严重；二是对周围环境影响较大；三是目前技术方面很难实现；因此地下水处理方法只有止水施工可以采用。从工法上分类，地下水止水工程主要分为暗挖工程止水、明挖工程止水。目前明挖工程止水施工在全国已有不少尝试，且有不少明挖基坑的成功阻水案例可供参考，因此当具备明挖条件时，应优先选用明挖工程。

7.3.1 明挖工程的地下水处理方法选择及发展趋势简述

传统的明挖工程地下水处理措施，可分为围护体系＋坑外降水（全降）、围护体系＋底部封堵＋坑内降水（半降半阻）、围护体系＋底部封堵（全阻），见表 7.3.1。

围护体系＋坑外降水的方案为明挖基坑地下水处理的传统选择，在浅埋工程中该方法工艺成熟，施工难度小、施工进度快，但实施过程中伴随着大量的水资源浪费，随着工程的入水深度逐渐增加，一方面采用传统的降水工法，从技术上水位降深难以达到设计要求；另一方面，对北京这样的缺水城市而言，大量降水造成水资源严重浪费，不利于水资源的保护，2017 年 12 月 19 日北京市政府正式印发《北京市水资源税改革试点实施办法》，2018 年隋振江副市长在市重大项目办调研时发表减少降水的重要讲话，宏观政策已允许大面积降水施工；第三，大面积大降深施工对城市周边环境影响较大，会造成一定程度的不可逆区域沉降。因此，降水不但实施难度大、代价高昂，而且与城市可持续发展理念背道而驰。

明挖工程地下水处理三种思路的优缺点比较　　　　表 7.3.1

方案	围护结构＋坑外降水（全降）	围护体系＋底部封堵＋坑内降水（半降半阻）	围护体系＋底部封堵（全阻）
施工速度	快	慢	慢
施工难度	简单	难度较大	难度大
周边的沉降	沉降大	沉降小	几乎没有沉降
水资源保护	浪费大	浪费较小	几乎没有浪费
优点	工艺成熟、施工可靠性高，风险小	有利于水资源保护，为未来深埋工程的发展方向	
缺点	不利于水资源保护，入水较深时难以保证效果	工程造价较高，工艺较为复杂，且对施工工艺要求高，需做好随时补注准备，风险较大	

围护体系＋底部封堵＋坑内降水为全降和全阻工法的一种折中方法，该方法的原理为：从地面上打设止水帷幕进入基坑底以下含水层，并对坑底一定厚度地层的渗透性进行改良，从而加大基坑内外地下水的渗流路径和减小地层渗透系数，同时通过坑内降水井对基坑底部进行疏干，保证坑底的无水条件。

围护体系＋底部封堵为通过基坑周围的止水体系加坑底强力封堵使基坑四周形成一个封闭空间，从而彻底切断基坑内外的水力联系，周边封堵方式有地下连续墙、咬合桩、旋喷桩、深孔注浆等方式，底部封堵方式有旋喷桩、深孔注浆、冷冻等方法，具体方法的选择可根据水头高度和地层渗透性的大小等方面分析综合确定。该方法不会造成资源浪费，对周边建筑影响很小，代表着未来明挖基坑地下水处理的方向，但是止水施工难度较大，一旦质量出现问题将直接危及工程安全，且造价相对较高。

对于深埋工程降水不但实施难度大、代价高昂，而且与城市可持续发展理念背道而驰，未来对地下水的处理方法中阻水施工将是大势所趋。以北京地铁 8 号线三期永定门外站为例，介绍明挖地铁车站止水施工的诸多探索及成功案例，为明挖工程止水施工提供思路。

7.3.2　明挖车站止水施工的探索——以北京地铁 8 号线三期永定门外站为例

1. 工程概况及关键难题

永定门外站位于永定门外大街西侧辅路下，邻近鼎能置业待开发地块，周边现状主要为待拆的时代窗帘广场及已经拆迁的居民小区，北侧为 14 号线永定门外站工地及京津城际铁路桥，南侧是革新南路路口。永定门外站为换乘车站，两线采用通道换乘方式，车站总长为 139.2m，标准段宽 24.7m，车站主体结构为地下四层框架结构，采用明挖法施工，车站西侧附属结构均采用明挖法施工，换乘通道以及东侧附属结构均采用暗挖法施工。车站两端区间隧道均采用盾构法施工，车站北端为盾构接收，南端为盾构始发。车站概况如图 7.3.1 所示。

车站顶板覆土约 3.9m，底板埋深约 31.4～33.5m，车站底板主要位于卵石 7 层。场地水文地质情况如图 7.3.2 所示，车站所处围岩地质主要以黏性土、粉土及砂卵石土为主，车站范围内地下水主要为一层层间潜水，埋深约 23m，水位标高为 16.55～17.64m，

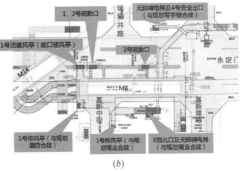

图 7.3.1 永定门外站车站概况
(a) 站址环境及周边现状；(b) 车站总平面图

含水层以砂卵石为主，其下为大量砂卵石地层，夹杂着一层粉质黏土层，本身不具备隔水功能。

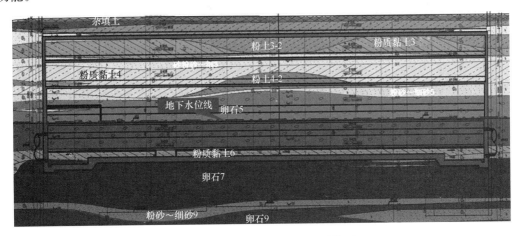

图 7.3.2 永定门外站水文地质情况

车站进入潜水层约 10m 左右，场地土层渗透系数约 220m/d，地下水补给性强，采用降水施工，基坑日抽水量约 20 万 m^3，相等于南水北调进京一期工程日进水量的 1/5，此外，还有诸多安全、技术问题：

（1）在汛期时，如此巨量的地下水排入市政管网，周边现有的排水管网无法满足该降水量的排放要求，需单独铺设排水管线，工程难度较大，费用较高；

（2）如基坑施工过程中遇停电或水泵维修等事件发生，地下水位快速上升，对基坑安全影响极大；

（3）根据理论分析及工程经验，以目前的技术水平难以实现如此大的水位降深；

（4）对水资源浪费严重，政策层面不允许。

本工程降水施工不具备可实施性。在底板入水 10m 深的高渗透性地层中采用止水施工是对技术和安全风险的巨大挑战，在北京地区尚未有成果案例。

2. 止水方案思路

明挖工程采用止水施工思路有封堵+坑内疏干、彻底封堵两种。封堵+坑内疏干的核心思想在于人为对基底土进行改良,减少坑底土的渗透性能,并且在改良地层上方保留一定厚度缓冲层,在地下水渗流后,地下水在缓冲层中集水排出后可以满足无水施工。彻底封堵的核心思想为在基坑周围采用强力的止水措施彻底隔绝地下水。由这两种思路形成"坑底封堵+缓冲层止水"和"水下开挖-浇筑混凝土"两种方案。

(1) 坑底封堵+缓冲层止水

车站主体围护结构采用连续墙,墙厚为1000mm,地连墙深约43.7m,嵌固深度为15m(下部5m采用素混凝土),基坑开挖至地下水位线标高以上约1m时,采用旋喷桩对坑内墙底以上1~6m深度范围进行加固止水,加固厚度为5m,加固后土体无侧限抗压强度不小于0.7MPa,渗透系数应不小于1×10^{-5}cm/s,且不能出现明显渗漏水。止水层与基坑底部间预留9m厚原状土,用以留作抗突涌验算的压重和坑底渗水的地下水缓冲层,如施工中止水层出现渗漏水情况,此部分原状土(卵石7层)可作为储水缓冲层,根据该土层的孔隙率计算,此部分可蓄水10047m^2。如后期施工中止水层渗漏水严重,同时此部分亦可以作为后期补漏的止水注浆处理空间。

(2) 水下开挖-浇筑混凝土

车站主体围护结构采用连续墙,墙厚为1000mm,地连墙深约43.7m,嵌固深度为15m(下部5m采用素混凝土),地下水位以上施工开挖方法与常规基坑一致,开挖至地下水深度后,采用水下开挖工艺,直至开挖至车站底板以下5m位置,而后采用水下浇筑混凝土工艺施作4m厚混凝土坑底隔水层,隔水层抗浮问题采用抗拔桩解决,待隔水层浇筑完毕后,疏干坑内地下水,架设钢支撑,施作主体结构。

两种方案支护结构横断面图如图7.3.3所示。

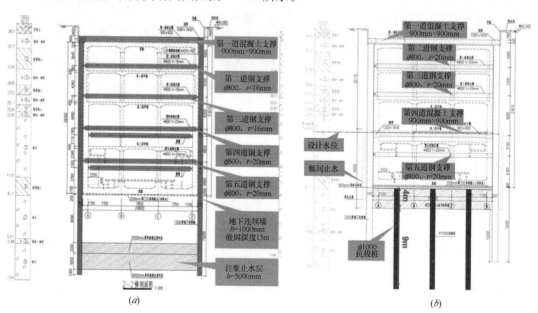

图7.3.3 两种止水方案支护结构横断面图
(a) 坑底封堵+缓冲层止水;(b) 水下开挖-浇筑混凝土

坑底封堵+缓冲层止水方案基坑开挖过程为常规工序，风险较小，且可以利用隔水层自重抵抗水浮力，且施工工艺皆为常规工艺，此解决方案的关键环节在于坑底旋喷桩的施工质量能否满足设计要求；水下开挖—浇筑混凝土方案水下浇筑工法，封底混凝土的止水质量较易得到保障，但是当基坑水下开挖至水下混凝土底板位置时，基坑将有15m范围没有支护结构支顶，基坑第四道钢支撑以下连续墙仅靠坑内水压来平衡基坑外侧的水土压力，开挖风险较大，且需要采用水下开挖、水下浇筑等特殊工艺。

根据现场试验比较，超高压旋喷在8号线三期天永区间进行了现场试验，试验效果不理想，旋喷桩出现较大概率的缩径现象，加固土直径达不到设计预期的效果，桩与桩之间不能有效搭接，坑底发生突涌水的风险较大，且工效低、造价高，最终选取水下开挖止水工艺。

3. 止水工程施工设计的关键技术

水下开挖止水工艺的止水封堵质量较易得到保证，但是实施仍有几项关键问题需要解决：

（1）为保证封底混凝土具有足够的整体性及水密性，而大体积的水下混凝土浇筑施工对施工组织、混凝土的性能及施工工艺均有较高的要求；

（2）基坑开挖过程中，第四道支撑架设后至开挖到封底混凝土底部标准段约有15m范围没有架设支撑，仅靠坑内水压来平衡基坑外侧的水土压力，围护及支撑结构受力较大；

（3）水下封底后，封底混凝土承受至少10m高的水头压力，紧靠封底混凝土无法满足抗浮要求，需要采取抗浮措施；

（4）封底混凝土局部渗水会对无施工的条件造成较大影响。

分析后，采用如下措施：

（1）为保证封底混凝土具有足够的整体性及水密性，对水下混凝土的浇筑采取分仓实施，减少封底混凝土一次性浇筑量，在基坑中间增加一道1000mm厚分仓墙（图7.3.4）。将封底混凝土分16仓进行浇筑，标准段为17.0m×11.95m，封底混凝土厚4.0m，每仓浇筑体积为812.6m³。为防止分仓墙对围护结构地连墙的水平支撑作用，以及不同分仓区域无法同时水下浇筑混凝土等造成的地连墙的差异变形，地下连续墙的接头采用刚性的十字钢接头。

（2）为解决基坑开挖过程中，第四道支撑架设后至开挖到封底混凝土底部标准段约有

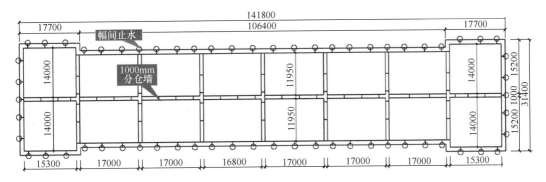

图7.3.4 分仓方案示意图

15m 范围没有架设支撑,仅靠坑内水压来平衡基坑外侧的水土压力的情况,第四道支撑需在原方案的基础上下移 2m,下移后第四道支撑底部处于设计水位以下约 0.9m,如实际水位与设计水位相同,施工时为保证第四道混凝土支撑的顺利架设,需在混凝土支撑附近设置临时集水坑进行降水。

(3) 为保证封底的抗浮安全,采用的封底混凝土厚度为 4m,采用利用封底混凝土与地连墙界面设置抗剪槽,同时为达到减跨效果,减少浮力作用下底板的弯矩,在底板跨中位置设置抗拔桩或将措施(1)中的分仓墙嵌入土层一定深度作为抗拔墙使用,满足封底抗浮要求(图 7.3.5)。

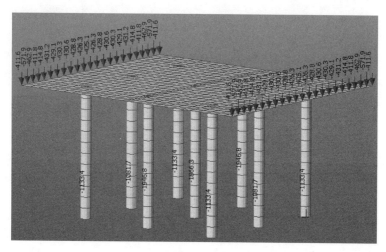

图 7.3.5　封底抗拔桩示意图

(4) 为防止封底混凝土与地连墙的界面渗水以及地连墙的幅间渗水,在封底混凝土顶部与垫层之间预留 500mm 厚碎石层铺设盲管及集水坑,以保证车站底板防水层的无水作业。

对地下连续墙内力变形进行计算,计算分析该方案的最不利工况为第四道支撑架设后、第五道支撑未架设的情况下水下开挖至封底混凝土底部,且尚未水下浇筑封底混凝土时,内力变形分析图如图 7.3.6 所示。围护结构的水平位移最大值出现在盾构段为 22.9mm<30mm,满足规范要求,根据支撑轴力计算,第四道支撑轴力较大,一般钢支撑无法满足支撑稳定性计算要求,该道支撑需设计为 900mm×900mm 混凝土支撑。

对坑底抗隆起计算结果见表 7.3.2,坑底抗隆起验算满足现行国家规范《建筑基坑支护技术规程》JGJ 120—2012 要求。

坑底抗隆起计算结果　　　　　　　　　　表 7.3.2

项目	基坑深度 (m)	嵌固深度 (m)	坑底抗隆起安全系数 [$K \geqslant 1.9$]
标准段基坑	36.5	15 (满足 0.2H)	60.39
盾构段基坑	38.2	17.5 (满足 0.2H)	67.38

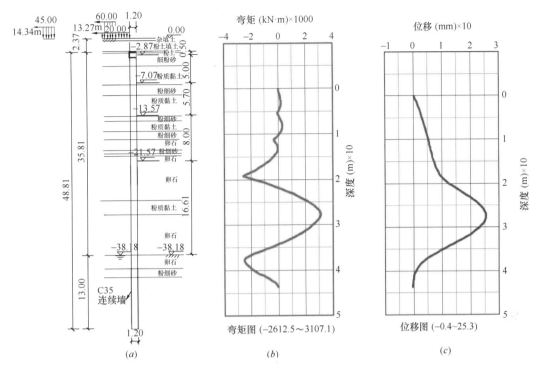

图 7.3.6 最不利工况地连墙计算结果
(a) 计算模型；(b) 弯矩图；(c) 位移图

标准段分仓为 17.0m×11.95m，自重抗浮计算安全系数为 0.599＜1.05，不满足要求。根据上述计算，常规的水下混凝土自重无法满足抗浮要求，因此需考虑附加的抗浮措施，通过分析，拟采用封底混凝土与地连墙界面设置抗剪槽以及在其底部设置分仓抗拔墙与封底混凝土共同抗浮的措施，通过有限元软件建立三维模型分析计算界面抗剪槽所需承受的剪力以及抗拔桩所需承受的抗拔力。

通过有限元方法对封底混凝土及界面剪力和抗拔桩的抗拔力进行验算，计算结果如图 7.3.7 所示。标准段封底混凝土所需承受的最大弯矩为 $1426×1.25=1782.5$kN·m/m，抗拔墙及素混凝土板强度均可以满足要求。

最终止水工程施工步序为：

（1）施工地下连续墙及分仓抗拔墙，然后开挖至第一～四道支撑下 0.5m 时，依次架设第一至第四道支撑。

（2）采用水下开挖至封底混凝土底部，当分别开挖到水下封底混凝土与地连墙界面凹槽下 1m 时，停止开挖，由潜水员用水下风镐、钢刷、水枪等工具清理凹槽内的残余泥浆、混凝土等残留物。

（3）对基坑底部进行清理整平，同时采用刷壁器清理地连墙侧壁，然后进行水下封底混凝土浇筑。

（4）缓慢降低基坑内水位，当水位降低到第五道及盾构段第六道支撑设计高度以下 1m 时，在水面上分别架设第五及六道支撑，然后将水降至基坑底部，最后清理坑底及地连墙侧壁残留土体。

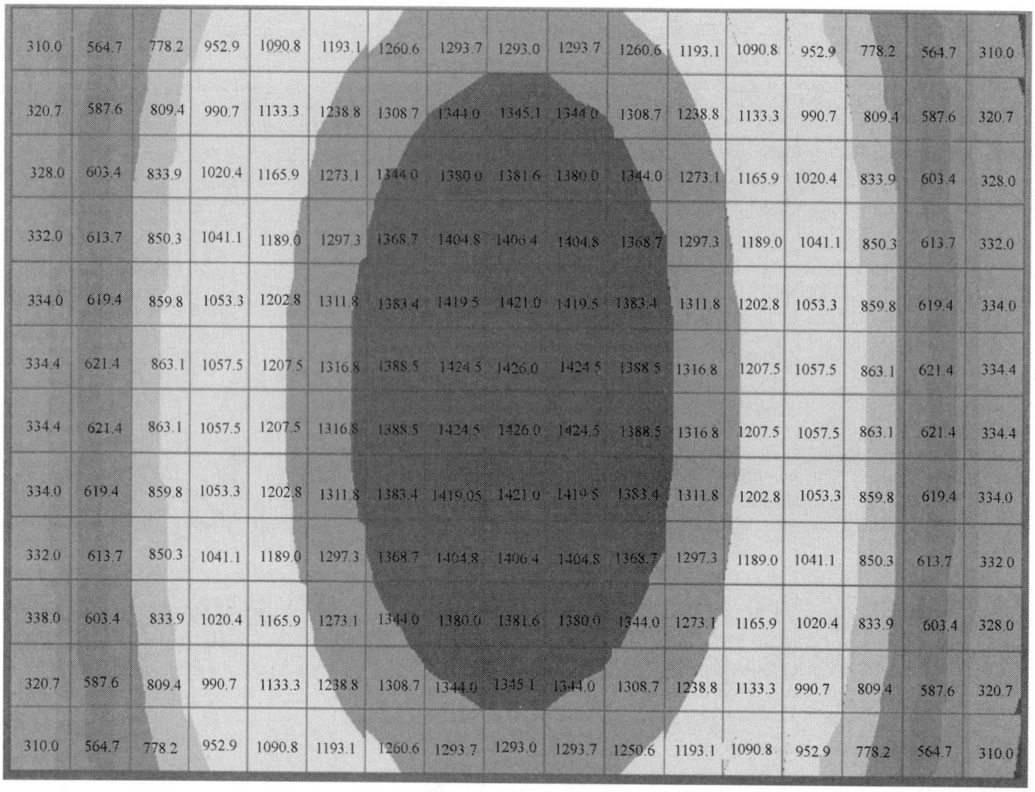

图 7.3.7　封底混凝土弯矩（kN·m/m）

（5）施作坑底碎石回填层并预埋盲管，然后施作垫层、防水层、浇筑底板。待底板达到设计强度后，拆除第五道支撑（盾构段拆除第五、六道支撑）。

（6）随后按照先浇筑结构楼板、后拆除支撑的方式完成剩余主体结构的施工。

4. 止水工程的现场实施及社会、行业效益

永定门外站通过"地连墙＋水下开挖＋水下混凝土封底"的止水方案（图 7.3.8），成功地解决了砂卵石地层中高水位、高承压性、高含水量、坑底无隔水层的地下结构施工难题，代表了北京后期深层富水地层地铁施工的技术方向。若采用传统明挖降水施工，基坑每天抽水量达 20.1 万 m³/d，相当于南水北调进京一期工程日进水量的 1/5，总花费约 1.3 亿抽、排水费用。

本工程入水深度约 10m，且含水层为透水性极强的卵石地层，基底以下不具备隔水层，降水施工基本不具备可实施性，地下水处理问题极为困难（图 7.3.9）。采取止水施工时，针对注浆、旋喷桩等封堵效果不好的问题，采用水下浇筑混凝土、分仓浇筑等方式保证封堵质量，通过设置抗拔墙解决施工期间封底混凝土的抗浮问题。最终很好地解决了明挖基坑的地下水封堵这一工程难题，可以作为成功案例供有类似问题的明挖工程参考（图 7.3.10）。

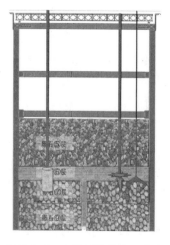

图 7.3.8　永定门外站施工步序

图 7.3.9　潜水员水下作业

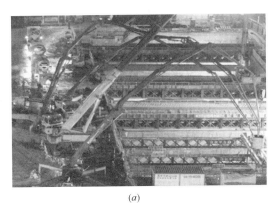
(a)

(b)

图 7.3.10　永定门外站现场施工照片
(a) 水下浇筑实景；(b) 基坑封底后实景

7.4　深层富水地层中的暗挖工程建造技术

在深层富水地层中建造暗挖工程是真正意义上的技术性难题，目前国内成功采用堵水施工的大型暗挖车站几乎没有。近些年众多工程师对这一领域问题进行了诸多探索，并提出了一系列的解决方案，大致可以归为以下几种思路：(1) 采用暗挖堵水施工地下车站；(2) 研发可以水下施工的新工法。下面分别进行相关介绍。

7.4.1　采用暗挖堵水施工地下车站——以北京 2019 年各站点堵水技术研究试验为例

2019 年，北京地铁参建方为积极响应政府要求，在全线范围内开展阻水试点研究。经过系统梳理后，暗挖车站采用的堵水工法主要有：冷冻法、边墙咬合桩止水、边墙超高压旋喷止水、边墙注浆止水、底板封堵，下面通过典型案例依次进行介绍。

1. 冷冻法——西土城站

西土城站位于北土城西路、知春路与学院路、西土城路交叉路口的小月河南侧，车站沿西土城路东侧辅路南北向设置，为昌南线与10号线的换乘车站（图7.4.1a）。

车站为岛式站台车站，采用4导洞PBA方案，先施工上层导洞，在导洞内打设中桩和边桩，形成围护体系和竖向支撑体系，在上层导洞施作顶纵梁和主体结构顶板，然后在顶板保护下向下开挖，逆作施工车站主体结构。车站结构采用三层三跨直墙拱形结构形式，车站总长189.3m，标准段宽24.7m、高22.15m。车站覆土约12m，底板最大埋深34.28m（图7.4.1b）。

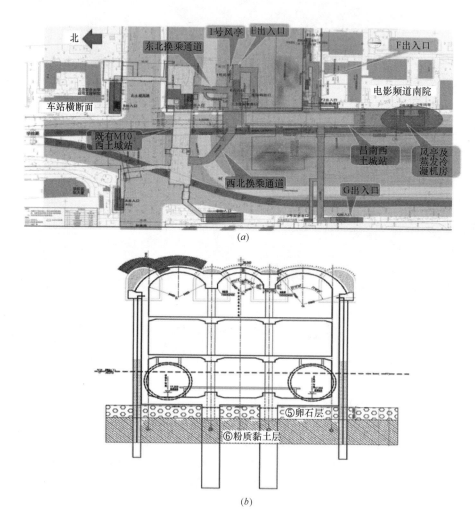

图7.4.1 西土城站车站概况
(a) 车站周边概况；(b) 车站横断面

车站范围内赋存三层地下水，其类型分别为上层滞水（一）、潜水（二）、层间潜水（三）。潜水（二）：含水层岩性主要为粉细砂、粉土层，稳定水位标高约为35m，水位埋深约为14m。层间潜水（三）：含水层岩性主要为卵石、细中砂地层，稳定水位标高为20.5m，水位埋深为29m，层间潜水（三）位于底板上方5.36m。根据本站的地层条件：

(1) 车站北侧约100m范围基底下方存在粉质黏土6层，厚度在3.5m以上，该段可利用该层作为隔水层进行封底止水，但考虑到地层不连续的可能性，不作为隔水层使用；
(2) 车站南侧约90m范围基底下方卵石5层和卵石7层连通，无隔水层（图7.4.2）。车站需要在开挖到地下水位之前采取地下水封堵措施。

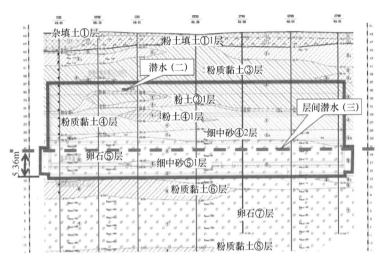

图7.4.2 西土城站地质概况

在车站的上导洞内打设咬合桩，作为围护结构和四周的隔水结构。利用盾构区间过站，利用盾构的水下施工能力完成水下施工，待管片彻底封闭后，通过抽排疏干管片内残留水，创造无水作业条件，在管片内向外放射状打设冻结管，进行冻结作业，完成底板冻结，形成封闭止水体系。同时为了减小高峰用电负荷，确保分区间冻结的独立有效性，对车站止水冻结区域进行冻结分区：（1）北侧100m，按25m/区划分；（2）南侧90m，按22.5m/区划分。各分区之间设置垂直冻结分隔墙（图7.4.3、图7.4.4）。

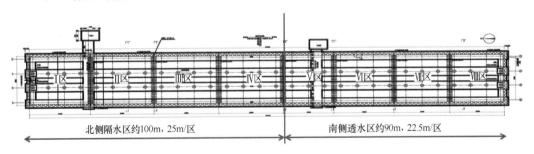

图7.4.3 西土城止水区段划分

2. 边墙咬合桩止水＋超高压旋喷——金融街站

金融街站为19号线一期工程中间站，车站为双层暗挖16m宽岛式站台车站，全长317.6m，与规划R1线车站呈"L"形布置，详见图7.4.5。车站标准段为地下两层双柱三跨结构，断面宽度25.3m、高16.87m，南端局部为双层三柱四跨断面，断面宽度34.8m。车站顶板覆土约11.9m，底板埋深约28.8m。采用四导洞洞桩法施工，在上层导洞内形成车站的侧向支护结构和竖向支护体系，在底板保护下进行土方开挖和下部主体结构。

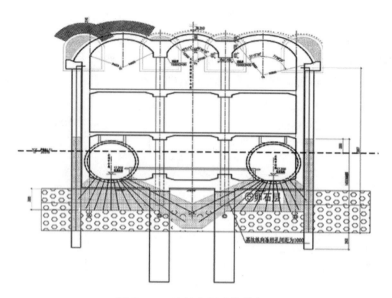

图 7.4.4　边墙底板冻结横断面

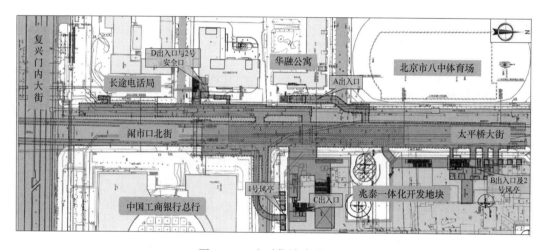

图 7.4.5　金融街站总平面图

站址范围内顶部地层主要为填土及粉细砂，中部地层以卵石～圆砾⑤、粉质黏土⑥、卵石⑦、粉质黏土⑧、卵石⑨层为主；底部为卵石⑨层。车站范围地下水主要为潜水（三）（微承压性），水位标高 21.8m，含水层主要为卵石⑦层、卵石⑨层，车站进水深度 4.55m。车站工程地质水文的详细情况如图 7.4.6 所示。

导洞开挖完成后，在车站上导洞内打设封闭的 AB 型咬合桩进行止水，咬合厚度 350mm，完成车站四周的止水施工，当车站开挖到地下水位以上时，在车站内部结合基坑底部 6m 厚黏土及粉细砂的软弱地层，采用超级旋喷桩对车站封底，旋喷桩直径 1500mm，咬合 200mm，加固体厚度为 5m，加固体与底板之间 5m 的卵石层作为缓冲层，并且在基坑内部设置疏干井。车站结构横断面如图 7.4.7 所示。

3. 边桩注浆止水——和平西桥站

和平西桥站为暗挖双层分离岛式车站，车站右线主体长度 397.5m，左线主体长度

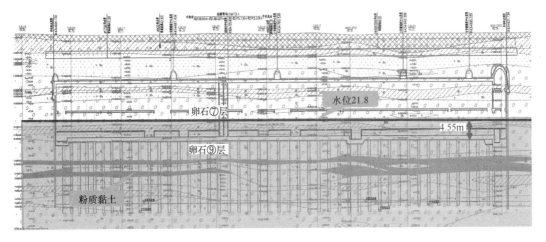

图 7.4.6 车站工程地质水文剖面图

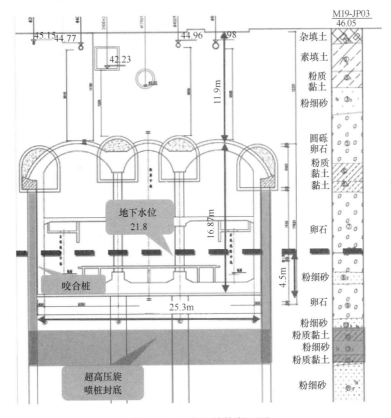

图 7.4.7 车站结构断面图

350.64m，双层段单侧宽度为 13.6m，单层段单侧宽度为 11.45m，标准段覆土约 9m，单层段覆土 15.86m，轨面埋深约 23.59m，底板埋深 26.86m。车站形式为地下暗挖两层分离岛式站台车站，穿越既有线区段为单层，主体结构采用上层二导洞洞桩法施工，上层洞桩法理念同前面两个车站完全一致，此处不再赘述。车站总平图如图 7.4.8 所示。

和平西桥站场地下依次为填土、粉质黏土、粉细砂、卵石-圆砾、粉质黏土，含有一

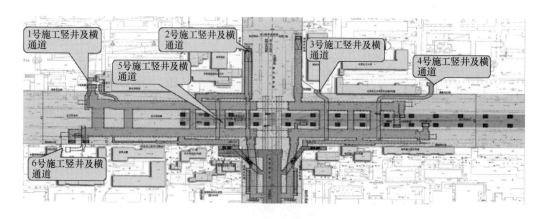

图 7.4.8　和平西桥站总平面图

层地下水——潜水（三），水位 23.62m，车站底板埋深 30m，进入地下水约 7m，车站底板下方位于粉质黏土层，可作为隔水层使用。水文地质情况如图 7.4.9 所示。

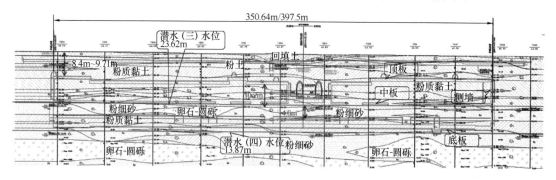

图 7.4.9　和平西桥站地质纵断面

场地底板下有一层粉质黏土层可作为可靠的隔水层，仅需要解决车站四周的隔水问题，采用边桩四周深孔注浆的止水方式（图 7.4.10），待上导洞内的围护桩施工完毕后在上导洞内采用深孔注浆的方式对桩周土体进行深孔注浆加固，减小桩周土体的渗透性，实现止水效果。车站横断面及止水方法如图 7.4.11 所示。

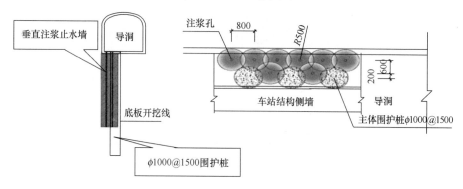

图 7.4.10　采用深孔注浆对桩侧及桩间土体进行注浆

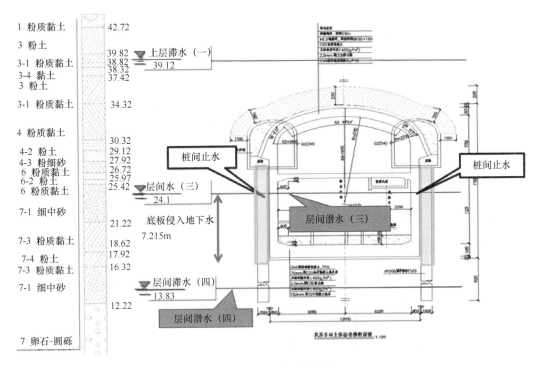

图 7.4.11 车站横断面

北京地区暗挖地铁车站基本全部采用 PBA 工法，通过梳理 PBA 工法暗挖止水工程案例，可以得出结论：在 PBA 工法中，止水的基本思路为车站侧壁围护结构封堵＋基底止水，并在此基础上根据工程的各自特点开发出了多种理论可行的方案，但是最终的成功实施还有许多细节问题需要处理，仍然需要继续深入研究实践。

7.4.2 水下暗挖施工新工法研发

暗挖堵水施工方法是在传统浅埋暗挖法基础上附加阻水措施，通过阻水措施满足无水施工条件而研发一种可以在有水环境下开挖施工的暗挖工法从而避免暗挖阻水的问题。本节主要介绍一种不需采用人工降水，在施工各个阶段均可止水暗挖的工法——超级管幕法。

1. 超级管幕法基本工序及力学分析

以标准双层三跨暗挖车站为例，超级管幕法最基本的剖面图如图 7.4.12、图 7.4.13 所示。其初期支护体系为：大直径（3m）钢管＋小直径（1m）钢管幕形成的纵向受力构件配合每隔一定间距（一般可设置为 20m）形成的内撑环梁环向受力构件共同组成了大管幕受力的三维框架体系；防水体系为：环向大小管幕＋管幕间闭水锁扣构成的环向防水结构和每隔一定间距（一般可设置为 50m）由大直径管幕向待开挖土体内注浆形成的纵向注浆防渗墙组成。纵向注浆防渗墙不仅可封堵纵向地下水，将待开挖土体分割为无水分区功能外，还可作为受力构件起到内撑墙的作用，作为大管幕的受力支点，减小大管幕"纵梁"的跨度，改善其受力。

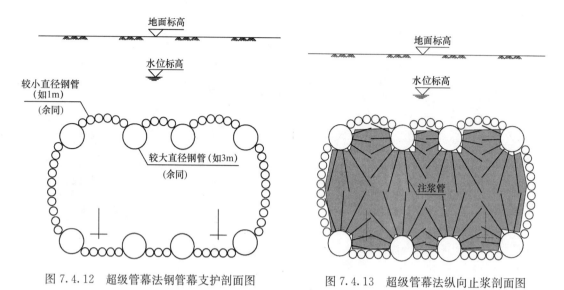

图 7.4.12 超级管幕法钢管幕支护剖面图　　图 7.4.13 超级管幕法纵向止浆剖面图

如图 7.4.14、图 7.4.15 所示，待大、小直径管幕和内撑环梁受力体系及闭水锁扣、注浆防渗墙等防水体系搭建完毕后，可借助大直径管幕形成的小导洞完成车站永久结构柱施工。而后可在大管幕受力和防水体系保护下采用全断面顺作法或自上而下逆作法开挖管幕内土体并完成二衬施工，形成车站永久结构（图 7.4.16）。

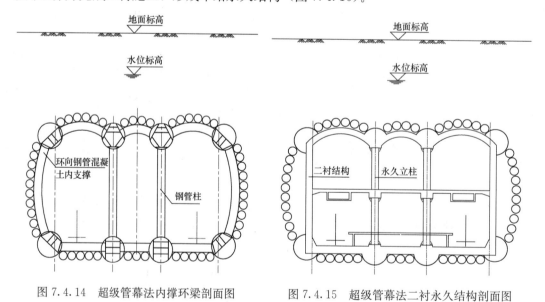

图 7.4.14 超级管幕法内撑环梁剖面图　　图 7.4.15 超级管幕法二衬永久结构剖面图

超级管幕法基本工序：（1）利用车站端部竖井，采用非开挖方式（顶管、夯管）沿车站纵向打设大直径（3m）和小直径（1m）钢管管幕。管幕间利用止水锁扣连接，锁扣内填充防水油脂。（2）在大直径管幕内每隔一定间距（50m）自钢管内向待开挖土体内打设注浆管并注浆，注浆体构成注浆防渗加固墙，形成车站纵向止水阻塞体。纵向止水阻塞体将管幕内土体分割为几个无水土仓。（3）每隔数米（15～20m）在大直径管幕内开洞，沿车站轮廓线采用曲线顶管（或人工挖孔）施作钢筋混凝土内撑环梁。在中间两组大直径钢

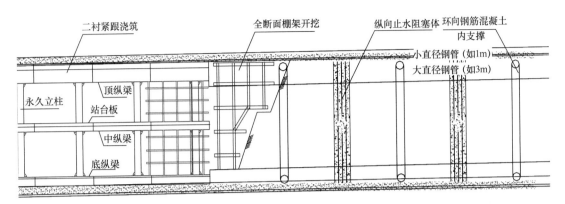

图 7.4.16 超级管幕法纵向剖面图

管中同时施工车站竖向钢管混凝土永久结构。(4) 3m 直径管幕内绑扎纵向钢筋,形成顶(底)纵梁。利用端部竖井横通道对大直径(3m)和小直径(1m)钢管进行混凝土回填。(5) 在已形成的纵向管幕钢管混凝土和横向内撑环梁结构体系保护下,采用"全断面棚架法"开挖隧道内土体。对于两层或多层车站,可在中楼板位置处设置临时横向支撑(或自上而下逆作先施工上半断面二衬结构,及时施工中板,为结构提供强支撑)。(6) 自下而上修筑二衬混凝土永久结构。车站施工完成后回填永久结构与维护结构间孔隙。待(4)步完成后,循环(5)、(6)步直至车站施作完成。施工步序如图 7.4.17 所示。

超级管幕工法在开挖内部土体之前,先行形成车站围护受力体系。这样即有利于降低车站结构的施工风险,又可大幅度减小开挖引起的围岩塑性变形,有效控制了地表变形(地层附加变形主要为管幕施工引起的地层变形和大管幕体系受载变形之和)。大管幕受力体系主要由大直径和小直径钢管管幕形成的钢管混凝土纵梁与环向型钢或钢筋混凝土内支撑组成的全新"类骨架结构"构成。与钢管混凝土作为传统受压构件不同,大管幕钢管混凝土构成了车站纵向连续梁框架,为新型受弯构件。管幕间连接锁扣不仅有利于提高大管幕的施工精度,又是重要的防水和受力构件。它起到管幕间连系梁的作用,可调整各管幕受力,有助于内力在不同管幕间协调分配。设置内撑环梁(包括永久钢管柱和临时横向支撑)将大管幕钢管混凝土分割为小跨度连续梁,有效减小大管幕的弯矩。内撑环梁的设置间距可根据车站建筑规模和地层条件灵活调整。

地层荷载首先传递给大、小直径钢管混凝土管幕。管幕与内部顶(底)纵梁一起承受一部分荷载,荷载经过管幕锁扣"连系梁"调整后传递至内撑环梁,内撑环梁与外围钢管混凝土管幕共同构成了车站纵向和环向受力体系。典型的大管幕工法工程力学模型如图 7.4.18 所示。

下面以双层两跨单柱完整二衬大管幕车站结构为例对施工工程中的力学转换加以说明。

(1) 大管幕受力体系施作完成后的力学状态

土体在天然状态下均经历了一定程度的固结,已处于相对稳定状态。在地层中打入 3m 直径大管幕后,原有地层平衡状态被打破,大管幕承受扰动后地下水、土的径向压力,围岩经历第一次扰动后与大管幕建立了新的水土平衡状态。先行施工的大直径管幕起

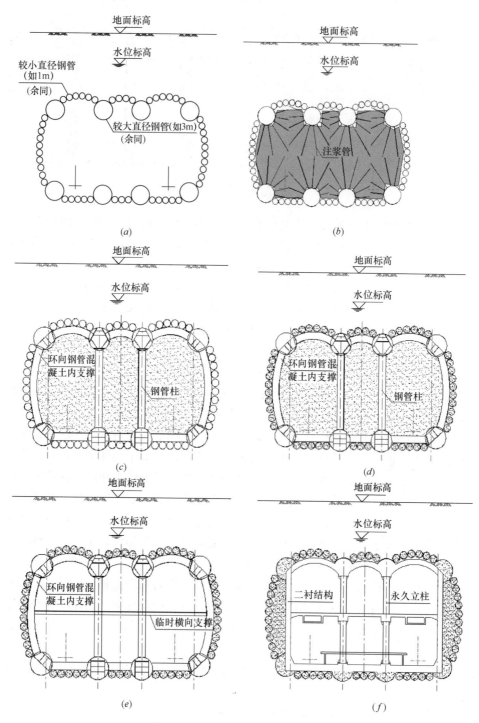

图 7.4.17 超级管幕法施工步序图

(a) 第一步；(b) 第二步；(c) 第三步；(d) 第四步；(e) 第五步；(f) 第六步

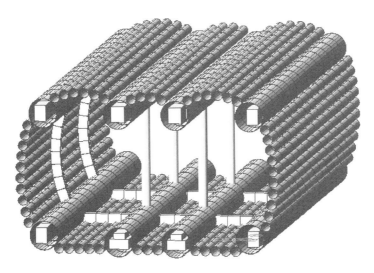

图 7.4.18 大管幕工法工程力学模型

到了定位和导向作用，有助于小直径管幕的施工（图 7.4.19）。小直径管幕顶进完成后，围岩经历第二次扰动后，大、小直径钢管均承受水、土径向压力。管幕形成后，借助大直径管幕作为施工导洞在其内部施作曲线顶管，形成密贴于小直径管幕内侧的内撑环梁。此时围岩经历第三次扰动，但由于未开挖管幕内部土体，大、小管幕承受的水土压力与上一工况差别不大（图 7.4.20）。

图 7.4.19 大管幕受力示意图　　　图 7.4.20 大、小管幕受力示意图

（2）土体开挖至中板时的力学状态

如图 7.4.21 所示，内侧环梁和纵向注浆止水墙施工完成，开挖内部土体后管幕受力发生较大变化。当上半断面开挖至中板位置时，上半部分大管幕体系受到的外部荷载已完全由结构体系来承担。随着土体开挖，上半断面管幕和内撑环梁开始承担外部水土压力，出现临空面后管幕内外不平衡的水土压力首先传递给管幕，进而通过线荷载的方式传递给内撑环梁，直至水土压力与结构抗力达到平衡。在这个受力转换中，大管幕钢管混凝土结构主要承受弯矩，内撑环梁受力以弯矩和轴向压力为主，当结构形态优化后可大幅减小内

撑环梁承受的弯矩。内撑环梁的设置可有效减小管幕受弯跨度，改善其受力。

（3）上部结构施作完成后的力学状态

当施作上半断面二衬结构后，二衬与大管幕、内撑环梁一起承受水土压力，部分荷载转移至二衬来承担。

开挖至中板时，施作中板可为管幕体系提供横向支撑，减小边墙处大管幕和内撑环梁的荷载，对整个管幕体系的受力改善有明显作用，施工时应尽早施作结构中板。上部二衬结构与外围管幕形成了可靠完整的受力结构，地层荷载首先传递给管幕和内撑环梁体系，然后传递给上部二衬体系，上部荷载再传递给中板下部土体、下部管幕和内撑体系（图7.4.22）。随着下部土体的开挖，下半断面管幕体系受力逐渐增大。

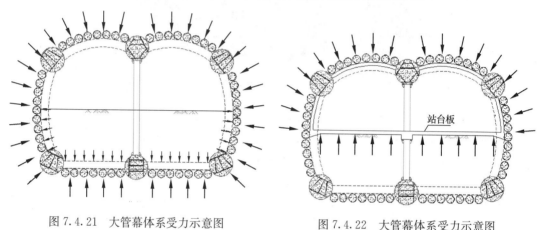

图7.4.21 大管幕体系受力示意图　　图7.4.22 大管幕体系受力示意图

2. 超级管幕工法管幕锁扣室内闭水试验研究

锁扣止水为管幕隔水效果的关键节点，为验证管幕止水连接锁扣的隔水效果，对比管幕各型号连接锁扣及油脂的防水性能，为锁扣及油脂的选型及优化提供数据支持，进行管幕锁扣室内闭水试验研究。

（1）试验方法

本次试验准备试验半圆形钢管锁扣、圆形钢管锁扣、双环形钢管锁扣、T形钢锁扣和一字形钢锁扣五种锁扣形式，具体形式和尺寸如图7.4.23所示，两两之间用不同的锁扣相连。卡扣采用钢管或角钢切割、焊接而成，锁扣长度同钢管长度为1m。毛刷采用带状毛刷，用防水胶粘贴于卡扣内，毛刷样式如图7.4.24所示。

本止水锁扣创新之处在于，在锁扣内部加入毛刷及盾尾密封油脂。盾尾油脂一般含有纤维，性状较为黏稠，能够抵抗一定水压力，同时油脂具有疏水性能，将其填充于锁扣内部，以实现管幕隔水效果。与此同时，为了增加油脂在锁扣内部的摩阻力，防止其被水压力挤出，特在锁扣内部加入毛刷，这样毛刷、油脂组合使用，构成一个柔性闭水阻塞结构。预期这种形式的锁扣在防水的同时能够耐压，可以更有效地阻隔地下水的渗入。

采用人工涂抹塞填的方式把油脂填满两组卡扣的间隙，共需油脂约1.25t，如图7.4.25所示。调查现有的闭水效果较理想的盾尾油脂，拟选用如下5种不同油脂：

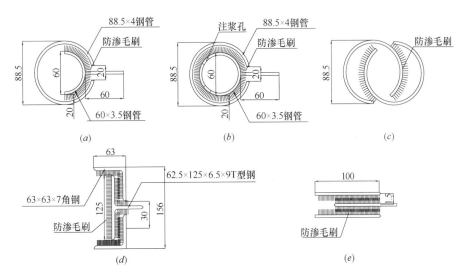

图 7.4.23 五种锁扣形式

(a) 半圆形钢管锁扣；(b) 圆形钢管锁扣；(c) 双环形钢管锁扣；
(d) T形钢锁扣；(e) 一字形钢锁扣

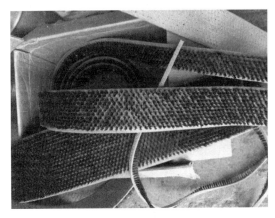

图 7.4.24 带状毛刷

图 7.4.25 盾尾密封油脂

1) 鑫山盟盾尾密封油脂；
2) 上隧牌盾尾密封油脂；
3) 巴斯夫（BASF）盾尾密封油脂；
4) 上海茨夫盾尾密封油脂；
5) MF18 盾尾密封油脂。

闭水试验水箱采用 10mm 厚的钢板焊接而成，为保证试验效果，针对 5 种形式的锁扣，做 5 个闭水试验箱。箱子高 0.5m、长 1m、宽 0.2m，如图 7.4.26 所示。顶部留注水孔及排气孔（兼作加气孔），底部与钢管牢固焊接，确保焊接质量，共需钢板 4 块。如图 7.4.27 所示，水箱端板与钢管间采用法兰连接，便于拆卸以更换锁扣油脂，法兰间加入橡胶垫片以增加气密性。端板与锁扣间使用橡胶垫片。

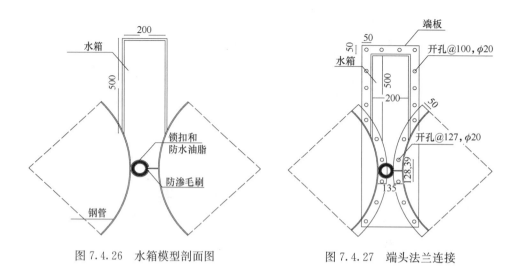

图 7.4.26 水箱模型剖面图　　图 7.4.27 端头法兰连接

(2) 试验流程

依照设计图纸要求，加工出钢管、水箱、锁扣，保证焊接到位、严丝合缝，要求器材本身不渗水、不漏气。锁扣粘接处焊渣、灰尘等异物清理干净，进行毛刷安装。粘胶使用防水型"哥俩好"，毛刷、锁扣各涂抹一遍，对位粘贴，定位后，对毛刷挤压12h，保证毛刷与锁扣粘贴严密、牢固。鉴于盾尾油脂较黏稠，故采用人工涂抹方式进行填充，保证锁扣母扣内充满油脂。将一侧套筒固定，吊装另一侧套筒进行安装，确保边缘对齐，每个螺栓孔对齐。待水箱拼装定位后，水箱内侧锁扣接缝处再次人工涂抹油脂，确保密封紧密。端头钢板安装胶皮垫，所有螺栓拧上、复紧，确保钢板间无缝隙，如图 7.4.28 所示。

图 7.4.28 水箱橡胶垫片、螺栓安装

开始试验：

1) 关闭注水孔后，观察记录锁扣处初始渗水情况。

2) 若初始无渗水，则每隔10min观察并仔细记录一次，观察一个小时，若仍无渗水情况发生则锁扣及匹配油脂可进入加压试验，否则淘汰该组合。

3) 通过加气孔向水箱内加气，气管中部接压力表，自50kPa压力起逐级加压，每级增加 50kPa，每级观察 20min。首级加压后稳压 20min 观察并详细记录锁扣处渗水情况；若无渗水继续加压 50kPa 并稳压 20min 观察并详细记录锁扣处渗水情况；以此类推。若未出现渗水，记录最终压力为耐水压力，否则以上一级压力作为稳定耐水压力。

锁扣渗水呈不断扩大形式，即开始渗漏呈滴状，而后成为线状，随着油脂不断被水压力破坏，最后发展成为带状渗漏。局部渗水随着时间推移，会造成连通式渗漏。渗漏情况如图 7.4.29 所示。

图 7.4.29 锁扣渗漏情况

通过对漏水的锁扣进行拆解，发现由于锁扣内毛刷的存在易导致油脂填充不密实，这可能是导致漏水的原因。为此，特增加一项试验，即不在锁扣内加入毛刷，仅填充油脂，测试其闭水效果。但结果显示，在不加入毛刷增加油脂摩阻力的情况下，水压刚加至 0.05MPa 时锁扣即出现破坏性渗漏，油脂出现空洞。由此可见，毛刷的存在是极其必要的。

（3）试验结果分析

本次试验分析得出初步结论如下：

1）管幕间通过锁扣连接并配合毛刷、密封油脂的方式可以达到试验预期效果。

2）毛刷与油脂组成的闭水柔性阻塞结构，有较好的隔水功能，并有一定的水压力耐受能力。

3）本次试验结果表明，类似手工条件下，与半圆形钢管锁扣、圆形钢管锁扣、双环形钢管锁扣和一字形钢锁扣相比，T 形钢锁扣的隔水效果最佳，在一定规格的基面毛刷和密封油脂配合下，其耐水压力可达到 0.5MPa。

通过研究，理论上充分证明了超级管幕法的技术是可行的、科学合理的，对其进行深入的研究探索，发展出一种全新的安全、快捷、环保、节约、人性化强、机械化高的暗挖施工方法指日可待。

但是任何一种工法的诞生，必须经过实践的检验，因此超级管幕法应尽快寻找实际工程进行全方面验证及开发。

7.5 深层地铁线路案例研究——以 R1 线可实施性研究为例

7.5.1 R1 线概况

R1 线是为缓解 M1 号线及八通线客流压力，主要沿 M1 号线、八通线路敷设，贯通北京市东西向的区域快线。西起门头沟上岸村，沿石景山路西延线东行，经复兴路、复兴门内大街、东长安街、西长安街、建国路至国贸，东至通州宋庄。一期起点为东三环国贸站，沿 1 号线线位向东至四惠东，然后线路沿八通线的线位继续向东敷设，过管庄站后折向东北方向沿市场南街东行，进入通州新城核心区，下穿北运河和京哈高速后沿潞苑南大街、京榆旧线至终点宋庄。

本线支持及带动门头沟新城、首钢 CRD、通州新城的发展，串联金融街、王府井、CBD 三个重要商圈，同时服务鲁谷、定福庄等城市重点居住区，为两端新城居民快速出行带来便利，实现客流的快速引导和疏散。

R1 号线的主线方案线路长度约 54.4km，其中高架及过渡段 2.1km，地下线 52.3km。共设 16 座车站，其中换乘站 14 座。本工程在宋庄设车辆段，上岸村设停车场（图 7.5.1）。

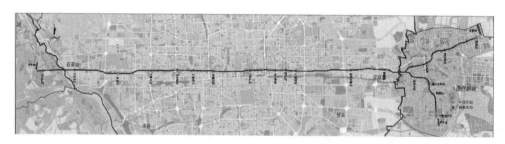

图 7.5.1 R1 线示意图

R1 号线的通州支线方案线路长度约 9.4km，共设 4 座车站，其中换乘站 2 座，全部采用地下敷设方式。

R1 线东西向途径城区多个重要地区和商圈。并与多条地铁线路产生换乘节点（图 7.5.2）。

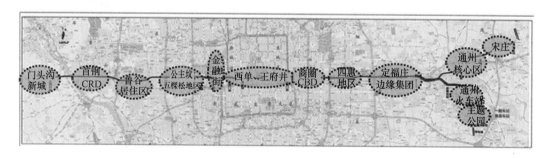

图 7.5.2 R1 线途经商圈示意图

第7章 北京地区深层地下空间建造技术

R1线为快线，全线设站少，站间距较大，平均站间距为4.0km，最大站间距为6.6km，为大望路站至传媒大学站，最小站间距为1.3km，为永安里站至国贸站，全线大部分地段与M1号线和八通线平行敷设（表7.5.1）。

R1线站点设置表 表7.5.1

序号	站位	里程	站间距	换乘
	右线起点	K0+0	450	
1	上岸村站	K0+450	4010	S1
2	北辛安站	K4+460	5490	M11
3	鲁谷大街站	K9+950	4125	
4	五棵松站	K14+075	2965	M1
5	公主坟站	K17+40	2050	M1、M10
6	木樨地站	K19+90	2480	M1、M16
7	金融街站	K21+570	4335	新机场线/R3
8	王府井站	K25+905	2975	M1、M8
9	永安里站	K28+880	1306	M1、M17
10	国贸站	K30+186	1224	M1、M10
11	大望路站	K31+410	6600	M1、M14
12	传媒大学站	K38+10	3985	八通线
13	管庄站	K41+995	5395.143	八通线
14	北关站	K47+390.143	2759.857	M6
15	龙旺庄站	K50+150	4130	S6
16	宋庄站	K54+280	665.616	
	终点	K54+900		

本线的起点位于门头沟新城长安街西延与规划滨河路南延十字路口的西侧，此处为起点站上岸村站，出站后，线路从地下爬出地面，区间上跨西六环、永定河和丰沙铁路后重新扎入地下敷设，在北辛安路与长安街西延路西侧设北辛安站，出站后沿着石景山路向东敷设，过石景山体育馆后线路折向东南方向，下穿松林公园、101铁路和西五环后进入鲁谷路，在鲁谷路与鲁谷大街十字路口设鲁谷大街站，出站后继续向东，下穿北京国际雕塑公园后线路向东北方向折向复兴路，沿复兴路继续向东与既有M1号线共走廊敷设，在五棵松桥东北角设五棵松站，出站后继续向东，下穿M1号线和M10号线二期后在公主坟桥设站，出站后，线路继续向东，在永定河引水渠与复兴路交叉口处设木樨地站，出站后下穿M16号线后继续向东，下穿M2号线后在闹市口大街与复兴门内大街交叉口设金融街站，出站后继续向东，下穿M4号线、M8号线后在王府井大街与东长安街十字路口东侧设王府井站，出站后下穿M5号线、M2号线后在东大桥路与建国门外大街十字路口西北侧设永安里站，出站后，线路继续向东，下穿R2号线、M10号线后在东三环与建国路十字路口东北角设国贸站，出站后，继续下穿M1号线拐向路南侧，与M1号线并行至西大望路与建国路交叉口，下穿M14号线区间后设西大望路站，出站后沿着建国路向东敷设，过四惠桥后沿京通快速路往东至八通线传媒大学站，在既有车站南侧设传媒大学站，

继续沿京通快速路往东至双桥东路与京通快速辅路交叉口、八通线管庄站北侧，此处设主线与支线的衔接站，同时与八通线实现换乘。出站后，主线线路向东沿京哈高速路北侧、通惠河北岸敷设，穿越京承铁路、八里桥建材市场后，转入永顺南街向东进入核心区设北关站。出站后，线路向北穿过京哈高速，再向东北方向沿潞苑南大街敷设，在潞苑北路交口设龙旺庄站。出站后，线路沿京榆旧路到达本线的终点宋庄站。

本线主线长约54.44km，除永定河段采用高架外，其余全部为地下敷设，共设车站16座，站间距约3.5km，换乘站14座，分别为：上岸村站与在建S1号线换乘，五棵松站与既有M1号线换乘，公主坟站与在建M10号线、既有M1号线换乘，木樨地站与在建M16号线换乘，金融街站与规划新机场线换乘，王府井站与既有M1号线、M5号线、在建M8号线三期换乘，永安里站与规划R2线换乘，国贸站实现与既有M1、M10号线换乘，大望路站实现与既有M1、在建M14号线换乘，传媒大学站、管庄站实现与既有八通线换乘，北关站实现与在建M6号线换乘，龙旺庄站实现与规划S6号线换乘。本区段最大站间距为6.6km，位于大望路站—传媒大学站区间。

本线设一段一场，在起点上岸村设停车场一座，在终点宋庄设车辆段一座。

线路共设平面曲线37处，最小曲线半径400m（2处），位于线路从鲁谷路经北京雕塑公园折向复兴路区间。曲线总长36879.548m，占线路总长67.74%，直线总长17561.648m，占线路总长32.26%。详细统计见表7.5.2。

线路平面曲线设计统计表 表7.5.2

半径(m)	长度(m)/处	占线路总长(%)
$R<650$	1517.058/3	6.02
$650 \leqslant R$	9282.512/34	36.84

7.5.2 R1线工程地质及水文地质条件

R1线工程地质的大体规律（自西向东）：

（1）第四纪沉积地层的厚度逐渐增大，岩性由卵砾石层向东部过渡为黏性土与砂土交互沉积层。

（2）基岩逐渐加深，老山基岩裸露，公主坟和军事博物馆附近基岩隆起。

（3）地下水由单一到多层，西部潜水、东部潜水、层间潜水、承压水。

根据工程地质纵断面图7.5.3，3座车站进入基岩，分别为鲁谷大街站、公主坟站及

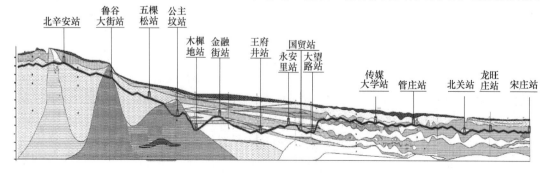

图7.5.3 R1线工程地质纵断面图

木樨地站,其中木樨地站轨面埋深42m;土质地层中有5座车站埋深较大,分别是:金融街站轨面埋深26.5m,永安里站轨面埋深约28m,国贸站及大望路站轨面埋深33m,王府井站轨面埋深42m;其余车站轨面埋深均在20m以内。

R1线水文地质根据其特点可分为五个单元:

单元一:卵石为主,基岩埋深大于50m,50m深度内未见地下水。

单元二:基岩埋深小于20m,局部出露,单层地下水埋深10m左右。

单元三:卵石为主,基岩埋深大于50m,单层地下水埋深20m左右。

单元四:砂、卵砾石为主,基岩埋深大于100m,单层地下水,潜水埋深10m左右。

单元五:黏性土与砂卵石互层,基岩埋深大于100m,4~5层地下水,潜水埋深小于10m。

起点-鲁谷大街站区段水文地质单元为单元一与单元二交互单元。鲁谷大街站-五棵松站区段水文地质为单元三,五棵松站-木樨地站区段水文地质单元为单元二,木樨地站-王府井站区段水文地质单元为单元四,王府井站-终点区段的水文地质单元为单元五(图7.5.4)。

图7.5.4 R1线水文地质划分示意图

R1线从土建实施的角度带来如下难题:(1)传统暗挖工法以无水作业为前提,如此大埋深的车站及区间结构需要首先解决地下水的问题,甚至是需要解决地下承压水的问题;(2)结合地下水(承压水)及大埋深的现状,需对车站及区间结构实施方法有新的突破;(3)邻近既有建(构)筑物施工是R1实施的又一难题,尤其是邻近既有地铁区间(站)进行R1线区间结构的施工,需寻求最有利的相互位置关系(平面位置关系一定的情况下)以达到对既有区间(站)的施工影响最小。

鉴于R1线建设的高风险、高难度的特点,对该线的土建建设控制性难题进行研究。只有解决好以上难题,才能为R1线的实施提供真正的解决方案,也可为北京市及国内其他城市类似的线路建设提供技术支持。

7.5.3 R1线典型深层车站建筑布局方案

以下结合R1线三个典型的深层车站,即大望路站、王府井站及国贸站和区间,详细介绍课题成果(包括深层车站建筑布局、车站建造方法和区间紧急疏散)在R1线前期研究中的应用。其他相关成果包括深层车站站内紧急疏散和车站通风在建筑和结构方案设计中进行了详细的配合。

1. 大望路站

大望路站位于著名的商业区域，R1线东西向贯穿北京城区，线路全长约55km，R1线在东三环区域车站沿建国路东西向敷设，于西大望路与建国路交汇处，R1线同14号线、1号线形成三线换乘车站。14号线车站沿西大望路（道路红线40m）南北向敷设，1号线车站沿建国路东西向敷设，R1线与1号线同路由走向，14号线车站与1号线车站、R1线与1号线、14号线车站的换乘形式均为通道换乘。14号线大望路站为14m岛式站台车站，1号线车站为地下二层暗挖12m岛式站台车站，R1线车站形式为地下分离岛式侧站台5m的车站。14号线区间下穿1号线区间，R1线区间下穿14号线区间，埋深较大，R1线大望路站线路轨顶深度约33m（图7.5.5）。

图7.5.5　大望路站站址周边情况

R1线大望路站的轨顶埋深约33m，整座车站进入部分承压水，所以为使进承压水的结构体量最小，需将车站站厅层和站台层分开设置，建筑形式采用分离式车站的形式，将站厅层和站台层分开，将不能抬起的站台层设置在14号线车站的正下方。建国路道路红线较宽为100m，将站厅层设置在1号线的南侧，由于管线以及现状条件无明挖可能，站厅层采用暗挖施工靠路一侧，覆土4.5m，与站台层通过转折的通道进行联系。车站站厅长为220m，标准段宽为23.7m，站台宽度为两个5m站台的分离岛，车站底板埋深为38.5m。车站共设置3个出入口、2组风亭、1组冷却塔、1个安全疏散口。东北出入口为直出地面出入口，设置在新光天地地块南侧。东南出入口为直出地面出入口，与2号风亭结合设置，位于耀辉国际城北侧，西南出入口设置在现代城的北侧广场，与1号风亭合建。由于站厅位置设置在路南侧，所以风道设置在路南侧地块外绿化带内与出入口统一设计。本站地处朝阳区的商务区，车站周围有新光天地、现代城等重要的商业居住建筑，应充分考虑与周边规划及现状约束条件的配合协调，有利于吸引客流及客流集散；正确分析不同方向的人流，合理地布置出入口及风亭的位置（图7.5.6）。

R1线大望路站站厅层中部为公共区，两端布置主要管理用房，中部公共区由检票机和栅栏分隔成付费区和非付费区。在付费区内沿车站纵向设3部自动扶梯通过转折的通道到达站台层，车站西端布置与1号线车站换乘的换乘通道。站厅层由于埋深较浅，尽量多

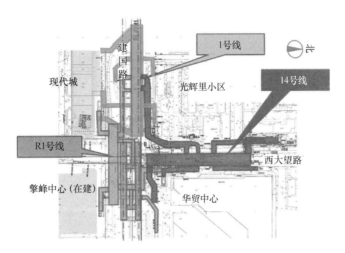

图 7.5.6　大望路站总平面图示意

地设置设备管理用房，使站台层的用房尽量少设置，节省空间体量。

车站地下二层为站台层，站台形式为两个 5m 宽分离岛式站台，站台长 186m，站台层两端尽量少地布置设备管理用房以减少车站在此处埋深的站台长度，站台的两端设置两个分离站台的联络通道，封闭通道内为通向站厅层的扶梯，每组通道内设置三部扶梯，站台中间部位设置一个楼梯间和无障碍电梯间做竖直通道后转折水平通道联系到站厅层，作为疏散楼梯间使用（图 7.5.7）。

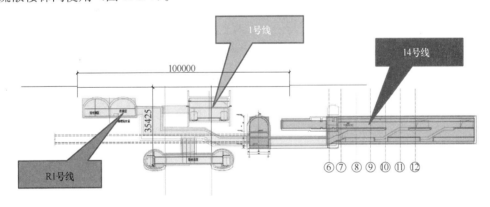

图 7.5.7　大望路站剖面图示意

站厅层与站台层通过通道联系，R1 线车站站厅至站台通道宽度是 6m，提升高度为 11m，分为两次提升，两侧站台的联络通道处设置两处斜通道爬升至 11.3m 平台，分别向东、西两侧延伸通道，西侧两处通道与 R1 线站厅层连接，其中东侧通道与 14 号线车站进行站厅层的联系，通过下穿 14 号线 1 号风道在负 2 层预留的 R1 线换乘通道与 14 号线站厅层进行连接。通风设备等设施设置在站厅层，风道同样设置在站厅，风亭设置在路北侧的广场内，站台层的通风管道将结合站台两端的竖直通道以及站台至站厅的斜通道路由与站厅相连，供电管线路由也借助于此。

2. 王府井站

R1 线王府井站位于东长安街东西向敷设，与 1 号线车站共路由走向，8 号线王府井站位于王府井大街与东长安街的交叉口以北,车站主体沿王府井大街呈南北方向布置。本站是8号线与已建成的地铁1号线与R1线的换乘站。站位周边为重要的商业区域,西北侧是北京饭店,车站东北侧是东方广场商业中心,东南侧为市委用地,西侧为商务部(图7.5.8)。

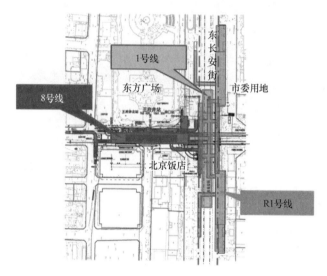

图7.5.8 王府井站总平面图示意

R1线王府井站的轨顶埋深39m,整座车站全部进入承压水,所以为使进承压水的结构体量最小,需将车站站厅层和站台层分开设置,建筑形式采用分离式车站的形式。将站厅层和站台层分开,将不能抬起的站台层设置在1号线车站的正下方,由于东长安街道路红线较宽为120m,将站厅层设置在平行1号线车站的南侧,由于管线以及现状条件无明挖可能,将站厅层暗挖施工靠路一侧,覆土约12m,与站台层通过转折的通道进行联系。由于东长安街道路两侧景观要求高,附属建筑设置条件为主要因素,所以将车站站厅设计为端厅,长度分别为120m,标准段宽为23m。站台宽度为两个5m站台的分离岛,车站底板埋深为41.2m。

车站共设置4个出入口、2组风亭、2个安全疏散口。西南、东南出入口为直出地面出入口,设置在道路绿化带内,西北、东北出入口经通道设置在道路北侧的绿化带内。由于站厅位置设置在路南侧,所以风道设置在路南侧市政绿化带内。本站地处王府井商务区,应充分考虑与周边规划及现状约束条件的配合协调,有利于吸引客流及客流集散;正确分析不同方向的人流,合理地布置出入口及风亭的位置。

王府井站基本在R1号线的中间位置,位于城市商业中心,主要客流是商业客流,客流潮汐性特点不明显,换乘客流占的比重比较大,所以应关注此处的换乘流线关系设计。R1线站厅通往站台的通道可与8号线站台层进行换乘通道联系。

R1线地下一次为站厅层,设计为端厅,两个端站厅的一侧为公共区,由检票机和栅栏分隔成付费区和非付费区,一端布置主要管理用房。在付费区内沿车站纵向设3部自动扶梯通过转折的通道到达站台层,车站在转折通道处布置与8号线车站站台层端部联通的换乘通道。站厅层相对于站台层埋深较浅,所以尽量多地设置设备管理用房,使站台层的用房尽量少设置，节省空间体量。

车站地下二层为站台层，站台形式为两个 5m 宽分离岛式站台，站台层两端尽量少地布置设备管理用房以减少车站在此处埋深的站台长度。站台的两端设置两个分离站台的联络通道，封闭通道内为通向站厅层的扶梯，每组通道内设置三部扶梯，站台中间部位设置一个楼梯间和无障碍电梯间做竖直通道后转折水平通道联系到站厅层，作为疏散楼梯间使用（图 7.5.9）。

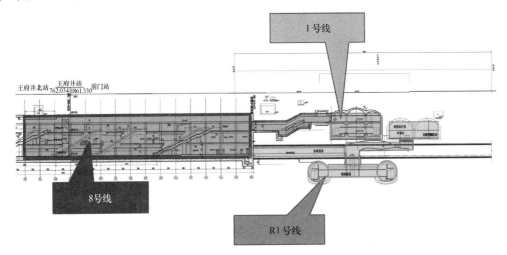

图 7.5.9　王府井站剖面图示意

站厅层与站台层通过通道联系，R1 线车站站厅至站台通道宽度是 6m，提升高度为 13m，分为两次提升，两侧站台的联络通道处设置两处斜通道爬升至 10.7m 的换乘平台，一端可进入 8 号线站台层一端可继续爬升至站厅层。两处斜通道分别在站厅的北侧接入两个端厅的付费区。通风设备等设施设置在站厅层，风道同样设置在站厅，风亭设置在路北侧的广场内，站台层的通风管道将结合站台两端的竖直通道以及站台至站厅的斜通道路由与站厅相连，供电管线路由也借助于此路由。

3. 国贸站

国贸站位于朝阳区的商务区，车站周围有国贸中心、中服大厦、惠普大厦等重要的商务建筑，位于东三环中路与建国门外大街的交叉路口、国贸桥的北侧。路口是国贸、大北窑两座立交桥的交叉点，路口偏西、沿建国门外大街有 1 号线地铁国贸站，R1 线与 1 号线同路由，10 号线国贸站主体与东三环中路走向一致，本站为 1 号线、10 号线、R1 线的换乘站（图 7.5.10）。

R1 线国贸站的轨顶埋深 32m，整座车站进入承压水 10m，所以为使进承压水的结构体量最小，需将车站站厅层和站台层分开设置，建筑形式采用分离式车站的形式，将站厅层和站台层分开，将不能抬起的站台层设置在 10 号线区间的下方。由于建国路道路红线较宽为 100m，为避免与桥桩发生关系，将车站设置在道路路幅北侧，但由于管线以及现状条件无明挖可能，可将站厅层暗挖施工，覆土 8m。站厅与站台层分开独立设置，与站台层通过单独的通道进行联系，厅－台提升高度为 13m。车站站厅长为 220m，标准段宽为 23.7m，站台宽度为两个 5m 站台的分离岛，车站底板埋深为 34.1m。

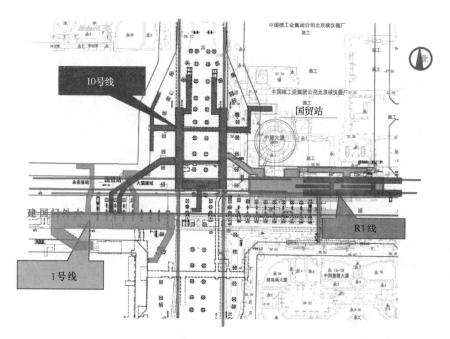

图 7.5.10 国贸站总平面图示意

车站共设置3个出入口、2组风亭、1组冷却塔、1个安全疏散口。A出入口西侧方向为直出地面出入口，设置在中服大厦地块南侧，向东方向考虑预留东侧地块与建筑商业衔接。东北、西北出入口为T形口，设置在建国路南侧的绿化带内。由于站厅位置设置在路北侧，所以风道设置在路北侧地块外绿化带内。本站地处朝阳区的商务区，车站周围有国贸中心、中服大厦、惠普大厦等重要的商务建筑，应充分考虑与周边规划及现状约束条件的配合协调，有利于吸引客流及客流集散；正确分析不同方向的人流，合理地布置出入口及风亭的位置。

国贸站基本在整个R1号线的中间位置，位于城市商业中心，主要客流是商业客流及上下班客流，客流潮汐性特点不明显，换乘客流占的比重比较大，所以应关注此处的换乘流线关系设计。R1线站厅层可与10号线站厅层设置换乘通道进行联系。

R1线站厅层中部为公共区，两端布置主要管理用房。中部公共区由检票机和栅栏分隔成付费区和非付费区，在付费区内沿车站纵向设3部自动扶梯通过通道到达站台层，车站西端布置与10号线车站换乘的换乘通道。站厅层由于埋深较浅，尽量多地设置设备管理用房，使站台层的用房尽量少设置，节省空间体量。

车站地下二层为站台层，站台形式为两个5m宽分离岛式站台，站台长186m，站台层两端尽量少地布置设备管理用房以减少车站在此处埋深的站台长度，站台的两端设置两个分离站台的联络通道，封闭通道内为通向站厅层的扶梯，每组通道内设置三部扶梯，站台中间部位设置一个楼梯间和无障碍电梯间做竖直通道后转折水平通道联系到站厅层，作为疏散楼梯间使用。

站厅层与站台层通过通道联系，R1线车站站厅至站台通道宽度是6m，提升高度为13m，分为一次提升，两侧站台的联络通道处设置两处斜通道爬升至13m后的站厅层，两处斜通道分别在站厅的中部接入站厅层的付费区，同时西侧站厅有接入10号线车站的换乘通道，将西侧站厅划分一个换乘厅，方便换乘。通风设备等设施设置在站厅层，风道同样设置在站厅，风亭设置在路北侧的广场内，站台层的通风管道将结合站台两端的竖直通道以及站台至站厅的斜通道路由与站厅相连，供电管线路由也借助于此路由。

7.5.4 分离式车站与传统暗挖车站工程造价分析研究

以 200m 长车站主体长度为例（双层车站，建筑面积 9600m²），对深埋分离式车站与 PBA 工法暗挖车站进行投资估算对比，项目主要包括暗挖土方、超前支护、主体结构。PBA 车站主体结构考虑采用止水措施，总投资约 31068.4 万元，技术经济指标 3.24 万元/m²；分离式车站主体结构总投资约 20416 万元，技术经济指标 2.13 万元/m²。投资估算对比见表 7.5.3。

投资估算对比表（单位：万元） 表 7.5.3

项目	PBA 双层暗挖车站	分离式车站	投资差额
暗挖土方	1660	1084	−576
超前支护	20433.6	10248	−10185.6
暗挖主体结构	8974.8	7284	−1691
盾构	0	1800	1800
总投资估算	31068.4	20416	
技术经济指标(万元/m²)	3.24	2.13	

通过对比可知，采用深埋分离式车站较传统 PBA 工法节省投资约三分之一，可见对于深层地铁车站采用分离式车站在降低造价方面有着明显的优势。

通过以上研究表明，深层地铁车站"全分离式"站型技术上基本可行，具备一定的可实施性。对于深层地下空间开发，对以下三个方面的技术做了一定的创新：

1. "全分离式"站型创新应用于深层车站

厅台分离、台台分离形式的"全分离式"新站型能较好解决深层地铁车站的建设难题，该站型通过尽量将受高程控制的站台层置于深层，并尽最大可能压缩其体量，而把车站的站厅层及设备层等置于浅层，采用外挂或端头厅的形式，从而减小整个车站的施工难度，节约工程造价。

2. 提出深层车站站内紧急疏散对策

乘客在复杂的地下建筑空间内进行疏散不仅要受到其个人因素、客流密度的影响，同时车站站内服务设施以及建筑方案设置也是影响车站疏散的重要因素。通过静态紧急疏散计算以及仿真模拟研究得知，新站型的建筑形式是成立的，可以满足国标疏散的要求；其次，通过计算模拟均反映了客流与疏散设施的匹配度问题，当客流较大时需增加通行设施的数量以及缩短站厅层距站台层的距离来满足疏散要求。

3. "全分离式"车站建设造价优势明显

本课题对深埋分离式车站与 PBA 工法暗挖车站进行了投资估算对比研究。采用深埋分离式车站较传统 PBA 工法节省投资约三分之一，建设造价优势明显。

R1 线中几座典型车站为使进入地下水的结构体量最小，建筑形式均采用本章第 2 节提出的新型建筑理念——"全分离式"新站型布局。将站厅层和站台层分开，将不能抬起的站台层设置在地下水位以下，将站厅层设置在浅层，通过通道实现站厅和站台的联系，其中，水下部分可以采用第 3 节、第 4 节提出的止水技术措施实现。可见，未来深埋地铁线路在技术上具备可实施性。

7.6 结论与建议

由于浅层地下空间的日趋饱和，未来城市轨道交通必然向深层地下空间发展。建造深埋地下线路应首先从建筑布局的角度出发，革新传统的厅台合建车站建筑思路，尽量减少入水深度，降低工程难度。当必须要建造深埋车站时，需要深入研究非降水水下建造工艺，其中明挖车站止水施工已有成功案例可供借鉴，暗挖车站的止水研究也已取得阶段性成果，说明在理论上及实践上，止水施工皆具备可行性。

由于分离式新建筑站型车站距离大面积采用尚有许多细节问题有待论证，明、暗挖工程止水施工成功案例较少，本章仅对深层建造技术进行了初步探索，众多技术、理论难题的解决仍需要继续探索研究。

第8章 北京大兴国际机场线设计标准及新技术

8.1 概述

随着城市的发展扩张，都市圈的形成，对市域轨道交通的需求日益凸显。目前，市域轨道交通是指主要服务于城市郊区和周边新城、城镇与中心城区联系，满足通勤客运需求，最高运行速度在 100~160km/h、旅行速度在 50km/h 及以上的城市轨道交通，简称市域快轨。国内目前真正开通运营的市域快轨很少，大多还处于探索阶段，北京大兴国际机场线起到了先行和示范作用。北京大兴国际机场线全长 41.36km，线路设一座车辆段，工程于 2016 年 12 月开工，是一条自主创新和"政产学研用"生动实践的线路，是国内市域轨道交通的一条示范线，开创了多项市域轨道交通的技术创新，为我国市域轨道交通的发展做出了多项探索。该线路是北京市轨道交通"十三五"规划中的一条骨干线路，是京津冀一体化发展战略建设项目的重要组成部分，是北京大兴国际机场"五纵两横"配套交通工程中的快速、直达、大运量的公共交通服务专线、快线。该线路采用了适宜的设计标准，建设过程中有多项新技术应用，运营初期取得了预期的运营效果及经济效益。实践证明，北京大兴国际机场线采用的设计标准和应用的新技术是成功的。

8.2 设计标准

北京大兴国际机场线是一条服务航空旅客的专用线路，是衔接首都市区与新国门的重要联系通道，定位高、标准高、要求高。项目的特征决定了其设计标准不可以完全参照某设计规范或技术体系，应根据项目的自身要求，有针对性研究制定技术标准，经专家评审后作为项目的设计依据。在制定设计标准时，对现有成熟的规范标准，可以在理解其本意的前提下予以借鉴，但还需纳入项目特征，充分考虑不同标准的融合使用。

8.2.1 时效性标准

大兴机场线规划要求实现机场至中心城"半小时"直达的目标，与航空乘客出行附加"1+1 小时"的心理预期相吻合（1h 在途、1h 安检候机，在途时间由半小时接驳、半小时本线构成）。

大兴机场主客源地分布在金融街、中关村、丽泽、西长安街等中心城偏西、偏南的区域，并以金融街片区为核心地，项目设计时提出以金融街到机场的时间为核算指标，满足 30min 到达的要求。

在线网中，乘客自金融街去往大兴机场需经 19 号线、大兴机场线两线接力实现。19 号线在途 8km，机场线在途 38km。19 号线设计速度 100km/h，在途时间约 7min，考虑换乘时间后容许本线在途时间不应超过 20min，对应旅行速度在 115km/h 以上，列车最高运行速度应在140km/h及以上。

可研阶段对列车最高运营速度140km/h、160km/h、200km/h方案都进行了研究，对运行时间进行了牵引计算模拟，140km/h列车在途时间为21.1min，160km/h列车在途时间为19.3min，200km/h列车在途时间为17.7min。综合时间目标符合性以及地下线工程造价，确定机场线采用160km/h速度等级的标准，在途时间控制在20min以内。

大兴机场线现图定列车旅行时间为19min，与设计时的模拟值仅差0.3min。目前社会各界对本线的速度及时效性服务情况反响良好。

8.2.2 舒适性标准

乘客对服务舒适性的直观感受来自站内环境、车内环境、接驳环境三个方面。对于乘坐专线的机场乘客，一是期望能够在轨道交通系统中继续享有航站楼般宽敞、舒适的服务环境；二是能够方便、贴心地处理随身携带的行李。设计阶段，上述三方面标准应围绕空间问题和行李问题而展开。

1. 站内舒适性标准

空间标准方面，各站的设计充分体现了机场线车站的高标准定位，在用地及一体化方面为扩大建筑空间充分预留条件，降低车站人流密度至1.0～1.5人$/m^2$，侧站台宽度大于4.5m，站厅装修后层高大于6m，站台大于3.6m，较普通地铁车站空间标准提高10%～20%，同时站内适当设置候车座椅。行李服务方面，草桥站配合城市航站楼设置行李托运系统，提供无行李乘车的服务条件；大兴机场站在站台内可配置免费的行李推车直送进航站楼，方便乘客的同时也加快人流速度。

2. 车内舒适性标准

空间标准方面，提供全员座席的空间，优化车辆座椅布置为横排式，并以此作为设计输入确定车辆编组及发车间隔。同时考虑到节假日等突发客流情况，乘客站立密度不应按普通地铁4～5人$/m^2$的标准，应按每人携带一件大件行李的情况下仍不拥挤考虑，采用2人$/m^2$的标准。行李服务方面，列车设置1辆行李车用以运输托运的行李，载客车辆车门位置设置行李架。

3. 接驳舒适性标准

空间标准方面，要求车站接驳大厅、换乘通道流线分明、空间开阔，人流密度力求控制在1.0人$/m^2$，换乘通道、楼扶梯宽度核算时加大折减参数，考虑乘客行李携带及环境陌生引发的能力扣除影响。行李服务方面，车站内加大垂梯的设置数量及标准，数量上保证乘客平均候梯时间不超过1min，标准上采用大容量电梯，提高电梯载荷至3t。列车还引入了VIP车厢，全部为宽大的航空座椅，为高端商务人士提供更高品质的乘车体验。

8.2.3 间隔性标准

机场列车发车间隔标准，一是应确定满足乘客候车时间的最长间隔标准；二是确定满足客流需求及设备限制的最小间隔即系统能力标准；三是应考虑突发客流的间隔调整需求。

1. 最长间隔标准

该标准根据乘客可接受的最长等待时间决定。发车间隔较小的系统，乘客的平均等待时间为间隔的一半，发车间隔较长的系统（6min以上），乘客往往会根据时刻表公布的发车时间适时到站，在该种情况下平均等待时间会比随机到达的情况小一些，并逐渐成为一个近似的固定值，由二者之间的函数关系，乘客平均等待时间的最高值约在 5～6min，对应的发车间隔在 10～20min。项目设计阶段对比了机场专线发车间隔大多在 8～15min，与机场大巴 10～20min 的间隔基本相当。为此提出本线最长间隔控制在 12min，扣除 2min 的停站时间，理论上乘客在站台最长等候时间不超过 10min，平均时间控制在 5～6min，比较适宜，同时公布时刻表进一步降低候车时长。目前大兴机场线开通间隔为 8min，达到了首都机场线的服务水平，乘客反映良好。

2. 最小间隔标准

城市轨道交通最小间隔标准由系统物理设施特征（信号控制、配线形式、列车性能等）、车站运营指标（停站时间、乘客乘降率等）决定，具体表现在折返间隔、车站通过间隔和收发车间隔 3 个方面。机场线在起终点站设置了行李托运系统，要求列车停站时间达到 2min，因此列车折返间隔成为控制系统正常运营状态下最小间隔标准的关键因素。综合车站-航站楼一体化方案、站内客流流线设计等考虑，机场线终点站均采用侧式站后折返的形式，按停站时间 2min，理论计算折返间隔为 212s，考虑为运营调整预留 15～25s 的弹性空间，正常运营情况下系统最小间隔标准建议为 4min，系统能力为 15 对/h，可提供 6300 人/h 的座席能力，若再考虑站席应对突发客流，输送能力可超过 1 万人/h，约 30～40 架次大中型客机的总运量。

3. 间隔快速调整

间隔调整需求是基于机场乘客波动性强的特点，当遇到非预期出现的大客流时，需要系统具备快速响应、加车支援的要求，是一种增强运营灵活性的考虑。最小间隔 4min 的标准是基于正常运营条件下停站时间 2min 的前提，当需要快速加车时可临时关停行李装卸，加快车辆周转，甚至加开的空车可以紧跟前序运营车辆直达大客流点，该种模式下列车间隔不再受限于折返而为区间追踪，载客运营后受限于中间站通过能力。本线中间站磁各庄站无行李托运停站时间 1min，通过间隔可实现 3min，故建议加车调整时本线间隔可实现 3min。同时为实现向草桥、机场快速加车，备用车须就近停靠，故机场线场段宜均匀分布于全线，即便在列车总配属数量较小的情况下，也宜实现一段一场。

8.2.4 安全可靠性标准

安全可靠性是机场线运营的基本保证，是系统对提供高水平服务承诺的兑现。本项目对接机场航班，一旦出现大面积大范围延误乃至面临安全问题，将对乘客造成极大损失，甚至可能引发国际纠纷。对于一项复杂的系统工程，涉及安全可靠性的指标繁杂，项目设计阶段基于运营的视角，对系统的故障延误时间及疏散条件提出了建议性标准。

1. 故障延误时间

故障延误反映的是可靠性问题，系统中很多环节发生故障都会带来延误，但从运营服务的角度，列车发生动力故障被迫停在区间是一种阻塞时间长、调整难度大、乘客感观强的故障工况，最为典型、也最易发生纠纷。一般而言，机场对乘客到达机场的建议时间为结束安检前 1h，迟到的乘客一般也允许走 VIP 通道，可省 15～20min 时间，同时航班对迟到的乘客也会等待 10～15min，为此从可控的时间需求分析，机场线故障延误时间应控制在 30min 以内。

当故障车下线距离为 15km 时，故障车推送时间约 30min（推送速度 30km/h），系统响应、连挂、清客、解钩技术作业时间等耗时 15min，救援过程中救援车行进里程折合时间 10min，故对故障车后续的正常车，晚点的时间为"推送时间＋技术作业时间－行进折合时间－行车间隔"，当行车间隔为 4～5min 时，系统晚点时间 30min 基本可控。为此机场线故障车停车线间距宜控制在 15km 左右，区间设置时应具备清客站台，方便故障车乘客转移到救援车。

2. 区间疏散条件

区间疏散条件解决的是事故状态下乘客的安全疏散问题，此时保证乘客快速出地（下地）为首要目标。机场线地下区间长度达到了 12.5km，高架区间达到了 25.9km，远大于常规地铁，城市轨道交通体系对区间疏散设计标准尚无系统性规定。根据国家铁路设计规范《铁路隧道防灾疏散救援工程设计规范》TB 10020—2017、《铁路客运专线技术管理办法（试行）》TG/04—2009 的要求，"长度 10km 以上的单洞隧道，应在洞身段设置不少于 1 处紧急出口；长度 5～10km 之间的单洞隧道，应在隧道洞身段设置 1 处紧急出口或避难所""桥长超过 3km 时，每隔 3km（单侧 6km）左右应在线路两侧交错设置 1 处可上下桥的救援疏散通道"，即隧道设置疏散通道间距标准 5km，高架为 3km。

鉴于机场线的服务标准及社会影响力，经运营、土建、建筑、通风综合研究，并与运营单位充分讨论，全线区间疏散通道间距采用 3km 的标准。疏散通道与盾构施工竖井相结合，并在其中考虑了供电、通风、弱电的设备用房，提高工程综合利用效率。疏散通道设置 2 组逃生楼梯。高架区间乘客疏散安全风险较小，保证乘客快速离开列车即可，同时以 3km 的间距标准设置了下地折角楼梯。与之配套的疏散设施还需包括疏散平台、无障碍化道床、照明指示广播等设施。

8.2.5 列车运行交路

1. 正常运营交路

大兴机场线乘客均为航站楼站始发终到客流，城市一侧的起点站草桥站是最重要的客流节点，控制系统设计规模的交路应按单一交路考虑，高峰小时行车量根据预测客流规模，按全座席核算配置，设计的列车运行交路如图 8.2.1 所示。

初期高峰 5 对/h，保证 12min 行车间隔；近期、远期根据客流断面规模，高峰分别开行 10 对/h、13.3 对/h；系统设计规模为 15 对/h。

项目实际运营中，有赖于配车数量的富余（11 列），目前运营公司拟定的行车间隔为 8min，充分吸引客流。

2. 突发客流交路

考虑机场线受节假日、雨雪天气等因素影响较大，容易产生突发客流，其运营基本需求之一即是保证系统运营的可靠性，为此还应具备快速处理突发客流的能力。

当草桥站、航站楼站客流集聚过快且正常交路列车无法有效清站时，车站值班员应向 OCC 及时报告，OCC 行车调度应立即指挥场段中的备用列车向车站加车。

如草桥站瞬时客流量增大，磁各庄车辆段可发出空车予以支援，在磁各庄站不停车通过，直接运行到草桥站投入服务；当北航站楼站有突发客流时，可由机场北停车场向航站楼站加派空车。空车出车路径如图 8.2.2 所示。

第 8 章 北京大兴国际机场线设计标准及新技术

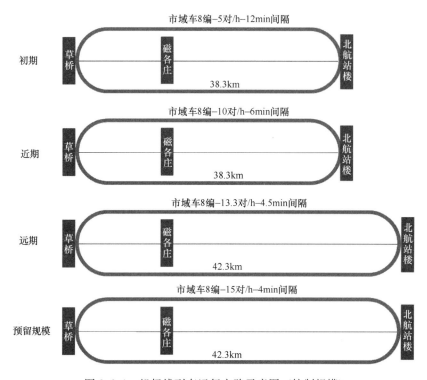

图 8.2.1 机场线列车运行交路示意图（控制规模）

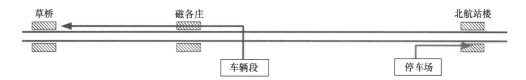

图 8.2.2 应对突发客流的运营组织方案

为更好地适应加车的要求，机场线车辆段、停车场接轨方向进行了适当考虑，如图 8.2.3 所示。

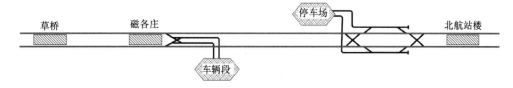

图 8.2.3 场段接轨方案示意图

磁各庄车辆段接轨于磁各庄站南侧，面向草桥站；机场北停车场接轨于高架区间，面向北航站楼站，车辆基地可就近快速向大客流站出车，提供运力支援。

8.2.6 车辆选型

1. 车辆技术平台的选择

大兴机场线最高运行速度目标值 160km/h，属于市域快速轨道交通范畴。针对大兴

173

机场线的服务特性、技术特性需求，本线市域 D 型车技术平台相对于 CRH6F 做出的调整见表 8.2.1。

大兴机场线车辆参数的优化表　　　　　　　　表 8.2.1

原型车参数	优化后参数	优化原因
车体长度 头车 25450（mm） 中间车 24500（mm）	车体长度 头车 24400（mm） 中间车 22800（mm）	① 城市轨道交通线路采用刷卡进站，无法限制高峰客流乘客数量； ② 若仍采用 25m 车长，在站立乘客数量超过 6 人/m² 时，会出现超过轴重 17t 情况； ③ 轴重改变对列车影响较大
定员标准 3 人/m² 超员标准 6 人/m² 车体结构强度 6 人/m²	定员标准 3 人/m² 超员标准 6 人/m² 车体结构强度 9 人/m²	
车辆自重≤49t	≤45t	
轴重≤17t	轴重≤17t	
设置卫生间	不设置卫生间	大兴机场线全线旅行时间 22min，无设置卫生间必要
不设置行李车厢	设置行李车厢	配套城市航站楼，具备城市值机功能，提高航空客流服务品质

2. 车辆种类及列车编组

（1）采用四轴、钢轮钢轨制式区域快轨车辆（图 8.2.4）

（2）列车编组

列车采用 4M4T-8 辆编组，编组方式：

　　　　　　＋Tc－－M－－Tp－－M－－M－－Tp－－M－－Xc＋

注：＋：半自动车钩；

　　－－：带缓冲装置的半永久车钩；

　　M：动车；

　　Tc：带司机室拖车；

　　Tp：带受电弓拖车；

　　Xc：带司机室的行李车、拖车。

图 8.2.4　车辆外观

3. 车辆相关尺寸

Tc、Xc 车　　　　　　　　　　　　　　　　　24.8m

M、Tp 车　　　　　　　　　　　　　　　　　22.8m

第8章 北京大兴国际机场线设计标准及新技术

列车长度	186.4m
车体最大宽度	3300mm
车体高度（不含受电弓、空调）	≤3860mm
车体高度（空调处）	4105mm
车辆落弓高度	≤4640mm
地板面距离轨面高度	1280mm
客室高度	2210mm
车辆轴距	2500mm
车辆定距	15700mm
车轮直径（新轮）	860mm

4. 载客量

座椅2+2横向布置，座席宽度不小于520mm/座。每辆车在车门入口左右设适量大件物品存放架（图8.2.5）。行李车厢载重能力不小于20t。每列车合适的位置设置无障碍轮椅区。车辆定员参照表8.2.2执行。

图8.2.5 车辆内饰（普通车厢、商务车厢）

车辆定员表　　　　　　　　　　　　　表8.2.2

车厢类型	中部车厢	端部车厢	合计（7+1编组）
座席	64	62	446
定员（3人/m²）	142	140	992
超员（6人/m²）	220	218	1538

注：站席面积按26m²，车体强度校核按9人/m²。

8.2.7 限界设计

传统地铁运行速度不大于100km/h，设备限界和设备的安装尺寸是决定断面建筑限界的最主要因素。而新机场轨道交通运行速度提高到160km/h，会使列车在进出隧道时引起车内较大的压力变化，造成乘客耳膜不适，因此在车速提高的同时，需对隧道的阻塞比进行分析，以保证列车在进入隧道时车厢内压力的变化不超过一定的限度，并根据阻塞比确定合理的隧道断面面积。另外一方面，也需要通过提升隧道内相关的设备来适应速度的提高，例如车辆、接触网及轨道结构等。

1. 单洞单线盾构隧道建筑限界

单洞单线盾构隧道断面（图8.2.6），考虑轨道结构高度（900mm）、接触网安装高度及空间（5300mm+1400mm），圆形隧道建筑限界为7600mm，车-隧阻塞比为0.273，满足不大于0.29的要求（图8.2.7）。

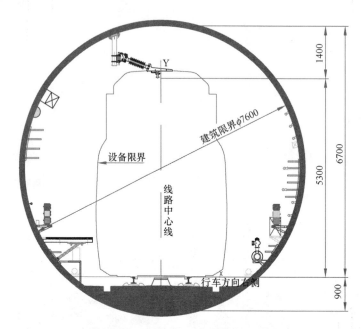

图8.2.6　单洞单线盾构隧道理论断面

图8.2.7　单洞单线盾构隧道现场图

2. 双线高架区间线间距

根据"北京市轨道交通新机场快线功能需求指标及主要系统解决方案研究"子课题"北京新机场快线限界研究",考虑到机场线乘客基本都是携带行李,疏散平台宽度参考自动扶梯宽度来制定(图8.2.8)。本工程疏散平台宽度一般情况下不小于1200mm,直线段疏散平台边缘距线路中心线距离为1900mm。

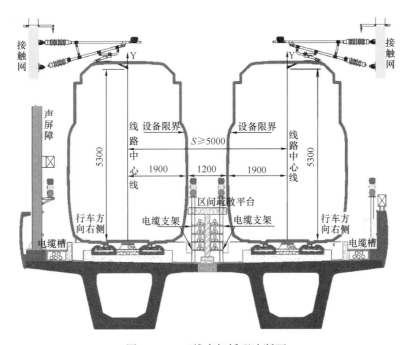

图8.2.8 双线高架桥理论断面

考虑桥梁景观及疏散功能要求,两侧弱电电缆采用电缆槽敷设,疏散平台设置在两线间(图8.2.9),综合考虑直、曲线段线路的平顺性及道岔型号与线间距的匹配关系,因此,本工程双线高架区间线间距为1900+1200+1900=5000mm。

图8.2.9 双线高架桥现场图

8.2.8 建筑标准

1. 对标枢纽建筑，营造高大空间

大兴机场线较一般普通线路车站提高站内空间设计标准。大兴机场站结合新机场的空间要求，南站厅净高度 5.2m，站台层层高 9.2m；大兴新城站结合地块开发高度，站厅层净高度 7.8m，站台层层高 6.75m；草桥站考虑上跨既有线区间的风险，站厅层净高度 5.9m，站台层层高 6.7m，各站纵断面如图 8.2.10～图 8.2.12 所示。

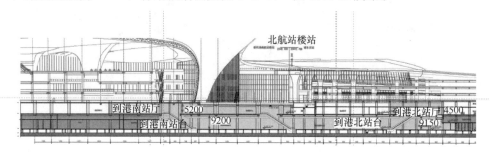

图 8.2.10　大兴机场站纵剖面图

图 8.2.11　大兴新城站纵剖面图

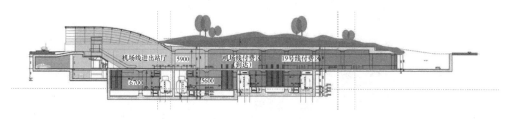

图 8.2.12　草桥站纵剖面图

2. 服务航客旅客，优化服务设施

经过调研，无论是在香港机场线还是北京机场航站楼，目前较为先进的大型枢纽建筑均采用多组数、大载重量的观光电梯。通过一次次科学严谨的分析研究，提炼量化平均等候时间和平均等候乘降次数两个控制指标，深入对比多种类载重电梯的布局方案，最终确定采用 3t 电梯，即电梯至少可容纳 14 名带一大一小行李的乘客搭乘，作为北京新机场线特有的电梯设计标准。提高电梯的设置标准，不仅让乘客体验到平均等候时间不超过 1min，平均等候乘降次数不超过两次的舒适，匹配航空乘客乘坐舒适度的需求，而且为适当减少楼、扶梯的设置点位创造了条件，也增加了地铁站厅层空间视线的通达性。

北京新机场线电梯和自动扶梯设置标准为每个站台每组均设置不少于 2 部上下行自动扶梯；每个站台公共区均不少于 3 部 3t 电梯。相对于普通 8 辆编组 A 型车地铁而言，新机场线的车站服务水平更高，给人感觉更便捷、更可靠、更舒适。新机场线的设计结合了机场需求、自身特点、各种交通设施的接驳以及周边的物业开发综合考虑，是一个整体、全面的系统工程。

大兴机场线设计吸取了香港地铁人性化的设计理念，除设置了以上服务设施外，在公共卫生间区域还设置了母婴室、无性别卫生间，在公共乘客区设置了 VIP 专用出入口、VIP 专用闸机、VIP 专用电梯、VIP 候车区、VIP 车厢等一系列 VIP 特色服务。

大兴机场线草桥站与普线 M10 号线的长距离换乘通道，采用 12m 净宽双通道与 5.2m 净宽单通道交替组合的方式，创造富于变化的内部空间。在换乘通道入口处利用出入口的下沉广场引入自然光，并在通道地面高差处预留设置双向自动步道的条件，增强在长通道内走行的趣味性和心理舒适性。

8.3 新技术的应用

从规划伊始，大兴机场线便定位为服务于大兴机场的专线，专线的定位贯彻整个项目建设始终。作为我国首条运营时速达到 160km/h 的城市轨道交通机场专线，在规划、设计、建设过程中应用了多项新技术。从技术特征角度，大兴机场线站间距大，速度目标值高，具有典型的市域线特征。其系统制式的选择需匹配其工程特点，同时也需从网络层面考虑资源共享需求。因此，大兴机场线新技术的采用，为北京地区市域轨道交通系统选型迈出了坚实的一步。

8.3.1 时速 160km/h 下的技术创新

速度目标值是线路设计的核心指标，它是线路服务水平的重要体现，同时也是系统制式选型的主要依据。合理确定最高速度对整个工程影响至关重要，本线从时间目标、站间距、线路平面条件等方面，从顶层需求和工程特点角度，对速度目标值提出合理需求，结合本线线路特征，重点研究了 120km/h、140km/h、160km/h 三个方案，最终确定本线按照全线 160km/h 速度完成建设，由此引起一系列技术创新。

1. 基于 CRH6F 改型市域 D 型车辆

本项目系统制式选择主要围绕车辆选型及供电制式选型两个方面展开，两者共荣共生。本线宜选择最高运行速度 140km/h 及以上的车辆。当时可供选择的主要是基于 A 型车平台研发生产的 120~160km/h 市域样车，另一种是基于国铁动车组平台研发生产的 CRH6F 型城际动车组。根据技术特征进行归类，可选用的车型主要有两种：DC1500V 供电的市域车；AC25kV 供电的市域车。从车辆成熟度角度，前者当时在国内仍为样车阶段，尚无实际运营业绩，后者在城际平台下线的产品 CRH6F 已于 2015 年在国内实际线路上通过 30 万 km 运用考核，成熟度具备一定优势。

在项目建设过程中，最终本线推荐采用基于 CRH6F 改型市域车作为推荐方案（图 8.3.1）。

图 8.3.1　基于 CRH6F 改型市域车

2. 供电系统创新

通过系统制式选择研究，大兴机场线国内首次采用电力变配电集中供电与交流 27.5kV 牵引供电相结合方案，电力变配电系统采用 110/35kV 集中供电，牵引供电采用交流 27.5kV 供电，通过电力变配电主所与牵引变电所合建实现变电所集约化布置，共享 110kV 外电源，在国内首次采用地铁和国铁供电方式相结合的供电方案（图 8.3.2）。该方案既减少了外电源数量和变电所占地面积，也提高了电力变配电系统的供电能力。

图 8.3.2　110kV 组合电器开关安装图

3. 世界领先的地下段架空刚性接触网受流方式

为适应本线地下段盾构净空尺寸以及架空刚性接触网系统在安全可靠性、运营维护等方面的优势，在本工程地下线路创新采用时速 160km/h 高速度等级架空刚性接触网受流方式（图 8.3.3）。在世界范围内，刚性接触在 160km/h 时速下有应用先例，比如瑞士国铁 kerenzer berg 隧道，运行速度 160km/h，隧道长度约 4km。奥地利国铁 sittenberg 隧道，运行速度 200km/h，隧道长度约 1km。但其应用长度短，列车频次低。本项目应用长度达到 15km，列车频次需满足远期 15 对/h 的频率。因此本线的刚性接触网应用成功，为世界领先。刚性接触网的应用成功，为我国高难度隧道建设提供了断面优化的可能，应用前景广阔。

第 8 章 北京大兴国际机场线设计标准及新技术

图 8.3.3 时速 160km/h 高速度等级架空刚性接触网

4. 盾构区间采用外径 8.8m 的单洞单线盾构

本工程草桥—磁各庄区间存在 12km 长大区间，拟选用盾构法施工。在国内地铁和城际铁路建设中，目前尚未出现采用 AC25kV 供电制式、160km/h 下如此长距离的盾构区间。盾构选型针对单线盾构和双线盾构进行比选，其影响因素主要有接触网下锚段处理、工期、造价、衔接段处理等因素。通过工期和造价因素比较，确定本线采用外径 8.8m 的单洞单线盾构区间。

单洞单线盾构区间建筑限界主要受其设备安装高度控制，为 7.6m，考虑施工误差及后期钢环补强空间共 300mm，确定盾构内径为 7.9m，取 450mm 管片厚度，盾构外径为 8.8m（图 8.3.4）。

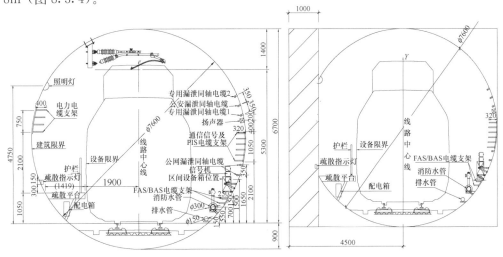

图 8.3.4 单洞单线隧道盾构限界

5. 实现160km/h速度下CBTC制式、全自动运行技术（FAO）系统的技术突破

解决了高速下列车控制系统的技术难点，提升了FAO技术水平，验证了CBTC制式及FAO技术在市域快轨领域内的可行性、适应性和可扩展性。

6. 轨道系统

（1）时速160km城市轨道交通60kg/m钢轨12号单开道岔的应用

首次在城市轨道交通道岔领域采用60AT2尖轨（图8.3.5），设置轨底坡或轨顶坡，提高了列车经过岔区时的平稳性和旅客的乘坐舒适度；首次将镶嵌翼轨式合金钢组合辙叉应用于城市轨道交通道岔，提高辙叉使用寿命，延长更换周期，减小养护维修量；道岔不同区域采用不同刚度的板下弹性垫层，首次实现了城市轨道交通道岔岔区的刚度均匀化及整体低刚度，有效降低了岔区的振动噪声；首次在时速160km城际铁路采用大间隙限位器结构，以尽量减小限位器的受力，使限位器只在尖轨有较大的伸缩位移时才起作用。

（2）内置式泵房轨道技术，打造区间排水新理念

通过技术攻关，形成了一套适合新机场线采用的内置式泵房板式道床技术（图8.3.6），在道床中心设置集水坑并内设排水泵进行排水，以取代传统区间废水泵房，大大降低了土建施工风险，为保证新机场线的顺利开通做出了重要贡献。

图8.3.5　60kg/m钢轨12号单开道岔　　图8.3.6　内置式泵房道床

（3）新型预制板式整体道床

在沉降危险性大的区域采用了预制板式整体道床，研发了用于城市轨道交通时速160km的新型预制轨道板（图8.3.7），新型预制轨道板整体道床的最大调整量可达70mm，当下部基础发生不均匀沉降时，可通过填充快速修复砂浆来实现预制轨道板的抬高，该方案可在1~2个夜间维修作业点完成，不影响线路在白天的正常运营，提供了运营期间地基沉降时轨道结构的可维修性，解决了运营期间整体道床难以维修及调整的难题。

（4）600mm的轨道高度，高架线无砟轨道成功"瘦身"

新机场线的高架地段全部采用双块式无砟轨道（图8.3.8）。结合城市轨道交通高架线纵向承轨台轨道的设计理念，将无砟轨道的底座层取消，改为通过桥面植筋将单层道床板固定于桥梁之上，无砟轨道结构高度仅为650mm，二期恒载降低为25kN/m，减少了

施工工序，缩短了施工工期，降低了造价，更加符合城市轨道交通的建设特点。

图 8.3.7　U 形结构地段新型预制轨道板　　图 8.3.8　高架非共构段双块式整体道床

7. 创新市域快线车辆检修标准，填补行业空白

大兴机场线按照"机场专线、160km/h 最高速度、GOA4 全自动驾驶运行、对标航空"等高标准建设，而车辆基地是轨道交通运营保障的关键。

最高速度 160km/h 的城市轨道车辆，车辆年平均走行 30 万 km，是地铁车辆的 3 倍，其检修需求已经突破地铁设计规范，没有成熟的经验值得借鉴，城际铁路有相应速度的标准规范，但运营及线路条件差异很大。参考城际铁路设计规范，结合机场线的运营特点，研究车辆运营维保方案。在设计方案中，提出 40～60 万 km 转向架专项修的概念。

8.3.2　工程建造技术创新

1. 高架桥共构段采用四层共构体系

本线里程范围 K16＋216.135～K24＋199.630 为高架桥共构段，总长约 7.98km（图 8.3.9）。共构段桥梁采用双层框架结构，高速公路梁置于上盖梁之上，轨道梁置于中横梁之上，地面桥墩两侧为市政团河路，地下敷设综合管廊，为四层共构体系。上部结构主要采用简支小箱梁，跨越道路节点采用钢混结合连续梁。共构段结构复杂，类型较多，共构墩出入口均为渐变尺寸结构，设计施工要求精度高。桥墩均采用支架现浇施工。简支轨道梁采用预制架设施工。钢混结合连续梁施工采用工厂分段加工、现场吊装，最后浇筑混凝土桥面板的方法。

图 8.3.9　高架桥共构段

2. 跨越京沪铁路三线四桥转体

上跨京沪铁路自西向东依次为大兴机场线、团河路和大兴机场高速公路左右幅。相交处京沪铁路里程为 K39＋995～K40＋057（黄村—魏善庄区间），交角为 59.2°～72.9°。上跨京沪铁路采用预应力混凝土 T 构，墩底转体施工。

本工程在设计施工中采用了多项新技术、新材料、新工艺，主要工程特点、难点如下：

（1）上跨京沪铁路采用一跨跨越现状铁路、转体法施工，最大限度地减少了对既有京沪铁路运营安全的影响。

（2）三线四联同时转体的施工方案为国内外首次采用，需要对各不同的转体单体进行精确控制（若转体角度、速度控制不当，有可能引起转体结构相互碰撞、转体无法就位的施工安全事故）。因此在施工中采用四桥联动转体系统控制转体过程中梁体的空间位置和最小距离，对转体设备的数量（四用两备）和性能要求较高，且转体作业时间较长，要点时间内的转体施工控制难度非常大。

（3）转动体系采用超高强混凝土（RPC）组合球铰，为厂家成套产品，现场施工作业较少，制作、安装精度较高。

本组桥梁在2018年12月2日凌晨转体成功，开创了大跨度桥梁集群式转体施工的先河（图8.3.10）。

图8.3.10　三线四桥转体跨越京沪铁路

3. 外径8.8m大直径盾构隧道

大兴机场线是服务于北京大兴国际机场航空客流的专用线路，为大兴机场航空客流，提供快速、直达、舒适的公共交通服务，首次采用基于城际平台的市域车型，最高时速可达160km/h，北京运营线路中速度最快。北京地铁常规运营线路最高时速为80km/h，盾构管片外径为6m、6.4m，车辆一般采用A型车、B型车；这种管片无法适用于大兴机场线，必须寻找一种新型的大兴机场线特有的盾构管片。综合考虑车速、限界、乘客舒适性乘车体验等因素，结合大兴机场线特点进行了特殊设计，比选后最终确定采用大盾构隧道，结构尺寸：内径7.9m、外径8.8m，远大于传统盾构尺寸（图8.3.11）。

4. 装配式盾构检修井的应用

传统的盾构机检修井一般设置钢格栅采用喷射混凝土进行支护，喷射混凝土过程中容易产生灰尘，出现环境污染，且混凝土结构拆除过程中产生废弃工程，不经济。

大兴机场线地下盾构区间盾构机检修井采用波纹钢板装配式检修井（图8.3.12）。采

第 8 章 北京大兴国际机场线设计标准及新技术

图 8.3.11 拼装成型的 8.8m 大直径盾构隧道

用波纹钢板装配式盾构检修井不产生灰尘，不影响个人职业健康，还可以重复回收利用，环保效果明显。装配式检修井可重复利用，无废弃工程，经济效益显著。

图 8.3.12 钢结构装配式盾构检修井

8.3.3 运营保障设备技术创新

1. 160km/h 全自动运行系统

大兴机场线工程是北京第一条最高运行速度 160km/h，首条采用市域 D 型车、AC25kV 供电制式的区域快线，也是我国首列采用全自动驾驶技术的市域快轨列车，并实现 4 编及 8 编混跑运行。

正线及车辆基地采用 GOA4 全自动运营，实现 160km/h 速度下 CBTC 制式、全自动运行技术（FAO）系统的技术突破。大兴机场线不仅提出智能巡检、在线检测、车辆状态监控等运维保障措施，还提出智能生产管理的新理念（图 8.3.13）。

2. 实现草桥站行李托运服务

行李托运系统是城市航站楼服务水平的重要体现，是机场功能向城市拓展的重要环节。大兴机场线草桥站增加了行李托运功能，列车采用 7+1 编组的形式，加挂 1 辆行李

图 8.3.13　综合维修管理平台 IMS

车，提供行李运输服务。车站设置独立的行李托运系统，与航站楼行李托运系统对接，大大提升了乘坐轨道交通前往机场航站楼乘客的出行效率（图 8.3.14）。

图 8.3.14　草桥站行李托运系统

第9章 北京大兴国际机场轨道线航空旅客行李托运系统

9.1 轨道交通大兴机场线概况

大兴机场线为配套北京大兴机场建设的外部交通工程,其主要功能是提供大兴机场与中心城之间快速、直达、大运量的公共交通服务,实现"半小时"到达中心城目标。项目定位为机场专线,为航空旅客提供高品质的轨道交通服务。

大兴机场线线路全长41.36km,一期工程共设草桥站、大兴新城站、大兴机场站三座车站。二期工程北延至丽泽商务区,设置丽泽城市航站楼。

大兴机场线列车采用8节编组,最高时速可达160km/h,设有6节普通车车厢、1节商务车车厢以及1节行李运输车厢,货运区与客运区物理分隔。

9.2 航空旅客行李托运系统技术方案

9.2.1 行李托运各运输过程中设备选型方案

办理完航空行李托运流程后的运输是本方案一个重要环节。通常,自动化程度高的运输设备,需要人力少,但需改造安装且造价高;自动化程度低的运输设备,需要人力多且需固定,但灵活、造价低;限于工程条件和行李本身的要求,本工程的垂直运输采用电梯,行李的水平运输和收集、固定及转运的各个环节均需要结合现场条件和技术发展综合选择。

经过对行李托运各运输过程的调查研究,本系统中所涉及的设备选型情况总结见表9.2.1。

运输过程设备比选表　　　　表9.2.1

运输过程	设备选型	优点	缺点	报价范围
集装箱 (行李车车厢)	1.5m × 1.15m (LWH),每箱装载 15~20件行李	效率高,解决行李在车厢的 固定问题	需投资,需人工 装掏箱	约2万元/个
水平运输	行李-皮带输送机 和手推车	皮带输送机:自动化程度 高;手推车:灵活,投资低	皮带输送机:不 能运输超长超重行 李;手推车:需人 工操作	皮带输送机: 约1万元/m
	集装箱-辊道链条 输送机	自动化程度高,效率高,可 再利用	需安装	约1.8万元/m

续表

运输过程	设备选型	优点	缺点	报价范围
竖向运输	连续提升机	自动化程度高，楼板开洞小，效率中等	投资高	150万～200万元
装卸车作业	移动式辊道/链条输送机	自动化程度高，效率高，可再利用，解决行李在车厢的固定问题	需安装	约1.8万元/m
行李车车厢	辊道/链条输送机	自动化程度高，效率高，可再利用，解决行李在车厢的固定问题	需安装	约1.8万元/m，卡具约20万元/车

限于本工程的运输强度和数量，如采用机场常规的大型行李托运系统（皮带＋辊道\链条输送），尽管系统自动化水平高，但系统采购周期长，成本过高，综合性价比很低，不推荐使用。

考虑到仅在草桥站增加旅客行李托运的功能，大兴机场站已预留了相关功能；且草桥站现状已设置垂直电梯，并具备设置行李托运服务柜台（包含航空安检设备、自助值机等相关设备的空间和条件），在综合考虑技术可实施性和工期、经济性乃至未来丽泽城市航站楼实施等因素，行李托运过渡系统推荐采用人工推运行李运输小车装卸行李的运输方式，并按照此条件进行行李运输车厢的改造工作。在草桥站乘客办理行李托运手续后，由机场方负责将行李运送至大兴机场线行李运输车厢，以及到港后行李卸载并运送至机场值机楼进入机场托运行李系统。

本方案选取简单必要的设备，配备较多人力，完成系统的运输任务，并将设备系统的总投资控制在1000万元以内。此方案的主要优点体现为较低的设备系统投资数额，但也有两点较为明显的缺点。首先，本方案中系统自动化程度低，所需人工多，考虑到轨道交通员工是三班运转制，每个岗位需配备3倍人力，故人工成本较高；其次，本方案中行李在车厢的固定问题仍需要另加考虑。

本方案的设备配置和运送流程分别见表9.2.2和表9.2.3。

简单设备配置表 表9.2.2

运输过程	推荐方案
水平运输	手推车
竖向运输	垂直货梯
装卸车作业	人工搬运

运送流程 表9.2.3

序号	方向	站点	方向/部分	运输过程	推荐方案
1	草桥—机场	草桥站	站厅层	水平运输	手推车
2			站厅层—站台层	竖向运输	垂直货梯
3			站台层	水平运输	手推车
4			站台—车厢	装车	人工

续表

序号	方向	站点	方向/部分	运输过程	推荐方案
5	草桥—机场	车厢	设备		简单设备
6			固定		简单固定
7		大兴机场站	车厢→站台	卸车	人工
8			站台层	水平运输	手推车
9	机场—草桥	暂不开通机场—草桥的行李托运业务,水平运输行李的手推车空车沿原路返回			

9.2.2 草桥站和大兴机场站行李托运系统设计方案

1. 草桥站旅客行李托运系统的平面设计

草桥站站厅旅客行李托运系统占用区域面积近 350m², 包含有：工作区域（服务柜台、值机柜台、安检机、值机屏）、行李运输区域（行李分拣装箱区域、垂直电梯、行李运输平台、行李小车）、库房和办公休息区域（含库房、办公室等）。

草桥站站台旅客行李托运系统占用小站台区域,面积近 150m², 行李推车通过电梯达到站台, 行李车厢到站后, 行李小车推进车厢。行李车厢区域无站台门,采用滑动栅栏门将站台与轨行区分隔; 机场行李托运工作区与地铁人员进出区域交叉; 需要增设管理措施, 将机场行李运输工作区和地铁通道区分开。

2. 大兴机场站旅客行李托运系统的平面设计

地铁列车进站后, 装满行李的行李小车从行李列车上推下来, 同时将行李小车空车推进行李车厢。人工利用地铁垂直电梯将行李从地铁站台层（机场 B2 层）运送至机场 B1 层（国内）和 4 层（国际）的值机柜台, 预托运行李进入航空行李托运系统。大兴机场—草桥方向, 不收取行李, 行李小车空车沿原路返回。

3. 其他配套改造设计

本着资源共享的原则, 各设备系统应在满足系统功能, 保证系统性能的前提下, 尽可能利用地铁现有资源及其他系统资源（如公共区消防、给水排水、通风空调、动力配电和通信网络等）, 以资源整合的方式节省建设投资（图 9.2.1）。同时, 在相关配置标准方面全面对标航空, 服务行李系统。

图 9.2.1 航空旅客行李托运系统工程照片—服务柜台、安检机和行李托运机房

9.3 行李托运系统运输过程设备设施相关技术要求

9.3.1 行李托运系统运输过程设备设施简介

为实现在北京大兴机场线草桥站实现旅客行李托运的功能，在草桥站设置有行李托运服务柜台（包含航空行李托运设备、值机、航显系统等相关设备设施）和垂直电梯，采用人工推运行李小车装卸行李的运输方式。乘客办理行李托运手续后，由机场方负责将行李装进行李小车运送至机场线行李车厢，随地铁列车到达北航站楼站后，再将行李小车运送至国内出发和国际出发并卸载行李入航空行李托运系统，最后运送至飞机。行李托运系统运输过程设备设施主要为：行李运输列车车厢、行李运输推车、上下车渡板、行李电梯及行李站台相关配套设备设施。

9.3.2 行李运输列车车厢改造

1. 地板支撑梁

（1）外形

高地板区支撑梁：1800mm（长）×40mm（宽）×41mm（高）；低地板区支撑梁：1800mm（长）×40mm（宽）×137mm（高）。

（2）结构

铝型材梁通过L形连接件采用铆钉与原车体纵向梁铆接，下部与车体地板接触。所有结构部件受力安全系数均不小于1.3（考虑到各种动静荷载）。

（3）材质

支撑梁为A6N01S-T5，L形连接件为钢板4-06Cr19Ni10。

承载能力：能承受车辆最大加速度地板及行李小车载荷（最大制动加速度$1.2m/s^2$）。

车辆应具有良好的防火性能。车辆及内部设施的结构材料、零部件应采用不燃或高阻燃、难燃材料制造。所选材料防火性能不低于难燃B_1级。

2. 地板

（1）外形

靠司机室设置区域为1800mm×1400mm×22mm（1块/辆），其他区域为1800mm×3000mm×22mm（3块/辆）。

（2）结构及防火

地板组成依次为橡胶地板布3mm+面板1.5mm+铝蜂窝19.2mm+面板0.8mm，周圈使用铝型材封边，其中铝面板材质为2A12-T4，铝型材材质为6063-T5，铝蜂窝规格为84-4-0.08（3003-H18）NR。所有结构部件受力安全系数均不小于1.3（考虑到各种动静荷载）。所选材料防火性能不低于难燃B_1级。

（3）机械性能

拉伸（抗压）强度：铝蜂窝地板≥4MPa。

地板安装座自带安装用内螺纹力学性能符合以下要求：向上拉力：4000N，向下压力：1000N，剪切力：1600N。

在以上的受力条件下,地板不产生永久变形,螺纹不破坏。

3. 行李推车固定装置

(1) 外形

固定装置高(不含把手)418±3mm,固定装置高(含把手)953±5mm。

定位插销:中心距1230±5mm,距支座横梁中心:457±5mm,长圆插销形状:150(±5)mm×25(±3)mm,插销距地:53±10mm。

止挡间距:1120±8mm。

(2) 结构及防火

采用 SUS304 不锈钢管($\phi25\times2.5$、$\phi35\times2.5$)、钢板焊接而成。限位止挡及防撞套管采用橡胶材质。所选材料防火性能不低于难燃 B_1 级。

(3) 承载能力

能承受车辆最大加速度小车(300kg)的冲击(最大制动加速度 $1.2m/s^2$)。所有结构部件受力安全系数不小于 1.3(考虑到各种动静荷载)。

行李运输列车车厢如图 9.3.1 所示。

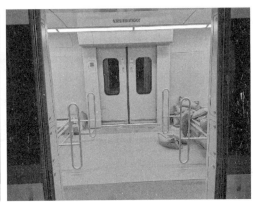

图 9.3.1　行李运输列车车厢

9.3.3　行李运输推车

(1) 外形尺寸:1100mm(长)×850mm(宽)×1200mm(高)。

(2) 结构:底托采用钢板及型钢焊接,车身采用铝型材及铝板并用合适的五金件连接,整车全封闭。对外开门并有锁扣。行李车底托两端设连接销孔,用于固定或多台连接。

(3) 行李推车满载按照重量 300kg 设计,所有结构部件受力安全系数(含抗疲劳、抗变形、抗断裂、抗不稳定性等)均不小于 1.8。

(4) 采用 4 个万向脚轮,外缘包聚氨酯,以避免损伤地面,行李小车在宽度方向(850mm 的边)双侧有推拉扶手,顶面也有便于人工推扶的推手。

(5) 每台行李小车上印有编号,行李车右侧门上方有卡槽,用于存放相关文件。

(6) 所选材料防火性能不低于难燃 B_1 级。

行李运输推车如图 9.3.2 所示。

 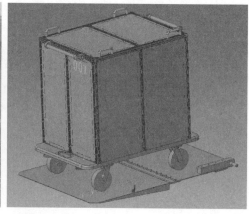

图 9.3.2　行李运输推车

9.3.4　上下车渡板

（1）能够承受满载小车和一名操作员的重量（400kg），行李车多次上下列车不变形（2年以内），上板推力不大于450N。

（2）镀板的固定端与地面或车厢地面应尽量平行并减小间隙（小于1.5mm），确保行李车可顺利推上推下。

（3）活动端采用铝板焊接，减轻重量并应利于安装拆卸，安装或拆卸时间1.5s以内，并在左右两端有防脱安全挡板。

（4）外形尺寸：固定端1900mm×900mm，活动端1000mm×500mm。

（5）固定端采用6mm厚花纹板加筋板，屈服强度大于350MPa，抗拉强度大于400MPa，活动端采用高强度铝合金5052，焊接筋板，屈服强度大于200MPa，抗拉强度大于250MPa，所有结构部件受力安全系数均不小于1.8。

（6）所选材料防火性能不低于难燃 B_1 级。

9.3.5　技术小结

（1）航空旅客行李托运系统运输过程设备设施所有结构部件受力安全系数均需满足规范要求，且不小于1.3。

（2）行李列车改造和行李小车设计需考虑列车在最快160km/h的刹车惯性力对行李小车的强度、刚度和稳定性的影响，以及行李小车与行李车固定牢固性及稳定性（不发生侧翻、滑移）等问题。

（3）每个行李运输小车装6~8个标准尺寸的行李，行李小车满载按照重量300kg设计。行李小车车身采用铝合金材质，减少重量但必须有足够的强度、刚度，保证紧急制动状态下行李小车和行李列车车身安全。

（4）行李小车和行李列车连接、脱开应顺畅，行李小车上下渡板须牢固可靠且易于安装拆卸，必须满足6分半的发车时间要求。

（5）行李小车本体以及车身与行李列车固定的连接、脱开等均应做安全试验以确保安全。

(6) 行李小车可能经过公共区，还需兼顾美观。

9.4 总结

(1) 大兴机场线作为内地（大陆）仅有的首条具备远端值机行李托运功能的机场快线（除港澳台地区），为国内机场线设置航空旅客行李托运系统提供了宝贵的借鉴经验。综合来看，草桥模式也为其他机场的空轨联运提供了示范和样板，将会推动我国空轨联运水平的提升，这套行李托运系统可以为航空机场线运营初期提供借鉴。由于其客运量不大且较为平稳，故在方案设计中，以人工加简单设备的方式完成行李系统的运输工作。此方案虽自动化程度一般，但灵活、经济且易于实施。

(2) 航空旅客远端值机行李托运系统相当于机场航站楼在市区的延伸前置，需要民航相关部门高度配合。城市航站楼的人员由机场方面派驻，设备、标准以及管理等也都与机场航站楼相同，这套远端值机行李托运系统的全过程由机场方面负责，为旅客提供了极大的便利。接收行李、检查行李、封装行李、运输行李全部由机场方负责；有关行李的管理办法与在机场航站楼中托运行李完全一致，只是托运行李截止时间不同；所有行李区域完全隔离，只允许机场人员进入，以保证行李安全；地铁公司只负责开关车门，不参与行李工作。

(3) 涉及空轨联运行李托运系统运输过程设备设施在国内外都是小众的专业领域，可参照的验收标准和技术要求相对较少，每一个细节，如小车固定装置转臂锁定结构，可两端同时快速锁定（解锁），易操作，满足行李小车快速装卸需求；小车固定装置止挡，小车可快速定位锁定，满足行李小车快速锁定需求；小车固定装置设缓冲材料，防止运行中小车撞击发出异音等。本工程通过相近领域的较高指标要求和加强试验验证等手段来控制大兴机场线行李托运系统运输过程设备设施质量，从目前的调试和试运行效果来看，可满足功能需求和现场使用要求。

(4) 草桥城市航站楼是大兴国际机场的延伸，旅客到了草桥站等于到了大兴国际机场，可以办理值机、行李托运等，不需要携带行李，体现对旅客的人文关怀。我们本着为旅客提供安全、便利、高效的出行为宗旨，全面对标航空，首次在北京实现了城市航站楼，保障大兴国际机场开航投运，提升大兴国际机场枢纽能力，在引导广大旅客乘坐轨道交通、绿色出行等方面具有非常重要的意义。

第二篇 绿 色 篇

十八届五中全会在部署"十三五"工作时，提出"创新、协调、绿色、共享、开放"五个发展理念，作为统筹和指导我国今后发展的重要战略思想。这些理念同样适用于轨道交通领域。

为了轨道交通更加可持续发展，京津冀轨道交通研究制定"轨道交通绿色评价体系"，该体系从"规划设计、施工、运营"各方面、各角度对轨道交通进行全方位的评价，促使轨道交通向更加绿色的高质量发展转变。

创新驱动轨道交通的绿色发展，创新发展体现在轨道交通建造技术方面，就是利用科技创新，解决施工带来的环境影响、劳动力供求矛盾突出、施工安全及进度与社会发展的匹配等问题，利用新技术、新设备及信息技术等高新技术手段，实现绿色安全快速智能的新型建造方式。京津冀地铁建设单位已逐步按照"通用设计模数化、现场施工工厂化、工序作业机械化、过程管理信息化、绿色施工常态化"的原则，将这一建设指导思想付诸于行动；目前已开展的"明挖车站装配整体式建造技术、矿山法区间二次衬砌装配式建造技术、装配式双向先张预应力轨道板技术、基于防尘隔离棚的地铁明挖基坑新型建造方式行动、暗挖车站竖井防尘防霾隔离棚技术、钢筋加工外委行动、施工现场信息化管理、施工机械化研发及推广行动、新型暗挖工法研究、暗挖隧道拼装式波纹板衬砌、地下水保护的堵水施工技术研发"等各领域的探索，均已取得了一定的成果，对其总结并推广将推进轨道交通绿色建造的发展。

温室气体排放导致气候变暖是全人类共同面临的挑战，其灾难是全球性的。"十二五"以来，我国转变了发展理念，把生态文明建设作为国家重要的发展战略，节能减排，调整能源结构，鼓励发展再生能源，成效显著。京津冀轨道交通发展正是顺应这种大背景，将绿色化理念贯彻到设计、制造、运行、经营管理全过程。近年来，北京地铁"地铁车站地面无冷却塔空调技术"，使地铁附属与周边环境更加融合，天津地铁"车辆永磁同步牵引系统应用技术"，可以达到降低城市轨道交通牵引系统的噪声，提升城市轨道交通车辆的舒适性；提高系统效率，降低能耗，为轨道交通的节能减排做出积极的贡献；减少维护，降低系统寿命周期成本，为城市轨道交通的可持续发展提供保障。

第10章 轨道交通行业绿色安全建造发展

10.1 目前轨道交通存在的问题

2019年是中国地铁运营50周年，城市轨道交通行业在2019年实现了全面发展，里程稳步提升、运营水平不断提高、创新技术不断突破。截至2019年12月31日，中国内地累计有40个城市开通城轨交通运营线路6730.2km（图10.1.1）。在2019年，有温州、济南、常州、徐州、呼和浩特5个城市新开通城轨交通运营；另27个城市有新增线路（段）投运；全国一共新增运营线路968.77km，同比增长32.94%，再创历史新高（图10.1.2）。

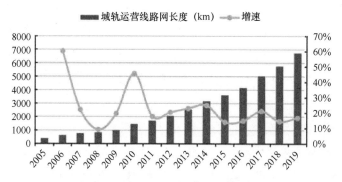

图10.1.1 城轨运营线路网总长度

（数据来源：国家统计局，城市轨道交通协会，广发证券发展研究中心）

图10.1.2 城市轨道交通每年新增运营线路长度和同比增长

（数据来源：中国城市轨道交通协会，广发证券发展研究中心）

截至2019年12月，北京市轨道交通路网运营线路达23条、总里程6910.3km、车站405座（包括换乘站62座）（图10.1.3）。2017年，北京地铁年乘客量达到45.3亿人次，日均客流为1241.1万人次，单日客运量最高达1327.46万人次。按照北京市轨道交通发展规划：到2020年，北京地铁将形成线网30条运营、总长1177km的轨道交通网络。

第 10 章 轨道交通行业绿色安全建造发展

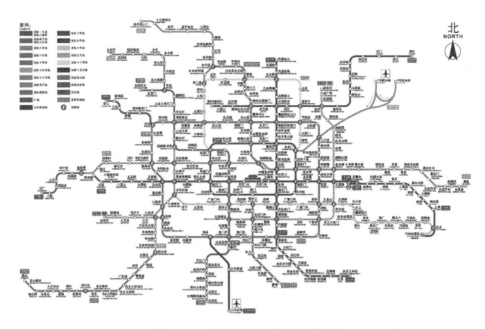

图 10.1.3 北京城市轨道交通线网图

优先发展以轨道交通为骨干的城市公共交通系统是解决城市交通拥堵问题的根本出路。城市轨道交通是低能耗、少污染的"绿色交通",也是解决"城市病"的金钥匙,对于实现城市的可持续发展具有重要的意义,对城市的全局和发展模式将产生深远的影响。随着城市拥堵状况的加剧和轨道交通建设的需求加快,建设质量与环境保护要求的逐渐提高,对地铁建设的速度和节能减排、降低建造和运营成本均提出了新的要求,在可持续发展和供给侧改革的经济和社会环境大背景下,地铁行业和产业的建造和生产模式亟需发展和突破。

目前,国内地铁建设正处于蓬勃发展期,可以预见未来较长时期内轨道交通建设仍是城市基础设施建设中不可或缺的重要组成部分,采用绿色建造方式进行地铁建设,促进地铁建设工业化生产,能更好地解决地铁建设与城市资源、社会发展、环境可持续发展之间的矛盾。建设节能、环保、绿色地铁工程,实现地铁设计标准化、构件生产工厂化、现场施工装配化、土建装修一体化、全过程管理信息化,成为地铁建设行业发展的迫切需求,也具有十分长远的意义。

转变地铁建设理念,发挥北京地铁建设在轨道交通行业的示范作用,推动地铁建设水平的提高,促进地铁建设的产业化发展,建设节能、高效、环保的地铁工程,成为首都蓝天孕育行动的重要组成部分,更是地铁建设不可推卸的社会责任。

但目前,以劳动密集为产业特征的地铁建造领域不同程度存在高能耗、高污染和低效率等问题,与国家当前新型城镇化、工业化、信息化发展要求不相适应。尤其是车站主体钢筋混凝土结构施工采用全现浇方式,以现场手工、湿作业为主,机械化程度低,施工周期长,质量难以有效控制,造成建设与施工的整体综合效益低下,也为后期运营与维护增加了许多难度。此外,施工现场混凝土泵送、钢筋切割机械引起的噪声污染,混凝土配料堆放、拌合扬尘引起的大气污染,现场施工与城市交通、用地矛盾,施工过程信息管理复杂等问题日益突出。

10.1.1 环境问题

改革开放以来，社会的进步和经济的发展使人们的生活水平日益提高，随着人们生活观念的转变，对居住环境也有了更高的要求，越来越多的人开始关注建筑的质量、能耗、外观、功能等，为了满足生产和生活的更高层次的需求，建筑产业必须进行不断变革创新。

自从 20 世纪 70 年代以来，全球日益严重的环境问题越来越受到人们的重视，尤其是近年来高频出现的雾霾，使人民对生活环境提出更高的要求。据全球疾病负担（GBD）估计：2013 年，暴露于环境细颗粒物空气污染（PM2.5）导致中国有 91.6 万人过早死亡，高居我国过早死亡原因第五位（图 10.1.4）。

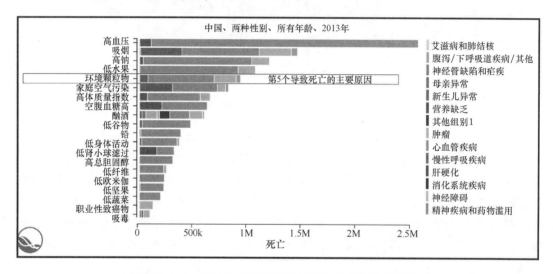

图 10.1.4　2013 年中国过早死亡前 20 个危险因素统计

（数据来源：GBD 2013 Mortality and Causes of Death Collaborators. Global，regional，and national age-sex specific all-cause and cause-specific mortality for 240 causes of death，1990—2013：a systematic analysis for the Global Burden of Disease Study 2013.）

环保部的研究结果表明，扬尘已成为当前我国大部分城市环境空气中颗粒物的主要污染来源之一，其中天津市已居首位。严重的扬尘污染与大规模建筑施工不无关系，主要有建筑工地的施工扬尘和车辆运输扬尘两方面。首先，我国每年新建房屋面积占到世界总量的 50%，工地产生大量的扬尘，其中 PM2.5 的含量高达 15.8%，PM10 的含量更高于 PM2.5。另一方面，与建筑业息息相关的水泥、钢铁等建材厂商都是工业能耗大户，如 2016 年我国粗钢生产量为 8.08 亿 t（数据来源：中商产业研究院），占全球总产量约 60%，水泥生产量为 24 亿 t（数据来源：数字水泥网），大量的粗钢和水泥在加工和运输过程中会产生大量的扬尘和污染排放。

10.1.2 劳动力问题

近年来，随着我国人口老龄化进程加快、适龄劳动力人口逐年降低以及青年从事建筑施工意愿减弱等问题日益突出，建筑产业人力成本优势已被削弱，亟需提升机械化、专业化以及改革传统建造方式，降低建筑业对日益紧张的劳动力资源的依赖。

1. 老龄化社会进程加快，适龄劳动力人口逐年降低

我国 2010 年第六次人口普查数据显示，60 岁及以上人口占全国总人口的 13.26%，比 2000 年上升 2.93 个百分点；其中 65 岁及以上人口占 8.87%，比 2000 年人口普查上升 1.91 个百分点。按联合国标准（65 岁以上老人占总人口的 7%）我国已正式进入老龄化社会（图 10.1.5）。

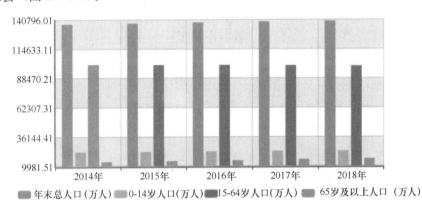

指标	2018年	2017年	2016年	2015年	2014年
年末总人口（万人）	139538	139008	138271	137462	136782
0-14岁人口（万人）	23523	23348	23008	22715	22558
15-64岁人口（万人）	99357	99829	100260	100361	100469
65岁及以上人口（万人）	16658	15831	15003	14386	13755

图 10.1.5　2014—2018 年我国人口年龄结构（数据来源：国家统计局）

2010 年以来，我国劳动力结构现状与欧洲、日本等国二战后类似，劳动力人口占比逐年下降，且随着生育率水平的低位运行以及老龄人口数量的加速上升，未来缺人、缺工情况将愈发严重，对我国经济社会产生全面影响。

2. 务工人员总量继续增加，增速回落明显，且从事建筑施工意愿削弱

2018 年务工人员总量为 28836 万人，比上年增加 184 万人，增长 0.6%。务工人员增量比上年减少 297 万人，总量增速明显比上年回落 1.1 个百分点。在务工人员总量中，在乡内就地就近就业的本地务工人员 11570 万人，比上年增加 103 万人，增长 0.9%；到乡外就业的外出务工人员 17266 万人，比上年增加 81 万人，增长 0.5%。在外出务工人员中，进城务工人员 13506 万人，比上年减少 204 万人，下降 1.5%（图 10.1.6）。

根据《2018 年务工人员监测调查报告》，在第三产业就业的务工人员比重过半。从事第三产业的务工人员比重为 50.5%，比上年提高 2.5 个百分点。一是从事传统服务业的务工人员继续增加。从事住宿和餐饮业的务工人员比重为 6.7%，比上年提高 0.5 个百分点；从事居民服务、修理和其他服务业的务工人员比重为 12.2%，比上年提高 0.9 个百分点。二是脱贫攻坚开发了大量公益岗位，在公共管理、社会保障和社会组织行业中就业

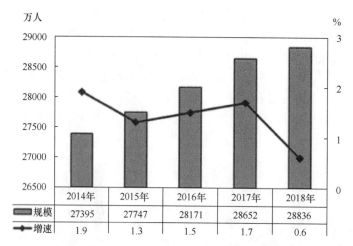

图 10.1.6 2014—2018 年务工人员增量及增速
（数据来源：《2018 年务工人员监测调查报告》）

的务工人员比重为 3.5%，比上年提高 0.8 个百分点。从事第二产业的务工人员比重为 410.1%，比上年下降 2.4 个百分点。其中，从事制造业的务工人员比重为 27.9%，比上年下降 2.0 个百分点；从事建筑业的务工人员比重为 18.6%，比上年下降 0.3 个百分点（表 10.1.1）。

务工人员从业行业分布（单位：%） 表 10.1.1

	2017 年	2018 年	增减
第一产业	0.5	0.4	−0.1
第二产业	51.5	49.1	−2.4
其中：制造业	29.9	27.9	−2.0
建筑业	18.9	18.6	−0.3
第三产业	48.0	50.5	2.5
其中：批发和零售业	12.3	12.1	−0.2
交通运输、仓储和邮政业	6.6	6.6	0.0
住宿和餐饮业	6.2	6.7	0.5
居民服务、修理和其他服务业	11.3	12.2	0.9
公共管理、社会保障和社会组织	2.7	3.5	0.8
其他	8.9	9.4	0.5

3. 50 岁以上务工人员占比逐年提高且建筑人力成本上涨

务工人员平均年龄为 40.2 岁，比上年提高 0.5 岁。从年龄结构看，40 岁及以下务工人员所占比重为 52.1%，比上年下降 0.3 个百分点；50 岁以上务工人员所占比重为 22.4%，比上年提高 1.1 个百分点，近五年呈逐年提高趋势。从务工人员的就业地看，本地务工人员平均年龄 44.9 岁，其中 40 岁及以下所占比重为 35.0%，50 岁以上所占比重为 33.2%，比上年提高 0.5 个百分点；外出务工人员平均年龄为 35.2 岁，其中 40 岁及以下所占比重为 69.9%，50 岁以上所占比重为 11.1%，比上年提高 1.9 个百分点

(表10.1.2)。

务工人员年龄构成（单位:%）　　　　　　　表10.1.2

	2014年	2015年	2016年	2017年	2018年
16～20岁	3.5	3.7	3.3	2.6	2.4
21～30岁	30.2	29.2	28.6	27.3	25.2
31～40岁	22.8	22.3	22.0	22.5	24.5
41～50岁	26.4	26.9	27.0	26.3	25.5
50岁以上	17.1	17.9	19.1	21.3	22.4

由于机械化程度提高以及传统建造方式向现代干作业转变等原因，我国从事建筑工地基本施工作业的建筑工人数量正在减少，且越来越多的青年不愿意从事体力的施工作业，建筑工地中中年工人甚至老年工人占比越来越高。

人口红利淡出，建筑工人薪资水平不断上涨，建筑业劳动力生产率增速下降导致人力成本不断攀升，依靠廉价务工人员的道路已渐行渐窄，建筑业面临着较大的生存与发展压力。

10.1.3 技术提升问题

随着人口红利的逐步消失，人力成本逐渐上升，而以劳动密集为产业特征的地铁建造领域不同程度存在高能耗、高污染和低效率等问题，与国家当前新型城镇化、工业化、信息化发展要求不相适。主体钢筋混凝土结构施工采用全现浇方式，以现场手工、湿作业为主，机械化程度低，质量难以有效控制，造成建设与施工的整体综合效益低下，也为后期运营与维护埋下了许多隐患。为解决上述问题，改变地铁工程现有的建造模式，走预制装配式可持续发展的标准化、产业化、绿色施工的道路势在必行。

10.2 国家对绿色安全建造（装配式）的推广政策

建筑产业的重大变革与发展，都伴随着国家政策的积极推动。在新一轮的产业变革中，国家密集出台相关产业政策，从推广新型建筑模式、加快标准体系建设至推进信息化与建筑业相融合，不断通过政策加码，为建筑产业转型升级提供支持。

10.2.1 新型建筑模式推动产业转型升级

2012年4月，财政部、住建部印发《关于加快推动我国绿色建筑发展的实施意见》，指出将通过建立财政激励机制、健全标准规范及评价标识体系、推进相关科技进步和产业发展等手段，力争到2020年绿色建筑占新建建筑比重超过30%。2013年1月，国务院办公厅以国办发〔2013〕1号文件转发发改委、住建部出台的《绿色建筑行动方案》，大力推进既有建筑节能改造，推进可再生能源建筑规模化应用，加快绿色建筑相关技术研发推广，大力发展绿色建材，推动建筑工业化。2014年7月，住建部出台《关于推进建筑业发展和改革的若干意见》，国家和行业主管部门开始以整饬行业发展环境为切入点，全面推进建筑产业发展方式的转变。

在"十三五"期间，国家加大新型建造模式的推广力度。2016年2月，国务院发布的《关于深入推进新型城镇化建设的若干意见》中指出，推进既有建筑供热计量和节能改造，对大型公共建筑和政府投资的各类建筑全面执行绿色建筑标准和认证，积极推广应用绿色建材、装配式建筑和钢结构建筑。2016年9月30日，国务院办公厅出台《关于大力发展装配式建筑的指导意见》，强调发展装配式建筑是建造方式的重大变革，是推进供给侧结构性改革和新型城镇化发展的重要举措，并明确提出力争用10年左右时间，使装配式建筑占新建建筑面积的比例达到30%。2017年2月，国务院印发《"十三五"节能减排综合工作方案》，大力推行绿色施工方式，推广节能绿色建材、装配式和钢结构建筑，并提出实施绿色建筑全产业链发展计划。

10.2.2 加速新型标准体系建立

2016年8月9日，住建部发布《关于深化工程建设标准化工作改革的意见》，要求加大标准供给侧改革，完善标准体制机制，建立新型标准体系。到2020年，适应标准改革发展的管理制度基本建立，重要的强制性标准发布实施，政府推荐性标准得到有效精简，团体标准具有一定规模；到2025年，以强制性标准为核心、推荐性标准和团体标准相配套的标准体系初步建立，标准有效性、先进性、适用性进一步增强。

推进建筑产业现代化，绿色建筑、工业化建筑工程消耗量定额编制完成。为贯彻落实《住房城乡建设部办公厅关于加快绿色建筑和建筑产业现代化计价依据编制工作的通知》（建办标函〔2015〕1179号），住建部标准定额司完成了《绿色建筑工程消耗量定额》和《工业化建筑工程消耗量定额》的编制工作，现已形成征求意见稿印发各地住建机关。

10.2.3 推进建筑产业信息化发展

2016年8月，住建部印发《2016—2020年建筑业信息化发展纲要》，其中对勘察设计类、施工类、工程总承包类企业做了具体部署，积极探索"互联网+"，推进建筑行业的转型升级，其目标是全面提高建筑业信息化水平，着力增加BIM、大数据、智能化、移动通信、云计算、物联网等信息技术集成应用能力；建筑业数字化、网络化、智能化取得突破性进展，初步建成一体化行业监管和服务平台，形成一批具有较强信息技术创新能力和信息化应用达到国际先进水平的建筑企业及具有关键自主知识产权的建筑业信息技术企业。

10.3 北京市关于装配式建造、轨道交通绿色安全建造相关政府指导文件

2017年3月6日，北京市5大委办局联合推出的"关于印发《北京市城市轨道交通建设工程推进绿色安全建造指导意见》的通知"文件中（图10.3.1），明确了下一轮的北京地铁建设目标，应是以绿色安全为目标的：通用设计模数化、现场施工工厂化、工序作业机械化、过程管理信息化、绿色施工常态化。

北京市住房和城乡建设委员会
北京市重大项目建设指挥部办公室
北京市规划和国土资源管理委员会 文件
北京市安全生产监督管理局
北 京 市 环 境 保 护 局

京建发〔2017〕85号

关于印发《北京市城市轨道交通建设工程推进绿色安全建造指导意见》的通知

城市轨道交通各参建单位：

为进一步推进我市城市轨道交通建设工程绿色安全建造发展，加强安全质量管理工作，市住房城乡建设委、市重大项目办、市规划国土委、市安全监管局、市环保局制定了《北京市城市轨道交通建设工程推进绿色安全建造指导意见》，现印发给你们，请认真贯彻落实。

特此通知。

附件：北京市城市轨道交通建设工程推进绿色安全建造指导意见

北京市住房和城乡建设委员会　北京市重大项目建设指挥部办公室

北京市规划和国土资源管理委员会　北京市安全生产监督管理局

北京市环境保护局

2017年3月6日

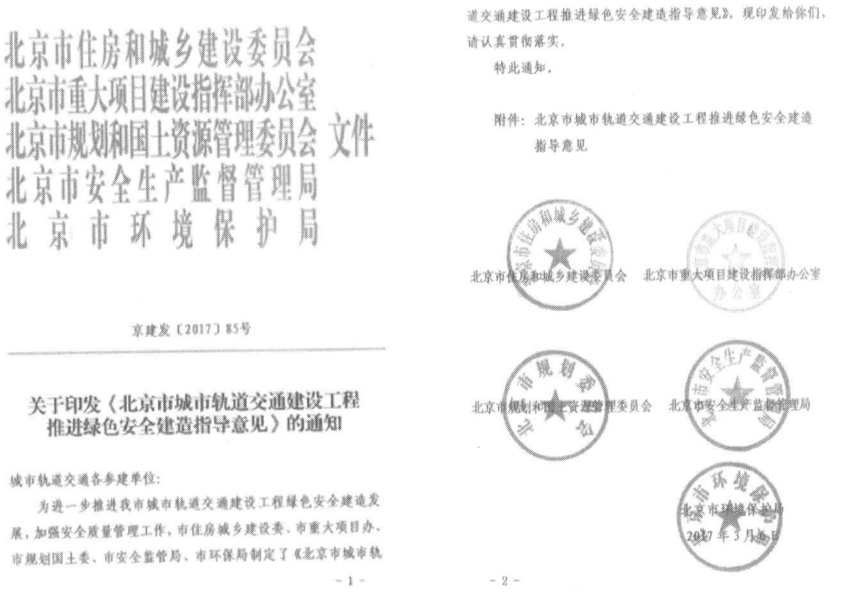

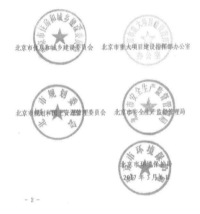

图 10.3.1 《北京市城市轨道交通建设工程推进绿色安全建造指导意见》

2017 年 10 月 12 日，北京市住房和城乡建设委员会发布《关于推进轨道交通明挖基坑防尘隔离棚实施工作的通知》（京建发〔2018〕57 号）（图 10.3.2）。

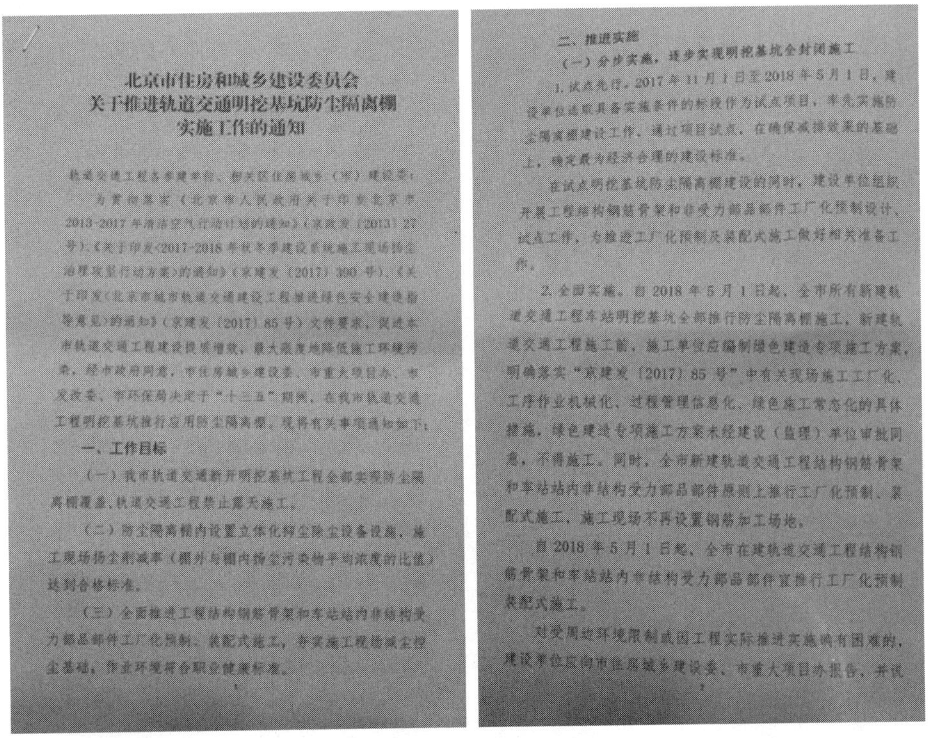

北京市住房和城乡建设委员会
关于推进轨道交通明挖基坑防尘隔离棚
实施工作的通知

轨道交通工程各参建单位、相关区住房城乡（市）建设委：

为贯彻落实《北京市人民政府关于印发北京市2013-2017年清洁空气行动计划的通知》（京政发〔2013〕27号）、《关于印发<2017-2018年秋冬季建设系统施工现场扬尘治理攻坚行动方案>的通知》（京建发〔2017〕390号）、《关于印发<北京市城市轨道交通建设工程推进绿色安全建造指导意见>的通知》（京建发〔2017〕85号）文件要求，促进本市轨道交通工程建设提质增效，最大限度地降低施工环境污染，经市政府同意，市住房城乡建设委、市重大项目办、市发改委、市环保局决定于"十三五"期间，在我市轨道交通工程明挖基坑推行应用防尘隔离棚。现将有关事项通知如下：

一、工作目标

（一）我市轨道交通新开明挖基坑工程全部实现防尘隔离棚覆盖，轨道交通工程禁止露天施工。

（二）防尘隔离棚内设置立体化抑尘除尘设备设施，施工现场扬尘削减率（棚外与棚内扬尘污染物平均浓度的比值）达到合格标准。

（三）全面推进工程结构钢筋骨架和车站站内非结构受力部品部件工厂化预制、装配式施工，夯实施工现场减尘控尘基础，作业环境符合职业健康标准。

1

二、推进实施

（一）分步实施，逐步实现明挖基坑全封闭施工

1. 试点先行。2017年11月1日至2018年5月1日，建设单位选取具备实施条件的标段作为试点项目，率先实施防尘隔离棚建设工作，通过项目试点，在确保减排效果的基础上，确定最为经济合理的建设标准。

在试点明挖基坑防尘隔离棚建设的同时，建设单位组织开展工程结构钢筋骨架和非受力部品部件工厂化预制设计、试点工作，为推进工厂化预制及装配式施工做好相关准备工作。

2. 全面实施。自2018年5月1日起，全市所有新建轨道交通工程车站明挖基坑全部推行防尘隔离棚施工，新建轨道交通工程施工前，施工单位应编制绿色建造专项施工方案，明确落实"京建发〔2017〕85号"中有关现场施工工厂化、工序作业机械化、过程管理信息化、绿色施工常态化的具体措施，绿色建造专项施工方案未经建设（监理）单位审批同意，不得施工。同时，全市新建轨道交通工程结构钢筋骨架和车站站内非结构受力部品部件原则上推行工厂化预制、装配式施工，施工现场不再设置钢筋加工场地。

自2018年5月1日起，全市在建轨道交通工程结构钢筋骨架和车站站内非结构受力部品部件宜推行工厂化预制装配式施工。

对受周边环境限制或因工程实际推进实施确有困难的，建设单位应向市住房城乡建设委、市重大项目办报告，并说

2

图 10.3.2 《推进轨道交通明挖基坑防尘隔离棚实施工作的通知》

（1）试点先行。2017 年 11 月 1 日至 2018 年 5 月 1 日，建设单位选取具备实施条件的

标段作为试点项目，率先实施防尘隔离棚建设工作，通过项目试点，在确保减排效果的基础上，确定最为经济合理的建设标准。

（2）全面实施。自2018年5月1日起，全市所有新建轨道交通工程车站明挖基坑全部推行防尘隔离棚施工，新建轨道交通工程施工前，施工单位应编制绿色建造专项实施方案。

10.4 北京地铁在绿色安全建造方面的行动

北京市也在2017年左右先后出台了《北京市轨道交通建设工程推进绿色安全建造指导意见》等系列文件，主导推进北京市地铁建设的绿色安全建造行动。北京地铁建设单位已逐步按照"通用设计模数化、现场施工工厂化、工序作业机械化、过程管理信息化、绿色施工常态化"的原则，将这一建设指导思想付诸于行动。目前已开展的基于防尘隔离棚的地铁明挖基坑新型建造方式行动、暗挖车站竖井防尘防霾隔离棚技术、钢筋加工外委行动、施工现场信息化管理、施工机械化研发及推广行动、新型暗挖工法研究、暗挖隧道拼装式波纹板衬砌、地下水保护的堵水施工技术研发等各领域的探索，已取得了一定的成果。

10.4.1 施工场地绿色安全标准化

1. 钢筋加工工厂化

加工厂内明确功能分区，通过确定加工标准，制定可追溯性加工控制流程，采用弯箍机、钢筋笼滚焊机、二氧化碳保护焊，自动钢筋切床、自动弯曲机等先进设备，提高了钢筋加工精度，保证了钢筋加工作业技术标准及质量要求，减少了原材浪费。具有操作简便、工效高、耗工少、劳动强度低等优点（图10.4.1）。

图10.4.1 钢筋加工厂现场照片

2. 二维码构件施工管理

采用二维码编码等技术进行技术安全交底，记录构件信息，记录施工过程信息（图10.4.2）。

图 10.4.2　二维码构件施工管理

3. 竖井土方垂直皮带输送系统

根据地铁隧道施工出碴的特点，研究设计了一种全新立式提升输送系统，该设备主要优点是输送倾角大，最大可实现 90°。该设备提升效率高，占地面积小，操作简便，维修方便，运行平稳可靠，噪声小，没有斗提机经常出现的卡链、掉斗现象。还可以在机头和机尾设置任意水平输送段，便于和其他设备衔接（图10.4.3）。

10.4.2　明挖车站与暗挖区间装配式结构技术

北京市轨道交通建设管理有限公司作为牵头人，联合中铁六局集团有限公司、北京市轨道交通设计研究院有限公司、北京工业大学与北京榆构有限公司开展了明挖车站与暗挖区间装配式结构技术研究与示范项目研究。该项目的理论及数值研究、设计方案、图纸、模板及预制构件均已完成，装配整体式地铁车站吊装、定位、拼装工艺研究已完成，相关拼装设备研究及制造已完成，并使用工程实际构件进行了现场拼装工艺试验。

项目建设完成了国内首个装配整体式地铁车站——金安桥站试验段，建设完成了装配式暗挖地铁隧道——6号线西延起点—金安桥站区间，示范工程通过了第三方验收。项目对提升地铁建造机械化水平、催生和发展预制构件产业、节约劳动力和改善现场作业环境、节能减排等具有重大意义。

北京地铁建设后续工程中，明挖车站与暗挖区间隧道工程量巨大，项目研究成果与相关工程条件匹配时，可直接进行成果推广应用。如北京地铁3号线体育中心站、3号线楼梓庄桥西站、17号线亦庄站前区南站等，将进行明挖车站装配式结构技术相关成果的进一步推广应用。

1. 明挖车站装配式结构技术

装配整体式明挖地铁车站示范工程选择北京地铁6号线西延工程金安桥站，金安桥站为6号线西延线与在建S1线和规划11号线三线换乘车站，车站位于金顶南路与北辛安路相交路口东南象限，京门铁路、S1线的南侧，M6金安桥站平行京门铁路及S1线东西向设置，敷设方式为地下。

图 10.4.3 立式输送机碴土运输系统

金安桥站标准段为双层双柱三跨箱形结构，主体总长 342.2m（图 10.4.4）。标准段结构总宽 22.9m、总高 14.3m，顶板覆土厚 1.6~3.15m（图 10.4.5）。主体基坑采用桩撑支护体系＋桩锚支护体系，车站两端接矿山法区间。

预制构件 8 种：（1）地下二层的边墙；（2）中板纵梁；（3）边跨中板（带风道）；（4）中跨中板；（5）地下一层边墙；（6）顶板纵梁；（7）边跨顶板；（8）中跨顶板（图 10.4.6）。边墙与底板、中板的连接：灌浆套筒；其余的连接部位：现浇混凝土。

最终鉴于金安桥站工程的复杂情况，车站方案已出现重大变化，示范工程难以实施，因此做了示范试验段（图 10.4.7）。

第 10 章 轨道交通行业绿色安全建造发展

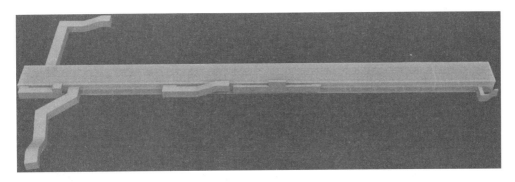

图 10.4.4 金安桥站模型

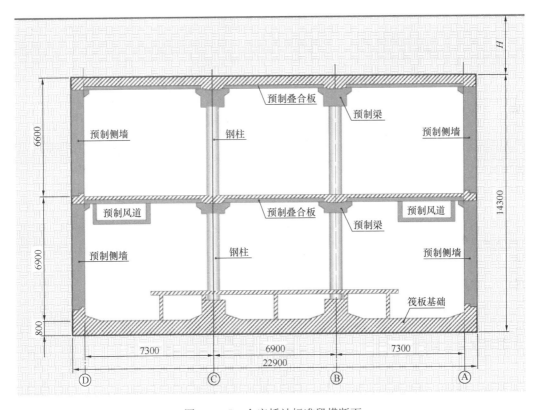

图 10.4.5 金安桥站标准段横断面

图 10.4.6 预制构件施工

图 10.4.7　金安桥站装配式结构试验段

后续北京市轨道交通设计研究院有限公司在北京地铁 28 号线（原 CBD 线）工程中进行了绿色安全智能建造样板站策划，选取广渠东路站为试验站。广渠东路车站长 365m，车站包住南北两侧渡线，站内北侧渡线上方结合一体化进行开发。车站为标准 2 层岛式车站，周边环境相对简单（图 10.4.8～图 10.4.10）。

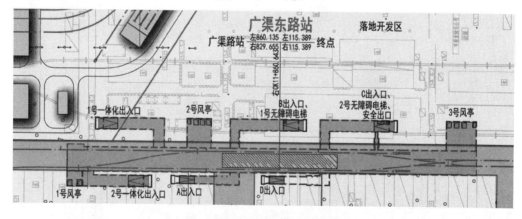

图 10.4.8　广渠东路站平面图

广渠东路装配式策划中，预计采用多种绿色安全智能建造方式包括但不限于：车站主体结构装配式（顶板、侧墙、底板、中板）；车站二次结构装配式（轨顶风道、站台板、楼梯、二次隔墙、地面结构、管线支吊架等）；出入段线锁扣止水试验段；明挖基坑防护

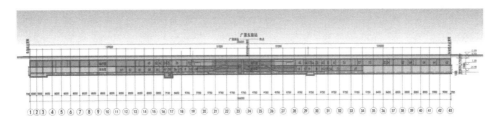

图 10.4.9　广渠东路站纵剖面图

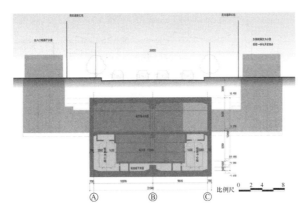

图 10.4.10　广渠东路站横剖面图

大棚（站内防尘除霾、防振降噪等绿色措施）；施工场地绿色安全标准化（围挡及场地标准化、立体围挡、钢筋预制加工厂、二维码构件施工管理）；配套施工机械（洞内低净空旋挖钻机、皮带运输机、电动挖掘机等）；五小成果推广（北京市重大项目建设指挥部办公室活动，涉及钢支撑锥楔式活络头和轴力实时监测等）；施工现场数字化管理系统（机械化数控平台、工程项目数字化管理平台）；机电、机房设备及管路装配式等。

2. 暗挖区间装配式结构技术

暗挖区间装配式结构技术试验段选为北京地铁 6 号线西延工程，起点—金安桥站区间。浅埋暗挖法施作隧道后，再利用管片拼装装置进行管片拼装，豆砾石水泥浆填充，完成永久性支护，简称装配式隧道建造法。区间试验长度为 42m，全线为直线段（图 10.4.11～图 10.4.14）。

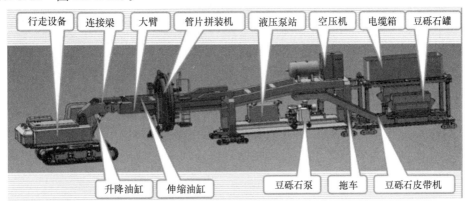

图 10.4.11　区间管片拼装装置组成示意图

图 10.4.12　区间管片拼装机械

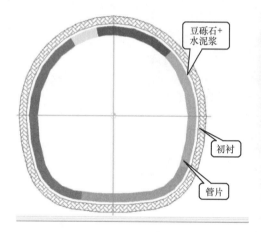

图 10.4.13　区间隧道标准横断面

图 10.4.14　北京地铁 6 号线西延起点—
金安桥站暗挖区间管片拼装图

10.4.3　车站站内结构装配式

目前，地铁车站附属结构及内部构件（如车站站台板、楼梯板、土建风道等）的传统做法是采用现场支模、浇筑混凝土的方式，这种做法的缺点在于：现场工序多、施工工艺复杂、施工效率低、环境污染大（图 10.4.15）。

图 10.4.15　车站站内结构传统做法

工厂化加工、现场拼装式施工，就是将现场的加工制造过程转移到施工现场外的工厂中，由工厂内的机械进行加工，再将加工制造后的半成品、成品运到施工现场，由现场工人进行组装、安装施工。工厂化加工、现场组装式施工，是对地铁车站附属结构及内部构件施工工艺的革命性变化。

目前已选取北京地铁 17 号线亦庄站前区南站作为试验站,对站内轨顶风道、楼梯、站台板进行拆分工厂化生产研究。

1. 轨顶风道装配式方案

方案一为钢结构方案：轨顶风道采用钢材质一体成型，通过预埋槽道与风道进行安装连接；方案二为轻质混凝土方案：轨顶风道两侧吊墙采用土建预留，后期风道板采用轻质混凝土拼装完成（图 10.4.16）。

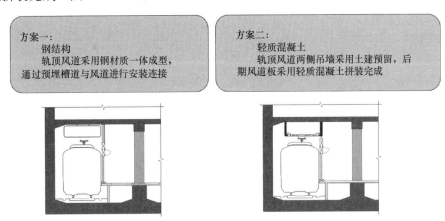

图 10.4.16　轨顶风道装配式方案

2. 站台板装配式方案

根据车站站台布置将站台板划分为四块预制构件，现场拼装完成后，在连接区浇筑混凝土完成构件连接（图 10.4.17）。

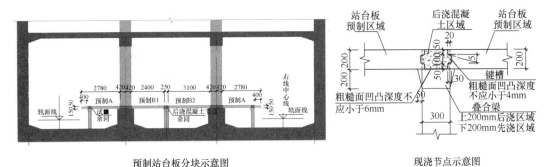

图 10.4.17　站台板装配式方案

3. 楼梯装配式方案

梯板采用工厂预制，运至现场拼装；梯柱及梯梁现浇，并预留销键插销洞，与梯板进行插销连接（图 10.4.18）。

4. 推广工程

后续预计将选取 7 号线东延黄厂村站、3 号线体育中心站、17 号线未来科技城站、香河园站等继续进行站内装配式结构方案的进一步推广研究。

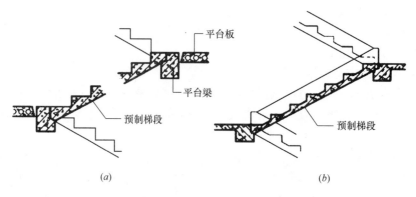

图 10.4.18 楼梯装配式方案
(a) 板式楼梯装配示意图；(b) 预制梯板示意图

10.4.4 矿山机械化

矿山法（暗挖法）指不开挖地面，采用施工通道在地下开挖、支护、衬砌的方式修筑区间或车站等地下建筑物的方法，包括全断面法、台阶法、环形开挖预留核心土法、单侧壁导坑法、双侧壁导坑法、中隔壁法（CD 法）、交叉中隔壁法（CRD 法）、中洞法、侧洞法、柱洞法、洞桩法（PBA 法）。

矿山法在北京地铁中的应用主要有以下几个方面：

(1) 区间及部分风道、出入口：一般为小断面，主要施工工法有：全断面法、台阶法（跨度一般小于 8m）；

(2) 风道、出入口、换乘通道等断面一般介于大断面与小断面之间，主要施工工法有：CD 法、CRD 法、双侧壁导坑法（跨度一般在 6~15m 之间）；

(3) 地铁车站及渡线段一般为大断面，主要工法有：中洞法、侧洞法、洞桩法及 PBA 工法等（跨度较大）。

除小断面施工工法外，其余工法的特点是将大断面划分为小断面，分部开挖，做临时中隔壁及仰拱，然后分段拆除，施作二衬。

暗挖法有以下特点：(1) 受工程地质和水文地质条件的影响较大，具有一定风险；(2) 工作条件差、工作面少而狭窄、工作环境差、施工效率低；(3) 暗挖法施工对地面影响较小，但埋置较浅时可能导致地面沉陷；(4) 有大量废土、碎石须妥善处理。

目前，地铁暗挖施工主要依靠人力，随着中国地铁已进入大规模建设阶段，暗挖施工对于设备的需求越来越大，目前暗挖施工设备尚处于摸索阶段，随着暗挖施工机械的成熟，高效能、高可靠性、轻量化、智能化的暗挖施工设备将成为行业发展的趋势和方向。

相比传统暗挖法，机械暗挖施工具有环境影响小、施工速度快、人力消耗少、安全风险低等优点，符合轨道交通与城市建设的发展方向，具有较高的社会和生态意义。

近年来，地铁埋深逐渐加大，施工环境要求越来越高，为应对工人严重短缺，北京地铁暗挖工程在施工装备机械化、开挖方法及工程设计等方面进行了新的探索和实践。北京地铁在暗挖机械化方面的研究及应用主要有：洞内低净空旋挖钻机、钢管柱定位安装机、暗挖台车、皮带运输机、电动挖掘机、立式提升系统、微型履带吊车等。

1. PBA 工法机械化

洞桩法（简称"PBA"）是受盖挖逆作法的启示，于 20 世纪 90 年代初提出的一种结构体系和暗挖施工方法。在地下先施作一些导洞，在导洞内修筑桩（Pile）、梁（Beam）、拱（Arc），形成支撑框架棚护体系，在顶拱和桩的保护下向下逐层开挖并浇筑而成，是一种结构体系和暗挖施工方法。

洞桩法最早应用于北京地铁复八线（王府井站、东单站和天安门西站），后来在地铁 10 号线、6 号线、7 号线多有采用。但施工总体水平停滞不前，发展不尽人意。

以前多采用八导洞或六导洞，桩多采用人工挖孔。受成孔机械的制约，只有部分车站边桩采用了机械钻孔，桩径为 600mm 或 800mm（图 10.4.19）。

图 10.4.19　传统成孔方式

(1) 洞内反循环钻机

北京地铁暗挖施工过程中研发了适应于导洞（4.5m×4m）内作业的专用反循环钻机（图 10.4.20），研究了适用于黏性土和砂卵石地层的钻具，经过试验和不断优化改

图 10.4.20　导洞内作业的专用反循环钻机

进，完成了 36～47m 直径 1.8m 共 58 根中柱桩基，平均 2.5d 一根，后期平均 1.5d 一根。

反循环钻机成孔方式，及其与冲击钻进成孔和旋挖钻进成孔方式的对比分析分别如图 10.4.21 和图 10.4.22 所示。

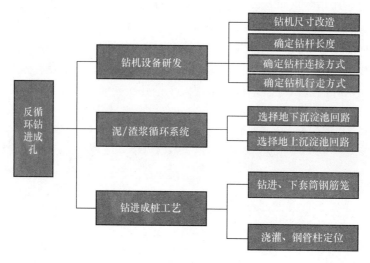

图 10.4.21　反循环钻机成孔方式

项目	技术特点	经济合理性	工期	对其他工序的影响	结论
冲击钻进成孔	泥浆制备量少 依靠冲击力成孔 无需钻杆	改造设备50万元，配套钻具3万元	经验钻进速度1m/h，单桩成孔时间：1.96d	清渣困难	操作简便，但施工进度慢，施工对土体扰动过大，影响大屯路隧道安全，后期处理泥渣十分困难。成本低
反循环钻进成孔	泥浆制备量大，即时排渣量大，需要设置泥浆、泥渣循环系统。旋转破碎土体 需要使用钻杆，钻进时分节连接，提钻时分节拆卸	改造设备30万元，配套钻具3万元，配套制浆设备20万元	经验钻进速度1.5m/h，单桩成孔时间：1.33d	清渣容易	施工扰动小，进度快，后续施工方便。但施工作业较复杂，制备泥浆量大，实时排渣量大。成本低
旋挖钻进成孔	泥浆制备量大。旋转挖取土体 需要使用钻杆，且上下提升频繁，需要反复连接、卸下钻杆	改造设备100万元，配套钻具10万元，泥浆循环系统20万元	经验钻进速度1.8m/h，单桩成孔时间：1.1d	出渣难度极大	施工进度很快，施工扰动很小，但施工操作过于复杂，劳动强度过高。成本高

图 10.4.22　成桩方法综合对比分析

（2）泥/渣浆循环系统

为了提高工效，改善洞内作业环境，借鉴泥水盾构泥浆处理的原理研发了地面处理泥浆的系统装备（图 10.4.23～图 10.4.25）。

（3）钢管柱定位安装机

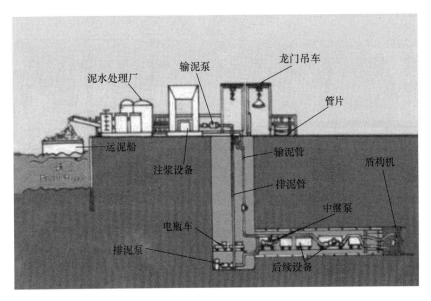

图 10.4.23 泥水盾构流程图

图 10.4.24 地面处理泥浆系统装备

钢筋笼及中桩钢管柱安装采用隧道钢管柱安装机，钢管柱每根安装仅需耗时 16h 左右，是传统人工安装浇筑（需进行两次定位）功效的 10 多倍（图 10.4.26）。

2. 暗挖区间机械化

（1）矿山隧道开挖支护联合机（暗挖台车）

通过对现有暗挖施工规程标准及相关工艺原理的深入研究，在不突破既有暗挖工法的前提下，通过对现有各类机械的功能整合优化，提出了"双臂暗挖台车"的构想（图 10.4.27～图 10.4.30）。

（2）全自动数控二衬模筑台车

全自动数控二衬模筑台车较以往传统区间二衬施工而言，具有工期短、造价低、安全性好等特点（图 10.4.31）。

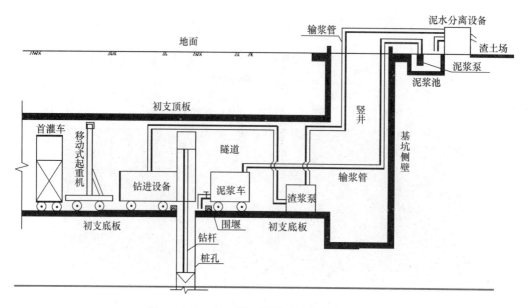

图 10.4.25　地面处理泥浆系统装备工作原理

图 10.4.26　钢管柱定位安装机

图 10.4.27　暗挖台车的组成

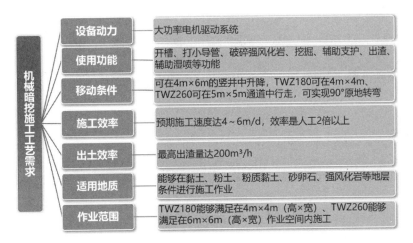

图 10.4.28　暗挖台车的工艺需求

图 10.4.29　暗挖台车的整体结构

图 10.4.30　暗挖台车的施工流程

图 10.4.31　全自动数控二衬模筑台车

10.4.5　五小成果推广

"五小"是指"小发明、小创造、小革新、小设计、小建议"。2015年12月7日，为落实国务院和北京市政府关于大众创业、全民创新的有关文件精神，支持和鼓励在我市轨道交通建设中涌现出的小发明、小创造、小革新、小设计、小建议成果，北京市重大项目建设指挥部办公室会同北京市住建委，开展面向我市轨道交通建设一线全体工人、技术和管理人员的"五小"成果征集和表彰工作。

我市轨道交通建设工程贯彻落实国务院和北京市政府关于"大众创业、万众创新"有关要求，从全市轨道交通投资、建设、施工、监理、高校等各参建主体征集到130项"五小"成果。此次从中选取了BIM施工、封闭式降尘除尘风道、混凝土自动喷淋养护系统、龙门吊脱挂钩改造、磁浮接触轨测量定位工具、钢支撑锥楔式活络头、盾构管片钢筋优化、轨道交通装配式管道支吊架等25项涉及环境保护、施工器具、安全防护、工程技术领域已经成功应用于轨道交通建设过程中的成果进行了展示，引导鼓励轨道交通各参建单位现场管理人员从"小"做起，立足本职岗位，从解决现场问题出发开展科技创新，促进安全质量管理水平不断提高。

1. 盾构管片钢筋骨架结构优化

综合分析盾构管片在生产、存储、运输、隧道管片施工（拼装椭圆度及构造误差、千斤顶推力、背后注浆等）、隧道管片正常使用过程中的各种受力工况以及裂缝开展、结构损坏的特征，在合理优化管片结构内力计算模型、深入进行管片施工阶段内力计算分析基础上，对目前普遍采用的管片钢筋骨架结构进行了针对性优化设计（图10.4.32）。

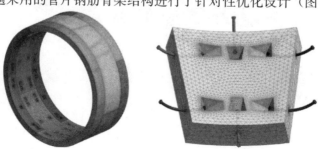

图 10.4.32　管片结构 1∶1 精细化实体模型

通过针对性优化设计，增强了管片生产养护过程中的抗裂性能，提高了管片在施工和使用中的承载力性能，有效降低管片在生产和使用中开裂、施工中破损的情况，提升综合经济效益（图10.4.33）。

图 10.4.33　隧道拼装效果图

2. 轨道交通装配式管道支吊架

装配式管道支吊架主要由吊杆、横担、连接配件、锚栓、管束等部分组成。主要应用范围：地下车站站厅层的设备区及公用设备走廊，地下车站站台层的两侧、管线集中处，地下车站站厅公共区与设备区衔接处及车辆段大库中各种工艺管道的安装（图10.4.34）。

图 10.4.34　轨道交通装配式管道支吊架

北京市轨道交通自10号线一期试点应用装配式管道支吊架以后，后续新建线路均采用该项技术，目前该技术装备基本已成为国内轨道交通行业的标准配置（图10.4.35）。

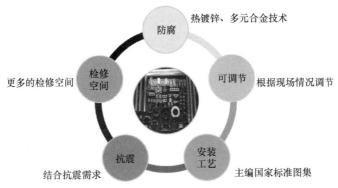

图 10.4.35　轨道交通装配式管道支吊架技术改进

3. 基坑工程内支撑锥楔式活络装置

该装置原理为：通过锥楔面将钢支撑部分轴力改变为横向作用，利用多排高强螺栓夹紧锥楔座，承受和传递钢支撑轴力。同时，通过千斤顶施加预加轴力，调节 6 套高强螺栓来进行轴向定位，预加轴力达到设定值时，紧固螺栓即可锁定该装置来承受和传递轴力（图 10.4.36、图 10.4.37）。

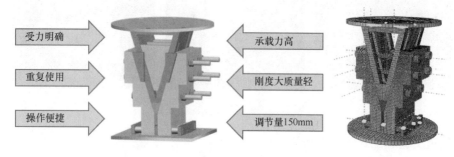

图 10.4.36　锥楔式活络装置 3D 效果图

图 10.4.37　锥楔式活络装置试验

10.4.6　波纹板暗挖衬砌的研发推广

目前，城市地下工程中广泛采用的初期支护装置为格栅结构。在完成格栅架设后，尽快分层喷射混凝土，以形成钢筋格栅和喷射混凝土复合受力结构。此种工法存在施工工序复杂、施工污染大、施工工期长、工作环境差、机械化程度低、工程费用高等缺点。

新型波纹板暗挖隧道拼装式衬砌具有不再使用喷射混凝土的特性，此举可大大改善现场施工条件，改善劳动环境，减轻了劳动强度，彻底摒弃暗挖工程"人性化差"的弊端；新工艺采用工厂预支、现场拼装的方式，大大减少了一线工人的使用量，节约了劳动力资源，为解决国家劳动力短缺的社会化问题提供了基础；新工艺的现场施工工序大大简化，全部采用机械化作业，也极大地提高了工程技术的发展，为地下工程行业的技术进步奠定一定基础。

拼装式波纹板暗挖衬砌结构，是可全面取代传统以喷锚为基础的浅埋暗挖工法，其具有全装配化建造、施工速度快、工艺工序简捷、现场人员少、绿色环保等技术特点。该技术的研发成果，响应了国家"绿色安全建造"的方针政策，可有力提升地铁建造技术水平，促进行业进步，为地下工程建设提供技术保障（图 10.4.38）。

图 10.4.38 拼装式波纹板暗挖衬砌结构的优势

1. 新机场线盾构检修井

北京市轨道交通建设管理有限公司在目前已完成的新机场线小型工程试验中,已完成多个盾构检修井的建设及功能应用,积累了较为丰富的计算、设计、施工、监测等技术资料(图 10.4.39、图 10.4.40)。

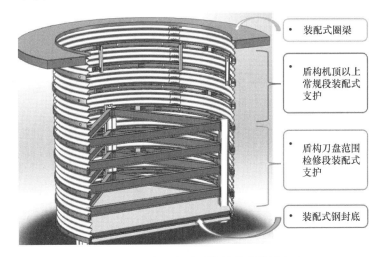

图 10.4.39 新机场线盾构检修井设计方案

图 10.4.40 新机场线盾构检修井现场照片

2. 昌平线南延施工竖井、横通道

目前，波纹板竖井的研究，已经开展了小型竖井试验段的实践，并进行了理论分析及受力监测等方面的工作；波纹板暗挖隧道初衬的研究已经进行了室内拼装试验及计算分析等工作（图10.4.41～图10.4.46）。

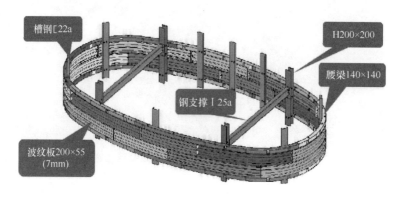

图10.4.41 波纹板竖井设计方案

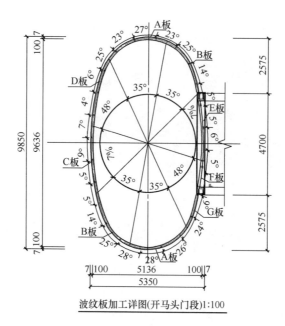

图10.4.42 波纹板加工详图

3. 后续推广应用

暗挖隧道新型拼装式初衬结构体系可以在后续的新线建设中推广应用，目前在建的10条线路中，暗挖隧道区间约50km，暗挖车站约40个，均为潜在的推广领域。

图 10.4.43　波纹板竖井结构

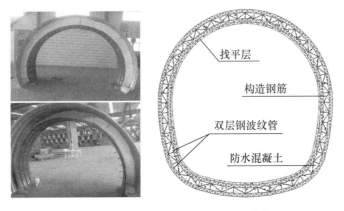

图 10.4.44　波纹板初衬结构暗挖隧道

图 10.4.45　昌平线南延施工竖井、横通道

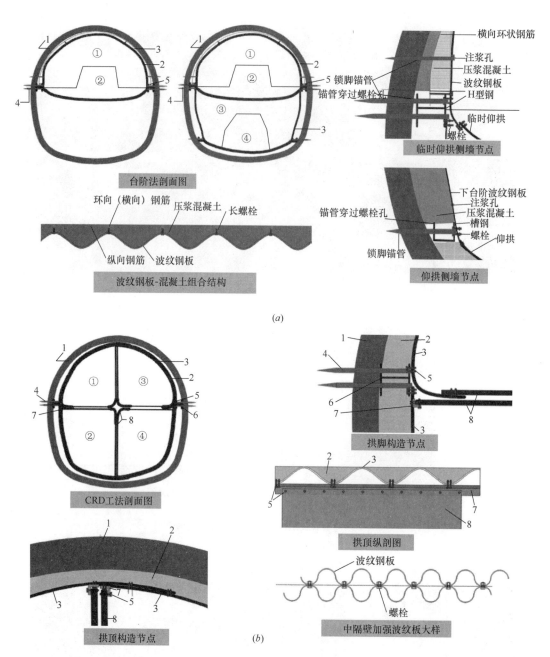

图 10.4.46 波纹钢板初期支护结构
（a）适用于台阶法开挖；（b）适用于 CRD 法开挖
1—围岩；2—灌注混凝土；3—洞室波纹板；4—锁脚锚管；5—螺栓；
6—槽钢；7—角钢；8—中隔壁加强波纹板

10.4.7 暗挖竖井封闭防护大棚

2017年3月6日，北京市住房和城乡建设委员会、重大项目建设指挥部办公室、安全生产监督管理局等部门联合下发《北京市城市轨道交通建设工程推进绿色安全建造指导意见》，文件中要求通过科学管理和技术进步，最大限度地节约资源并减少对环境负面影响，确保绿色施工常态化，其中就包括"在继续保持暗挖工程全封闭施工的基础上，推广明挖基坑防尘隔离棚，棚内配置实施立体化防尘抑尘措施，隔离抑制土方开挖、喷射混凝土、钢筋焊接、模板安装、混凝土处理等不同施工阶段的扬尘噪声污染。"的相关意见。

1. 8号线三期王府井站、王府井北站

王府井站和王府井北站位于北京市最繁华的闹市区（图10.4.47、图10.4.48），所处

图10.4.47　8号线王府井站

图10.4.48　8号线王府井北站

地理位置特殊、社会影响巨大，东城区政府对该标段的围挡形式进行了多次优化，要求施工围挡采用全封闭围挡，全封闭围挡与周边建筑物相协调，最大限度地减少对周边环境的影响（图 10.4.49、图 10.4.50）。

（1）全封闭施工区采用负压通风，在每个封闭围挡内部设置通风机和集尘器。全封闭区与高围挡区之间一侧设置通风百叶窗。

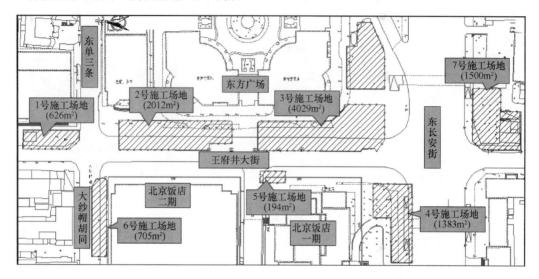

图 10.4.49　王府井站施工场地布置及周边环境平面图

图 10.4.50　王府井站施工场地布置及周边环境鸟瞰图

（2）为降低施工噪声对周边环境的影响，我项目部针对不同噪声源采用了不同措施来加以控制：1）金属焊接、切割噪声：不在施工围挡内加工，采用外部加工运输至场地内安装的方案控制；2）空压机运行噪声：设置单独设备房间，并采用静声式设备；3）发电机运行噪声：设置单独设备房间，并采用静音式设备（图 10.4.51）。

第 10 章 轨道交通行业绿色安全建造发展

图 10.4.51 静音式发电机及静音式空压机

（3）为降低粉尘对周边环境的影响，以内部消除作为原则，不外排灰尘；以清理为主，减少灰尘来源；以改进工艺控制，减少灰尘。1）地铁施工场地主要产生的灰尘类型为：水泥灰、沙石料粉尘、焊接烟尘、渣土扬尘等；为保证围挡内外不受施工粉尘的影响，拟采用袋式除尘器降低粉尘；2）安排专人定期维护除尘设备，并辅助进行人工洒水及清扫以降低扬尘（图 10.4.52）。

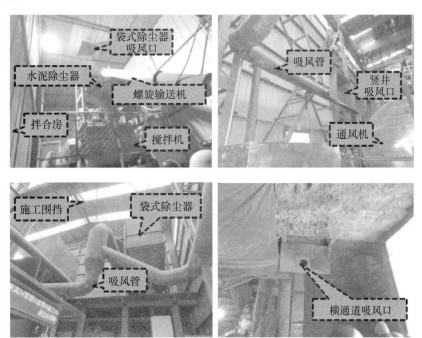

图 10.4.52 袋式吸尘器

目前北京在建 3 号线、12 号线、17 号线、19 号线、新机场线、房北线、昌南线、28 号线城区站等暗挖竖井均已实现封闭防护大棚全封闭。

2. 12 号线城区站

北京地铁 12 号线安贞桥站、长春桥站、远大路站、光熙门站等城区站如图 10.4.53～图 10.4.56 所示。

227

图 10.4.53　地铁 12 号线安贞桥站及区间

图 10.4.54　地铁 12 号线长春桥站

图 10.4.55　地铁 12 号线远大路站

图 10.4.56 地铁 12 号线光熙门站

3. 19 号线城区站

北京地铁 19 号线沿线各站如图 10.4.57 所示。

图 10.4.57 地铁 19 号线沿线各站

10.4.8 明挖基坑防护大棚

传统地铁明挖施工过程中大型设备机具裸露作业,基坑周边临时以板材进行简单围挡,破坏城市沿街立面效果。地铁施工建设周期较长,在几个月甚至更长的施工期间粉尘噪声不经任何处理直接排放,作业区域及周边形成持续的大面积粉尘笼罩区,严重影响城市空气质量及环境,严重影响周边人们正常生活,严重破坏街区和城市整体形象。这种粗放的作业模式亟需改进(图 10.4.58)。

图 10.4.58　明挖基坑现状作业方式

基于绿色安全建造的封闭施工棚综合采用多种技术相结合，以全封闭的封闭施工棚覆盖整个基坑等施工场地，使得施工现场工厂化，加上棚内设置多种除尘排烟等环保设备对施工中产生的粉尘烟雾同步进行处理，确保施工扬尘等污染物不扩散到棚外空气中，不对周边环境构成污染。

通过封闭施工棚技术，可实现施工场地与周围环境隔离，减少施工造成的扬尘、噪声污染，推动城市轨道交通建设工程绿色安全建造发展。实现绿色安全建造，是时代发展和社会进步的要求，也是地铁建设自身良性发展的需要。在整个社会环保意识空前提高的今天，地铁施工必须告别过去的粗放模式，向精细化、集约化和绿色建造方向发展。封闭施工棚技术是地铁基坑施工实现绿色安全建造的重要技术手段，通过封闭施工棚技术带动设计模数化、施工工厂化、作业机械化、管理信息化、绿色施工常态化，推动地铁建设进入符合时代发展和社会进步要求的新阶段。

北京市轨道交通设计研究院有限公司参与了北京 19 号线积水潭站、17 号线香河园站、12 号线三元桥站封闭施工棚的设计工作，同时受北京市轨道交通建设管理有限公司委托，对不同形式的封闭施工棚进行了详细深入的研究，有较丰富的设计经验。

1. 北京地铁 12 号线三元桥站

大棚主体结构采用钢结构，外皮 5m 以上采用膜结构，5m 以下采用彩钢板结构，罩棚尺寸整体跨度 43.5m，高度净空 17m，长度 300m（图 10.4.59）。

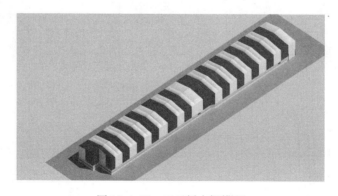

图 10.4.59　三元桥大棚模型

整体固定＋局部移动式结构罩棚可充分整合罩棚整体固定式与推拉式的优点，不仅能够最大限度地为施工现场提供施作空间，确保施工期间物料吊装及混凝土浇筑，完好的整体性与封闭性能够保证基坑出土期间隔绝扬尘，满足环保要求，施工不受气候环境影响（图 10.4.60～图 10.4.62）。

图 10.4.60　钢结构安装

图 10.4.61　大棚夜景效果图

图 10.4.62　大棚日景照片

2. 北京地铁 17 号线香河园站

因膜结构造价较岩棉彩钢板低，综合造价、施工速度等因素，17 号线香河园站采用膜结构作为封闭施工棚的外围护材料（图 10.4.63）。

图 10.4.63　北京地铁 17 号线香河园站封闭施工棚

3. 北京地铁 19 号线积水潭站

北京地铁 19 号线积水潭站隔离棚如图 10.4.64 所示。

图 10.4.64　北京地铁 19 号线积水潭站隔离棚

4. 天津地铁 11 号线大棚

北京市轨道交通设计研究院有限公司受中交建设集团委托，设计了天津地铁 11 号线佟楼站、迎宾馆站景观罩棚。上述两站地理位置优越，距离市政府直线距离不到 500m，与北京封闭施工棚主要从除尘除霾出发不同，天津封闭施工棚主要从景观及视觉隔离出发，将上述两站工地与其他工地区分，将景观罩棚打造成"中交蓝屋"，作为集团形象，对外展示（图 10.4.65、图 10.4.66）。

图 10.4.65 天津地铁佟楼站封闭施工棚日景效果图

图 10.4.66 天津地铁佟楼站封闭施工棚夜景效果图

10.4.9 施工现场数字化管理系统（工程项目数字化管理平台）

施工现场数字化管理系统将人员、设备、材料、环境等监控对象的安全状态纳入风险监控体系，并利用BIM+GIS的深度融合与图形数据结构展示、人员定位与监测装置集成技术，通过物联网、通信技术、网络互联技术，实现微观与宏观相结合的虚拟施工现场实景再现和实时交互，实现对施工现场全面、全过程、智能精准的预测预报和远程控制一体化安全监控。

1. 构建基于BIM技术的地铁建造全本数码图库（BIM族库）

根据编码规则生成对应二维码作为组装构件的唯一编码，组成单位工程完整族库，进行全生命周期管理（图10.4.67）。在接受设计方案、生产需求等输入参数后，经数控核心模块处理生成下料单，直接输出对现场机械进行操控（图10.4.68、图10.4.69）。

编码分级	编码类型	编码内容	项目名称
一级编码	分部分项工程编码	080401	站台板（主体）
二级编码	清单项目编码	080401004	站台板
三级编码	清单项目顺序编码	080401004007	站台板（C30）
四级编码	对应清单项构件顺序码	080401004007001	站台层_站台板（C30）

图10.4.67 组装构件编码

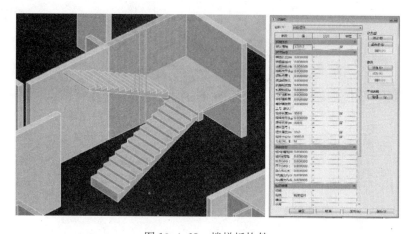

图10.4.68 楼梯板构件

2. 基于BIM技术的施工现场智能管控平台

基于BIM技术的施工现场智能管控平台如图10.4.70所示。

3. 利用数控技术实现地铁施工建造智能化

施工现场数字化管理系统的最终目标是通过构建基于三维空间的虚拟现场，根据施工工艺进行施工过程的排工步序，合理配备与控制施工现场的人员、机械、物料，最终实现施工现场的数字化、信息化、精细化、智能化管理。

第 10 章 轨道交通行业绿色安全建造发展

B	C	D	E	F	G	H
一级编码	二级编码	三级编码	四级编码	材质	体积	合计
080401	080401004	080401004007	080401004007001	C30;混凝土	8.28	1
080401	080401004	080401004007	080401004007001	C30;混凝土	8.28	1
080401	080401004	080401004007	080401004007001	C30;混凝土	9.12	1
080401	080401004	080401004007	080401004007001	C30;混凝土	9.12	1
080202	080202025	080202025003	080202025003001	C30;混凝土	1.38	1
080202	080202025	080202025003	080202025003001	C30;混凝土	1.00	1
080202	080202025	080202025003	080202025003001	C30;混凝土	1.38	1
080202	080202025	080202025003	080202025003001	C30;混凝土	1.00	1
080202	080202001	080202001001	080202001001001	C15;混凝土垫	0.87	1
080202	080202001	080202001001	080202001001001	C15;混凝土垫	0.87	1
080202	080202001	080202001001	080202001001001	C15;混凝土垫	0.87	1
080202	080202001	080202001001	080202001001001	C15;混凝土垫	0.87	1

图 10.4.69 构件码示例

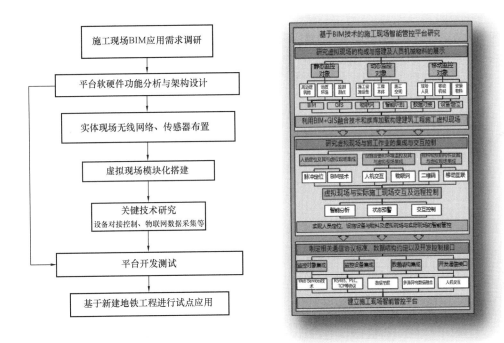

图 10.4.70 基于 BIM 技术的施工现场智能管控平台

第11章 轨道交通绿色建筑评价体系

11.1 研究意义

目前,全球碳排放量大幅度激增、气候变暖,在这种恶劣环境下,低碳经济成为全球关注的热点。低碳经济是以低能耗、低污染为基础的。现在,在我国正在进行一场"高能效、低排放"的革命。中国作为一个发展中国家,必须把发展低碳经济作为以后经济发展的重中之重。

节能减排是我国的基本国策,政府在"十三五"发展规划中,节能减排和生态文明已成为我国经济升级转型和绿色发展的重要组成部分;绿色发展是新时代新的根本性发展目标,是新时代践行初心和使命的必然要求。

轨道交通具有运量大、速度快、安全、准时、节能、无污染等优点,在用地、节能、环保、安全等方面,具有其他运输方式无法比拟的优越性,是比较适宜的城市交通方式,符合了我国都市群的可持续发展战略,规划和建设轨道交通绿色系统,是我国交通领域的必然发展趋势。城市轨道交通作为城市交通的重要组成部分,迫切需要绿色相关理论的指导。

11.2 研究目的

(1) 响应国家节能、减排政策,推动城市绿色轨道交通的发展,拓展绿色城市轨道交通内涵。

(2) 以绿色节约思想实现线网级资源共享、绿色站点及绿色系统等,实现轨道交通绿色理念。

(3) 为行业标准的制定提供参考,填补轨道交通绿色评价体系的空白,明确绿色轨道交通指标体系架构。

(4) 推动京津冀绿色轨道交通的发展,促进和带动相关产业的技术更新。

11.3 技术路线

轨道交通绿色评价体系研究技术路线图如图11.3.1所示。

(1) 通过调研国内外绿色建筑的发展及应用情况,分析绿色建筑在应用中存在的问题,总结轨道交通绿色建筑评价体系的必要性,作为研究的基础资料。

(2) 总结技术规范和标准,作为研究的理论依据。

技术规范和标准主要包括绿色建筑国家、地方、行业标准和规范及长沙、上海市轨道交通绿色建筑评价标准体系及指标体系等。

第 11 章 轨道交通绿色建筑评价体系

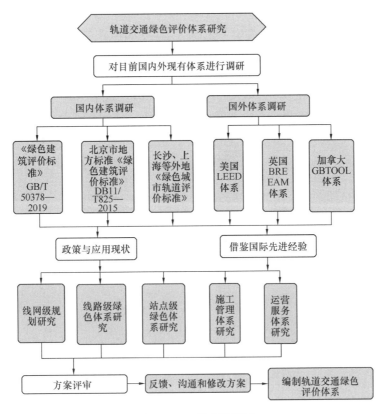

图 11.3.1 技术路线图

通过调研国内已应用绿色建筑的轨道交通情况，分析轨道交通项目在全生命周期内、不同制式轨道交通、轨道交通各子系统和各专业对绿色建筑技术的应用，比如可再生能源的利用、地源热泵技术、自然采光等，作为绿色评价体系在轨道交通应用中的参考依据与评价标准。

11.4 国外绿色建筑评价体系的发展现状

11.4.1 美国 LEED 绿色建筑评价体系

1. 体系建立的目的

LEED，全称为"Leadership in Energy and Environmental Design"，由美国绿色建筑委员会 USGBC 建立并推行的绿色建筑评估体系。该体系根据美国 ASHRAE 标准进行深入定量分析，主要目的是规范一个完整、准确的绿色建筑概念，防止建筑的滥绿色化，推动建筑的绿色集成技术发展，帮助项目团队明确绿色建筑的目标，制定切实可行的设计策略，使项目在环境保护、能源消耗、水资源消耗、建材消耗、室内空气质量等方面达到国际认证体系 LEED 的指标和标准，为项目用户提供低运营成本、健康舒适的环境。

2. 体系建立的过程

2003 年将正式推出 LEED2.1 版。从最初的只针对公共建筑，发展到可用于既有建筑的绿色改造标准LEED-EB、商业建筑绿色装修标准LEED-CI，目前正在致力于开发专用于住宅建筑的LEED-RB。LEED认证体系不断更新发展，其整体发展趋势为评分标准具体化和建筑类型细则化。从LEED2012的改进点可以看出，LEED认证体系加入了更多的技术类别，并且提倡建筑的整体表现的提升，提出了更严格的量化指标。而且，对建筑类型进行了扩充和完善，新加入了数据中心、仓储物流、接待中心和医疗设施几大类别，使得LEED认证的评分标准更加有针对性，更加准确。LEED V4于2013年11月正式实施，是目前LEED的最高版本，此版本将评价产品减少到5个，但增加了仓库和分配中心、数据中心等内容，进一步扩大了评价对象。

3. 体系框架

LEED是"绿色能源与环境设计先锋奖"，它是由美国营利性组织——美国绿色建筑委员会（US-GBC）编制及颁发，在国际上被公认为最具影响力的绿色建筑评估体系，得到全球不同气候带国家的认可。该评估体系主要涵盖新建建筑（LEED BD+C）、既有建筑（LEED O+M）、室内装修（LEED ID+C）、住宅建筑（LEED HOMES）、社区开发（LEED ND）五方面的LEED认证（图11.4.1），涉及热岛效应、再生能源、环保排放、创新与设计、低碳材料、暴雨管理等多项屋面系统审核，并根据总得分将建筑物分为认证级、银级、金级、铂金级四个认证等级。

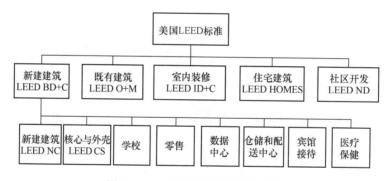

图11.4.1　LEED评估标准示意图

4. 体系指标

LEED从可持续场地选择、有效利用水资源、能源与环境（含可再生能源的利用及保护环境等）、材料和资源、室内环境质量、创新设计这几方面对建筑进行评估，评判其对环境的影响。其中，可持续场地选择约占总评分的20%，有效利用水资源占7%，能源与环境占25%，材料和资源占19%，室内环境质量占22%，创新设计占7%。

LEED的评价指标体系由一体化进程、区位与交通、可持续场址、用水效率、能源与大气、材料与资源、室内环境、创新和设计过程、地域优先9类指标组成，其中创新和设计过程、地域优先为加分项。按照评价总得分确定认证级（40～49分）、银级（50～59分）、金级（60～79分）和铂金级（80～110分）。

5. 应用效果

目前，在世界各国的各类建筑环保评估、绿色建筑评估以及可持续性评估标准中，其被认为是最完善、最具影响力的评估标准。获得LEED认证可表明开发商将绿色策略、节能系统、环保特色融入建筑设计、施工和营运当中。LEED目前已成为全美国各州公认的绿色建筑评估准则，近年来更广为全世界其他先进国家所采用或当作该国制定绿色建筑评估系统的模板，中国已成为 LEED 项目数量第二大国。相比国内的绿色建筑标识，LEED 认证更具国际影响力，更受世界 500 强企业青睐。随着 LEED 认证工程师人数和美国绿色建筑协会（USGBC）会员数的不断增加，LEED 认证在整体建筑行业内的影响力和专业也会有进一步的提升。

LEED 是一个真正意义上以需求为导向、以市场为驱动的绿色建筑评价体系。它着重于"市场化"，全球约 30 个国家的 14000 余个项目开展了 LEED 认证。目前国内有超过 300 个建筑项目注册申请了这个"节能环保通行证"的"金字招牌"，但是 LEED 主要是根据美国自身情况而制定的，LEED 认证在中国"水土不服"的现象也越来越突出。

11.4.2 英国 BREEAM 绿色建筑评价体系

1. 体系建立的目的

在英国，建筑业直接消耗的能源占到全社会总能耗的 50% 并消耗 40% 的原材料。在这样的背景下，建筑及建成环境的绿色与否将直接关系到英国未来竞争力，英国早在 1990 年就由英国建筑研究院（BRE）发布了世界首个绿色建筑评估体系——建筑研究院环境评法（Building Research Establishment Environmental Assessment Method，BREEAM）。其内容是对英国已有及新建建筑进行包括运营管理、能源使用、建材、水、土地利用、污染等九大部分的评估及指导，以期让建筑在品质、安全性、内部舒适性及能耗、碳排放等方面取得平衡，减少建筑对地区和全球环境的负面影响。

2. 体系建立的过程

英国于 1990 年制定了世界第一个绿色建筑评估体系，初版的 BREEAM 是用来评估办公建筑的环境表现，之后又衍生出商业版（"1991 新建超市及购物中心"）、工业版（"1993 新建工业建筑"）、学校版、住宅版（"1995 新建住宅"）、监狱版、医院版、生态住宅版（"Ecohome"——与英格兰民政部及各地方政府合作编制，用作英格兰可持续住宅建设的规范）、定制版（对不能划为已有分类的建筑量身定做评估体系）以及国际版等总计十五种版本，并每年更新以能应对工程技术的发展及相关环境立法的变化，从而保持其作为绿色建筑评估体系领头者的地位。

3. 体系框架

英国 BREEAM 现有分别针对建筑新建、运营、改造、社区建立四大版本。体系评估项目共有十项：管理、身心健康、能源、交通、水消耗、材料、垃圾、土地利用及生态、污染、创新，十项类别下分若干子项目，子项目对应不同得分点，每个得分点从三方面：建筑性能、设计与建造以及管理与运行对建筑进行评价，满足要求即可得到相应的分数。

4. 体系指标

BREEAM 的评估过程由持有通过英国建筑研究院（BRE）培训及考核后颁发评估证书的专业人员及机构来执行。评估员及评估机构将根据各建筑的分类，选择对应版本的 BREEAM，各在项评估环节综合考察项目的选址、备料、设计、施工、运行、维护、改造、报废拆除及再利用等整个建筑寿命周期中各环节的环境性能，依照是否达到各评估条款进行打分，最后将评估报告提交 BRE 审核，经过约 15d 的审核后会发予相应绿色等级证书（"通过""良好""优秀"和"杰出"四个等级）。

5. 应用效果

BREEAM 目前已是英国绿色建筑市场上应用最为广泛、权威度最高,并具有全球影响力的绿色建筑评价体系。BREEAM 评估体系不仅对建筑单体进行定量化客观的指标评估,并且考量建筑场地生态,从科学技术到人文技术等不同层面关注建成环境对社会、经济、自然环境等多方面的影响。它既是一套绿色建筑的评估标准,也为绿色建筑的设计起到了积极正面的引导。BREEAM 也因此成为绿色建筑评估体系中较权威的国际标准之一并影响了后来美国的 LEED 评估体系(1996 年)、加拿大 GB Tool 评估体系(1998 年)以及欧盟的 SEA(2001)评估方法。

11.4.3 加拿大 GB Tool 绿色建筑评价体系

1. 体系建立的目的

加拿大的 GB Tool 评估体系是由加拿大自然资源部(Natural Research Canada)于 1996 年发起并由数个国家共同制定。GB Tool 将建筑性能用图表形式表达,具体评价项目、评价基准和权重系数由各国根据国情制定。目的:建立一套国际比较通用的绿色建筑评价模式,用以评价建筑的环境性能。

2. 体系建立的过程

GB Tool 的指标体系综合了定性及定量评价方法,实行树状形式分类,基本上涵盖了建筑环境评价的各个方面。与第一代环境评价工具相比,GB Tool 增加了舒适性、室内环境质量、持久性等新的评价范畴,更加注重生命周期的全过程评价(Life-cycle Assessment,LCA)。

3. 体系框架

GB Tool 研究对象包括新建和改建翻新建筑,评估手册共有四卷,包括总论、办公建筑、学校建筑、集合住宅。GB Tool 2005 将绿色建筑评价内容划分为 7 个部分:环境的可持续发展指标,室内空气质量,可维护性,环境负荷,运行管理,经济性,资源消耗(图 11.4.2)。

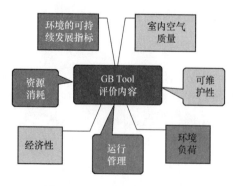

图 11.4.2 GB Tool 评价内容

4. 体系指标

GB Tool 分 4 个层次(从高到低依次为环境性能问题、环境性能问题分类、环境性能标准及环境性能子标准),由 6 大领域、120 多项指标构成,基本上涵盖了建筑环境评价的各个方面,GB Tool 更加注重生命周期的全过程评价。评分标准及等级:采用 0~5 分的评分标准。

- 0 代表行业平均水平;
- +3 代表行业最好的水平;
- +5 代表不考虑成本可以达到的最佳效果。

5. 应用效果

GB Tool 采用的评价尺度为相对值而不是绝对值,所有评价指标的取值范围均从 0 到 5,这些数值可以反映被评价建筑物的"绿"的程度。由于 GB Tool 采用基准的方法进行评价,即评价对象的各项环境影响分别与这个基准进行比较,因此,当每个国家和地区在具体使用时，都需要根据各自国家和地区的具体情况对评价基准进行调整。

11.4.4 国外绿色建筑评价体系综述

发达国家绿色建筑发展至今，其成熟的标志性的运行模式，就是都不约而同地建立了绿色建筑评价体系。20 世纪 90 年代以来，世界各国都发展了各种不同类型的绿色建筑评价体系，为绿色建筑的实践和推广做出了重大的贡献。目前国际上发展较成熟的绿色建筑评价体系有英国 BREEAM、美国 LEED、日本 CASBEE、加拿大 GB Tool、澳大利亚 NABERS 等。

美国 LEED 的优点在于：采用第三方认证机制，增加了该体系的信誉度和权威性；评定标准专业化且评定范围已扩展形成完善的链条；体系设计简洁，便于理解、把握和实施评估；已成为世界各国建立绿色建筑及可持续性评估标准及评价体系的范本。局限性有：未对建筑全生命周期的环境的影响做出全面的考察；评定对环境性能打分不设负值，被评估者可能基于成本或者达到要求的难易程度，确定选择设计策略。

英国 BREEAM 的优点在于：最显著优势是考察建筑全生命周期；条款式的评估体系，操作比较简单且易于理解和接受；评估框架开放、透明，可根据实际情况增加评估条款；为方便设计师考虑各设计方案对环境的影响，BRE 推出建筑环境影响评价软件，其巨大的数据库为建筑设计提供了环境影响因素，使得设计师可在早期阶段进行项目影响评估。局限性在于：该评价体系是基于英国国情开发的，未考虑其他地域性问题，其适应性受到限制；评估过程较复杂，须由多名持有 BRE 执照的专业评估师操作（BRE 规定每个项目评估须有至少两位经过 BRE 专门培训的 BREEAM 注册师完成）。

加拿大 GB Tool 的优点有：由于多国参与，相对于英美的体系，使得该评价体系设计得更为开放，变化更为显著；该评估体系充分尊重地方特色，评价基准灵活且适应性强，各国和各地区可以根据当地实际情况增减评估体系的某些条款，并设置评价性能标准和权重系数，充分反映了用户对不同区域、不同技术、不同建筑体系甚至不同文化的价值取向。局限性有：该评估体系较强的适应性，使得其评估结果的可比性大大削弱；评估操作及 Excel 界面过于复杂，不利于其在市场上的推广应用；未建立适用于此体系的数据库；主要用作指导设计，未能兼顾设计与认证两种职能。

综上，发达国家绿色评价体系完善，但对轨道交通研究较少，无可参考的标准，且国外的评价体系只是从建筑的设计施工及措施和管理办法方面设立的指标，缺少从实际的运行效果上进行评价。

11.5 国内绿色建筑评价标准的发展现状

11.5.1 国家绿色建筑评价标准

1. 体系建立的目的

体系建立的目的：为贯彻落实绿色建筑发展理念，推进绿色建筑高质量发展，节约资源，保护环境，满足人们日益增长的美好生活需要。

2. 体系建立的过程

我国始终高度重视绿色建筑的发展，2013年1月1日，国务院办公厅转发了国家发展和改革委员会、住房和城乡建设部制定的《绿色建筑行动方案》，开启了绿色建筑发展的新篇章。历经10余年的发展，我国绿色建筑已实现从无到有，从少到多，从个别城市到全国范围，从单体到城区、到城市的规模化发展。《住房城乡建设事业"十三五"规划纲要》提出了到2020年城镇新建建筑中绿色建筑推广比例超过50%的目标。在绿色建筑发展领域，最重要的标准是现行国家标准《绿色建筑评价标准》GB/T 50378—2019（以下简称《评价标准》）。作为规范和引领我国绿色建筑发展的根本性技术标准，2006年首次发布，2014年第1次修订版发布，2018年启动了《评价标准》第2次修订工作。《评价标准》的"三版两修"在我国绿色建筑发展中发挥了重要作用：一是2006年版《评价标准》首次明确了我国绿色建筑的定义、评价指标和方法，为评估建筑绿色程度、保障绿色建筑质量、规范和引导我国绿色建筑健康发展奠定了重要基础；二是促进形成了具有我国特色的涵盖绿色建筑设计、施工、审查、评价、运维、检测等工程建设的全过程技术标准体系；三是有力推动了我国绿色建筑的规模化发展；四是逐步形成了具有中国特色和时代特色且与新时代人民美好生活需求相统一的绿色建筑指标体系。

3. 体系框架

绿色建筑评价指标体系应由安全耐久、健康舒适、生活便利、资源节约、环境宜居5类指标组成，且每类指标均包括控制项和评分项，评价指标体系还统一设置加分项（图11.5.1）。控制项的评定结果应为达标或不达标；评分项和加分项的评定结果应为分值。对于多功能的综合性单体建筑，应按本标准全部评价条文逐条对适用的区域进行评价，确定各评价条文的得分。

图11.5.1 《绿色建筑评价标准》指标体系

绿色建筑评价应以单栋建筑或建筑群为评价对象。评价对象应落实并深化上位法定规划及相关专项规划提出的绿色发展要求；涉及系统性、整体性的指标，应基于建筑所属工程项目的总体进行评价。绿色建筑评价应在建筑工程竣工后进行。在建筑工程施工图设计完成后,可进行预评价。

4. 体系指标

绿色建筑评价的总得分应按下式进行计算:

$$Q = (Q_0 + Q_1 + Q_2 + Q_3 + Q_4 + Q_5 + Q_A)/10$$

式中 Q——总得分;

Q_0——控制项基础分值,当满足所有控制项的要求时取 400 分;

$Q_1 \sim Q_5$——分别为评价指标体系 5 类指标(安全耐久、健康舒适、生活便利、资源节约、环境宜居)评分项得分;

Q_A——提高与创新加分项得分。

绿色建筑划分应为基本级、一星级、二星级、三星级 4 个等级。当满足全部控制项要求时,绿色建筑等级应为基本级。绿色建筑星级等级应按下列规定确定:一星级、二星级、三星级 3 个等级的绿色建筑均应满足本标准全部控制项的要求,且每类指标的评分项得分不应小于其评分项满分值的 30%;一星级、二星级、三星级 3 个等级的绿色建筑均应进行全装修,全装修工程质量、选用材料及产品质量应符合国家现行有关标准的规定;当总得分分别达到 60 分、70 分、85 分且应满足一星级、二星级、三星级绿色建筑的技术要求时,绿色建筑等级分别为一星级、二星级、三星级。

绿色建筑评价的分值设定应符合表 11.5.1 的规定。

《绿色建筑评价标准》评分指标 表 11.5.1

	控制项基础分值	评价指标评分项满分值					提高与创新加分项满分值
		安全耐久	健康舒适	生活便利	资源节约	环境宜居	
预评价分值	400	100	100	70	200	100	100
评价分值	400	100	100	100	200	100	100

5. 应用效果

2006 年版和 2014 年版《评价标准》促进了绿色建筑理念的推广与实践发展。但随着绿色建筑工作的推进,绿色建筑实效问题逐渐显现。据统计,截至 2017 年底,全国获得绿色建筑评价标识的项目累计超过 1 万个,建筑面积超过 10 亿 m^2,但获得绿色建筑运行标识项目相对较少,仅占标识项目总量的 7% 左右,而且随着近几年部分地方绿色建筑施工图设计文件审查工作的普遍开展,绿色建筑运行标识项目所占的比例更低,可见相当数量的建筑在进行绿色建筑设计评价后并未继续开展绿色建筑运行评价。此外,前两版《评价标准》侧重考虑的是建筑本身的绿色性能,对"以人为本"及"可感知"的技术要求涉及不够,建筑使用者难以感受到绿色建筑在健康、舒适、高质量等方面的优势。随着建筑科技的快速发展,建筑工业化、海绵城市、建筑信息模型、健康建筑等高新建筑技术和理念不断涌现并投入应用,而这些新领域方向和新技术发展并未及时体现在 2014 年版《评价标准》中。

《绿色建筑评价标准》GB/T 50378—2019 修订的主要技术内容有:(1)重新构建了绿色建筑评价技术指标体系;(2)调整了绿色建筑的评价时间节点;(3)增加了绿色建筑等级;(4)拓展了绿色建筑内涵;(5)提高了绿色建筑性能要求。

11.5.2 北京绿色建筑评价标准

1. 体系建立的目的

为贯彻国家和北京市技术经济政策，节约资源，保护环境，规范北京市绿色建筑的评价，推进可持续发展，制定本标准。

2. 体系建立的过程

北京市绿色建筑评价标准根据北京市质量技术监督局《关于印发2014年北京市地方标准制修订项目计划的通知》的要求，由北京市住房和城乡建设科技促进中心与北京建筑技术发展有限责任公司会同有关单位在原北京市地方标准《绿色建筑评价标准》DB11/T 825—2011基础上修订完成。本标准在修订过程中，标准编制组开展了广泛的调查研究，参考了国家标准《绿色建筑评价标准》GB/T 50378—2014的实施情况和实践经验，总结了有关国内外标准，进行了多项专题研究，广泛征求了有关方面的意见，对具体内容进行了反复讨论、协调和修改，最后经审查定稿。

3. 体系框架

绿色建筑评价指标体系由节地与室外环境、节能与能源利用、节水与水资源利用、节材与材料资源利用、室内环境质量、施工管理、运营管理7类指标组成（表11.5.2）。每类指标均包括控制项和评分项。评价指标体系还统一设置加分项。设计评价时，不对施工管理和运营管理2类指标进行评价，但可预评相关条文。运行评价应包括7类指标。控制项的评定结果为满足或不满足；评分项和加分项的评定结果为分值。绿色建筑评价应按总得分确定等级。评价指标体系7类指标的总分均为100分。7类指标各自的评分项得分为 Q_1、Q_2、Q_3、Q_4、Q_5、Q_6、Q_7；按参评建筑该类指标的评分项实际得分值除以适用于该建筑的评分项总分值再乘以100分计算。

北京绿色建筑评价标准体系 表11.5.2

		节地与室外环境 w_1	节能与能源利用 w_2	节水与水资源利用 w_3	节材与材料资源利用 w_4	室内环境质量 w_5	施工管理 w_6	运营管理 w_7
设计评价	居住建筑	0.21	0.24	0.20	0.17	0.18		
	公共建筑	0.16	0.28	0.18	0.19	0.19		
运行评价	居住建筑	0.17	0.19	0.16	0.14	0.14	0.10	0.10
	公共建筑	0.13	0.23	0.14	0.15	0.15	0.10	0.10

4. 体系指标

绿色建筑分为一星级、二星级、三星级3个等级。3个等级的绿色建筑均应满足本标准所有控制项的要求，且每类指标的评分项得分不应小于40分。当绿色建筑总得分分别达到50分、60分、80分时，绿色建筑等级分别为一星级、二星级、三星级。对多功能的综合性单体建筑，应按本标准全部评价条文逐条对适用的区域进行评价，确定各评价条文的得分。

5. 应用效果

现行国家标准《绿色建筑评价标准》GB 50378—2019，紧密结合北京市气候、资源、经济发展水平、人居生活特点和节能减排要求，遵循"确保绿色效果、提升建筑品质"的基本原则，合理设置具有北京项目绿色特点的评价指标或内容，确保了标准的科学性、适宜性和可操作性，推动了北京市绿色建筑健康发展。北京市地方标准《绿色建筑评价标准》DB11/T 825—2015，对包括住宅用地、公共建筑用地等人居用地面积设定了限制，最高不超过 49m²。近年来，北京市着力推动绿色建筑发展，在政策法规、标准体系、标识评价等方面开展了大量基础性和建设性工作。

11.5.3 上海市绿色轨道交通建筑评价体系

1. 体系建立的目的

为贯彻落实绿色发展理念，满足人民绿色高效出行的需要，节约资源，保护环境，推进绿色城市轨道交通高质量发展，制定本标准。当前，在城市轨道交通领域以及工程建设领域，我国部分省市已开始了绿色城市轨道交通相关设计导则与评价标准的研究，但兼顾全国城市轨道交通建筑共性特色相关的绿色节能政府或行业标准尚未发布。本标准的出台将填补城市轨道交通领域在绿色标准的空白，同时也是我国绿色标准体系的有益补充，为未来城市轨道交通的绿色化发展提供了理论技术支撑，对规范和引导我国城市轨道交通绿色发展起到重要作用。

2. 体系建立的过程

目前，上海市轨道交通已开通 17 条线路，运营里程 704.7km，设 415 座车站，每天客流量超过 1000 万人次，这是世界上最庞大的城市轨道交通网络线路。最繁忙的地铁城市，也意味着需要消耗巨大的电力。数据显示，上海轨道交通年耗电量超过 21 亿度，主要包括列车牵引、站厅通风空调、照明、电梯系统等。另一方面，上海地处环境潮湿的东部沿海地区，轨道交通站厅大多深居地下，人群流动密集。当空气不流通时，不仅氧气含量下降，还可能滋生病菌。因此，打造更节能、更健康、更安全的城市轨道交通网络，是践行新发展理念、实施健康中国战略的必然要求，也是新时代企业应该承担的社会责任。

上海市建筑科学研究院（集团）有限公司与上海申通地铁股份有限公司联合主编《绿色城市轨道交通建筑评价标准》，面向全社会公开征集意见。建设中的上海轨道交通 14 号线，将在全线实践这份评价标准的绿色内涵，并进行国内绿色轨道交通体系认证，着力打造绿色地铁"上海样本"。上海轨道交通规划以上海城市总规和城市发展战略为依据，在客流预测的基础上，对轨道线网的功能定位、结构选择、规模与分布、线路走向与站点设置等进行了系统研究。

3. 体系框架

《绿色城市轨道交通建筑评价标准》指标体系由安全耐久、环境健康、资源节约、施工管理、运营服务 5 类指标组成，且每类指标均包括控制项和评分项。控制项为绿色城市轨道交通建筑的必备条件，全部满足本标准中控制项要求的城市轨道交通建筑，方可认为已具备绿色城市轨道交通建筑的基本性能。所以，进行绿色城市轨道交通建筑评价时，应先审查是否满足控制项的要求。评分项是划分绿色城市轨道交通建筑等级的可选条件，具体评分项得分按照本标准要求计算（表 11.5.3）。

绿色城市轨道交通车站建筑各类评价指标评分项总分值　　表 11.5.3

评价指标	控制项 基础分值 Q_{czJ}	安全耐久 Q_{cz1}	环境健康 Q_{cz2}	资源节约 Q_{cz3}	施工管理 Q_{cz4}	运营服务 Q_{cz5}	创新项 加分值 Q_A
总分值 Q_{cz}	400	100	100	200	100	100	100

各阶段评价由控制项和提高项两部分组成，控制项是否决性项目，只有控制项全部合格才能进入提高项评分。控制项：绿色城市轨道交通工程建设及运营评价必须满足的条款；提高项：在满足控制项的前提下，绿色城市轨道交通设计、工程建设及运营评价的得分条款。

4. 体系指标

本标准对各等级绿色城市轨道交通建筑各类指标的最低达标程度进行了限制，规定了每类指标的最低得分要求。在满足全部控制项和每类指标最低得分的前提下，绿色建筑按总得分确定等级，分为基本级、一星级、二星级、三星级4个等级。当满足全部控制项要求时，绿色建筑等级应为基本级。一星级、二星级、三星级3个等级的绿色城市轨道交通建筑均应满足本标准所有控制项的要求，且各类指标的评分项得分不应小于其评分项分值的 30%；当总得分分别达到 60 分、70 分、85 分时，绿色城市轨道交通建筑等级分别为一星级、二星级和三星级。

5. 应用效果

该标准的出台，将填补城市轨道交通领域在绿色标准上的空白，为未来城市轨道的绿色发展提供技术理论支撑，对规范和引导我国城市轨道交通绿色发展起到重要作用。

11.5.4　长沙市绿色轨道交通建筑评价体系

1. 体系建立的目的

为贯彻执行节约资源和保护环境的国家政策，推进可持续发展，规范绿色城市轨道交通的评价，制定本标准。

2. 体系建立的过程

长沙在全国范围内第一个提出"绿色地铁"的建设理念，长沙市轨道交通集团有限公司率先于 2013 年研究编制《长沙市绿色城市轨道交通评价标准》和《长沙市城市轨道交通绿色车站设计导则》，提出了绿色城市轨道交通评价指标及方法。

3. 体系框架

绿色城市轨道交通评价指标体系由节地与室外环境、节能与能源利用、节水与水资源利用、节材与材料资源利用、环境质量、轨道运营管理和轨道交通服务七类指标组成（表11.5.4）。每类指标包括控制项和得分项。控制项为绿色城市轨道交通的必备条件，全部满足本标准中控制项要求的轨道交通线路，方可认为已具备绿色城市轨道交通的基本性能，所以，进行绿色城市轨道交通评价时，应先审查是否满足控制项的要求。得分项则是划分绿色城市轨道交通等级的可选条件，得分项每条分值均为 1 分。

4. 体系指标

绿色城市轨道交通设计评价须满足本标准中所有参与设计评价的控制项要求,且每类指标得分项总分不应低于3分。按满足得分项的累积分值,将绿色城市轨道交通划分为一星级、二星级、三星级3个等级(表11.5.4)。

绿色城市轨道交通设计评价等级划分及得分要求　　　　表11.5.4

	得分项(共85分)						
	节地与室外环境(共14分)	节能与能源利用(共22分)	节水与水资源利用(共8分)	节材与材料资源利用(共10分)	环境质量(共14分)	轨道运营管理(共8分)	轨道交通服务(共9分)
★	40~52						
★★	53~65						
★★★	66~85						

5. 应用效果

长沙在全国范围内第一个提出"绿色地铁"的建设理念,通过优化设计、使用节能技术和设备等综合措施,使绿色地铁能耗比普通地铁降低20%,还编制出了国内首部绿色城市轨道交通评价标准。

11.5.5　国内绿色轨道交通建筑评价体系综述

在中华人民共和国70年华诞之际,这座曾被英国《卫报》评为"新世界七大奇迹"之首、全球最大规模的单体航站楼——北京大兴国际机场在2019年9月30日全面通航,展中国风采,迎世界宾客。作为北京新地标性建筑,北京大兴国际机场通航后将满足年旅客吞吐量1亿人次需求,成为向世界展示中国国家形象的新标志。而它的另一个身份——"绿色新国门",也为我国轨道交通的节能发展打造了新样本。大兴机场在规划之初就确立了"低碳机场先行者、绿色建筑实践者、高效运营引领者、人性化服务标杆机场、环境友好型示范机场"五大绿色建设目标,并以具体行动让这些目标"落地生花"。大兴机场航站楼是国内首创的"三纵一横"全向型跑道结构,预计每年可减少约5.88t碳排放。除此之外,大兴机场的设计还获得了中国最高等级的绿色建筑三星级和节能建筑3A级认证,是全国首个通过节能建筑3A级评审的项目。

城市轨道交通行业发展已经到了从拼速度、比规模的发展方式转向聚焦高质量发展的目标上来。城市轨道交通未来发展的目标应该是:安全、便捷、绿色、智慧。发展绿色交通,建设宜居城市,京津冀应该建立健全绿色轨道交通建筑评价体系,其特点如下:

(1) 加快轨道快线和市郊铁路的实施,优化既有市郊铁路的运营。

(2) 加紧加强各方全过程参与建设和运营过程。堵水降水现象应结合市政管网进行设计建设。

(3) 建设绿色地铁,按照绿色建筑标准建设和运营地铁。夯实基础设备设施,优化共享监控系统配置。

(4) 结合轨道交通相关规划,加快轨道快线和市郊铁路的实施,优化既有市郊铁路的运营。

11.6 轨道交通绿色评价系统研究内容

11.6.1 轨道交通绿色评价体系概念与构成

1. 评价体系概念

绿色评价体系是城市轨道交通范围内按其内在联系形成的科学有机整体。实现一个与绿色轨道交通有关的所有标准，形成一个轨道交通绿色评价体系。并具有以下特性：

（1）目的性：即评价体系是围绕实现绿色轨道交通评价标准化而形成的。

（2）层次性：即评价体系是按照轨道交通不同层级反应轨道交通绿色评价标准的纵向结构。

（3）协调性：即评价体系内的各项标准应与国家标准衔接一致。

（4）配套性：即评价体系内的各种标准应互相补充、互相依存，共同构成一个完整整体。

（5）比例性：即评价体系内各类标准在数量上应保持一定的比例关系。

（6）环境适应性：即评价体系随着时间的推移和条件的改变应不断发展更新。

2. 评价体系构成

轨道交通绿色评价体系，是以国家标准为统帅，以绿色为主干，以线网级、线路级、站点级、施工管理、运营服务为重要组成部分，由安全耐久、健康舒适、使用便利、资源节约、环境友好、提高与创新等多个指标体系组成的有机统一整体（图11.6.1）。

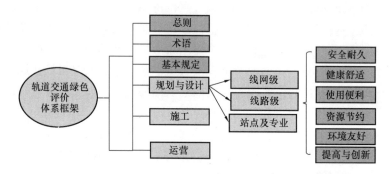

图 11.6.1 轨道交通绿色评价体系构成图

11.6.2 体系文件的编制

1. 体系说明与基本内容

北京市轨道交通绿色评价体系从使用便捷性、系统性及专业性等方面考虑，编制不同层级的轨道交通绿色评价体系，指导绿色建筑的决策和选择，将重点研究和判定绿色轨道交通的内容纳入到体系框架中。

该评价体系包含了轨道交通工程相关的专业或系统：运营组织、施工管理、线路、轨道、路基、车站建筑、桥梁、高架车站结构、地下结构、工程防水、通风、空调与供暖、给水与排水、供电、动力照明、通信、信号、自动售检票、火灾自动报警、综合监控、环境与设备监控、门禁、声屏障等。

本体系充分考虑了城市轨道交通各专业的特点，本着实用性和可操作性的原则，有选择性地纳入轨道交通绿色评价体系中。对于已经颁布或正在编制的国家、行业相关标准不再重复编制，对北京市已经颁布实施和正在编制的标准，纳入体系框架中。现阶段体系中项目共 23 项，标准体系是开放性的，标准内容和数量均可根据需要适时调整。

2. 体系的表述与框架

分别从轨道交通线层级的维度和指标维度搭建标准体系框架图，如图 11.6.2 所示。

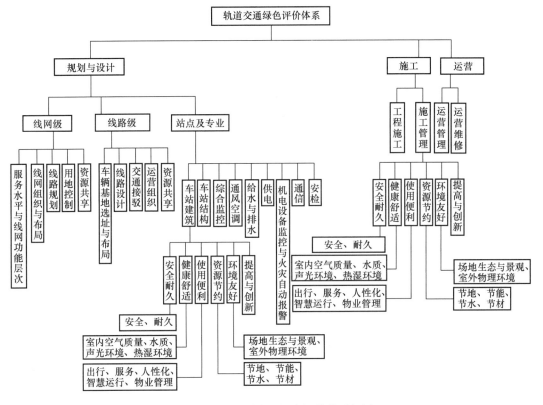

图 11.6.2 轨道交通绿色评价体系框图

11.6.3 体系表

轨道交通绿色建筑评价体系见表 11.6.1。

轨道交通绿色建筑评价体系表　　　　表 11.6.1

序号	层级	标 准 名 称	备注
1	线网级	《绿色轨道交通城区线网组织评价标准》	含资源共享、线路规划、用地集约、联络线设置、服务运营组织、服务水平等
2		《绿色轨道交通郊区线网组织评价标准》	
3		《绿色轨道交通线网功能评价标准》	
4		《绿色轨道交通线路规划评价标准》	

续表

序号	层级	标准名称	备注
5	线路级	《绿色轨道交通线路敷设评价标准》	含换乘站、车辆基地、检修设施与设备、供电系统等的资源共享
6		《轨道交通绿色交通接驳评价标准》	
7		《绿色轨道交通车站设置评价标准》	
8	站点及专业	《绿色轨道交通综合利用区域评价标准》	2019年计划
9		《绿色轨道交通城市综合体评价标准》	全专业
10		《绿色轨道交通车辆综合基地评价标准》	全专业
11		《绿色轨道交通建筑评价标准》	单专业
12		《绿色轨道交通机电评价标准》	单专业
13		《绿色轨道交通设计提高与创新评价标准》	全专业
14		《绿色城市轨道交通车站评价标准》	团体标准已颁布
15		《城市轨道交通节能技术规范》	已颁布
16	施工	《绿色轨道交通施工评价标准》	
17		《绿色轨道交通施工管理评价标准》	
18		《绿色轨道交通施工安全评价标准》	
19		《绿色轨道交通施工提高与创新评价标准》	
20	运营	《绿色轨道交通运营线路安全评价标准》	
21		《绿色轨道交通运营管理标准》	
22		《绿色轨道交通运营设备维修管理标准》	
23		《绿色轨道交通运营服务提高与创新评价标准》	

11.7 结论与建议

城市轨道交通是国家政策大力扶持的产业，能够更好地支撑和引领城市空间布局，也是支撑城市经济社会发展的重要基础设施。针对轨道交通的特点，因地制宜地选择适宜的绿色措施，最大限度地节约资源、保护环境，实现与自然的和谐发展。

目前，民用绿色建筑方面的评价标准较多，针对城市轨道交通方面绿色建筑评价系统性的研究很少。建议编制城市轨道交通绿色建筑标准体系应该按照现行国家标准《绿色建筑评价标准》GB/T 50378—2019 的总体框架要求，结合城市轨道交通相关研究成果（如节能、环保、线网和线路级的资源共享）和技术创新提升，对标国际地铁协会 CoMET 等编制轨道交通绿色评价体系，体现标准体系的行业性、先进性、关联性和综合性，并建立一套包括标准制定、反馈、执行、咨询审查再反馈等完善的体系，加快各专项绿色标准的编制和执行，实现京津冀地区城市轨道交通全过程全生命周期的绿色和可持续发展。

第 12 章　装配式双向先张预应力轨道板系统研究

12.1　研究背景及目标

12.1.1　研究背景

轨道结构是城市轨道交通的必要环节，是城市轨道交通系统的重要组成部分，直接关系到线路的正常运营和行车安全。城市轨道交通线路行车间隔短、线路多位于地下或高架、养护作业时间紧环境差，因此国内外轨道交通选用的道床形式经历了由碎石道床向少维修甚至不维修的整体道床过渡，目前整体道床已经成为城市轨道交通最常见的轨道结构形式。

整体道床是用混凝土或钢筋混凝土浇筑于坚实基础之上形成的道床，具有轨道稳定性高、耐久性好等优点。本章所进行的研究在立项时，城市轨道交通整体道床主要分为短枕式、长枕式、双块轨枕式以及普通预制板式道床等，但既有整体道床形式存在铺设精度不易控制、道床面易出现裂纹、钢筋用量大、机械化程度低、养护维修量较大、地铁轨道施工工期紧、施工质量控制不佳易出现捣鼓不实而导致枕下空洞等问题。

与此同时，高速铁路无砟轨道采用了大量先进无砟轨道技术及施工工艺，但高铁无砟轨道的设计标准高，直接引入城市轨道交通存在造价高、经济效益低下的问题；且由于城市轨道交通受隧道洞内作业空间的限制，高铁铺轨的大型作业设备大部分无法直接使用，需要进行相应的调整和改造。纵观国内外轨道工程的设计、施工经验，可以概括出以下几点：

（1）标准化

按照统一的标准进行生产制造，保证轨道结构各个部件的匹配，减少精调误差，提高质量控制精度。

（2）模块化

按照统一的模块设计、制造、生产，加快了工作效率和制造速度，实现了规模化生产，保证了施工的进度。

（3）先进工装设备

国内外轨道工程施工时都采用了比较先进的机具设备，从设计、制造、生产、运输、施工、精调等各个阶段，实现了机械化、信息化和规模化，大大提高了劳动生产效率，提高了施工质量。

综上所述，在国家建设和谐社会的大背景下，探索研究城市轨道交通装配式轨道系统，实现城市轨道交通轨道设计施工的标准化、工厂化和机械化，改善作业环境，提高质量、效率是实现轨道设计施工可持续发展的必由之路，将带来十分显著的经济和社会效益。

12.1.2 研究目标

建设高标准、高精度、少维护的轨道结构是城市轨道交通不断追求的目标。通过提升轨道建设质量能较大幅度地提高轨道结构的优良几何形位状态和稳定性、平顺性指标，从源头上减缓振动和噪声问题的发生和发展速率，提高列车行驶的平稳性和舒适性。目前城市轨道交通铺轨施工技术最为通用是轨排法技术，主要依靠人工及小型机具来进行，施工精度受施工作业面及环境因素影响比较大。装配式轨道板系统，适应地铁限界特点，施工组织灵活。

结合天津城市轨道交通的特点，本研究通过高精度板式轨道施工技术的引入，和对新线轨道铺设过程中的试验和总结，形成了一整套配套轨道施工工艺标准。通过板式轨道技术的应用，能够使新线轨道几何状态的绝对精度和相对精度大幅度提高。同时，工厂预制化，装配式生产的部件质量更加稳定可靠，可控性好，可减少因工期等造成的轨道结构病害。

12.2 轨道结构设计研究

12.2.1 轨道板结构

通过多次方案研究和研讨，以及对相关板型的数字仿真模拟进行对比后，同时考虑适应城市轨道交通曲线半径小的特点，设计成双向预应力轨道板结构，板长为3.5m和5.3m两种，板宽为2.2m，板厚200mm，承轨台间距为0.6m。结合城市轨道交通工程特点，短板更便于运输，并同时适用于直线段和曲线段，本章所进行的研究，最终采用3.5m轨道板。

12.2.2 普通段板式轨道结构

1. 地下段

装配式双向预应力轨道板系统，在CRTSⅢ轨道板等相关板式轨道的基础上，进行了深度优化、创新。装配式普通轨道板系统自上而下由钢轨、ZX-2扣件、预应力轨道板、自密实混凝土层和底座等几部分组成。单块轨道板底部喷涂聚酯隔离层，并设置连块0.6m×0.4m凸台控制轨道板的限位，凸台四周铺装8mm橡胶垫板，底部铺厚20mm泡沫板，如图12.2.1所示。

2. 高架段

装配式普通轨道板系统不仅适用于地下段，同样适用于高架段，轨道板本身无需变化，自上而下由钢轨、ZX-2扣件、预应力轨道板、自密实混凝土底座等几部分组成。单块轨道板底部喷涂聚氨酯隔离层或粘贴土工布隔离层，并设置连块0.6m×0.4m凸台控制轨道板的限位，凸台四周铺装8mm橡胶垫板，底部铺厚12mm泡沫板，如图12.2.2所示。此种结构的最大特点为：取消了传统意义的底座，轨道结构高度小，国铁高架板式轨道最小为725mm，本结构为600mm，桥梁二期横向载荷小，轨道板与地下段通用。自密实混凝土层既作为调整层，又当作底座配合横向限位约束。自密实底座宽于轨道板，因

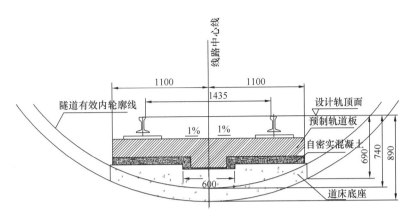

图 12.2.1　装配式普通轨道板系统地下段横剖面图

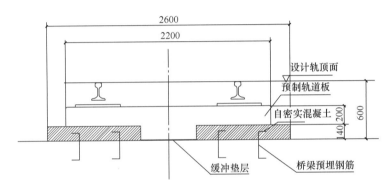

图 12.2.2　装配式普通轨道板系统高架段横剖面图

此可确保板下自密实层的密实，同时底座边缘设置 3‰ 的排水坡确保轨道板下无积水。

12.2.3　减振段板式轨道结构

装配式预制减振轨道板系统轨道结构与地下线普通段基本一致，仅在板下增加减振垫层。自上而下由钢轨、ZX-2 扣件、预应力轨道板、自密实混凝土层、减振垫层和底座等几部分组成，如图 12.2.3 所示。预制轨道板与普通地段相同，为双向预应力轨道板结构，板长为 3.5m，板宽为 2.2m，板厚 200mm，承轨台间距为 0.6m；减振垫层置于自密实混凝土

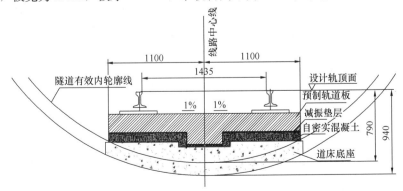

图 12.2.3　装配式普通轨道板系统减振段横剖面图

层与底座之间，减振垫厚 20～30mm。此种结构减振垫层可在工厂完成安装，在现场架板后直接浇筑即可，减振垫层在板下与底座间有土工布隔离，轨道板吊起后即可完成更换。

12.2.4 排水设计

本轨道板结构的一大特点是均采用了双侧水沟，避免了板下暗沟的排水方式。双侧水沟的优点是方便施工、观察和运营维护，与普通道床的双侧水沟可以直接顺接，有利于全线的排水设计。双侧水沟的设计也使减振垫层的更换更加方便。缺点是此种结构对于盾构段的土建误差要求较高，土建偏差过大时可能会影响水沟深度。但水沟浇筑可以通过直接浇筑半圆形 PVC 管作为水沟，实现与普通段的水沟顺接。在大盾构或调线调坡的前提下，双侧排水设置仍是可行的，相对于中部水沟，避免了水沟盖板，运营对于线路状况一目了然，可及早发现水患引起的道床病害。同时双侧水沟的道床中部平坦，更加便于疏散，施工后的照片如图 12.2.4 所示。

图 12.2.4　装配式普通轨道板系统水沟现场照片

12.2.5 减振垫层及轨道板更换

预制板最大的优点是强度高、整体性好，分块设置便于维修和更换。同时，板式轨道结构减振垫为板下平铺，并非传统的 U 形结构，轨道板强度高，可以直接吊装，同时采用双侧水沟，两侧均有作业空间。这使得减振垫的更换成为可能。减振垫层配合凸台设计，修改为分块式，方便从侧面进行抽换（图 12.2.5）。小范围更换无须断轨，流程是首先松开更换段相邻的扣件，通过千斤顶或精调爪工具顶起轨道板，通过轨撑固定板间钢轨，抽换减振垫层后恢复（图 12.2.6）。大范围的更换则可通过专用设备进行，国内已有此类设备，因此，对于预制板结构，可以实现减振垫层的更换，且具有良好的可操作性。

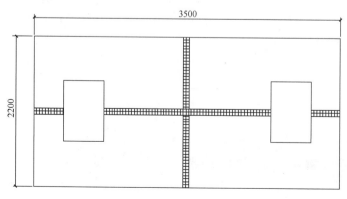

图 12.2.5　装配式普通轨道板系统减振垫层分块布置图

图 12.2.6　装配式普通轨道板系统轨道板顶起工序模拟

12.3 仿真计算与分析

基于装配式预制轨道板系统的轨道结构设计，本研究进行了静力学和动力学仿真计算分析。其中，静力学采用有限元建立静力学分析模型，对钢轨、轨道板、砂浆层和底座的垂向位移，轨道板、砂浆层和底座的纵横向应力以及轨道板弯矩等进行模拟分析；动力学采用实体单元分析模拟，对钢轨、轨道板、自密实层、底座、隧道壁等结构的动力学指标进行模拟分析。板型与普通段一致，板宽 2.2m，仅在轨道板下方增加减振垫层即可（图 12.3.1、图 12.3.2）。

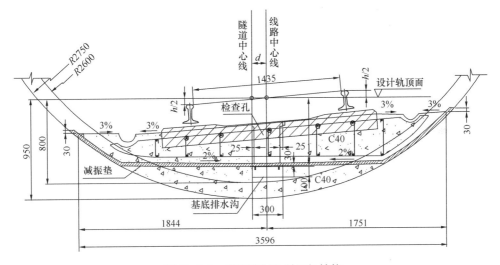

图 12.3.1 现浇减振垫浮置板结构

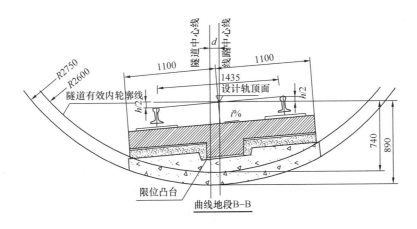

图 12.3.2 预制减振垫浮置板结构

12.3.1 静力学分析

1. 静力学分析——模型

基于有限元法，建立了板式轨道的梁-体空间耦合模型。其中，钢轨采用梁单元模拟，轨道板、砂浆层、底座和凸台周围橡胶垫等都采用实体单元离散。扣件和板下减振垫采用弹簧阻尼单元模拟。板下隔离层采用有摩擦的硬接触模拟。整个模型长3块轨道板,以中间轨道板为研究对象进行分析。建立的有限元模型如图12.3.3所示。

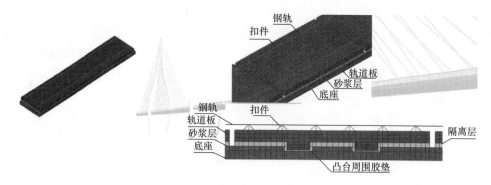

图12.3.3 板式轨道的梁-体空间耦合有限元模型

2. 静力学分析——位移、应力及弯矩

计算得到钢轨、轨道板、限位凸台、砂浆层和底座的垂向位移,轨道板、砂浆层和底座的纵横向应力以及轨道板弯矩等如图12.3.4～图12.3.8所示(以列车荷载作用于板中为例)。

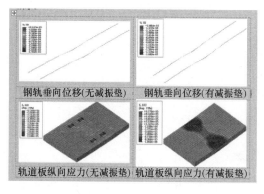

图12.3.4 静力学分析——钢轨

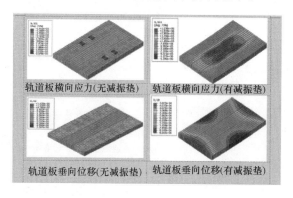

图12.3.5 静力学分析——轨道板

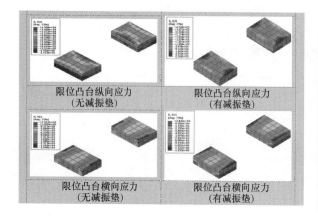

图12.3.6 静力学分析——限位凸台

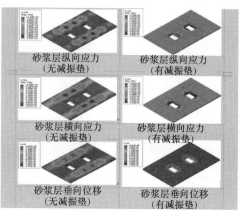

图12.3.7 静力学分析——砂浆层

3. 静力学分析——板中结果

（1）钢轨：减振地段钢轨垂向位移比一般地段大，约增加了7.8%，发现增幅并不明显。钢轨最大位移为1.68mm，满足规范要求。

（2）轨道板：减振地段轨道板应力明显大于一般地段，从弯矩图也能看出，减振地段轨道板所受弯矩明显大于一般地段。但应力依然在限值要求内，在列车荷载下不会出现明显裂纹。轨道板垂向位移增加明显，约增加了0.85mm，最大值达到了0.86mm，但在限值范围内。

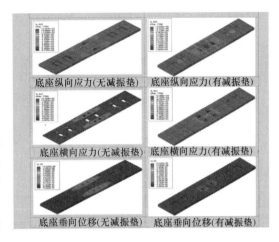

图12.3.8　静力学分析——底座

（3）限位凸台：铺设板下减振垫后，限位凸台应力有所增加，但应力值都偏小，对限位凸台稳定性影响不大。

（4）砂浆层：影响规律与限位凸台类似，铺设板下减振垫后，应力有所增加，但整体应力都偏小。

（5）底座：对底座的影响非常小。

4. 静力学分析——板端结果

（1）钢轨：减振地段钢轨垂向位移比一般地段大，约增加了28.4%，发现增幅明显大于荷载作用板中时的垂向位移。钢轨最大位移为1.99mm，满足规范要求。

（2）轨道板：减振地段轨道板应力明显大于一般地段，从弯矩图也能看出，减振地段轨道板所受弯矩明显大于一般地段。同时注意，荷载作用板端时，轨道板中产生了较大的反向弯矩。轨道板整体应力值依然在限值要求内，在列车荷载下不会出现明显裂纹。轨道板垂向位移增加明显，约增加了1.388mm，最大值达到了1.395mm，但在限值范围内。另外，轨道板出现了上翘，但幅度不大。

（3）限位凸台：铺设板下减振垫后，限位凸台应力有所增加，但应力值都偏小，对限位凸台稳定性影响不大。

（4）砂浆层：影响规律与限位凸台类似，铺设板下减振垫后，应力有所增加，但整体应力都偏小。

（5）底座：对底座的影响非常小。

5. 静力学分析——考虑收缩

通过图12.3.9的计算结果可知，混凝土收缩会对结构受力产生一定影响，但影响很小。减振地段结构应力略微大于一般地段，但同样影响幅度非常小。

6. 静力学分析——结论

（1）轨道板结构、强度满足设计要求。

（2）列车荷载作用下：减振地段钢轨垂向位移比一般地段大，在板端位置增幅明显，约增加了28.4%。钢轨位移最大值达到1.99mm，满足规范要求。减振地段轨道板应力、弯矩明显大于一般地段，但应力依然在限值要求内，在列车荷载下不会出现明显裂纹。轨道板垂向位移增加明显，板端位置约增加了1.388mm，最大值达到了1.395mm，但在限

项目		无减振垫	有减振垫
轨道板	纵向应力(MPa)	+0.618/−0.238	+0.621/−0.265
	横向应力(MPa)	+0.185/−0.185	+0.195/−0.223
	垂向应力(MPa)	+0.235/−0.101	+0.132/−0.133
限位凸台	纵向应力(MPa)	+0.426/−0.147	+0.424/−0.153
	横向应力(MPa)	+0.186/−0.054	+0.195/−0.047
	垂向应力(MPa)	+0.234/−0.097	+0.131/−0.133
砂浆层	纵向应力(MPa)	+0.402/−0.182	+0.664/−0.294
	横向应力(MPa)	+0.173/−0.063	+0.309/−0.096
	垂向应力(MPa)	+0.085/−0.148	+0.105/−0.271
底座	纵向应力(MPa)	+0.143/−0.118	+0.128/−0.077
	横向应力(MPa)	+0.060/−0.049	+0.050/−0.034
	垂向应力(MPa)	+0.034/−0.081	+0.039/−0.118

图12.3.9　静力学分析——考虑收缩

值范围内。限位凸台、砂浆层、底座所受影响不大。

（3）混凝土收缩荷载下：混凝土收缩会对结构受力产生一定影响，但影响很小。减振地段结构应力略微大于一般地段，但同样影响幅度非常小。

12.3.2　动力学分析

1. 动力学分析——模型

装配式双向先张预应力轨道板系统为分层轨道结构，由钢轨、扣件、预制轨道板、自密实层以及底座板组成。轨道板单板长度为3500mm，取28块浮置板进行建模，板缝宽度取100mm，模型总长为100.8m。钢轨采用CHN60轨，采用实体单元模拟；预制轨道板为C60钢筋混凝土结构，长为3.5m、宽为2.2m、高为0.2m，凸台尺寸400mm×600mm，采用实体单元模拟（图12.3.10）。

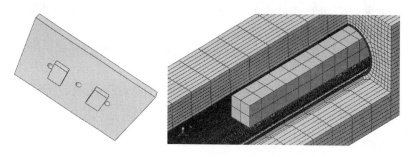

图12.3.10　实体单元模型

2. 动力学分析——钢轨

计算得到钢轨的垂、横向加速度，垂、横向位移，应力等动力学指标，以及轮轨垂、横向力结果。其中，钢轨垂、横向加速度最大值分别为$1001.74m/s^2$、$174.483m/s^2$；板中钢轨垂、横向位移最大值分别为1.702mm、0.450mm；板端钢轨垂向位移最大值为2.020mm；钢轨动弯应力最大值为56.188MPa。

3. 动力学分析——轨道板

计算轨道板的垂、横向加速度，垂、横向位移，应力等动力学指标，得出轨道板垂、横向加速度最大值分别为 25.568m/s²、0.625m/s²，轨道板垂、横向位移最大值分别为 0.050mm、0.003mm，轨道板垂向压应力最大值分别为 0.149MPa。

4. 动力学分析——自密实层

计算自密实层的垂、横向加速度，垂、横向位移，应力等动力学指标，得出自密实层垂、横向加速度最大值分别为 24.960m/s²、0.368m/s²，自密实层垂、横向位移最大值分别为 0.049mm、0.003mm，自密实层垂向压应力最大值分别为 0.129MPa。

5. 动力学分析——底座

计算底座的垂、横向加速度，垂、横向位移，应力等动力学指标，得出底座垂、横向加速度最大值分别为 24.789m/s²、0.225m/s²，底座垂、横向位移最大值分别为 0.048mm、0.002mm。

6. 动力学分析——隧道壁

计算得到隧道壁的垂向加速度最大值为 2.653m/s²。对隧道侧壁加速度进行傅里叶变换级的 1/3 倍频程垂向加速度级计算，根据《人体全身振动环境的测量规范》GB/T 13441—92，经过人体全身振动 Z 计权后隧道侧壁的垂向加速度 Z 振级为 66.792dB。

7. 动力学分析——隧道壁减振段对比

对于减振段结构，结构一致，增加减振垫层后，计算得到隧道壁的垂向加速度最大值为 1.035m/s²。对隧道侧壁加速度进行傅里叶变换级的 1/3 倍频程垂向加速度级计算，根据《人体全身振动环境的测量规范》GB/T 13441—92，经过人体全身振动 Z 计权后隧道侧壁的垂向加速度 Z 振级为 58.622dB。

8. 动力学分析——数据汇总及结论

经上述计算分析，最终普通地段轨道板系统及减振地段轨道板系统各动力学分析结果汇总如图 12.3.11 所示。

指标		单位	数值	
			普通板	减振板
车体	垂向加速度	m/s²	0.627	0.845
	横向加速度	m/s²	0.177	0.162
钢轨	垂向加速度	m/s²	1376.990	1001.740
	横向加速度	m/s²	243.661	174.483
	板中垂向位移	mm	1.644	1.702
	板端垂向位移	mm	/	2.020
	板中横向位移	mm	0.351	0.450
	动弯应力	MPa	57.001	56.188
轨道板	垂向加速度	m/s²	25.568	28.472
	横向加速度	m/s²	0.625	0.670
	板中垂向位移	mm	0.050	0.148
	板端垂向位移	mm	/	0.401
	板中横向位移	mm	0.003	0.003
	垂向应力	MPa	0.149	0.060
自密实层	垂向加速度	m/s²	24.960	7.757
	横向加速度	m/s²	0.368	0.377
	垂向位移	mm	0.049	0.040
	横向位移	mm	0.003	0.003
	垂向应力	MPa	0.129	0.039
底座	垂向加速度	m/s²	24.789	7.756
	横向加速度	m/s²	0.255	0.434
	垂向位移	mm	0.048	0.039
	横向位移	mm	0.002	0.003
隧道壁	垂向加速度	m/s²	2.653	1.035
	Z振级	dB	66.792	58.622
轮轨作用	轮轨垂向力	kN	146.932	143.985
	轮轨横向力	kN	18.740	18.496

图 12.3.11　普通板和减振板工况下各动力学分析结果汇总

根据上述计算结果对比分析，得出如下结论：

（1）各轨道系统组成部件的加速度、位移及受力最大值均在安全限值内，即所设计的装配式双向预应力轨道板系统可满足安全运行需求。

（2）减振板工况下，由于板下采用了减振垫层，钢轨和轨道板的垂向位移有明显增加，尤其在板端位置，分别达到了 2.020mm 和 0.401mm，但仍在规范要求限值范围内。

（3）减振板工况下，由于减振垫层位于轨道板与自密实层之间，自密实层和底座的垂向加速度及受力明显减小，自密实层的加速度由普通板的 24.960m/s^2 降低至 7.757m/s^2，自密实层垂向应力由 0.129MPa 降低至 0.039MPa，可见装配式双向预应力轨道板系统将减振垫层置于轨道板下、自密实层上的设计可有效改善自密实层混凝土结构的振动及受力，延长其使用寿命。

（4）根据频谱分析及 Z 振级计算，轮轨系统引起的振动传播至隧道侧壁时的 Z 振级由普通板的 66.792dB 降低至减振板的 58.622dB，减振板具有一定的减振效果，满足本设计要求的 6～10dB 的需求。

12.4 制造工艺流程研究

装配式双向先张法预应力轨道板工厂制造工艺主要包括顶模处理、边模处理与钢筋骨架安装、顶模与边模拼装、预应力张拉系统安装、预应力钢筋张拉、混凝土灌注、放张、起模脱模、封锚、养护、批量试制、样品及细部结构等，具体如下：

12.4.1 顶模处理

顶模处理主要步骤为：顶模清理→喷涂隔离剂→安装预埋套管、螺旋筋及注浆孔模，由于顶模对应的是轨道板的上表面部分，故处理后应保证平滑光洁（图 12.4.1）。

图 12.4.1 顶模处理

12.4.2 边模处理与钢筋骨架安装

边模清理→边模组装→喷涂隔离剂→安装钢筋骨架→钢筋骨架绑扎、焊接（同时焊接接地端子）→安装预应力张拉杆（图 12.4.2～图 12.4.7）。

图 12.4.2 边模处理与钢筋组装

图 12.4.3 表层钢筋组装

图 12.4.4　底层钢筋组装

图 12.4.5　钢筋焊接及接地端子焊接

图 12.4.6　预应力张拉杆初拧

图 12.4.7　预应力张拉杆复拧

12.4.3　顶模与边模拼装

顶模与边模拼装施工如图 12.4.8 所示。

12.4.4　预应力张拉系统安装

本研究采用台座法施工，预应力张拉系统为 8 块轨道板连接成为一个整体，中间以连接杆连接，通过横向与纵向的张拉机进行整体双向张拉。

图 12.4.8　顶模与边模拼装

图 12.4.9　预应力张拉系统连接——台座法

12.4.5 预应力钢筋张拉

张拉过程分为初张拉和终张拉两个阶段进行。初张拉即将每根预应力钢筋张拉至预应力目标值的30%，使张拉后每根钢筋受力均匀；终张拉即整体张拉，利用台座及张拉机（图12.4.10）使纵横向预应力钢筋均张拉至预应力目标值。

图12.4.10 预应力张拉

12.4.6 混凝土灌注

混凝土灌注步骤为：灌注前准备→灌注→振捣→拉毛→养护（图12.4.11）。

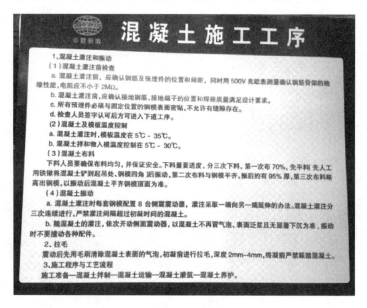

图12.4.11 混凝土灌注施工工序

混凝土灌注前应先进行锚固板、钢筋及预埋件位置检查，并进行钢筋骨架绝缘检测，各项检查检测完备后方可进行混凝土灌注。灌注分三次下料，第一次布料70%，先平料后振动；第二次布料与钢模平齐，振后约有95%厚；第三次布料略高于钢模，以振动后混凝土平齐钢模顶面为准。三次下料时间间隔严禁大于混凝土初凝时间。混凝土振捣随灌注进行，依次开动侧面振动器，以混凝土不再冒气泡、表面泛浆且无显著下沉为准，振动时不得撞动各配件。灌注全过程完成后进行蒸汽养护。

12.4.7 放张

放张控制过程分为放张前预张拉、整体放张两个过程，预应力钢筋放张时，混凝土抗压强度不得低于设计强度的 80%，且不应低于 48MPa。

12.4.8 起模脱模

卸掉轨道板间连接杆→脱底模→起板→吊离轨道板及边模→拆卸张拉杆→拆卸边模。具体如图 12.4.12～图 12.4.15 所示。

图 12.4.12 混凝土灌注完成及养护

图 12.4.13 脱底模

图 12.4.14 起板

图 12.4.15 吊离轨道板及边模

12.4.9 封锚

脱模后需对预应力张拉杆在轨道板四周留下的锚固孔进行封堵（图 12.4.16）。

12.4.10 养护

生产完成的轨道板需根据需要进行养护（图 12.4.17）。

图 12.4.16　轨道板封锚

图 12.4.17　轨道板水养护

12.4.11　批量试制

为满足研究及施工需要，进行小规模试制，稳定工艺（图 12.4.18）。

图 12.4.18　轨道板小批量试制

12.4.12　样品及细部结构

一体化限位凸台、注浆孔及标识等细部结构如图 12.4.19、图 12.4.20 所示。

图 12.4.19　一体化限位凸台

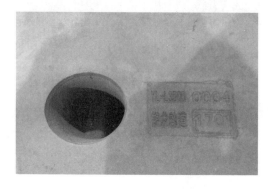
图 12.4.20　注浆孔及标识

12.5 铺设工艺研究

本研究预制板式无砟轨道板施工分两部分进行，先进行道床基底施工，基底成型后再进行预制板式无砟轨道板块施工（图12.5.1）。

12.5.1 基底施工

基底按照传统施工工艺施工，主要施工过程为钢筋、模板和混凝土。基底主要控制重点为伸缩缝位置和基底面标高。伸缩缝位置准确，确保设置在轨道板板缝处。基底面标高规范要求±10mm，现场一般控制在−10mm～0（图12.5.2）。

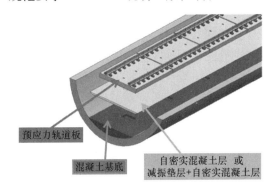

图 12.5.1 铺设结构示意图

图 12.5.2 混凝土基底

12.5.2 钢筋网片安装

安装网片之前先安装凹槽内钢筋笼，凹槽内钢筋笼现场绑扎和场外加工成型均可以。将钢筋网片按要求摆放在设计位置，采用厂制标准混凝土保护层垫块，垫块按每平方米不少于4个呈梅花形布置，必要时在钢筋网片上面固定一定数量的垫块，以保证灌注混凝土时钢筋网片不上浮、不下沉，保证保护层厚度大于35mm（图12.5.3）。

12.5.3 轨道板运输

轨道板通过汽车运输到铺轨基地，在铺轨基地利用基地龙门吊由轨排井吊装至平板车上，由轨道车运输到施工现场，最后通过铺轨龙门吊铺板地点进行铺设。

轨道板重约为4t，每平板车装2块，每次运输4块。轨道板运输时以平放为主，按照2层堆放，轨道板间必须垫以10cm以上的硬质方木，垫在吊装孔位置，吊耳和轨道

图 12.5.3 钢筋网片安装

板之间加垫橡胶垫防止损坏轨道板。每层轨道板纵横向中心线要重合，其纵向中心线投影与车底板纵向中心线须重合，偏差控制在±20mm以内，保证运输过程中轨道板与运输车

辆间不发生相对移动。吊装前仔细检查轨道板及起吊设备的状态，合格后进行吊装。

12.5.4 轨道板初步定位、粗铺

根据全站仪对基底施工段进行测量放样，弹出每块板边线。轨道板铺设前，应确认粘贴在轨道板的土工布和弹性垫板是否损坏，绑扎的钢筋网片位置正确。轨道板铺设前，应预先在基底表面放置支撑垫木，放置四块垫木在预埋吊装孔作临时支撑（垫木放置位置宜临边，在精调爪起板后方便取出）。垫木高度按 70mm 厚度加工（小于自密实混凝土层厚度，道床板自密实混凝土厚度 80mm）。

作业面铺轨龙门吊配合进行轨道板的铺设，以放样的边线和板缝线为基准进行落板并初步就位。轨道板粗铺精度控制：前后允许偏差 10mm，左右允许偏差 10mm（满足调节器的调节范围）。落板时，接近混凝土支撑层时必须降低下降速度，防止损坏轨道板。粗铺完成后，在吊装孔安装精调爪，通过精调爪抬高轨道板取出板下方木（图 12.5.4）。

图 12.5.4 轨道板粗铺

12.5.5 轨道板精调

轨道板精调前，首先将线路的理论三维线型参数导入软件中，根据线路情况，对速调标架上的棱镜进行编号，通过数据传输电台控制全站仪的操作，在设站完毕之后，对轨道板上相应的棱镜进行测量，测量结果通过数据传输电台，传输到调整器旁上的显示器上。全站仪架设在线路中线附近，后视前后 4 个基标控制点，进行设站。在换站过程，保证有 2 个基标控制点与上一测站重合，设站精度须在 1mm 内，保证站与站的平顺过渡。

轨道板初步铺设后，四角安装精调爪，注意调节器与基底间设置支撑垫木（采用硬杂木），为避免一步调节不到位造成拆卸调节器重新精调，首先将高程调节螺栓调节处于最低位置，左右前后调节螺栓调节处于中间位置。精调过程中应注意四角步调一致，避免单点受力过大造成轨道板吊装孔处边角破损（图 12.5.5）。

调整完成之后，全站仪进行复测，直到轨道板达到：绝对误差 0.5mm、板内相对误差高程 0.5mm、横向 0.5mm、纵向 3mm 的精度；板间误差高程 0.5mm、横向 0.5mm 的要求。

图 12.5.5 轨道板精调

12.5.6 模板与扣压装置安装

轨道板精调完毕后,安装四周封边模板(即两侧及端头封边模板)、轨道板防上浮支架。四周封边模板侧面须采用压紧装置顶紧安装牢固,端模采用木楔固定。轨道板四周边沿和基底应密贴,保证接缝完好,防止混凝土在间隙位置漏浆。四周封边模板在轨道板四角设置排气孔槽,确保板底灌注的密实性。四周封边模板安装前表面需涂刷脱模剂,涂刷时要涂刷均匀。

为防止灌注自密实混凝土时板上浮,精调完成后设置轨道板压紧装置。一般情况下,固定装置安装于轨道的两端及中间。

12.5.7 复测

灌注自密实混凝土之前进行轨道板精调精度的再次检查,对不符合规范要求的进行再次精调,反复调整后,直至符合表 12.5.1 及相关技术条件的要求。

轨道板铺设精调定位允许偏差　　　　表 12.5.1

项次	项　目	允许偏差(mm)	检验数量	检验方法
1	轨道板中心线与线路中线的偏差	0.5	每板检查3处(两端和中部)	全站仪测量
2	轨道板顶面高程偏差	±0.5	全部检查	全站仪测量
3	纵向位置偏差	直线:5曲线:2	全部检查	尺量
4	相邻轨道板接缝处承轨台顶面相对高差	0.5	全部检查	全站仪测量
5	相邻轨道板接缝处承轨台顶面相对平面位置	0.5	全部检查	全站仪测量

12.5.8 自密实混凝土灌注

1. 配合比确定

根据《地铁板式结构自密实混凝土技术条件(暂行)》要求,本研究在轨道板厂家、敞开段铺轨基地进行了揭板试验,轨道板厂家揭板试验于 2017 年 7 月 7 日开始至 2017 年 7 月 9 日结束,敞开段铺轨基地揭板试验于 2017 年 8 月 4 日开始至 2017 年 8 月 6 日结束,经历两种场地不同的试验、持续改进,最终选定配合比拌制的混凝土性能指标满足要求。当混凝土原材料、施工环境温度等发生较大变化时,应及时调整混凝土配合比。

2. 自密实灌注前准备

自密实混凝土灌注前需对轨道板状态进行检查,检查调节器无松动、四周封边装置固定牢靠密封良好、防上浮支架的调节螺杆调节是否紧固无松动。自密实混凝土从轨道板中心孔灌注,前后孔为排气、观察孔。防溢管采用 PVC 管,安装于板面预留的观察孔和灌注孔内。板面灌注孔周围铺设彩条布遮盖,防止污染,防溢管高于板面 350mm。

3. 自密实混凝土运输

罐车运输自密实混凝土将混凝土倒入料斗,然后使用铺轨吊运输到灌板地点,通过铺轨龙门吊吊装进行灌注。为确保混凝土的性能，充分考虑运距，每车混凝土数量应控制在3块轨道板所需量为宜。自密实混凝土的运输速率应保证施工的连续性，当罐车到达浇筑现场时，应使罐车高速旋转20～30s方可卸料。运输自密实混凝土过程中，应保持运输混凝土的线路通畅，确保混凝土在运输过程中能够保持均匀性，运到浇筑地点不发生分层、离析和泌浆等现象。应尽量减少自密实混凝土的转载次数和运输时间（图12.5.6）。

图12.5.6　自密实混凝土运输

4. 混凝土性能检测

自密实混凝土出机后，运到铺轨基地和施工现场后，应检测混凝土拌合物的温度、坍落扩展度、T500和含气量等相关性能指标。根据现场实际灌注的数据显示，出机时扩展度宜控制在720～750mm，T500控制在3～6s，含气量在5%～6%，J环高差小于18mm；灌注时扩展度控制在700～730mm，T500控制在4～5s，含气量在3%～5%为宜。排气孔位置必须等混凝土粗骨料溢出后，再进行封闭，灌注时间宜在8～12min。

5. 自密实混凝土灌注

轨道车运输自密实混凝土至作业面，使用铺轨龙门吊吊运料斗至浇筑位置，当铺轨龙门吊吊运料斗运距过长或停滞时间过长时，自密实混凝土可能产生离析，需对自密实混凝土及时进行灌注。灌注料斗单次集料数量不小于$1m^3$，以确保单块板实现一次性连续灌注。漏斗置于轨道板中间预留孔，前后预留孔为观察、排气孔。铺轨龙门吊吊运料斗至待灌注轨道板处，打开料斗阀门，将自密实混凝土料通过漏斗，开始进行混凝土灌注，直至灌注完成。

灌注时，宜采用"慢-快-慢"方式，一次性完成单块板的灌注，单块板灌注时间宜控制在8～12 min。通过控制灌注料斗的控制阀，确保漏斗中混凝土不中断，同时确保漏斗内混凝土的充足，漏斗不宜出现漩涡状，避免空气卷入板底。四周排气孔位置混凝土充满时，对排气孔及时进行封闭，当充满高度接近板底时（因线路存在坡度，在处于较高位置的观察孔进行观察）关闭灌注料斗阀，当充满高度达到板高度一半（因线路存在坡度，在处于较高位置的观察孔进行观察）时关闭漏斗阀终止灌注（图12.5.7）。

图12.5.7　自密实混凝土灌注

6. 拆模

轨道板两侧模板和精调爪的拆除应在自密实混凝土强度达到 5MPa 以上，且其表面及棱角不因拆模而受损。

拆模时间除需考虑拆模时的混凝土强度外，还应考虑到拆模时的混凝土温度（由水化热引起）不能过高，以免混凝土开裂。混凝土内部开始降温以前以及混凝土内部温度最高时不得拆模。拆模宜按立模顺序逆向进行，不得损伤轨道板四周混凝土，并减少模板破损。当模板与自密实混凝土脱离后，方可拆卸、吊运模板。

12.6 测试试验研究

12.6.1 轨道板静态检测及检验

2017 年 2 月至 2017 年 3 月，对天津地铁使用的轨道板委托第三方进行了静态相关检测及检验，包括尺寸、静载试验等，横纵向加载参照 CRTSⅢ型板测试方案进行（图 12.6.1）。检测结论为：（1）纵向施加理论加载值 20kN，稳定 3min 后，受拉区无裂纹；横向施加理论加载值 40kN/20kN，稳定 3min 后，受压区无裂纹。（2）轨道板静载试验检测符合要求。

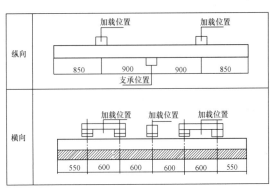

图 12.6.1 静态检测及检验

12.6.2 轨道板动态疲劳加载试验检测

2017 年 4 月至 2017 年 5 月，对天津地铁使用的装配式轨道板委托第三方对轨道板进行 200 万次的循环加载，进行动态疲劳试验检测（图 12.6.2）。检测结论为：通过放大镜和裂缝观测仪观察其表面受拉区无裂纹出现，说明轨道板的疲劳性能良好，满足要求。

12.6.3 轨道板在线动态检测

2018 年 2 月至 2018 年 3 月，委托第三方对已经铺设完成装配式轨道板的轨道进行了在线动态指标检测（图 12.6.3），经检测及分析结论如下：

（1）各项指标满足设计要求。

（2）使用装配式轨道以后，所测最大垂向轮轨力为 86.072kN，与普通轨道相比，采

图12.6.2 轨道板疲劳加载试验检测

图12.6.3 轨道板在线动态检测

用装配式轨道后的垂向轮轨力会减小,横向轮轨力略有增加。

(3)相对于普通轨道断面,装配式轨道断面的钢轨横、垂向位移都会减小,这说明装配式轨道结构能够提供更好的轨道平顺性,更有利于乘车舒适性。

(4)在钢轨振动方面,两种轨道断面的垂向振动相差不大,而对于轨道板振动,由于装配式轨道的参振质量较小,故其振动远远大于普通轨道断面的振动。

(5)在行车安全性方面,采用装配式轨道结构以后,列车最大脱轨系数为0.156,最大轮重减载率为0.225,均远远小于《铁道车辆动力学性能评定和试验鉴定规范》GB 5599—85的规定值,可保证车辆安全运营。

12.7 研究成果及推广应用

12.7.1 研究结论

通过研究证明,装配式双向先张预应力轨道板及板式轨道结构满足城市轨道交通地铁的需求，具有较好的安全性、平顺性和舒适性，结论如下：

(1) 本轨道板的结构合理，凸台限位可靠，可适用于城市轨道交通的普通及减振段板式无砟轨道，静力学及动力学指标均满足轨道运营需求。

(2) 轨道板钢筋体系合理，轨道板整体性好，强度高，制造工艺可满足设计需求。

(3) 轨道板铺设施工方法是基于国铁板式轨道，铺设和工装针对地铁限界进行了合理优化，基本可满足地铁施工需求，但受地铁隧道运输及操作空间的影响，自密实施工工效较低，工人操作熟练度对施工效果影响较大，后期需继续加强自密实配方、浇筑工具的优化，满足地铁板式无砟轨道施工的需求。

12.7.2 研究成果

本研究建立了一套完整的适用于城市轨道交通的装配式双向先张预应力板式轨道结构设计、生产及施工体系，形成了一整套装配式双向先张法预应力轨道板工厂制造工艺和现场施工工法，具有施工组织灵活高效、结构稳定、生产及铺设精度高、形式统一、通用性好、可维修更换、节能环保等特点，大幅提高了线路的安全性、平稳性及舒适性。获得授权2项国家发明专利和11项国家实用新型专利。主要创新成果有：

(1) 首次在城市轨道交通领域应用了双向先张预应力板式无砟轨道结构；减少了钢筋及混凝土用量，整体性更好，有效预防开裂；板下预制限位凸台与预制板一体设置，并引入了防迷流设计，受力更合理，安全性、稳定性更高。

(2) 该结构满足城市轨道交通地下及高架等各种地段的需求，具有施工精度高、轨道几何形位稳定、便于维护和更换的特点。

(3) 普通轨道板与减振轨道板结构一致，通用性良好，可预留减振升级改造接口。理论上轨道板通过增加弹性垫层可实现减振约6~10dB。

(4) 该结构采用双侧明水沟，方便顺接及运营维护。

综上所述，本研究成果填补了我国城市轨道交通在该领域的空白，整体达到了国内领先水平，其中双向先张预应力轨道板达到了国际领先水平，极具推广价值。

12.7.3 推广应用

装配式双向先张预应力轨道板系统可推动城市轨道交通的轨道结构标准化，促进城市轨道交通工程向高精度、高平顺、少维修、绿色环保等方向发展，满足城市轨道交通快速发展的需求，前景广阔。

装配式双向先张预应力轨道板系统研究成果于2017年在天津地铁5号线试验成功的基础上，先后在北京轨道交通新机场线（设计速度160km/h）、乌鲁木齐地铁1号线推广应用，并在广州地铁18、22号线成功进行了设计推广，应用效果良好，已应用5000万以上，年市场容量达到2亿以上，并呈现逐年增加趋势，经济效益显著。其中，北京轨道交通新机场线，是国内首条设计速度160km/h的城市轨道交通线路，被喻为"国门线"。在新机场线地下线及路基段成功铺设装配式双向先张预应力轨道板系统，铺设精度高、行车平顺好，为乘客提供了良好的乘车体验。

第 13 章 车辆永磁同步牵引系统应用

13.1 概述

牵引传动系统是轨道交通车辆装备实现机电能量转换的"心脏"单元，其性能在某种程度上决定了轨道交通车辆的动力品质、能耗和控制特性，因而是轨道交通车辆节能升级的关键。目前轨道交通牵引传动系统研制者均把"绿色"节能环保作为其未来轨道交通牵引传动系统技术升级与突破的核心之一。

我国轨道交通（包括高速铁路、客运专线、城际铁路、城市轨道交通等）网络建设规模与运营里程快速增长，轨道交通系统能耗成为影响运营成本、决定是否可持续发展的重要因素。在"十三五"规划中对节能减排、保护环境做了非常严格的规定。轨道交通作为耗能大户，责无旁贷，必须考虑节能减排的措施和方法。

开展轨道交通永磁同步牵引系统的研究可以达到降低城市轨道交通牵引系统的噪声，提升城市轨道交通车辆的舒适性；提高系统效率，降低能耗，为轨道交通的节能减排做出积极的贡献；减少维护，降低系统寿命周期成本，为城市轨道交通的可持续发展提供保障的目的。

开展轨道交通永磁同步牵引系统的研究可以达到增强企业的核心竞争力，缩小与国外先进技术的差距，推动我国具有自主知识产权的新一代轨道交通牵引系统的发展，实现自主创新的目的。

为实现绿色地铁、节能减排的目标。天津轨道交通集团与中车青岛四方机车车辆股份有限公司、株洲中车时代电气股份有限公司实现研、产、用三结合，共同合作研究，在天津地铁 6 号线工程车辆中的一列车上安装自主研发的永磁牵引系统，通过装车进行试验，实现永磁牵引系统投入正式商业载客运营，达到列车牵引运行节能 10% 左右，目前车辆已投入正式商业载客运营，列车状态及节能效果良好。

13.2 技术现状

13.2.1 永磁材料的发展

永磁材料是具有宽磁滞回线、高矫顽力、高剩磁，一经磁化即能保持恒定磁性的材料，又称硬磁材料。从永磁材料的发展历史来看，20 世纪初，主要使用碳钢、钨钢以及铁氧体作永磁材料。20 世纪 30 年代末，AlNiCo（铝镍钴）永磁材料开发成功，才使永磁材料的大规模应用成为可能。到 60 年代，稀土钴永磁的出现，则为永磁体的应用开辟了一个新时代。1967 年，美国 Dayton 大学的 Strnat 等，用粉末粘结法成功地制成 SmCo5 永磁体，标志着稀土永磁时代的到来。迄今为止，稀土永磁已经历第一代 SmCo5、第二代沉淀硬化型 Sm2Co17，发展到了第三代 Nd-Fe-B 永磁材料，钕铁硼永磁材料性能的不断提高为永磁材料的推广应用提供了条件。

随着永磁材料的发展，永磁体的磁能积（BH）max（衡量永磁体储存磁能密度的物理量）也在不断提高，目前国外批量生产的 Nd-Fe-B 永磁材料，磁能积已达 50MGOe 以上。

13.2.2　永磁同步电动机的发展概况

19 世纪 20 年代，世界上第一台电动机就是永磁体励磁电动机。但当时使用天然永磁材料，磁能积低，电动机体积庞大，不久就被电励磁电动机所取代。永磁材料磁性能的提高带动了永磁电动机突破性的发展。

永磁电动机的发展与永磁材料工业的发展密切相关。随着永磁材料的发展永磁电动机的发展大致可以分为 4 个阶段：

20 世纪 60 年代后期和 70 年代，由于稀土钴永磁材料价格昂贵，研究开发重点是航空航天和要求高性能的高科技领域用电动机。

20 世纪 80 年代，特别是 1983 年出现价格相对较低的钕铁硼永磁材料后，国内外研究开发的重点转移到工业和民用电动机上。

20 世纪 90 年代，随着永磁材料性能的不断提高和完善，特别是钕铁硼永磁材料性能的改善和价格的逐步降低，稀土永磁电动机的研究进入了一个新阶段。永磁同步电动机的研究同时推进了电动机学科的发展。

21 世纪，随着永磁材料性能的不断提高和完善，特别是钕铁硼永磁材料的热稳定性和耐腐蚀性的改善，以及电力电子技术的发展，稀土永磁电动机的应用和开发进入了一个新阶段，目前正向大功率、高转速、大转矩和智能化控制方向发展。

13.2.3　永磁同步牵引电动机的优点

与异步牵引电动机相比，永磁同步牵引电动机具有如下特点：

（1）转速平稳、过载能力强。当永磁同步电动机的负载转矩发生变化时，仅需电动机的功角适当变化，而转速维持原来的同步转速不变。永磁同步电动机的瞬间最大转矩可以达到额定转矩的三倍以上，使得永磁同步电动机非常适合在负载转矩变化较大的工况下运行。

（2）高功率因数、高效率。永磁同步电动机与异步电动机相比，不需要无功励磁电流，所以能得到比异步电动机高很多的功率因数，进而得到相对更小的定子电流和定子铜耗，并且永磁同步电动机在稳态运行时没有转子铜耗，进而可以因总损耗降低而减小风扇容量甚至去掉风扇，从而减小相应的风磨损耗，使它的效率比同规格的异步电动机提高3~5 个百分点。

（3）体积小、重量轻。近些年来随着高性能永磁材料的不断应用，永磁同步电动机的功率密度得到很大提高，与同容量的异步电动机相比，永磁同步电动机的体积和重量大约能减少 15%~30%。

（4）结构多样化，应用范围广。由于采用永磁体励磁，永磁同步电动机可以实现形状和尺寸的灵活性。

（5）噪声低，可靠性高。

13.2.4　永磁同步电动机的结构及其特点

永磁体安装的灵活性给永磁同步电动机带来了结构多样性的特点。永磁同步电动机的定子结构和普通同步电动机相同,均由三相绕组和铁心构成,主要区别在于转子结构。永磁同步电动机常用的几种磁路结构及其特点见表 13.2.1。

永磁同步电动机的分类及其特点　　　　表 13.2.1

名称		电机结构	特　点
表面式结构			表面式具有结构简单、漏磁系数小等优点,但由于交直轴电感接近,磁阻转矩分量近似为零,并且高速运行时永磁体的安装工艺要求较高
内置式结构	普通径向式		该类结构的优点是转轴不需采取隔磁措施,极弧系数易于控制、转子冲片机械强度高、安装永磁体后转子不易变形等。V 形结构比普通径向式能提供更大的永磁体安装空间,从而可以减小电动机的体积,提高电动机的功率密度
	V 形结构		
	U 形结构		该类电动机具有较大的凸极率,能获得更高的转矩密度和较宽的恒功范围,可以提供更多的永磁体摆放空间,从而可以减小电动机的体积,提高电动机的功率密度。但其结构和制造工艺均较复杂,制造成本也比较高
	双层 U 形结构		

13.2.5　永磁同步牵引系统设计原理

永磁同步牵引电动机与异步牵引电动机最大的区别在于永磁同步电动机由永磁体励磁,无法关断,只要电动机旋转就会产生反电势,永磁同步牵引系统方案设计与异步牵引系统方案设计的区别主要体现在永磁同步电动机反电势选择上。同时短路电流是衡量永磁同步牵引系统弱磁性能以及故障保护策略的重要参数,短路电流的合理选择也是系统设计的重要工作之一。

13.3　国内外现状

1. 国外现状

永磁同步电动机以其高效率、高功率密度、强过载能力等优点受到了轨道交通牵引系统研发人员的高度重视,以德国、法国和日本为代表的轨道交通装备制造强国纷纷开展永磁同步牵引系统的研制,大多完成了样机试制、线路试验考核阶段,正逐步进入工程化和商业化的推广应用阶段。

东日本铁路公司开始为通勤电动车组开发了永磁同步直接传动系统，并在商业运行的103系电动车组上进行了20万km的运行试验，沿线噪声约可降低5dB，能耗降低15%。

基于实现360km/h运营速度的大功率化，牵引系统的小型化、低噪声化和低寿命周期成本的理念，东芝为新干线开发了下一代具有永磁同步牵引系统的E954/E955系列机车。东芝针对地铁车辆开发了全封闭永磁同步牵引电动机，于2007年9月开始在东京地铁实现商业运营，相比异步牵引系统可节能10%，噪声可以降低2~6dB。东芝针对东日本铁路公司混合动力机车研制的永磁同步牵引系统也完成了交货。

阿尔斯通在2011年针对SNCF研制了装有永磁同步牵引系统的区域列车，SNCF已经订购了266列该种区域列车。

庞巴迪研制的MTRAC自通风永磁同步电动机持续功率为302kW，重量为550kg，系统效率在满载时可达到97.1%，相比于异步电动机牵引系统可提高3.5%左右。法国国家铁路公司已经向庞巴迪订购了装有永磁同步牵引系统的49列区域双层火车，瑞士联邦铁路订购了59列装有庞巴迪研发的第二代水冷永磁同步牵引电动机的双层列车。

斯柯达公司针对低地板车辆开发了永磁同步直接传动系统，其电动机额定功率为30kW。

经过自20世纪90年代初至今20多年的发展，永磁同步牵引系统在国外轨道交通领域已经逐步进入了工程化和商业化推广应用的阶段，无论在地铁车辆、低地板车辆、单轨车、高速动车组、城际列车、调车机车等方面都有了一定的应用，轨道交通领域几大跨国公司在永磁同步牵引系统的系统设计技术、永磁同步牵引电动机结构、控制策略等方面形成了具有各自特色的技术模式。

2. 国内现状

国内厦门2号线、深圳10号线、北京地铁8号线部分列车试装了永磁牵引系统，佛山3号线、长沙5号线一期、天津4号线南段全线车辆装配了永磁牵引系统。目前，列车永磁牵引技术推广应用时间较短，许多方面还需更长时间的列车载客运营验证，更多的有价值的成果有待进一步挖掘。

株洲中车时代电气股份有限公司（简称时代电气）从2003年便开始了永磁同步牵引系统的基础研究工作，十年来先后完成了永磁同步牵引系统设计方法研究、永磁同步牵引电动机设计及制造工艺研究、永磁同步电动机控制策略研究，同时建立了永磁同步牵引系统仿真平台、永磁同步电动机设计平台、大功率永磁电动机制造工艺体系、永磁同步电动机半实物仿真平台以及永磁同步牵引系统试验平台。

时代电气于2008年完成了中国中车项目"铁道车辆传动系统用永磁同步电动机控制技术研究"，针对额定功率100kW/峰值功率150kW永磁同步牵引完成了功能性试验研究，并搭载在纯电动大巴上考核运行了6000km，运行情况良好。在此基础上针对客车用永磁同步牵引系统进行了研制，目前已商业化批量生产了10000多台，第一批系统已完成80万km的安全稳定运行。

我国高铁列车正在试装的同步永磁电动机牵引系统也进行了装车试验、运行考核，世界上国外阿尔斯通、庞巴迪等车辆厂生产的轨道交通永磁同步牵引列车已在法国、日本、瑞典、土耳其等国家轨道交通中获得成功运用，现已进入轨道交通永磁同步牵引工程化和商业化的推广应用阶段。

随着技术的不断成熟，永磁同步牵引系统逐步向高速大功率发展。除80km/h等级地铁的主流应用车型，永磁同步牵引系统已经在佛山地铁2号线实现了100km/h等级地铁的应用，预计很快将覆盖所有速度等级地铁的应用需求。

13.4 永磁牵引系统方案

13.4.1 技术路线及研究方法

项目首先进行需求确定，包括顶层技术指标分解、牵引特性研究、永磁同步牵引电动机控制技术，然后重点开展永磁同步牵引电动机、控制策略、牵引逆变器等关键技术及装备研制，并且完成了地面组合试验和现场的装车试验考核，永磁同步牵引系统、永磁同步牵引电动机、控制策略、地面组合试验、现场装车试验的具体研究方法、技术路线如图13.4.1所示。

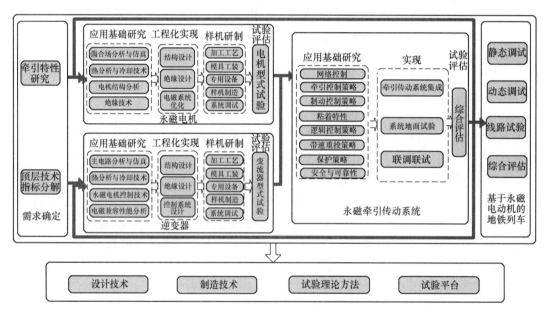

图 13.4.1　项目技术路线图

13.4.2 总体技术方案

依托天津市轨道交通6号线牵引系统的招标项目（2014年招标项目）中提供其中一列车作为试验列车，要求尽量减少机械尺寸的改动但电动机采用永磁电动机（与异步电动机在安装上能互换），但控制机箱及插件、控制软件需进行重新研制。在研究办法上采用先地面试验，在成熟后再试制样品，再批量生产，通过试验落实节电效果，再在今后地铁建设中进行全面牵引系统及其控制系统的推广应用。

设计原则上不得降低原有天津6号线电动客车采购合同各项技术指标；在永磁方案改造时，需保留原异步电动机牵引系统的设备安装接口；在后续车辆调试过程中，车辆系统匹配既有信号系统。

项目主要时间节点：

(1) 2016 年 12 月份，启动项目并完成初步方案设计；
(2) 2017 年 9 月份，正式完成项目立项工作；
(3) 2018 年 7 月份，完成项目地面及现场型式试验；
(4) 2018 年 9 月份，完成载客运营专家评审；
(5) 2019 年 3 月份，完成项目结题专家评审。

13.4.3 牵引制动特性要求

• 牵引性能：在定员 AW2 情况下，车轮半磨耗，在干燥、清洁平直轨道上，额定电压 DC1500V 时，平均加速度为：

列车从 0 加速到 40km/h：$\geqslant 1.0\text{m/s}^2$

列车从 0 加速到 80km/h：$\geqslant 0.6\text{m/s}^2$

• 制动性能：在空载和超员间（包括超员）的任何情况下，在干燥、清洁平直轨道上，车轮半磨耗，列车从最高运行速度 80km/h 到停车，平均减速度为：

常用制动平均减速度：$\geqslant 1.0\text{m/s}^2$

快速制动平均减速度：$\geqslant 1.2\text{m/s}^2$

紧急制动平均减速度：$\geqslant 1.2\text{m/s}^2$

• 电制动能力：在负载为 AW0～AW2 条件下，在平直干燥轨道上，车轮半磨耗状态及接触网压 DC1500V～DC1800V 情况下，仅实施电制动时，在 80～5km/h 速度范围内，列车可达到的平均减速度应不小于 1.0m/s^2。

• 恒牵引力速度范围：0～40km/h

• 恒功率速度范围：40～55km/h

• 自然特性速度范围：55～80km/h

• 恒功起始点牵引力：347kN

• 自然特性起始点牵引力：252.94kN

• 牵引电动机最大牵引功率：246kW

• 牵引电动机起动转矩：1335Nm

• 牵引电动机最大转速：3526r/min（半磨耗）

• 平均加速度：$\geqslant 1.02\text{m/s}^2$（0～40km/h）

　　　　　　　$\geqslant 0.62\text{m/s}^2$（0～80km/h）

• 齿轮传动比：6.6875

13.4.4 永磁牵引系统技术方案

永磁电动机项目列车电气牵引系统采用 VVVF 逆变器-永磁同步牵引电动机构成的交流电传动系统，各动车直流侧采用架控方式，电动机侧采用轴控方式。由受电弓输入的 DC1500V 向列车供电。每个动车的主电路形式、结构相同，满足列车牵引系统性能的要求。

电气牵引系统充分利用轮轨粘着条件，并按列车载重量从空车到超员载荷 AW3 范围内自动调整牵引力的大小，并保证一定牵引力冗余量，使列车在空车 AW0 至超员载荷 AW3 范围内保持起动加速度基本不变，并具有反应迅速、有效可靠的粘着利用控制和空转保护。

列车电制动采用再生制动，制动能量反馈回电网，当电网不能吸收时转为电阻制动。常用制动采用电制动优先，用足电制动，电制动不足时由空气制动补足的微机控制的混合制动方式。紧急制动仅使用空气制动。

列车充分利用轮轨粘着条件，并按列车载重量从空车到超员载荷范围内自动调整电制动力的大小及补充空气制动，使列车在空车至超员范围内保持制动减速度基本不变，并具有反应迅速、有效可靠的粘着利用控制和滑行保护。

列车牵引系统主电路采用两电平电压型直-交逆变电路。经受电弓输入的DC1500V直流电由VVVF逆变器变换成频率、电压均可调的三相交流电，向永磁同步牵引电动机供电。VVVF逆变器由两个双管逆变模块单元组成，采用2个双管逆变器模块驱动4台牵引电动机的工作方式，电阻制动斩波单元与逆变模块单元集成在一起。当电网电压在1000～1800V之间变化时，主电路能正常工作，并方便地实现牵引-制动的无接点转换。

为避免永磁同步牵引系统在失控时由于永磁同步牵引电动机发电时产生的反电势对系统的影响，在牵引逆变器与永磁同步牵引电动机之间设置了隔离接触器。

电气牵引系统设备包括受电弓、高压电器箱、高压电器箱2、滤波电抗器箱、牵引逆变器箱、隔离接触器箱、制动电阻、永磁同步牵引电动机、接地装置以及司机控制器等设备。永磁同步牵引电动机采用架承式全悬挂结构并通过联轴节与齿轮传动装置连接，传递牵引或电制动力矩，在VVVF牵引逆变器的驱动下使列车前进或制动。电气牵引系统主要设备配置见表13.4.1。

列车电气牵引系统主要部件配置　　　　　　表13.4.1

序号	设备名称	数量							备注
		Tc	Mp1	M1	M2	Mp2	Tc	套/列	
1	高压电器箱		1			1		2	与原有设备一致
2	高压电器箱2		1	1	1	1		4	新增设备
3	VVVF逆变器		1	1	1	1		4	接口、功能变更
4	滤波电抗器箱		1	1	1	1		4	新增设备
5	接地装置	2	4	4	4	4	2	20	与原有设备一致
6	异步牵引电动机		4	4	4	4		16	接口、功能变更
7	隔离接触器箱		2	2	2	2		8	新增设备
8	制动电阻		1	1	1	1		4	与原有设备一致
9	司机控制器	1					1	2	与原有设备一致
10	避雷器		1			1		2	与原有设备一致

13.4.5　电气原理技术方案

永磁牵引改造前，列车从受电弓取流后经过高压电器箱给到每个单元的牵引逆变器，经牵引逆变器给到4个轴的电动机，直流侧、逆变侧采用车控方式。永磁牵引改造后，列车从受电弓取流后经过高压电器箱给到每个单元的高压电器箱2（新增设备），通过高压电器箱2给到滤波电抗器（新增设备），再给到牵引逆变器（改造设备），逆变之后分别给到2个隔离接触器箱（新增设备），再通过隔离接触器箱给到牵引电动机（改造设备），直流侧架控，逆变侧轴控（图13.4.2）。

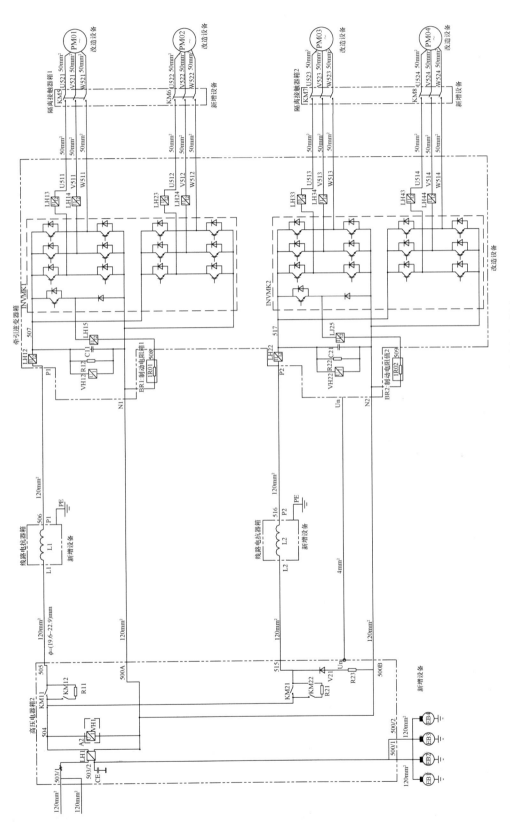

图 13.4.2 永磁牵引改造后：牵引主电路图

13.4.6 主要设备

1. 永磁同步牵引电动机

（1）技术参数

额定功率：190kW

额定转速：1800r/min

最高工作转速：3526r/min（全磨耗）

额定电流：141A（基波有效值）

最大工作电流：184A（基波有效值）

电机极数：8极

冷却方式：自扇风冷

重量（不含电缆）：570kg

防护等级：IP44

（2）特性曲线

永磁电动机的牵引/电制动特性与异步电动机完全一致。

牵引时（DC1500V）：

0～1763r/min：1335N·m

1763～2425r/min：恒功率

2425～3526r/min：自然特性

电制动时（DC1650V）：

220～3526r/min：1146N·m

2. 永磁同步牵引电动机

（1）技术参数

采用双管模块，每个散热器上集成两个逆变单元。

DCU 依据永磁同步牵引电动机控制特点配置插件。

输入电压：DC1500V（1000V～1800V）

开关频率：500Hz

额定输出电流：4×190A

最大输出电流：4×280A（有效值）

防护等级：IP55

重量：≤510kg

冷却方式：热管走行风冷

（2）牵引主电路

逆变器柜内装有两个 IBBM 系列 IGBT 逆变器模块，每个逆变器模块集成两个三相逆变器的三相桥臂（逆变模块）及一个制动相桥臂（斩波模块），每个模块分别驱动一个转向架上的两台电动机。逆变器模块采用抽屉式结构；冷却采用热管散热器自然冷却方式。VVVF 逆变器包含牵引控制单元（DCU），控制逆变器并与列车控制与诊断系统通信。

3. 隔离接触器箱

用于将电动机与逆变器断开，避免电动机失控时不可关断的反电势影响系统的进一步

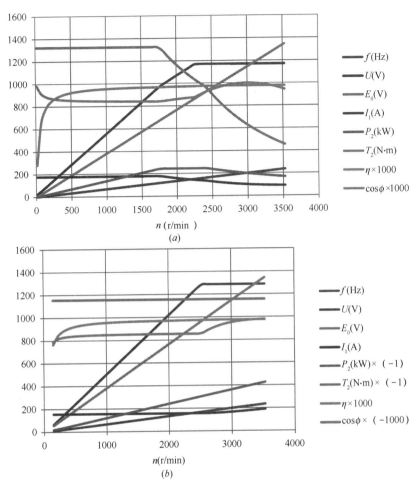

图 13.4.3 牵引/电制动特性曲线

(a) DC1500V 牵引特性曲线；(b) DC1650V 制动特性曲线

扩大。

技术参数：

额定工作电流：300A

机械分断响应时间：≥200ms

电气响应时间：≥100ms

重量：≤85kg

防护等级：IP55

4. 牵引电抗器

技术参数：

结构方式：空心式

冷却系统：走行风冷

工作方式：持续工作制

额定电流：2×DC 280A

额定电感：2×6mH（-5%，+20%）
电路额定电压：DC1500（DC1000V～DC1800V）
绝缘等级：H级
重量要求：≤465kg

5. 高压电抗器

技术参数：
额定输入电压：DC1500V
输入电压范围：DC1000V～1800V
牵引额定电流：2×DC 380A（RAMS）
输出最大牵引电流：2×DC 560A（RAMS）
最大再生制动电流：2×DC 576A（RAMS）
防护等级：IP55
重量：120kg

13.5 项目试验研究

试验研究是项目技术路线中重要的验证环节，是各部件优化的重要依据。该项目试验研究主要可分为地面试验研究和装车试验研究两大部分。

13.5.1 地面试验研究

地面试验研究主要包括控制策略调试试验和系统组合试验。在地面试验平台上进行了长达1年的控制策略调试试验，根据牵引逆变器低开关频率的特点，重点对矢量控制模式下的同步调制算法进行研究，优化电流波形、降低谐波含量、实现不同分频下的平滑过渡。在完善控制系统性能的同时对电动机性能、系统性能进行测试，根据测试结果对电动机进行优化设计、对控制算法进行优化。

装车试验前依据轨道交通的试验标准，结合永磁同步牵引系统的特点，在中国铁道科学研究院检验试验中心原铁道部产品质量监督检验中心，牵引电气设备检验站完成了系统组合试验，主要考核内容有：永磁同步电动机和异步电动机空载启动及运行调试、逆变器同时驱动永磁同步电动机和异步电动机的试验、永磁同步电动机堵转试验、永磁同步电动机牵引特性试验、永磁同步电动机制动特性试验、永磁同步电动机满转矩的速度扫描试验、永磁同步电动机不同转速条件下牵引/制动投入试验、永磁同步电动机系统效率试验、永磁同步电动机网压变化试验。

为了验证系统的可靠性，在模拟试验室对装车试验用永磁同步牵引系统依据天津地铁6号线典型线路完成了10h的连续循环试验（峰值转矩牵引27s—小手柄保持最高速40s—峰值转矩制动18s—停站20s），整个试验过程一切正常，未有任何故障发生。

13.5.2 装车试验研究

1. 装车试验前准备

为了在现有车辆改动最小即可实现永磁同步牵引系统的考核，本次装车试验主要目的是侧重验证永磁同步牵引系统设计方法、永磁同步电动机控制策略和永磁同步电动机设计制造技术。为此，本次装车试验采用永磁同步牵引电动机替换现有异步牵引电动机，仍然保留齿轮箱传动。

由于需要采用一个牵引逆变器同时控制 4 台永磁同步牵引电动机，所以在地面试验阶段即对该种组合方式进行充分的试验，验证了永磁同步牵引系统能够正确响应给定的向前/后、牵引/制动、牵引/制动力大小等控制指令，能够同步封锁脉冲。同时对新增设备的安装以及装车试验风险进行了全面的评估，并让中车青岛四方机车车辆股份有限公司从整车层面对装车试验进行了评估，从而最大限度地降低装车试验可能带来的风险，为顺利完成装车试验提供强有力的保障。

2. 装车试验

在现场按照安装装车方案完成了永磁同步牵引系统的装车，按照现场试验大纲，依次进行了逻辑及功能试验、粘着调试、加速度试验，在确认永磁同步牵引系统性能良好的基础上在天津地铁 6 号线正线进行了空载试验与重载试验，并按照运行图完成了规定公里数的试运行考核，然后投入载客运营。在载客运营过程中同时对永磁同步牵引系统与异步牵引系统的能耗进行了对比测试。

13.6 永磁系统关键技术

13.6.1 永磁同步牵引系统设计技术和故障保护策略

根据永磁同步牵引电动机的特点，考虑轨道交通的运行工况，提出了牵引逆变器、永磁同步牵引电动机的匹配技术，设计了安全可靠的主电路结构，在对永磁同步牵引系统故障模式分析的基础上，提出了完善的永磁同步牵引系统故障保护策略。

13.6.2 永磁同步牵引电动机控制技术

提出了轨道交通全速度范围内的永磁同步牵引电动机控制策略，针对逆变器低开关频率的特点，提出了过渡平稳的多段式 SVPWM 同步调制技术。针对永磁体性能随温度变化的特点，提出了补偿算法，实现了不同温度下转矩的恒定输出。针对永磁同步牵引电动机的特点，提出了带速度情况下永磁同步牵引电动机重新运行的算法，实现了永磁同步牵引电动机安全可靠地重新投入工作。

13.6.3 永磁同步牵引电动机无位置传感器控制技术

无位置传感器控制技术可在电动机转子和机座上不安装电磁或光电传感器的情况下，利用检测到的电动机电压、电流和数学模型估算出转子位置和转速，从而实现取消速度传感器和位置传感器、降低系统成本及维护成本，提升系统可靠性。本项目在国内首次实现了永磁系统无速度传感器控制的实际应用，经试验验证，具有高可靠性和可用性，完全满足控制和运用需求，具有首创意义。

13.6.4 永磁同步牵引电动机与系统匹配的设计技术

在考虑系统的安全性、稳定性和可靠性的基础上，综合考虑牵引电动机及控制系统性能和成本,从磁路结构、气隙形式、极槽配合等多方面优化电动机设计,较好地解决永磁牵引电动机反电势限幅的技术问题。

13.6.5 永磁同步牵引电动机温升

对于永磁电动机,为了防止外界的水、灰尘、铁屑进入电动机内部腐蚀永磁体,特别是由于永磁体的吸附,造成铁屑在转子表面的堆积,电动机必须要采用全封闭结构。采用全封闭结构,电动机的端部冷却较差、定子热量辐射到转子上并造成转子(尤其是永磁体)的温度较高、定子热量传导到轴承使轴承温度高,这些给电动机的设计提出了严重的挑战。

13.6.6 齿槽转矩

永磁牵引电动机齿槽转矩对系统控制精度和电动机转矩脉动影响较大,是永磁牵引电动机设计的重要指标。由于本电动机定子采用成型线圈,定子槽形为开口槽,齿槽转矩较大,必须采取特殊措施来降低齿槽转矩。

降低永磁电动机齿槽转矩常用的手段有定子斜槽、转子斜极和定子采用磁性槽楔三种。通过电磁仿真分析,采用磁性槽楔效果有限,不能达到技术要求;转子斜极对抑制齿槽转矩有较好的效果,但分段数需较多(6段以上),才能满足要求,这样给制造工艺带来很大的困难;定子斜槽效果最好,在工艺上相对容易实现。

对上述三种不同的降低齿槽转矩的措施,通过制造样机进行了测试,定子斜槽方案的样机,齿槽转矩由7%降到1%以下,较好地解决了该问题。

13.6.7 失磁

永磁电动机采用永磁体励磁,永磁体存在不可逆退磁的风险,对永磁电动机控制系统增加矫顽力观测其功能,当出现异常工况(如过高温、过流)永磁体工作点接近不可逆失磁点时,系统报警或做出相应处理(降功、停机等),以确保永磁牵引电动机在实际运行中不出现失磁故障。

13.7 效益分析

13.7.1 节能效果分析

数据来源:牵引、辅助控制单元分别进行能耗计算,通过网络总线将数据传输至列车控制及诊断系统,列车控制及诊断系统进行累加,并在HMI显示器上分别显示牵引、辅助系统能耗及牵引系统的再生能量。

牵引能耗:牵引控制单元根据中间电压、电流对牵引能耗进行计算,当电量达到1度时,向列车控制与诊断系统发出0.5s脉冲,列车控制与诊断系统统计牵引系统发送的能耗脉冲个数,从而得出牵引能耗情况。

辅助能耗:辅助控制单元根据直流输入侧电压、电流对辅助能耗进行计算,当电量达到1度时,向列车控制与诊断系统发出1s脉冲,列车控制与诊断系统统计辅助系统发送的能耗脉冲个数，从而得出辅助能耗情况。

（1）通过能耗记录分析，永磁牵引系统列车（645车）每公里牵引能耗4.15kWh/km，异步牵引系统列车每公里牵引能耗6.16kWh/km，相比异步牵引系统列车大约节能32.6%。

（2）通过能耗记录分析，永磁牵引系统列车（645车）每公里节约总能耗7.40kWh/km－5.59kWh/km＝1.81kWh/km，相比异步牵引系统列车大约节能24.5%。

通过进行装车试验，实现永磁牵引系统投入正式商业载客运营，经专家组评审，项目节能效果显著，达到项目节能10%的目标要求。

13.7.2 经济效益分析

目前6号线采用交流传动异步电动机的车辆已运营，据统计月度总耗电量为769万度，车辆牵引耗电每月约384万度，每年牵引耗电约4608万度，如采用永磁牵引系统则每年节电可达460万度左右。牵引电动机运行可降噪2~6dB（A），具有巨大的经济价值。

另外，永磁同步牵引电动机采用全封闭式结构，电动机气隙能够保持清洁，无须清洗进风口滤网，架修更换电动机轴承时也无须除尘，可有效减少维护工作量。

13.7.3 推广应用情况

截至2017年底，我国内地累计有34个城市建成投运城市轨道交通线路5000km以上。在"十三五"期间，全国城市轨道交通车辆招标可达7000辆。按照每辆车牵引系统售价100万来计算，每年地铁车辆牵引系统的市场容量将达到70亿元以上，永磁同步牵引系统的技术成熟与批量推广将带来可观的经济效益。

永磁同步牵引系统属于电气自动化领域，跨越电力电子、电动机、自动控制理论、计算机科学、材料等众多学科，永磁同步牵引系统技术的突破，能带动相关产业的发展，从而构建新的产业链，有效地拉动经济的发展。永磁同步电动机在船舶推进、风力发电、流程工业传动系统、钻机顶部驱动系统等领域已经获得越来越广泛的应用，永磁同步电动机牵引系统技术的掌握可以延伸到相关领域，实现同心多元化，再创异步牵引系统的辉煌业绩。

目前，永磁牵引系统已经在天津地铁4号线南段车辆上实现批量应用，该项目全部列车都将采用永磁同步牵引系统，后期必将在该项目上充分体现节电、环保的优势，为节能减排国策的推广实施贡献力量。

注：本章内容参考中车青岛四方机车车辆股份有限公司天津地铁6号线电客车技术资料、株洲中车时代电气股份有限公司天津地铁6号线电客车牵引系统技术资料、天津地铁6号线车辆永磁同步牵引系统装车试验项目研究报告、天津地铁6号线车辆永磁同步牵引系统装车试验项目技术资料。

第14章 地铁车站地面无冷却塔空调技术

14.1 概述

截至 2019 年 12 月 31 日,中国已开通城市轨道交通(不含有轨电车)的城市共有 44 个,其中内地(大陆)38 个,港澳台地区 6 个;已开通城轨交通线路长度共计 6730.27km,含地铁 5187.02km。其中,作为超大城市的北上广的轨道交通建设最具规模和指导意义。这些超大城市,随着其地上空间及资源愈发稀缺,未来轨道交通的建设中必然将有大量的地下车站建设完成。

作为中国轨道交通建设和运营历史最久远的北京市,其地下车站冷却塔的设置方案较为全面且具有典型性,对于其他城市的建设、运营有着很好的借鉴意义,特别是其地铁车站地面无冷却塔空调技术(后文简称"无塔技术")的研究与应用方面的诸多尝试与宝贵经验可以为京津冀地区的轨道交通建设与运营提供借鉴。因此,本章将主要以北京轨道交通车站冷却塔设置方案为例,重点梳理与总结北京轨道交通车站地面无冷却塔空调技术的发展趋势、技术方案及重难点,以期为国内同行解决同类问题提供帮助。

14.2 研究目的、意义及必要性

14.2.1 目的与意义

针对目前大城市建筑稠密区域地铁地面冷却塔建设困难的问题,研究并掌握新型风道内置空调冷却装置技术和工艺,以提高轨道交通工程环境友善性,降低轨道交通工程对外部环境的负面影响;提高轨道交通工程建设的技术水平;促进空调冷却装置相关技术发展,从而带动相关行业及产业发展。

14.2.2 必要性

作为城市公共交通系统的一个重要组成部分,中国城市轨道交通建设起步较晚。在 2000 年之前,全国仅有北京、上海、广州三个城市拥有轨道交通线路。进入 21 世纪以来,随着中国经济的飞速发展和城市化进程的加快,城市轨道交通也进入大发展时期。北京作为首都,城市轨道交通的发展更为迅速。截至 2019 年 12 月,北京市轨道交通路网运营线路达 23 条、总里程 699.3km、车站 405 座。同时,随着城市轨道交通项目的迅速发展以及城区用地的愈发紧张,也逐步出现了线路征地困难、拆迁费用高、地面占地空间受限等颇多工程难题。

作为地下车站重要地面附属设施的冷却塔,是车站空调水系统将地铁热量散发到外界的终端设备,是提供地铁内环境温度舒适性的重要保证,是地铁内重要设备保障正常工作的基础设备，其在空调系统中是很重要的组成；同时，它也是轨道交通与城市融合的重要表现之一。随着更多的地下车站建成运营，车站冷却塔的建设与运营已经成为各条轨道交通线路在建设运营期中的重要关注对象。

随着地铁项目的迅速发展以及城区用地的愈发紧张，地铁征地困难，且拆迁费用极高，地面占地空间受限。地铁冷却塔的设置空间也进一步受到限制，甚至个别车站出现了周边不具备设置冷却塔条件的情况；同时，随着城市的整体发展以及用地稀缺情况的加重，冷却塔设置在地面时对城市景观、环境等影响也愈发突出。因此，地下车站冷却塔的建设及实施的难度是可想而知的，地面冷却塔放置已经成为地铁建设的最为棘手难题之一。以北京地铁部分车站为例，如图14.2.1所示。

图 14.2.1 地面冷却塔设置问题

对于在地铁建设中冷却塔在核心城区由于空间限制造成的实施难题，全国各地的地铁建设单位、设计单位及运营单位均开展了相关论证和研究工作，也有过各种技术方案的积极尝试。其中，国内部分城市地铁曾尝试采用集中冷冻站或集中冷却等方案，但在系统运行维护及能耗方面存在一定的问题。在北京早期已运营的线路中，针对地面冷却塔设置困难的问题，也开展过诸多解决方案的积极尝试，比如将传统冷却塔下置于风道内的方案和风道设置传统蒸发冷凝空调机组的方案，受限于当时的技术条件，在环境封闭的既有环境中，实际运行出现了换热器结垢较为严重进而造成系统能耗较大等问题。

国内地铁行业对地面冷却塔放置难题的诸多解决方案的积极探索与尝试，也为我们开展地面无塔技术的综合性研究提供了很好的借鉴与帮助；同时，如何找到合适的解决方案，能够在能耗、投资、运行效果及与城市融合之间得到平衡，也是我们探索解决冷却塔放置难题过程中需要重点予以关注的地方。

基于上述情况，在充分调研和系统分析的基础上，通过吸收国内外涌现出的大量新技术成果，我们研究并尝试了切实可行的空调冷却装置内置于风道内的技术方案。

通过无塔技术的研究与实践工作（包括研发新型的适用于地下封闭空间条件下的空调冷却设备，并同步研究配套方案及开展应用实践），大大提高了地铁车站的环境友好型，可以有效解决地铁车站地面冷却塔占地的工程难题，具体如下：

（1）解决中心城区地铁车站冷却塔征地困难的建设难题及降低工程拆迁费用；

（2）大幅降低地铁车站冷却塔对外部的环境及景观影响；

（3）针对空调冷源设备下置工程条件，尽量降低车站通风系统附加能耗水平，降低运行能耗；

（4）提高北京轨道交通工程建设的技术水平，引领轨道交通关于空调冷却系统的发展方向，提高北京地铁建设水平。

14.3 行业技术发展现状与趋势

目前，国内地铁工程一般均采用水冷式分散冷站的冷源方案，以水冷螺杆机组＋冷却塔的形式最为常用。每座车站均需在地面设置冷却塔，但由于地面冷却塔的征地、景观、噪声、卫生等问题，部分车站的冷却塔难于协调，或者建成后由于噪声等问题受到投诉，地面冷却塔的上述问题逐步成为困扰规划设计的突出问题之一。

14.3.1 冷却塔的发展现状及趋势

冷却塔技术诞生于20世纪的美国，距今已有近70年的发展历史，50年前引入日本，40年前引入中国台湾和香港，约35年前引入中国内地（大陆）。在美国、日本、中国台湾和香港及内地（大陆）应用较多，欧洲因建筑单体建筑较小，应用风冷式空调居多，故欧洲冷却塔应用较少。随着冷却塔技术的发展，逐渐由玻璃钢转变为镀锌钢板或不锈钢材质。比如美国基本不用玻璃钢材质的，以镀锌钢材质为主，且基本为单风机为主；日本为岛屿型国家，台风较多，故冷却塔一般为多风机多模块，且高度较矮，以玻璃钢结合PVC材质为主。中国吸收了美国及日本制造技术，塔型从单模块到多模块都得到发展，材质从玻璃钢到镀锌钢、不锈钢都有。目前，国内冷却塔制造业发展至今已有近30多年的历史，冷却塔的制造水平与国外相比已毫不逊色，有的性能甚至已超过日本等先进国家的水平。1987年，在全国各地研究所、制造厂的大力支持下，制定了第一个冷却塔国家标准，1988年引入外资生产冷却塔。

玻璃钢冷却塔在我国已有30多年的发展历史，工业循环用水开始就出现了玻璃钢冷却塔。如今全国已有上百家玻璃钢冷却塔厂，成为工业循环用水、节约用水的重要支柱。玻璃钢冷却塔的应用范围很广，它一直很受人们的青睐。

玻璃钢冷却塔采用玻璃钢材料制作外板、导流罩、集水盘，轻质高强、安装方便、耐腐蚀、导流效果好，目前国内玻璃钢材质居多。玻璃钢冷却塔耐腐蚀、强度高、重量轻、体积小、占地少、美观耐用，并且运输、安装和维修都较方便；因而被广泛应用于国民经济各部门，对空调、制冷、空压站、加热炉及冷凝工艺等冷却水循环系统尤为适宜。但玻璃钢有不可降解的环境污染，市场已逐步被镀锌钢或不锈钢替代。

统计数字显示，目前国内正在运行的数万台玻璃钢冷却塔已面临节电低碳的要求，许多企业正在进行塔机自身的技术进步，开发节能型冷却塔、降低冷却塔供水扬程、开展塔内布水装置设计等。

随着技术的不断发展革新以及产品需求的逐步提高，冷却塔制造逐渐向散热能力足、体积小、材质环保、节水型、噪声低的发展方向发展，而且冷却塔的形式也开始向多元化方向发展，如闭式冷却塔、侧出风型冷却塔等；传统的冷却塔安装于地面时，不可避免地需要占用地面空间，并且运行中还会产生噪声等环境污染。为减少冷却塔及安装管道等附属设施的安装占地问题，减少漂水，减少噪声扰民的投诉及治理，在民用建筑中，已开始出现将冷却塔安装于下沉坑道或高层建筑的设备夹层中的设计，也取得了一些成果；而在北京地铁的奥林匹克公园站等站曾将传统冷却塔置于地下风道内或者类似封闭空间内，虽然鉴于当时的技术水平未有效解决热回流及热气排出通道的问题，致使冷却塔换热效果不佳，影响了空调系统制冷效果，但是也由此积累了大量的实践经验及运营数据，并取得了诸如"采用底阀解决地下冷却塔的回水管回流问题"等技术难题的技术储备。

由于地上空间的愈发稀缺，随着地铁工程的不断建设，冷却塔在地铁项目中使用遇到了越来越多的难题，这也为冷却塔下置技术的完善提供了技术改进的契机和广阔的行业机会，这也是未来冷却塔设计者在总结既有经验的基础上，亟待研究的关键技术问题，也是冷却塔制造技术未来发展的一种方向和趋势。

14.3.2 蒸发冷凝装置的发展现状及趋势

蒸发式冷凝技术的发展：从20世纪70年代起，国际上发达国家开始改用蒸发式冷凝器代替水冷式冷凝器和风冷式冷凝器，它在国外的研究是一个热门课题，美国和澳大利亚在此领域的研究非常活跃。美国供热制冷空调工程师协会ASHRAE TRANSACTIONS发表了大量有关蒸发冷却技术的研究论文，关于蒸发冷凝装置的研究体系已逐步建立。美国巴尔的摩公司成立于1938年，它专门从事设计、制造蒸发冷凝装置设备，在世界上属领先地位，该公司1968所推出的V-Line系列蒸发冷凝装置，已成为美国制冷工业的标准。益美高公司成立于1976年，目前该公司在中国市场推出的都是采用益美高在世界上具有领先地位的专利技术制造的系列产品，其ATC/LRC型蒸发冷凝装置颇受欢迎。

20世纪80年代中期，同济大学陈沛霖教授在美国加州劳伦斯伯克利研究所从事蒸发冷却技术的国际合作研究，并将这一技术引入我国。近年来，一些科研单位和企业对蒸发冷却技术进行了理论和试验研究，取得了一定进展。

（1）节水。一般1kg冷却水能带走16.75～25.12kJ热量，而1kg水在常压下蒸发能带走约2428kJ热量，因而蒸发冷凝装置理论耗水量仅为一般水冷式冷凝器的1%。考虑飞溅损失和排污换水等因素，实际耗水量约为水冷式的5%～10%。

（2）节电。采用蒸发冷凝装置的制冷系统，其冷凝温度要比用风冷式或水冷式冷凝器低，因而采用蒸发冷凝装置将使压缩机的输入功率减少。此外，冷凝器的总功耗（水泵、风机）也显著降低，因而能明显节能。据测试报告显示：与壳管式冷凝器和水冷却塔组合的系统相比，采用蒸发冷凝装置可降低制冷装置电耗10%左右，而与空冷式冷凝器相比，可节电30%以上。

这些年，蒸发式冷凝技术在民用建筑中逐步得到越来越多的应用。蒸发式冷凝技术在保证适宜的技术基础条件下，相比传统的风冷以及水冷方式有节能、节水、占地面积小等优点。因此，近年来，出现了将传统蒸发式冷凝技术应用于地铁车站的应用尝试。比如北京地铁建国门站、西单站；重庆地铁会展中心站；杭州、石家庄、武汉等城市的部分车站也有应用。其中，蒸发式冷凝技术应用于地铁车站，在水质控制方面，还没有很好地解决，尤其是应用于地下风道内时，结垢问题较为突出，进而影响主机的换热效率，制约着此技术的推广应用。因此，蒸发式冷凝技术针对水质控制及散热等问题开展系统研究是未来蒸发式冷凝技术的关键发展方向,且亟待解决。

14.3.3 适用于小系统水容积的快速循环水质控制技术的发展现状及趋势

中央空调系统水质控制技术的作用已广为业内人士所认识,因此中央空调系统水质控制技术应用已非常普及。常用的中央空调系统水质控制方法有物理处理法、化学处理法、电子水质控制法等,因为化学处理法有着技术简单、成熟且原理清楚,而且能针对不同的水质和不同的系统工况设计相应的水质控制方案和药剂配方,处理效果较好,成本低,因此被广泛采用。但长期以来化学处理法都是采用人工定期投加药剂、定期排污的办法来实现水质控制的目的,是目前主流的技术。对于冷却水系统就存在以下几个方面的问题:

(1) 在冷却水系统中,冷却水因蒸发、风吹和飞溅而不断浓缩和损失,需要不断补充水量和排污来维持水的平衡,水系统是一动态变化的过程,人工方法无法适应这种动态变化。

(2) 换热设备的负载是动态变化的,不是恒定的,冷却水的蒸发量随着换热设备的负载而变化,为维持水的浓缩倍数,理论排污量也应该随着蒸发量而变化。人工手动排污总是存在排污量过多和排污量不足的现象,无法确保水质稳定。

(3) 人工投加药剂,药剂浓度无法恒定,水中药剂浓度曲线呈一倾斜向下的直线,药剂浓度存在前高后低的现象。

我国自 20 世纪 70 年代末开始根据国外先进技术结合国情进行循环冷却水质控制的研究开发,现阶段在循环水质控制化学品的研究和制造方面具有较高的水平,但在水质控制自控系统的研发和管理水平上与国际水平仍有较大差距。目前国际先进水质控制技术主要发展方向为投加药剂的自动化和智能化及其远程管理技术。这些技术主要应用在大型工业冷却水系统。

随着科技水平的提高和国家政策的要求,国内关于空调循环冷却水质控制的技术发展开始逐步关注节水、自控技术改进、专业化管理三个方向:

(1) 节水

由于循环冷却用水在我国用水中占了相当大的比重,是我国目前和今后工业节水工作的重点,已引起了国家政府部门的高度重视,重点是提高循环冷却水的处理水平和循环再利用率。

早在 20 世纪 70 年代我国循环冷却水质控制技术刚起步时,发达国家循环冷却水的浓缩倍率已提高到 3~5 倍,并开始研究开发循环冷却水零排污技术。目前,发达国家工业循环冷却水的浓缩倍率已普遍达到了 5 倍以上,个别系统甚至达到了 10 倍或者零排污。我国通过对工业节水技术的创新开发,使我国工业循环冷却水质控制技术水平得到极大的提升,浓缩倍数普遍提高到 3 倍左右,还有进一步提高的空间。

(2) 自控技术改进

循环冷却水质控制需要解决因水质导致的腐蚀、结垢、微生物和沉积等问题,主要使用包括缓蚀剂、阻垢分散剂、杀菌灭藻剂、絮凝剂及各类辅助药剂等,也是工业冷却水质控制技术中最基础且最重要的物质。

但如何根据冷却水系统实际需要有序地投加这些化学品,以使这些化学品能够高效地保护冷却水系统,长期以来始终是一个技术难点。国外领先的水质控制公司如 Nalco,开发的 Trasar 系统，能够在线监测化学药剂的浓度，但也形成了水质控制市场的技术壁垒。

国内水质控制行业在自控方面始终处于技术薄弱的处境，为此，现行国家标准《工业循环冷却水处理设计规范》GB/T 50050—2017 提出建议性标准：

循环冷却水系统宜采用以下各项监测与控制：

1) pH 值在线监测与加酸/加碱量联锁控制；
2) 电导率在线监测与排污水量联锁控制；
3) ORP（氧化还原电位）或余氯在线监测与氧化型杀生剂投加量联锁控制；
4) 阻垢缓蚀剂浓度在线监测与阻垢缓蚀剂投加量联锁控制。

（3）专业化管理

德勤中国化工行业分析：水质控制行业属中国"十二五"规划明确的七大战略性新兴产业之一的节能环保产业；中国政府提出的发展重点是新设备的产业化、新型解决方案的研发，以及相关服务业。与市政应用相比，循环水质控制通常对化学品的需求量更大，要求更高，不同行业需要有不同的水质控制化学品及其解决方案。解决方案和现场管理已成为行业的全球趋势，跨国公司正从大宗化学品市场转向特种化学品，乃至开发解决方案和现场服务这些新形态的产品。

针对循环水质控制现场的专业化管理，包括了：

1) 现场水质数据的在线监测，记录，分析和自动报警；
2) 水质控制效果的在线监测，如污垢沉积率、金属腐蚀率等；
3) 使用互联网技术实现运行数据的远程传输，实时监测和自动调整。

随着蒸发冷凝技术的不断发展及应用，由于其系统运行机理及系统水容积小等特点，造成循环水结垢的问题也随之显现，主要存在以下不足：

（1）结垢问题

由于蒸发冷凝装置结构紧凑、吸热快、换热效率高，结垢对其传热性能影响相当大。影响结垢的因素很多，换热面表面温度、表面粗糙度、表面结构、流体流动状态、pH 值、流体温度、流体中杂质离子含量等都起着非常重要的作用。蒸发冷凝装置具有系统水量小、蒸发量大、水质浓缩快等特点，一旦发生结垢，结垢产物生成附着速度快于传统冷却塔，会导致蒸发冷凝装置的换热效率快速下降，影响系统操作。同时，由于蒸发冷凝装置采用镀锌材质和薄管壁以提高缓蚀和换热效率，结垢后如采用酸洗会破坏镀锌层和腐蚀管壁，会导致设备使用寿命的降低和报废。

（2）腐蚀问题

蒸发冷凝装置外壳由于常年处于水与空气的潮湿环境下，易于腐蚀，如果腐蚀严重，不仅会影响生产过程的运行，而且将会给生产过程带来巨大的经济损失，因此必须解决腐蚀问题，延长换热器的使用寿命。

（3）水量的合理分布问题

喷淋水的水量选择和均匀分布对蒸发冷凝装置换热效果有很大的影响，喷淋水量一般以单位宽度上的冷却水量来标示。水质控制不当导致的结垢产物、腐蚀产物和沉积产物会堵塞布水器和管路中空隙，导致喷淋水量和换热面积的下降，影响设备的制冷量。

（4）微生物问题

蒸发冷凝装置对维护保养的要求相对较高，需要用户定期维护。由于藻类易在换热表面积聚,降低传热效率;此外,军团菌也是一种对人体有害的水源微生物,散发到空气中容易对呼吸道和肺部产生感染。所以必须保证水质要求,防止藻类和军团菌的产生。

鉴于以上问题的出现,我国对于蒸发冷凝装置冷却水质控制技术在传统中央空调循环水质控制发展的基础上也开始逐步拓展,但是目前主要针对的是大型工厂等循环水质控制。而对于北京地铁地下空间内采用的蒸发冷凝装置的循环水质控制技术,由于其循环水具有设备单体容量小、循环频次高、水质条件差等特点,目前在国内和国际均缺乏相关的研究和相应针对性技术,基本处于空白。因此对于置于地下空间内的蒸发冷凝装置的循环水质控制技术是空调水质控制技术的一个技术难题,也是未来发展的一个重要方向。

14.3.4 小结

针对传统冷却塔或蒸发冷凝设备下置于风道内的两种技术方案的尝试,我们可以了解到,对于设备本体构造的合理性、散热效果的稳定性、气流组织的科学性、循环水水质控制的可靠性,需要重点关注;特别是循环水的水质控制已经逐步成为限制冷却装置下置方案的重要制约因素之一,也是影响设备寿命的关键要素。伴随着近年来各类技术的发展,通过对上述问题的分析,这两种技术方案可以通过改进完善冷却设备的形式、突破关键技术难题来解决。因此,可以在结合地铁通风空调系统特点的基础上,从研发高效地下式单进风新型冷却塔和具备快速循环水质控制功能的蒸发冷凝装置来进行攻关,并辅以合理的系统配套方案,是目前解决地铁地面冷却塔放置问题的合适方案。对于地上空间愈发稀缺的今天,未来空调冷却设备置于地下空间内也将是一个发展方向。

14.4 研究目标及技术创新点

14.4.1 研究目标

针对地下车站风道内空间密闭、气流单向、空间限制、防火要求高、闸瓦灰影响等环境限制,通过优化构造设计、比选换热填料、风机选型匹配、优化风道内气流组织等,研发高效地下式单进风冷却塔;通过采用制冷剂空气预冷、管板强化传热、换热器层叠技术等研究,同步研究动态指示物水质控制跟踪技术,实现对水系统容积小的循环冷却水水质的有效控制,进而综合研究出具备快速循环水质控制功能的蒸发冷凝装置,达到工程应用要求及国家相关标准要求;完成两类技术在地铁昌平线二期车站应用的验证评价,形成北京地铁地下车站风道内置空调冷却装置优化设计指导原则。

14.4.2 关键技术及创新点

(1) 首次在国内地铁领域内开展完成地下车站风道内置空调冷却装置的系统性研究工作。

(2) 针对单向气流、无日照及粉尘覆盖下的地下密闭受限空间的环境特点,首次研发出适用于地铁车站风道内的新型地下式单进风冷却塔及具备快速循环水质控制功能的蒸发冷凝装置，以解决由于地面无条件放置冷却塔的地铁建设难题。

（3）针对地下车站风道内置空调冷却装置的循环水系统容积小、循环频次高的特点，考虑北京循环水补水水质硬度高、风道内缺乏阳光照射及闸瓦灰影响等问题，通过研究动态指示物跟踪技术，选择合适的化学药剂，以及自动排污控制技术，实现对循环冷却水水质的有效控制，在国内地铁行业首次研究适用于循环水容积小的新型快速循环水质控制技术解决方案，以解决风道内置空调冷却装置的循环水系统的水质问题，提高机组的换热效率。

14.5 研究的技术路线及关键技术内容

14.5.1 研究的技术路线

综合运用技术调研、理论研究、仿真模拟、产品研发、样机测试、工程示范应用等方法开展研究，具体如图14.5.1所示。

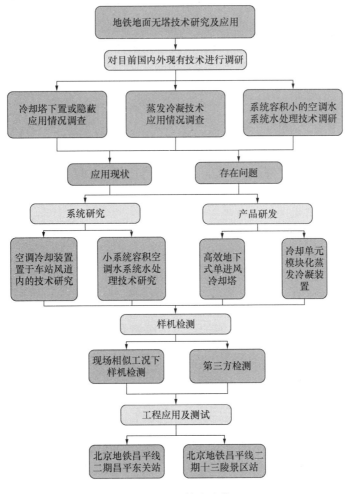

图 14.5.1 技术路线

14.5.2 高效地下式单进风冷却塔的研发

针对地下车站风道内空间密闭、气流单向、空间限制、防火要求高、闸瓦灰影响等环境限制，通过优化构造设计、比选换热填料、风机选型匹配、优化风道内气流组织等，研制出高效地下式单进风冷却塔。主要研发内容包括：

1. 系统设计阶段

（1）研究冷却塔设置在排风道内时的辅助排风与车站排风结合的方案；根据地下排风道的宽度、风量风速、风压，结合冷却塔流量散热要求，与车站大风机匹配结合，计算出冷却塔所需的风量要求。

（2）研究冷却塔置于风道内土建设置方案。

（3）研究冷却塔设置在排风道内时的气流组织及热回流解决方案。

（4）冷却塔安装于地下风道，经冷却塔排出的热空气易回流吸入冷却塔进风口，解决方案需从冷却塔进风方式和导风装置设置方面入手，从进排风方式上尽可能避免热回流的产生。

（5）研究风道内湿球温度变化对冷却塔换热影响问题。

（6）湿球温度是影响冷却塔散热能力的重要因素，同样体积的冷却塔，湿球温度越高，冷却塔散热能力越差，湿球温度越低，冷却塔散热能力越好。在风道中，湿球温度是不确定因素，故冷却塔散热能力需要通过模拟与实际结合测试研究。找出不同进风湿球温度下进出水温的模拟测试。评估实际风道中湿球温度对冷却塔散热能力的影响。

（7）研究排风道内粉尘（闸瓦灰）及风道内无日照情况对冷却塔水质控制方案的影响及水质稳定技术。

2. 产品研发阶段

（1）针对排风道的土建情况，研究冷却塔的塔型及尺寸控制方案；开发研制冷却塔支撑结构；

（2）研究冷却塔填料选择、布置及漂水控制；

（3）研究冷却塔不锈钢外板的设置方案；

（4）研究冷却塔的气水比控制问题，开发研制冷却塔布水系统；

（5）研究冷却塔的配套风机及排风筒装置的设置方案；

（6）完成各单元产品的加工、测试，形成可应用产品样机。

14.5.3 具备快速循环水质控制功能的蒸发冷凝装置的研发

1. 冷却单元模块化蒸发冷凝装置的研发

蒸发式冷凝制冷机组是空气侧采用冷水冷却空气与冷凝侧采用淋水蒸发冷凝的组合。空气侧采用冷水冷却空气的方式为传统方案，技术比较成熟；冷凝侧采用淋水蒸发冷凝的方式关键是对蒸发冷凝系统换热器的研究，因此主要需研究以下内容：

（1）蒸发冷凝系统换热形式的研究。逆流式和顺流式研究。逆流式的进风口全在下部进风窗吸空气，换热面积往往比顺流的大，也称全蒸发式。顺流式是进风口在上部的一侧和下部的一侧吸风，换热管比较密集，形成喷淋水的满贯，是最早由水冷系统演变过来的，设备还带有冷却水的填料，基本算是壳管式冷凝器和循环水泵和凉水塔的一体式组装。相对来讲，完全蒸发冷凝装置逆流式的要节水节电一些。

（2）换热管形状的研究：根据换热管的种类不同，分为多种，换热管种类有：不锈钢管（腐蚀气体），化肥管（高压），碳钢热浸锌管（普通），铝合金管（换热效果较好），铜管（主要用在水冷却）。管子又分圆管和椭圆管等；比较各类管型的优劣。

（3）结垢问题的研究：由于蒸发式冷凝系统结构紧凑、吸热快、换热效率高，结垢对其传热性能影响相当大。影响结垢的因素有换热面表面温度、表面粗糙度、表面结构、流体流动状态、pH值、流体温度、流体中杂质离子含量等。

（4）腐蚀问题的研究：蒸发式冷凝系统外壳由于常年处于水与空气的潮湿环境下，易于腐蚀，如果腐蚀严重，不仅会影响系统的运行，而且将会给用户带来巨大的经济损失，因此解决腐蚀问题，延长换热器的使用寿命也是非常关键的问题。

（5）水量合理分布问题的研究：在水分配系统中，如何才能保证喷淋均匀且不浪费，又能保证充分蒸发也是重要的问题。

（6）通风量对传热性能影响的研究：通风可及时将饱和空气带走，提高蒸发冷凝系统换热器的效率。主要从气流组织、风量大小方面进行研究。

2. 适用于系统水容积小的新型快速循环水质控制技术方案研究

针对蒸发冷凝装置循环水系统容积小、循环频次高的特点，考虑北京循环水补水水质硬度高、风道内缺乏阳光照射及闸瓦灰影响等问题，通过研究地下风道内的循环冷却水系统的水质实时监测与处理、自动排污与水质的联锁控制、化学药剂的合理选择与配比等技术，得出适用于小系统水容积的新型快速循环水质控制技术方案。主要研究内容包括：

（1）在循环水系统容积小等地铁风道内部条件下的循环水水质稳定的机理研究。

（2）化学药剂的研究：

1）选择适用于地铁风道内的蒸发冷凝装置循环水系统的缓蚀阻垢剂、杀菌灭藻剂；

2）选择适用于地铁风道内的蒸发冷凝装置循环水系统的分散剂。

（3）研究适用于地铁风道内的蒸发冷凝装置循环水系统的药剂动态示踪技术：筛选动态指示物用于循环冷却水中，具备稳定、高效持久示踪，环保，低化学反应活性等性能，并将该指示物和缓蚀阻垢剂复配，通过在线监测设备实现缓蚀阻垢剂浓度的监测与自动投加。

（4）研究循环冷却水的自动排污与水质的联锁控制技术，控制系统浓缩倍数，使循环冷却水水质控制在合理范围内。

（5）研究适用于蒸发冷凝小系统水容积的新型快速循环水质控制方案，包含全自动控制投加药剂系统，水质控制效果在线监测系统。

（6）远程自动化管理系统的开发：

针对地铁系统数量多、人员少、人工管理难度大的特点，建立B（浏览器）App（应用程序）/S（服务器）网络管理系统，通过电脑浏览器和智能手机能够随时查看系统水质、投加药剂和腐蚀结垢的情况，并能够根据这些数据远程调整水质和投加药剂。

14.6 地铁冷却塔及水质控制设置方案调研

针对目前国内地铁的空调系统方案、主要冷源方案及其配套水质控制技术进行了调研，可以为研究的重难点寻找经验支持及解决方案。

14.6.1 地铁空调系统冷却技术及冷源装置

目前，地铁行业广泛采用的冷源形式主要是传统地面冷却塔＋冷水机组的方式，也是目前最为成熟的系统技术方案，从建设到运营维护等诸多环节来说最为可靠，配套的冷源设备供应商也最为成熟；但是随着空调节能技术的不断发展与进步，一些新的空调冷源设备不断涌现，开始在地铁工程中逐步应用，如蒸发冷凝设备等，取得了一定的效果，但是受一些经验与条件的限制，还是出现了一些问题有待解决与改进。

14.6.2 地铁冷却塔设置方案

以北京地铁为例，其冷却塔设置方案如下：

北京地铁建设发展至今已经五十余载，其不同年代的车站冷却塔设置方案总体来说是相对统一的；期间随着城市的整体发展、规划与设计水平的改善、建设与运营水平的逐步提高、科学技术的不断发展与革新，以及城市对于环境及景观不断提高的要求，车站冷却塔根据外部条件也采用了不同的技术方案，具体主要有以下三种类型：

（1）设置在车站周边室外开敞地面上

此方案是目前北京乃至全国轨道交通地下车站普遍采用的技术方案，是运营效果最稳定的方式，其设备技术成熟，功能实现保障度高，系统可靠，运营维护经验最为丰富；但当冷却塔设置在住宅、商业等建筑物周边时，可能会引起环境投诉或者影响城市景观。

此方案可以分为三种形式，主要包括：

1）设置在车站风亭附近的地面上，该形式应用最为广泛，其中绝大多数冷却塔在地面上放置，也存在由于景观要求采用半下沉方式设置的个别案例。

2）设置在车站风亭或出入口的上方，该形式综合占地面积较上一方案更少，但景观影响更大。

3）设置于距车站较远具备冷却塔放置条件的区域地面上，该形式采用管廊方案将冷却水管敷设至冷却塔处，但初期投资增加，且运营地面维护范围有所扩大。

（2）放置于车站周边地面建筑屋顶上方

近年来，设在商业开发区域内的车站应用此方案较多；此方案主要是针对车站周边无地面条件设置冷却塔，但周边同步新建的建筑物屋面上具备设置冷却塔条件的情况时采用；此方案设备技术成熟，系统较可靠；运营维护经验较丰富；解决了冷却塔占地及景观问题；但由于建筑物产权归属问题，对于运营维护管理来说往往是不便的，且整个冷却水系统的系统承压较高。

（3）设置于车站地下风道或其他车站邻近封闭空间内

由于该方案对于设备技术及配套设施要求很高且不易实现，因此目前只在极个别车站中应用，主要是在车站地上所属区域对景观或环保要求很高，且周边也无合适位置放置冷却塔的情况下才会采用。此方案可以解决冷却塔放置在地面时的征地问题，降低冷却塔对周边的环境、景观影响，但存在冷却塔冷却能力下降、辅助系统能耗较大，且车站附属地下占地增加的问题。

随着社会的进步，车站冷却塔的规划设计进入了注重把功能、环境及景观影响进行综合考虑的阶段，虽然仍有很多细节有待解决，但是整体来说是向一个逐步完善的方向发展，体现了轨道交通规划设计的不断进步。随着技术进步和人们对环境、景观要求的提高，轨道交通冷却塔设置方案也逐渐多元化，目前最主流方案仍是地面设置；当地面放置存在问题时，可采用其他替代方案。实现设备功能、降低城市环境与景观影响、减少运营检修难度等方面的最佳平衡将是冷却塔设置方案最终需要达到的目标。

14.6.3 国内地铁典型冷却塔设置案例

研究人员对北京地铁、重庆地铁、武汉地铁、上海地铁、广州地铁等进行了调研，主要对类似案例或者可以给予借鉴的车站进行了调研与运行跟踪，如北京地铁的蒲黄榆站、惠新西街南口站、西单站和奥林匹克公园站、重庆地铁国博中心站的传统蒸发冷凝装置，武汉地铁应用的蒸发冷凝装置等。具体调研情况如下：

（1）北京地铁蒲黄榆站

冷却塔设置在地面，因周边住宅的环保要求，将冷却塔设置在一个相对封闭的单层建筑内，受条件限制，冷却塔换热效能较差，不能完全满足车站需求，主要是气流组织不畅及通风面积不足、湿热空气回流造成的。

（2）北京地铁惠新西街南口站

冷却塔原位置是放置在临时方案的用地内，由于周边建筑建设完成，需要进行永久改移，因此将冷却塔进行了永久位置的改移，冷却塔设置在周边建筑楼顶；受此影响，对车站整个循环冷却水系统进行了改造，目前冷却塔与循环冷却水系统水质控制设备已改造完毕并运行了近4个空调季，采用了全自动水质控制技术理念。

（3）北京地铁西单站

因修建较早，该站空调系统无法满足功能需求，而进行了改造，车站东端对既有传统循环冷却水系统进行了改造，冷却塔放置在西单图书大厦的屋顶；西端在既有的风道内加设了传统的蒸发冷凝装置，但系统的水质控制不能满足使用需求，后续对原有系统的水质控制方案进行了改造。

（4）北京地铁奥林匹克公园站

因受奥运核心区地面景观条件限制，冷却塔设置在排风道内，属于传统冷却塔下沉在地铁车站中的一种初级尝试。

（5）重庆地铁国博中心站

国博中心站制冷系统选用两台传统蒸发冷凝装置，其运行情况对关于蒸发冷凝装置的技术改进研究有一定的指导意义。

（6）武汉地铁

武汉地铁大智路站、汉正街站、六渡桥站、江汉路站采用传统蒸发冷凝装置下置方案，其采用的蒸发冷凝空调水系统与排风系统结合的方案、土建风道方案及循环冷却水质控制系统情况对整体技术研究将起到很好的借鉴作用。

（7）广州地铁

广州轨道交通建网已久，城市人口多，建筑密集，存在地铁冷却塔地面放置征地困难的情况，广州地铁采取了一些解决措施，通过与广州地铁的交流，可以为完善研究提供借鉴。

14.6.4 地铁空调循环冷却水系统的水质控制方案

1. 地铁传统空调水系统水质控制方案

依托于轨道交通的快速发展,地铁循环冷却水系统水质控制技术也经历了多个阶段的发展和持续改进完善。以北京为例,地铁车站循环冷却水系统经历了20多年多个阶段的探索和工程应用,系统水质控制也经历了单一化学药剂法、全程电子处理、旁流水质控制＋化学药剂法等多个阶段。表14.6.1为北京地铁采用的空调冷却水水质控制方案情况。

北京地铁循环冷却水系统主要水质控制方案汇总表　　　　表14.6.1

线路名称	循环冷却水系统水质控制方案
复八线	化学药剂法
5号线	全程过滤(后改造增加化学药剂法)
6号线	旁流过滤＋化学药剂法
8号线	全程过滤＋化学药剂法
7、9、14号线	旁流过滤＋化学药剂法
10号线	一期全程过滤＋化学药剂法,二期旁流过滤＋化学药剂法
老机场线	全程过滤＋化学药剂法
新机场线	旁流过滤＋化学药剂法

从表14.6.1看出,北京地铁车站空调循环冷却水系统主要采用具备过滤功能的旁流水质控制装置外,还辅以化学投加药剂装置,整体的水质控制效果基本能满足运营要求;目前的化学药剂投加主要为定时投加,且不具备自动排污功能,主要采用人工定时排污的方式。根据地铁运营部门反馈的情况来看,目前的化学投加药剂及排污方案主要存在的问题是采用简单的人工定期或定时投加药剂、粗放的清洗排污,是无法保证冷却水质控制效果的稳定以满足设备的长期、稳定、高效运行的需要。

2. 地铁蒸发冷凝装置循环水质控制技术现状

到目前为止,国内对蒸发冷凝装置结垢的控制效果并不理想。特别在北方地区,所有蒸发冷凝装置的厂家均面临结垢导致蒸发冷凝装置运行不良的问题;即使部分厂家使用软水作为冷却水补水,也依然存在结垢问题突出的情况。

蒸发冷凝装置和循环水水质控制行业均做过大量实践工作,现在主要的处理方式有物理法及化学药剂法两种,通过合理的搭配使用,已经在传统空调冷却水系统运行中实现良好的阻垢控制,但只能部分满足蒸发冷凝装置水质控制要求,在蒸发冷凝装置阻垢实践中表现不足,效果并不理想,存在表14.6.2所示缺陷。

传统水质控制方式在蒸发冷凝装置中的缺陷　　　　表14.6.2

投加阻垢剂和分散剂:通过人工或定时器的方式定时定量投加	阻垢剂和分散剂必须保持稳定有效浓度才能起到阻垢效果。蒸发冷凝装置系统过小,间歇定时定量投加缓蚀阻垢剂会导致水中阻垢剂含量大幅波动,阻垢剂量不足系统发生结垢。对于已产生的结垢产物,阻垢剂量过高也不会溶解

续表

通过定时器投加酸	定时定量加酸,导致冷却水 pH 大幅波动变化。投加量少,pH 过高不能防止结垢,而投加量大,pH 低会带来蒸发冷凝装置严重腐蚀
定时排污:人工或定时方式排污	间歇定时排污不能满足蒸发冷凝装置冷却水浓缩倍数的精确控制。浓缩倍数高会导致结垢的发生;浓缩倍数低又会导致用水量加大

通过以上分析可以看出,传统冷却水质控制方式对于冷却塔水量大、水质变化慢的系统能起到适合的阻垢控制,但对于蒸发冷凝装置水量小、循环次数高、水质变化快的系统,无法起到合适的阻垢。

因此对于中央空调循环冷却水系统来说,如果只采用简单的人工定期定时投加药剂和清洗排污,是无法保证冷却水质控制效果的稳定以满足设备的长期、稳定、高效运行的需要。为此随着技术发展及上述需求的影响,在空调循环水质控制行业中逐步采用实时自动监测和控制系统,自动调整系统排污和投加药剂量,保持水中药剂浓度稳定,使水质控制达到最佳效果,保证换热设备的稳定、高效运行,即空调循环冷却水质控制向智能型水质控制方向发展。

14.6.5 调研分析

(1)目前修建地铁的大部分城市的核心城区设置于地面的地铁冷却塔通常均要满足景观、环保等多种要求,例如某些车站冷却塔为满足环保要求进行了环保处理,但限于当时的设计经验和条件限制,未能充分考虑封闭空间对冷却塔的负面作用,通风面积不足且气流组织不畅,造成热气回流,使冷却塔降温效果明显降低,循环水温升高,结垢现象明显,影响了冷水机组的功能。

(2)对于受用地限制而无法设置地面冷却塔的车站,各城市地铁也已经做出了很多的积极尝试来解决这个问题,比如采用了常规的冷却塔或蒸发冷凝装置直接放置于风道内,也出现了气流组织不畅、易出现热气回流、造成设备出现降温效果不理想等问题,但也相应的出现了一些解决措施来改善目前存在的运营问题,并取得了一定的效果。例如北京地铁奥林匹克公园站,在原有冷却塔上方加设导流装置,很好地解决了原来热气回流的问题;例如北京地铁西单站,在传统蒸发冷凝装置水质控制效果很差的情况下,采用了新型水质控制技术方案进行试点,也取得了一定的改善效果;但是通风的气流组织仍然存在问题,这些存在的问题和改进措施方案也为研究工作提供了经验和借鉴。

(3)目前各城市地铁工程中采用传统的蒸发冷凝装置置于地下空间内,普遍出现了对于蒸发冷凝装置的水质控制方面特点估计不足,且对水质控制设置的必要性认识不到位的问题。由于蒸发冷凝装置结垢时直接影响主机,水质控制是蒸发冷凝装置需要重点完善的一个关键技术环节。而对于西单站来说其在运营后出现的问题还有一个重要原因是在既有土建条件下进行的改造设计,很多配套设施现场无条件实现。这些设计运营中存在的问题也为研究方向和关注重点提供了很好的指引和借鉴。

（4）北京地铁惠新西街南口站采用的全自动水质控制智能投加药剂系统对循环水系统的结垢和腐蚀的控制效果较好，因此西单站也根据惠新西街南口站的应用成果，对传统蒸发冷凝装置的水质控制设施进行了改造试验，采用了全自动水质控制智能投加药剂系统，从目前空调季的测试情况来看，对这种容积较小的循环水系统水质稳定控制来说也取得了一定的效果，而且可节约人力成本，与目前北京地铁的运营管理模式也是相匹配的。通过两个车站整个空调季的监测，为研究中拟采用的快速水质控制技术提供了很好的基础数据和借鉴。

（5）对于地下风道内放置冷却装置来说，重点需要关注的是气流组织、风量匹配、环境特点等，还要关注换热材料的换热能力与防火能力；对蒸发冷凝装置来说还需要重点注意系统水容积较小的情况下，水质波动迅速对于水质处理方案的影响，同时还需从装置本身工艺考虑降低或减缓水垢形成的技术方案。

14.7 无塔技术研究重点与设备研发

14.7.1 研究关注的重点

无塔技术研究中所采用的系统方案仍是传统地铁车站内典型的空调循环冷却水系统形式，系统研究不对原车站的通风空调系统进行大的改动，而只是针对冷源设备所处的特殊环境进行了较为全面的外部条件优化改善，主要是为新型空调冷源设备的成功应用做好辅助服务，同时使系统设计与科研设备之间更好的衔接；研究的关注重点则是两种新型地下式的空调冷却装置的研发工作，主要是通过深入了解地下风道内的环境特点、系统需求以及自身设备的特点，来设计制造出适用于车站地下风道内的冷源设备，使其性能达到研究的考核指标；由于这两种设备均有过其传统设备应用于地下空间的工程实际案例，因此研究需要重点关注这些应用案例中存在的问题，在设备研发中予以改进；其中对于新型地下式单进风冷却塔来说需要关注其填料与风机的选择、进排风方式等（图14.7.1），对于具备快速循环水质控制功能的蒸发冷凝装置需要关注其循环水系统容积小、循环频次高的特点下水质控制技术的选择以及蒸发冷凝装置散热器设置与防结垢的综合处理等问题（图14.7.2）。

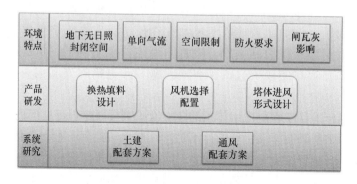

图14.7.1 新型地下式单进风冷却塔研究重点

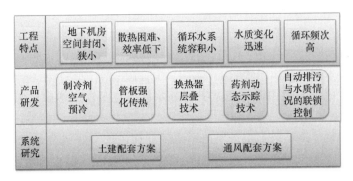

图 14.7.2　具备快速循环水质控制功能的蒸发冷凝装置研究重点

14.7.2　无塔技术示范应用站点

无塔技术研究成果在北京昌平线二期车站进行科研示范应用。其中：

(1) 十三陵景区站采用地下式单进风冷却塔下置的技术方案（用新研发的冷却塔替换传统地面冷却塔）；

(2) 水库路（昌平东关）站采用具备快速循环水质控制功能的蒸发冷凝装置下置的技术方案。

14.7.3　地下式单进风冷却塔的研发

研究从解决密闭空间气流组织、风道内防火要求、冷却塔的热交换能力、冷却塔的漂水控制、对风道内闸瓦灰的处理措施、冷却塔与冷却泵同层时采用的深水盘设计、冷却塔本身对运营维护方面的综合考虑来完成科研样机研发。主要包括：

(1) 冷却塔的进排风方式及配套风机配置；
(2) 冷却塔填料选择、布置及漂水控制；
(3) 冷却塔的气水比选择；
(4) 冷却塔的防灰尘的处理措施；
(5) 冷却塔的水盘设计。

科研试验样机的关键技术及创新点：

(1) 样机构造设计

冷却塔塔体整体采用全不锈钢材质，有效解决冷却塔内置于风道内的防火、防腐等要求。

(2) 样机的进风方式设计

采用单侧进风顶排风形式的进排风方式，可以适应冷却塔放置在地下排风道内的单向气流，有效降低塔内气流阻力。

(3) 样机的填料设计

采用不锈钢材质的填料，坑纹形式、层叠式布置，除可以解决防火问题外，填料本身的散热能力（容积散热系数及亲水性）也能够达到研究所要求的换热能力。

(4) 样机风量的合理选择

根据冷却塔多年的行业制造经验，结合填料散热能力，综合选择冷却塔汽水比为

0.69，风量设计为 95000m³/h，在满足整个样机在地下空间内实现换热能力的前提下，可以使冷却塔整体的尺寸控制在适宜的范围内。

(5) 样机的风机设计（变频）

在控制风机外形尺寸及风量要求的基础上，通过改变冷却塔风机的叶片数和叶片角以及提高转速和加大电动机功率等，使风机静压除能够克服塔体本身的阻力外，还能保证300Pa 的机外余压，则可以实现冷却塔自身将湿热空气排至室外，而不用再另行考虑单独设置辅助风机，实现了冷却塔自身排风与系统辅助通风的有效结合，可以降低整体能耗；同时风机采用变频控制技术，可以在满足风量的前提下，适当调整风机转速，来适应外部变化的风阻。

(6) 样机集水盘的设计（深水盘）

采用深度为 500mm 加深式集水盘，材质为不锈钢，可以增加冷却塔有效集水容积，以保证冷却水泵与冷却塔同层时，满足冷却水泵直接在冷却塔集水盘上抽水的技术难题，进而解决冷却塔的重力回水问题。

(7) 样机的防尘设计

冷却塔风筒上设置防护罩、进风面设置连接法兰与风阀连接，在空调季使用时打开风阀，不用时关闭风阀和盖板，可有效防止灰尘、闸瓦灰进入并附着在填料上。

14.7.4 具备快速循环水质控制功能的蒸发冷凝装置的研发

具备快速循环水质控制功能的蒸发冷凝装置的研发，涉及两个技术领域，分别为蒸发冷凝装置的研发和快速循环水质控制技术的研究，因此在本设备的研发中，我们分别从两个技术角度出发进行同步研发，并找到二者合理的组合方案。

科研试验样机的关键技术及技术创新点：

(1) 采用双层冷凝器布置＋冷媒空气预冷技术降低水质结垢倾向

蒸发冷凝装置冷凝器采用双层层叠式布置，上层冷凝器采用空气冷凝预冷方式，降低冷却水换热区的相对温度，使机组冷凝温度降至 38℃以下，下层冷凝器采用淋水蒸发与风冷相结合的冷凝方式。降低冷凝温度可大大减少水垢的形成概率，且即使形成水垢，其质地也非常疏松，便于自动清除。

(2) 采用蒸发冷凝装置均匀喷淋布水技术

冷凝换热器采用列管式布局，保证每根换热管都能充分湿润并由水膜包裹，有充足的蒸发补水量，防止换热管表面发生干烧现象，保障机组长时间的正常工作。

(3) 采用药剂动态示踪技术及自动投加药剂技术实现小容积循环冷却水系统的水质快速监测及控制

建立快速监测环路；实现对循环水水质情况的在线、实时、快速监测；在循环管路安装在线仪表（在线电导率仪、ORP 仪、荧光仪、pH 仪），实时在线测试系统相关水质参数。使用专有药剂实现对循环水水质情况的在线实时监测和化学药剂的投加，并做到实时自动调整，以适应蒸发冷凝装置循环水质快速变化的特点；采用专用缓蚀阻垢剂、氧化性杀菌剂，配合在线测试功能实现自动投加药剂。

(4) 蒸发冷凝装置外壳设计

蒸发冷凝装置外壳由于常年处于水与空气的潮湿环境下，易于腐蚀，如果腐蚀严重，不仅会影响系统的运行,而且将会给用户带来巨大的经济损失,拟采用镀锌钢板,并采用喷塑处理。

(5) 蒸发冷凝装置的排热风机设计(变频)

在控制风机外形尺寸及风量要求的基础上,通过改变蒸发冷凝装置风机的叶片数和叶片角以及提高转速和加大电动机功率等,使风机静压除能够克服塔体本身的阻力外,还能保证300Pa的机外余压,则可以实现蒸发冷凝装置自身将湿热空气排至室外,而不用再另行考虑单独设置辅助风机,实现了冷却塔自身排风与系统辅助通风的有效结合,可以降低整体能耗;同时风机采用变频控制技术,可以在满足风量的前提下,适当调整风机转速,来适应外部变化的风阻。

(6) 蒸发冷凝装置的防尘设计

蒸发冷凝装置放置于风道内,蒸发冷凝装置排风风筒上设置防护罩、进风面设置法兰与风阀连接,在空调季使用时打开风阀,不用时关闭风阀和盖板,可有效防止灰尘、闸瓦灰进入机组内部。

(7) 合理的构造和功能设计

1) 集成化设计:设计上将水质控制设备与蒸发冷凝装置集成化设计,两套系统融合为一体,并开发集成化控制系统,保证系统功能和检测手段的及时有效;

2) 模块化设计:为了便于运营、维护、管理,系统模块化开发分为快速检测、控制、投加药剂、蒸发冷凝装置与蒸发压缩五个模块。

14.8 辅助系统方案研究及工程示范

14.8.1 十三陵景区站系统技术方案研究

1. 车站原空调系统概况

昌平线二期十三陵景区站的冷冻站设置于车站站厅层的东侧风道内,冷冻站内布置了三组冷水机组、冷却水泵、冷冻水泵及配套的水质控制装置,三台冷却塔(两大一小)设置于车站东端风亭的西侧,循环冷却水系统采用单元制的管道系统,其中冷水机组为螺杆式压缩冷水机组,冷却泵为立式循环泵,冷却塔为超低噪声横流式冷却塔。

2. 系统技术方案

十三陵景区站设备管理用房空调水系统采用地下式单进风冷却塔下置的技术方案,即用研发的地下式单进风冷却塔替换设备管理用房空调水系统的地面冷却塔。由于车站的冷冻站设置于东端风道的地下一层内,因此地下式单进风冷却塔设置在车站东端排风道内,位于排风井的正下方。

通过前面的梳理,系统技术方案重点需要解决的问题是:

(1) 冷却塔对新风的需求如何保证;

(2) 冷却塔设置在风道内其产生的湿热空气的排出及热气回流的防止;

(3) 风道内自身产生的灰尘及闸瓦灰对于冷却塔填料的影响;

(4) 冷却塔放置于地下风道内,冷却水泵与冷却塔同层时,需要解决冷却塔回水的问题。

针对这几个问题，重点从循环冷却水系统自身系统的调整、土建配套方案的改进、车站通风系统与科研设备自身通风系统的关系处理以及其他配套设备系统的完善来配合新型冷却塔实现考核指标要求。具体内容包括：

（1）冷却塔设置在排风道内时的辅助排风方案

根据车站通风系统的进排风需求以及冷却塔自身所需风量要求，通过核算风量、风速、风压及过风面积，来调整原地下风道的空间布局以及地面风亭的百叶面积。

（2）冷却塔设置在排风道内时的气流组织及热回流解决方案

冷却塔安装于地下排风道内，冷却塔排出的热空气易回流吸入冷却塔进风口，从冷却塔进排风方式和导风装置设置方面入手，尽可能避免热回流的产生；同时也可以有效解决风道内各类灰尘（含闸瓦灰）对于设备性能的影响。

（3）车站小系统空调循环冷却水系统的优化

冷却塔设置在地下风道内，通过将冷却泵设置在冷却塔附近，从冷却塔集水盘直接抽水的方式，来解决冷却塔回水的问题，并且要求冷却塔的基础适当提高，同时要求冷却塔在研发过程中注意采用深水盘，以保证冷却泵为自灌式吸水。调整后循环冷却水系统如图14.8.1所示。

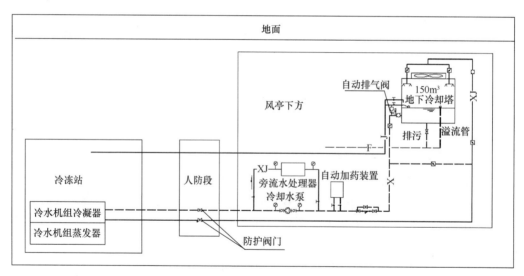

图14.8.1　十三陵景区站空调循环冷却水系统原理图

3. 土建配套方案

（1）风道内部的处理

冷却塔设置在排风井的正下方，为了保证冷却塔进排风的需求以及不影响车站本身的进排风需求，将新排风井的尺寸进行了扩大调整，风井的总面积能够满足在车站最大进排风工况下，冷却塔的所需风量能够得到保障，同时风速控制在6m/s以内。

（2）地面风亭的处理

地面风亭的处理与风道内的处理方式一致，将风亭的进排风百叶面积增加，同时满足车站通风需求和冷却塔的风量要求；同时将进排风百叶开向不同的方向，来尽量避免热空气的回流，这与车站本身通风设计原则是一致的。

4. 通风系统配套方案

根据车站通风系统的进排风需求以及冷却塔自身所需风量要求，通过核算风量、风速、风压及过风面积，来调整原地下风道的空间布局以及地面风亭的百叶面积。

为了保证装置的冷却能力，需要保证冷却塔所需的通风量，通过装置的排热风机排风带走热湿空气并排至大气中。考虑到风道排风含尘量高对换热的影响以及车站空调季空调系统最小新风的运行模式（此时车站排风量无法满足装置通风量需求），因此本次研究直接利用装置的排热风机直接将湿热空气排至地面的技术方案，可以增加装置排热风机的风量和压头选型，另外在装置上部设置导流风筒，这也是本次研究的一个技术创新点。

基于上述方案，通过装置自带风机排风，排出的热风通过风亭排至地面，补风由新风井补入。新排风道之间的隔墙上开设了风洞，并设置了组合风阀，在装置的排风端设置导流风筒，以此来保证气流组织的顺畅以及防止湿热空气的回流问题，进而来保障装置的整体换热能力，也可以有效解决风道内各类灰尘（含闸瓦灰）对于设备性能的影响，同时避免湿热空气对车站通风系统的影响。

5. 给水排水系统配套方案

冷却塔放置于风井下方，由于冬季北京地铁采用的方式是泄空养护的运营维护方案，同时空调季时冷却塔四周也会产生少量的漂水，因此冷却塔的四周增设了排水沟，通过排水沟汇流至附近的局部集水坑，通过水泵提升排至室外。

由于冷却塔的进排风方案使冷却塔的进风质量基本与室外大气一致，而且冷却水系统的系统与原车站方案基本一致，但需要考虑填料长期无日照的影响，因此其循环水的水质处理方案可以采用蒸发冷凝装置所采用的新型水质控制技术方案，以此更好地来监测此种技术方案下循环水的水质变化情况和处理情况。

6. 控制方案

由于十三陵景区站的科研方案主要是采用新型冷却塔来替代传统里面冷却塔，所以主要是冷却塔的空间位置发生了变化，本身的系统原理仍保持原状，因此其系统控制方案仍维持原车站的空调系统控制方案；但新增了进排风隔墙上的风阀，此风阀则需由冷却塔风机联动控制其开关，空调季冷却塔风机开关与风阀开关一致，火灾时此风阀关闭。

14.8.2 水库路（昌平东关）站系统技术方案研究

1. 车站原空调水系统概况

昌平线二期水库路（昌平东关）站原空调水系统设计方案与十三陵景区一致。

2. 系统技术方案

水库路站设备管理用房空调水系统（后文简称"小系统"）采用具备快速循环水质控制功能的冷却单元模块化蒸发冷凝式冷水机组（后文简称"蒸发冷凝式冷水机组"）下置的技术方案，即用新研发的具备水质控制功能的蒸发冷凝式冷水机组替换设备管理用房空调水系统的地面冷却塔、冷却水泵及冷水机组等。蒸发冷凝式冷水机组为分体式安装，分为蒸发压缩机组和蒸发冷凝装置，蒸发压缩机组安装于原有冷冻机房内，蒸发冷凝装置安装于车站东端排风道排风井的正下方，蒸发压缩机组和蒸发冷凝装置之间用冷媒管连接。

本次研究由于现场条件受限，将蒸发压缩机组和蒸发冷凝装置分体布置，蒸发压缩机组安装于原有冷冻机房内，蒸发冷凝装置安装于车站东端排风道排风井的正下方。

结合已运营线采用蒸发冷凝式冷水机组出现的问题和本次研究的特殊性，确定系统技术方案重点需要解决的问题是：

(1) 蒸发压缩机组和蒸发冷凝装置分体布置，之间用冷媒管连接，两者布置有距离要求。

(2) 由于北京的水质相对比较硬，如何吸取地铁1号线西单站采用蒸发冷凝式冷水机组的实际经验，避免蒸发冷凝装置结垢严重的问题。

(3) 蒸发冷凝装置安装于车站东端排风道排风井的正下方，如何通风带走热湿空气，如何合理利用车站空调季节小新风和全通风的通风量。

(4) 蒸发冷凝装置设置在风道内，其产生的湿热空气如何有效地排出，而不回流。

(5) 风道内自身产生的灰尘及闸瓦灰对于蒸发冷凝装置的影响。

(6) 蒸发冷凝装置设置在风道内，喷淋循环冷却水和泄水如何解决。

针对这几个问题，我们重点从土建配套方案的改进、车站通风系统的优化、给水排水系统的优化、科研设备的优化以及其他配套设备的完善来满足整个科研的考核指标要求。具体内容包括：

(1) 蒸发压缩机组和蒸发冷凝装置分体布置方案

车站原冷冻机房位于地下二层，在排风道的斜下方，蒸发压缩机组安装于原有冷冻机房内，蒸发冷凝装置安装于车站东端排风道排风井的正下方，两者之间的距离不大于30m，冷媒管由地下二层的冷冻机房穿越楼板到排风道蒸发冷凝装置处。

(2) 蒸发冷凝装置设置在排风道内时的辅助排风方案

根据车站通风系统小新风、全通风的进排风需求以及蒸发冷凝装置机组所需通风量要求，通过核算风量、风速、风压及过风面积，来调整原地下风道的空间布局以及地面风亭的百叶面积。

(3) 蒸发冷凝装置设置在排风道内时的气流组织及热回流解决方案

蒸发冷凝装置安装于地下排风道内，冷凝器排出的热空气易回流吸入进风口，从冷却塔进排风方式和导风装置设置方面入手，尽可能避免热回流的产生；同时也可以有效解决风道内各类灰尘（含闸瓦灰）对于设备性能的影响。

(4) 蒸发冷凝装置喷淋循环冷却水相关方案

由于北京的水质相对比较硬，为了避免蒸发冷凝装置结垢的问题，本次研究针对蒸发冷凝装置喷淋循环冷却水专门研究适用于蒸发冷凝小系统水容积的新型快速循环水质控制方案，包含全自动控制投加药剂系统、水质控制效果在线监测系统。

3. 土建配套方案

与十三陵景区站一致。

4. 通风系统配套方案

与十三陵景区站一致。

5. 给水排水系统配套方案

与十三陵景区站一致。

6. 控制方案

由于水库路站的科研方案主要是小系统采用蒸发冷凝式冷水机组下置的技术方案。由于小系统是独立的，通过群控来控制，因此研究的控制方案仍维持原车站小系统的控制方案；群控的方案由科研承担单位北京北空空调器有限公司完成。新增进排风道隔墙上的风阀，由蒸发冷凝装置排热风机联动控制其开关，空调季蒸发冷凝装置排热风机开关与风阀开关一致，火灾时此风阀关闭。

14.9 结论及建议

14.9.1 结论

无塔技术研究专门针对空调冷却装置地面放置困难而研发了适合地铁地下车站风道内置的新型地下式单进风冷却塔和具备快速循环水质控制功能的蒸发冷凝装置，并在昌平线二期东关站、十三陵景区站进行了示范应用。通过产品研发的日常测试和示范应用的系统测试结果，验证了地铁地下车站风道内置空调冷却装置的技术方案，针对此方案研发的空调冷却装置在理论及实际应用中均是可行的；通过实例验证，研究成果可以解决地铁车站地面无条件设置地面冷却塔的工程技术难题，是从设备研发到系统配套方案的综合解决方案，满足了当下地铁工程迫切的工程需求；通过研究工作的稳步推进，掌握了冷却装置下置时的诸多关键重难点解决方案，如循环水系统容积小条件下的水质控制方案、新型防火型填料的选择、空气预冷技术的应用等。

（1）本次研究中所采用的系统方案仍是基于传统地铁车站内典型的空调循环冷却水系统形式，系统研究不对原车站的通风空调系统进行大的改动，而只是针对冷源设备所处的特殊环境进行了较为全面的外部条件优化改善，主要是为新型空调冷源设备的成功应用做好辅助服务，同时使系统设计与科研设备之间更好的衔接，对于运营管理来说，相对简单可靠。

（2）本次研究的关注重点是两种新型地下式空调冷却装置的研发，主要是通过深入了解地下风道内的环境特点、系统需求以及自身设备的特点，来设计制造出适用于车站地下风道内的冷源设备，使其性能达到研究的考核指标。

（3）由于设备研发的两种方案均有过其传统设备应用于地下空间的工程实际案例，因此研究需要重点关注这些应用案例中存在的问题，在本次设备研发中予以改进；其中对于新型地下式单进风冷却塔来说需要关注其填料与风机的选择、进排风方式、如何满足风道内置带来的消防问题等；对于具备快速循环水质控制功能的蒸发冷凝装置需要关注其循环水系统容积小、循环频次高的特点下水质控制技术的选择、优化蒸发冷凝装置换热器的结构形式与防结垢的综合处理、有效排除蒸发式冷凝装置散发的热湿空气，以及热回流等问题。另外蒸发冷凝装置如何与地铁车站风道结合，利用地铁车站的通风排除蒸发冷凝装置散发的大量热湿空气，保持蒸发冷凝装置良好的运行环境，这也是需要研究的难点。

通过无塔技术的研究与示范应用，实现了：

（1）首次在国内地铁领域内开展并完成了地下车站风道内置空调冷却装置的系统性研究和应用示范工作。

（2）首次研发出适用于地铁车站风道内的集成冷却装置（新型地下式单进风冷却塔和具备快速循环水质控制功能的蒸发冷凝装置）及相关技术，该技术针对单向气流、无日照及粉尘覆盖下的地下密闭受限空间的环境特点，解决了由于地面无条件放置冷却塔的地铁建设难题。

（3）本次地下式单进风冷却塔的研发采用不锈钢材质的填料，坑纹形式、层叠式布置，采用单侧进风顶排风的流道性能化设计，风机采用变频控制技术等一系列技术创新，成功有效地解决了冷却塔防火难题，有效结合和利用了风道内的单向气流特征，降低了输送系统阻力。

（4）本次研发的蒸发冷凝装置通过采用增设导流风筒的方式，很好地解决了地铁风道内气流组织及热回流问题，采用双层冷媒管层叠式布置＋冷媒空气预冷技术、喷淋布水采用列管式布局、防止换热管表面发生干烧等多项关键性的技术创新和优化，实现了蒸发冷凝装置自身排风与地铁通风系统辅助通风的有效结合，降低了整体能耗，提升了系统的可靠性和可维护性。

（5）在国内地铁行业首次研究适用于小循环水容积的新型快速循环水质控制技术解决方案，通过采用药剂动态示踪技术、自动排污与水质的联锁控制等创新技术，自动实时监控系统水质和排污，解决了小容积系统的水质控制难题，提高机组的换热效率，保证了系统节能节水的双目标实现。

（6）首次在城市轨道交通行业提出《风道内置空调冷却装置优化设计指导原则》，并第一次明确提出空调冷却装置热力性能、能效比、地铁循环冷却水水质控制指标、冷却装置的通风风量、气水比等重要指标，为研发设备产业化和推广应用提供了技术指导。

14.9.2　建议

无塔技术研究及应用是一项系统性、综合性的示范应用工程，其包括了系统应用方案、装置的研究、技术指标的提出、各专业的配套设计等；不仅要对各装置功能、方案及可实施性等方面进行系统分析和优化，还应针对地铁的特殊环境，结合经济性、维修便捷性进行全方位考虑；只有这样才能得到一套技术可靠、经济合理且运营维护相对简单的风道内置空调冷却装置优化设计方案。结合研究成果，具体建议如下：

（1）针对新线地面无条件放置冷却塔的部分地铁车站，或者对城市景观、环境噪声要求比较高的区域，结合车站的具体土建形式，建议采用新型地下式单进风冷却塔或者具备快速循环水质控制功能的蒸发冷凝装置的空调水系统方案。

（2）本研究提出的全自动水质控制技术，实现了对小容积系统的循环冷却水水质的实时监测与有效控制，大大减少结垢率，在示范应用的第一个空调季运行效果良好。建议后期继续跟踪蒸发冷凝装置实际的运行情况，逐步完善空调循环水的水质控制方案，提高整个系统的运行效率。

（3）空调冷却设备内置风道方案在新线推广应用时，需注意结合车站具体的土建形式和周边环境条件，综合考虑消防、噪声、水质控制难度、设备整体可靠性等方面的问题。

（4）加强运营管理，按控制指标做好设备的运行控制，根据不同运营时段的空调负荷，制冷压缩机实现自动加减载，并与排热风机运行频率进行联锁，节约运行能耗。

（5）后续继续开展空调冷却装置下置方案的节能研究，关注空调及相关技术领域的发展，进一步研究空调效果与系统节能的最佳平衡，为全面完善地铁空调技术奠定基础。

第 15 章　基于 6 号线西延金安桥站的车站装配式研究

15.1　概述

15.1.1　研究背景

随着我国经济持续高速发展，城市建设突飞猛进，城市规模不断扩大，交通拥堵日趋严重，地铁以其安全、迅捷、容量大、能耗低、污染少等优点成为解决城市化进展增速和改善日益拥堵的交通现状的重要有效途径之一。而地铁建设普遍位于城市繁华地区和交通繁忙地段，传统建造方式存在占用大量劳动力资源、建设过程中模板等原材料消耗量大、原材料运输对路面交通影响较大、工业化程度低、现场作业面环境恶劣、作业安全性差，以及施工带来的环境污染、噪声污染等问题，在创造社会效益、环境效益方面仍有可提升的空间。

图 15.1.1 所示为北京市轨道交通线网图，随着"公交优先"政策的落实和轨道交通

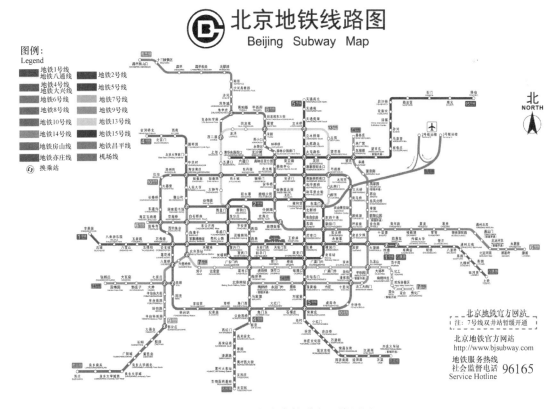

图 15.1.1　北京市轨道交通线网图

建设的不断推进，城市轨道交通网络不断完善。就北京地铁而言，仅 2015 年轨道交通运营线路将在现状运营及在建线路基础上增加 M6、M7 一期、M8、M9、M10 二期、M14、M15、L2、S1、S2、大兴线、房山线 12 条线路。

伴随着城市不断扩容、人口急剧增长，轨道交通对解决人员出行问题发挥着不可替代的作用，新近线网建设步伐逐渐加快，轨道交通运营里程不断增加。然而目前地铁车站和车厢内乘客拥挤的情况（图 15.1.2），也对轨道交通线网规划提出更加迫切的要求。

图 15.1.2　北京地铁车站和车厢内客流拥挤现状

当前城市资源匮乏、交通拥堵、劳动力资源减少、环境恶化等问题逐渐凸显，以及现场作业人员健康意识不断提高使 21 世纪地铁建设面临新的挑战，任重而道远，树立正确的建设理念，开展经济、实用、高效、环保的地铁建设，从建设理念上进行探索，在工程实践中创新，开拓新技术新方法，前瞻性解决即将面临的问题，将有益于我国今后地铁建设水平的提高，更好地服务于我国人民。

如何在地铁建设过程中保证施工质量及施工安全的前提下，不断提高地铁建设工效，降低生产对周边环境及道路交通的影响，减少对城市资源的消耗与占用，促进地铁建设工业化生产，建设节能、环保地铁工程，走出一条环保、可持续化发展道路值得深思且具有长远的战略意义，也是作为地铁建设者不可推卸的社会责任。

15.1.2　研究意义

近年来，城市土地和空间资源匮乏、交通拥堵、劳动力资源减少等问题逐渐凸显，现场施工作业人员健康意识不断提高以及环境保护需求逐步增强，未来的地铁建设面临新的挑战。地铁建设普遍位于城市繁华地区以及交通繁忙地段，传统建造方式出现诸多问题：占用大量劳动力资源，建设过程中原材料消耗量大，施工场地以及材料运输对路面交通影响较大，工业化程度低，现场作业环境恶劣，作业安全性较差，且施工带来的环境污染、噪声污染等问题日趋严重。因此地铁建造方式在创造社会效益、环境效益方面亟须创新和变革。

北京已建成的地铁 6 号线、7 号线、8 号线、9 号线和 10 号线等线路的 139 座车站，采用明挖法施工的车站数量占总量的 68.4%，故现阶段明挖法仍是各地铁车站施工的首选方法。在地面交通和环境允许的条件下，通常采用明挖法施工，明挖法具有施工作业面多、速度快、工期短和工程造价低等优点。地铁明挖车站主体施工时，钢筋混凝土结构一般采用全现浇方式。现浇混凝土结构现场施工存在诸多问题，如噪声扰民、粉尘污染、模板材料周转消耗大，施工人员多、手工劳动多、劳动强度大且对熟练程度要求较高，施工速度慢、建设周期长、受自然条件影响大，混凝土外观及内在质量控制难，现场的建筑材料浪费严重等。与现浇方式相比，装配式结构大部分构件采用预制，实现了工厂化标准生产，具有混凝土质量可控、减少噪声污染和环境污染、减少现场施工模板使用、减少现场建筑材料浪费、减少劳动力需求、加快施工进度等优点。

目前，预制装配式混凝土结构已经广泛应用于工业与民用建筑、桥梁道路、水工结构、大型容器等工程结构领域，相关设计、施工、验收规程已比较成熟齐备，但地铁车站装配式结构的研究还处于起步阶段。

相对于地上装配式结构而言，地铁车站装配式结构具有自己的特点：

（1）地铁车站结构位于地下土体中，主体结构与围护结构联合工作承受水土压力，并且受开挖工法和施工方式影响，结构在施工期间的受力转换过程较复杂，因此结构构件截面尺寸较大，且受力特点也不相同。

（2）地铁车站结构与围土相互作用复杂，在承受地震荷载时的力学响应在不同地层情况下有明显的不同。

（3）装配整体式主体结构节点力学性能有自身特点，与现场施工工艺和施工质量密切相关。

（4）地下结构的防水要求较高，地下工程施工空间狭小，但构件尺寸较大，施工装配的方式需要进行专门研究。

因此，现有的工业与民用建筑装配式结构设计的相关计算理论和施工工艺，无法直接照搬到地下结构中来进行应用。目前国内地铁建设正处于蓬勃发展期，已发展和规划发展城市轨道交通的城市总数已超 50 个，全部规划线路总里程超过 14000km，可以预见未来较长时期内轨道交通建设仍是城市基础设施建设中不可或缺的重要组成部分。鉴于地下装配式结构的应用可以带来良好的环境效益、时间和经济效益，摸索和研究地下装配式结构在静力和动力荷载工况下的相关结构分析与设计理论、优化方法、施工工艺以及适用性，并将研究成果应用于实际工程当中成为必然。

15.2 国内外相关研究综述

15.2.1 地上装配式结构的发展状况

在许多发达国家中，建筑工业化被视为当代建筑技术发展的重要标志，各工业大国在住宅建筑方面都已大部分或全部走向工业化的道路。1891 年，巴黎 Ed.Coigent 公司首次在 Biarritz 的俱乐部建筑中使用预制混凝土梁。二战结束后，预制混凝土结构首先在西欧发展起来，然后推广到美国、加拿大、日本等国。

北美地区主要以美国和加拿大为主，美国和加拿大均在 20 世纪 70 年代能源危机期间开始实施配件化施工和机械化生产。北美的预制建筑主要包括建筑预制外墙和结构预制构件两大系列，预制构件的共同特点是大型化和预应力相结合，可优化结构配筋和连接构造，减少制作和安装工作量，缩短施工工期，充分体现工业化、标准化和技术经济性特征。北美城市住宅结构基本上以工厂化、混凝土装配式和钢结构装配式为主，降低了建设成本，减少了制作和安装工作量，提高了工厂通用性，增加了施工的可操作性，缩短了施工工期。在20世纪，北美的预制建筑主要用于低层非抗震设防地区。由于加州地区的地震影响，近年来非常重视抗震和中高层预制结构的工程应用技术研究。

欧洲是预制建筑的发源地，早在17世纪就开始了建筑工业化之路。在20世纪60年代，由于受"二战"的影响，劳动力资源短缺，住宅需求非常大，欧洲更进一步研究探索建筑工业化模式。欧洲一直都在积极推行预制装配混凝土建筑的设计施工方式，积累了许多预制建筑的设计施工经验，形成了各种专用预制建筑体系和标准化的通用预制产品系列，并编制了一系列预制混凝土工程标准和应用手册，对推动预制混凝土在全世界的应用起到了非常重要的作用。

日本借鉴了欧美的成功经验，并结合自身要求，在预制装配式住宅方面取得了突破性进展。日本从一开始就追求中高层住宅的配件化生产体系，这种生产体系能够满足日本人口密集的需求，而且日本通过立法来保证混凝土构件的质量，并形成统一的模数标准。日本的预制装配体系设计、制作和施工的标准规范也很完善。

我国预制混凝土结构研究和应用始于20世纪50年代。直到80年代，在工业与民用建筑中一直有着比较广泛的应用。90年代后，由于种种原因，预制混凝土结构在民用建筑中的应用逐渐减少，处于相对低潮阶段。进入21世纪后，伴随着我国城镇化和城市现代化进程的快速发展，能源与资源不足的矛盾越发突出，生态建设和环境保护的形势日益严峻，原来建立在劳动力价格相对低廉基础之上的建筑行业，正在面临劳动力成本不断上升的问题，逐渐成为我国建筑业进一步发展的瓶颈。因此，随着我国住宅产业化的发展，住宅建筑的工业化改革势在必行。住宅建筑工业化首先要提高工业化的生产和施工技术，从而提高劳动生产率、降低成本、保证工程质量，《钢筋连接用灌浆套筒》JG/T 398—2019、《钢筋连接用套筒灌浆料》JG/T 408—2019以及《装配式混凝土结构技术规程》JGJ 1—2014等一系列相关规程的发布为住宅预制化产业的发展奠定了技术基础。当前，我国产业供给侧改革与城市化的发展战略也为建筑产业的工业化发展提供了舞台，发展预制混凝土结构前景广阔。

15.2.2 地铁装配式车站结构的发展状况

地铁车站及区间工程的建设速度、巨额投资以及工程质量始终是制约轨道交通建设的重要因素。国内外在地下工程预制技术方面都有一定的研究和应用，且国外在地下工程预制技术方面取得了较大的发展。而国内对地铁盾构隧道装配式结构研究比较成熟，但对地铁车站及其附属装配式结构的研究还处于起步阶段。

1. 国外地铁装配式车站的发展状况

国外在地下预制拼装技术方面取得了较大的发展，在明挖修建的地下铁道中，国外预制技术有一些研究和应用实例。

日本在仙台市地下铁道工程中，曾采用预制双跨箱形结构，构件的箱体尺寸为11.092m×7.440m，整个结构分成顶板、底板、侧壁及中柱4个预制构件，设计中主要解决了构件的划分和轻量化、构件的纵向和横向连接问题。日本也曾在双车道公路隧道中进行了单跨矩形装配式结构的试验研究。日法曾联合在公路的扩建工程中开发了大型拱形结构的预制技术，最大跨度已达12m左右。苏联曾在用明挖法施工的地铁线上，包括车站、区间隧道以及车站附属建筑和辅助隧道工程,均采用固定形式拼装的统一规格的钢筋混凝土结构。到 80 年代后期,在明挖法施工的区间隧道中,开始广泛采用整体管段衬砌。白俄罗斯在地下铁道工程中,大力推行将预制混凝土衬砌设计标准化的技术,而且取得了一定的成就。在俄罗斯、乌克兰、乌兹别克斯坦和白俄罗斯地铁的明挖回填隧道中采用了矩形整体管段式预制衬砌,已经完成了具有不同承载能力的接头及衬砌设计。

在装配式地铁车站结构的研究和应用上,俄罗斯取得了长足的发展。俄罗斯采用单拱结构的基本原理和特点修建了俄罗斯第一个地铁双层换乘枢纽。在圣彼得堡地铁伏龙芝滨海线花园站到契卡诺夫站区间内,建成了伏龙芝滨海线到未来环线的体育馆换乘站,后来批准的名字为奥林匹克站。车站整体结构形式为装配式层间楼板单拱结构,结构断面具体形式如图 15.2.1 所示。

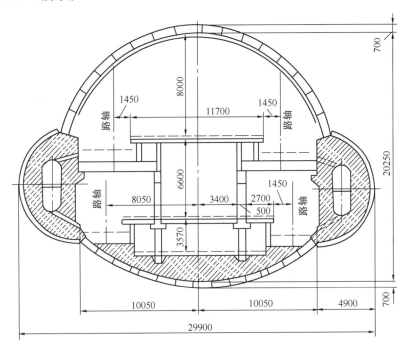

图 15.2.1 奥林匹克地铁车站装配结构形式(单位:mm)

车站结构上拱半径 11.2m,由 12 个厚 70cm、沿车站方向宽 50cm 的钢筋混凝土构件块组成。仰拱内径 15m,由 13 个构件块组成,它由两个带衬垫的钢筋楔形接头挤压紧而闭合。内部的装配式钢筋结构是作为上层站台和道路下的支撑结构,该结构成梁柱组合形式,柱距 4m,柱安设在纵向整体钢筋混凝土构件的"杯子"中,构件混凝土浇筑在刚性基础界限内,刚性基础铺设在仰拱衬砌上。在柱的顶部安设装配式钢筋混凝土梁,这些梁联成桁架。为了承接上层道路行驶列车的荷载,在路轨下设置了钢筋混凝土装配式梁,一端支撑在桁梁上,另一端支撑在整体式混凝土支柱的托架上。车站上下两层站台都是由装配式钢筋混凝土建造而成的。上层站台宽 11.7m,由于下层中柱占去一部分空间,下层站台宽度为 13.2m。车站建成后于 1996 年交付使用。

圣彼得堡地铁车站也采用单拱车站横断面,具体形式如图 15.2.2 所示。车站主体结构埋设于不透水的致密黏土层中,拱圈和仰拱均由混凝土砌块组成,并支撑在两个圆形支墩上。由

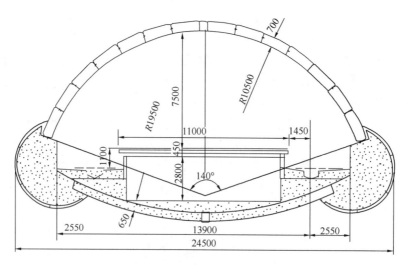

图 15.2.2 圣彼得堡地铁车站装配结构形式（单位：mm）

于该种结构形式没有受拉构件，所以只适用于有一定自稳能力的地层，有一定局限性。

白俄罗斯明斯克地铁车站也采用了单拱断面的大型预制混凝土构件的衬砌划分形式，如图 15.2.3 所示。该类型车站的特点是顶底板为单拱结构，能产生侧向推力，平衡地下连续墙的土压力，侧墙部位的连接可以采用错缝拼装，有利于结构的整体稳定性；所有的接头部位均承受压力或为小偏心受压接头，构造合理；所有的构件均为预制，施工速度快，现场施工时配合可以行走的安装台车，易于安装并保证精度；该结构断面设计具有很大的灵活性，可为使用提供较大跨度的空间；内部结构在主体结构全部拼装完成后再拼装，可方便盾构过站；可以全部采用外包防水层，防水效果好。

在国外明挖法施工的装配式地铁车站结构中，结构多采用矩形断面的结构形式，如图 15.2.4 所示。该地铁车站结构的底板采用整体现浇的混凝土，边墙和顶板预制，顶板采用密肋板式结构，使得构件重量减轻，有利于拼装。

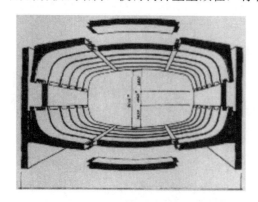

图 15.2.3 明斯克地铁车站装配结构形式

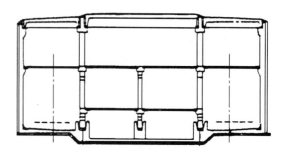

图 15.2.4 明挖法装配式地铁车站结构形式

2. 国内地铁装配式车站的发展状况

国内地下工程预制技术主要应用在盾构区间隧道中，一般为圆形结构，且技术已经比较成熟。在铁路隧道和公路隧道中也有应用实例，在秦岭特长铁路隧道中，仰拱就采用预制构件技术，侧墙采用现浇混凝土。国内高校的研究成果主要集中于西南交通大学：2003年，西南交通大学刘惠敏对广州地铁明挖区间进行了矩形装配式衬砌的设计和施工工艺的研究；同年，西南交通大学贾永刚对铁路隧道装配式衬砌力学特性进行了研究；2005年，西南交通大学的陈敬军对矿山法施工的铁路隧道所采用的装配式衬砌力学特性进行了数值模拟和优化设计研究；2007年，西南交通大学的刘建洪，以深圳宝安中心地铁站为工程背景，采用方案对比和数值分析的方法，对明挖装配式车站结构的可行性及构造型式进行了优化设计，并对结构在施工过程中的力学特性进行了进一步的可行性研究；2008年，西南交通大学的严义招针对高铁矿山法施工的装配式大跨度施工隧道进行了结构选型优化和分析研究。但对比国外在装配式地铁车站的研究和成功应用的实例，国内对装配式地铁的研究和应用基本处于起步阶段。

目前国内首例装配式地铁车站工程试验站是长春市地铁 2 号线一期工程袁家店站。袁家店站全长 310m，均采用明挖法施工。其中现浇段 122m，为双层三跨箱形框架结构；装配段 188m，为预制管片结构，共 94 环，每环由 7 块预制构件组成。车站主体结构为全装配式结构，如图 15.2.5～图 15.2.8 所示。

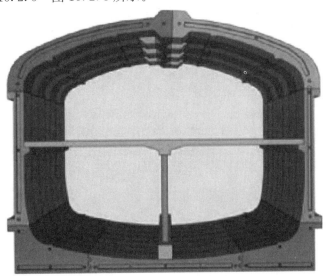

图 15.2.5　袁家店地铁车站装配结构断面形式

图 15.2.6　袁家店地铁车站预制构件

图 15.2.7　袁家店地铁车站装配施工

图 15.2.8　部分安装完工的袁家店地铁车站主体内部

袁家店站将车站框架外墙主体按纵向分成2m一环，一环分7段进行工厂预制，现场拼装连接，通过精轧螺纹钢螺栓施加预应力将预制构件压紧。站内上下层之间中板采用混凝土现浇，上层两侧设出入口。基坑围护结构采用桩、锚结构，浇筑完垫层混凝土形成拼装作业面后，采用专用拼装台车及吊车进行结构构件拼装，车站顶部土方压实回填。该站采用结构自防水，不设外包防水层，预制构件接缝处防水构造采用类似盾构管片的做法，构件内设球形阀门，注入环氧树脂对构件缝隙进行密封防水；同时，在每环顶拱采用非固化沥青、玻璃纤维布等材料进行防水处理。

袁家店站的装配式工程实践成功，说明了装配式结构体系和施工工艺在地铁建造领域的巨大潜力和适用性；但是袁家店站的主体结构分块较大，需通过专用拼装台车进行施工，作业空间需求较大，因此并不适用于桩撑围护基坑，适用于地层情况和施工场地条件较好的工程，有一定局限性。

综上所述，近年来装配式结构主要应用在一些桥梁工程与民用住宅工程中，在地下工程方面，装配式结构的发展速度非常缓慢。虽然国内对地铁区间装配式结构有一定的研究，但对地铁车站以及其他地下铁道附属物装配式结构的研究还处于起步阶段。相对于地上装配式建筑而言，地下工程装配式结构的相关设计理论和设计方法、施工规范都十分欠缺。由于地下工程装配式结构的应用，可以给我们带来可观的时间、技术和经济效益，同时又由于国内在此领域内技术的缺乏和研究的空白，这使得进行地下工程装配式结构相关设计理论的研究成为当前迫切的任务和需求。

3. 浅埋地铁结构地震反应分析及设计方法的发展状况

近几年，全球范围内发生了多次大地震，如我国的汶川地震（2008）、玉树地震（2010）和雅安地震（2013），国外的日本福岛地震（2011）、新西兰地震（2011）、智利地震（2014）等，使得地下结构的抗震可靠性受到人们的广泛关注。随着越来越多的地铁和隧道等地下结构的建设，人们最关注的是其安全性是否有保障，由于地震的不确定性、不可预测性以及巨大的破坏性使得地下结构的抗震问题显得尤为突出。地下结构由于受到周围土体包围，以往普遍认为地下结构在地震中不容易发生破坏，并且在较早的地震中关于地下结构破坏的报道很少，因此地下结构的抗震问题在早期的设计阶段没有得到足够的重视。

但1995年日本阪神地震（7.2级）给我们敲响了一个警钟，此次地震对神户市地下结构的破坏十分严重，其中，大开地铁车站的地下一层钢筋混凝土闭合框架结构有超过一半的中柱完全坍塌，导致上覆土层大量沉降，沉降量多达2.5m，如图15.2.9、图15.2.10所示。这次事故得到了地下结构抗震研究者的高度重视。1906年，美国旧金山8.3级地震，穿越圣安德烈斯断层的2座隧道严重破坏，部分隧道向北移动距离达2.4m。1923年，日本东京7.9级地震，震区无断层，25条隧道破坏，衬砌开裂错动、边墙塌落等。1952年，美国加州克恩7.6级地震，穿越白狼断层破碎带的四座铁路隧道发生破坏，部分隧道错动0.5m。1985年，墨西哥8.1级地震，震区地铁结构破坏，侧墙与地表结构相交部位发生分离破坏现象。1999年中国台湾集集地震（7.3级），受损的三义一号铁路

图15.2.9　大开地铁车站震害情况

图 15.2.10 大开地铁车站上覆土层震后沉降

隧道钢轨变形、衬砌龟裂，导致铁路中断 17 日之久。1999 年，中国台湾台中地震（7.3 级），有 49 座隧道都有不同程度的损坏。2008 年，汶川地震中成都市地铁、都汶高速公路隧道、白云顶隧道等均有不同程度的地震破坏。

由此可见，强震作用下地下结构的倒塌所造成的影响不容忽视。近年来随着地下结构大规模建设和全球范围内的大地震频繁发生，人们慢慢改变了以往的看法，认为在一定地震强度和特定地质条件下，地下结构存在地震破坏的可能；抗震设计是地下结构设计中非常重要却相对薄弱的一个环节，因此对地下结构抗震问题的研究显得尤为重要。

随着人们对地铁地下结构抗震性能的日益重视，作为生命线工程重要组成部分的地铁地下结构抗震设计也成为各国工程设计人员关注的重要问题。而长期以来，我国关于地下结构的设计规范对地铁车站的抗震设计却没有做过具体的规定。如在《人民防空工程设计规范》GB 50225—2005 和《人民防空地下室设计规范》GB 50038—2005 中，缺乏抗震计算；在《混凝土结构设计规范》（2015 年版）GB 50010—2010 和《铁路工程抗震设计规范》GB 50111—2006 中还是沿用传统的地震系数法，没有具体到地铁车站等结构形式；《地铁设计规范》GB 50157—2013 对抗震设计只提到原则性的要求，对地铁车站及区间隧道的抗震设计方法没有具体化。但随着近年来对地下结构地震响应规律认识的深入，住房和城乡建设部颁布的《关于印发〈市政公用设施抗震设防专项论证技术要点（地下工程篇）〉的通知》（建质〔2011〕13 号）、《建筑抗震设计规范》（2016 年版）GB 50011—2010、《城市轨道交通结构抗震设计规范》GB 50909—2014 以及北京市规划委员会与质量技术监督局颁布的《城市轨道交通工程设计规范》DB 11/995—2013，标志着我国地铁地下结构的抗震设计向前迈了一大步。

地下结构抗震设计计算中，目前较有代表性的方法有 3 种：地震系数法、反应位移法和动力时程分析方法。虽然由于地震是动力作用，动力时程分析方法作为抗震设计方法更为理想，但是动力时程分析方法计算时间长，并且动力时程分析方法需要高度综合的多方面专业知识和技能，一般技术人员很难把握，且操作繁杂，对计算结果的评价也不容易。因此，除特别重大、复杂的地下结构和地质条件外，国际上通常使用反应位移法。因其操作相对容易，与实际情况也基本相符合，反应位移法仍然是最好的设计方法之一，是地下结构抗震设计首先考虑的方法，我国近两年推出的国家标准《城市轨道交通结构抗震设计规范》GB 50909—2014、《地铁设计规范》GB 50157—2013 也认可采用反应位移法进行计算分析。但是同样的，由于规范推行的时间并不长，因此基于反应位移法，对地铁车站结构进行地震反应分析和抗震设计的相关设计理论和工程经验都很欠缺，而装配式车站相关的研究成果和工程经验更是少之又少。因此，对装配式地铁车站结构的地震反应分析和结构力学特性进行研究、改进和整理十分必要。

4. 装配整体式结构

根据装配式混凝土结构装配化程度和预制构件之间的连接形式可将装配式结构分为两大类。

(1) 预制装配式（全装配式结构）

这类结构所使用的全部构件在工厂进行批量生产，然后到现场拼装。各个构件之间采用干式节点的连接形式形成整体或者性能可靠的节点，此时结构的总体刚度与现浇混凝土结构相比，会有所降低。此类装配式结构主要应用于盒子结构、框架结构、板柱结构等。它的主要优点是连接安装速度快。全装配式建筑多应用于低层建筑和抗震设防要求较低的多层建筑，如单层工业厂房、高铁站房等。

(2) 装配整体式（部分装配式结构）

这类结构的主要受力构件采用预制构件，预制构件之间的连接，通过现场后浇混凝土和钢筋套筒灌浆连接等技术进行连接时，可足以保证装配式结构的整体性能，使其结构性能与现浇混凝土基本等同，此时称其为装配整体式结构。装配整体式结构是装配式结构的一种特定的类型。它的主要优点是一次投资比全装配式少，适应性大，节点设计连接比较简单，结构整体性优于全装配式结构，应用范围广。装配整体式结构可用于商业建筑和民用住宅，是国内现在装配式结构的主要发展和应用形式。

相比于地上建筑结构，地铁车站的结构安全性和防水要求更高，对结构的整体性要求较高，因此研究着眼于探讨装配整体式结构在地铁车站建设工程中的应用与力学特性研究。

5. 综述

我国每年新增建筑面积 $18 \sim 20$ 亿 m^2，消耗全球 40% 水泥和钢筋，其中大量采用现浇方式，现场湿作业量大，消耗大量水资源；现场施工所造成的扬尘、噪声、大气污染都会对邻近居民生活产生影响；传统建造方式建筑质量不稳定，受工人专业技能和职业道德影响较大。预制装配式建筑的应用可以有效解决上述问题。

国际上衡量一个国家工业化水准的一个指标，就是预制混凝土的水泥用量在整个水泥的消费量中所占的比例。国际建筑研究革新委员会认为，建筑工业化是当代建筑技术的发展趋势之一，而实现建筑工业化当前采用的方式就是广泛采用预制装配式混凝土结构。

国家和地方政府相继出台相关政策推动预制装配式混凝土结构的发展。2014 年 1 月 1 日，《绿色建筑行动方案》(国办发〔2013〕1 号) 要求"推广适合工业化生产的预制装配式混凝土、钢结构等建筑体系，加快发展建设工程的预制和装配技术，提高建筑工业化技术集成水平"。

综上所述，由于地铁车站装配整体式结构的应用，可以给我们带来可观的时间和经济效益，同时又由于国内在此领域内工程经验和技术规范的缺乏和研究的空白，这就迫使我们必须进行相关静力和动力结构设计和优化理论的研究，总结出普遍性和适用性规律，并进一步提炼和积累相关的工程经验，为装配整体式地下结构的设计方法体系提供重要补充和借鉴，也为这种新型地下结构的大规模应用和推广奠定基础。

15.3 地铁装配式车站建筑综合技术研究

15.3.1 车站结构柱跨与建筑功能关系的研究

车站主体是由公共区、设备用房区两大部分组成，不同的功能区对空间、结构梁柱的要求不同，装配式车站的柱跨要综合考虑建筑功能、设备要求及装配式结构的特点，设置合理的柱跨。装配式车站的特点是构件模块化，规范构件尺寸，装配式车站适用于相对标准的车站，以双层双（单）柱岛式车站为宜。下面均在双层岛式车站（北京地铁6号线西延金安桥站）的基础上展开研究的。

1. 横向柱跨

装配式车站横向柱跨决定了中板、顶板构件的长度，构件种类不宜太多，带配线车站配线区的柱距要满足限界的要求，横向柱距变化较多，因此配线区不宜采用装配式结构。车站标准段横向柱跨与站台宽度密切相关，公共区横向柱跨取决于楼扶梯的布置及侧站台宽度；设备区横向柱跨主要考虑设备布置的合理性。通过分析双层岛式车站公共区及设备用房区的布局（不含配线区）可知，车站分别在公共区及设备用房区各设置一种柱距就能满足车站的使用要求，下面以一座B型车、站台宽度为14m的双层岛式车站为例，分析横向柱距的设置。

站台宽度为14m的车站一般情况下采用双柱三跨的布置方式，公共区柱跨主要由中跨楼扶梯宽度及结构柱宽确定（由于楼扶梯处中板开孔较大，该处中板采用了现浇的方式，因此该处可不考虑装配式结构中梁宽度，按照一般现浇结构中梁宽度考虑即可），常规设计一般在站厅至站台中跨设置若干组两扶一楼，扶梯基坑设计阶段一般按照1.8m考虑，楼梯结构宽度考虑2.1m（装修后满足1.8m），中板楼扶梯两侧洞边梁装修后0.1m，柱宽度1m（含装修宽度）。将以上各部位尺寸相加即可得出公共区中跨的宽度：1.8m×2（2部扶梯宽度）+2.1m（一部楼梯宽度）+0.1m×2（两侧洞边梁装修厚度）+1m（含装修厚度的柱宽）=6.9m，车站两个边跨的宽度为7.3m，侧站台宽度为3.1m，如图15.3.1所示。

设备区柱跨主要受站台层变电所布置控制，以变电所中设备机柜尺寸较大的高压开关柜室为例，高压开关柜采用双排布置时要求的宽度为：0.8m（距离柱或墙距离）×2+1.7m（设备柜宽度）×2+2.3m（两排柜子之间距离）=7.3m，考虑结构柱宽度为0.7m，则中跨应为8m，两个变跨均为6.75m，站台层主要设备用房为变电所，因此站台层设备用房区均采用上述宽度是合理的；站厅层设备用房区采用双走道的布置方式，每条走道宽度为2m，如采用上述跨度，房间的进深分别为4.75m、7.2m、4.75m，符合站厅层设备用房的布局要求，如图15.3.2所示。

以上为双层岛式车站横向柱跨确定的普遍方式，该种类型采用装配式结构形式时，采用两种横向柱跨即可满足车站功能的需求。

第 15 章　基于 6 号线西延金安桥站的车站装配式研究

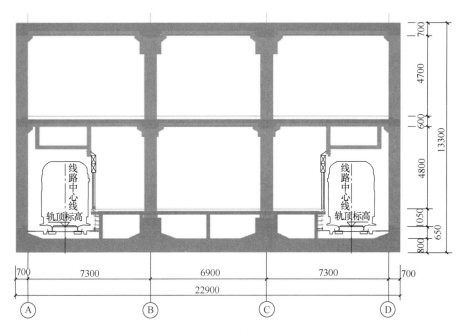

图 15.3.1　公共区横剖面图

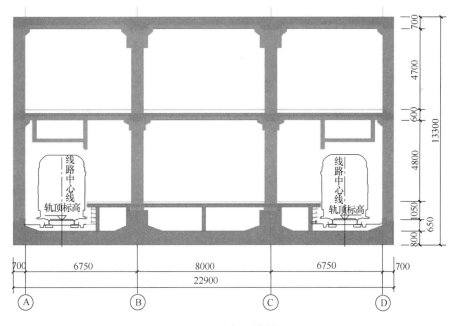

图 15.3.2　设备区横剖面图

2. 纵向柱跨

装配式车站构件大小由结构、运输、吊装等方面确定，与现浇结构不同，要求纵向柱跨尽量一致。

纵向柱跨与横向柱跨一样，公共区与设备区有不同的要求。公共区主要是面向乘客，对空间的要求较高，为了使站厅视觉通透，方便乘客上下车，纵向柱跨跨度基本一致且不宜太小；设备区以各专业的要求为前提进行布置，跨度变化较多。结合装配式结构、运输、吊装等方面的要求，公共区、设备区采用同一种跨度为宜，使侧墙、中板、顶板等构件采用同一个宽度，将更加有利于装配式结构的运用。

装配式车站采用装配式与现浇结合的方式，车站的侧墙、中板、顶板构件的宽度应一致，构件之间的现浇带应贯通，车站侧墙厚度较厚，考虑到运输及吊装的要求，构件的宽度应由侧墙预制构件确定。根据以往车站的设计经验，双层明挖站纵向柱距较大，公共区跨度范围为 8~9.75m，设备区由于荷载较大且没有空间的要求较公共区小，跨度范围为 7m~8.5m；暗挖车站相对较小，公共区与设备区通常取一样的跨度范围，为 6m~7.2m；装配式车站的跨度可向明挖车站靠近，考虑到装配式车站构件的尺度要求，不宜采用较大的跨度。通过综合分析比选，预制构件宽度采用 3.1m，预制构件之间的现浇带宽度为 0.9m，两个预制块之间为一跨，则跨度为 8m。通过分析认为采用 8m 柱跨可满足装配式结构、预制厂家、运输、吊装等各方要求，同时车站公共区及设备区布局均可满足。

15.3.2 车站层高与建筑功能关系的研究

双层岛式车站站台层层高由车辆限界、管线及公共区吊顶高度综合确定，一般情况下一条地铁线路全线车站的站台层层高是一致的，因此本章节主要研究站厅层层高。

站厅层层高的影响因素主要有两点：第一点为公共区吊顶下净高的要求；第二点为管线较多且互有交叉的设备区管线的要求。一般的明挖车站在管线较多的站厅层设备区要求纵梁上返，或设备区层高局部上抬，以满足横穿管线的空间要求，但装配式车站顶板纵梁不宜上返，考虑到运输、吊装等因素，层高应综合各方面因素，选取合理的层高，且尽量一致。

公共区吊顶下净高规范要求不小于 3.2m（净高为中板装修面至吊顶或顶板，余均同），目前普遍采用 3.4m，装配式车站吊顶下净高按照 3.4m 设置；公共区吊顶上方管线基本平行顶纵梁敷设，横穿纵梁管线较少且管径不大，吊顶上方考虑 1.5m 的管线空间（含 0.2m 吊顶厚度）即可；综上所述公共区净高需要 4.9m。

以顶纵梁为 1.7m、顶板厚度 0.7m 车站为例，由于装配式车站顶纵梁不宜上返，净高采用 4.9m 时，梁下净空仅为 3.9m，显然不符合设备区管线敷设的要求，根据以往线路经验，梁下净空不小于 4.5m，考虑到方便装配式预制构件的经济性、运输及吊装的便利性，站厅层设备区净高取 5.5m 为宜。

为了减少构件的种类，在具备条件的情况下，站厅层公共区可采用与设备区一致的 5.5m 净高。

15.3.3 车站设备用房区房间布置综合研究

轨道交通是一个复杂的系统工程，涉及几十个专业，各专业在站内均有相应的设置要求，车站建筑布置与各专业密切相关，设备区集中布置了各设备专业的房间及相应的设备，并在相应的位置预留孔洞、预埋管线等。

装配式结构预制构件均为工厂化生产后运输到现场，其构件的尺寸受运输及拼装的影响不宜太大，有需要连续开洞且孔洞较大的地带不适宜采用装配式结构。结合车站的布置情况，风道、通风空调机房等房间中板开孔较多且孔洞尺寸较大，不适合采用装配式结构，这些房间应集中布置在车站端部，保证装配式结构部分的连续性。

其他中板开孔不大的设备专业在考虑孔洞位置时应结合预制构件的尺寸布置，在进行房间布置时就应考虑该因素；同时现场拼装完成后不宜在构件上再进行开洞，因此要求构件上的孔洞预留准确。

为了方便相关联设备专业之间的联系、减少管线的交叉，相同功能的房间应尽量集中设置，尤其是管理用房、设备用房应分区布置，可有效减少设备区管线的交叉。

15.3.4 装配式车站结构对公共区装修影响研究

车站公共区装修设计与建筑、结构设计通常情况下是不同步开展的，车站建筑、结构先行设计、施工，公共区装修设计相对靠后开展；采用常规施工方法的结构如要求大面积预留位置准确、方便后期装修及综合管线安装的预埋件比较困难，目前普遍未作预留，装修及综合管线施工时结构梁、板、柱上分别采用打膨胀螺栓等方式连接。

装配式结构预制构件均在工厂进行预制，在预制构件上预埋可作为装修及综合管线安装时起固定作用的预埋件，解决后续在结构上无序施工的问题。通过调研，在结构上预埋槽道可较好地实现装修及综合管线的安装问题。

预埋槽道是便于安装且可调节的理想固定件，该预埋件使用锤型螺栓或带齿螺栓及相配的螺母、垫圈，可以用来固定任何结构部件。它是由一条C形槽钢和至少两个布置在槽钢背面的锚钉组成，具有热浸镀锌和不锈钢材质，槽钢内使用泡沫填充物或条形填充材物能够防止混凝土进入槽钢内。槽道预埋在混凝土中，表面与混凝土平齐。如图15.3.3、图15.3.4所示，槽道有多种型号，有专用T形螺栓配合使用，既紧固方便，还可任意调节，是许多大型工程项目如铁路隧道、桥梁、机场等的首选紧固件。

图 15.3.3　槽道样品

通过分析以往车站装修方案荷载及在结构上需要固定连接的间距，以及综合管线的荷载及安装方式，沿着车站侧墙、中板板底、顶板板底每隔1m设置一道满足要求的槽道，车站装修方案及综合管线设计时，均要考虑采用与槽道连接的方式，避免结构采用膨胀螺栓等方式进行连接。

图 15.3.4　槽道运用

15.4 装配式地铁车站结构设计方案研究

15.4.1 设计原则

装配式地铁车站设计需满足以下设计原则：

（1）地铁车站采用装配整体式结构形式，结构力求能达到全现浇钢筋混凝土结构整体性效果。应采取可靠的构造措施及施工方法，使装配式结构中预制构件之间或者预制构件与现浇构件之间的节点或接缝的承载力、刚度和延性不低于现浇结构，使装配式结构成为等同现浇装配式结构。装配式结构的节点应受力明确、传力可靠，满足结构的承载力、裂缝、延性和耐久性要求；应采用可靠的受力钢筋连接方式。

（2）预制结构构件的设计和构造措施应充分考虑生产、运输、施工各个环节的受力状态，并应按脱模、起吊、运输及安装时相应的荷载值，按现行国家标准《混凝土结构设计规范》（2015年版）GB 50010—2010的规定，进行各个阶段的承载力、变形及裂缝控制验算。

（3）装配式整体车站建筑在设计过程中应进行整体策划，协调建设、设计、施工、制作各方之间的关系，加强建筑、结构、设备、装修等各专业的配合。

（4）结构净空尺寸应满足建筑与设备限界、建筑功能设计、车站及相邻区间施工工艺及其他使用要求，尚应考虑预制构件尺寸允许偏差和安装位置允许偏差、施工误差、测量误差、结构变形、位移及后期沉降等的影响，留有必要的富余量，此量值可参照有关规范，并通过理论分析及施工技术水平确定。

（5）结合地铁基坑支护、二衬结构及建筑功能需求等自身特点，针对性优化基坑支护结构平剖面布置及二衬结构形式，车站主体标准段采用装配式整体结构为主，复杂部位采用预制、现场浇筑结构相结合。

（6）装配式构件的尺寸应考虑制作、吊装、运输以及施工的安全和方便。接头设计应满足受力、防水和耐久性要求。

（7）装配式整体车站结构设计应以"少规格、少组合"为原则，确定结构平立面的基本单元。

（8）装配式结构的构件拆分设计，应满足下列要求：

1）应优化预制构件的尺寸及形状，力求减少预制构件的种类，并降低模板加工难度。

2）预制构件的连接部位宜设置在构件受力较小的部位。

3）预制构件应便于现场施工和拼装质量控制，其形状应满足构件生产厂家的生产条件、交通运输的可行性和施工吊装设备的要求。

（9）当需要进行预制构件深化设计时，其内容和深度应满足建筑、结构和机电设备各专业以及构件制作、运输、安装各环节的综合要求。详图应经施工图设计单位确认。

（10）对新型、复杂的装配式结构构件和连接节点，应进行专门的技术论证。

（11）车站结构应根据设防烈度、场地条件、结构类型和埋深等因素选用较好反映其临震工作状况的分析方法，进行抗震验算，并采取必要的构造措施，提高结构和接头处的整体抗震能力。

(12) 车站结构设计中应严格控制基坑开挖施工中引起的地面沉降量。应对由于土体位移可能引起的周围建（构）筑物、地下管线产生的危害加以预测，并提出安全、经济、技术合理的支护措施。防止过量的地面变形对周围建筑和市政管线造成危害。

(13) 车站结构防水设计中遵循"以防为主、刚柔结合、多道防线、因地制宜、综合治理"以及"防水与结构设计并重和统一考虑"的原则。

(14) 地下结构须具有战时防护功能并做好平战转换功能。在规定的设防部位，进行人防验算，并设置相应的防护设施。

(15) 车站结构所有受力构件，应满足《建筑设计防火规范》GB 50016—2014（2018年版）有关规定。

(16) 地下结构设计宜采用信息化设计，为此须建立严格的监控量测及反馈制度。

15.4.2 技术标准

装配式地铁车站设计需满足以下技术标准：

(1) 装配整体式地铁车站结构中的永久结构及其构件的设计使用年限为 100 年，其相应结构可靠度理论的设计基准期均采用 50 年，临时结构及其构件的设计使用年限可按 5 年考虑。

(2) 地铁结构中永久结构构件的安全等级为一级；按极限状态法进行承载能力计算时，结构构件的重要性系数 γ_0，荷载效应的基本组合时取 $\gamma_0 = 1.1$，荷载效应的偶然组合时取 $\gamma_0 = 1.0$；施工过程中控制设计的永久构件仅按进行荷载效应基本组合的极限承载能力计算，结构构件重要性系数取 $\gamma_0 = 1.0$。地下结构的基坑支护按临时构件进行设计，仅按荷载效应的基本组合进行极限承载能力计算，结构构件的重要性系数取 $\gamma_0 = 1.0$，并且不考虑耐久性设计要求。

(3) 地铁结构的抗震设防烈度为 8 度。设计应根据场地条件、结构类型和埋深等因素选用能较好反映其地震工作性状的分析方法，并采取相应的抗震构造措施，提高结构的整体抗震性能。地下结构的抗震等级为二级。

(4) 地铁结构须在规定的设防部位按人防的抗力标准进行验算，并设置相应的防护设施。本工程属甲类人防工程，在规定的设防部位，结构设计按防核武器抗力级别 5 级、防常规武器抗力级别 5 级进行验算，并设置相应的防护设施。

(5) 永久结构按准永久组合验算裂缝宽度，正截面受力裂缝控制等级为三级，与地下水、土接触并有自防水要求的混凝土构件，表面最大裂缝宽度为 0.2mm，其他构件表面最大裂缝宽度为 0.3mm。当计及地震、人防或其他偶然荷载作用时，可不验算结构的裂缝宽度。

(6) 地铁结构的自身防水要求应满足结构防水等级及有关防水规范的要求。

(7) 结构设计应按最不利地下水位情况进行抗浮稳定验算，在不考虑地层侧摩阻力时，其抗浮安全系数不得小于 1.05。当考虑地层侧摩阻力时，其抗浮安全系数不得小于 1.15。

(8) 地铁结构设计应满足《建筑设计防火规范》（2018 年版）GB 50016—2014 中的相关要求，地下结构中承重构件的耐火等级为一级。

(9) 当地下结构处于有侵蚀地段时，应采取抗侵蚀措施，混凝土抗侵蚀系数不得低于 0.8。

（10）预制构件受力钢筋的套筒灌浆连接接头应采用同一供应商配套提供并由专业工厂生产的灌浆套筒和灌浆料，其性能应满足现行行业标准《钢筋机械连接技术规程》JGJ 107—2016 中Ⅰ级接头的要求，并应满足国家现行相关标准的要求。灌浆料的强度应高于预制构件混凝土强度。

15.4.3 主体结构断面形式研究

1. 装配式方案比选论证

国外在地下工程预制技术方面取得了较大的发展。在国外明挖法施工的装配式地铁车站结构中，结构采用矩形断面形式较多，采用矩形断面时，地铁车站底板结构采用整体现浇混凝土，边墙和顶板预制，顶板采用密肋板式结构，使得重量减轻且有利于拼装。

在明挖法施工的装配式地铁车站结构中，也有采用单拱断面形式的装配式车站。该类型车站的特点是顶底板为单拱结构，能产生侧向推力，平衡支护结构（围护桩、地下连续墙）的土压力，侧墙部位的连接可以采用错缝拼接，有利于结构的整体稳定性。

目前装配式地铁站断面结构方案主要有拱形全装配式、矩形全装配式和矩形整体装配式三种类型，其主要优缺点见表 15.4.1。

装配式地铁车站方案技术对比表　　　　　　表 15.4.1

装配式方案	示意图	优点	缺点
拱形全装配式（袁家店站）		① 接头为压力或小偏心受压部位，构造相对合理；② 所有构件均为预制，施工速度快	① 车站受跨度影响大；② 构件制作复杂，模具通用性差；③ 要求施工精度高；④ 防水质量难以保证
矩形全装配式		① 车站受跨度影响小；② 构件制作简单，模具通用性好；③ 所有构架均为预制，施工速度快	① 接头在受力较大部位；② 接头防水处理困难；③ 结构整体性差，在地震烈度较大地区抗震性能差
矩形整体装配式		① 侧墙采用预制与现浇混凝土结合，板、梁采用叠合构件，结构整体性好；② 可按现浇整体结构计算分析；③ 施工阶段节省模板，施工速度较快；④ 对施工工艺和技术要求相对较低	接头及接缝较多，防水处理困难

经过综合比选，车站装配式方案选定为矩形装配整体式地铁车站方案。

2. 主体结构概况

国外在地下工程预制技术方面取得了较大的发展。在国外明挖法施工的装配式地铁车站结构中，结构采用矩形断面形式较多，采用矩形断面时，地铁车站底板结构采用整体现浇混凝土，边墙和顶板预制，顶板采用密肋板式结构，使得重量减轻且有利于拼装。

装配整体式地铁站为地下双层岛式车站，沿用地铁车站的通常设计方案，采用双层双柱三跨箱形结构。根据北京地区的设计经验，车站主体结构断面宽22.9m、高14.3m，顶板覆土厚度考虑为3m，底板埋深17.3m，各构件具体尺寸如表15.4.2和图15.4.1所示。

装配整体式地铁车站主要构件尺寸　　表15.4.2

构件名称	混凝土材料	构件尺寸(mm)
侧墙	C40，P10	700
顶板	C40，P10	700
中楼板	C40	400
底板	C40，P10	800
顶梁(宽×高)	C40，P10	1300×1800
中梁(宽×高)	C40	1000×1000
底梁(宽×高)	C40，P10	1300×2000
中柱(长×宽@纵向间距)	C50	900×700@8000

从图15.4.1中可以看出：为保证车站整体防水效果，车站底板为整体现浇；侧墙为

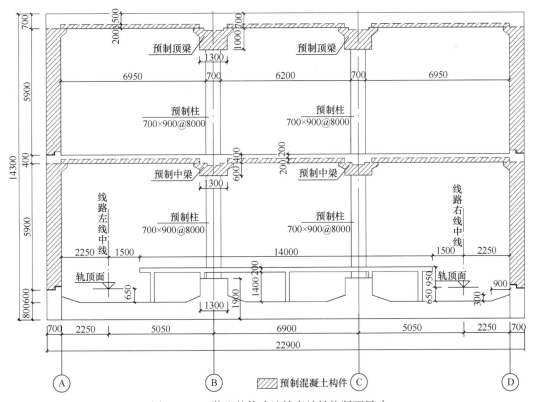

图15.4.1 装配整体式地铁车站结构断面尺寸

预制板、中板、顶板、顶纵梁与中纵梁为部分预制部分现浇的叠合梁板结构；中柱为预制柱。车站各节点接头均采用现浇带（或灌浆套筒）进行湿式连接。

15.4.4 构件拆分、接头（接缝）及节点构造研究

1. 构件拆分原则

（1）充分考虑基坑支护结构形式，保证预制构件现场拼装的操作性、方便性及安全可靠性。

（2）保证结构整体性、构件强度及刚度的连接性、钢筋连接方便与可靠性。

（3）以"少规格、少组合、模数化"为原则，确定平立面的基本构件单元。

（4）设计应明确预制装配整体结构安装顺序以及连接方式，保证施工过程中结构构件具有足够的强度和刚度，并应保证结构整体稳固性。

（5）受运输及现场吊装限制，各预制构件重量宜控制在45t以内。

2. 侧墙拆分及接头（接缝）构造

侧墙采用预制构件与现浇混凝土结合。

为尽量减少后浇带的数量，宜尽量考虑加大侧墙预制构件的尺寸。综合考虑运输、吊装、现场安装等因素，宽度宜控制在4m以内。

预制侧墙构件宽度为3.8m（含两侧外露钢筋）。对于侧墙开洞处（如接出入口部位），一般需预留通道钢筋，洞口范围内混凝土采用现浇。

预制侧墙构件的顶面、底面和两侧面应处理为粗糙面或者制作键槽，与预制侧墙构件连接的现浇板表面也应处理为键槽或粗糙面。粗糙面的凹凸度应大于6mm；键槽的深度不宜小于50mm，长度宜为150～250mm。键槽端部斜面与侧边的倾角宜为45°。

（1）竖向接缝

为保证车站结构的整体性，沿车站纵向每两块预制构件之间设置一段后浇带，后浇带尺寸900mm。后浇带内设置暗柱，预制构件外露的钢筋采用机械锚固锚入到暗柱内，如图15.4.2所示。

（2）水平接头（接缝）构造

预制构件的连接部位宜设置在构件受力较小的部位。接头（接缝）处应受力明确、传

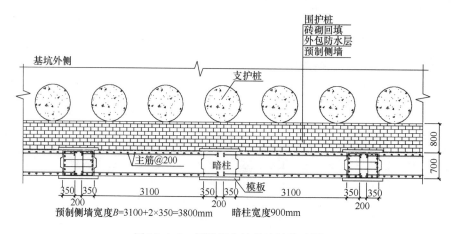

图15.4.2 侧墙竖向接缝连接构造图

力可靠，采用可靠的受力钢筋连接方式，同时应满足施工操作方便、经济合理等要求。

以侧墙与底板接缝为例，侧墙与底板接缝位置选在底板腋角以上 200mm 位置处。结合钢筋连接方式，接缝（接头）可考虑以下两种方案，如图 15.4.3 所示。

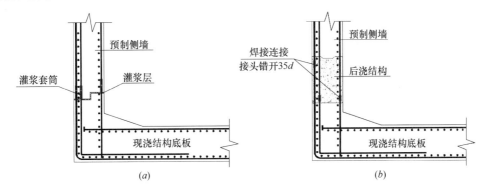

图 15.4.3　侧墙水平接缝连接构造图
(a) 方案一 灌浆套筒连接方式；(b) 方案二 钢筋焊接/搭接连接方式

方案一：侧墙预制构件之间的钢筋采用灌浆套筒连接，侧墙与板（梁）之间应坐浆，坐浆宜采用高强灌浆料或干硬性水泥砂浆，坐浆厚度不大于 20mm。

方案二：钢筋采用焊接（或搭接），侧墙与底板之间设置水平向后浇带，后浇带宽度应满足钢筋连接接头错开 35d 的要求。

两种方案对施工的技术、经济比较见表 15.4.3。

侧墙与底板水平接缝连接方式的技术、经济比较表　　　　　　　　表 15.4.3

连接方案	优点	缺点
方案一	① 灌浆材料凝固时间可控，施工速度快；② 施工工程中安全性好	① 对施工精度要求非常高，施工误差需控制在 5mm 以内；② 在钢筋套筒部位，需加大混凝土保护层厚度，采用小直径箍筋加密方式；③ 造价偏高
方案二	① 对施工精度要求不高；② 造价低	① 水平向混凝土浇筑难以密实，需进行后注浆处理方式；② 由于后浇带需养护时间较长，施工速度相对较慢；③ 侧墙底部现浇带约 1m 高，侧墙预制构件较重，临时支撑较困难，危险系数高

综合考虑施工难度、安全性、施工速度等因素，推荐采用方案一。随着装配整体式结构在地铁车站上的应用及推广，构件的工厂化及模数化逐渐普及，预制构件的造价也会相应地降低。

综合考虑运输、吊装、经济合理性等因素，地下一层、二层侧墙分别设置一个构件单元。构件单元的尺寸及重量详见表 15.4.4。

侧墙预制构件尺寸及重量表　　　　　　　　表 15.4.4

连接方案	宽度(m)	高度(m)	单块重量(t)
地下一层侧墙预制构件	混凝土块宽度 3.1（含外露钢筋长度 3.8）	6.18	34.17

续表

连接方案	宽度(m)	高度(m)	单块重量(t)
地下二层侧墙预制构件	混凝土块宽度3.1（含外露钢筋长度3.8）	5.68	31.45

3. 框架梁柱拆分及梁柱节点选型

（1）框架柱拆分原则

1）框架柱采用预制结构；地下一层、二层框架柱分别设置一个构件单元。

2）框架柱预制构件之间的钢筋采用灌浆套筒连接，框架柱与板（梁）之间应坐浆，坐浆宜采用高强灌浆料，坐浆厚度不大于20mm。

（2）框架梁拆分原则

1）中楼板梁、顶板梁均采用叠合梁。

2）根据吊装需要及基坑支护结构平剖面布置，框架梁可考虑纵向柱跨为一构件单元，也可在一个柱跨内分段预制。

3）对于设备区中楼板主次梁分布较密集处，建议采用现场浇筑。

4）其他主次梁交接处，主次梁与侧墙交接处采用现浇。

（3）梁柱节点选型

可考虑梁柱节点现浇或梁柱节点与框架柱预制为一体，共有三种方案：

方案一：框架柱单独预制，框架梁架设在柱上（按纵向柱跨设置一个梁构件单元），梁柱节点现浇；梁下部钢筋在节点内焊接（或搭接），根据《混凝土结构设计规范》（2015年版）GB 50010—2010，钢筋在受压区，可不考虑50%钢筋接头率的要求，如图15.4.4所示。

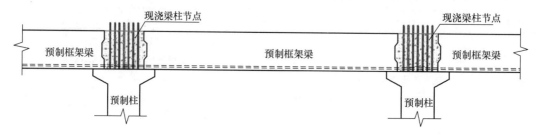

图15.4.4　方案一　现浇梁柱节点

方案二：梁柱节点与框架柱一同预制，考虑结构受力合理，钢筋连接区设在梁跨1/3~1/4区段内，中间预制梁段一端与梁柱节点采用灌浆套筒连接，一端采用后浇湿接头连接，如图15.4.5所示。预制梁柱节点宽度4.7m（含外露钢筋长度），中间预制梁段

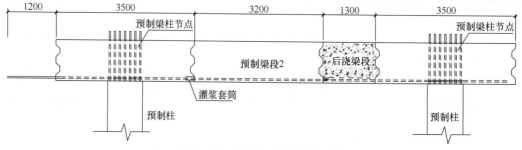

图15.4.5　方案二　预制梁柱节点

长度3.2m,如图15.4.5所示。

方案三：梁柱节点与框架柱一同预制，考虑结构受力合理，钢筋连接区设在梁跨1/3~1/4区段内，中间梁段采用现浇混凝土，如图15.4.6所示。预制梁柱节点宽度5.9m（含两侧外露钢筋长度），如图15.4.6所示。

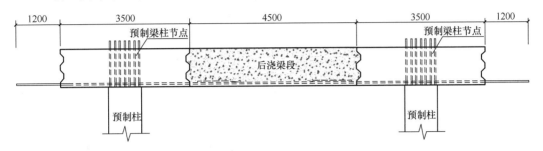

图15.4.6 方案三 预制梁柱节点

三种方案对施工的技术、经济比较见表15.4.5。

梁柱节点方案的技术、经济比较表　　　　　　表15.4.5

梁柱节点方案	优点	缺点
方案一	① 现浇节点可以与梁板的叠合层一同浇筑，施工速度快； ② 节点内钢筋可不考虑50%钢筋接头率的要求； ③ 造价低	① 预制柱外露钢筋长度约1200mm，吊装、运输及施工时需采取有效的保护措施，避免钢筋弯曲无法与套筒连接的情况； ② 因预制框架梁吊装就位的要求，需抬高钢支撑（第一道及第二道）的位置约1m
方案二	梁柱节点的钢筋较密，采用梁柱节点预制，能保证节点处混凝土质量	① 中间预制梁段与预制梁柱节点采用钢筋套筒连接时，施工时水平向定位较困难； ② 后浇梁段达到混凝土强度要求后，才能架设板及浇筑板梁的叠合层，所需施工时间长； ③ 为保证50%钢筋接头率的要求，预制梁柱节点需预留钢筋，导致预制节点的宽度为超限运输，运输困难且费用较高
方案三	梁柱节点的钢筋较密，采用梁柱节点预制，能保证节点处混凝土质量	① 后浇梁段达到混凝土强度要求后，才能架设板及浇筑板梁的叠合层，所需施工时间长； ② 为保证50%钢筋接头率的要求，预制梁柱节点需预留钢筋，导致预制节点的宽度为超限运输，运输困难且费用较高

根据以上比较，方案一无论从施工速度、工程造价、施工难度上均占有绝对优势，因此推荐梁柱节点现浇的方案。

（4）构造要求

1）叠合梁的下部纵向受力钢筋应在梁柱节点区锚固。

2）叠合梁的箍筋宜采用封闭箍，梁上部纵向钢筋预穿在箍筋内，具体如图 15.4.7 所示。

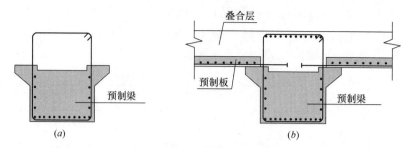

图 15.4.7 叠合梁钢筋构造
（a）预制部分；（b）叠合梁

3）预制梁端部接合面应设置剪力键，如图 15.4.8 所示，剪力键的尺寸应根据梁竖向接缝的抗剪计算确定。

4）在采用预制柱及叠合梁的装配整体式框架中，柱的拼接缝宜设置在楼面标高处，节点区上表面应设置粗糙面或键槽，如图 15.4.9 所示。接缝应符合以下规定：下柱纵向钢筋向上贯穿现浇节点区，与上柱纵向钢筋采用灌浆套筒连接，并应符合现行行业标准《装配式混凝土结构技术规程》JGJ 1—2014 第 6 章中的相关规定；上柱底部与节点上表面之间应设置灌浆层，厚度宜为 10~20mm，采用灌浆料填实。

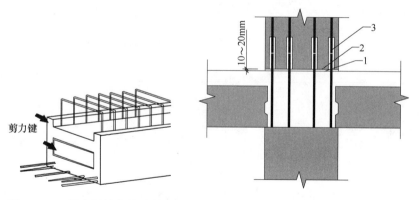

图 15.4.8 叠合梁剪力键示意图

图 15.4.9 预制柱拼缝图
1—节点区顶面粗糙面；2—拼缝灌浆层；
3—柱纵筋连接

（5）梁、柱预制构件尺寸

地下一层、二层框架柱分别设置为一个构件单元；框架梁采用叠合梁，纵向一个柱跨为一个预制梁构件；梁、柱预制构件尺寸及重量详见表 15.4.6。

梁、柱预制构件尺寸及重量表　　　　表 15.4.6

连接方案	截面(mm)	高度(长度)(m)	单块重量(t)
地下一层预制框架柱	700×900	5.08(含外露钢筋 6.18)	8.3
地下二层预制框架柱	700×900	4.38(含外露钢筋 5.58)	7.2
预制中楼板梁	1000×600	7.1(含外露钢筋 8.6)	11.98
预制顶板梁	1300×1100	7.1(含外露钢筋 9.1)	25.8

4. 中板及顶板拆分

(1) 中楼板预制板块尺寸

纵向尺寸：根据基坑支护结构平剖面布置，桩撑支护体系中第二道钢支撑水平净间距只有 3.2m，为保证吊装安全，中楼板预制板块纵向宽度应小于 3.2m，结合纵向 8m 的柱跨，板宽选为 2.46m（一个纵向柱跨分三块）。

横向尺寸：一个柱跨为一构件单元。

厚度：根据叠合构件施工及使用阶段工况下的初步计算，中楼板预制构件厚度为 150mm。

(2) 顶板预制板块尺寸

纵向尺寸：根据基坑支护结构平剖面布置，并结合运输、吊装的难易程度及费用等因素，板宽选为 3.8m。

横向尺寸：一个柱跨为一构件单元。

厚度：根据叠合构件施工及使用阶段工况下的初步计算，顶板预制构件厚度为 200mm。

(3) 叠合板构造要求

1) 参考民用建筑装配式结构，叠合板拼缝位置有两种做法，如图 15.4.10、图 15.4.11 所示。

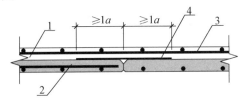

图 15.4.10　板侧分离式拼缝构造
1—现浇层；2—预制板；
3—现浇层内钢筋；4—接缝钢筋

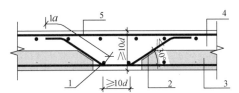

图 15.4.11　整体式接缝构造
1—构造筋；2—钢筋锚固；3—预制板；
4—现浇层；5—现浇层内钢筋

对于地铁车站，若采用分离式拼缝构造，由于构件制作误差的存在，缝处防水难以处理，且效果无法保证，且对控制裂缝、挠度等都不利，因此推荐采用整体式接缝构造，板缝宽 200mm。

2) 为了增强预制板的整体刚度和连接性能，在预制板内设置桁架钢筋，桁架钢筋水平间距不大于 600mm，桁架钢筋如图 15.4.12 所示。

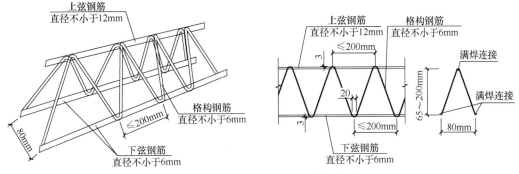

图 15.4.12　预制板内桁架钢筋示意图

15.4.5 预制构件吊装施工及装配施工研究

装配整体式地铁车站主体结构的预制构件共 14 种规格,其中地下一层侧墙预制构件最重,约 34t,考虑采用龙门吊进行预制构件的吊装施工。

对于竖向构件,钢筋采用灌浆套筒连接,因现浇结构表面不平整,预制构件与现浇板之间留出 20mm 的调整缝,缝隙采用与钢筋套筒一致的灌浆材料填充密实。在灌浆缝未达到强度前,应采用斜向临时支撑进行固定。

由于水平钢支撑的存在,预制板及预制纵梁构件在吊装时无法一次吊装至安装位置,需考虑换吊点进行二次吊装就位。

15.4.6 车站防水方案研究

1. 地下装配式车站结构防水特点分析

地下工程是在含水的岩土环境中修建和使用的,地下结构工程长期受地下水的侵蚀和渗透作用,一旦地下结构发生渗漏,可能会影响其使用功能,甚至降低地下工程使用年限,造成安全事故和经济损失,因此地下工程防水是设计中的重要环节。而接缝防水又是防水设计中的重中之重,地下工程的接缝,尤其是变形缝和施工缝一直是地下工程的薄弱点和重点,如果接缝处理不当,会使整个结构防水出现问题。

地下装配式车站是将结构构件:墙、板、梁、柱等按一定的规格拆分后在工厂先进行生产预制,然后运输到现场拼装。与传统地下现浇混凝土结构相比,现场拼装结构构件,会留下更大量的拼装接缝,接缝数量是现浇结构的数倍,这些接缝很容易形成水流通道,因此地下装配式结构防水设计尤为重要。

2. 地下装配式车站结构防水设计原则

地上结构防水主要是防止季节性降水进入到室内,水量小,且受季节影响大。目前,地上装配式结构的防水理念是导水优于堵水,排水优于防水,就是在设计时考虑一定的水流会突破外侧防水层,通过设计合理的排水路径将这部分突破而入的水引导到排水构造中,将其排出室外。

而与地上装配式结构相比,地下装配式结构长期浸泡在地下水中,以排为主的防水设计原则并不适用,因此地下装配式结构的防水设计仍遵循"以防为主、刚柔结合、多道防线、因地制宜、综合治理"的原则。

与传统明挖现浇地下结构相同,地下装配式结构仍以结构自防水为根本。施工中严格控制预制构件的质量,采取措施控制现浇结构部分的混凝土裂缝的开展,增加混凝土的抗渗性能;并以变形缝、施工缝等接缝防水为重点,辅以柔性外包防水层加强防水。

3. 装配式车站防水方案

(1) 外包柔性防水方案

外包防水作为地下结构防水的第一道防线,应保证材料的厚度满足设计规范要求,避免因防水材料过薄而引起施工中磕碰破坏;并应保证防水材料具有良好的物理力学性能,保证防水材料与主体结构满粘时具有良好的防串水能力。同时外包防水材料的选择还应考虑主体结构的围护结构形式,即考虑采用外防内贴或者是外防外贴法施工,如图 15.4.13 所示。

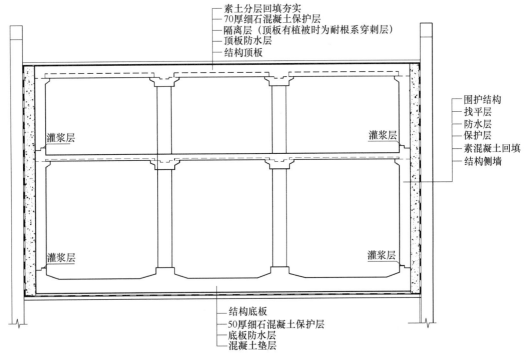

图 15.4.13　装配整体式车站断面防水示意图

地下车站基坑深度一般为 16~17m 以上，一般采用围护桩或地下连续墙等围护结构形式，因此外包防水采用外放内贴法施工。底板及侧墙可采用 1.5mm 厚高分子自粘胶膜防水卷材或双层 4m 厚的 SBS 改性防水卷材（Ⅱ型），顶板采用 2.5mm 厚单组分聚氨酯涂膜或双层 4m 厚的 SBS 改性防水卷材（Ⅱ型）。

为避免预制构件在拼装过程中与防水层碰撞造成防水层破损，基坑应预留肥槽，并在防水层外侧设置防水保护层，在预制构件拼装完成后，再采用与主体结构混凝土强度同一等级的素混凝土回填肥槽，应回填密实并采取有效措施控制混凝土收缩裂缝。

（2）接缝防水方案研究

车站接缝的防水从来都是防水的薄弱部位，是防水设计的重点。而装配整体式车站与传统明挖车站相比，由于预制构件的存在，接缝更多，是传统明挖车站施工缝的数倍。传统明挖车站施工缝是现浇新旧混凝土的接缝，是无间隙的；而装配整体式车站的接缝主要是预制构件与现浇混凝土的接缝，需要预留 20mm 的缝隙，靠预留在预制构件中的套筒后灌浆将缝隙填充密实，如图 15.4.14 所示。

结合装配整体式车站结构特点，接缝处可考虑采用表 15.4.7 中四种防水方案：

装配式地铁车站接缝防水方案技术对比表　　表 15.4.7

接缝防水方案	优点	缺点
后灌浆层	无需增加额外防水措施，造价低	防水效果难以保证
双道遇水膨胀止水胶	非定型产品，挤出成型，价格便宜	由于接缝处钢筋较密，水平接缝处施工难度大

续表

接缝防水方案	优点	缺点
双道三元乙丙密封垫	定型产品，可以预埋在预制构件中，现场施工方便	① 需要靠挤压才能达到防水效果，对于顶板处接缝，只有覆土的压力，很难达到防水效果； ② 遇水膨胀倍数较低
双道遇水膨胀橡胶密封垫	定型产品，可以预埋在预制构件中，现场施工方便	遇水膨胀因子在水中长期浸泡过程中，会有少量溢出，影响防水效果

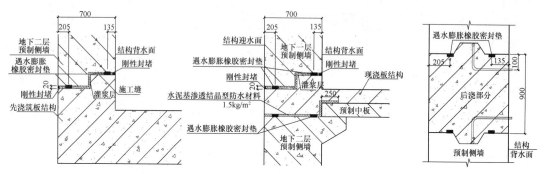

图 15.4.14　装配式结构各部位施工缝防水构造图

根据防水试验结果，单纯依靠灌浆层的自防水是不可行的。遇水膨胀胶本身的防水性能无问题，但试件剖开的结果表明：其遇水膨胀后若结构受力产生变形，防水将会失效（没有二次膨胀）。

遇水膨胀橡胶密封垫与三元乙丙基遇水膨胀橡胶密封垫防水性能均较好，但考虑到三元乙丙密封垫遇水膨胀倍率较低，且需要靠挤压才能达到防水效果，因此推荐选用遇水膨胀橡胶密封垫。遇水膨胀止水橡胶密封垫应贴在预制构件预留凹槽内，且周圈布置，粘贴应牢固，与基层底面密贴，粘贴不牢、空鼓部位用水泥钉固定。密封垫的尺寸及其在预制构件中的预埋槽如图 15.4.15 所示。

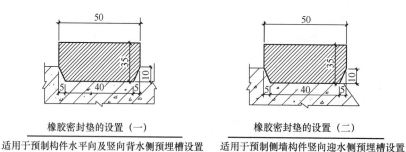

图 15.4.15　遇水膨胀橡胶密封垫设置构造图

15.4.7　工程材料与结构耐久性研究

1. 工程材料

（1）工程材料选用的原则

1）地下结构的工程材料根据结构类型、受力条件、使用要求和所处环境等因素选用，并考虑其可靠性、耐久性和经济性等。车站主要受力构件采用钢筋混凝土，必要时采用钢管混凝土结构。

2）混凝土的原材料和配比、最低强度等级、最大水灰比和每立方混凝土的水泥用量等应符合耐久性要求，满足抗裂、抗渗、抗冻和抗侵蚀的需要。

3）车站大体积浇筑的混凝土采用低水化热水泥，并采取掺入适量外加剂、降低温差的措施，以防止发生裂缝和减小裂缝宽度，在必要部位采用补偿性收缩混凝土、设置后浇带以及其他防裂抗裂措施。

4）注浆材料采用低污染的无机材料。

5）预制构件受力钢筋的套筒灌浆连接接头，应采用同一供应商配套提供并由专业工厂生产的灌浆套筒和灌浆料，其性能应满足现行行业标准《钢筋机械连接技术规程》JGJ 107—2016 中 I 级接头的要求，并应满足国家现行相关标准的要求。

（2）工程材料选用

1）混凝土强度等级

① 明挖结构顶（底）纵梁、底板：C40，抗渗等级 P10；

② 侧墙预制构件：C40，抗渗等级 P10；

③ 预制构件间后浇带：C45 微膨胀混凝土；

④ 顶板及顶板梁预制构件及叠合层：C40，抗渗等级 P10；

⑤ 中楼板及中纵梁：预制构件及叠合层均采用 C40；

⑥ 预制混凝土柱：C50；

⑦ 底板素混凝土垫层：C20；

⑧ 围护桩及冠梁：C30；

⑨ 灌注桩间网喷混凝土：C20。

2）钢筋及钢材

① 钢筋：HPB300、HRB400；

② 型钢及其他焊接钢板等：Q235B；

③ 焊条：HPB300 钢筋、Q235 钢材焊接采用 E43 系列型焊条，HRB400 钢筋焊接采用 E50 系列型焊条，焊条的性能需符合国家现行标准的规定。

3）明挖基坑范围内回填土材料及要求

① 回填土（除肥槽外）可采用级配良好的砂土或碎石土、粉质黏土、粉土、黏质粉土，其含水量宜为最优含水量，有机质含量不得大于 3%。

② 车站结构施工完毕，顶板以上 0.5m 范围回填土应采用黏性土（不得含有草、垃圾等有机质）分层夯实，碾压密实度≥93%，其余部分满足地面工程相关设计要求。基坑肥槽用素混凝土作为防水基层及明挖结构外模。同时回填应随做防水随进行，切勿长期暴晒引发温差裂缝。

③ 必须在结构顶板达到设计强度后再回填，回填前应将杂物清理干净，并对顶板防水层进行保护。

2. 结构耐久性

（1）材料耐久性

混凝土结构的耐久性主要与环境类别、混凝土原材料的选用、混凝土的配合比要求、构造措施的裂缝控制、防杂散电流措施、施工质量的要求以及结构建成后的正常维护有关，主要控制因素是混凝土的内部裂缝、密实度以及抗渗性能。

车站主体结构的设计使用年限为100年，应采取的结构耐久性保证措施有：

1）混凝土原材料的选用

① 水泥：避免采用高水化热水泥。

② 骨料：粗骨料应采用单粒级石子两级配或三级配投料，最大粒径不宜超过30mm，且宜选用中级细度模数细骨料；宜使用非碱活性骨料。

③ 外加剂：应使用低碱外加剂，适当使用优质引气剂、减水剂，限制使用早强剂；不得使用含氯外加剂。

④ 掺合料：掺合料推荐采用优质粉煤灰、磨细矿渣、硅粉等。

2）混凝土配合比要求

① 混凝土配制应采用双掺技术（掺高效减水剂加优质粉煤灰或磨细矿渣、硅粉等），掺量应经试验确定，地下车站顶拱、底板、侧墙及端墙应采用高性能补偿收缩防水混凝土。

② 控制水胶比（C30混凝土的水胶比不应大于0.45，C40混凝土的水胶比不应大于0.43，C50的混凝土的水胶比不应大于0.36）；单方混凝土胶凝材料用量320~450kg，最小水泥用量无抗渗要求时为220kg/m³，有抗渗要求时为260kg/m³。

③ 混凝土氯离子含量不应大于0.06%。

④ 单位体积混凝土中三氧化硫最大含量不应超过胶凝材料总量的4%。

⑤ 宜适用非碱活性骨料，当使用碱活性骨料时，混凝土中的最大碱含量为3.0kg/m³。

3）施工质量要求

① 混凝土的浇筑应符合《混凝土结构工程施工质量验收规范》GB 50204—2015中相关要求，同时应严格按相关施工规程（范）要求进行养护，控制升温速率；新、老混凝土交接面上的养护剂须清除干净，不允许在无覆盖的情况下直接在混凝土表面浇水养护；养护期间，混凝土内部最高温度不应超过65℃，内外温差不应超过20℃。

② 应保证混凝土的保护层厚度施工误差为±3mm，确保其密实性，无蜂窝及孔洞结构构造。

（2）结构构造措施

1）受力钢筋混凝土保护层厚度：

受力钢筋的混凝土净保护层厚度详见表15.4.8，且不得小于受力钢筋的公称直径。箍筋、分布钢筋和构造钢筋混凝土净保护层厚度不得小于20mm，且不小于钢筋的直径。各构件中可以采用不低于相应混凝土构件强度等级的素混凝土垫块来控制主筋的保护层厚度，见表15.4.8。

地下结构最外侧钢筋的混凝土保护层最小厚度（单位：mm）　　　　表15.4.8

结构类别	围护结构		中楼板、梁、柱结构			明(盖)挖外层结构		明挖法结构	
构件部位	灌注桩	冠梁	楼板	主梁	柱	顶板、侧墙、底板		二衬	
						外侧	内侧	内侧	外侧
保护层厚度	50	30	30	35	35	50	45	45	40

2）混凝土裂缝控制要求及处于侵蚀介质中防水混凝土耐侵蚀系数见前述章节中所述。

3）防水混凝土结构厚度不应小于250mm。

4）耐久性混凝土施工要求：

① 保证到场混凝土质量，设立专门的督察人员和检查机制。

② 施工期间为控制混凝土收缩产生的纵向应力，可采取加强结构的纵向钢筋、用掺入微膨胀剂的混凝土、控制入模温度、加强混凝土振捣及养护、及时回填等措施。

③ 合理设置施工缝、变形缝并确保其施工质量，有效控制混凝土收缩裂缝。

④ 制定并实施有效的防水施工方案，精心策划、精心施工。

（3）后浇带设置

为减少混凝土收缩、防止混凝土开裂，主体结构要求设置1.0m左右的后浇带，后浇带要求全断面贯通（包括内部楼板结构），后浇带的钢筋必须贯通，不得切断，待两侧结构混凝土浇筑完至少28d后，方可用C45防水混凝土（内掺适量的微膨胀剂，抗渗标号P10）浇筑，并加强养护。后浇带要求布置在纵向梁跨1/4～1/3附近。混凝土后浇带养护时间不应少于14d。

15.5 装配整体式节点力学性能研究

在进行整体结构力学特性研究之前，需要对地铁车站的装配整体式节点的力学性能进行试验研究，以获得最直接和最真实的规律和认识，并进一步提炼其主要特征和相关参数。承接前述结构设计方案、结构断面尺寸以及节点构造，需结合试验结果对地铁车站的装配整体式节点力学性能相关试验结果进行总结和阐述，在此基础上对试验结果进行分析和提炼，并归纳其规律，从而为后续数值建模和结构力学特性分析研究奠定基础。试验结果总结与分析基于北京工业大学相关工作完成。

15.5.1 灌浆套筒接头试验结论

通过对钢筋直径为25mm和钢筋直径为28mm的灌浆套筒接头进行单轴拉伸试验和高应力拉压试验，得到了灌浆套筒接头的破坏形态、屈服强度、极限强度等指标，可以得出以下几点结论：

（1）直径为25mm的三级钢筋屈服强度、极限强度标准值分别为196kN、265kN；直径为28mm的三级钢筋屈服强度、极限强度标准值分别为246kN、333kN；各组试件的屈服强度、极限强度均大于对应钢筋的屈服强度、极限强度标准值。

（2）通过灌浆套筒接头试件的破坏形态可以看出，试件均为钢筋拉断破坏，套筒并没有发生破坏，套筒接头的抗拉强度取决于钢筋的强度，因此大直径钢筋灌浆套筒接头的抗拉强度等同于钢筋的抗拉强度。

（3）套筒接头受拉的过程中，端部的砂浆出现了一定的损伤。

（4）各试件钢筋并没有完全位于套筒正中部位，因此在钢筋灌浆套筒拼装的过程中需确保定位与拼装精度。

15.5.2 装配整体式节点试验结论

通过对装配整体式预制构件节点和现浇构件节点的拟静力对比试验，得到了不同节点的滞回曲线、变形能力、水平承载力等结果；同时结合目前对地下结构抗震性能与装配整体式结构的了解情况，可以得出以下几点结论：

(1) 装配整体式节点的水平承载力和变形能力与现浇节点基本相当，但装配整体式节点的耗能能力与现浇节点相比，有所降低。

(2) 单个构件（节点）的耗能能力对地下结构整体的抗震性能影响有限，其原因主要有两点。其一，地下结构受周围土体的约束作用，其耗能能力受土体、土体与结构相互作用以及结构自身特性共同影响，单个构件的耗能能力降低并不意味着地下结构体系的整体耗能能力差；其二，在地震作用下，地下结构的水平惯性力较小，故其结构所分担的总体耗能较小。

(3) 根据装配整体式节点的破坏形态可知，一旦遇到强震作用时，其变形裂缝较为集中，这将会直接影响地下结构的正常运营与使用，故应当对装配整体式节点拼缝附近的配筋进行防裂优化与调整，并注意加强其防水节点构造的方案研究。

15.5.3 装配整体式节点力学性能模型参数研究

从灌浆套筒接头试验的结果和结论可以看出，套筒接头的抗拉强度取决于钢筋的强度，装配整体式节点的大直径钢筋灌浆套筒接头的抗拉强度等同于钢筋的抗拉强度，钢筋接头的承载力性能可等同于钢筋进行分析。

从装配整体式节点试验的结果和结论可以看出，装配整体式节点的水平承载力和变形能力与现浇节点基本相当，可采用现浇混凝土结构的分析方法进行相应的结构力学计算与建模分析。但是也可以从试验结果中发现，装配整体式节点和现浇节点的破坏规律不同，预制侧墙节点的拼装接缝处，除了原有受力钢筋，还存在众多钢筋套筒，在减少拼装接缝区域的混凝土比例的同时，也造成该区域的结构刚度明显增大，故该区域附近存在明显的刚度分布不均。为了研究装配整体式节点与现浇节点的结构刚度差异，对试验结果进行了进一步的处理与分析。

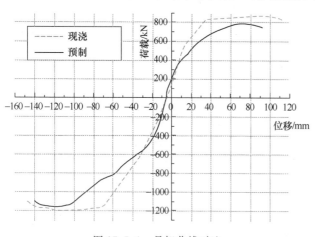

图 15.5.1　骨架曲线对比

如图 15.5.1 所示，根据滞回曲线的结果，提取现浇节点和预制节点的骨架曲线。可以看出，在初始弹性加载的小变形段（-30~10mm 位移范围内），预制节点的结构刚度有明显的提高。采用预制节点和现浇节点试验结果中-30~10mm 位移范围内的结果，并计算其平均切线刚度的比值，计算的最终结果为 1.392。故后续计算建模分析研究中，认为在确保施工质量的前提下,预制节点的结构刚度较现浇节点高,并按照1.4的提高系数考虑。

15.6 装配整体式地铁车站静力结构特性研究

装配整体式地铁车站,作为一种新的地下结构体系,在进行实际工程运用之前,其结构体系力学特性以及可靠性是首要问题。而不同于地面建筑结构,地下结构不但会受到周围土体的土压力荷载,也会在承受外荷载的同时与土体发生复杂的相互作用,受到周围土体的变形约束和限制;若工程建设场地存在地下水,则会使得情形进一步复杂化。故地铁车站结构体系的力学特性,除了与结构自身的结构构造性能密切相关,也不可忽视不同外界环境条件和地层情况的重要影响。

实际工程建设的地层条件千差万别,为使分析结果具有规律性和可参考性,研究针对北京地区的地层特点,选取了两种典型的地层情况,结合前述章节的装配整体式地铁车站设计方案与节点力学性能进行数值建模计算分析研究,并总结其静力结构内力特点和规律,从而为后续工程应用提供参考和借鉴。

15.6.1 数值模型与相关参数

1. 静力模型建立

如前所述,装配整体式节点与现浇节点的结构刚度存在明显差异,因此在模型的建立过程中,需对装配整体式节点进行考虑和处理。装配整体式节点的具体位置结合结构断面方案与施工拼装过程进行设置,如图15.6.1所示。

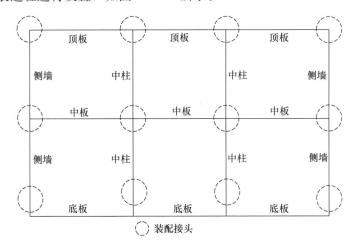

图 15.6.1 装配整体式地铁车站模型节点设置

2. 计算参数

(1) 结构模型参数

其中 C40 混凝土弹性模量取为 32.5GPa,C50 混凝土弹性模量取为 34.5GPa。
取每延米截面,建立平面模型进行计算时,各构件尺寸及材料如下:

① 顶板:C40 混凝土　　　$B=1m$　　　$H=0.7m$

② 中板:C40 混凝土　　　$B=1m$　　　$H=0.4m$

③ 底板：C40 混凝土　　　$B=1m$　　　$H=0.8m$
④ 侧墙：C40 混凝土　　　$B=1m$　　　$H=0.7m$
⑤ 中柱：C50 混凝土　　　$B=0.1125m$　　$H=0.7m$

中柱按抗弯刚度和抗压刚度等效的原则，确定其模型中每延米的尺寸：

抗弯刚度：$EcIc = 3.45 \times 10^{10} \times \dfrac{900 \times 700^3}{12 \times 8} = 3.45 \times 10^{10} \times \dfrac{1}{12} b_1 h_1^3$

抗压刚度：$EcAc = 3.45 \times 10^{10} \times \dfrac{900 \times 700}{8} = 3.45 \times 10^{10} b_1 h_1$

综合上述两式可得：$b_1=0.1125m$，$h_1=0.7m$。

装配整体式地铁车站静力结构有限元模型如图 15.6.2 所示。

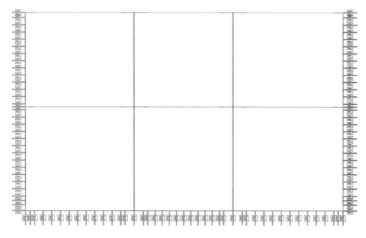

图 15.6.2　装配整体式地铁车站静力结构有限元模型

研究过程针对现浇模型和装配整体式模型的计算结果进行对比分析，从而得到其总体规律和特性。如前所述，装配整体式节点和现浇节点的破坏规律不同，预制侧墙节点的拼装接缝处，除了原有受力钢筋，还存在众多钢筋套筒，在减少拼装接缝区域的混凝土比例的同时，也造成该区域的结构刚度明显增大，故该区域附近存在明显的刚度分布不均。为了反映装配整体式节点与现浇节点的结构刚度差异，根据试验结果，认为在确保施工质量的前提下，预制节点的结构刚度较现浇节点高，模型中按照 1.4 的提高系数考虑；同时，也考虑实际建造过程可能无法保证接头的拼装连接质量达到试验室水平，认为预制节点的结构刚度较现浇节点底，模型中按照 0.8 的折减系数考虑。后续分析和阐述中，为表述简洁，1.4 提高系数的装配节点简称为强节点，0.8 折减系数的装配节点简称为弱节点。

（2）材料参数

实际工程建设的地层条件千差万别，为使分析结果具有规律性和可参考性，针对北京地区的地层特点，选取了两种典型的地层情况进行分析研究，分别为北京西部地区的卵石层和北京东部地区的粉质黏土层，其具体参数详见表 15.6.1。水荷载的影响与地下水情况密切相关，为简化讨论，研究分析不考虑水荷载的影响。

地层参数表 表15.6.1

参数	重度 (kN·m⁻³)	黏聚力 (kPa)	摩擦角 (°)	静侧压力系数	水平基床系数 (MPa·m⁻¹)	垂直基床系数 (MPa·m⁻¹)	动剪切模量 (MPa)
卵石	21.0	0	40	0.33	55	50	514.4
粉质黏土	19.8	5	25	0.425	33	30	80.8

根据地层参数以及模型几何尺寸，可计算得出在不同的地层情况下，作用在地铁车站结构上的静力荷载数值、地基弹簧刚度系数及其分布，如图15.6.3、图15.6.4所示。

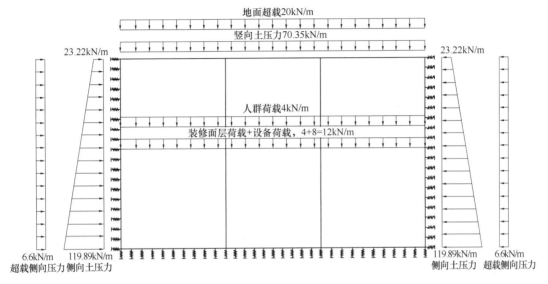

图15.6.3 静力荷载示意图（卵石地层）

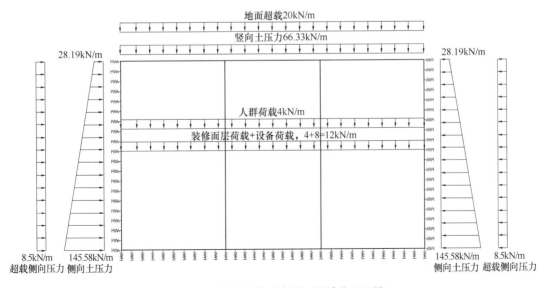

图15.6.4 静力荷载示意图（粉质黏土地层）

15.6.2 计算结果

1. 卵石地层计算结果

卵石地层静力结构内力计算结果见表15.6.2。

静力结构内力计算结果统计表（卵石地层，标准值） 表15.6.2

部位		现浇			装配强节点(1.4)			装配弱节点(0.8)		
		弯矩 (kN·m)	轴力 (kN)	剪力 (kN)	弯矩 (kN·m)	轴力 (kN)	剪力 (kN)	弯矩 (kN·m)	轴力 (kN)	剪力 (kN)
顶板	角支座	383.312	239.302	373.929	396.378	242.197	374.338	372.808	236.985	373.645
	中间支座	301.377	237.183	301.980	310.358	239.773	301.980	293.775	235.094	301.980
	边跨跨中	263.826	239.302	—	252.123	242.197	—	273.387	236.985	—
	中跨跨中	121.395	237.183	—	112.414	239.773	—	128.997	235.094	—
底板	角支座	688.135	557.336	624.538	695.575	555.761	625.342	681.853	558.554	623.891
	中间支座	349.509	558.458	355.754	349.105	556.948	355.879	349.823	559.623	355.626
	边跨跨中	359.538	557.336	—	356.560	555.761	—	362.088	558.554	—
	中跨跨中	171.470	558.458	—	172.017	556.948	—	171.002	559.623	—
侧墙	上角支座	438.914	417.801	226.994	451.111	418.211	230.075	429.123	417.518	224.520
	中间支座	207.606	629.160	275.263	214.868	629.431	274.627	201.773	628.976	275.775
	下角支座	722.476	742.910	504.389	730.716	743.181	502.954	715.576	742.726	505.491
	上层跨中	38.424	486.576	—	34.384	486.986	—	41.577	486.293	—
	下层跨中	198.575	680.785	—	189.602	681.056	—	205.836	680.601	—
中板	角支座	115.732	438.699	92.009	117.615	438.669	91.870	114.119	438.722	92.109
	中间支座	78.766	438.699	80.891	81.571	438.669	81.030	76.490	438.722	80.792
	边跨跨中	46.474	438.699	—	44.130	438.669	—	48.418	438.722	—
	中跨跨中	29.853	439.696	—	28.072	439.906	—	31.344	439.544	—
中柱	上支座	—	6289.184	—	—	6285.904	—	—	6291.448	—
	下支座	—	7990.712	—	—	7988.544	—	—	7992.184	—

注：轴力负号表示受拉；构件内力值为每延米计算结果，中柱内力已考虑轴网柱跨8m。

从表15.6.2中结果可以看出，在同样的地层环境条件下，装配整体式车站与现浇车站的结构内力分布规律与特性大体相近，并不会改变地铁车站原有的结构设计理论、思路和方法，可以很好地与现有工程实践经验相结合。

从表15.6.2中结果也可以看出，装配整体式强节点的车站结构内力与现浇车站结构具有明显的不同。整体看来，由于装配节点的增强，所以支座部位的反弯矩增大，跨中的正弯矩降低，这种趋势在结构顶板、侧墙和中板的对应部位表现得比较突出；而结构底板由于不存在装配节点，并且有地基弹簧的支撑和变形协调，因此其内力变化较小。同时，装配整体式强节点的车站结构板墙构件的轴力和剪力变化较小，与现浇车站结构基本一致。而结构中柱的轴力由于装配增强节点的存在，有所降低，对中柱结构的安全性较有利。

装配整体式弱节点的车站结构由于装配节点性能相反，故其结构内力分布规律和特性与强节点的装配整体式车站结构正好相反。由于装配节点的削弱，所以支座部位的反弯矩降低，跨中的正弯矩增大，其余规律与强节点的基本一致，只是趋势相反。

2. 粉质黏土地层计算结果

粉质黏土地层静力结构内力计算结果见表15.6.3。

静力结构内力计算结果统计表（粉质黏土地层，标准值）　　表 15.6.3

部位		现浇			装配强节点(1.4)			装配弱节点(0.8)		
		弯矩(kN·m)	轴力(kN)	剪力(kN)	弯矩(kN·m)	轴力(kN)	剪力(kN)	弯矩(kN·m)	轴力(kN)	剪力(kN)
顶板	角支座	360.702	241.920	356.641	371.609	243.743	356.688	351.914	240.474	356.638
	中间支座	302.548	238.836	290.724	311.637	240.255	290.724	294.874	237.688	290.724
	边跨跨中	251.176	241.920	—	240.428	243.743	—	259.956	240.474	—
	中跨跨中	104.466	238.836	—	95.377	240.255	—	112.140	237.688	—
底板	角支座	766.161	626.205	619.454	771.987	624.055	619.693	761.087	627.840	619.246
	中间支座	316.992	628.656	348.851	317.298	626.635	349.279	316.741	630.189	348.482
	边跨跨中	346.668	626.205	—	344.171	624.055	—	348.847	627.840	—
	中跨跨中	196.493	628.656	—	196.808	626.635	—	196.210	630.189	—
侧墙	上角支座	409.523	399.106	227.825	419.808	399.154	229.738	401.240	399.104	226.305
	中间支座	258.630	608.524	330.948	269.260	608.338	330.920	250.377	608.686	331.045
	下角支座	769.946	722.274	563.111	776.625	561.068	722.088	764.223	722.436	564.658
	上层跨中	42.258	467.881	—	35.965	459.354	—	47.606	467.879	—
	下层跨中	238.251	660.149	—	227.895	659.963	—	246.534	660.311	—
中板	角支座	109.521	548.363	90.068	111.127	549.573	89.834	108.020	547.758	90.233
	中间支座	85.462	548.363	82.832	88.627	549.573	83.066	82.929	547.758	82.668
	边跨跨中	46.232	548.363	—	43.846	549.573	—	48.218	547.758	—
	中跨跨中	28.633	548.996	—	26.912	550.481	—	30.077	548.195	—
中柱	上支座	—	6081.768	—	—	6081.384	—	—	6081.784	—
	下支座	—	7798.824	—	—	7800.312	—	—	7797.528	—

注：轴力负号表示受拉；构件内力值为每延米计算结果，中柱内力已考虑轴网柱跨8m。

从表15.6.3中结果可以看出，与卵石地层的结论类似，在同样的地层环境条件下，装配整体式车站与现浇车站的结构内力分布规律与特性大体相近，并不会改变地铁车站原有的结构设计理论、思路和方法，可以很好地与现有工程实践经验相结合。

从表15.6.3中结果也可以看出，与卵石地层的情形类似，装配整体式强节点的车站结构内力与现浇车站结构具有明显的不同。整体看来，各结构构件的弯矩内力分布与变化规律，粉质黏土地层与卵石地层的情形基本一致，其余内力也基本一致。但需要引起注意的是，由于地层条件发生改变，地基弹簧的支撑作用减弱，结构侧墙下角支座的弯矩变化较小，而轴力降低和剪力增加较大；另外，结构中柱的轴力由于装配增强节点的存在而有所调整，中柱上支座轴力略有减少，下支座略有增加。

与卵石地层的情形类似，装配整体式弱节点的车站结构由于装配节点性能相反，故其结构内力分布规律和特性与强节点的装配整体式车站结构正好相反。由于装配节点的削弱，所以支座部位的反弯矩降低，跨中的正弯矩增大，其余规律与强节点的基本一致，只是趋势相反。同样需要引起注意的是，其结构侧墙下角支座的内力变化并不像强节点模型，没有表现出特殊性。

15.6.3 主要结论及建议

采用三种结构形式（现浇车站结构、装配车站结构—强节点、装配车站结构—弱节点）进行对比计算及具体分析和讨论，主要得到以下几点结论：

（1）在同样的地层环境条件下，装配整体式车站与现浇车站的静力结构内力分布规律与特性大体相近，并不会改变地铁车站原有的结构设计理论、思路和方法，装配整体式地铁车站结构形式可以很好地与现有工程实践经验相结合。

（2）装配整体式地铁车站结构内力与现浇车站结构具有明显的不同。卵石地层与粉质黏土地层的情形基本一致，整体看来，由于装配节点的增强，所以支座部位的反弯矩增大，跨中的正弯矩降低，这种趋势在结构顶板、侧墙和中板的对应部位表现得比较突出；而结构底板由于不存在装配节点，并且有地基弹簧的支撑和变形协调，因此其内力变化较小。而装配整体式弱节点的车站结构由于装配节点性能相反，故其静力结构内力分布规律和特性与强节点的装配整体式车站结构相关规律正好相反。

（3）装配整体式车站结构侧墙下角支座的结构内力以及中柱的轴力，其变化规律随拼装节点性能和地层环境条件的不同而不同，与整体规律相比，具有其自身的特殊性，在实际工程中需引起注意。

（4）作为装配整体式地铁车站的关键环节——拼装节点，其力学性能将显著影响车站整体结构的力学特性和规律；而地层环境条件的变化也会与拼装节点性能共同发生作用，从而共同影响装配整体式地铁车站整体结构的力学特性和规律。实际工程中需要将这两种因素统筹兼顾考虑。

15.7 装配整体式地铁车站抗震结构时程分析研究

前述研究工作中，对装配整体式结构这一新型结构形式在地铁车站工程中的应用进行了一系列的方案讨论和结构力学特性研究。本节将基于前述章节研究得出的成果和结论，通过工程实例研究来分析装配整体式结构地铁车站的可靠性和适用性，研究对象为北京地铁6号线西延金安桥站。

本节立足于在建工程北京地铁6号线西延金安桥站的相关数据资料，按规范要求采用"地层-结构"模型对其地震荷载作用下的变形进行有限元数值时程模拟与研究，并总结其特点和规律，从而为类似工程的应用和建设提供参考和借鉴。

15.7.1 工程概况

如图15.7.1所示，金安桥站为6号线西延线与在建S1线和规划11号线三线换乘车站，车站位于金顶南路与北辛安路相交路口东南象限，京门铁路、S1线的南侧，M6金安

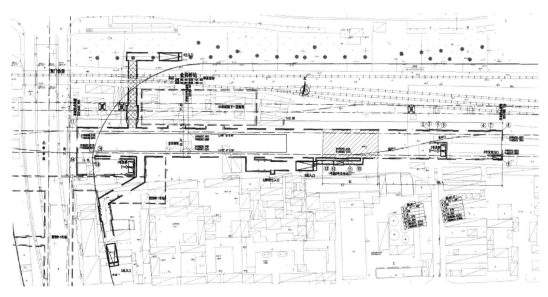

图 15.7.1 金安桥站施工总平面图

桥站平行京门铁路及 S1 线东西向设置，敷设方式为地下。车站西端距离北辛安路挡墙约 15m，位于待开发地块内，规划为中关村科技园区石景山南区、公交中心站还有商业及住宅等，车站上方主要规划为下沉广场，现状为 1～2 层建（构）筑物，为北辛安村村民居住区。

S1 金安桥站为地上两层高架中低速磁悬浮车站，设地下一层换乘厅与 6 号线西延金安桥站采用通道换乘。该站为路侧高架站，为地下一层、地上二层、四柱三跨的两线侧式车站。11 号线是远期规划线，站位沿北辛安路设置，南北走向。

金安桥站标准段为双层双柱三跨箱形结构，主体总长 342m。标准段结构总宽 22.9m、总高 14.3m，顶板覆土厚 1.6～3.15m。主体基坑采用桩撑支护体系＋桩锚支护体系，车站两端接矿山法区间。车站附属结构设置情况：共设 3 个地面出入口，2 个风道，2 个疏散口及 1 个垂直电梯口。车站周边的管线结合拆迁考虑，大部分废除。车站北侧一根直径 1000mm 的污水管线在 S1 线车站范围内的管线改移到 S1 线车站北侧。6 号线车站西端邻近北辛安路，水平距离约 3～6m。

15.7.2 数值模型与相关参数

1. 模型建立

模型中结构部分的尺寸及相关参数（采用强节点参数）与上一节中完全一致，不再赘述。地层部分采用实际工程建设场地相关资料进行真实建模。

针对装配整体式地铁车站——金安桥站进行时程法计算分析。根据《城市轨道交通结构抗震设计规范》GB 50909—2014 中的相关规定，采用振动法进行地震动输入。模型中地面为自由边界，两侧为自由场边界，底面边界为地震波输入面，并采用黏性吸收边界吸收反射波。模型沿车站横向长度约为 163m，两侧边界与金安桥站侧墙距离约为 70m，大于其 3 倍有效宽度；与前述荷载-结构模型一致，上表面取至地表，下表面取至地面以下 60m，模型底面距金安桥站底板距离约为 45m，大于其 3 倍有效高度。计算模型共计

38837个节点,38883个单元,如图15.7.2所示。

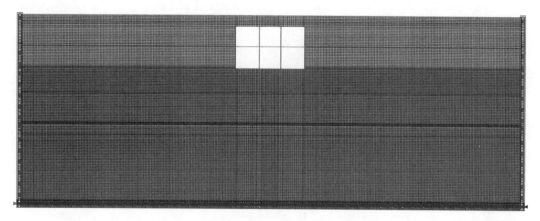

图15.7.2 金安桥站地层-结构有限元模型

2. 计算参数

工程场地地面标高为79.13m,常水位标高为47.01m,抗浮设防水位标高为61m,均位于车站主体底板以下,故后续计算分析可不考虑地下水的作用和影响。选取的钻孔地层参数见表15.7.1。

地层参数表 表15.7.1

序号	土层	层底标高 (m)	重度 ($kN \cdot m^{-3}$)	黏聚力 (kPa)	摩擦角 (°)	静侧压力系数	水平基床系数 ($MPa \cdot m^{-1}$)	垂直基床系数 ($MPa \cdot m^{-1}$)	动剪切模量 (MPa)	动泊松比
①$_1$	杂填土	77.13	17.0	0	8	—	—	—	66.4	0.353
②$_1$	粉质黏土	76.33	19.5	25	17	0.45	15	10	66.3	0.352
⑤	卵石	62.63	21.0	0	40	0.33	55	50	514.4	0.267
⑦	卵石	54.63	21.5	0	42	0.30	95	90	748.1	0.261
⑧	粉质黏土	54.23	19.8	26	16	0.40	35	30	381.0	0.356
⑨	卵石	45.13	22.0	0	42	0.25	110	100	772.1	0.280
⑨$_4$	粉质黏土	44.43	19.7	28	15	—	—	—	643.5	0.296
⑨	卵石	41.13	22.0	0	42	0.25	110	100	772.1	0.280
⑪	卵石	—	22.0	0	45	0.20	120	110	900.5	0.255

根据《中国地震动参数区划图》GB 18306—2015,拟建场地位于抗震设防烈度8度区内;根据《建筑抗震设计规范》(2016年版)GB 50011—2010附录A,拟建场区的抗震设防烈度8度,设计地震分组为第一组,设计基本地震加速度值为0.20g,特征周期为0.35s。根据地层参数资料可知,本场地建筑场地类别为Ⅱ类。

依据《城市轨道交通结构抗震设计规范》GB 50909—2014,金安桥站属于重点设防类地下结构,其在E3地震(重现期2450年)作用下,应满足性能要求Ⅱ:地震后可能破坏,经修补,短期内应能恢复其正常使用功能;结构局部进入弹塑性工作阶段。故根据地层-结构有限元模型的时程计算结果验算地铁车站结构的整体变形性能,采用层间位移角作为指标，对钢筋混凝土结构层间位移角限制取为 1/250。

根据地震安全评价报告及北京市抗震设防烈度要求，该地铁车站 E3 地震作用对应的地震动峰值加速度值为 0.40g，调整系数为 1.0。据此利用反应谱合成土层地震反应分析所需的地震动时程，为避免单个地震波所反映的特殊动力特性，共生成了三组地震波用于时程分析，具体如图 15.7.3～图 15.7.5 所示。

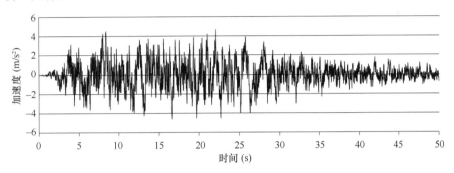

图 15.7.3　地震波 1

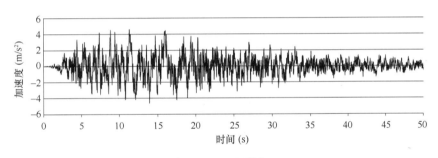

图 15.7.4　地震波 2

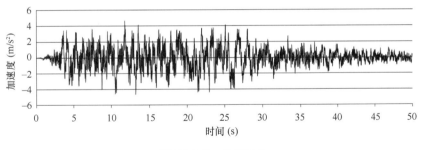

图 15.7.5　地震波 3

15.7.3　计算结果与分析

利用有限元地层-结构模型的时程计算结果验算金安桥站结构的整体变形性能并研究其变形规律。根据《城市轨道交通结构抗震设计规范》GB 50909—2014 中的相关规定，变形验算采用层间位移角作为指标，对钢筋混凝土结构层间位移角限制取为 1/250。

1. 关键节点编号

为进行比较分析讨论，将车站结构构件各节点进行编号，如图 15.7.6 所示。

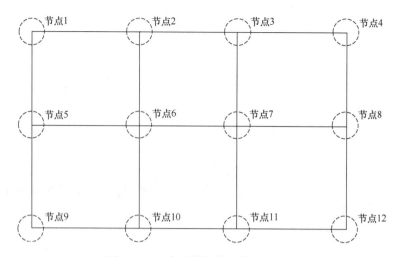

图 15.7.6　车站结构节点编号示意图

2. 时程分析结果

基于有限元地层-结构模型的时程计算结果分别提取侧墙与中柱顶底各节点层间相对位移时程结果，典型结果如图 15.7.7～图 15.7.14 所示。

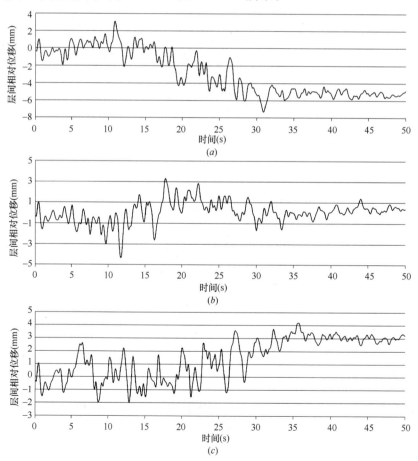

图 15.7.7　节点 1—节点 5 层间相对位移时程结果
(*a*) 地震波 1；(*b*) 地震波 2；(*c*) 地震波 3

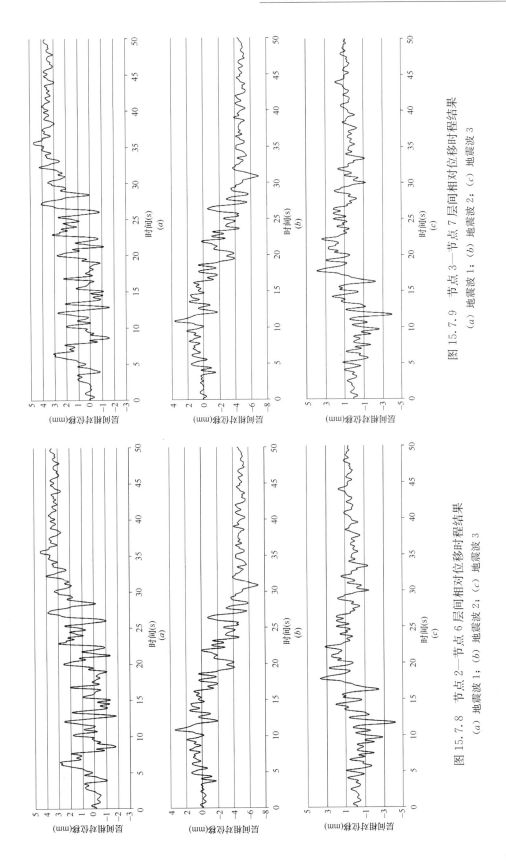

图 15.7.8 节点 2—节点 6 层间相对位移时程结果
(a) 地震波 1; (b) 地震波 2; (c) 地震波 3

图 15.7.9 节点 3—节点 7 层间相对位移时程结果
(a) 地震波 1; (b) 地震波 2; (c) 地震波 3

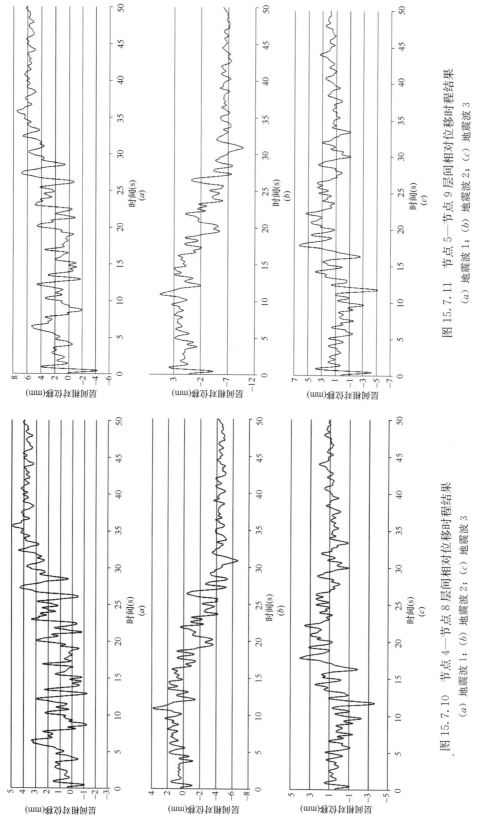

图15.7.10 节点4—节点8层间相对位移时程结果
(a) 地震波1；(b) 地震波2；(c) 地震波3

图15.7.11 节点5—节点9层间相对位移时程结果
(a) 地震波1；(b) 地震波2；(c) 地震波3

第15章 基于6号线西延金安桥站的车站装配式研究

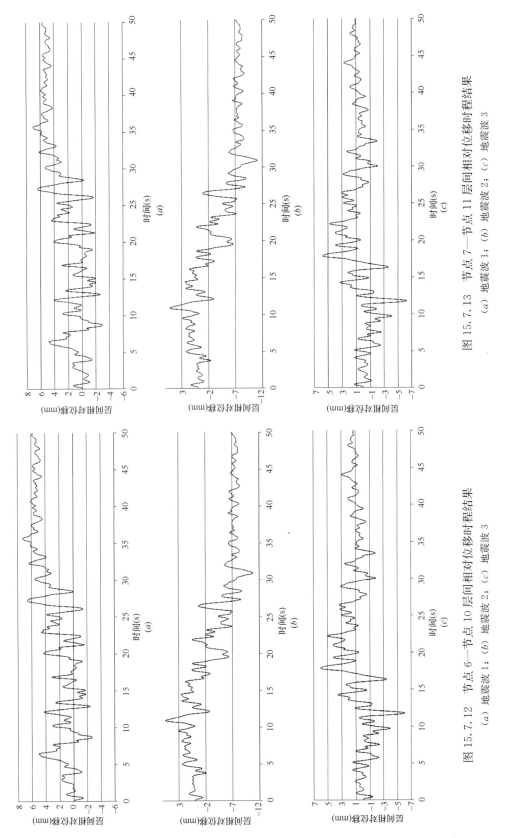

图15.7.12 节点6—节点10层间相对位移时程结果
(a) 地震波1；(b) 地震波2；(c) 地震波3

图15.7.13 节点7—节点11层间相对位移时程结果
(a) 地震波1；(b) 地震波2；(c) 地震波3

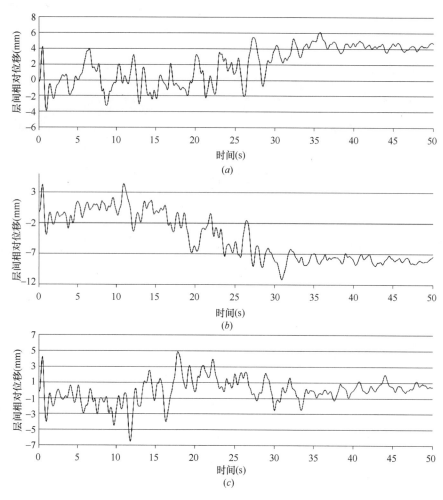

图 15.7.14 节点 8—节点 12 层间相对位移时程结果
(a) 地震波 1；(b) 地震波 2；(c) 地震波 3

3. 结果归总及分析

根据各节点层间相对位移时程结果的峰值进行层间位移角验算，具体结果归总见表 15.7.2。

金安桥站地震结构变形验算统计表 表 15.7.2

验算部位	地震波	层间位移峰值(mm)	层间位移角	验算结论
节点 1—节点 5	1	4.196	1/1537	满足要求
	2	7.328	1/880	满足要求
	3	4.330	1/1490	满足要求
节点 2—节点 6	1	4.501	1/1433	满足要求
	2	7.183	1/898	满足要求
	3	4.189	1/1540	满足要求

续表

验算部位	地震波	层间位移峰值(mm)	层间位移角	验算结论
节点3—节点7	1	4.715	1/1368	满足要求
	2	6.973	1/925	满足要求
	3	3.978	1/1621	满足要求
节点4—节点8	1	4.906	1/1315	满足要求
	2	6.619	1/974	满足要求
	3	4.074	1/1583	满足要求
节点5—节点9	1	7.507	1/946	满足要求
	2	9.785	1/726	满足要求
	3	6.253	1/1135	满足要求
节点6—节点10	1	7.278	1/976	满足要求
	2	10.876	1/653	满足要求
	3	6.051	1/1173	满足要求
节点7—节点11	1	7.038	1/1009	满足要求
	2	11.108	1/639	满足要求
	3	6.288	1/1129	满足要求
节点8—节点12	1	6.145	1/1155	满足要求
	2	11.147	1/637	满足要求
	3	6.511	1/1090	满足要求

从表15.7.2中的结构变形层间位移角验算结果可以看出，金安桥站在E3地震作用下的变形性能均满足要求，且距离1/250的限值具有一定的安全余度，故装配整体式结构在金安桥站的工程应用，其抗震性能是可靠的，可以满足相关要求。

从表15.7.2中结果也可以进一步看出，由于金安桥站地下二层的结构高度较大，整体看来，下层节点间的层间位移相对上层节点较大；而下层中柱的轴力相对较大，轴压比较高，其延性相对上层较差，故下层结构的节点抗震构造设计，尤其是中柱和中纵梁、底纵梁之间的节点抗震构造，应当予以充分的重视。

同时也可以看出，同层的各节点之间的层间变形并没有明显的规律，随不同的地震波动力频谱特性而出现不同的分布，因此为保障装配整体式地铁车站的抗震分析可靠性，前期的场地勘察工作和资料准备不可轻视。

15.7.4 主要结论及建议

本节研究对象为北京地铁6号线西延金安桥站。立足于在建工程的相关工程数据资料，按规范要求采用"地层-结构"模型对其地震荷载作用下的变形进行有限元数值时程模拟与研究，并总结其特性和规律，从而为类似工程的应用和建设提供参考和借鉴。主要得到以下几点结论：

（1）在实际工程应用中，应结合节点力学性能、结构形式以及地层环境条件进行综合分析以评估装配整体式地铁车站的抗震性能，并做好相关节点抗震设计。

（2）金安桥站在E3地震作用下的变形性能满足要求，且距离1/250的限值具有一定的安全余度，装配整体式结构在金安桥站的工程应用，其抗震性能是可靠的。

（3）金安桥站下层节点间的层间位移相对上层节点较大；而下层中柱的轴力相对较大，轴压比较高，其延性相对上层较差，故下层结构的节点抗震构造设计，尤其是中柱和中纵梁、底纵梁之间的节点抗震构造，应当予以充分的重视。

（4）同层的各节点之间的层间变形并没有明显的规律，随不同的地震波动力频谱特性而出现不同的分布，为保障装配整体式地铁车站的抗震分析可靠性，前期的场地勘察工作和资料准备等基础性工作不可轻视。

15.8　预制构件设计及生产研究

15.8.1　预制构件模板方案设计及加工技术研究

预制构件采用定型钢制模具，工厂化生产，保证了观感效果，且能够与现浇层同步施工，方便可靠。预制构件模具作为定型模具，采用型钢制作，精度高，结构坚固，可重复利用200次以上。若转化为大批量生产，有利于降低综合成本。为满足使用要求和保证产品质量，预制构件采用固定模位生产，模具通常由底模、活动侧模、端模等部件组成，采用螺栓紧固。构件生产时先将绑扎成型的钢筋骨架吊装入模，安装预埋件，然后组装活动侧模、端模，即可开始混凝土浇筑作业。

金安桥预制装配式车站构件共有预制侧墙、预制风道、预制梁和预制叠合板四种，构件外形尺寸精度要求高，钢筋定位精度要求±1mm，为保证模具的尺寸外形精度达到要求，模具的面板（与混凝土面接触部位钢板）均采用激光切割；预制构件外伸钢筋的直径和长度种类繁多，在模具设计时考虑特殊的工装来保证钢筋的定位精度。

15.8.2　预制构件制作工艺及吊装运输研究

通过总结比选确定装配式地铁车站预制构件深化设计方案，绘制预制构件施工装配图和加工制作详图、预制梁与钢管柱连接节点、预制梁与现浇梁连接节点、预制梁板与柱连接节点、预制侧墙与板连接节点等，深化预制构件中的钢筋、预埋件、预留孔洞、吊点、结合面等细部设计的内容，利用三维软件对预制构件及其连接节点进行建模分析以及钢筋碰撞检查，优化构件加工图、吊点设计、钢筋定位连接及预留预埋件的设置方案，完成了装配式地铁车站预制构件深化设计图纸，为构件加工及安装施工方案制定提供技术支持，确保装配式车站试点工程的顺利实施及施工质量。

装配式构件采用预制叠合板（复合风道）、预制侧墙、预制梁，如图15.8.1～图15.8.4所示，构件尺寸见表15.8.1。

第 15 章 基于 6 号线西延金安桥站的车站装配式研究

图 15.8.1 预制叠合板

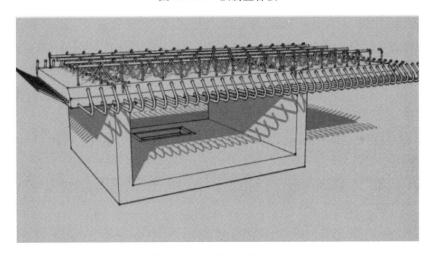

图 15.8.2 预制风道叠合板

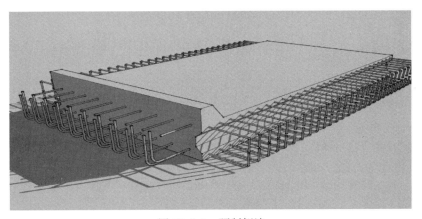

图 15.8.3 预制侧墙

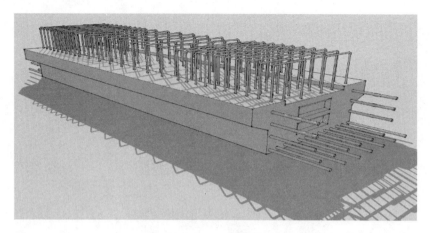

图 15.8.4 预制梁

构件尺寸表 表 15.8.1

构件类型	最大尺寸(mm)	重量(t)
叠合板	7900×4888×627	17.8
侧墙	3920×6674×700	32.2
梁	8390×1900×1655	16

构件运输装车，应根据车辆实际装载的最大尺寸与重量决定码放构件的类型与块数，构件之间应留有 200mm 以上的距离，防止运输过程中晃动颠簸等情况引起的磕碰，避免倾斜、脱离等严重的安全隐患；预制构件装车后，用钢丝绳或软质固定带与车体固定牢固，接触点设置起隔离、保护作用的垫层；多层运输时垫木的铺设保证垂直方向的位置一致，避免自重剪力，如图 15.8.5～图 15.8.7 所示。

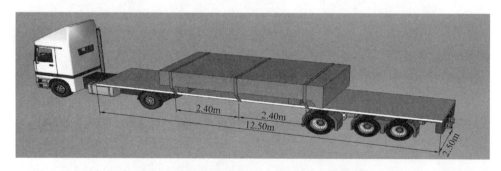

图 15.8.5 预制侧墙装车固定点距离与垫木位置示意

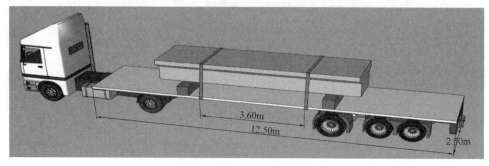

图 15.8.6 预制梁装车固定点距离与垫木位置示意

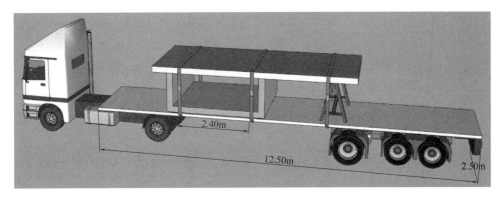

图 15.8.7 预制风道叠合板装车固定点距离与垫木位置示意

15.8.3 预制构件生产工艺及质量控制技术研究

金安桥车站的预制构件包括叠合板、风道叠合板、侧墙和梁,与传统的产业化叠合板、外墙板等相比装配式车站的预制构件在尺寸、钢筋、模具、结构等方面有很多不同之处,增加生产制作的难度。

针对装配式车站不同于传统住宅产业化预制构件的这些难点,我公司开展了装配式车站预制构件制作工艺及吊装运输研究,在课题研究和实际生产中,总结出了一系列关于装配式车站预制构件的生产工艺和质量控制的经验。

生产工艺方面:

(1) 预制叠合板、侧墙采用平模生产反打工艺;

(2) 预制梁采用平模生产正打工艺;

(3) 预制风道叠合板采用二次整体成型的组合式生产工艺;

(4) 模具运用激光切割钢材进行拼装组合,保证高精度、大刚度;

(5) 针对密集主筋与箍筋的难点,设计专项的模具保障措施;

(6) 外露钢筋定位与预埋槽道定位有专项的措施工装;

(7) 在浇筑、振捣环节有严格明确的要求;

(8) 养护温度的制定与监测有专项的保证措施;

(9) 对生产流程中主要环节采用三检——自检、互检、交接检,以保证尺寸与精度的高要求。

质量控制方面:

在质量管理体系、管理要求、管控基本规定的系统下,对原材料、模具、钢筋骨架、预埋件、成型、验收存放等各个环节提出了明确的要求,保证了最终构件的成品质量。

15.8.4 预制构件深化设计技术研究

装配式地铁车站结构钢筋用量大,构件连接节点处钢筋密集配筋要求高。做成预制构件不但要求定位准确,且要求按顺序拼装而不能出现交叉碰撞,因此在施工图基础上引入BIM技术,将典型构件节点建成三维模型,通过模拟构件安装顺序进行钢筋碰撞检查,调整节点处钢筋交叉碰撞的位置，对于保证构件生产与安装的顺利实施起到了至关重要的作用，如图 15.8.8～图 15.8.12 所示。

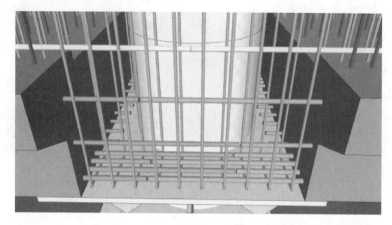

图 15.8.8　碰撞检查图（一）

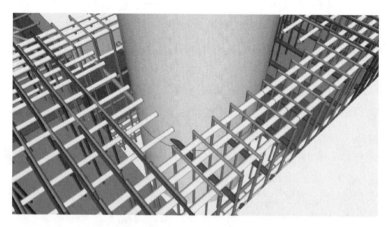

图 15.8.9　碰撞检查图（二）

图 15.8.10　碰撞检查图（三）

图 15.8.11　碰撞检查图（四）

图 15.8.12　碰撞检查图（五）

15.9　试验段示范工程实践

预制整体装配式工法首次应用在国内地铁车站中，而在国外的少数几个工程实例也未有提及其拼装装备的具体情况，因此目前没有成型技术可供借鉴，需根据实际需要自主研发适用于预制装配式地铁车站的拼装工艺及拼装装备。

15.9.1　拼装设备的投入及研制

1. 龙门吊

因车站预制侧墙吨位较大，且拼装精度要求较高，侧墙拼装计划采用80t龙门吊配合拼装台车进行施工。

由于龙门吊既要保证吊运速度又要保证安装时的精度，为此龙门吊设定5个档位，最快吊装速度为5m/min，该档位可用于预制构件吊运工作；最慢吊装速度为0.9m/min，此时安装精度为2.5mm，该档位可用于预制试件拼装。

2. 侧墙拼装台车

拼装台车是影响车站工期的核心设备，也是本工法成功与否的关键。该设备需具有行走、顶升、横移及微调功能，在实际操作中要具有满足机械化程度高、操作简单、拼装速度快、精度高等特点。台车主要由以下部件组成：

（1）走行机构

在施工中，台车需负载32.8t的预制侧墙短程行走。所以走行机构采用步履式，保证设备的稳定，如图15.9.1所示。

图15.9.1 侧墙拼装台车走行机构

（2）台车车架

整体台车车架采用钢结构焊接制作而成，结构牢固耐用，吊装形式采用伸缩悬臂式，如图15.9.2、图15.9.3所示。

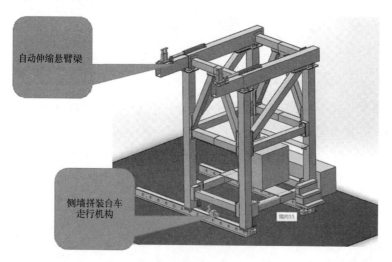

图15.9.2 侧墙拼装台车车架

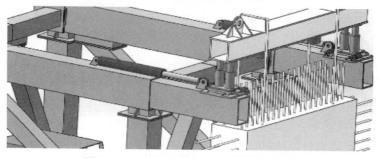

图15.9.3 侧墙拼装台车自动伸缩悬臂梁

(3) 三维调整仪

三维调整仪是侧墙安装对位的重要部件，采用液压油缸调整 XY 轴坐标精确对位，对位完成后采用下降油缸将侧墙下放至安装工位，完成安装。所有坐标采集均有红外线传感器，通过 PLC 电脑反馈处理后精确调整对位，如图 15.9.4 所示。

图 15.9.4 侧墙拼装台车三维调整仪

(4) 操作室

操作室集控制、采集、反馈、处理于一体，可视化程度较高，便于实现安装对位的高效率和精确化。

(5) 动力源

采用外接电源和液压泵站作为拼装台车的心脏，为整机各执行元件提供动力源，实现对位、落梁、行进等工作，如图 15.9.5 所示。

图 15.9.5 侧墙拼装台车液压动力系统

15.9.2 施工流程及实施效果

主要施工流程如图 15.9.6 所示。

根据试验段实践成果统计可知，明挖车站装配整体式结构在施工工期上对比常规现浇结构车站，工期可降低 30%，现场劳动力需求可降低 42%；周转材料则大为节省，现场模板减少 78%，支架减少 88%。

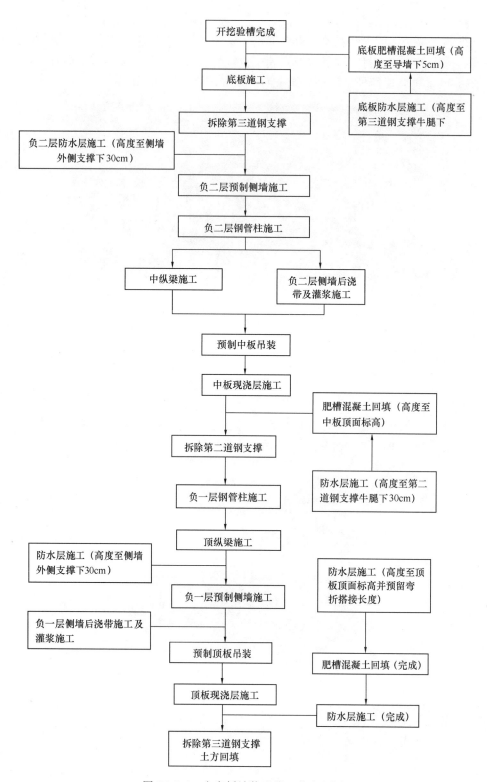

图 15.9.6 金安桥站装配段工艺流程图

15.9.3 试验段实践现场情况

部分现场情况如图 15.9.7～图 15.9.14 所示。

图 15.9.7　现浇底板钢筋定位施工

图 15.9.8　现浇底板施工精度检查

图 15.9.9　预制侧墙起吊

图 15.9.10　预制侧墙注浆系统安装

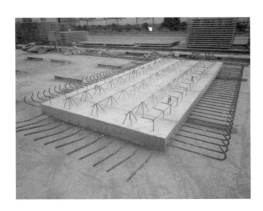

图 15.9.11　预制叠合板构件

图 15.9.12　预制风道构件

图 15.9.13　预制叠合板及梁节点拼装完成效果　　图 15.9.14　车站主体结构拼装完成效果

第三篇 安　全　篇

　　安全与人民群众生命、财产息息相关，是建筑工程的重中之重，尤其是轨道交通工程一般具有施工工法多样、基坑深度大、地层复杂、地下水丰富、使用周期长、涉及系统多、覆盖人群广等特点，一旦发生安全事故造成的伤亡和损失往往较大，因此对安全方面的研究尤其重要。

　　本篇从车站基坑安全、盾构隧道施工及运营安全、软土地区城市岩土与地下工程安全、深地下水抗浮研究、双轮铣搅拌水泥土地下连续墙、通信信号、车辆应急驾驶防碰撞系统、列车蓄电池自牵引应用等章节阐述了地铁施工、运营与安全相关的因素及处理措施。车站基坑安全与地层、地下水、周边环境等均有直接关系，尤其是天津软土及承压水对基坑的影响更大，书中从地下水控制技术、施工全过程变形分析及控制技术、基坑破坏机理等方面进行了研究。盾构法作为地铁隧道使用比例最高的工法一直备受关注，书中利用两个章节详细阐述了盾构施工过程中安全质量管控及处理措施、区间病害分析及处理措施、运营期隧道监测，盾构端头加固、高承压水软土地层中盾构掘进及姿态控制、盾构施工沉降对周边建筑的影响及处理措施、盾构长期沉降对运营的影响等各方面问题及处理措施。抗浮水位研究一章中阐述了国内外抗浮研究现状、抗浮水位的影响因素及选取原则、抗浮可以采取的设计措施及相关案例等方面的内容。双轮铣搅拌水泥土地下连续墙一章中详细阐述了该施工工艺的技术性能、适用范围和应用条件、应用情况及效益分析，为支护结构提供了一种新思路。设备系统安全对地铁正常运营起到至关重要的作用，书中从通信系统、新一代地铁车辆应急驾驶防碰撞系统、列车蓄电池自牵引应用等各方面详细阐述了各系统组成和应用场景，为地铁安全运行保驾护航。

　　京津冀地区无论地铁建设规模还是运营里程均位于全国前列，过程中操作规范、管理经验先进、建设和运营经验丰富，为全国地铁树立了榜样，虽然近几年京津冀地区未发生重大安全事故，但不可掉以轻心。笔者希望通过对以上内容的研究，为京津冀地区地铁建设和运营提供一些思路和研究方向，为全国地铁建设和运营贡献力量。

第 16 章 软土地区城市轨道交通盾构施工关键技术

软土地区城市轨道交通规模逐年扩大，技术复杂程度、施工难度亦相应加大。当盾构施工面临高水头承压水时，盾构进出洞及掘进施工风险加大，稍有不慎将造成极大不良后果。盾构掘进过程姿态控制至关重要，姿态偏差过大会引起管片错台及开裂，导致管片渗漏水，极端情况发生成型隧道过大变形甚至坍塌。软土地层繁华地带盾构施工对近邻建（构）筑物影响也不容忽视。软土地区地层地铁结构，长期累积沉降或差异沉降将影响到地铁运营、养护成本。针对软土地层，从盾构进出洞、高承压水盾构防喷涌、盾构掘进姿态控制、盾构施工对近邻建（构）筑物影响、软土地层盾构隧道长期沉降 5 个方面展开分析。

16.1 盾构机进出洞端头加固关键技术

16.1.1 盾构机进出洞加固概述

盾构机进出洞是整个盾构施工中关键的两个环节，也是盾构施工中最容易发生风险事故的两道工序。盾构自工作井始发进入隧道地层或自隧道末端推出进入工作井，首先要解决洞门区域地层封闭加固问题。当盾构工作井周围地层为自稳能力差、透水性强的松散砂土或饱和含水黏土时，如不对其进行加固处理，则在工作井围护结构后必将会有大量的土体和地下水向工作井内塌陷导致洞周大面积地表下沉，危及地下管线和附近建筑物。因此在盾构机进出洞前必须对洞门处地层进行加固处理，即进行端头加固。

盾构隧道端头地层加固是盾构进出洞技术的重要组成部分，合理选择端头加固的施工工法，是保证盾构顺利施工的重要环节。端头加固的目的是防止拆除临时围护结构时的振动影响，在盾构刀盘顶到端头掌子面并建立土压之前，能使得围岩自稳以及防止地下水流失，改良端头土体，提高端头土体强度，控制地表沉降、水土流失，提高土体的承载力，保护周边建（构）筑物安全，并防止出现开挖面坍塌，出现地表沉降过大或坍方等危害，盾构端头的加固目的主要有以下几点：

（1）加固土体满足强度的要求。

（2）加固土体满足整体稳定性的要求，其中整体稳定性包括：加固土体的静态稳定，包括施工期稳定和长期稳定性；加固土体在振动作用下的稳定，即破除洞门时振动对加固土体的扰动影响。

（3）加固土体满足止水和渗透性的要求，特别对于富水砂土地层。

（4）加固土体满足变形特征的要求，通常指盾构土舱内土压建立前。

16.1.2 盾构进出洞常用加固工法

1. 注浆加固

将浆液注入地层改善地基强度和止水性,该方法对强度的改良有限,主要是增强黏聚力,注浆材料的种类多种多样,按浆液固结状态分类主要有填充注浆、渗透注浆、劈裂注浆、压密注浆等。

(1)渗透注浆:浆液在压力作用下,渗入土的孔隙和岩石裂隙中,将孔隙中自由水和空气排挤出去,但不改变土体结构和原状。浆液凝固后将土颗粒粘结在一起,使土层的抗压强度和抗渗性提高,只适用于中砂以上的砂性土和有裂隙的岩石,固结状态是球形。

(2)劈裂注浆:浆液在较高压力作用下,劈入土层,浆液的劈裂路线呈纵横交叉的脉状网络。固结形态呈扁平球体和板状固结。

(3)压密注浆:用一定的压力注入黏稠的不易流动的浆液取代并挤压周围土体,凝固形状多为柱体或球体,占据一定的空间,同时压密土体(图16.1.1)。

图 16.1.1 注浆加固

2. 旋喷桩、搅拌桩加固

采用旋喷桩、搅拌桩可以获得均质、高强度的加固体,可通过土质和加固体力学特性确定加固土体厚度;加固范围主要根据加固方法和地层情况、始发或到达端头决定,采用一般搅拌桩等加固方法时,始发端加固长度一般不小于6m,到达端加固长度一般不小于3m(图16.1.2)。

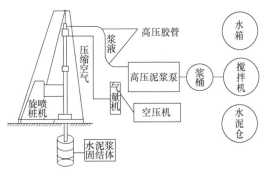

图 16.1.2 搅拌桩、旋喷桩加固

3. 冻结法加固

将自然状态下不均匀的地基通过冻结变成具有均匀力学性质的材料,分为盐水冷冻方式(间接冻结)和液氮冷冻方式(直接冻结)(图16.1.3)。

(1)盐水方式使用冷冻机将盐水冷却后用循环泵将冷却的盐水输送到冻结管,冷却周围的地基,因地基内的热量,盐水温度上升,便再次用冷冻机冷却,通过冷冻装置使冷却的盐水在冷却管内循环，使地基冻结固化，盾构工程的冻结规模大时一般广泛采用盐水方式。

（2）液氮冷冻方式需要油罐车从工厂运到施工现场，再通过在冻结管中气化而使冷冻管周围地层的土壤冻结，气化后的氮气放入大气，液氮会在大气中释放损耗，只限于小规模工程。

16.1.3 端头加固方法及适用性

（1）端头加固可以单独采用一种工法或多种工法相结合的加固手段，主要取决于地质情况、地下水、覆盖层厚度、盾构机直径、盾构机型、施工环境等因素，同时考虑安全性、施工方便性、经济性、进度等。

（2）搅拌桩施工加固方法主要适用于淤泥、软黏土层和砂层。

（3）旋喷桩施工加固方法主要适用于淤泥、粉土、黏土层，围护结构与加固体的间隙加固以及角部加固常采用旋喷桩施工工法，一般有单、双、三重管三种主要工法。

（4）注浆法主要适用于深度较深的砂质地层、砂砾层；在地层较好的地段可与搅拌桩等工法相结合；对水量不大的地段进行加固止水时，可采用单液或双液浆注浆；注浆浆液种类和施工方法需根据地下水、地质、施工环境等确定，同时要考虑因注浆而引起地基隆起等问题。

（5）冻结法主要适用于各类淤泥层、砂层、砂砾层，但对含水量低的地层、动水层的质量不能保证；冻土的冻胀融沉会对地面及周边建筑物产生较大影响。

盾构进出洞土体加固工法综合对比见表16.1.1。

图16.1.3 冻结法加固

盾构进出洞土体加固工法综合对比　　　　表16.1.1

加固方法	工法特点、适用性及对环境影响	安全性	工期与造价
降水法	（1）井点布置灵活、使用方便；（2）施工速度快，见效快；（3）个别井管破坏不会影响整个系统；（4）可反复使用，费用低；（5）改善土体的性能	降低地下水位，配合其他工法可大大提高安全性	施工速度快，造价较低
冻结法	（1）土体加固强度高、止水性能好；（2）施工周期长，造价高；（3）土体的冻融对地面的隆沉有一定影响；（4）适合于含水量较高的砂性土层，在越江隧道的工程中较为多用	冻结质量有保证时，土体强度和抗渗性能好，是一种比较安全的工法	工期长（三个月左右），造价高
注浆法	（1）施工设备简单，规模小，耗资少；（2）占地面积小，对交通影响小，噪声和振动较小；（3）土体加固质量可靠性不高，常配合其他工法一起使用；（4）不宜用于泥水平衡盾构	加固质量的可靠性相对较差，单独使用时风险较大	工期较短，造价较低

续表

加固方法	工法特点、适用性及对环境影响	安全性	工期与造价
深层搅拌桩（SMW）	（1）对土体扰动较小；（2）水泥与土体充分搅拌，桩体全长无接缝，止水性好；（3）环境污染小，施工时噪声小、振动小；（4）水泥土后期强度增长较大，可能会造成盾构切削土体困难；（5）适用各种土质	土体的强度、抗渗性能均较好，是一种较安全的工法	工期较短，造价相对较低
高压旋喷桩	（1）浆液注入的部位和范围可控，搭接紧密；（2）可调节注入参数以满足设计需求的固结体；（3）设备较轻便、操作容易、施工所需空间小；（4）适合大部分地层；（5）施工可能会影响附件管线及构筑物；（6）不宜用于泥水平衡盾构	加固土体强度很高，但抗渗性能差	工期较短，造价较高
素混凝土桩结合注浆法	（1）注浆深度大、可注性好；（2）可分段、重复注浆；（3）注浆过程中发生冒浆和串浆可能性小；（4）钻孔、注浆可平行作业，工作效率高	加固范围和加固质量可靠，较安全	工期较短，造价相对较低
素混凝土桩结合降水法	（1）施工设备简单，规模小，耗资少；（2）占地面积小，对交通影响小，噪声和振动较小；（3）地层强度加固质量可靠度不高	一定程度上取决于地层降水效果	工期较短，造价相对较低

16.2 高承压水软土地层盾构掘进防喷涌技术

16.2.1 高承压水地层盾构掘进喷涌风险

承压水具有突发性、高压性、易发性等特点。主要体现在：

（1）潜水层的水压随深度逐渐增加的，而承压水地层的水压稳定，因此承压水具有突发性特点；

（2）城市地下工程埋深较深，承压水的水压往往较高；

（3）高水头压力下，只要隧道结构存在细小通道（缝、孔、洞）或薄弱缺陷，在受到扰动或不利条件下，粉细颗粒的砂、粉土随着水土一起流入，并在较短时间里扩大通道，形成快速"涌入"，无孔不入。

城市地下工程发生承压水突涌时，初期一般通道狭小，涌水量小。若涌水变大，有害变形开始产生时，控制异常困难。突涌一旦发生，就会产生变形，水土越流失，结构产生有害变形就越快越大。轻者，盾构隧道管片环会发生错台，严重时切断螺栓，错台加剧漏水涌砂，涌水与结构有害变形构成恶性循环。

土压平衡式盾构机的刀盘与后面的承压隔板所形成的空间为压力舱。施工时，由刀盘旋转开挖下来的渣土充满压力舱和螺旋排土器壳体内的全部空间。当压力舱的土体具有足够的不透水性时、并能够形成一种塑性流动状态时，才能保证维持开挖面上的土水压力。

而遇到透水性大、级配不好的砂土、粉砂土时，就会从螺旋排土器的出口处发生喷水、喷砂、喷泥的现象。喷涌的发生不但影响正常施工排土和压力舱压力的控制，严重时会过多地将开挖面和管片四周的土、砂带出，造成地表沉降、塌陷，管片漏水等施工事故（图 16.2.1）。

图 16.2.1　盾构喷涌图

16.2.2　高承压水地层盾构掘进防喷涌技术

（1）在富水复杂地层掘进时采用螺旋输机双闸门控制，加注泥浆或高效聚合物，必要时采用保压泵渣装置。

（2）利用盾构机配套的二次注浆设备及时注浆，在管片外周形成连续的封闭环，防止管片周围的地下水串通。

（3）严密监控螺旋机出土口的出土情况和土仓的压力变化情况，保证土仓压力稳定。

（4）若出现喷涌现象，立即关闭螺旋输送机的闸门，适当向前掘进，使土仓内建立平衡，通过刀盘的转动，将土仓内的土体搅拌均匀，然后缓慢将螺旋输送机开始转动，闸门慢慢打开。

（5）进行渣土改良，刀盘处增大泡沫的注入量，土仓内加入聚合物、膨润土，降低渣土的渗透性。

（6）如果管片壁后注浆不充分，应该通过管片进行双液二次注浆，以便尽快封堵隧道壁后的汇水通道。

16.3　软土地层盾构掘进姿态控制技术

16.3.1　软土地层盾构掘进姿态引发问题概述

在城市轨道交通领域，盾构法在地铁隧道施工中的应用日益广泛。然而，由于地质条件具有很大的变异性，盾构掘进过程盾构机轴线与隧道设计线型的偏差时有发生。盾构在软土地层掘进时，周围地层抗力小，盾构机受力复杂，掘进过程又处于动态过程，因此，盾构姿态不易准确操作控制，姿态不良容易导致隧道衬砌成型质量问题。如某地铁1、2号线多个区间出现姿态难以控制、隧道轴线偏差过大，不得不采取注浆抬升措施。有些甚至造成管片挤碎、开裂（图16.3.1），极有可能导致管片漏水，防水失效，甚者影响盾构管片的承载力，对结构安全造成威胁。

图 16.3.1　盾构掘进造成管片挤碎、开裂

16.3.2　盾构姿态描述

盾构掘进行为在三维空间，因此描述盾构姿态的参数有6个，盾构机三维坐标以及俯仰角（Pitching）、横摆角（Yawing）和扭摆角（Rolling），如图16.3.2所示。其中，俯仰角（Pitching）表示盾构机中轴线与水平面之间的夹角，表征盾构机在竖直平面内掘进坡度，可用倾斜仪或测锤进行测定。横摆角（Yawing）又叫偏航，表示盾构机中轴线与隧道设计轴线（Design Tunnel Axis）在水平面内的夹角，表征盾构机在水平面内的方位，可在后方用经纬仪测量或设置在盾构盾体上的回转罗盘进行测定。扭摆角（Rolling）表示盾构机绕自身中轴线旋转的角度，可采用扭转计或者测锤进行测定。

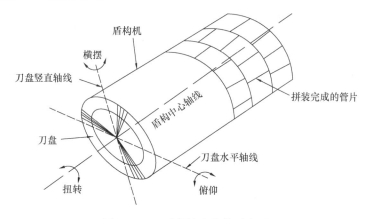

图 16.3.2　盾构姿态参数示意图

16.3.3　盾构姿态影响的主要因素

1. 地质特征对盾构姿态的影响

土层不均匀性对盾构姿态有一定影响。软土地区，盾构掘进断面常面临不同种类的土，主要分为4种：单一淤泥质土、单一砂性土、上软下硬和上硬下软，如图16.3.3所示。软土地层在我国沿海一带广泛分布，其中，以长三角地区最为典型。由于长三角地区地铁建设的飞速发展，软土地区盾构施工的问题日益突出。长三角地区地铁施工时，盾构掘进多在软弱的淤泥质黏土与淤泥质粉质黏土层中穿越，该类土体抗剪强度低，含水量高，灵敏度大，压缩性大，并具有较大的流变性。由于地铁隧道向纵深发展，盾构施工时

遇到的土层越来越多，目前地铁穿越的地层遇到了砂质粉土层、粉砂、硬塑性强度较高的黏性土层以及该土层与其他土层的互层。

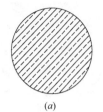 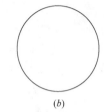 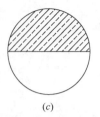 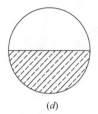

图 16.3.3　盾构穿越开挖面典型地层
(a) 单一淤泥质土；(b) 单一砂性土；(c) 上软下硬复合地层；(d) 上硬下软复合地层

盾构机掘进过程中，当盾构机姿态与隧道设计轴线出现偏差时，通过分区设定液压千斤顶油压大小进行姿态调整。当掘进断面为单一地层情况时，调整姿态过程中，淤泥质黏土地层能提供的抗力比砂土地层提供的抗力要小，因此在淤泥质黏土地层相同的纠偏量所需纠偏力矩比砂土地层要小，对姿态纠偏更灵敏。当盾构掘进断面为上软下硬地层或者上硬下软复合地层时，由于断面的差异性，上下地层软硬不均，容易引起盾构施工的实际曲线偏离设计方向，盾构姿态不易控制，同时由于盾构机本身具有刀盘自重大的特征，盾构机容易出现"栽头"现象，因此，使得盾构姿态精细化控制更加困难。

2. 盾构装备对盾构姿态的影响

(1) 自重

盾构自身"头重脚轻"，具有一定长度。有铰接装备的盾构相对来讲较灵活，无铰接装备，盾构姿态调整过程要同时兼顾盾首及盾尾，控制较难。

(2) 盾构灵敏度

盾构机长度与直径之比称为盾构机的灵敏度，灵敏度越大，盾构机越不灵活，当盾构姿态偏差发生时，姿态调整越困难；反之，灵敏度越小，盾构机越灵活，姿态发生偏差时，姿态调整相对容易。

(3) 进土方式

盾构面板分为辐条式、面板式和辐条面板复合式 3 种，面板形式不同，前方渣土的进土方式也有区别，不同的进土方式，作用在面板上的作用力也有所不同，在一定程度上也会影响盾构的姿态行为。

3. 盾构掘进参数对盾构姿态的影响

(1) 总推力和千斤顶分区油压

盾构掘进前行的动力由盾尾千斤顶所提供，液压千斤顶一方面提供克服盾构前行的阻力使盾构机按照规划的线路前行，另一方面用于对盾构机进行纠偏。盾构机总推力及分区油压都是影响盾构姿态的最直接掘进参数。

(2) 土压力

盾构前方土压力对盾构机产生作用力，土压力随着盾构埋深不同有所不同，因此盾构前方掌子面土压力对面板的作用会产生盾构前方的俯仰力矩，影响盾构的姿态行为。

(3) 掘进速度

由于地质条件的不确定性，盾构掘进速度无法维持在一个稳定状态掘进，掘进速度呈现出一定的波动性,稳定的掘进速度有助于很好地控制盾构姿态。

(4) 刀盘转速

刀盘转速一定程度上对盾构绕自身旋转有影响,因此掘进过程、刀盘转速要定时进行改变,使刀盘旋转方向顺时针、逆时针交叉设定,尽可能使两者次数相等,以避免盾构绕自身旋转。

16.3.4 盾构姿态控制原则及纠偏措施

1. 盾构机姿态控制原则

一般情况下,盾构机的方向纠偏应控制在±20mm 以内,在缓和曲线及圆曲线段,盾构机的方向纠偏应控制在±30mm 以内。尽量保持盾构机轴线与隧道设计轴线平行,否则,可能会因为姿态不好而造成盾尾间隙过小和管片错台裂缝。

当开挖面土体较均匀时,盾构机姿态控制比较容易,一般情况下方向偏角控制在±5mm/m 以内。

当开挖面内的地层左、右软硬不均而且又是处在曲线段时,盾构机姿态控制比较困难。此时,可降低掘进速度,合理调节各分区的千斤顶推力,有必要时可考虑在硬岩区使用超挖刀(备有超挖刀的盾构机)进行超挖。

当盾构机遇到上软下硬土层时,为防止盾构机"抬头",要保持下俯姿态;反之,则要保持上仰姿态。掘进时要注意上下两端和左右两侧的千斤顶行程差不能相差太大,一般控制在±20mm 以内。

在曲线段掘进时,一般情况下根据曲线半径的不同让盾构机向曲线内侧偏移一定量,偏移量一般取 10~30mm。在盾构机姿态控制中,推进油缸的行程控制是重点。对于 1.5m 宽的管片,原则上行程控制在 1700~1800mm 之间,行程差控制在 0~40mm 内,行程过大,则盾尾刷容易露出,管片脱离盾尾较多,变形较大;行程差过大,易使盾体与管片之间的夹角增大,易造成管片的破损、错台。

2. 纠偏措施

(1) 当盾构偏离设计轴线位置时,必须进行纠偏。盾构纠偏过程中纵坡和平面最大纠偏量应小于 0.5%,盾构推进坡度与设计轴线的偏角应小于 0.3%。

(2) 盾尾纠偏时应防止盾尾漏浆而增大地层变形。

(3) 在掘进过程中随时注意滚动角的变化,及时根据盾构机的滚动角值调整刀盘的转动方向。

(4) 当盾构机偏离设计轴线时,应进行缓慢纠偏,不得猛纠猛调。

(5) 在纠偏过程中要注意避免纠偏时由于单侧千斤顶受力过大对管片造成的破损。

(6) 在纠偏时,要密切注意盾构机的姿态和盾尾的间隙,保证盾尾与管片四周的间隙要均匀,从而保证拼装管片质量。

(7) 当盾壳发生滚动偏差时,可采用刀盘反转,慢慢调整,在切换刀盘转动方向时,应保留适当的时间间隔,切换速度不宜过快。

(8) 当出现垂直和水平方向偏差时,可采用局部调整推进千斤顶的油缸行程,加大偏离方向区域千斤顶的油缸行程,达到纠偏的目的。

(9) 根据掌子面地层情况及时调整掘进参数(特别注意控制掘进速度)、掘进方向,避免偏差累积量过大。

16.4 软土地区盾构施工对近邻建（构）筑物影响及对策

16.4.1 盾构施工对近邻建（构）筑物影响

盾构穿越建（构）筑物时，可能引发建（构）筑物倾斜、变形过大、开裂，影响结构使用功能，甚至引发结构坍塌。下穿施工对砖混结构产生的影响主要体现在砌体的开裂或房屋结构的倾斜变形两个方面。砌体开裂最容易发生的位置为窗台或墙面的斜裂纹，如图16.4.1所示。

图 16.4.1　盾构施工造成的房屋开裂

多层建筑物的倾斜主要是由于下穿施工引起不均匀沉降造成的。下穿施工引起的不均匀沉降除了常规的沉降外，还与施工失水引起的固结沉降有关，大多数情况施工引起的沉降情况如图 16.4.2 所示，其影响范围取决于土层性质、施工参数以及盾构机的姿态控制等方面。

高层建筑（含超高层）一般为钢筋混凝土结构或钢结构，结构的整体性好，加上高层建筑大多采用深基础（桩基础），下穿施工会对部分桩基产生影响，因此下穿施工研究重点为桩基的影响程度及其对上部结构的变形影响。根据下穿高层建筑与桩基之间的关系可以分为侧穿建筑和切桩穿越（图16.4.3）。

从桩基侧面穿过，如图 16.4.3（a）所示；切桩穿越，这需要截桩或对截断的桩基进行托换处理，如图 16.4.3（b）所示。无

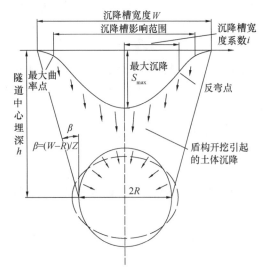

图 16.4.2　施工引起的沉降槽

论是侧穿还是切桩穿越，首先要考虑桩基的承载方式是摩擦桩还是端承桩，其次穿越位置与桩基的空间距离关系直接决定了影响的程度，如图 16.4.4 所示分别为从桩基上部、中部和下部侧穿，因施工变形导致对桩基产生的负摩擦影响显然也各不相同，这是穿越施工所需研究的重点。此外，除了施工期的影响，隧道在使用阶段产生的后期沉降对桩基产生长期影响，这也需要进行分析。

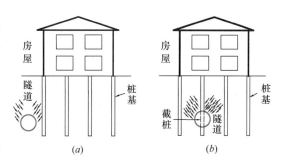

图 16.4.3　下穿高层建筑

(a) 侧穿建筑；(b) 切桩穿越

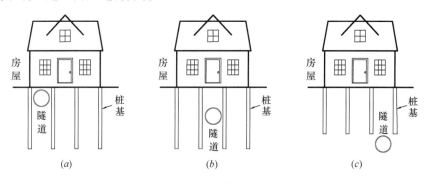

图 16.4.4　下穿桩基位置

(a) 上部穿越；(b) 中部穿越；(c) 下部穿越

16.4.2　盾构掘进近邻建筑物保护措施

被动控制措施主要指通过诸如隔断、托换、土体加固等工程方法来保护周围建筑物。对于对地面变形比较敏感且影响后果比较严重的建筑物，仅通过盾构施工参数的优化可能不能满足安全控制要求，故还需要采取有效的工程保护措施。对于浅基础建筑物，常见的工程方法主要有：

1. 设置隔断墙

在建筑物附近进行地下工程施工时，通过在盾构隧道和建筑物间设置隔断墙等措施，阻止盾构机掘进造成的土体变形，以减少对建筑物的影响，避免建筑物产生破坏的工程保护法，称为隔断法。该法需要建筑物基础和隧道之间有一定的施工空间。

隔断墙墙体可由密排钻孔灌注桩、高压旋喷桩和树根桩等构成，主要用于承受由隧道施工引起的侧向土压力和由土体差异沉降产生的负摩阻力，使之减小建筑物靠盾构隧道侧的土体变形。为防止隔断墙侧向位移，还可在墙顶部构筑联系梁并以地锚支承。

设置隔断墙可以有效地减少隧道开挖对建筑物基础的影响，效果较好。其中采用钻孔灌注桩的优点是桩的强度和刚度好，比较安全可靠，同时钻孔桩施工以后桩身强度成长快，施工过程中对原有建筑物影响很小，缺点是由于场地限制只能选用较小的设备作业，速度较慢。高压旋喷桩的优点是施工设备灵巧、速度快，施工中对建筑物影响小，成本比钻孔灌注桩低，但其强度较低，施工后桩身强度成长慢。树根桩优点是成本低，施工设备较小，施工时对原有建筑物影响小，但由于桩小，隔断效果较差。不过还需注意，隔断墙本身的施工也是邻近施工，故施工中要注意控制对周围土体的影响。

2. 土体加固

土体加固包括隧道周围土体的加固和建筑物地基的加固。前者通过增大盾构隧道周围土体的强度和刚度，以减少或防止周围土体产生扰动和松弛，从而减少对近邻建筑物的影响，保证建筑物的正常使用和安全。后者通过加固建筑物地基，提高其承载强度和刚度而拟制建筑物的沉降变形。这两种加固措施一般采用化学注浆、喷射搅拌等地基加固的方法来进行施工。

当地面具有施工条件时，可采用从地面进行注浆或喷射搅拌的方式来进行施工；当地面不具备施工条件或不便从地面施工时，可以采用洞内处理的方式，主要是洞内注浆。上海市的下水道主干线工程中，采用外径为 4.43m 的土压平衡盾构，通过洞内注浆的处理方式，顺利通过了邻近桥台的基础桩，且把最终沉降成功地控制在要求的 10mm 内。

3. 建筑物加固

该法实际上是对建筑物本身进行加固，使其结构刚度加强，以适应地基土变形而引起建筑物变形的一种工程保护方法。对建筑物本体进行加固的措施有多种，如可以通过加筋、加固墙、设置支撑等来直接对建筑物上部结构进行加固，或通过加固桩、锚杆等对建筑基础进行加固。实际工程中需要根据建筑物的结构和基础特点选用相适应的方法。

隔断墙、土体加固和建筑物加固等作为隧道开挖造成建筑物损害的治理措施，均有其特定的最佳使用条件，有些情况下也可以相互配合使用以减少建筑物保护代价。在隧道开挖靠近建筑物时，建筑物基础埋置较浅时，且场地受到限制，可以设置隔断墙来保护建筑物，在隧道开挖穿越建筑物基础将建筑物的桩基切断或者使其产生过大的变形，施工现场、施工技术许可的情况下，建议采用桩基托换法。注浆法可以作为其他两种方法的补充和辅助手段，在隧道开挖引起的地表位移不大时也可单独采用。

16.5 软土地层盾构隧道长期沉降

16.5.1 软土地层盾构隧道长期沉降危害

城市轨道交通地下结构在设计时通常考虑抗浮安全性，而在实际使用过程中却以沉降为主。迄今的实践表明，即使在饱和土层中的地铁结构，依然以沉降为主。当长期累积沉降或差异沉降达到一定量值之后，会导致隧道结构开裂和破损，若为盾构隧道则管片的接缝会发生错台、张开并加剧渗漏水，进一步发展会导致结构与道床之间发生脱空，并使道床发生振碎。列车运行到这些区段时会发生较大的颠簸，甚至发生脱轨或断轨事故。由于结构的破损，在列车动荷载作用下隧道顶部破损的混凝土块会发生掉落情况，危及行车安全。此外，隧道内大量渗漏水会影响设备的正常使用，隧道的沉降不但影响到地铁的运营、增加养护维修的费用，同时也影响到城市的形象。

地基沉降问题是软土地区工程建设中的一大技术难题。对于软土地区的地铁隧道，修建时通常并无地基预处理措施（车站、明挖区间除外），由于软土的高压缩性、高灵敏性等特点再加上隧道自身的构造特性（狭长的管状结构或箱形结构，一维尺寸远大于另外两维尺寸），在内外多因素影响下，其结构的长期沉降问题特别是不均匀沉降问题尤为突出。目前，我国上海、南京等城市的地铁隧道在建设和运营中均受到长期沉降的困扰，以上海地铁 1 号线为例，自 1995 年建成投入营运以来，隧道大部分区段发生了相当大的纵向沉降与不均匀沉降，如图 16.5.1 所示。

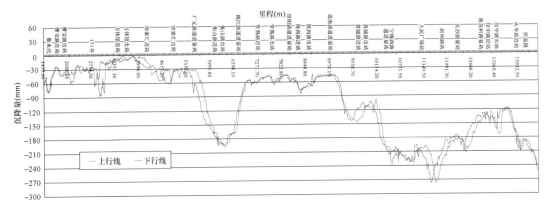

图 16.5.1　上海地铁 1 号线累积沉降曲线图（1995—2006）

从图 16.5.1 中可以看到，1995 年到 2006 年间，黄陂路站—新闸路站区间隧道最大累积沉降量超过 270mm，最大差异沉降量达 178mm，沿线范围内已形成了明显的沉降槽。过大的不均匀沉降会导致线路纵向曲率加大，引起轨道变形超标、轮轨磨耗加大，亦可能使隧道结构与道床脱空（如汉中路站至黄陂路站区段就发生了多处道床与管片开裂和脱节的现象），不但影响到地铁的行车安全和乘车舒适性，也增加了养护维修的费用。对于隧道结构，过量的差异沉降还会引起隧道结构开裂与破损，引发结构渗漏水，同时过量的差异沉降会导致盾构隧道管片接缝错台或张开，造成接缝防水失效，进而加剧隧道的渗水漏泥。

1. 管片结构错台和张开

区间隧道局部沉降变形过大，易导致管片产生较大程度的错台和张开。根据《盾构法隧道施工与验收规范》GB 50446—2017，地铁隧道相邻管片的径向允许最大错台为 5mm，环面允许最大错台为 6mm。一般情况下，当环间错台变形达到 1cm 时，螺栓已基本拉流，螺栓孔部位的管片也极有可能会产生微小的裂缝。此时，细小泥沙和水开始从隧道外部进入隧道，引起水土流失，进而产生更大的环缝和水土流失，当变形发展到一定程度时最终可能导致隧道发生失稳破坏，管片结构间错台和张开如图 16.5.2、图 16.5.3 所示。

图 16.5.2　管片张开

2. 管片结构漏水和漏泥

盾构隧道局部沉降变形过大将引发结构产生漏水、漏泥（图 16.5.4、图 16.5.5）。随着隧道运营时间的增加，渗漏水现象逐步增多，堵漏问题也越来越突出，维修费用随之增加。隧道的漏水、漏泥不仅会造成隧道内湿滑，造成电路短路等事故，而且还会引发其他病害，如造成衬砌开裂或原有裂缝发展变大，加速衬砌的损坏；当地下水有侵蚀性时，会对衬砌混凝土产生侵蚀，并随着渗漏水的不断发展，对混凝土的侵蚀日益严重；在寒冷地区，渗漏水还会产生冻胀等病害。隧道的渗漏水、漏泥沙将大大缩短地铁隧道的使用寿命。

3. 管片与道床间脱裂

当区间隧道局部沉降变形过大时，轨道道床与管片会发生不同程度的脱离现象，严重时甚至可能使道床发生振碎。列车运行到这些区段时，会发生较大的颠簸，甚至发生脱轨或断轨事故。上海曾对地铁一号线各区间隧道变形病害进行了统计分析，发现各区间隧道均存在不同程度的沉降变形，特别是黄陂南路—新闸路端头井内250m范围内，病害比较严重，区间所有范围内的隧道道床均与管片发生了不同程度的脱离，裂缝宽度一般为3~5mm，最大达12mm。隧道道床脱空和开裂如图16.5.6、图16.5.7所示。

图16.5.3 管片错台

图16.5.4 隧道漏水

图16.5.5 隧道漏泥

图16.5.6 道床脱空

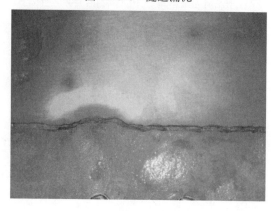

图16.5.7 道床开裂

4. 管片破损

隧道局部沉降变形过大时管片会发生不同程度的破损。当衬砌环与环之间产生较大的差异沉降时，管片承受邻近管片通过螺栓传递过来的剪应力，剪切作用会导致管片环向破损；而当管片发生横鸭蛋和竖鸭蛋变形时，管片内弧面由于受到挤压作用，管片的角部常发生卸角掉块。隧道管片结构破损如图16.5.8、图16.5.9所示。

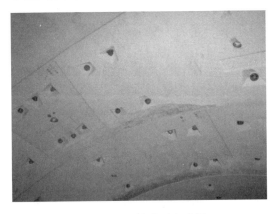

图16.5.8 管片环向破损

图16.5.9 管片缺角掉块

隧道衬砌裂损造成的危害较多，如管片衬砌结构失稳破坏、净空变小而侵限，管片衬砌掉块等将使隧道结构的稳定性受到一定程度的破坏，使得结构的安全可靠性降低，造成危及行车安全的重大问题。如1999年日本山阳新干线福冈隧道由于衬砌混凝土剥落导致列车破损；同年日本室兰本线礼文宾隧道由于拱部2t混凝土剥落造成货物列车脱轨；在2000—2001年间，我国兴安岭铁路隧道、达成铁路隧道也发生过类似衬砌掉块现象，险些造成严重的行车事故。

16.5.2 地铁盾构隧道产生长期沉降的原因

引起地铁盾构隧道长期沉降的因素很多，有隧道施工期的、有地铁运营期的、有系统本身的、也有周边环境变化引起的。运营地铁隧道长期沉降主要由土层的固结性沉降、隧道周边的工程活动、地铁列车的循环动荷载作用及区域性沉降等诸多因素所致。

1. 固结性沉降

地基的长期沉降包括瞬时沉降、主固结沉降及次固结沉降，其中主固结沉降是由于下卧土层超孔隙水压力消散引起的，次固结沉降是由于下卧土体骨架蠕变引起的，地基固结沉降示意如图16.5.10所示。一般地，盾构隧道在施工阶段已大体完成了初始沉降和主固结沉降，而在长期运营阶段则缓慢地进行次固结沉降。当隧道下卧地层次固结特性不同时，次固结沉降

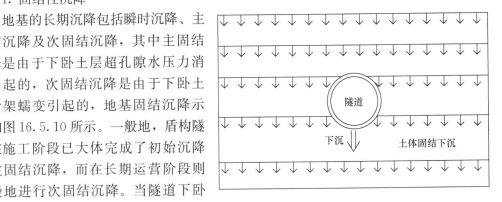

图16.5.10 地基固结沉降示意图

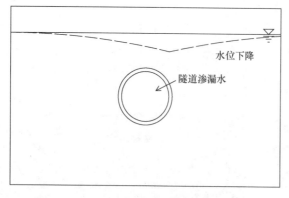

图 16.5.11 渗漏水导致隧道沉降示意图

量和稳定时间也不尽相同。当隧道下卧土层为密实的砂性土时，次固结量很小，且次固结时间较短，即使在孔隙比为 1 的饱和粉砂土中，次固结沉降约在一年后基本结束；而在软弱黏性土中的盾构隧道，次固结沉降稳定时间较长，在长期运营中线路纵向易产生较大的不均匀沉降。

隧道结构的渗漏水和下卧土层的水土流失也会加剧隧道的长期沉降。图 16.5.11 为隧道渗漏水导致隧道沉降的示意图，当隧道发生渗漏水时，会导致地下水位下降（无补给时）、隧道周边土体孔隙水压力降低和有效应力增加，进而使土体产生固结沉降，带动隧道下沉。此外，当盾构隧道周边土层为砂性土且隧道管片接缝张开较大时，在动水压力作用下，土体和水流就会通过管片接缝侵入隧道内，随着水土的不断流失，隧道周边土体被逐步掏空，进而产生附加沉降。

2. 隧道周边工程活动

随着地铁的建成通车，地铁沿线往往成为商业、住宅建筑等开发的黄金地带，施工过程中的加卸载往往导致旁侧隧道产生附加沉降。图 16.5.12 为地表加载导致隧道沉降的示意图，当地表进行加载时，会在荷载影响范围内的土体中产生附加应力，进而使土体产生压缩下沉，处于影响范围内的地铁隧道也随之产生沉降。地面堆载的加荷面积、加荷值越大，则附加应力值及其扩散范围越大，隧道沉降量也越大，隧道下卧软土层越厚，隧道沉降量也越大。此外，地下卸载也会导致隧道产生附加沉降，如图 16.5.13 所示，当隧道一侧进行地下卸载时，由于基坑底部土体隆起，会导致基坑旁侧隧道下沉，同时基坑开挖还会引起旁侧隧道向基坑方向侧移，导致隧道沿线产生纵向挠曲。

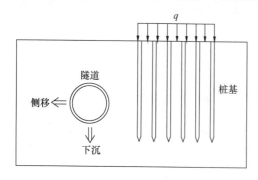

图 16.5.12 地表加载示意图

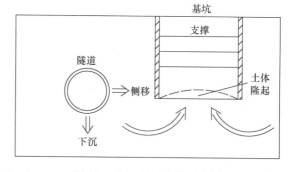

图 16.5.13 地下卸载示意图

3. 地铁列车振动车载

运营期地铁隧道还要受到列车振动荷载的长期循环作用。列车运行时会引起地铁隧道的振动，当振动以波的形式下传至隧道地基时，会引起地基土体的振动。在振动荷载作用下，隧道下卧土层会产生累积塑性变形，且累积变形随振次增大而逐步增大，如图

16.5.14 所示。同时，循环荷载作用下孔隙水压力也随加载次数增加累积增大（图 16.5.15），且从长期来看，循环荷载产生的超孔压最终会逐渐消散而产生固结沉降。因此，循环荷载作用下不排水循环累积塑性变形和循环累积孔压消散引起的沉降是列车动荷载导致的附加沉降的两个主要部分。

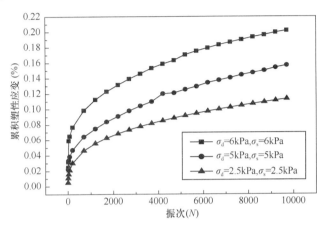

图 16.5.14 循环累积塑性应变-振次关系曲线

4. 区域性沉降

随着大规模的城市建设，城市区域沉降问题正变得越来越突出。地铁盾构隧道处于地层中间，就不可避免地要受到区域沉降的影响。目前，我国发生地面沉降灾害的城市超过 50 个，分布于上海、北京、天津、河北、山西、内蒙古等 20 多个省市，全国累计地面沉降量超过 200mm 的地区达到 7.9 万 km^2，并有扩大趋势。地面沉降监测资料显示，上海市在 1921 年到 1965 年的 45 年间地面累计沉降量约 1.69m，在 1966 年到 2011 年的 45 年间累计沉降量约 0.29m，虽然地面沉降速率在总体上有所减缓，但局部不均匀沉降仍较为突出，已形成了明显的沉降漏斗区。由于沉降的局部性和不均匀性，其对隧道结构沉降的影响程度也各不相同，长期累积下去就会使地铁隧道产生纵向的不均匀沉降。

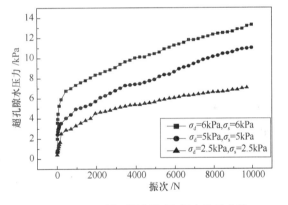

图 16.5.15 循环累积孔压-振次关系曲线

导致区域沉降的原因可以概括为两个方面：一是地下水位下降，城市中大量开采地下水和工程中的施工降水，均会导致地面整体下沉，这也是导致区域沉降的主要原因。在含水松软饱和土体中，当地下水位有较大幅度下降时，隧道下卧层土中孔隙水压力减小，有效应力增大，根据太沙基的有效应力原理，饱和土体中土的变形（压缩）只取决于有效应力的变化，因此，当大面积地降低地下水位时，土体有效应力增加，导致土体产生固结沉降。二是城市化中的大规模工程建设，特别是高层建筑工程，相当于对土体进行大规模的加载，这在一定程度上也会加剧城市的区域性沉降。

16.5.3 地铁盾构隧道长期沉降的处理措施及方法

1. 微扰动注浆技术

该方法主要用于控制和治理隧道（尤其是盾构隧道）的纵向不均匀沉降。隧道的纵向不均匀沉降会引起隧道结构的损坏（如裂缝，错台等）及结构的渗漏水，同时还会导致轨道线形的不平顺及调整线形后隧道限界不满足要求等工程问题。

采用传统的压密注浆或劈裂注浆技术，一方面由于水泥浆凝结时间较长，容易出现跑浆；另一方面传统方法扰动较大，不适宜已经运营的隧道。而双液浆微扰动注浆技术可以克服以上两点不足：(1) 利用"双泵"将"双液浆"打出，通过特制的混合器使得双液浆充分混合，再通过注浆芯管将浆液注入土体，浆液在压力的作用下使得土体劈开，随着注浆芯管的提升，在土体中形成脉状注浆体，快凝且后期强度高的浆液对于隧道的下卧土层可以起到挤密周围土体，减小孔隙率、增加密实度、提高土体剪切强度和基床系数，达到建立土体自立稳定的效果，可在软弱土体中起到鱼骨效应，形成复合地基，增加地基承载力。(2) 根据隧道沉降曲线各沉降点指标进行分区分阶段注浆治理。在沉降段隧道纵向均匀布置多个注浆孔，实施少量多次注浆。每个注浆孔的注浆也分层分阶段完成，隧道在注浆抬升和注浆间隔时间内的固结沉降的交替作用下逐渐趋于稳定，达到预期的控制沉降、调整隧道纵向曲线的目的。

2. 周边加卸载控制

周边加卸载活动是运营隧道次固结沉降完成后，造成隧道短时内发生较大沉降的主要因素。该种方法更注重在沉降发生之前对可能发生的沉降进行预先控制，对隧道结构造成损伤的风险大大降低，因此适用于任何周边存在工程行为的隧道。

通过国内外调研，隧道周边的工程行为主要包括深大基坑的开挖以及高层建筑基础的成桩，从整体上说，前者是侧向卸荷作用，后者是挤土加载作用，都会对隧道变形和沉降产生影响，当基坑在盾构隧道保护范围以内进行施工时必须在相应的施工阶段采取相应的保护措施以减小其对盾构隧道的影响，从而保证盾构隧道的正常使用。一个新建的高层建筑群桩基础对地铁隧道的影响是伴随着桩基础的全部寿命期的。从最开始的施工阶段，到随后的建筑荷载施加阶段以及后期的正常使用阶段，每个阶段对邻近的已有隧道影响均需要关注。

第 17 章　天津盾构法区间隧道施工安全技术

天津地铁建设在国内起步较早，早在 20 世纪 70 年代就已开始地铁的建设，史称"7047 工程"。近年来随着地铁建设规模、地铁规划里程数的不断扩大，已运营的地铁 1 号线、2 号线、3 号线、5 号线、6 号线、9 号线将与正在建设的 4 号线、7 号线、8 号线、10 号线、11 号线实现多点换乘，为市民出行再提速，使轨道交通进一步为天津地区经济社会发展做出巨大贡献。

伴随地铁建设及运营高速发展的同时，盾构法区间隧道安全保障工作已越来越受到各方的关注，安全管控无疑已成为施工与运营管控工作中的重中之重。

本章节基于天津水文地质特点及工程实例，针对盾构施工常见安全质量问题、施工安全管控关键措施、运营期隧道病害排查处理、既有线自动化监测等方面问题进行了深入阐述。结合工程建设实例，总结天津地铁建设成熟经验技术的同时，明确建设运营阶段保障隧道自身及周边环境安全的控制措施，为软土地区类似工况下盾构法区间隧道施工的安全保障工作，提供有益经验积累。

17.1　盾构法区间隧道施工中存在的安全质量问题

盾构施工是目前城市地铁建设中最普遍使用的先进方法，但是在盾构法应用过程中，受各种因素影响易出现管片破损、管片渗漏、拼装缺陷及隧道污染的问题，严重的上述问题将造成隧道后期运营的安全质量隐患。因此，需要针对盾构施工中出现的此类问题进行详细的分析、研究，制定盾构隧道"四零"（零破损、零渗漏、零缺陷、零污染）施工管控措施，全面提升盾构施工阶段的安全质量管控成效。

1. 管片破损原因分析
（1）管片拼装过程中破损
1）拼装时，由于管片环面之间及相邻两块管片间接触面达不到理想的平行状态，使得管片角部先受力而产生应力集中，导致管片角部破损，如图 17.1.1（a）所示。
2）K 块安装时，由于先行安装的 5 块管片圆度不够，两邻接块间的预留空隙太小，把 K 块强行顶入，易导致 K 块及邻接块接缝处管片破损，如图 17.1.1（b）所示。
3）拼装时管片就位速度过快而产生磕碰导致管片破损。
4）前一环环面不平整，块与块间有错位，导致下一环管片拼装时易产生破损，如图 17.1.1（c）所示。
（2）盾构推进时破损
1）盾构机轴线与管片环向轴线间交角偏大，尤其在小半径圆曲线段，当通用型管片 K 块拼装点位选择不当时，易导致盾尾间隙不均匀或过小，在掘进过程中容易造成管片外壁破损，如图 17.1.2～图 17.1.4 所示。

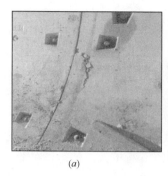 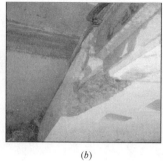 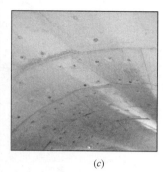

图 17.1.1　拼装过程中管片破损示意图

(a) 环面不平整导致破损；(b) K 块插入困难导致破损；(c) 块与块之间错位导致破损

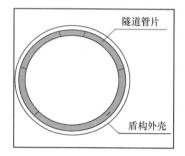 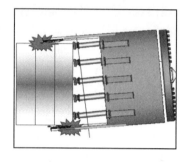

图 17.1.2　间隙分布均匀示意图　　图 17.1.3　盾尾间隙过小示意图

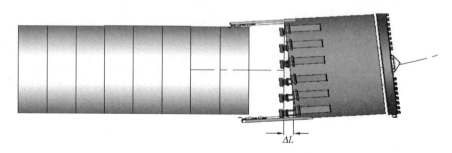

图 17.1.4　左右千斤顶长度合理差值示意图

2) 管片环面不佳，引起管片受力不均匀，从而导致应力集中部位的管片破损（造成衬砌环面不佳有多种原因，如纠偏、拼装质量差、环缝夹泥等）。

3) 盾构推进时，油缸衬垫与管片接触部位是应力集中区。当衬垫面不平整或者衬垫面与管片环面存在夹角，会造成管片破损。

4) 同步注浆浆量分布不合理，易造成管片上浮或侧移，导致管片"卡壳"，易引起管片破损。

2. 隧道渗漏原因分析

(1) 管片自防水存在问题导致渗漏

在管片生产过程中，粘贴密封垫的沟槽部位混凝土振捣不密实有水泡、气泡等缺陷，管片拼装完成后，水绕过密封垫，从蜂窝麻面、气泡孔处渗漏进来，造成渗漏水现象（图 17.1.5）。

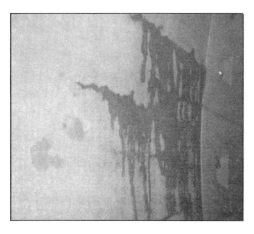 

图 17.1.5 渗漏示意图

(2) 管片止水条、密封垫脱落、破损使管片不能形成闭合的防水圈从而导致渗漏
1) 止水条自身质量存在问题；
2) 管片止水条、弹性橡胶密封垫等粘贴不当、不牢导致渗漏。
(3) 盾构同步注浆不合理导致渗漏
1) 管片注浆过多，注浆压力过大，导致管片上浮、错台从而产生管片破损引发渗漏；
2) 管片注浆不饱满，管片顶部积水，在密封垫压实比较薄弱的地方产生渗漏；
3) 浆液质量不符合要求，不能有效填充盾尾间隙形成良好的防水层从而产生渗漏。
(4) 盾构掘进及管片拼装过程中相关质量问题导致盾构隧道渗漏水

1) 管片存在泥土等杂物未清理导致拼装出现空隙形成漏水（图 17.1.6）；
2) 管片螺栓紧固不到位，造成管片防水没有压实造成渗水，或管片螺栓复紧时机不恰当，导致管片整体未压实造成渗水；
3) 盾构与管片的姿态不好，影响到管片的拼装质量，造成管片间错位，相邻管片止水带不能正常吻合压紧，从而引起漏水；
4) 盾构推进行程不足或每环管片的前 5 块圆度不够导致 K 块插入困难，强行插入导致止水条破损，造成渗漏；

图 17.1.6 管片渗漏

5) 千斤顶撑靴摆放不正导致止水条脱落或破损造成渗漏。
(5) 管片吊装孔渗漏
1) 吊运和拼装过程中的碰撞；管片安装器操作不当造成吊装孔附近混凝土被拔脱，造成渗漏（图 17.1.7）；
2) 管片吊装孔闷头未拧紧或密封圈损坏。
(6) 洞门环梁涸渗

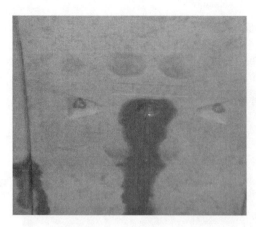

图 17.1.7 管片吊装孔渗漏

1) 环梁与第一环管片接触部位连接效果不好，造成洇渗；
2) 混凝土质量不合格，造成洇渗；
3) 混凝土浇筑不连续或未振捣密实，表面蜂窝、麻面较多，造成洇渗；
4) 止水条安装达不到设计要求，造成洇渗。

3. 隧道缺陷原因分析

（1）轴线偏差

1) 盾构超挖或欠挖，造成盾构在土体内的姿态不好，导致盾构轴线产生过量的偏差；
2) 盾构机在小半径曲线上推进时频繁换站导致测量数据误差累计过大，或盾构纠偏不及时、不到位易引起轴线偏差；
3) 通用型管片 K 块拼装位置选择不当，引起轴线偏差；
4) 管片的下部超前量过大，轴线产生向上的趋势，引起轴线偏差；
5) 同步注浆量不够或浆液质量不好，泌水后引起隧道沉降，引起轴线偏差；
6) 隧道成型后，由于受地下承压水影响导致隧道"上浮"，引起轴线偏差。

（2）管片错台

1) 拼装过程中操作不当导致管片错台；
2) 管片质量不满足要求，形状有偏差导致管片错台；
3) 由于盾尾间隙过小、各千斤顶推力相差过大等，导致管片拼装或盾构推进过程中出现错台（图 17.1.8）。
4) 管片上浮或下沉造成错台（图 17.1.9）。

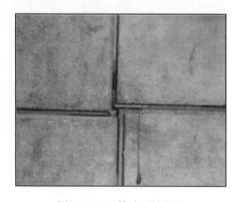

图 17.1.8 管片环缝错台

图 17.1.9 管片纵向错台

（3）管片扭转

1) 在盾构推进过程中，受到盾构刀盘扭矩的影响，拼装成环的管片拼装位置与设计值相比旋转了一定角度；
2) 盾构刀盘左右旋转方向不均衡，刀盘朝一个方向旋转时间过长；
3) 同步注浆效果不理想，造成土体无法提供足够的摩擦阻力以约束管片的扭转；

4）管片螺栓未足够紧固，故无法有效地传递力矩。

（4）管片上浮或侧移

1）管片与周围土体间空隙较大且不均匀，注浆时操作难度大，而且填充效果差，从而导致顶部回填注浆难以密实，极易发生管片上浮或侧移（图17.1.10）；

2）当管片脱出盾尾由于浮力的作用，导致管片上浮或侧移；

3）盾构在曲线段推进过程中，管片由于受力不均导致上浮或侧移，管片上浮引起的错台如图17.1.11所示。

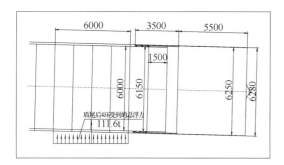

图17.1.10 管片上浮示意图

图17.1.11 管片上浮引起错台示意图

（5）管片椭圆度过大原因分析

1）盾尾变形，管片无法在盾尾内拼装成正圆，只能拼装成椭圆形；

2）管片的环面与盾构轴线不垂直，使管片与盾构的中心不同心；

3）注浆压力不均匀导致管片椭圆度过大；

4）四周土压力不均衡引起椭圆度过大。

（6）地面沉降原因分析

1）盾构机推进超挖或欠挖造成地面沉降；

2）盾构机推进各项参数控制不合理，造成地层扰动过大导致地面沉降；

3）盾构纠偏不当，纠偏量过大导致地面沉降；

4）同步注浆不及时，注浆量不足或注浆压力不适当导致地面沉降；

5）隧道渗漏造成地层损失导致地面沉降。

4. 隧道污染原因分析

（1）防水材料粘贴作业时，粘贴剂洒落到管片上，对管片造成污染；

（2）盾构机油管老化，连接处渗漏产生油污对管片造成污染；

（3）皮带机出土时渣土洒落造成污染；

（4）渣土运输时，由于土箱装载过多或电瓶车速度过快使渣土洒落而造成污染；

（5）同步注浆浆液运输时浆车出浆口封闭不严或出浆口连接管路渗漏造成隧道污染；

（6）进行管片堵漏、管片修补、手孔嵌缝作业时，洒落的浆液、密封胶等清理不及时造成污染；

（7）隧道内走道板、照明灯具基座等大量使用的铁制品易产生锈蚀，锈水滴落至隧道导致污染；

（8）作业人员未按照文明施工相关要求进行作业，随意丢弃垃圾、涂抹管片，造成污染。

17.2 盾构法区间隧道施工安全管控关键措施

17.2.1 盾构法区间隧道施工前安全管控措施

1. 盾构施工准备阶段

(1) 盾构机选型及评估应结合工程实际水文地质、隧道外径、风险源管控要求、技术管理力量、盾构机维保情况、调试存在问题等因素合理确定,并组织专家论证后确定;建立盾构机故障台账,对刀盘、主轴承、推进铰接、拼装机、螺旋机(土压平衡)、泥水系统阀组(泥水平衡)等主要系统在掘进试验段后进行二次验收。

(2) 洞门预埋钢环验收内容应包括钢板厚度、焊缝质量、单节钢环矢长、现场试拼装数据、预埋件位置及安装后尺寸、钢环周边混凝土浇筑密实度等主要内容。

(3) 始发托架、轨道梁、反力架和负环安装定位精度及固定措施应满足始发隧道中心精度要求;始发托架强度应满足盾构自重及始发纠偏时产生的集中荷载,高程可提高 10~20mm 并考虑盾构机栽头防范措施,小半径曲线段始发应考虑割线始发;负环空拼施工应采取措施防止下沉及失圆,拼装阶段宜在盾尾内设置导向装置,管片推出盾尾后宜采用 $\phi 20mm$ 钢丝绳外侧勒紧措施,负环管片与始发托架钢轨间隙采用木楔楔紧;确保负环环面与反力架、反力架与车站结构传力均匀。

(4) 盾尾密封刷、弹簧钢板应进行专项验收,手涂油脂涂抹应充分均匀,油脂耐水压性不小于 0.6MPa,更换泵送型油脂前应进行压注泵送试验。

2. 盾构机吊装

(1) 盾构吊装属于超一定规模危险性较大分部分项工程,需严格执行方案论证、施工条件验收、重点环节验收等相关管控要求。

(2) 盾构吊装前应复核地基承载力、端头土体加固效果、作业环境等内容是否与方案一致;工况发生重大变化时应重新组织方案论证工作。起重吊装设备站位于车站结构上的,还需设计单位进行结构安全复核,施工过程中施工单位对结构应进行必要项目的监测。

(3) 吊耳焊接按照Ⅰ级焊缝实行专项验收,吊耳焊接区域必须打磨干净,采用双 V 形坡口焊接,焊接过程应连续,专项验收应包括吊耳原材、焊接位置角度、焊接材料、焊缝尺寸及无损探伤检测,全项检测合格后方可进行试吊作业。

3. 管片修补

(1) 管片生产厂缺陷管片修补

1) 有质量缺陷、待修的管片存放在待修区;废品管片应用红色油漆打叉标识,并堆放在特别设置的废品区。

2) 生产单位要编制缺陷修补专项方案,经监理单位批准后执行。

3) 破损修补。破损不严重的管片可以修补后使用。宜使用专用的、抗裂性能好的修补砂浆,修补砂浆要出具配合比。砂浆的 28d 标准养护抗压强度,设计有规定的,符合设计规定,设计无规定的,不低于 50MPa。

管片修补前应将待修处清理干净，视修补砂浆要求用水润湿或涂刷界面剂，然后填抹砂浆。如果缺陷深度较大，应分层填抹，防止砂浆开裂。砂浆填抹完成后及时修面，保证管片尺寸精度及表面平整度满足要求。修补好的管片及时粘贴塑料薄膜保湿养护。

施工单位每工班成型砂浆抗压试件一组，监理单位见证。监理单位按5%做平行试验。

修补质量要求：粘接牢固，无裂纹，无显著色差，光洁度与管片类似。表面弧度或平整度与管片必须吻合，在被检面上任意选取一条直线，用30cm直尺检查，平整度不大于2mm。

4) 蜂窝修补。用水泥浆填满抹平。由于水泥浆收缩量大，较大的蜂窝可分两次填满。水泥浆凝固后用砂布打磨平整，要求无显著色差。水泥浆可掺入改色、防裂等功能性材料。

5) 管片修补完成后，填写《管片修补记录表》，生产单位和监理单位签字确认。管片修补记录表作为管片生产资料存档。

(2) 盾构施工破损管片修补

1) 施工单位要编制缺陷修补专项方案，经监理批准后执行。

2) 裂缝修补。不渗水裂缝采用低压注环氧树脂封闭处理，注环氧树脂必须在干燥环境下进行。渗水裂缝先注浆堵漏，再做低压注环氧树脂封闭处理。

3) 破损修补。面积小于$4dm^2$的破损，未影响到止水效果，也未影响正常使用的轻微破损，参照前述破损修补要求执行。

面积大于$4dm^2$的一般性破损，但不影响到止水效果，也未影响正常使用的，先挂$s=5cm×5cm$、$d=4mm$钢丝网片后，再进行修补。

破损已影响到止水效果的，或缺损范围较大，已影响正常使用的严重破损。先对管片背后进行注浆加固，再挂钢丝网片后进行修补。严重破损的修补，要一处一方案，报监理审批后实施。

4) 管片修补应依据监理审批后的专项修补方案要求执行，修补材料强度不低于管片强度，嵌缝槽位置修补应采用与管片同强度等级聚合物水泥砂浆修复，并详细准确记录至修补记录。

5) 管片修补完成后，填写管片修补记录表，施工单位和监理单位签字确认。管片修补记录表作为盾构施工资料存档。

17.2.2 盾构法始发接收环节关键管控措施

1. 结合天津地区的成熟做法及施工经验，在满足常规加固设计中的相关要求外，盾构始发接收端头土体加固需要考虑并满足以下方面要求：

(1) 盾构井端头加固体与地下连续墙之间的间隙，必须进行止水加固，如进行旋喷加固必须使用双重管及以上的旋喷施工设备。

(2) 盾构始发、到达前，必须对盾构隧道腰部以下与地下连续墙形成的"死角"进行止水加固处理，必须对盾构隧道与地下连续墙形成的周围"死角"进行探水，确认无地下水土流失方可进行始发或接收作业。

(3) 加固后的洞口段地层具有良好的均匀性和自立性，土体无侧限抗压强度及渗透率、冻结效果分析应满足设计要求；洞门范围均匀布设 9 个探孔，探孔深度应进入加固体，探孔直径不宜小于 100mm。水平注浆、探水钻孔作业，必须使用孔口装置，且穿过主体结构与外侧地连墙连接长度须不小于 20cm。

（4）盾构井始发接收端头土体加固采用冷冻法施工的，必须进行水质含盐量测定，并对周边环境进行降水调查。盾构在始发或接收过程中必须确保隧道外围的冷冻加固体处于维持冻结状态，同时组织好各工序间的衔接，防止盾构机刀盘、外壳被冻住，并需要在应急预案及物资中考虑防冻解冻方面内容。

2. 盾构始发接收的施工条件验收作为风险管理的有力措施，需要在验收环节加强以下工作：

（1）应根据工程特点明确需进行条件验收的重要部位和环节，参照《天津地铁建设工程重要环节开工条件验收管理办法》，并参照文件进行验收前的准备和自检，条件验收包括：盾构始发接收、盾构开仓作业、更换盾尾刷、重大风险源穿越等。

（2）应根据相关规定逐项进行自检自评，合格后向监理单位提出条件验收申请。监理单位收到施工单位验收申请后，应对施工前条件验收项目进行复验，复验符合要求后上报建设单位组织条件验收会。

（3）盾构施工条件验收由建设单位组织，参加人员包括：总监理工程师、总包单位负责人（涉及专业分包的还应要求专业分包单位参加）、监测单位项目负责人、勘察设计单位驻场代表和相关专家，市质量安全监察总队监督验收。

3. 盾构始发方面需重点注意以下方面内容：

（1）盾构始发托架应进行测量复核，托架位置应确保盾构机始发测量轴线符合洞门钢环实际位置，确保盾壳进入洞门钢环时不拉坏洞门折页翻板和盾构出加固区后轴线符合设计要求。

（2）盾构始发施工阶段，盾尾进入洞门后宜立即用快硬水泥在折页翻板外侧进行封堵，尽早开始进行洞门封堵注浆，确保洞门密实性良好。

（3）处于平面曲线半径不大于 400m 的圆曲线始发工况下，可考虑适当扩大洞门钢圈，实际始发架割线偏离量可按照不大于理论计算量的 80% 进行确定，并综合考虑车站结构及后配套台车限界、隧道限界、反力架加固、洞门防水等问题。

（4）地下三层和地下四层站点进行盾构始发施工，优先采用小钢箱和双道橡胶帘布带工艺。配合采用小钢箱措施时，为便于小钢箱固定，可考虑适当加宽盾构预埋钢环翼板宽度。橡胶帘布带与折页压板可结合实际情况加长，并宜在洞圈内侧加设止水措施。小钢箱内充填惰性浆液的时机及浆液指标（包含浆液组成、配比）须针对性设计。

4. 盾构接收方面需重点注意以下方面内容：

（1）地下二层站点盾构接收宜采用二次接收工艺。

（2）地下三层和四层站点盾构接收为保证接收安全可采用混凝土明洞或钢套箱接收工艺。

（3）混凝土明洞破除或钢套筒拆除前，需利用管片吊装孔对钢环及围护结构对应位置进行深层探水，确认加固止水效果满足要求后再进行下一步施工。明洞破除及钢套筒拆除阶段以防范洞门涌水涌砂为首要要求，首先分步凿除靠近洞门侧明洞盖板，随后分步分层对洞门两侧土体进行探挖，每层探挖深度不超过 500mm，过程中及时利用钢板、双快水泥封堵间隙。

17.2.3 盾构掘进及拼装施工环节关键管控措施

（1）盾构始发接收井口应布设不少于3个控制点，隧道宜布设交叉双导线。盾构初始姿态人工测量与导向系统测量校差不应大于两倍点位测量中误差。

（2）盾构进洞范围10环的纵向拉紧装置设置不少于6道［14b及以上规格槽钢，进洞段拉紧装置应待环梁施工后拆除。

（3）隧道轴线掘进拼装施工允许偏差为±50mm，成型隧道轴线允许偏差为±100mm，隧道轴线控制宜逐环小量纠偏，不应过量纠偏，应以不损坏已安装管片及下一环顺利拼装为原则，采取措施控制滚动角、俯仰角在规范允许范围内。掘进阶段偏差较大时应停工分析，并与线路设计单位初步拟定纠偏方案。

（4）在盾构推进及管片拼装的过程中，开挖面的平衡土压力发生过量异常的持续波动时，应复核推进与螺旋机参数是否匹配、渣土改良是否有效、出土闸门开度、千斤顶泄压等问题。

（5）每环掘进前后应对盾尾间隙、千斤顶油缸行程差进行不少于两次准确测量，行程差宜控制在100mm内；纠偏段盾尾间隙测量宜为8点位测量，盾尾间隙量宜控制在20～40mm。

（6）土仓压力控制值、掘进速度、推力选定应合理确定，出渣量宜控制在98%～102%，匀速推进减少地层损失率，及时填充浆液减小超挖对原状土层的扰动。

（7）穿越重要风险源施工阶段宜采用优质盾尾油脂；推进及拼装过程中结合姿态合理压注盾尾油脂，减少盾尾刷与管片相互干涉，保持盾尾密封性能。

（8）同步浆液配比应结合实际工况动态优化，宜采用含水泥的可硬性浆液，具备良好和易性、泵送性，细砂含量不宜小于$700kg/m^3$；自拌条件下应定期清洗拌浆罐，拌浆用水分次加注，浆液测试项目应包含稠度、密度、初凝值、泌水量、抗压强度。管片吊装孔应及时安装堵头，确保不发生注浆孔渗漏。

（9）使用泡沫剂、高分子聚合物配合进行渣土改良时，泡沫溶液含量可为5%～10%，泡沫注入量约为$300～600L/m^3$，改善渣土流塑性及止水性，稳定开挖面。

（10）管片拼装前应对盾尾杂物及积泥、泥水进行清理，并查看管片橡胶密封条是否粘贴到位，连接螺栓应在拼装后、脱出盾尾后、相邻3环成环阶段完成3次复紧，螺栓、螺母、垫片机械性能等级及紧固扭矩值应满足规范及设计要求。

（11）在推进过程中如需进行更换盾尾刷、打开螺旋输送机等可能会导致地下水沙喷涌的作业，总包单位须经过上报、论证程序，完善安全措施后由监理监督作业。

（12）盾构穿越［建（构）筑物、铁路、河流等情况］风险源施工应满足以下特殊要求：

1）盾构穿越铁路、桥梁、建（构）筑物、大型管线、河流湖泊、主干道路、不良地质地段（以下简称"穿越施工"）时，必须对同步浆液的稠度进行现场测试，浆液水泥含量不得低于$120kg/m^3$，稠度不得大于11，浆液初凝时间不得大于6h。

2）盾构穿越施工时，必须进行"持续注浆"，即：除同步注浆和二次注浆外，盾尾与二次注浆之间的管片（一般为5～8环），在不能实现二次注浆之前必须进行间歇注浆。必须保证从同步注浆开始，盾尾以后的所有管片都能实现即时注浆，以控制地表沉降。

3）盾构穿越施工时，必须加大监测频率，根据监测数据及时调整土仓压力、注浆压力及注浆量。

4）盾构穿越重大风险源施工时，应加强盾构姿态和管片拼装姿态的协调性管控，每环纠偏量不得大于4mm。在含承压水地层中推进施工时，必须使用优质盾尾油脂，加大注入量，避免盾尾漏浆、涌水（砂）。

5）盾构穿越施工时，必须坚持精细化施工，每天至少两次进行穿越过程书面作业，即：核对盾构机与地面建（构）筑物的精确相对关系，分析监测结果，对沉降部位及时采取措施。

17.2.4 联络通道及泵站施工

目前，天津地区主要依据《城市轨道交通冻结法设计施工技术规程》DB/T 29—251—2018要求进行工程勘察、设计、施工、检测、监测及验收工作，除规范中相关要求外，需要对以下方面内容进行考虑：

1. 冻结孔施工

应根据孔位偏差、补孔情况绘制实际孔位图并交由设计单位予以确认是否满足设计要求。

2. 测温孔布置

集水井中部应布置1个以上测温孔，深度应保证监测集水井底部测温。

3. 冻结工程收尾工作

冻结管拔除、充填、封孔应留存原始记录，对未拔除管路的处理措施应由监理单位、专业承包单位、总承包单位共同确认，留档备查。

4. 开挖与构筑

（1）开挖施工需严格遵守施工条件验收及重点环节实施细则要求，应急物资数量位置应满足应急要求并定期检查补充。

（2）试挖过程中出现大量泥水流出且开挖面自立性较差时应立即采取措施进行封闭填充，召开专项会议研究解决方案。

（3）喇叭口位置开挖及防水施工应参照重点环节实施细则要求执行。

（4）密闭门、冻结管耐压试验及每步开挖前超前探挖工作，均应由监理单位及施工单位、总承包单位共同确认。

5. 周边环境监控量测

施工期间监测项目应包括联络通道拱顶沉降、侧墙水平位移监测、影响范围内车站结构、隧道管片、地下管线、建（构）筑物变形，隧道沉降收敛监测点宜利用隧道内原有测点，监测预警值宜参考较严格标准执行。

6. 冻结站运行

（1）冻结站正式验收前应对制冷系统设备进行试运转，校核设备蒸发温度、冷凝温度、制冷温度和冷量供给能力，设备制冷效率下降情况应反馈设计单位确认。

（2）备用电源、备用冷冻站、备用管路、备用氯化钙等机械物资数量位置应能保证24h内恢复土体积极冻结。

(3) 冷却塔位于车站结构内的情况下，应采取措施对其周边成品进行保护。

17.2.5 盾构法施工应急管理关键管控措施

天津市区盾构法施工掘进阶段应急管控的重难点主要围绕盾构机处于承压水层条件下掘进、拼装、临时停机时可能存在的风险，一般包括以下险情：

(1) 螺旋输送机出土口发生喷涌；
(2) 盾尾漏浆；
(3) 铰接处漏水；
(4) 盾构机轴线偏差超规范；
(5) 管片拼缝处漏水、漏浆；
(6) 渗漏及地层应力释放等原因导致隧道上方建（构）筑物、管线沉降开裂。

对应的常规险情处理方法，一般包括以下方法：

(1) 立即关闭螺旋输送机阀门，并向土仓内打入膨润土、高分子聚合物等渣土改良材料以控制建立土仓内的土压并控制喷涌。
(2) 加大盾尾油脂的用量，盾尾间隙内填塞棉纱、海绵条、钢丝球等材料，及时在接近盾尾处进行环箍注浆。
(3) 在盾构工作面配置适量的注浆材料和木楔、棉纱、麻丝等堵漏材料和工具；及时对拼缝处填塞，并对渗漏处进行注浆。
(4) 合理配置推进油缸编组，合理进行管片选型以纠正偏差；盾构掘进时及时进行姿态调整，确保盾尾间隙及管片拼装质量的前提下，每环纠偏量尽量不大于4mm。
(5) 及时对拼缝处填塞（如用水不漏），并对渗漏处进行注油性聚氨酯封堵。
(6) 施工前与管线产权单位建立联系，采取有效措施对管线进行保护。根据监测数据及时调整掘进参数，增加同步注浆量，及时实施二次注浆，控制地表沉降变形。

结合天津地区实施经验，针对盾构施工阶段应急资源最低配备标准及盾尾渗漏应急处置流程、管片渗漏应急处置流程、螺旋机喷涌应急处置流程制定了如下图表（表17.2.1、图17.2.1～图17.2.3），便于实施阶段参照执行。

盾构、联络通道阶段应急资源配备标准　　　　表17.2.1

序号	设备名称	规格型号	数量	序号	设备名称	规格型号	数量
1	聚氨酯注浆泵	大流量	1台	9	海绵条		20m
2	地质钻机		1台	10	弧形钢板		6块
3	双液注浆泵		2台	11	聚氨酯	油性	1t
4	发电机	150kW 配柴油2桶	1台	12	木楔子	各种尺寸	20个
5	水泵	大扬程	3台	13	防毒面具		10个
6	开关箱	每个配套电缆150m	5个	14	棉被		5条
7	搅拌桶		2套	15	橡胶管	配合盾尾间隙	20m
8	球阀	与管片吊装孔连接	5个	16	沙袋		50袋

续表

序号	设备名称	规格型号	数量	序号	设备名称	规格型号	数量
17	水玻璃	40波美度	2t	23	水玻璃	40波美度	2t
18	水泥	P.O42.5	20t	24	聚氨酯	油性	1t
19	米字支撑钢架		10榀	25	棉被		20条
20	水泥	P.O42.5	20t	26	双快水泥		2t
21	石子		20方	27	编织袋		1000个
22	沙子		20方				

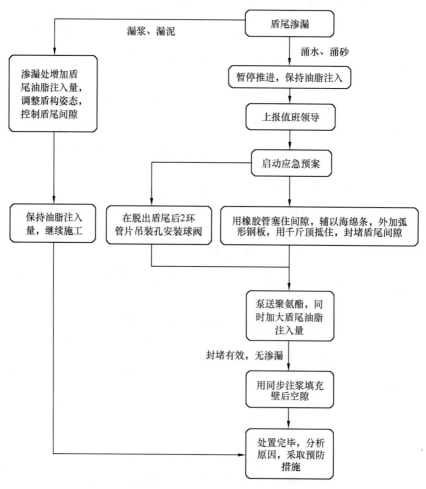

注：盾尾渗漏涉及的物资包括但不限于：能与管片吊装孔连接的球阀、橡胶管、海绵条、弧形钢板、专业聚氨酯泵、油性聚氨酯等。

图17.2.1 盾尾渗漏应急处置流程卡

第17章 天津盾构法区间隧道施工安全技术

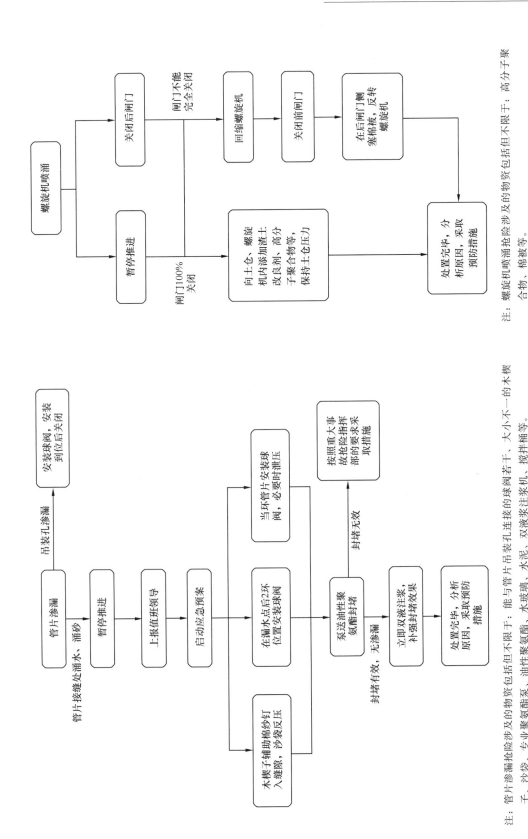

注：螺旋机喷涌抢险涉及的物资包括但不限于：高分子聚合物、棉被等。

图17.2.3 螺旋机喷涌应急处置流程卡

注：管片渗漏抢险涉及的物资包括但不限于：能与管片吊装孔连接的球阀若干、大小不一的木楔子、沙袋、专业聚氨酯泵、油性聚氨酯、水玻璃、水泥、双液浆注浆机、搅拌桶等。

图17.2.2 管片渗漏应急处置流程卡

397

17.3 已运营车站、隧道区间病害排查分析与处理

17.3.1 已运营车站、隧道区间的病害排查检测内容

隧道现状检测项目一般包括以下方面内容：
（1）结构平面、断面测量；
（2）结构使用现状检测；
（3）混凝土强度检测。

17.3.2 病害排查检测方法

1. 结构平面、断面测量

对于既有结构平面位置和构件尺寸的检测采用查找竣工资料、现场实测和采用扫描平台快速获取地下结构综合数字图像和点位坐标等信息相结合的方式进行检测。

2. 结构使用现状检测

对于检测区域范围内结构使用现状（是否出现较大变形、剥落、露筋等损伤）、结构渗水情况、裂缝调查（裂缝展开图）等，目前普遍采用隧道激光全息成像扫描系统以高密度的激光扫描点云生成隧道内壁的正射影像图，影像分辨率可达 5mm×5mm，该影像将圆柱状的隧道内壁沿隧道中轴线方向切割并在环片周长方向延展开形成平面，具有变形小、无阴影、影像亮度不受隧道光线明暗影响等特点（图 17.3.1）。

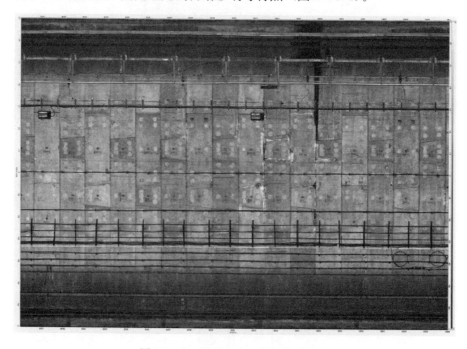

图 17.3.1 隧道内壁正射影像图示例

根据正射影像图，可对车站、隧道内壁的泗湿、裂缝、砂浆疏松、剥落缺损等病害进

行识别和标注，同时这些标注带有里程信息，必要时可对标注的病害辅以实地调查和辨别确认，标注完成后，可生成对应里程区段的病害标注图，不同病害对应不同的颜色和图例符号，便于读图。同时，生成病害数量在各里程处的分布直方图使得病害分布一目了然。

3. 混凝土强度检测

（1）仪器设备

回弹仪、1‰酚酞酒精溶液、游标卡尺、电钻、吹球、钢砧。

（2）检测方法

回弹法是根据回弹仪中运动的重锤以一定冲击动能撞击顶在混凝土表面的冲击杆后，重锤回弹并带动指针滑块，得到反映重锤回弹高度的回弹值，以回弹值推算混凝土强度。检测前先在钢砧上做率定试验。再对混凝土构件表面进行处理，测试面清洁、平整、干燥，没有饰面层、浮浆、蜂窝、麻面等，避开气孔或外露石子，及凹陷、混有杂物等异常区域和部位。在被测混凝土构件上均匀布置测区。测区均匀分布，避开钢筋和铁制预埋件。测量回弹值时，回弹仪轴线始终垂直于混凝土检测面，缓慢施压，准确读数、快速复位。

回弹值测量完毕后，在有代表性的测区上测量碳化深度值。用电动冲击钻在回弹值的测区内，钻一个直径20mm的孔洞。测量混凝土碳化深度时，将孔洞内的混凝土粉末清除干净，用1‰酚酞酒精溶液滴在孔洞内壁的边缘处，再用游标卡尺测量混凝土碳化深度值。

（3）检测技术要求

每一结构或构件的测区符合下列规定：

1) 每一结构或构件测区数不宜少于10个，对某一方向尺寸小于4.5m且另一方向尺寸小于0.3m的构件，其测区数量可适当减少，但不少于5个。

2) 相邻两测区的间距控制在2m左右，测区离构件端部或施工缝边缘的距离不宜大于0.5m，且不宜小于0.2m。

3) 测区宜选在能使回弹仪处于水平方向的混凝土浇筑侧面。当不能满足这一要求时，也可以选在使回弹仪处于非水平方向的混凝土浇筑表面或底面。

4) 测区宜布置在构件的两个对称的可测面上，当不能布置在对称的可测面上时，也可布置在同一可测面上，且均匀分布。在构件的重要部位及薄弱部位需布置测区，并避开预埋件。

5) 测区的面积不宜大于$0.04m^2$。

6) 测区表面为混凝土表面，并需清洁、平整，不应有疏松层、浮浆、油垢、涂层以及蜂窝、麻面，必要时可用砂轮清除疏松层和杂物，且不留有残留的粉末或碎屑。

7) 对于弹击时产生颤动的薄壁、小型构件进行固定。

8) 结构或构件的测区标有清晰的编号，必要时在记录纸上绘制测区布置示意图和描述外观质量情况。

（4）回弹值测量

1) 每次进行回弹检测前和检测结束时，回弹仪均在钢砧上进行率定，确保回弹检测数值的准确性及可靠性。

2) 测量回弹值前，用砂石将构件待测面表面的浮浆抹掉，并用毛刷清扫干净。

3)测量回弹值时,回弹仪的轴线始终垂直于混凝土检测面,并缓慢施压、准确读数、快速复位。

4)每一测区读取16个回弹值,每一测点的回弹值读书精确至1。测点宜在测区范围内均匀分布,相邻两测点的净距离不宜小于20mm;测点距外露钢筋、预埋件的距离不宜小于30mm;测点不在气孔或外露石子上,同一测点只弹击一次。

5)检测泵送混凝土强度时,测区选在混凝土浇筑侧面。

(5)碳化深度值测量

1)回弹值测量完毕后,在有代表性的测区上测量碳化深度值(d_m),测点数不少于构件测区数的30%,取其平均值作为该构件每个测区的碳化深度值。当碳化深度值极差大于2.0mm时,在每一测区分别测量碳化深度值。

2)碳化深度值的测量符合下列规定:

① 可采用工具在测区表面形成直径约15mm的孔洞,其深度大于混凝土的碳化深度;

② 清除孔洞中的粉末和碎屑,且不得用水擦洗;

③ 采用浓度为1%的酚酞酒精溶液滴在孔洞内壁的边缘处,当已碳化与未碳化界线清晰时,采用碳化深度测量仪测量已碳化与未碳化混凝土交界面到混凝土表面的垂直距离,并测量3次,每次读数精确至0.25mm;

④ 取三次测量的平均值作为检测结果,并精确至0.5mm。

17.4 运营期间隧道监测项目及控制要点

受实际条件限制,运营期间隧道监测控制要点是以自动化监测为依托,对监测项目及监测频率的合理确定及预警阈值的判定及响应。

1. 对运营期间既有线隧道实施自动化监测

盾构隧道沿线地面的沉降监测、拱顶沉降、净空收敛,盾构隧道施工影响范围内的建筑物的沉降和倾斜监测、地下管线的沉降监测。

对所穿越隧道的沉降情况实施24h自动化监测。监测范围一般以既有线区间隧道上、下行线与施工区间上、下行线相交处,沿既有隧道边缘两侧各40m范围,其中20m范围内按间距每5m设一个监测断面,其余按照每10m设置一个断面。自动化监测项目频率:施工关键期1次/30min,一般施工状态1次/2h(从开工前一周至数据稳定为止)。

2. 对既有线上方地面环境监测

对施工线路上方进行地面沉降、地下管线变形、地下水位等监测时,沿施工区间纵向在下穿既有线段的测点间距加密至5m,如图17.4.1、图17.4.2所示。

3. 运营期间既有线监测控制标准

为了减少沉降的累计,便于地铁运营部门采取措施及时将每天沉降消除,应以运营相关各站段维护检修标准作为过程控制依据:轨道沉降以2mm/d进行控制;实际施工中可按照设计规定的70%作为监测警戒值。当实测值位于阈值70%以下安全,可正常施工;当实测值处于阈值70%~90%有安全隐患,边处理边施工;当实测值超过阈值90%出现险情,立即停止施工,进行应急抢险处理。

例如:对于轨道沉降,当日变化量小于1.4mm时,可正常施工;大于1.4mm小于

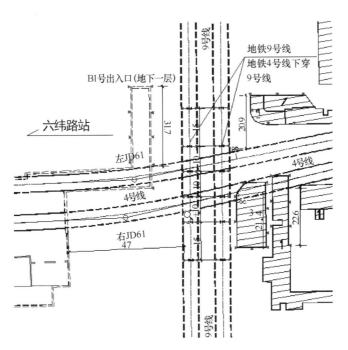

图 17.4.1 既有线区间监测平面图

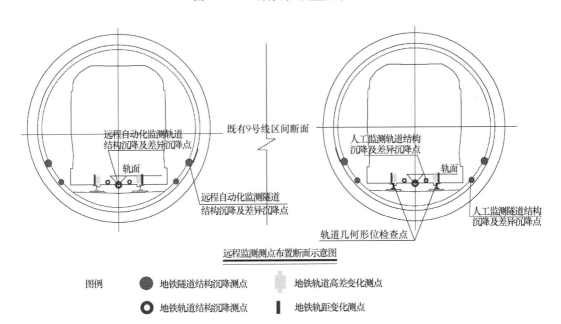

图 17.4.2 既有线区间监测断面图

1.8mm时,边处理边施工;大于1.8mm时,进行抢险处理。

4. 监测信息反馈程序

建立监控及信息反馈的联动机制。数据采集处理后,形成监测日报、周报、月报等文字信息材料,报送地铁相关部门、业主单位、监理单位、设计单位(图 17.4.3)。每天获得最新监测数据,并形成日报,日报包括:盾构推进里程与地铁位置关系和监测测点位置

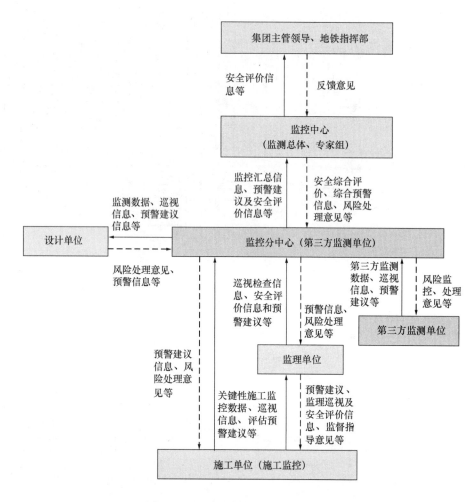

图 17.4.3　监测报表反馈流程示意图

关系平面示意图，监测测点的变化报表，测点变化历时曲线图及必要的文字分析。当达到警戒值时，应立即采取如下措施：

(1) 及时通报上述各单位，以短信、电话等快报形式，务求快速、及时；

(2) 通知施工采取必要措施，消除隐患，确保安全。

17.5　小净距隧道施工影响机理及变形控制措施实例分析

盾构重叠隧道施工是目前城市地铁建设中的难点之一，天津地铁截至目前已成功实施多个重叠隧道区间，其中全国距离最长的重叠隧道区间（地铁5号线成津区间）和6号线肿瘤医院站及相邻的4个区间、8条盾构隧道组成的交叉重叠（麻花状）隧道群都在业界享誉盛名。本章节以分析地铁5号线成津区间重叠隧道穿越来安里小区、津山铁路的复杂工况实例入手，分析总结小净距隧道施工的影响机理及变形控制措施。

17.5.1 工程概述

1. 工程概况

（1）成林道站—津塘路站区间工程概况

天津地铁 5 号线工程土建施工第 15 合同段：共 1 站 2 区间，津塘路站、成林道站—津塘路站区间、津塘路站—直沽站区间。其中成林道站—津塘路站区间右线起讫里程为 DK19+084.540～DK20+433.000，全长 1348.535m；区间左线起讫里程为 DK19+084.840～DK20+433.000，全长 1348.235m。区间左右线上下重叠布设，最小净距 2.28m。线路起于成林道站，沿东风桥东侧路下敷设，近距离侧穿东风桥、来安里住宅楼之后，依次下穿东风桥桩基托换点、国铁津山线（天津车辆段）6 股铁路股道、河东绿化监管所及直沽街后到达津塘路站，沿线市政管线繁多（图 17.5.1）。

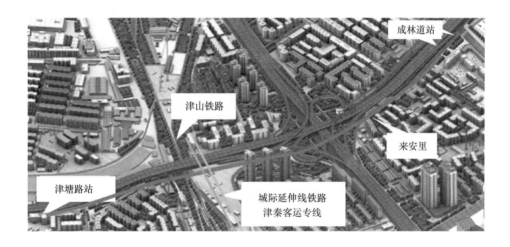

图 17.5.1 成林道站—津塘路站区间线路平面示意图

区间线路出成林道站后，右线以 3‰的坡度下坡，4‰、24.579‰的坡度上坡到达津塘路站，左线以 11.3‰、3‰的坡度下坡，4.1‰、11.761‰的坡度上坡到达津塘路站，最小曲线半径 350m。区间结构顶部覆土厚度约 5.16～11.2m，两隧道结构净距为 2.28～9.17m。

（2）来安里概况

盾构区间在里程 DK19+322.23～DK19+449.5 以圆曲线半径 $R=800$m 侧穿来安里 1 号、2 号楼（图 17.5.2～图 17.5.4）。1 号楼修建于 1989 年，基础为条形基础，6 层砖混结构，建筑面积 4013m²，与区间结构最小平面距离为 1m。2 号楼修建于 1989 年，基础为沉管灌注桩基础（桩径 ϕ400、桩长 16m），6 层砖混结构，建筑面积 5679m²，与区间结构最小平面距离为 1.2m。盾构隧道覆土厚度 8.16m，两隧道结构净距 7.34～7.8m。

来安里 1 号楼一层为商铺，底商 7 个，二层以上为住户，一梯三户及一梯二户，总共 70 户。来安里 2 号楼一层为商铺，底商 12 个，二层以上为住户，一梯三户及一梯二户，总共 136 户（图 17.5.5、图 17.5.6）。

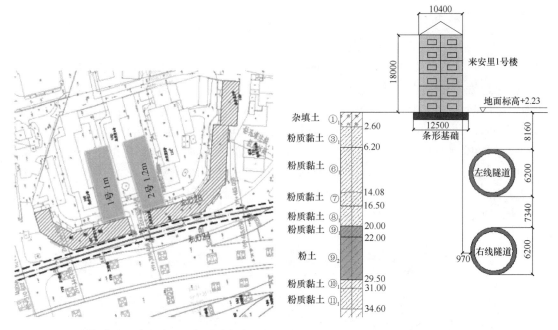

图 17.5.2 成林道站—津塘路站区间隧道与来安里 1 号、2 号居民楼平面关系图

图 17.5.3 成林道站—津塘路站区间隧道与来安里 1 号居民楼立面关系图

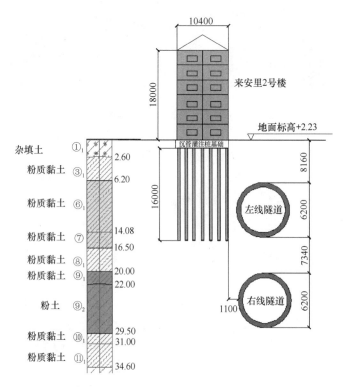

图 17.5.4 成林道站—津塘路站区间隧道与来安里 2 号居民楼立面关系图

图 17.5.5　来安里 1 号楼　　　　　　图 17.5.6　来安里 2 号楼

(3) 津山铁路概况

本区间盾构机从津塘路站始发后约 414m 进入国铁铁路群范围，在里程 DK19+909.3～DK20+020.290 范围（左线 344 环至 437 环，右线 344 环至 437 环）穿越铁路群，铁路群区域穿越长度共计约 111m（包含两铁路之间的相邻段），先后分别下穿普速铁路津山线、高速铁路津秦客运专线与京津城际延伸线（表 17.5.1）。

盾构施工穿越铁路情况简表　　　　表 17.5.1

地铁里程	对应国铁名称	对应国铁里程	夹角	盾构覆土（m）
DK19+918.745	津秦客运专线上行线	K20+206.38	85°08′38″	9.161*
DK19+923.161	津秦客运专线下行线	K20+206.38	85°08′38″	9.16*
DK19+993.173	天津站Ⅳ-38 道	津山 K142+900	89°57′59″	11.14
DK19+999.490	天津站Ⅳ-23 道	津山 K142+900	88°4′48″	11.18
DK20+004.530	天津站Ⅳ-3 道	津山 K142+900	87°40′12″	11.22
DK20+008.54	津山线下行	津山 K142+900	87°33′	11.25
DK20+014.800	津山线上行	津山 K142+900	87°6′	11.255
DK20+020.290	天津站Ⅳ-4 道	津山 K142+900	83°39′	11.26

注：表格中 * 表示管片距预留通道盖板底部的净距。

区间左、右线隧道以圆曲线半径 $R=500m$ 穿越津山线咽喉区多股铁路线路（总共 6 股道、3 组道岔），与津山线路成 89°～96°立面交叉，穿越长度约 27.2m（图 17.5.7）。该段区间重叠隧道均为下坡，左线坡度为 0.41%，右线坡度为 0.4%，上下区间结构净距 6.62m，上部盾构区间覆土为 9.82～10m（未计算道床厚度）。

穿越范围内铁路为碎石道床，除Ⅳ-23 道道岔为木轨枕，其余为钢筋混凝土轨枕，高路基（图 17.5.8）。穿越津山线过程中左、右线需侧穿 4 根接触网杆（249 号、250 号、251 号、252 号）、3 组道岔及信号灯 2 个、转辙机 5 个。

区间左、右线在里程 DK19+909.3～DK19+925.140（距始发站津塘路站约 508.8m）以线路平面为直线穿越津秦客运专线 2 股道和京津城际延伸线 2 股道，共 4 股道，与客运专线路的夹角为 85.08°，穿越长度 22.8m。该段区间重叠隧道均为下坡，左线坡度为 0.41%，右线坡度为 0.4%，上下区间结构净距 6.62～6.625m，上部盾构区间

图 17.5.7 区间下穿津山铁路示意图

图 17.5.8 津山铁路线照片

距盖板底部为 9.162~9.168m。

穿越范围内铁路为碎石道床,钢筋混凝土轨枕,无缝钢轨轨道,高路基。穿越津秦客运专线与京津城际延伸线过程中,需侧穿 2 根双柱钢接触网杆(JQ272、JQ274)。

2. 工程地质及水文地质

区间左右线下穿津山线、津秦客运专线与京津城际延伸线铁路地质分别为:左线盾构隧道洞身穿越土层主要以粉质黏土(⑥$_4$、⑦、⑧$_1$)为主;右线盾构隧道洞身穿越土层主要以粉质黏土(⑨$_1$)及砂质粉土(⑨$_2$)为主,局部有粉砂层。

区间左右线侧穿来安里居民楼地质分别为：左线隧道结构范围内土质为⑥$_4$、⑦粉质黏土，右线隧道结构范围内土质为⑨$_1$粉质黏土、⑨$_2$砂质粉土。

成林道站—津塘路站区间场地含潜水及两层承压水，⑧$_2$、⑨$_2$粉土层为第一承压含水层，⑪$_2$粉土、⑪$_4$粉砂层为第二承压含水层。盾构隧道洞身左线位于潜水层，右线位于潜水及第一层压含水层中。两层微承压水层主要接受上层潜水的渗透补给，与上层潜水水力联系紧密，存在承压水突涌，可能产生涌水、涌砂事故。

17.5.2 盾构施工对建（构）筑物影响分析及控制标准

1. 工程设计有限元模型计算分析

（1）下穿津山铁路分析

1）计算模型

根据施工实际情况，对津山线运营有影响的区间隧道的盾构施工分为两个阶段：第一阶段施工地铁地下隧道，第二阶段施工地铁上部隧道。穿越津山线两隧道的上下净距6.629m，上部隧道覆土11.25m，受地铁盾构隧道施工影响，研究区沿线路方向按隧道两侧不小于25m范围考虑（图17.5.9）。

2）计算参数

本计算土层是根据地勘报告取得的实际土层，并且每层土的参数通过实际勘察资料取得。

3）荷载

模型中除自重外，在地面上的列车活载采用"中-活载"图式进行验算（图17.5.10）。

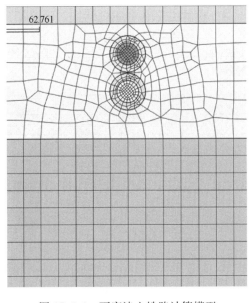

图17.5.9 下穿津山铁路计算模型

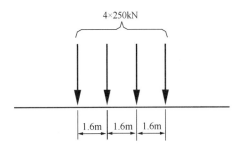

图17.5.10 ZK荷载模式

轨道荷载为$P=54.4$kN/m，活载为$Q=250/1.6=156.25$kN/m，分布宽度为3.4m，因此地面压力为$q=(P+Q)/3.4=61.95$kPa。

4）边界

模型中的四个边，除地面为自由面外，其他三个边均施加法向的约束。

5）施工过程及结果

本次计算分无措施（仅考虑盾构同步注浆）以及采取洞内二次深孔加强注浆措施两种工况。计算中，开挖土体的半径为 3.17m，管片的外侧半径为 3.1m，环宽 1.5m，施工过程中，开挖土体后施作管片。

无措施时，下部隧道与上部隧道施工完后土体竖向变形如图 17.5.11～图 17.5.13 所示。

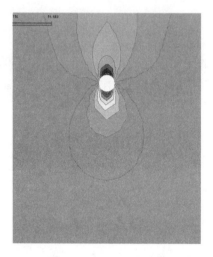

图 17.5.11　无措施时，
下部隧道土体竖向变形曲线

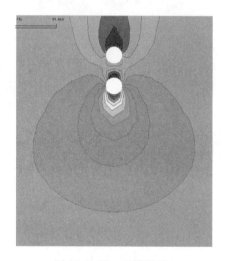

图 17.5.12　无措施时，
上部隧道土体竖向变形曲线

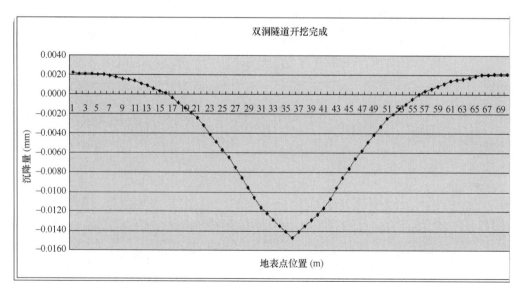

图 17.5.13　无措施时，施工地面沉降曲线图

采取洞内深孔注浆时，下部隧道与上部隧道施工完后土体竖向变形如图 17.5.14～图 17.5.16 所示。

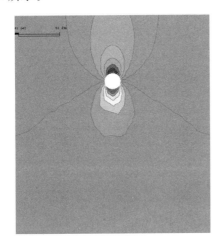

图 17.5.14　采取洞内深孔注浆时，下部隧道土体竖向变形曲线

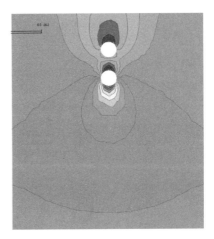

图 17.5.15　采取洞内深孔注浆时，上部隧道土体竖向变形曲线

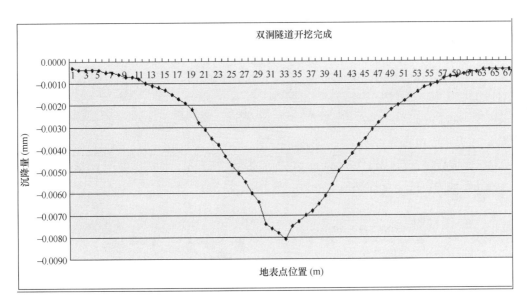

图 17.5.16　采取洞内深孔注浆时，施工地面沉降曲线图

6) 结论

从图 17.5.11～图 17.5.16 可以看出，掘进下部隧道时，隧道上方地面土体均匀沉降，隧道内底部土体产生小的隆起；当上部隧道开始施工时，隧道上方地面土体继续发生沉降，同时引起下部隧道上方土体有微小的沉降，上部隧道内底部土体产生小的隆起。由于隧道上下重叠，两次盾构施工地表的沉降产生了叠加。

根据计算结果，采取洞内二次深孔加强注浆后，线路最大沉降值为 8.12mm，满足沉降要求（表 17.5.2）。

盾构下穿津山线计算结果统计表　　　　　　表 17.5.2

项目	采取洞内深孔注浆	控制值
线路沉降（mm）	-8.12	10mm
判定	满足	

（2）穿越来安里分析

1）计算模型

根据施工实际情况，区间隧道的盾构施工分为两个阶段：第一阶段施工地铁地下隧道，第二阶段施工地铁上部隧道，地层按勘察报告选取（图 17.5.17）。

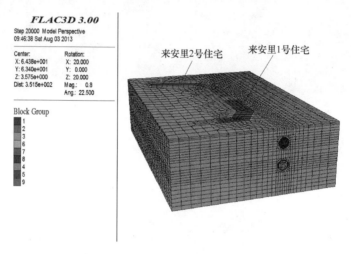

图 17.5.17　来安里风险建模示意图

2）地表竖向位移分析

双线完成后，来安里 1 号楼地面最大沉降 27.75mm，来安里 2 号楼地面最大沉降 21.18mm，地表沉降小于控制值 30mm（图 17.5.18）。

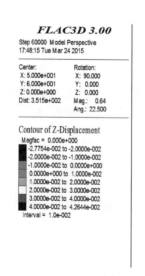

图 17.5.18　竖向位移示意图

3) 来安里 1 号楼基础竖向和水平位移

双线完成后，来安里 1 号楼住宅最大水平位移 10.87mm，出现于平行线路方向长边中部。最大竖向位移 27.8mm，出现于平行线路方向长边中部（图 17.5.19）。

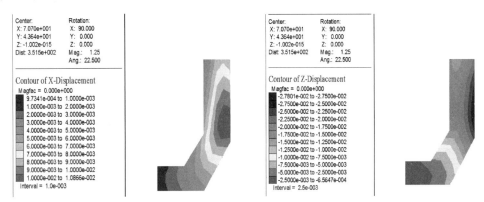

图 17.5.19　来安里 1 号楼水平和竖向位移示意图

4) 来安里 1 号楼基础竖向和水平位移

双线完成后，来安里 2 号楼住宅最大水平位移 9.73mm，出现于平行线路方向长边中部。最大竖向位移 22.83mm，出现于平行线路方向长边中部。混凝土灌注桩最大位移为 20.3mm（图 17.5.20）。

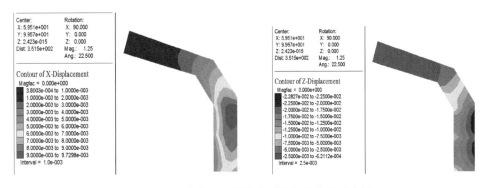

图 17.5.20　来安里 2 号楼水平和竖向位移示意图

5) 结论

经过模拟计算，盾构隧道施工在采取洞内二次深孔加强注浆后，其对来安里住宅楼的影响在容许范围内（表 17.5.3）。

盾构穿越来安里住宅楼计算结果统计表　　　　表 17.5.3

项目		计算值（mm）	控制值（mm）	预警值（mm）	变化速率（mm/d）
来安里 1 号 （筏板基础）	沉降	27.80	30	21	3
	倾斜	1.5‰（估）	2‰	—	连续 3d 大于 0.1‰H/d
	裂缝	—	3	—	持续发展
来安里 2 号 （桩基础）	沉降	22.80	30	21	3
	倾斜	1.2‰（估）	2‰	2‰	连续 3d 大于 0.1‰H/d
	裂缝	—	3	3	持续发展

2. 盾构区间穿越铁路的控制标准

区间下穿津山线 6 股道为碎石道床线路,根据《铁路轨道工程施工质量验收标准》TB 10413—2018/J 284—2018、《铁路路基设计规范》TB 10001—2016/J 447—2016、《铁路线路修理规则》(铁运〔2006〕146 号)相关要求,结合既有设计施工经验,既有铁路路基、轨道控制指标见表 17.5.4、表 17.5.5。

津山铁路线路控制值　　　　　　表 17.5.4

监测项目		累计值(mm)	变化速率(mm/d)	检验方法
路基沉降(碎石道床)		正线:±10 道岔:±9	2	监测
线路坡度		—	—	监测
轨道	高低	6	—	10m 弦量
	轨向	6	—	10m 弦量(直线)
	扭曲(基长 6.25m)	6(缓和曲线 5)	—	万能道尺测量
	轨距	正线:−4~7 道岔:−3~6	—	万能道尺测量
	水平	6	—	万能道尺测量

津山铁路既有设备及管线控制值　　　　　　表 17.5.5

项目		控制值(mm)	变化速率(mm/d)	备注
管线	刚性管线沉降	10	1	
	柔性管线沉降	20	2	
接触网支柱	支柱倾斜率	<5‰		不得向线路侧和受力方向倾斜
	支柱基础	高出地面 100~200mm		基础帽完整无破损,无裂纹,支柱根部和基础周围应保持清洁
	应对接触网支柱弯曲、扭转、变形、裂缝、开裂、开焊、防腐层剥落面积、支柱基础、拉线是否绷紧、同一支柱上各拉线受力均衡性等使用状况进行巡视			

3. 穿越建(构)筑物监测控制标准

根据工程设计图纸,周边环境监控量测指标参考值见表 17.5.6。

周边环境监控量测变形控制值　　　　　　表 17.5.6

监测项目		累计值(mm)	变化速率(mm/d)
建筑物	沉降	30	3
	倾斜	2‰	连续 3d 大于 0.1‰H/d(H 为建筑物承重高度)
	裂缝	3	持续发展

17.5.3 盾构穿越建(构)筑物控制要点

盾构下(侧)穿建(构)筑物按照 4 个阶段地面沉降量控制指标,制定日沉降标准和应急响应措施:

(1) 第一、二阶段：从建筑物离刀盘 30m 开始，本阶段日控制目标在 0.4mm，累计 2mm。通过调整土仓平衡压力，控制前期沉降。此阶段如果出现日沉降量过大的现象，立即采取措施提高土仓内土压力，控制好掘进速度和每一环的出土量等措施来保证。

(2) 第三阶段：从建筑物对应管片拖出盾尾后 4d，地面累计沉降控制在 6mm 以内，日控制标准为 1mm/d，该阶段主要利用同步注浆及二次注浆进行控制，以压力控制为主确保盾构和周围土体的建筑间隙填充密实、饱满。在此阶段一旦出现沉降过大，可充分利用双液浆凝固时间短、注浆压力可控的特点，组织实施管片后多点、多次注浆。并适时监测地面沉降满足要求后方可停止补浆，进行下一环的掘进施工。

(3) 第四阶段：管片托出盾尾后 5~15d，地面累计沉降量控制在 10mm 以内，日控制量在 0.2mm/d。此阶段如果沉降值不能满足要求，立即实施下列措施：实施地面监测跟踪补偿注浆，通过向管片注浆孔打入钢化管注浆，直至地面沉降稳定。

(4) 完成建（构）筑物穿越后，立即对所有资料进行汇总，对出土量、注浆量、空隙量进行计算，如发现欠浆现象立即停止盾构机掘进，进行二次壁后补浆加固。

17.5.4　盾构穿越津山铁路控制要点

1. 盾构施工阶段性控制指标

本工程从盾构施工引起地面沉降的规律出发，将通过合理设定盾构掘进参数，做好施工各项保障措施，对施工重点环节进行严格控制，保证盾构施工不影响铁路列车行车安全。

在盾构穿越津山铁路、津秦客运专线及京津城际延伸线股道时，我项目部将从以下 4 个阶段进行重点控制。

第一阶段：盾构机刀盘进入铁路范围内前 5d（约 25 环）地面沉降控制。通过控制盾构机土仓内平衡压力将前期沉降控制在 1mm 以内。

第二阶段：穿越期间的沉降控制。盾构刀盘推进至铁路股道正下方直到盾尾脱离铁路正下方，这一阶段是施工控制的主要阶段，导致沉降的主要原因是地层扰动、注浆不及时或者注浆量不足，该阶段沉降控制在 4mm 以内。

第三阶段：盾尾脱离轨道下方 5d 内，是土体扰动后固结沉降的主要阶段，二次补浆是控制沉降的主要措施，沉降控制在 7mm（高速铁路控制在 5mm）以内。

第四阶段：盾尾脱离铁路影响区后 10d，本阶段地层沉降占最终累计沉降的比重较小，但也作为控制地面沉降的重点阶段。本阶段沉降控制在 8mm（高速铁路控制在 7mm）以内。

2. 阶段性目标的响应及措施

按照四个阶段地面沉降量控制指标，制定日沉降控制标准及响应技术措施。

第一阶段：本阶段控制目标 1mm，从刀盘进入铁路范围前 5d 开始监测，日沉降量控制标准为 0.2mm/d。通过调整土仓平衡压力，控制前期沉降。此阶段如果出现日沉降量过大，立即采取适时提高土仓内土压力，控制好掘进速度和每一环的出土量等措施来保证。

第二阶段：本阶段地面累计沉降控制在 4mm 以内，日沉降控制标准为 0.8mm/d（高速铁路控制标准为 0.6mm/d），该阶段主要利用同步注浆及二次补浆进行控制，确保盾构和周围土体的建筑间隙填充密实，饱满。此阶段一旦出现沉降量过大，立即停止掘进，适时抬高土仓内土压，进行盾尾同步补注浆，并适时监测地面沉降满足要求后方可进行下一环的掘进施工，下一环掘进时注浆量应提高到所补注的浆量。

第三阶段：本阶段地面累计沉降控制在7mm（高速铁路控制在5mm）以内，日沉降控制目标为0.6mm/d。该阶段主要通过二次补浆进行控制。二次补浆以压力控制为主，同时随监测情况及时调整。如此阶段的沉降值过大或未趋于稳定，此时必须停止掘进，马上组织实施管片二次注浆，浆液利用双液浆，缩短凝固时间，并适时监测地面沉降满足要求后方可进行下一环的掘进施工。

第四阶段：本极端地面累计沉降量控制在8mm（高速铁路控制在7mm）以内，日沉降量控制目标为0.5mm/d，力争将地面沉降控制在8mm以内。此阶段如果沉降值不能满足要求，利用隧道内二次注浆设备进行跟踪补偿注浆，直至地面沉降稳定后停止，并持续监测1~3个月时间，如有异常变化立即再行注浆，确保最终累计沉降量控制在8mm（高速铁路控制在7mm）以内。

17.6 穿越既有运营期线路精细化施工控制实例

随着城市轨道交通的建设发展，盾构施工项目面临穿越既有运营线路的情况越来越多，各城市也相继出台了城市轨道交通设施结构安全保护技术规程，本章节通过工程案例进一步探讨盾构穿越既有运营线路的施工技术措施。

17.6.1 盾构穿越既有地铁运营线路的施工原则

（1）坚决以运营安全作为第一准则，制定有效防范措施及应急处置措施，确保盾构穿越过程既有地铁线路的安全，减少盾构施工对地铁列车运行的影响。

（2）根据施工工况、技术条件、荷载特性、工程地质及水文地质条件，科学、合理、安全、有效地进行方案编制。

（3）依据施工设备、现场施工条件，参考国内外类似盾构穿越地铁施工经验和相关技术规范编制切实可行的专项方案。结合本工程实际情况及过往经验，科学分析总结盾构掘进参数与地层沉降规律的变化。

（4）满足地铁各相关点位的安全运营指标控制要求。

（5）达到设计及规范中地铁线路控制指标的要求。

17.6.2 工程概况

1. 总体概况

天津地铁4号线南段工程土建施工第10合同段共1站1区间：六纬路站、成林道站—六纬路站区间。六纬路站位于海河东路与六纬路之间的原第一热电厂地块内，总建筑面积22896m²，区间采用盾构法施工，右线全长2517.985m，左线全长2538.700m（图17.6.1）。

2. 成六区间工程概况

区间左线起点里程：左DK28+728.679，终点里程：左DK31+238.559，区间长

图 17.6.1 天津地铁 4 号线第 10 合同段平面示意图

2538.670m，其中长链 0.805m、32.501m、3.465m，短链 7.951m；右线起点里程：右 DK28+728.681，终点里程：右 DK31+244.451，区间长 2517.985m，其中长链 2.215m。线路北起线路于成林道站进行始发，沿成林道过东风立交桥，向南行至十四经路与津塘路交叉口，沿十四经路于六纬路站进行接收（图 17.6.2）。

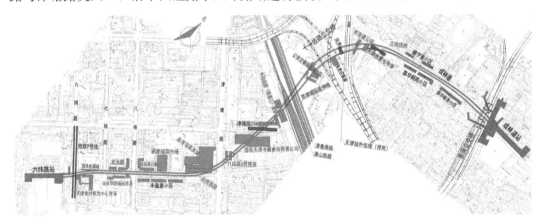

图 17.6.2 成林道站—六纬路站区间线路平面示意图

3. 工程地理位置及盾构穿越既有地铁基本情况

（1）工程地理位置

本工程为 4 号线第 10 标段的成林道站—六纬路站盾构隧道区间，位于天津市河东区。沿线地形起伏变化，地面情况复杂，区间线路于成林道站进行始发，沿成林道过东风立交桥，向南行至十四经路与津塘路交叉口，沿十四经路于六纬路站进行接收。区间穿越津山铁路、津秦高铁、京津城际延伸线、地铁 9 号线、十一经路和东风立交桥及多栋建（构）筑物。先施工左线隧道，再施工右线隧道。本标段地理位置如图 17.6.3 所示。

（2）工程地理位置穿越既有地铁基本情况

盾构区间下穿既有地铁 9 号线盾构区间结构，下穿范围为左 DK28+793.679～左 DK28+774.679、右 DK28+800.000～右 DK28+770.000，位于六纬路和十四经路交口，交通流量相对较大，下穿长度为 19.0m，距六纬路盾构接收井平面距离为 46m；地铁 9 号线为既有运营线路，线间距为 13.0m，采用外径 6.2m 管片，环宽为 1.2m，覆土厚度为

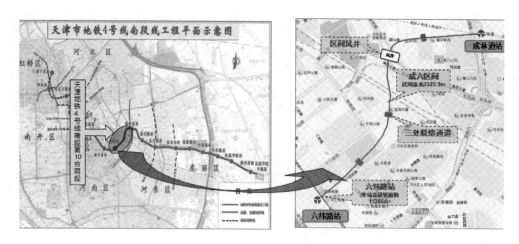

图 17.6.3 区间地理位置

14.3m，主要位于⑦粉质黏土层、⑧₁粉质黏土层；4号线区间结构距9号线盾构最小净距为2.25m；4号线区间右线距9号线区间联络通道兼泵房最小净水平距离为3.84m。4号线区间采用盾构法施工，线间距为13.0m，穿越处所处地层为⑨₂₂粉砂、⑨₃粉质黏土、⑩₁₂粉质黏土（图17.6.4、图17.6.5）。

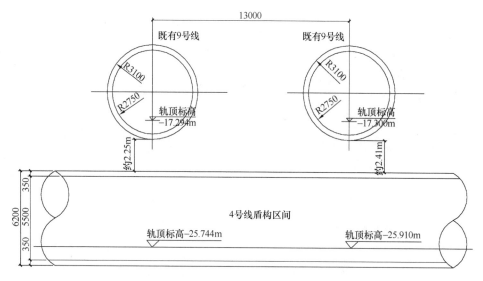

图 17.6.4 下穿9号线区间位置关系剖面图

4. 工程地质和水文地质

（1）工程地质情况

在成林道站—六纬路站场地埋深75.00m深度范围内，地基土按成因年代可分为以下10层：人工填土层（Q^{ml}）、新近沉积层（Q_4^3Nal）、上组陆相冲积层（Q_4^3al）第Ⅰ海相层（Q_4^2m）、第Ⅱ陆相层（Q_4^1h+al）、第Ⅲ陆相层（Q_3^6al）、第Ⅱ海相层（$Q_3^d mc$）、第Ⅳ陆相层（Q_3^cal）、第Ⅲ海相层（Q_3^bm）及第Ⅴ陆相层（Q_3^aal）。

左右线下穿既有地铁9号线，穿越土层主要以⑨₂₂粉砂、⑨₃粉质黏土、⑩₁₂粉质黏土为主。

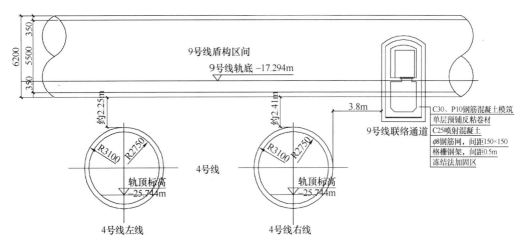

图 17.6.5 下穿 9 号线区间与联络通道位置关系剖面图

(2) 水文地质情况

勘察期间测得区间场地地下潜水水位如下：

初见水位埋深 1.10~1.90m，相当于标高 1.14~0.34m。

静止水位埋深 0.75~1.80m，相当于标高 1.49~0.44m。

潜水水位一般年变幅在 0.50~1.00m 左右。

第一承压含水岩组：

第一承压含水层：下组陆相冲积层粉砂、粉土（⑧$_2$）、第五组陆相冲积层粉砂、粉土（⑨$_2$）透水性好，为微承压含水层。第四组滨海潮汐带沉积层粉质黏土（⑩$_1$）及第三组陆相冲积层粉质黏土（⑪$_1$）透水性较差，可视为承压含水层隔水底板。根据现场抽水试验初步结果，该承压水水头大沽标高约为-0.50m。

第二承压含水岩组：

承压含水层：第三组陆相冲积层粉砂、粉土（⑪$_2$）、粉砂（⑪$_4$），透水性好，为承压含水层。其下粉质黏土（⑪$_5$）为承压含水层的隔水底板。根据现场抽水试验初步结果，该承压水水头大沽标高约为-0.50m。

成林道站—六纬路站区间场地含潜水及两层承压水，⑧$_2$、⑨$_2$ 粉土层为第一承压含水层，⑪$_2$ 粉土、⑪$_4$ 粉砂层为第二承压含水层。盾构隧道洞身左线位于潜水层，右线位于潜水及第一层压含水层中。两层微承压水层主要接受上层潜水的渗透补给，与上层潜水水力联系紧密，存在承压水突涌，可能产生涌水、涌砂事故。

5. 盾构下穿既有地铁 9 号线总体分析

本区间下穿天津既有地铁 9 号线分析如下：

(1) 盾构过 9 号线段埋深在 22.5m，埋深较大。

(2) 盾构隧道掘进范围内土层基本为 ⑨$_{22}$ 粉砂、⑨$_3$ 粉质黏土、⑩$_{12}$ 粉质黏土。地层较为均匀，对盾构姿态控制有利。

(3) 盾构穿越地段地下水埋深较浅（约为 0.7~2.0m），地下水丰富，左右线盾构隧道穿越范围内的 ⑨$_{22}$ 粉砂、⑨$_3$ 粉质黏土、⑩$_{12}$ 粉质黏土，渗透系数较大，地下水具有微承压性。

(4) 区间在穿越天津既有地铁 9 号线段平面为缓曲段，对盾构控制姿态相对有利。

17.6.3 盾构施工对建（构）筑物影响分析及控制标准

1. 以往类似工程经验总结与对比分析

（1）上海地铁2号线下穿上海地铁1号线，结构间净距为1.0m，隧道主要穿越灰色淤泥质黏土、灰色黏土层。

主要采用的措施为：严格控制土仓压力（推进速度、出土量）保持盾构掘进面稳定、平衡；严格控制同步注浆量及浆液质量；严格控制盾构姿态；及时接受监测的反馈信息，用其调整优化施工参数，实现信息化施工。

（2）上海地铁7号线下穿上海地铁1号线，结构间净距约为1.5m，被穿越段地铁1号线盾构的下卧层为淤泥质黏土、灰色黏土。

主要采用的措施为：合理控制正面压力；同步注浆及二次补偿注浆施工控制；实时监测，对监测数据进行反馈分析，并指导施工。

（3）上海地铁7号线下穿上海地铁2号线，结构间净距约为1.6m，隧道主要穿越灰色淤泥质黏土、灰色黏土层。

主要采取的措施为：合理控制正面压力；同步注浆及二次补偿注浆施工控制；严格控制盾构姿态；实时监测，对监测数据进行反馈分析，并指导施工。

（4）上海地铁4号线下穿上海地铁2号线，结构间净距约为1.03m，隧道所在的第四层土层具有高压缩性、流变性特点。

主要采取的措施：采用惰性浆液进行同步注浆；二次补偿注浆采用双液注浆以改善土层力学性质；管片留有16个注浆孔，盾构推进过后及时对周围土体尤其是上部土体进行注浆加固；遵循"分步慢速推进，均匀小步转弯，稳定正面压力，适时适量注浆，少量低压地基加固"的原则。

上述案例中盾构下穿既有线的距离均小于2.0m，土层相对比较复杂，施工期间和施工完成后均未对既有运营线造成大的影响，为成功的案例。从上述案例中采用的措施可以看出，盾构区间施工最重要的是控制盾构机的掘进参数，及时进行同步和二次注浆，加强监测，根据监测情况进行多次注浆的措施，在有条件时可适当采用一些辅助措施。

2. 工程设计有限元模型计算分析

（1）计算模型

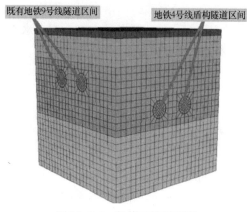

图 17.6.6 数值三维模型图

"4号线盾构隧道下穿9号线盾构隧道"数值模拟采用Flac3D有限差分软件。模型按照实际尺寸建模，分别建立双线盾构隧道结构模型。模型地层结构材料的本构关系及单元选取：各岩土层均采用弹塑性模型，六面体实体单元，屈服准则采用Mohr-Coulomb准则；盾构隧道管片采用弹性模型，shell单元模拟。模型尺寸：48m（沿地铁4号线方向）×48m（沿地铁9号线方向）×50m（高）。水平与竖向边界均采用位移约束边界。考虑模型收敛精度，模型划分为六面体网格，如图17.6.6

所示。

(2) 计算参数

本计算土层是根据地勘报告取得的实际土层，并且每层土的参数通过实际勘察资料取得。

(3) 约束及载荷

结合盾构隧道施工全过程，在初期自重应力场下进行逐步开挖。

边界条件为：模型侧面和底面为位移边界，侧面限制水平位移，底面限制竖直位移，上面为地表，取为自由边界。即简化为：四周法向约束，顶面为自由面，底面为垂向约束。

荷载：主要考虑土体自重。

(4) 其他计算假定

1) 假设所有土层为饱和状态，各向同性流体模量 E 为 2000MPa，流体密度 ρ 为 1000kg/m³，孔隙率 n 为 0.5，渗透系数 k 为 $2×10^{-7}$ cm/s，隧道开挖后为不渗水边界。

2) 计算中忽略构造应力，将初始应力场假定为自重应力场，同时将土体视为弹塑性连续体，施工中产生的变形连续。

3) 施工掌子面顶推力除用以平衡前方土水压力和壳体外壁水平摩阻力外，还将维持盾构机的不断前行，计算中忽略该摩阻力并保持顶推力恒定。

(5) 模拟施工过程

为了真实模拟盾构隧道的施工过程，分别用来模拟被挖隧道土体（直径6.2m）、环向超挖空隙层和扰动层（考虑为0.2m）。管片厚为0.35m，使用薄壳单元模拟。

为了模拟盾构机在地层中的推进，借用开挖面与盾尾之间的扰动层单元模拟盾构机的盾壳结构（图17.6.7）。

模拟过程中盾构机每1步推进1个管片环宽的长度（1.5m），总共推进48m。具体实现方法为：

1) 开挖一个管片长度的隧道土体。

2) 给扰动层单元赋以盾壳的力学参数，以模拟盾构机本身对周围土体的支撑作用。

3) 给开挖面施加土舱压力，以保持开挖面的稳定平衡。给空隙层单元赋以远小于周围土体的力学参数，以模拟超挖造成的盾构机四周的空隙。

4) 先进行静力平衡计算。

5) 进行流—固耦合再平衡计算。

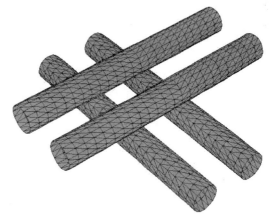

图17.6.7 4号线盾构区间与既有天津地铁9号线交叉示意图

具体施工步骤：左线盾构隧道开挖（开挖进尺每步1.5m）→施作管片、注浆→左线隧道施工完成，进行右线隧道施工→右线盾构隧道开挖（开挖进尺每步1.5m）→施作管片、隧道注浆→右线隧道施工完成。

(6) 模拟结果及分析

对计算模型进行数值分析，分别针对以下两种时间工况进行分析：

1）工况1：地铁4号线左线施工

图17.6.8、图17.6.9分别为开挖地铁4号线左线时地铁9号线管片和地面土体的竖向位移云图。由图可知，当4号线左线开挖时，与4号线左线交叉的9号线部位竖向位移最大，9号线交叉段管片下部出现下沉，最大下沉量接近5mm。而对于地表土体，沿4号线左线开挖部分地表土体出现沉降，最大沉降量为7.02mm。

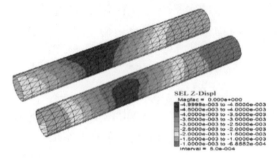

图17.6.8 开挖4号线左线时9号线
隧道管片竖向位移云图

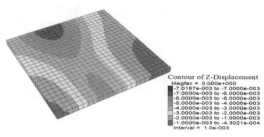

图17.6.9 开挖4号线左线时地面
土体竖向位移云图

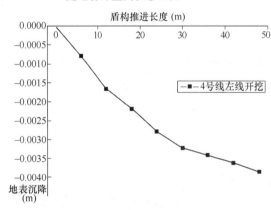

图17.6.10 随着左线盾构推进左线区间
上部地表纵向沉降发展曲线

图17.6.10为左线盾构推进时地表纵向沉降发展曲线，监测点位于开挖区间中部。由图可以看出，左线盾构过程中，地表最大累计沉降量为3.18cm。在盾构推进前30m范围内，地表沉降变化较大，盾构推进至40m断面处时，地表最大沉降为3.86mm。当盾构推进超过30m时，沉降变化率减缓。

图17.6.11和图17.6.12分别为4号线左线开挖时既有隧道弯矩和轴力云图。

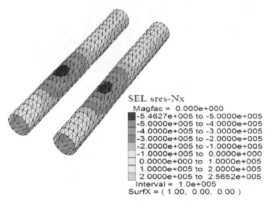

图17.6.11 4号线左线开挖时
既有隧道弯矩

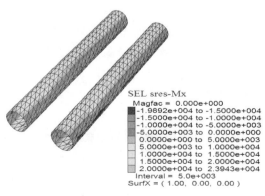

图17.6.12 4号线左线开挖时
既有隧道轴力

2）工况 2：地铁 4 号线右线施工

图 17.6.13、图 17.6.14 为开挖地铁 4 号线右线时地铁 9 号线管片和地面土体的竖直位移云图，由图可知，当 4 号线右线开挖时，与 4 号线右线交叉的 9 号线左右线之间中部竖向位移最大，9 号线交叉段管片下部出现下沉，最大下沉量为 8.88mm。而对于地表土体，沿 4 号线右线开挖部分地表土体出现沉降，最大沉降量为 12.74mm。

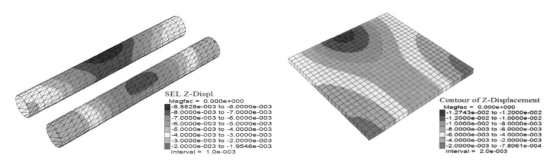

图 17.6.13　开挖 4 号线右线时 9 号线隧道管片竖向位移云图　　图 17.6.14　开挖 4 号线右线时地面土体竖直位移云图

图 17.6.15 为随着右线盾构推进时右线区间上部地表纵向沉降发展曲线。由图可以看出，右线盾构过程中，其上部地表最大累计沉降量为 6.57mm。

图 17.6.16 为随着右线盾构推进时左线区间上部地表纵向沉降发展曲线。由图可以看出，右线区间盾构推进会对左线区间上部地表沉降造成一定的影响，但影响较小且变化平稳。右线盾构开始时，左线区间上部地表沉降量为 3.86mm，右线盾构完成时，其沉降量为 6.64mm。

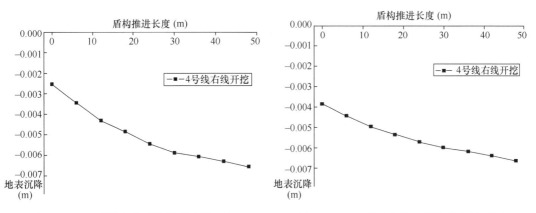

图 17.6.15　随着右线盾构推进右线区间上部地表纵向沉降发展曲线　　图 17.6.16　随着右线盾构推进左线区间上部地表纵向沉降发展曲线

图 17.6.17 为 4 号线左右线盾构完成时，9 号线左线正上方地面沉降发展曲线。由图可以看出，4 号线左线开挖完成时，地表沉降槽位于 4 号线左线正上方，最大沉降量为 4.76mm；4 号线右线开挖完成时，地表沉降槽出现明显右偏，沉降槽中心位于 4 号线左右线之间，最大沉降量为 8.91mm。

图 17.6.18 为 4 号线左右线盾构完成时，9 号线右线正上方地面沉降发展曲线。由图可以看出，4 号线左线开挖完成时，地表沉降槽位于 4 号线左线正上方，最大沉降量为 3.86mm；4 号线右线开挖完成时，地表沉降槽出现明显右偏，沉降槽中心位于 4 号线左右线之间，最大沉降量为 7.21mm。

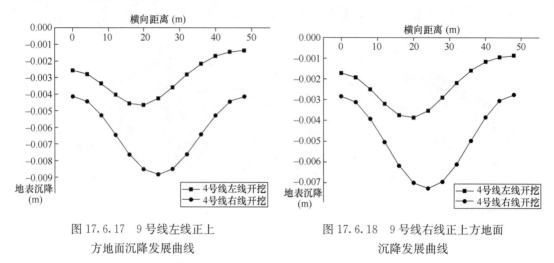

图 17.6.17　9 号线左线正上方地面沉降发展曲线　　　图 17.6.18　9 号线右线正上方地面沉降发展曲线

图 17.6.19 和图 17.6.20 分别为 4 号线右线开挖时既有隧道弯矩和轴力云图。

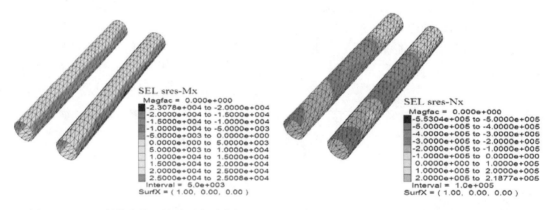

图 17.6.19　4 号线右线开挖时既有隧道弯矩　　　图 17.6.20　4 号线右线开挖时既有隧道轴力

（7）计算结果及分析

根据有限元分析，各工况施工的计算结果见表 17.6.1。

计算结果统计表　　表 17.6.1

工况	9 号线左线最大沉降量（mm）	9 号线右线最大沉降量（mm）	9 号线左线上方地表最大沉降量（mm）	9 号线右线上方地表最大沉降量（mm）
工况 1 地铁 4 号线左线施工	4.99	8.88	4.76	3.86
工况 2 地铁 4 号线右线施工	7.22	7.18	8.91	7.21

通过以上计算结果可以看出：4号线盾构施工期间9号线区间下沉量最大值为7.22mm，地表沉降最大值为8.91mm，均在允许范围内。既有线盾构最大弯矩约为25kN·m，最大轴力约为256.5kN，均在允许范围以内。通过合理的施工控制，计算能够满足要求。

3. 盾构区间穿越既有地铁9号线控制标准

(1) 盾构自身主要控制标准

根据《城市轨道交通工程监测技术规范》GB 50911—2013，盾构隧道管片结构竖向位移、净空收敛和地表沉降控制值结合本工程地质条件、隧道设计参数、工程监测等级及当地工程经验等确定，参照表17.6.2进行控制。

盾构自身监控量测变形控制值 表17.6.2

监测项目		累计值（mm）	变化速率（mm/d）
盾构自身	管片结构沉降	30	1
	管片结构隆起	10	1
	管片结构差异沉降	$0.04\%L_i$	—
	管片结构净空收敛	Min（20，0.2D）	3
地表	沉降	30	3
	隆起	10	3

注：1. L_i—沿隧道轴向两监测点间距；
2. D—隧道开挖直径，按6.2m计；
3. 当隧道穿越主要风险源时，地表沉降及隆起控制值应按允许的条件确定。

(2) 盾构周边环境主要控制标准

根据《城市轨道交通工程监测技术规范》GB 50911—2013等相关规范，盾构周边环境，包括建筑物、既有桥梁、地下管线等建（构）筑物变形控制值，参照表17.6.3进行控制。

周边环境监控量测变形控制值 表17.6.3

监测项目			累计值（mm）	变化速率（mm/d）
管线位移	刚性管道	压力	20	2
		非压力	30	3
	柔性管道		40	4
管线差异沉降			燃气管道应小于$0.3\%L_i$ 雨污水、供水管应小于$0.25\%L_i$ 南水北调管涵应小于$0.1\%L_i$ （L_i为管节长度）	—
建筑物	沉降		30	3
	倾斜		2‰	连续3d大于$0.1‰H/d$（H为建筑物承重高度）
	裂缝		3	持续发展

注：1. 本建（构）筑物、地下管线变形控制标准为建（构）筑物、地下管线累计变形量，且为建议值；
2. 该变形控制值应结合评估鉴定结果调整，并经管理单位或产权单位的认可。

(3) 既有盾构区间变形控制标准

既有地铁安全运营的控制指标和标准应从结构变形、隧道结构稳定、建筑限界三个方面来考虑制定，且一般采用变形控制指标作为主要控制指标。

根据 9 号线区间使用现状，参考相关规范规程及标准，结合国内类似工程经验及理论计算分析结果，可参照表 17.6.4 进行控制。

既有地铁区间结构变形控制标准 表 17.6.4

控制项目	累计值（mm）	报警值（mm）	变化速率（mm/d）
盾构隧道沉降	10	8	1
隧道结构上浮	5	4	1
盾构隧道水平位移	10	8	1
隧道差异沉降	0.04%L	—	—
隧道结构变形缝差异沉降	4	3	1

(4) 盾构下穿既有天津地铁 9 号线施工沉降控制预估分析

1) 根据我公司以往的盾构施工经验分析，随着隧道覆土埋深的加大，地面沉降越容易控制。本标段下穿既有天津地铁 9 号线中，覆土埋深 22.75m，覆土深度较大。

2) 设计建模计算沉降量时，充分考虑了既有 9 号线区间自重和列车动荷载和列车行驶速度等因素，施工中通过严格的参数设定、盾构机姿态控制、管片背后深孔注浆，计算的沉降量是可以满足要求的。

3) 设置试验段，按照地铁沉降的控制要求和监测结果进行试验段的盾构施工，通过收集和分析盾构在试验段掘进的相关技术参数，指导盾构顺利穿越地铁群，以满足地铁沉降的控制要求。

4) 盾构穿越地铁施工过程中，通过选配合适的同步注浆浆液配比，加大同步注浆及二次跟踪注浆量，及时对穿越部位及周边地层进行填充和加固，盾构穿越后的一定时期内进行跟踪监测注浆，直到地面沉降稳定后停止，以降低后期沉降，保证地铁运营的安全。

5) 根据设计有限元模型分析，采用洞内二次深孔加强注浆能有效控制地面沉降，地面最大沉降值约 4.76mm，均未超过接触网杆、地面建（构）筑物、管线既定的变形控制标准，在施工期间加强监控量测即可。

6) 做好施工方案的编制与专家论证。选择具有丰富经验的盾构机操作人员操作机械，加强盾构施工前的培训工作和技术交底工作，以便盾构平稳穿越既有 9 号线。

(5) 方案确定

从设计单位的有限元沉降分析数据及前期天津地铁 2、3、9、5 号线盾构施工经验可以看出盾构后期沉降占最终累计沉降比重很大，因此在盾构穿越既有 9 号线时控制盾构后期沉降是关键。根据盾构法施工的特点及以往的施工经验，掘进控制土压、盾尾补压浆和二次注浆是控制盾构后期沉降的主要技术措施。

从国内其他盾构穿越地铁股道的施工案例特别是上海地铁 2 号线下穿上海地铁 1 号线、上海地铁 7 号线下穿上海地铁 1 号线、上海地铁 7 号线下穿上海地铁 2 号线、上海地铁 4 号线下穿上海地铁 2 号线等成功穿越既有地铁线路的施工可以看出，只要采取合理控制掘进参数、二次注浆、夹层土体加固等措施，在不加固地面土体的情况下，地面沉降完全可以控制在－10～0mm 之间。

因此本工程下穿既有 9 号线时，主要以自身施工控制措施为主，严格控制盾构机掘进参数及相关处理方法掘进通过既有地铁线路。

17.6.4 盾构穿越既有线控制要点

1. 盾构施工阶段性控制指标

本工程从盾构施工引起地面沉降的规律出发，将通过合理设定盾构掘进参数，做好施工各项保障措施，对施工重点环节进行严格控制来确保地面沉降在 10mm 以内，轨道差异沉降控制在 $0.04\%L_i$（L_i 为沿隧道轴向两监测点间距）以内，保证盾构施工不影响地铁列车行车安全。

在盾构穿越既有地铁 9 号线时，我项目部将从以下 4 个阶段进行重点控制：

第一阶段：盾构机刀盘进入既有地铁范围内前 5d（约 25 环）地面沉降控制。通过控制盾构机土仓内平衡压力将前期沉降控制在 1mm 以内。

第二阶段：穿越期间的沉降控制。盾构刀盘推进至既有地铁线路正下方直到盾尾脱离既有地铁正下方，这一阶段是施工控制的主要阶段，导致沉降的主要原因是地层扰动、注浆不及时或者注浆量不足，该阶段沉降控制在 4mm 以内。

第三阶段：盾尾脱离轨道下方 5d 内，是土体扰动后固结沉降的主要阶段，二次补浆是控制沉降的主要措施，沉降控制在 7mm 以内。

第四阶段：盾尾脱离地铁影响区后 10d，本阶段地层沉降占最终累计沉降的比重较小，但也作为控制地面沉降的重点阶段。本阶段沉降控制在 8mm 以内。

2. 阶段性目标的响应及措施

按照 4 个阶段地面沉降量控制指标，制定日沉降控制标准及响应技术措施。

第一阶段：本阶段控制目标 1mm，从刀盘进入地铁范围前 5d 开始监测，日沉降量控制标准为 0.2mm/d。通过调整土仓平衡压力，控制前期沉降。此阶段如果出现日沉降量过大，立即采取适时提高土仓内土压力、控制好掘进速度和每一环的出土量等措施来保证。

第二阶段：本阶段地面累计沉降控制在 4mm 以内，日沉降控制标准为 0.8mm/d，该阶段主要利用同步注浆及二次补浆进行控制，确保盾构和周围土体的建筑间隙填充密实、饱满。此阶段一旦出现沉降量过大，立即停止掘进，适时抬高土仓内土压力，进行盾尾同步补注浆，并适时监测地面沉降满足要求后方可进行下一环的掘进施工，下一环掘进时注浆量应提高到所补注的浆量。

第三阶段：本阶段地面累计沉降控制在 7mm 以内，日沉降控制目标为 0.6mm/d。该阶段主要通过二次补浆进行控制。二次补浆以压力控制为主，同时随监测情况及时调整。如此阶段的沉降值过大或未趋于稳定，此时必须停止掘进，马上组织实施管片二次注浆，浆液利用双液浆缩短凝固时间，并适时监测地面沉降满足要求后方可进行下一环的掘进施工。

第四阶段：本阶段地面累计沉降量控制在 8mm 以内，日沉降量控制目标为 0.5mm/d。此阶段如果沉降值不能满足要求，利用隧道内二次注浆设备进行跟踪补偿注浆，直至地面沉降稳定后停止，并持续监测 1～3 个月时间，如有异常变化立即再行注浆，确保最终累计沉降量控制在 5mm 以内。

第18章 地铁工程结构抗浮研究与应用

地铁工程主体结构一般全都处于地下，跨越多种地质单元，施工及运行过程中受地下水的影响较大，特别是在地下水位埋藏较浅或未来地下水位有可能大幅度上升的地区，地铁结构受地下水浮力的影响较大，在结构设计中需要涉及抗浮设防问题。本章通过对石家庄市的水文地质条件、地下水位动态规律、未来影响地下水位上升的可能因素进行分析，对影响地下水位上升的主要因素与地下水位变幅进行统计回归分析，建立了地下水数值模拟模型。通过地下水数值分析，给出了如何预测地铁车站所在场地百年一遇可能遭遇的最高地下水位，并依据各车站结构底板埋深和场地地层分布特点，确定适合于各车站的抗浮设防水位计算模型，总结出了如何确定类似石家庄的地铁工程抗浮设防水位值的基本方法。

18.1 概述

18.1.1 石家庄地铁概况

石家庄市为河北省省会，位于河北省中南部，2011年石家庄市开始进行轨道交通建设，在全国省会城市中属于较晚建设轨道交通的城市。依据石家庄市总体规划和综合交通规划，石家庄市规划远景年城市轨道交通线网由6条线路组成（图18.1.1），总长约242km。

图 18.1.1 石家庄市城市轨道交通线网规划示意图

18.1.2 地铁工程结构抗浮研究的必要性

城市轨道交通绝大部分敷设在地下,结构荷载较小,延伸较长,跨越多种地质单元,施工及运行过程中受地下水的影响较大,特别是在地下水位埋藏较浅或未来地下水位有可能大幅度上升的地区,轨道交通结构受地下水浮力的影响较大,在结构设计中需要涉及抗浮设防问题,即:抗浮设防水位的确定问题。

抗浮设防水位的取值不仅关系到结构的安全,也影响工程造价。如何确定抗浮设防水位,目前还没有一套成熟的理论。

石家庄市地质环境较特殊,总体上位于山前冲洪积扇上,渗透性较大的粗颗粒地层分布较广,地下水受地表径流补给的条件较好,同时受其他人为因素的影响,石家庄市未来地下水位上升的可能性较大。

历史上,石家庄市抗浮设防水位尚未进行系统的科学研究工作,没有形成完善的抗浮设防水位研究和计算体系。经调研,已建工程的设防水位多由勘察、设计单位凭经验确定,出现过相邻工程抗浮设防水位相差较大的现象,这使工程设计或偏于保守或存在安全隐患,而且近些年由于水位下降幅度较大,有些工程都不提供抗浮设防水位。石家庄地铁1、3号线一期可研报告的审查过程中,各地专家通过对石家庄市地质情况的分析,对此设防水位提出了异议,建议开展专项研究工作。

本章主要依托石家庄市轨道交通一期工程,通过采用地下水动态监测、数值模拟、动态比拟、频率分析等先进技术手段,对石家庄地区今后百年的最高地下水预测和抗浮设计水位合理取值等关键技术问题进行深入研究,总结出适用的抗浮设防水位及地下水浮力取值方法。为设计施工提供依据,以达到缩短车站施工工期、节省工程造价的目的,具有较大社会、技术和经济效益。

18.1.3 国内外结构抗浮研究现状

建筑抗浮设防水位的研究涉及地下水位预测和建筑基底水压力的计算两方面内容。伴随着水资源评价和工程建设的需要,地下水位预测和建筑基底水压力的计算方法在工程领域中得到了快速发展。首先回顾一下国内外关于地下水位预测和建筑基底水压力计算的研究成果。

1. 地下水位预测研究现状

早在 20 世纪初,国外就开始对地下水动态的预测预报进行研究,采用的是比较简单的水均衡方法以及水文地质比拟方法。20 世纪 50 年代后期,苏联水文地质学家卡门斯基通过研究存在降水入渗条件下的有限差分法,实现了用解析法预测地下水的动态变化。20 世纪 80 年代后期,随机方法在国外迅速发展。美国、日本、荷兰等国还根据地下水动态研究,开始推广利用地下水库调蓄水资源,并将其视为水资源管理的一个重要战略。

与国外相比,国内地下水动态的预测预报研究起步较晚,主要从 20 世纪 70 年代中后期开始相关工作。在随后的二三十年里,随着地下水开采量不断增加,特别是对北方平原区地下水超采引发生态环境问题的关注,不同预测方法相继出现并试点应用。近年来计算机模拟技术的快速发展,把地下水动态预测工作推向了一个新的阶段。

目前,地下水动态预测的方法大体有四类:水均衡法、解析法、数值法、数理统计方法。其中数值法可以模拟地下水系统特征及其在不同应力响应下的变化趋势，解决复杂水文地质条件下的地下水评价问题，已成为目前研究地下水系统最有效、应用最广泛的方法之一。

根据收集的资料，目前国内多个城市开展了地下水位的预测研究，如北京、长春、合肥、乌鲁木齐等。

2. 建筑基底水压力计算方法

早在1928年3月12日美国宾夕法尼亚州的圣弗朗西斯大坝发生的溃塌事故后，水浮力对结构的危害性便开始得到人们的重视，但当时的浮力问题仅局限于一些水工建筑。

20世纪90年代以来，随着国内深基坑数量的不断增多、基坑深度的不断加深，城市建设中的地下水抗浮设防问题日益引起工程界的广泛关注。

关于工程结构的水压力计算方法有多位专家学者进行了研究，以下列举部分专家学者的研究成果。

张在明（2001年）通过对地下水赋存状态和渗流场分析后认为，孔隙水压力场的分布特征是解决工程抗浮问题的关键。

李松柏（2008年）运用MIDASCIVIL结构计算软件对城市立交隧道抗浮采用抗拔桩和支护桩计算后认为，抗浮设计必须因地制宜，综合考虑选取适当的抗浮措施。

李胜勇以北京市区工程为例，采用有限元程序模拟计算场区不同深度或位置标高处的地下水压力值来确定建筑物的抗浮设计水位。

赵庆华通过建立的地下结构抗浮设计方案优选的多级综合评价指标体系，应用模糊数学原理和方法分别对评价指标体系的各指标进行处理，建立了方案优选的多级模糊综合评价决策模型。

叶飞基于盾构隧道施工中的上浮问题，提出了局部抗浮及纵向总体抗浮两种抗浮计算模式。

胡章喜以深圳地铁一期工程金田站为例，针对地下三层侧式站台车站整体抗浮安全和水浮力作用下的结构受力问题，运用地下水渗流理论定量计算了倒滤层消浮的泄水量和影响范围，并对不同抗浮方案的结构受力、变形进行了计算和对比分析。

综合分析国内外现有研究成果，目前学者对于地下结构浮力问题的研究和探讨主要集中在以下几个方面：

（1）地下水位的合理预测，地下室抗浮水位的确定；

（2）在应用阿基米德原理计算浮力时要不要根据土的类型乘一个相应的折减系数；

（3）地下不同赋存状态的地下水对浮力的影响；

（4）不同土层中，尤其是黏性土层中孔隙水压力传递机理问题。

3. 规范及标准关于抗浮设防水位的取值要求

到目前为止，国内相关的规范在提到地下水浮力的作用时，没有给出全面而明确的计算方法。

（1）《建筑地基基础设计规范》GB 5007—2011首次提到抗浮条文：当地下水埋藏较浅，建筑地下室或地下结构存在上浮问题时，尚应进行抗浮计算。但它并未说明如何计算浮力。

（2）《岩土工程勘察规范》GB 50021—2001指出，地下水对基础的浮力作用，是最明显的一种力学作用。在静水环境中，浮力可以用阿基米德原理计算。一般认为，在透水性较好的土层或节理发育的岩石地基中，计算结果即等于作用在基底的浮力；对于渗透系数很低的黏土来说，上述原理在原则上也应该是适用的，但是有实测资料表明，由于渗透过程的复杂性，黏土中基础所受到的浮力往往小于水柱高度。在铁路路基规范中，曾经规定在此条件下，浮力可做一定的折减。

（3）《地铁设计规范》GB 50157—2013 中把地下水的浮力作为永久荷载来考虑。

虽然上述规范对浮力均有提及，但对浮力大小的计算方法均没有明确的规定。

综上所述，抗浮设防水位的取值至今尚未获得较为统一的认识。地下水位的长期动态变化规律，是一个受气象、水文、地质、城市规划、城市用水政策及远景规划等因素综合影响的随机现象，试图对其远期动态变化规律进行预测，尚存在很多困难，然而地下水位的动态变化直接影响地下结构上的浮力大小，建立一种相对合理的地下水位预测模型具有重要的现实意义。将水文地质学、地下水动力学、理论土力学、非饱和土力学相结合，采用模型试验、现场测试与数值分析相结合的手段，对建设场地进行渗流分析，对于合理确定轨道交通地下结构设防水位以及计算底板浮力大小具有重要意义。

18.2 地铁工程抗浮设防水位研究方法

石家庄地铁工程线路长且同时跨越多个水文地质单元，因此它的抗浮设防水位确定和单体建筑物略有不同，需考虑各单元之间的协调性、前后工点抗浮设防水位的合理性、与地下水的总体变化规律是否相符，因此在提出水位前应对整个区域的各个影响因素进行系统分析。

（1）在方案实施前，首先收集、分析工程场区及其附近区域的工程地质、水文地质背景资料和地下水位长期观测资料，需对沿线的地层条件和水文条件进行系统分析，划分水文地质单元，明确地质单元界限。并确定各水文单元的地下水分布规律、补给排泄条件以及各水文地质单元间地下水的变化趋势。

（2）对工点的地质条件、水文条件、基础埋深进行具体分析，概化场区地层分布条件和地下水分布特征，确定是哪层地下水对基础产生浮力作用。并对该场区的长期观测资料与勘察期间的水位进行对比分析。

（3）考虑各影响因素如地下水开采量减少、黄壁庄水库放水以及"南水北调（中线）"工程等人为活动，对场区地下水位的上升幅度和趋势进行预测。虽然抗浮水位是按最不利组合考虑，但不宜将各种影响进行简单的叠加。对于特大降雨量、南水北调及黄壁庄水库放水等，应考虑各种因素都产生最大影响的可能性。建议通过可靠度分析来考虑各个因素的影响。

根据抗浮设防水位研究的需要，资料收集及调研是非常重要的工作，能让我们清楚地认识一个场地或地区的基本情况，为进一步开展工作提供依据。

18.2.1 水文地质调查

通过对收集资料的分析研究，补充查明水文地质条件，地下水的形成、赋存、运动特征、水质、水量的分布、变化规律，为下一步进行水文地质分析、水位预测提供水文地质依据。

石家庄地区属海河流域，区内河流均属于海河水系五大河中的大清河水系和子牙河水系。其中除磁河、大沙河属于海河流域中部的大清河水系外，其余均属于海河水系西南支的子牙河水系。石家庄市主要有滹沱河、太平河、洨河三条河流。滹沱河发源于太行山山区，集水面积大，河道干流长，具有较大调蓄能力；太平河（含古运河）、洨河水系均发源于太行山前山区，源短流急，流域调蓄能力小，洪水陡涨陡落。

石家庄市是全国乃至全世界缺水最严重的地区之一，市区90%的用水依赖地下水，人均占有水资源量仅为244m³，仅为全国平均水平的1/8。本章从含水层类型及富水性、地下水的补、径、排条件及地下水的动态特征等全面综合描述石家庄的水文地质条件。

1. 地下含水系统结构特征

石家庄市地下水主要赋存于第四系松散岩层孔隙中（图18.2.1），根据含水层沉积年代和地下水埋藏条件，将第四系松散岩层孔隙水分为浅层孔隙水和深层孔隙水。

2. 含水层分布特点及水文地质参数

（1）含水层岩性及分布特点

石家庄平原区主体由滹沱河冲洪积形成，第四系地层岩性主要为黄土状粉质黏土、粉质黏土、粉土、砂土和卵石等，其中砂土和卵石层是本地区主要的含水层（图18.2.2）。

（2）地层渗透性

1) 石家庄地区浅层土室内渗透试验

石家庄市区地表以下分布有黄土状粉质黏土，为研究黄土状土的渗透性，本次取代表性土样进行室内渗透试验。试验结果表明，石家庄市区浅部分布的黄土状粉质黏土的渗透系数一般在$10^{-3}\sim10^{-6}$之间。

2) 石家庄地区浅层土水文地质试验

根据目前收集的资料，石家庄地下水位埋深较大，地铁结构多位于水位以上，为此结构基底以上岩土体的渗透系数无法进行抽水试验获取，为此本次研究采用"钻孔降水头注水试验"方法，在石家庄市选取西王站和火车东站两个典型地段作为试验点进行现场渗透试验，主要针对地铁结构附近的黏性土和砂土，根据注水试验结果，含水层黄土状粉质黏土的渗透系数k值为1.09×10^{-6}cm/s，含水层砂层的渗透系数为0.115cm/s。

3) 石家庄地区含水层渗透性分区

石家庄地区在水资源评价方面曾经做了大量工作，积累了大量水文地质研究资料，为本次研究提供了丰富的水文地质资料。图18.2.3为石家庄市含水层渗透性分区图，图中显示，石家庄市大部分区域含水层渗透系数在40m/d以上，特别是滹沱河河道两侧含水层渗透系数在100m/d以上。含水层渗透系数越大表明受外界水源补给后地下水水位上升速度越快，因此石家庄地区未来当出现外来水源补给或开采量急剧减少时，地下水位将会快速回升。

3. 地下水补、径、排条件

（1）地下水的补给条件

石家庄市内地下水的主要补给来源有：大气降水入渗补给、侧向径流补给、灌溉回归补给、河渠渗漏补给以及黄壁庄水库的副坝渗漏补给等。

第 18 章 地铁工程结构抗浮研究与应用

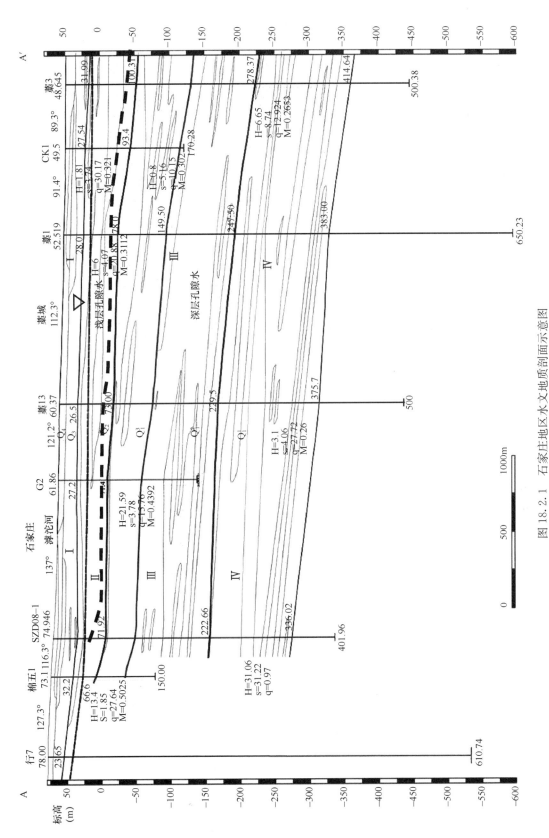

图 18.2.1 石家庄地区水文地质剖面示意图

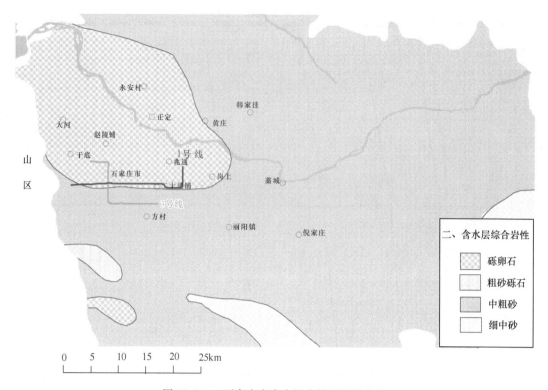

图 18.2.2　石家庄市含水层岩性平面分布图

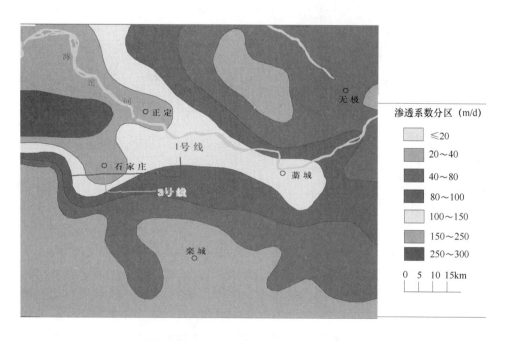

图 18.2.3　石家庄市含水层渗透性分区图

（2）地下水径流条件

石家庄平原区主体由滹沱河冲洪积形成（图18.2.4），第四系沉积物以砂土、砂砾石为主，水平向含水层水力联系密切。天然状态下地下水受地形条件影响，总体由西北向东南方向流。

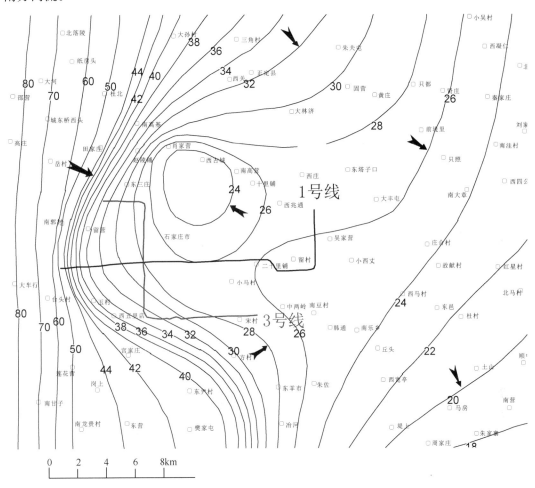

图18.2.4 石家庄地区（平原）2004年浅层水等水位线图

18.2.2 数值模拟

目前，地下水系统数值模拟方法主要有有限差分法（FDM）、有限单元法（FEM）、边界元法（BEM）和有限分析法（FAM）等。

1. 数值分析步骤

对于某一模拟目标而言，模拟一般分为以下步骤：

（1）建立概念模型：根据详细的地形地貌、地质、水文地质、构造地质、水文地球化学、岩石矿物、水文、气象、工农业利用情况等，确定所模拟的区域大小、含水层层数、维数（一维、二维、三维）、水流状态（稳定流和非稳定流、饱和流和非饱和流）、介质状况（均质和非均质、各向同性和各向异性、孔隙、裂隙和双重介质、流体的密度差）、边界条件和初始条件等。必要时需进行一系列的室内试验与野外试验，以获取有关参数，如渗透系数、弥散系数、分配系数、反应速率常数等。

（2）选择数学模型：根据概念模型进行选择。如一维、二维、三维数学模型，水流模型，溶质运移模型，反应模型，水动力-水质耦合模型，水动力-反应耦合模型，水动力-弥散-反应耦合模型。

（3）将数学模型进行数值化：绝大部分数学模型是无法用解析法求解的。数值化就是将数学模型转化为可解的数值模型。常用数值化有有限单元法和有限差分法。

（4）模型校正：将模拟结果与实测结果比较，进行参数调整，使模拟结果在给定的误差范围内与实测结果吻合。调参过程是一个复杂而辛苦的工作，所调整的参数必须符合模拟区的具体情况。所幸的是，最近国外已花费大量人力物力开发研究了自动调参程序（如PEST），大大提高了模拟者的工作效率。

（5）校正灵敏度分析：校正后的模型受参数值的时空分布、边界条件、水流状态等不确定度的影响。灵敏度分析就是为了确定不确定度对校正模型的影响程度。

（6）模型验证：模型验证是在模型校正的基础上，进一步调整参数，使模拟结果与第二次实测结果吻合，以进一步提高模型的置信度。

（7）预测：用校正的参数值进行预测，预测时需估算未来的水流状态。

（8）预测灵敏度分析：预测结果受参数和未来水流状态的不确定度的影响。灵敏度分析就是定量给出这些不确定度对预测的影响。

（9）给出模拟设计与结果。

（10）后续检查：后续检查在模拟研究结束数年后进行。收集新的野外数据以确定预测结果是否正确。如果模拟结果精确，则该模型对该模拟区来说是有效的。由于场址的唯一性，故模型只对该模拟区有效。后续检查应在预测结束足够长的时间后进行，以便有足够的时间发生明显的变化。

（11）模型的再设计：一般来说，后续检查会发现系统性能的变化，从而导致概念模型和模型参数的修改。一般来说，所有模拟研究都应该进行到第五步，即校正灵敏度分析。

2. 石家庄地区数值分析模型

利用研究区的水文地质资料建立三维地质模型，采用国际通用的模拟软件 GMS 软件中的 MODFLOW 程序包，或者 Feflow 软件，或者 Flac3d 软件建立研究区地下水多级三维流数值模型。

（1）数值分析模型

根据地铁设计，地铁埋深都在 30m 以内。所以本次研究的含水层为底板埋深 20~200m 的 Q_{2-4} 砂砾卵石含水岩组，即浅层孔隙水。

1）局部黏性土透镜体对地下水位的影响

从图 18.2.1 石家庄地区水文地质剖面示意图可以看出浅层孔隙水中含有大量的黏性土透镜体，透镜体的厚度不一，多数在 5~15m。黏性土透镜体普遍存在于 Q_{3-4} 和 Q_2 含水岩组交界处，埋深在 10~50m 之间。透镜体在西部山前分布较少甚至没有，东部分布较多。从整体来看，该透镜体并没有完整地分布于 Q_{3-4} 和 Q_2 含水岩组中间，而是存在很多天然天窗，同时由于开采地下水存在大量的水井，深度在 100~150m，即穿透了黏性土透镜体，制造了大量人工天窗。天然天窗和人工天窗的存在使得 Q_{3-4} 和 Q_2 含水岩组存在紧密的水力联系，构成统一含水系统。

本项目研究的重点区域为石家庄市区。由于现状条件下 Q_{3-4} 含水岩组已经处于疏干状态，下面从 80 年之前石家庄市区同一地点 Q_{3-4} 和 Q_2 含水岩组的水位监测资料来说明黏性土透镜体对水位的影响。

根据图 18.2.5 中监测点同时监测 Q_{3-4} 和 Q_2 含水岩组水位，其 80 年代前监测曲线如图 18.2.6～图 18.2.11 所示。

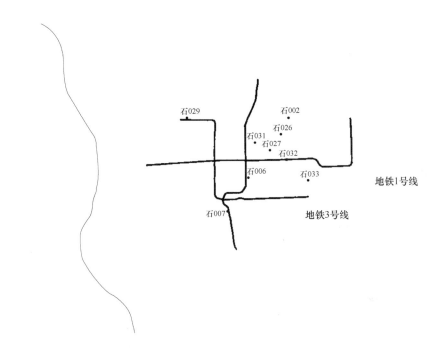

图 18.2.5　地下水分层监测点分布图

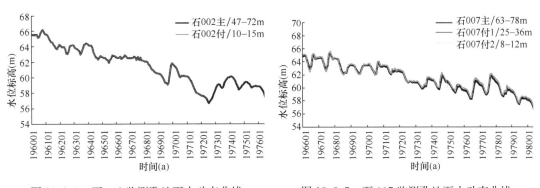

图 18.2.6　石 002 监测孔地下水动态曲线　　图 18.2.7　石 007 监测孔地下水动态曲线

从图 18.2.6 至图 18.2.11 中可以看出，Q_{3-4} 和 Q_2 含水岩组水位变化趋势和水位都相同，说明 Q_{3-4} 和 Q_2 含水岩组具有密切的水力联系，属于同一含水系统。

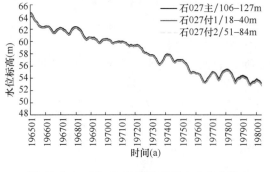

图 18.2.8　石 027 监测孔地下水动态曲线

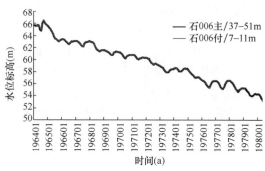

图 18.2.9　石 006 监测孔地下水动态曲线

图 18.2.10　石 026 监测孔地下水动态曲线

图 18.2.11　石 029 监测孔地下水动态曲线

2）水文地质概念模型的建立

由于研究区地下水系统边界条件难以控制，本次模拟实际区域的圈定是根据水文条件比较清楚且比较好控制为原则，预测采取局部加密的方法。模型的面积为 2884.27km²（包括石家庄都市区、鹿泉市、正定县、藁城市、栾城县）。

① 含水层概化

根据本次工作的目的确定研究的目标层为 Q_{3-4} 和 Q_2 含水层组，根据前述讨论可知，二者为具有密切水力联系的统一含水系统，因此，将其概化为一层。含水层处在滹沱河冲积扇上，含水层的非均质性较为明显，作为非均质各向同性潜水含水层。

② 含水层水力特征概化

地下水径流的水力坡度（除降落漏斗附近）比较平缓，在西部为 2.5‰～4.1‰，在东部为 0.4‰～1.0‰。又考虑到含水层厚度比较大，将地下水流作为二维平面流处理。水流各要素随时间发生变化，为非稳定流。

③ 边界条件概化

西部边界为山区与平原分界线，作为弱透水边界；黄壁庄水库副坝虽然已实施防渗工程，但仍有大量水流渗漏补给区内，也作为流入边界；北部以磁河为界，为侧向流入边界；东部以于家庄、十里铺、张家庄一线为界，南部以栾城、元氏县南部县界为界，均为流出边界（图 18.2.12）。

3）地下水流数学模型和求解

① 数学模型的建立

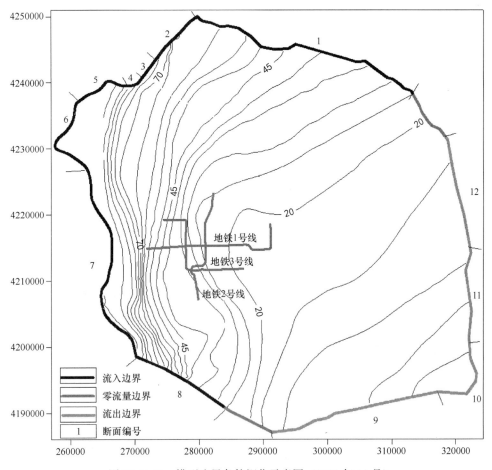

图 18.2.12　模型边界条件概化示意图（2011 年 12 月）

根据上述的水文地质概念模型，研究区地下水流模拟的数值模型为非均质各向同性的非稳定流模型，建立孔隙潜水含水层的数学模型如下：

$$\begin{cases} \dfrac{\partial}{\partial x}\left(K(H-D)\dfrac{\partial H}{\partial x}\right)+\dfrac{\partial}{\partial y}\left(K(H-D)\dfrac{\partial H}{\partial y}\right)+E(x,y,t)-F(x,y,t) \\ -\sum\limits_{i=1}^{m}Q_i\delta(x-x_i,y-y_i)=\mu\dfrac{\partial H}{\partial t} & (x,y)\in\Omega, t\geqslant 0 \\ H(x,y,0)=H_0(x,y) & (x,y)\in\Omega \\ K(H-D)\dfrac{\partial H}{\partial n}=q_e(x,y,t) & (x,y)\in\Gamma_2 \end{cases} \quad (18.2.1)$$

式中：H——地下水位，m；

K——渗透系数，m/d；

D——含水层底板标高，m；

E——含水层垂向补给强度，m/d，主要包括大气降水入渗补给和河渠渗漏补给；

F——含水层开采强度，$m^3/(a\cdot km)$，主要包括郊区工农业及生活用水开采量；

Q_i——城市自来水厂和自备井地下水开采量 m^3/d；

δ——储量变化量；

H_0——初始水位，m；

Ω——计算区域；

μ——含水层给水度；

$q_e(x,y,t)$——二类边界单宽补给量，m^2/d。

上述偏微分方程、初始条件和一类、二类边界条件，共同组成定解问题。

② 数学模型的求解

本次模拟计算采用网格差分 Viusal Modflow 软件。

其求解方法是在区域 Ω 上采用矩形剖分和线性插值，应用克里金有限差分法将上述数学模型离散为有限单元方程组，编制计算程序，用以求解。

③ 空间离散

模型区南北长 68000m、东西宽 76000m，使用 MODFLOW 模块按照每个网格 500m×500m 对计算区进行剖分，地铁所在城区加密为 250m×250m。共剖分网格 35224 个，其中有效单元格 23204 个（图 18.2.13）。

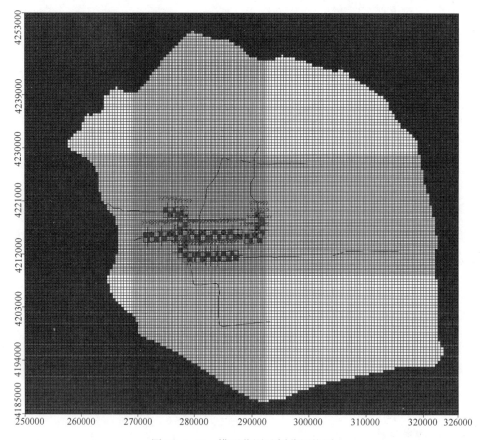

图 18.2.13　模型范围及剖分网格图

(2) 水均衡分析与模型初始值的确定

1) 水均衡分析

根据研究区实际情况，区内地下水均衡项包括：降水入渗补给、灌溉入渗补给、河渠渗漏补给、地下侧向流入、地下水开采和地下水侧向流出。由于目前地下水位埋深均大于10m，大于潜水蒸发极限深度，因此，没有潜水蒸发排泄。

① 降水入渗补给量

降水入渗补给量根据降水入渗系数分区（图18.2.14）进行计算。由于2004—2011年资料收集较全，计算时段采用2004—2011年。降水量采用石家庄2004—2011年降雨量，计算结果见表18.2.1。

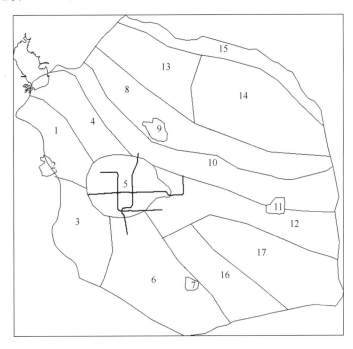

图 18.2.14 工作区降水入渗系数分区图

2004—2011年各计算分区降水入渗年均补给量表　　　　表 18.2.1

计算分区	面积（km²）	降水入渗系数	降水入渗补给量（$10^4 m^3/a$）
1	119.13	0.2	1213.28
2	2.6	0.1	26.48
3	161.83	0.15	1194.97
4	129.72	0.3	1981.70
5	152.33	0.09	674.89
6	321.14	0.17	2527.97
7	5.42	0.1	25.10
8	285.39	0.24	3356.19
9	14.12	0.1	69.19
10	307.19	0.35	5268.31
11	9.47	0.1	70.33

续表

计算分区	面积（km²）	降水入渗系数	降水入渗补给量（10⁴m³/a）
12	267.25	0.18	2381.62
13	188.56	0.22	2032.68
14	341.26	0.2	3344.35
15	120.68	0.32	1892.26
16	176	0.15	1222.45
17	282.18	0.16	2235.26
年均			29517.02

② 灌溉回归量

均衡区农业开采量包含行政区内（石家庄市、藁城市、正定县、栾城县、鹿泉市）和行政区外两部分，行政区内农业开采量引自于《河北省石家庄市地质环境监测报告（2001—2005）》《河北省石家庄市地质环境监测报告（2006—2010）》，2011年农业开采量根据水利局提供的数据与上述五年报告中数据通过对比得到，行政区外农业开采量根据相邻区农业开采强度反算得到，均衡区内农业开采量见表18.2.2。

均衡区 2004—2011 年逐年农业开采量（单位：$10^4 m^3/a$） 表 18.2.2

年份	2004	2005	2006	2007	2008	2009	2010	2011	年均
农业开采量	79593	79846	72574	66719	62266	59298	59387	62597	67785

由表 18.2.2 可知均衡区年均农业开采量为 $67785 \times 10^4 m^3/a$，根据《河北省石家庄市地质环境监测报告（2006—2010）》研究成果，灌溉回归系数取 0.185，经计算，均衡区年均灌溉回归量为 $12540.23 \times 10^4 m^3/a$。

③ 渠道渗漏补给量

均衡区内渠道历年引水量由水利局提供（具体见表18.2.3），渠道渗漏补给系数为 0.45（引自《河北省石家庄市地质环境监测报告》），均衡区内渠道长度从 1：50000 地形图中量取，根据《石家庄化纤工程小丰水源地供水水文地质勘探报告》成果，单位长度渠道损失系数为 0.00253。由于工作区内石津渠为最主要渠道，其他渠道流量较小不做考虑，2004—2011 年年均渠道渗漏量计算成果见表 18.2.4。

2004—2011 年石津渠逐年引水量表（单位：$10^4 m^3/a$） 表 18.2.3

年份	2004	2005	2006	2007	2008	2009	2010	2011	平均
水量	31800	34692	39863	28534	39661	19839	40084	39161	34204

2004—2011 年渠道渗漏补给量表 表 18.2.4

渠道	总引水量（10⁴m³/a）	单位长度渠道损失系数（km⁻¹）	渠道渗漏补给系数	渠道长度（km）	渠道渗漏补给量（10⁴m³/a）
石津渠	34204	0.00253	0.45	69.22	2695.53

④ 侧向流入（出）量

根据地下水流场及含水厚度、渗透性的变化，将均衡区流入边界划分为 6 条计算断面，其中黄壁庄水库副坝南侧山前概化为3条；黄壁庄水库副坝、主坝概化为2条；黄壁庄水库主坝北侧山前概化为2条；均衡区北边界磁河概化为1条。均衡区流出边界划分为4条。由于副坝、主坝资料较少，其流入量参考《石家庄市地下水资源评价报告》。侧向流入、流出量计算成果见表18.2.5。

均衡区侧向流入、流出量表　　　　　表18.2.5

断面性质	位置	断面编号	断面长度(m)	渗透系数(m/d)	含水层厚度(m)	垂直断面的水力坡度	侧向量($10^4 m^3/a$)
流入	北部磁河侧向	1	27846	90	40	0.00051	1866.07
	山前侧向	2	13857	120	12	0.00188	1369.25
		3	4079	80	5	0.00181	107.79
	主坝	4					275.04
	副坝	5					5053.16
	山前侧向	6	5890	60	5	0.00192	123.83
		7	28671	80	10	0.00561	4700.03
	南部流入	8	17390	50	13	0.00060	247.55
	合计						13742.72
流出	南部流出	9	27524	60	80	0.00094	4541.75
	东南部流出	10	4713	120	94	0.00086	1676.40
	东部流出	11	10375	60	90	0.00066	1354.99
	东北部流出	12	14215	100	88	0.00049	2256.14
	合计						9829.28

⑤ 地下水开采量

均衡区地下水开采量采用《河北省石家庄市地质环境监测报告（2001—2005）》《河北省石家庄市地质环境监测报告（2006—2010）》、石家庄市自来水公司提供的地下水开采量。2011年地下水开采量根据水利局统计数据与上述五年报告中数据通过对比得到，行政区外开采量根据相邻区开采强度反算得到，并对上述不同部门的数据经行对比验证，具体见表18.2.6。从而得到2004—2011年年均农业开采量为$67785\times10^4 m^3/a$，生活开采量为$15180\times10^4 m^3/a$，工业开采量为$15901\times10^4 m^3/a$。

均衡区2004—2011年地下水开采量表（单位：$10^4 m^3/a$）　　　　表18.2.6

年份	农业开采量	工业开采量	生活开采量
2004	79593	21086	16912
2005	79846	19823	16414
2006	72574	16486	16064
2007	66719	15588	16045
2008	62266	14934	14915
2009	59298	12710	13780
2010	59387	13271	13641
2011	62597	13309	13671
年均	67785	15901	15180

⑥ 地下水储变量

地下水储变量根据2004—2011年地下水位变差（图18.2.15）及变幅带给水度分区求取。计算结果见表18.2.7。

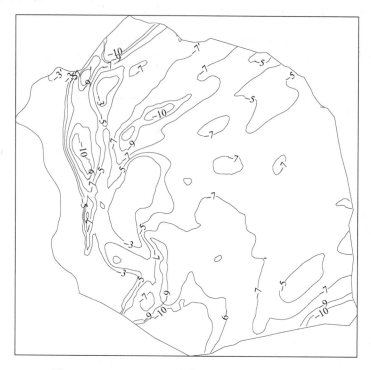

图18.2.15　2004—2011年均衡区地下水水位变差图

2004—2011年均衡区年均地下水储变量表　　　　　　　　　　　　　表18.2.7

面积（km²）	给水度	八年水位变差（m）	地下水储变量（10^4m³/a）
298.25	0.18	−10	−6710.63
504	0.2	−9	−11340.00
1200.25	0.22	−7	−23104.81
813.25	0.2	−5	−10165.63
69.25	0.21	−3	−545.34

⑦ 水均衡分析

由表18.2.7可知，均衡区2004—2011年地下水总补给量为453032.61×10^4m³/8a，平均每年的补给量为56629.08×10^4m³/a；地下水总排泄量为869564.22×10^4m³/8a，平均每年排泄量为108695.53×10^4m³/a；补排差为-416531.61×10^4m³/8a，平均每年的补排差为-52066.45×10^4m³/a；地下水储变量为-414931.25×10^4m³/8a，平均每年地下水储变量为-51866.41×10^4m³/a；均衡误差为1600.36×10^4m³/8a，平均年均衡误差为200.04×10^4m³/a。

2）模型初始值的确定

① 初始流场

根据收集资料的情况，2004年6月至2011年12月各项资料齐全。所以选择这段时间作为模拟段。选择2004年6月的地下水流场作为建模的初始流场（图18.2.16）。

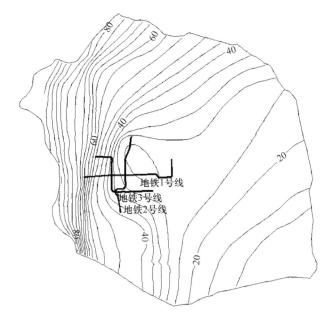

图18.2.16 模型初始流场（2004年6月）

② 垂向补给强度

降水入渗系数：根据包气带的岩性和厚度，地形地貌条件把模型区的降水入渗系数分为17个分区（图18.2.14），参考前人工作报告，给出初值，待模拟时确定。

河渠渗漏补给强度：河渠渗漏补给强度主要是参考前人工作报告相应给出的。在模拟时段，滹沱河放水很少，暂不考虑滹沱河入渗补给；石津渠的单位长度渠道损失系数设定为$0.00253km^{-1}$，渠道渗漏补给系数设定为0.45。

农田灌溉水入渗补给地下水的回归系数取0.185。以上各值按不同时段换算成面状补给强度。作为初值输入模型，经模拟识别确定。

③ 垂向排泄强度

地下水开采量是根据石家庄市供水公司、节水办、水利局等有关部门统计资料。市区部分分为水源地、自备井两部分。市辖各县按照县城和郊区把工业、生活、农业分配到各区。按照不同时段换算成排泄强度，输入模型。

④ 边界条件的处理

西部边界、东部边界、南部边界的流量边界，其初值是根据地下水流场特征分析计算相应给出。

⑤ 水文地质参数初值

根据工作区内前人的工作报告，结合区内地质、水文地质条件，对模拟区进行水文地质参数分区，并给出各分区的渗透系数和给水度初值，待模拟时确定。

3）模型的识别与检验

模型识别验证亦称"反演"，就是数学运算中的解逆问题，对数学模型、边界条件、垂向补给、排泄强度的分配、水文地质参数等内容进行识别验证。本次模型的识别验证时间段为 2004 年 6 月至 2011 年 12 月，流场拟合效果图和钻孔地下水动态拟合图如图 18.2.17～图 18.2.25 所示。

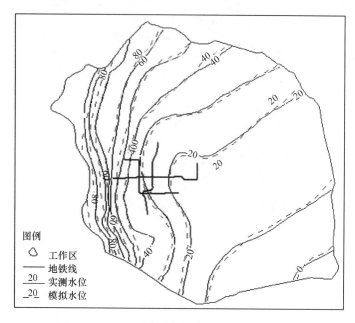

图 18.2.17　地下水流场拟合图（2011 年 12 月）

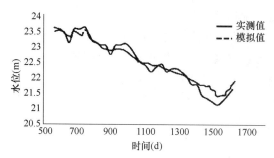

图 18.2.18　石 38 孔水位拟合图
（2004—2011 年）

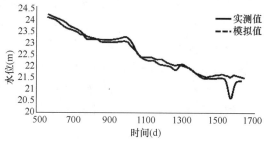

图 18.2.19　石 55 孔水位拟合图
（2004—2011 年）

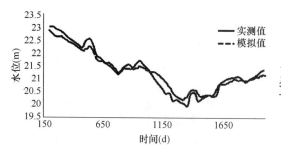

图 18.2.20　化主孔水位拟合图
（2004—2011 年）

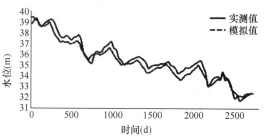

图 18.2.21　南陈孔水位拟合图
（2004—2011 年）

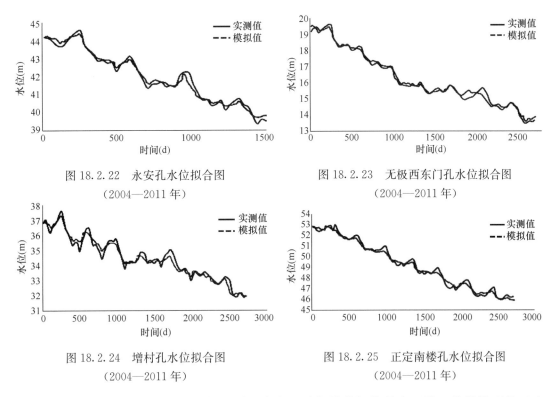

图 18.2.22　永安孔水位拟合图
（2004—2011 年）

图 18.2.23　无极西东门孔水位拟合图
（2004—2011 年）

图 18.2.24　增村孔水位拟合图
（2004—2011 年）

图 18.2.25　正定南楼孔水位拟合图
（2004—2011 年）

模型识别表明：流场拟合较好，说明水文地质条件的概化是合理的，数学模型是正确的，水文地质参数、垂向补排强度及边界的侧向径流量等，通过调整，认为是符合实际的，能够反映地下水动力条件，可用于预测。模型识别后的水文地质参数分区及参数如图 18.2.26 和表 18.2.8 所示。

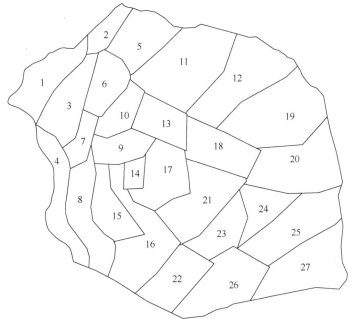

图 18.2.26　水文地质参数分区图

模型确定的水文地质参数一览表　　　　表 18.2.8

分区号	渗透系数（m/d）	给水度	分区号	渗透系数（m/d）	给水度
1	150	0.27	15	95	0.22
2	30	0.16	16	38	0.19
3	110	0.24	17	74	0.21
4	20	0.15	18	85	0.22
5	35	0.16	19	55	0.20
6	130	0.24	20	65	0.22
7	45	0.18	21	60	0.22
8	60	0.21	22	30	0.18
9	55	0.19	23	44	0.20
10	100	0.23	24	52	0.21
11	75	0.21	25	41	0.19
12	60	0.20	26	45	0.19
13	90	0.23	27	30	0.16
14	42	0.19			

18.2.3　影响因素分析

在数值模拟时，应首先对石家庄地区地下水位有影响的因素进行分析，主要表现在地下水库调蓄（包括南水北调、工业开采、降雨入渗、农业开采、边界侧向及初始流场）及降雨对地下水位的影响。

1. 地下水库调蓄影响分析

在模型中进行地下水库调蓄对地下水的影响分析时，假设条件是：

(1) 每年调蓄水量为 1.8239 亿 m^3/a；

(2) 根据《南水北调石家庄受水区地下水压采方案》，市区水源地、自备井停止开采，鹿泉、栾城、藁城、正定县城工业和生活用水全部利用南水北调分配水量；

(3) 降雨采用石家庄市平均降雨量 514.9mm/a；

(4) 农业开采量取 2011 年开采强度；

(5) 边界条件采用第 3 章模型模拟结果；

(6) 以 2011 年 12 月末实测流场作为预测初始流场。

在上述假设条件下，调蓄 20 年后，城区地下水位埋深基本恢复到 15m。那么上述各条件的出现概率是什么情况，下面做一下分析。

(1) 南水北调调蓄量

根据《石家庄市南水北调配套工程水厂以上输水管道工程可行性研究报告》，不同保证率下均衡区的南水北调来水量见表18.2.9。

均衡区不同保证率时南水北调来水量（单位：$10^4\mathrm{m}^3/\mathrm{a}$） 表18.2.9

保证率	2%	25%	50%	75%	90%	98%	多年平均
南水北调总来水量	68886	68089	67174	55235	37572	31083	60260
石家庄城区来水量	54109	53482	52764	43386	29512	24416	47333
郊县来水量	14777	14607	14410	11849	8060	6667	12927

从表18.2.9可以看出多年平均来水量的保证率大于50%，该值反映的是多年来水的平均水平，由于调蓄要进行几十年，所以用平均值作为假设条件之一是符合实际的。

（2）工业农业开采量

根据《石家庄市南水北调配套工程水厂以上输水管道工程可行性研究报告》和表18.2.9可以看出，多年平均状况下郊县南水北调可用水量为$12927\times10^4\mathrm{m}^3/\mathrm{a}$，多年平均状况下郊县的实际用水量为$10195\times10^4\mathrm{m}^3/\mathrm{a}$。所以在南水北调来水的情况下，鹿泉、栾城、藁城、正定县城工业和生活用水全部利用南水北调分配水量。

（3）降雨入渗量

降雨为地下水的主要补给来源之一，而降雨具有一定的周期性，石家庄地区一般30年会出现一次极端降雨，从长期来看石家庄降雨量处于相对稳定的状态。石家庄当地的降雨频率及降雨量见表18.2.10。从表中可以看出多年平均降雨量概率小于50%。

石家庄不同降雨频率及降雨量 表18.2.10

降雨频率	25%	50%	75%	多年平均
降雨量（mm）	595.9	492	399.4	514.9

（4）农业开采量

模型中农业开采量采用2011年开采水平。农业开采量主要受气候影响，但又保持一定稳定性。受降水情况影响石家庄地区农业灌溉一年一般在4~6次，其农业灌溉用水量情况见表18.2.11。

均衡区农业开采量表（单位：$10^4\mathrm{m}^3/\mathrm{a}$） 表18.2.11

年份	2004	2005	2006	2007	2008	2009	2010	2011	多年平均
开采量	79593	79846	72574	66719	62266	59298	59387	62597	67785

（5）边界侧向量

边界侧向量主要包括流入、流出两部分，侧向流入、流出量的大小主要和水力梯度和含水层厚度有关。根据已经收集到的石家庄地区地下水流场资料表明，均衡区边界水力梯度略有变化但变化不大。含水层厚度呈变小的趋势，且流入、流出边界含水层厚度呈同步变化趋势，即同时变大或变小。模拟结果表明均衡区流入、流出之差为$2047\times10^4\mathrm{m}^3/\mathrm{a}$，该值只是地下水总补给极小的一部分，且流入、流出量虽会发生变化但呈同步变化，所以预测时采用该值能够反映实际的变化情况。

（6）初始流场

因为要预测地下水库调蓄对地下水位的影响，所以要采用现状条件下地下水位。

从以上分析来看，对地下水位变化最不可控的因素就是地下水库调蓄。而地下水库调蓄量的多少则直接与用水量的多少直接相关。根据石家庄市规划，未来用水量呈增加趋势，到 2020 年基本完全消化掉南水北调来水。为此本次模拟采用对工程最不利最不可能的开采量和调蓄量来模拟地下水库调蓄对地下水位的影响，即保持现状开采水平不变。从分析来看，地下水库调蓄至地下水位埋深 15m 的概率是极小的。

18.2.4　理论分析

通过前面的论述可知，石家庄地区水位变化主要受自然和人类活动影响。人类活动会对石家庄地下水产生升高效应的主要因素为利用南水北调江水进行地下水库调蓄。自然条件对石家庄地下水产生升高效应的主要因素为降水，考虑到地铁工程为百年工程，则百年一遇（$P=1\%$）的降水会对地铁产生最不利的影响。因此根据对工程最不利的原则，将人类活动和百年一遇（$P=1\%$）的降水叠加预测各站点最高水位。

1. 地下水库调蓄对地下水水位的影响

根据《石家庄市南水北调配套工程规划简要报告》及《石家庄市南水北调受水区供水配置优化方案》，南水北调中线全部竣工后，石家庄市中心城区分水指标调整为 4.7333 亿 m^3/a。在 2014 年配套工程全部建成的情况下，市区水源地、自备井停止开采，鹿泉、栾城、藁城、正定县城工业和生活用水利用南水北调分配水量，每年可调蓄地下水 1.8239 亿 m^3/a（引自《石家庄市地下水库建设研究报告》）。根据《石家庄市地下水库建设研究报告》，地下水调蓄入渗场的入渗能力完全能满足每年 1.8239 亿 m^3/a 可调蓄水量进入地下。

为研究调蓄对地下水水位的影响，我们设定：(1) 每年调蓄水量为 1.8239 亿 m^3/a，调蓄场如图 18.2.27 所示。(2) 根据《南水北调石家庄受水区地下水压采方案》，市区水源地、自备井停止开采，鹿泉、栾城、藁城、正定县城工业和生活用水全部利用南水北调分配水量；(3) 降雨采用石家庄市平均降雨量 514.9mm/a；(4) 农业开采量取 2011 年开采强度；(5) 边界条件采用第 3 章模型模拟结果；(6) 以 2011 年 12 月末实测流场作为预测初始流场。

将以上条件输入验证后的模型，模拟计算 20 年。地下水在调蓄 20 年后，市区降落漏斗消失，城区水位恢复至埋深 15～30m 左右，接近石家庄市地下调蓄规划的目标（引自《石家庄市地下水库建设研究报告》）。此时，地下水流场如图 18.2.27 所示，该流场可以作为进一步预测（叠加百年一遇降水的影响）的初始流场。

2. 最高水位预测

影响石家庄水位的因素主要包括两部分：自然因素和人类活动。

人类活动主要包括开采和地下水库调蓄工程。由上节数值模拟结果可知，达到石家庄市地下水调蓄目标（地下水位埋深为 15～20m）时，地下水位埋深分布如图 18.2.27 所示。

根据前述分析，影响地铁安全运行的自然因素主要为极端降雨所产生的地下水水位急剧上升。因此，作为百年工程的地铁为预测最高水位，就必须充分考虑人类活动和自然因素对地铁最不利的情况。即在图 18.2.27 所示地下水埋深分布的基础上，叠加百年一遇（$P=1\%$）的降雨所产生的水位增幅，以此作为未来可能达到的最高水位。

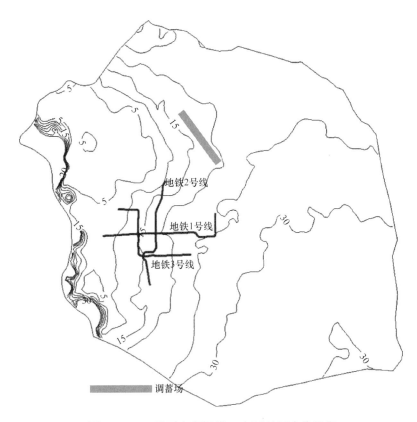

图 18.2.27 地下水库调蓄 20 年后地下水位埋深

(1) 百年一遇（$P=1\%$）降雨设计

根据石家庄市 1919—2011 年降水量资料（图 18.2.28），采用水文频率分析法求取石家庄市百年一遇的降水量。水文频率分析软件使用 Borland Delphi7.0，开发所附带的动

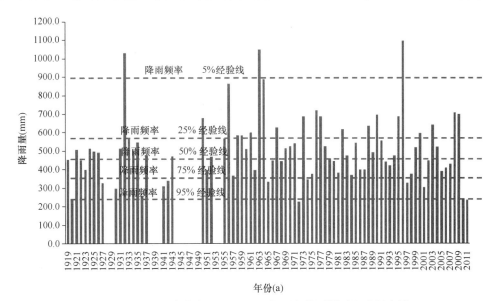

图 18.2.28　石家庄市 1919—2011 年逐年降雨量及经验频率线

态链接库由 Compaq Visual Fortran6.6 编译生成。软件的主要功能是：从文件中读取数据，绘制 P-Ⅲ型分布频率曲线，通过人机交互方式，得到最合适的配线及其参数。

P-Ⅲ型分布频率曲线是当前水文计算中常用的频率曲线，它是一条一端有限的不对称单峰、正偏曲线（图 18.2.29），数学上称为伽马分布，其概率密度函数为：

$$f(x) = \frac{\beta^\alpha}{\Gamma(\alpha)}(x-a_0)^{\alpha-1}e^{-\beta(x-a_0)} \tag{18.2.2}$$

式中：$\Gamma(\alpha)$——α 的伽马函数；

α、β、a_0——分别为皮尔逊Ⅲ型分布的形状、尺度和位置参数，$\alpha>0$，$\beta>0$。

显然，三个参数确定以后，该密度函数随之可以确定。可以推论，这三个参数与 $\bar{x}$、C_v、C_s 具有如下关系：

$$\alpha = \frac{4}{C_s^2} \tag{18.2.3}$$

$$\beta = \frac{2}{\bar{x}C_v C_s} \tag{18.2.4}$$

$$a_0 = \bar{x}\left(1 - \frac{2C_v}{C_s}\right) \tag{18.2.5}$$

式中：$\bar{x}$——平均值；

C_v——变异系数；

C_s——偏度系数。

水文计算中，一般需要求出随机变量取值大于等于的频率 P（$x>0$），也就是通过对密度曲线进行积分，即：

$$P = P(x \geqslant x_p) = \frac{\beta^\alpha}{\Gamma(\alpha)}\int_{x_p}^{\infty}(x-a_0)^{\alpha-1}e^{-\beta(x-a_0)}dx \tag{18.2.6}$$

直接由公式计算 P 值非常麻烦，实际做法是通过变量转换，变换成下面的积分形式：

$$P(\Phi \geqslant \Phi_p) = \int_{\Phi_p}^{\infty}f(\Phi \cdot C_s)d\Phi \tag{18.2.7}$$

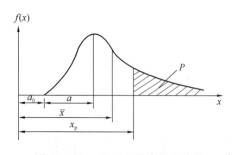

图 18.2.29 P-Ⅲ型概率密度曲线

在频率计算时，由已知的 C_s 值，查 Φ 值表得出不同 P 值的 Φ 值，然后利用已知的 C_v 值，即可求得各种相应的 P 值，从而可绘制出皮尔逊Ⅲ型频率曲线（图 18.2.29）。

读取降雨数据，绘制 P-Ⅲ型分布频率曲线后，通过人机交互，得到最合适的配线及其参数。最后根据统计参数，给定设计频率求设计值。最后得出石家庄百年一遇（$P=1\%$）的降雨量为 1140.87mm（图 18.2.30）。得到百年一遇的设计值后，选择典型年对设计暴雨量按月分配雨量，选择典型年的原则为：在已有的实测系列中选取与设计值相等或接近的年份即可作为相应的代表年。如果有两个以上的年份其实测值与设计值都比较接近，必须按照"年内分配最不利"的原则进一步选择确定。照此原则，选择 1963 年为典型年。

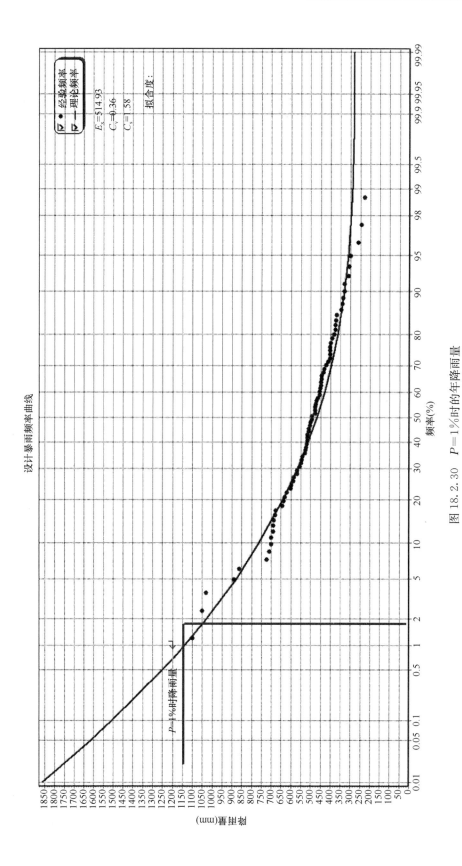

图 18.2.30　$P=1\%$ 时的年降雨量

(2) 泄洪期滹沱河河道渗漏量的设计

当石家庄遇到百年一遇的降雨时,势必会引起山前水库库容不能满足调蓄的目标。根据水利局提供的资料,石家庄"96·8"洪水期间,黄壁庄水库共向河道泄洪22.39亿 m^3,本年降雨量为1097.1mm。设计百年一遇降雨量为1140.87mm,采用比对方法设计百年一遇降雨时的河道泄洪量为23.28亿 m^3。入渗系数采用1988年黄壁庄水库泄洪实测值0.41。河道渗漏量计算公式如下:

$$Q_{河渗} = Q_{河} \cdot f \tag{18.2.8}$$

式中:$Q_{河渗}$——计算时段河流渗漏补给量,$10^4 m^3$;

$Q_{河}$——计算时段河水径流量,$10^4 m^3$;

f——河流入渗系数。

根据上式计算得到设计泄洪时滹沱河渗漏量为9.54亿 m^3。

(3) 石家庄地铁一期工程最高水位预测(部分站点)

为预测石家庄地铁一期工程最高水位,假设:(1) 以上节模拟结果为初始流场;(2) 极端降雨年降雨量为1140.87mm,其余年份降雨量采用石家庄平均降雨量514.9mm;(3) 石家庄市区工业开采和集中水源地开采关闭,农业开采与生活开采采用2011年开采水平;(4) 极端降雨年滹沱河有泄洪,泄洪量根据1996年8月泄洪量设计;(5) 其余边界条件基本保持不变。

模型运行十年,石家庄地铁一期工程部分站点水位变化图如图18.2.31~图18.2.36所示。

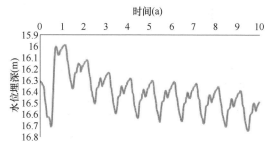

图18.2.31 轨道交通1号线某车站地下水水位变化曲线一

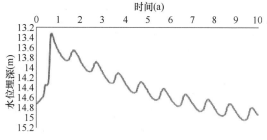

图18.2.32 轨道交通1号线某车站地下水水位变化曲线二

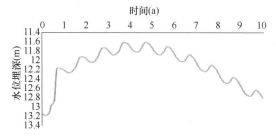

图18.2.33 轨道交通2号线某车站地下水水位变化曲线一

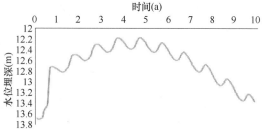

图18.2.34 轨道交通2号线某车站地下水水位变化曲线二

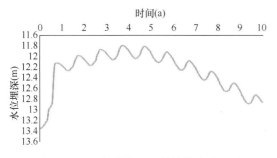
图 18.2.35 轨道交通 3 号线某车站地下
水水位变化曲线一

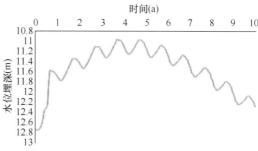
图 18.2.36 轨道交通 3 号线某车站地下
水水位变化曲线二

从图 18.2.31 至图 18.2.36 中可以看出，极端降雨对地下水位有明显的影响，普遍导致水位上升 1.0~2.0m，离滹沱河较近的个别车站，水位上升在 5m 以上。多数站点在极端降雨当年或第二年出现最高水位。极个别站点在极端降雨的第三年出现最高水位。

18.2.5 综合研究

通过对石家庄市的水文地质条件、地下水位动态规律、未来影响地下水位上升的可能因素进行了分析，对影响地下水位上升的主要因素与地下水位变幅进行了统计回归分析，在上述分析的基础上，建立了地下水数值分析模型，通过地下水数值分析，得到了石家庄轨道交通一期工程各车站未来地下水位可能上升到的最高值。由于设防水位的取值不仅与未来地下水位可能上升到的最高值有关，还与各车站结构埋深、结构所处的地层条件等有关。

1. 抗浮设防水位计算模型

根据石家庄市轨道交通一期工程结构埋深、土层分布条件和未来地下水位可能上升到的最高值，确定适合于石家庄市轨道交通一期抗浮设防水位计算的模型有以下 7 类。

（1）模型一

预测未来最高水位位于地铁结构底板以下，结构底板位于砂土层中（图 18.2.37），结构受到的地下水压力为零。

（2）模型二

结构底板位于砂土层中，预测未来最高水位位于地铁结构底板以上（图 18.2.38）。

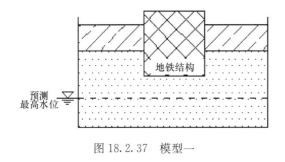

图 18.2.37 模型一　　　　　　　　　　图 18.2.38 模型二

（3）模型三

预测未来最高水位位于地铁结构底板以下，结构底板位于黏性土层中（图 18.2.39），结构受到的地下水压力为零。

（4）模型四

预测未来最高水位位于地铁结构底板以上，结构底板位于黏性土层中（图18.2.40）。

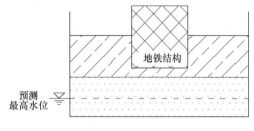

图18.2.39　模型三

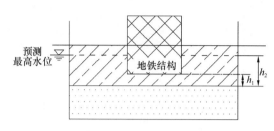

图18.2.40　模型四

（5）模型五

预测未来最高水位位于地铁结构底板以上，结构底板位于黏性土层中（图18.2.41）。

（6）模型六

结构底板位于黏性土层中，预测未来最高水位位于地铁结构底板以上，且高于结构底面所在黏性土层的顶面（图18.2.42）。

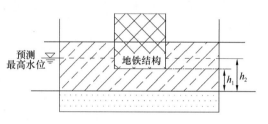

图18.2.41　模型五

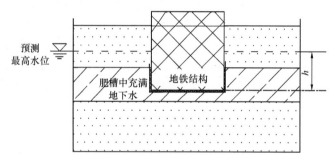

图18.2.42　模型六

（7）模型七

结构底板部分位于黏性土层、部分位于砂土层中，预测未来最高水位位于地铁结构底板以上（图18.2.43）。

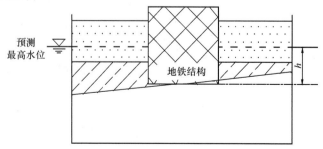

图18.2.43　模型七

2. 石家庄市轨道交通一期典型车站抗浮设防水位的确定

石家庄市轨道交通一期工程包括1号线一期、2号线一期和3号线一期,其中1号线一期和3号线一期已进行了初勘,设计已提供了各车站的初步设计条件,2号线一期已完成可研阶段勘察,设计已提供可研阶段各车站的设计条件。在确定各车站的抗浮设防水位时,利用前面预测得到的各车站所在场地未来可能遭遇的最高地下水位、各车站结构底板埋深和场地地层分布特点,确定适合于各车站的抗浮设防水位计算模型,根据各车站各自适用的计算模型,确定相应的抗浮设防水位(表18.2.12)。

各站抗浮设防水位　　　　表18.2.12

序号	线路	车站名称	地面标高(m)	预测场地内未来最高水位埋深(m)	预测场地内未来最高水位标高(m)	车站基底标高(m)
1	1号线	西王站	82.54	15.98	66.56	65.21
2		时光街站	79.40	15.58	63.82	63.46
3		长城桥站	76.52	13.25	63.27	58.66
4		和平医院站	74.66	12.49	62.17	57.85
5		烈士陵园站	73.31	12.08	61.23	57.13
6		中山广场站	72.60	11.90	60.70	55.66
7		解放广场站	72.20	12.46	59.74	57.41
8		平安大街站	71.10	13.97	57.13	53.57
9		人民广场站	70.50	14.24	56.26	51.90
10		省博物馆站	70.71	14.69	56.02	48.15
11		体育场站	69.12	14.11	55.01	52.30
12		北宋站	68.54	13.75	54.79	52.86
13		谈固站	67.12	14.51	52.61	50.96
14		朝晖桥站	67.42	15.68	51.74	49.82
15		白佛站	66.06	16.10	49.96	50.19
16		留村站	64.47	16.99	47.48	47.75
17		火炬广场站	63.10	17.09	46.01	47.01
18		石家庄东站	64.30	14.20	50.10	48.38
19		南村站	63.80	12.88	50.92	47.82
20		洨河大道站	65.55	12.20	53.35	49.40
21	2号线	西古城站	74.90	11.61	63.29	58.21
22		铁道学院站	74.52	12.18	62.34	58.18
23		运河桥站	73.64	12.68	60.96	55.58
24		蓝天圣木站	70.05	13.22	56.83	53.62
25		长安公园站	69.70	13.97	55.73	52.29
26		北国商城站	70.30	14.24	56.06	45.71
27		大戏院站	69.75	14.39	55.36	52.66
28		新世隆站	69.77	14.61	55.16	52.70

续表

序号	线路	车站名称	地面标高（m）	预测场地内未来最高水位埋深（m）	预测场地内未来最高水位标高（m）	车站基底标高（m）
29	2号线	东岗头站	68.60	13.57	55.03	52.55
30		东三教站	69.03	13.20	55.83	53.52
31		新石家庄站	69.08	13.23	55.85	46.93
32		塔谈站	68.53	13.43	55.10	50.53
33		塔谈南站	67.71	13.55	54.16	49.94
34		南位站	67.45	14.32	53.13	49.53
35		嘉华站	67.21	15.17	52.04	56.19
36	3号线	西三庄站	79.76	11.79	67.97	63.19
37		水上公园站	77.29	10.96	66.33	60.36
38		柏林庄站	76.21	11.17	65.04	52.90
39		市庄站	74.26	11.18	63.08	57.72
40		小灰楼站	72.67	11.52	61.15	55.89
41		中山广场站	72.68	11.90	60.78	47.84
42		东里站	71.66	12.50	59.16	53.88
43		槐安桥站	71.55	12.90	58.65	54.33
44		西三教站	70.30	13.08	57.22	53.51
45		石家庄站	71.93	13.23	58.70	53.38
46		东广场站	68.34	13.41	54.93	52.54
47		孙村站	67.65	13.32	54.33	51.06
48		塔冢站	67.08	13.33	53.75	50.54
49		东王站	66.36	13.53	52.83	50.00
50		南王站	65.28	14.51	50.77	49.14
51		位同站	65.10	15.61	49.49	48.10
52		三教堂站	64.90	16.58	48.32	43.90

18.3 地铁工程结构抗浮应用

18.3.1 地铁工程结构抗浮措施

地铁车站上浮的原因是结构重量及车站侧壁摩擦力之和小于水浮力所引起的。当车站自身重量（包括顶板覆土重）不能抵抗地下水浮力时，地下车站将产生上浮，导致结构变形破坏，使地下车站不能发挥正常功效，故必要时需设置一定的抗浮措施。

地铁抗浮措施主要有压载法、抗浮压顶梁法、降排截水法、抗浮桩法和抗浮锚杆法等，其中压载法和降排截水法等为预防措施，抗浮桩法和抗浮锚杆法等为抗浮设计措施。

18.3.2 地铁工程结构抗浮设计

1. 地下水浮力计算

水浮力计算是抗浮设计的前提,对地下工程而言,应正确合理确定工程的设防水位,因此要求工程勘察单位提供用于计算地下水浮力的设计水位。它不是工程所在位置的常年最高水位,更不是勘察期内的当前水位,而应综合分析历年水位地质资料,根据工程重要性以及工程建成后地下水位变化的可能性确定抗浮设计的设防水位。

2. 抗浮验算

地下结构使用期抗浮荷载包括地下结构及其上部结构的自重荷载、结构上永久性覆土及设备自重荷载,不应包括可变荷载和地下结构与其接触的岩土体之间的侧摩阻力;施工期抗浮荷载不应包括覆土荷载和施工荷载。

地下结构施工期、使用期的抗浮稳定状态应按表18.3.1划分。

地下结构抗浮稳定状态划分 表18.3.1

抗浮设计等级	抗浮稳定系数 K_f		稳定状态
	施工期	使用期	
甲级	$K_f \geqslant 1.05$	$K_f \geqslant 1.15$	稳定
	$1.00 \leqslant K_f < 1.05$	$1.05 \leqslant K_f < 1.15$	基本稳定
	$K_f < 1.00$	$K_f < 1.05$	不稳定
乙级	$K_f \geqslant 1.00$	$K_f \geqslant 1.05$	稳定
	$0.95 \leqslant K_f < 1.00$	$1.00 \leqslant K_f < 1.05$	基本稳定
	$K_f < 0.95$	$K_f < 1.00$	不稳定
丙级	$K_f \geqslant 0.95$	$K_f \geqslant 1.00$	稳定
	$0.90 \leqslant K_f < 0.95$	$0.95 \leqslant K_f < 1.00$	基本稳定
	$K_f < 0.90$	$K_f < 0.95$	不稳定

注:本表取自《建筑地下结构抗浮技术规范(网上征求意见稿)》表6.1.4。

3. 压重法设计

压重法包括增加抗浮底板厚度及其上部压重、增设地下结构外侧边挑出底板宽度及其上部覆土和增设地下结构顶部压重等,适用于结构自重荷载与浮力荷载相差较小的抗浮工程。当浮力荷载与结构自重荷载差距较大、地下结构顶板上覆土厚度和底板上压重及顶部覆土受到限制时,压重法应与其他抗浮措施联合使用。

4. 抗浮桩设计

抗浮桩应根据不同地质条件、环境条件、抗浮工程设计要求和耐久性要求选用灌注桩或预制桩。灌注桩可采用等截面灌注桩、扩底灌注桩和后注浆灌注桩等;预制桩宜选用混合配筋预应力混凝土桩。

5. 抗浮锚杆设计

锚杆抗浮方案及选型应根据岩土工程勘察报告及工程条件与要求,对锚杆的工程安全性和施工可行性做出评估和判断,并结合地下水浮力大小、结构受力及变形要求等综合确定。

18.3.3 地铁工程结构抗浮案例

本章选取了某两个地铁工程车站,介绍地铁车站抗浮设计的压顶梁、压重及抗拔桩设计案例。

1. 案例一:某地铁车站压顶梁设计

以石家庄某三层地下车站为例,介绍在不同抗浮设防水位下的抗浮处理措施。

石家庄市地铁1号线某站位于两城市主干路交叉路口处,车站布置于道路下方。车站采用明挖法施工,车站形式为地下三层三跨岛式车站,站台宽度13.0m。车站顶板平均覆土3.65m,标准段底板埋深25.04m,盾构井段底板埋深26.78m。

车站围护结构采用$\phi1000@1500$围护桩+钢支撑支护体系。

(1) 工程概况

1) 工程地质与水文地质概况

按地层沉积年代、成因类型,将本工程沿线勘探范围内的土层划分为人工堆积层(Q^{ml})、新近沉积层(Q_4^{al})、第四系全新统冲洪积层(Q_4^{al+pl})、第四系上更新统冲洪积层(Q_3^{al+pl})四大层。本站所在地层主要有黄土状粉土③$_2$层、黄土状粉质黏土③$_1$层、中粗砂④$_2$层、粉质黏土④$_4$层、粉质黏土⑤$_1$层、细中砂⑥$_1$层、中粗砂⑥$_2$层。

根据收集线路附近地下水位资料,由于地下水开采较为严重,拟建地铁沿线45m深度范围内地下水类型以潜水为主。沿线地下水位普遍较深,整体地下水位埋深沿东西方向呈漏斗状,以省博物馆为漏斗中心,地下水位埋深达55m,地下水位向东西两个方向逐渐变浅,水位埋深一般在25~50m之间。

2) 抗浮设防水位的确定

目前地下水位很深,对地铁施工影响较小。本工程属于百年工程,历史上石家庄市区的地下水位约在地下5m左右。因此,需考虑工程使用期限内,地下水位的变幅对工程的影响,故初设阶段的抗浮设防水位按整平地面标高以下6.0m选用。

(2) 压顶梁设计方案

1) 抗浮措施的选取

对车站进行使用阶段抗浮设防水位状态下的结构抗浮安全性验算。车站结构及顶部覆土作用下计算的荷载标准值为4040kN/延米,小于车站使用工况、抗浮设防水位时车站所受的水浮力4250kN/延米。车站需采取抗浮措施。

结合上篇对地铁工程抗浮措施的介绍,对于此类需要采取抗浮措施且车站结构浮力与抗浮力相差不大的情况,一般采用压载法、抗浮压顶梁法两种方案,从节省造价、便于施工角度优先选用抗浮压顶梁法。

2) 抗浮压顶梁设计方案

利用车站围护桩的桩顶冠梁施作压顶梁,利用围护结构自身重力作为车站抗浮力,以增大车站的抗浮力,保证车站结构抗浮安全(图18.3.1、图18.3.2)。

车站结构在抗浮设防水位状态下计算的抗浮安全系数,不采取压顶梁作用的情况下,抗浮安全系数为0.95,不满足规范要求;在考虑压顶梁作用的情况下,抗浮安全系数可达到1.17,满足规范要求。

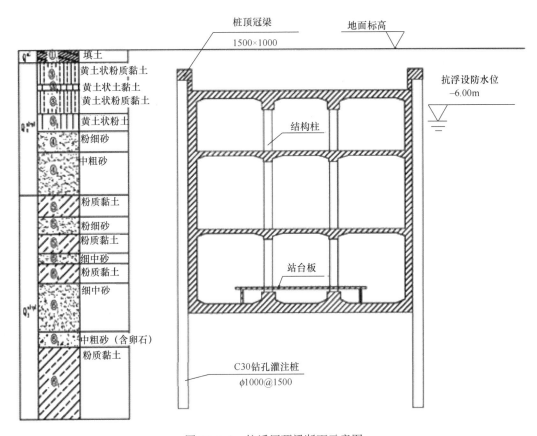

图 18.3.1 抗浮压顶梁断面示意图

2. 案例二：某地铁车站抗拔桩设计

（1）工程概况

地铁某车站，在规划十字路口处车站与远期规划的路线形成 T 形换乘，两线之间设置联络线。

车站采用明挖法施工，结构形式为地下三层三跨岛式车站，站台宽度 14.0m。车站顶板平均覆土 3.5m，标准段底板埋深 23.80m，盾构井段底板埋深 25.60m。

车站围护结构采用 $\phi1000@1600$ 围护桩+钢支撑支护体系。

1）工程地质与水文地质概况

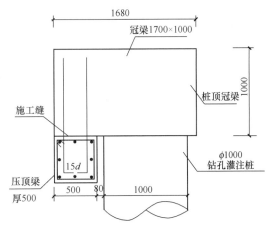

图 18.3.2 压顶梁断面配筋示意图

本站场地位于北京城区西南平原地区，永定河冲洪积扇的中上部，属于古漯水河故道及古金沟河故道与古漯水河故道交汇处。所处地貌类型为平原地貌，第四系厚度小于 50m。

2）抗浮设防水位的确定

根据 1971—1973 年地下水位接近地表、1971—1973 年地下水位标高 44.0~45.0m、近3~5年标高24.0m进行综合分析后,提出设计防渗设计水位为44.0m。

(2)压顶梁设计方案

1)抗浮措施的选取

车站为T形换乘车站,与远期车站接口范围内的围护结构待远期车站建设时需凿除。换乘节点处不具备施工抗浮压顶梁、压重措施的条件;车站受联络线影响局部宽度较大为27.1~30.6m,受此范围结构宽度较大的影响,采用常规的压顶梁及压重方案仍难以满足车站抗浮要求。

结合以上情况,对车站换乘接口处、结构加宽处范围内的结构抗浮措施采用抗拔桩方案。在车站底板主梁下方设置抗拔桩,利用桩基抗拔承载力提供车站结构的抗浮反力。抗拔桩采用$\phi1200$@柱距,与结构柱对应设置(图18.3.3)。

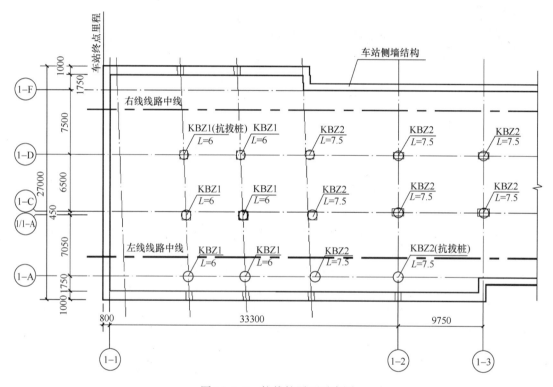

图18.3.3 抗拔桩平面示意图

2)抗拔桩设计方案

车站在长期使用阶段、抗浮设防水位时控制抗浮计算。抗拔桩设计按照《建筑桩基技术规范》JGJ 94—2008第5.8节要求,设计单根桩长$L=6.0~7.5$m(图18.3.4)。

3. 地铁工程结构上浮应急处理措施

在地铁工程设计中,设计人员针对地下水位(施工阶段、试用阶段)、抗浮设防水位几种不同工况均需进行计算,并在结构抗浮不满足抗浮安全系数时采取了抗浮措施,一般不会发生地铁结构在使用过程中产生的上浮情况。

但在施工过程中,对车站结构尚未完成或尚未覆土的状态下,若出现施工单位降水机具损坏、降雨及河渠泄洪等原因导致地下水位上升,若处理不当,则会产生未施工(未回

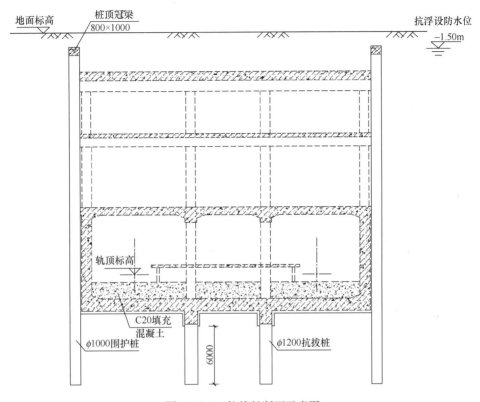

图 18.3.4 抗拔桩断面示意图

填）完成的结构上浮的突发情况；对盾构区间，盾构管片脱出盾尾期间，受地下水浮力、浆液未凝固产生浮力等影响，也经常会出现盾构管片上浮的情况。

第 19 章 双轮铣搅拌水泥土地下连续墙技术在天津地铁工程的应用

天津地区地铁工程建设中的明挖超深基坑支护工程在软土地区复杂的工况条件下，选择经济可靠的基坑支护技术以解决工程中存在地下水止水问题，有益于地铁工程中超深基坑工程建设，进而缓解、改善拥堵的地面交通状况。双轮铣搅拌（CSM）工艺技术研究主要目的是解决深基坑支护中的止水问题，旨在推动解决当前深、大地下工程基坑支护存在的技术难题，使天津地铁深基坑支护工程向更深、更安全、更经济的方向发展。

19.1 技术内容

双轮铣搅拌（CSM）工法是一种创新性深层搅拌施工方法（图 19.1.1）。此工艺是结合现有液压铣槽机和深层搅拌技术进行创新的岩土工程施工新技术（图 19.1.2）。通过对施工现场原位土体与水泥浆进行搅拌，可以用于防渗墙、挡土墙、地基加固等工程。与其他深层搅拌工艺比较，本工法对地层的适应性更高，甚至可以切削坚硬地层（卵砾石地层、岩层）。

图 19.1.1　CSM 工艺来源

其工艺流程如图 19.1.3 所示。

双轮铣搅拌连续墙由一系列的一期槽段墙和二期槽段墙相互间隔组成，所谓一期槽段墙是指成墙时间相对较早的一个批次墙体，二期槽段墙是指成墙相对较晚的批次。如图 19.1.4 所示，图中头字母为"P"的系列为一期槽段墙，头字母为"S"的系列为二期槽段墙。当一期槽段墙达到一定强度后再施工二期槽段墙，这种施工方式被称为"硬铣工法"。

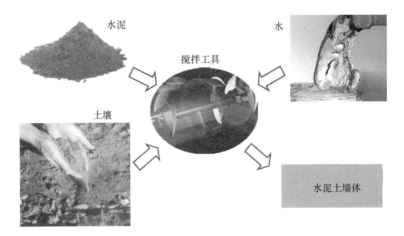

图 19.1.2 工艺来源及原理

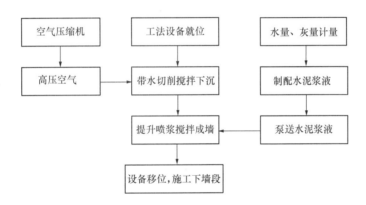

图 19.1.3 双轮铣搅拌工法施工工艺流程图

"硬铣工法"优点在于：(1) 二期槽段墙施工时不会将泥块掺杂到相邻已经完成的一期槽段墙内，保证墙体质量；(2) 一期槽段墙硬化后，施工二期槽段墙时，设备接触地面范围内地耐力不会大幅度下降，利于保证设备稳定性。

图 19.1.4 "硬铣工法"槽段示意图

双轮铣搅拌水泥土地下连续墙施工步骤如下：

第一步，双轮铣搅拌水泥土地下连续墙定位放样；

第二步，预挖导沟（导沟宽 1.0～1.5m，深 0.8～1.0m）（图 19.1.5）；

第三步，工法设备就位，铣头与槽段位置对正；

第四步，铣轮下沉注水切铣原位土体至设计深度（图 19.1.6）；

第五步，铣轮提升注水泥浆同步搅拌成墙（图 19.1.7）；

第六步，钻杆清洗，废泥浆收集，集中外运；

第七步，移动至下一槽段位置，重复上述六个步骤。

图 19.1.5　导沟现场示范

图 19.1.6　下沉切削示意及注浆示范

图 19.1.7　提升搅拌示意及现场示范

19.2 主要技术性能和技术特点

1. 具有高削掘性能，地层适应性强

双轮铣深层搅拌铣头具有高达 100kN·m 的扭矩，导杆采用卷扬加压系统，铣头的刀具采用合金材料，因此铣头可以削掘卵砾石、密实的粉土、砂土等硬地层。

双轮铣搅拌主机具备高功率（433kW 及以上）发动机作为切削性能的动力保障，铣轮最大旋转速度为 35 转/分钟。装配 BAUER3-2 型铣轮（图 19.2.1）的双轮铣搅拌系统可切削强度在 15MPa 以下的软岩及各种土层。更换高性能铣轮后可切削强度达 100MPa 以上的土层。天津地区（除蓟县山区）50m 埋深以内地层强度仅需发挥双轮铣搅拌系统约 1/10 的切削性能，且其针对天津地区"铁板砂层"的切削功效较传统设备高 5~8 倍（双轮铣搅拌 800mm 厚墙体，单槽截面积为 2.08~2.16m²，切削下沉速度为 15~20cm/min），切削黏性土层时高 2~4 倍（确保均匀度，切削下沉速度为 55~100cm/min）。

图 19.2.1　BAUER3-2 型铣轮

2. 施工期间对周边环境影响小，不会引起周边地面沉降

双轮铣搅拌设备切削搅拌的核心部分是铣头，铣头上的两个铣轮由液压马达驱动旋转，基本无噪声、无振动。切削搅拌形成泥浆比重较大（1.6 左右），水平向应力释放较小，不存在成槽塌壁情况，因此搅拌施工过程中不会造成周边地基变形。这一特点使得双轮铣搅拌工艺在城市中心地带、施工现场周边环境要求较高的区域适用性更强，其灵活的移动可完成狭小边角部位施工，同时其对周边环境保护的有效性，符合当今施工技术高速发展的大趋势。

3. 可靠施工过程数据记录和高效的施工管理系统

双轮铣搅拌设备可实时监测并控制机械设备运行，同时监测、控制、记录施工产品质量，可视化界面如图 19.2.2 所示。掘削深度、掘削速度、铣轮旋转速度、水泥浆液的注入量和压力、垂直度等数据通过铣头内部的传感器实时采集，显示在操作室的监视面板上，且采集的数据可以存储在电脑内。通过分析可对施工过程和参数进行控制和管理，确保施工质量，提高管理效率。

主要监控项目包括以下施工、机械参数：深度（m）、单位深度注浆量（L/m）、实时注浆流量（L/min）、总注浆量（m³）、偏移量（精确至 0.1cm）、下沉提升速度（cm/min）、铣轮转速（转/min）、机械参数（铣轮温度、油压等 300 余项）。实时调控上述各项参数，掘削深度、掘削速度、铣轮旋转速度、水泥浆液的注入量和压力、垂直度等数据通过铣头内部的传感器实时采集，显示在操作室的监视面板上，且采集的数据可以存储在电脑内。通过对其分析可对施工过程和参数进行控制和管理，确保施工质量，提高管理效率。

4. 高搅拌性能

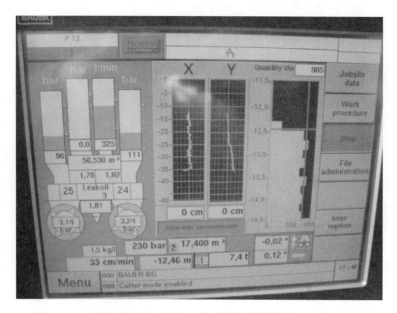

图 19.2.2　B-Tronic 系统可视化界面

双轮铣深层搅拌铣头由多排刀具组成，土体通过铣轮高速旋转被削掘，同时削掘过程中注入高压空气，使其具有良好的搅拌性能。

5. 高削掘精度，确保成墙连续、无缝

双轮铣深层搅拌铣头内部安装垂直度监测装置，可以实时采集数据并输出至操作室的监视器上，操作人员通过对其分析可以进行实时修正，确保成墙连续、无缝，形成超深连续无缝水泥土墙。最终可确保双轮铣设备施工的水泥土地下连续墙在实施的深度范围内具备有效的止水性能。

6. 可完成较大深度的施工

导杆式双轮铣深层搅拌设备可以削掘搅拌深度达 70m，悬吊式双轮铣深层搅拌设备削掘搅拌深度可达 80m。使用双轮铣深层搅拌墙可解决天津地区 70～80m 深度范围内的承压、微承压水的有效止水问题。

7. 可任意设定插入劲性材料的间距

双轮铣深层搅拌工法形成的水泥土地下连续墙为等厚连续墙，作为挡土墙应根据应力需要插入劲性材料（例如，型钢、钢柱、钢筋混凝土桩、组合结构等），其间隔可根据需要任意设置。既利用了双轮铣搅拌良好的止水效果，又加入了钢筋混凝土强大的刚度特性。

8. 双轮铣深层搅拌工法分槽段精确咬合连接，可沿拆线施工，具有较强灵活性

在拥挤的城市建设中，施工现场越来越紧凑。支护墙体的平面布置在设计阶段受到多种边界条件制约，最终影响支护墙体的平面轮廓为多段线组成的复杂图形。这也就要求施工工法要具备灵活性，以适应周边条件制约施工现场条件。双轮铣搅拌水泥土地下连续墙可较好地应用于复杂周边环境的现场施工，其分槽段精确咬合形成的连续墙体既具灵活性，同时亦可保证施工质量（图 19.2.3）。

9. 可绕既有管线施工，可绕管线的最大直径为 2000mm

第 19 章 双轮铣搅拌水泥土地下连续墙技术在天津地铁工程的应用

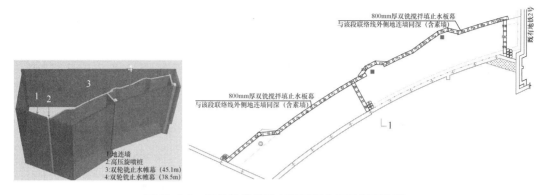

图 19.2.3 双轮铣搅拌墙在某工程中实际平面位置

双轮铣搅拌绕既有管线施工示意图如图 19.2.4 所示。

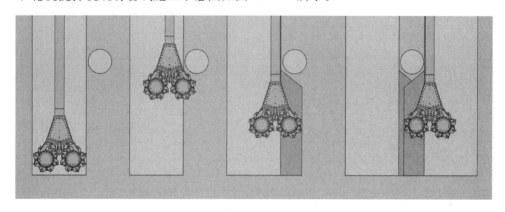

图 19.2.4 双轮铣搅拌绕既有管线施工示意图

19.3 适用范围及应用条件

19.3.1 适用工程地质条件

双轮铣水泥土地下连续墙一般适用于填土、有机质土、黏性土、粉土、砂土、碎石土、风化岩等地层。对于杂填土地层，施工前尽量清除地下障碍物，减少块状障碍对设备的冲击磨损。普通三叶搅拌铣轮可铣削抗压强度 15MPa 以下的障碍体及岩层，使用全圆周截齿铣轮可铣削抗压强度 100MPa 以内的障碍体及岩层，对于抗压强度更高的障碍体及岩层可尝试使用牙轮滚齿铣轮。

对于渗透性较好的富水地层，应注意地下水流速与固化剂硬化时间的关系，防止固化剂流失造成质量缺陷，宜通过试验墙段获取合理施工参数。

对于滨海地区淤泥质土等有机质土，主要适用于通过注入切削液、固化剂及下部无机土层产浆置换有机质土，使墙体内有机质含量降低至无机土标准而达到正常固化成墙效果。

双轮铣水泥土地下连续墙可用于截水帷幕及防渗墙；单元墙体有序排列可以用于土体

加固；当在水泥土墙内植入刚性芯材时，形成双轮铣刚性芯材水泥土地下连续墙，可用于挡土和止水于一体的支护体结构墙体。

19.3.2 适用的工程应用条件

双轮铣水泥土单元墙体连续拼接形成双轮铣水泥土地下连续墙，施工设备的高精度控制系统确保了双轮铣水泥土地下连续墙良好的防渗、止水性能，可用作深层截水帷幕、防渗墙。

精准、有序的单元墙体拼接形成均质土体加固体，利于保障深层加固质量，有效避免加固体深部存在未加固土体及渗流通道。

植入刚性芯材的双轮铣水泥土地下连续墙，其抗弯、抗剪性能改善后，可结合内支撑或锚杆等措施用于支护结构。

19.4 应用情况

19.4.1 双轮铣搅拌水泥土地下连续墙在地铁基坑工程中作止水帷幕

1. 概况

纵观以往工程案例，深基坑工程事故大多是由渗、漏水引起土体流失，进而造成周边地面沉降甚至塌陷、周边建筑物开裂或损坏的破坏性后果。因此防渗帷幕很大程度上决定了基坑整体的安全性。

针对天津地铁工程特点及天津地区特殊复杂的水文地质条件，传统止水帷幕施工工艺和方法主要存在以下问题：

（1）质量保障不足：现有的工艺设备在较深或较复杂的地层环境条件下，施工质量保障极其有限。例如：单轴或双轴搅拌桩在黏性较强土层中，成桩质量不佳；三轴搅拌桩在淤泥质土层中，成桩强度颇为有限；地下连续墙墙体质量事故也屡有发生，如墙体夹泥、钢筋笼下放困难甚至无法就位；高压旋喷桩在一定深度情况下，成桩垂直度、成桩半径和质量均存在很大缺陷。

（2）有效施工深度无法满足设计要求：天津市目前普遍使用的设备有效施工深度有限，已无法应对日益增加的设计需求。例如按现有情况，单轴或双轴搅拌桩、高压旋喷桩有效施工深度基本不超过 10m；三轴搅拌桩有效施工深度仅为 30m 左右；而应对超深基坑止水需要的地下连续墙+接缝处理的传统做法也受限于地下连续墙施工质量和接缝处止水措施的可靠度，无法满足超深地下工程要求。

（3）施工过程监测系统未得到全面使用：天津地层条件复杂多变并不有利于地下工程施工，而止水帷幕施工又无法对施工过程及质量进行直观检查，因此全方位的施工过程监测系统便尤为关键。目前施工过程监测系统尚未全面运用，导致施工过程缺陷无法立即被发现，易形成工程隐患，对地下工程带来不可预测的风险与事故。

2. 工程案例

（1）工程概况

天津地铁 2 号线红旗南路站 4 号出入口止水帷幕工程位于天津市南开区红旗南路与黄

河道交口东南侧,星光广场西北侧。为地下三层换乘车站,连接地铁 2 号线与 6 号线。基坑开挖深度为 17.35~21.18m。

地铁 2 号线红旗路站基坑支护方式为地下连续墙内设三道内支撑的形式,包含地铁 2、6 号线联络通道,局部坑深达到 21.18m,而基坑东侧和北侧为原有地铁 2 号线地下连续墙,墙深 31m,不足以对联络通道处深坑起到止水作用,故需要在联络通道北侧施工一道止水帷幕,止水帷幕深度与新建 4 号出入口地下连续墙基本同深,分别为 38.6m 和 45.1m(图 19.4.1)。

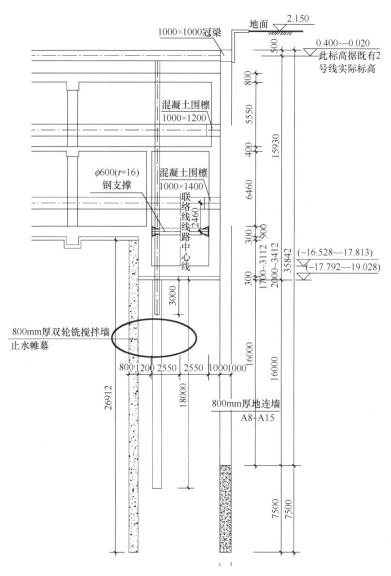

图 19.4.1 支护结构设计剖面图

(2) 地质条件

1) 本项目场地地层情况

各土层工程地质特征详见表 19.4.1。

各土层的岩性特征表　　　　　　　　表 19.4.1

地质年代及成因	序号及土层名称	顶板标高（m）	层厚（m）	岩性特征描述
Q^{ml}	①₁ 杂填土	2.28～2.73	1.50～1.80	杂色，可塑，以黏性土为主，表层0.5m为褐黄色素填土
$Q_4^{3}al$	③₂ 黏土	0.78～0.93	1.90～2.50	黄褐色，软塑，3.3m 以下为黄灰色，软塑，含锈斑，夹粉质黏土薄层
	③₃ 粉土	−1.57～−1.12	1.20～2.10	黄灰色，密实，湿，含贝壳及锈斑，夹粉质黏土薄层
$Q_4^{2}m$	④₁ 粉质黏土	−7.62～−5.97	4.30～4.90	灰色，流塑，含贝壳，与粉土互层，呈千层饼状
	④₂ 粉土	−3.22～−2.77	1.40～3.20	灰色，密实，湿，含贝壳，与粉土互层
	④₃ 淤泥质粉质黏土	−7.62～−4.62	2.80～3.00	灰色，流塑，含贝壳，与粉土互层，呈千层饼状
$Q_4^{1}h$	⑤₁ 粉质黏土	−11.92～−10.87	2.20～2.60	黄灰色，流塑，14.7m 以下为软塑，局部夹贝壳，13.6～13.8m 为黑色泥炭
$Q_4^{1}al$	⑥₁ 粉质黏土	−14.12～−13.47	2.10～4.50	褐黄色，其中 17.1～18.0m 及 18.2m 以下为黄褐色，可塑，17.1～18.2m 为软塑，18.2m 以下为可塑，含锈斑及姜石
$Q_3^{e}al$	⑦₁ 粉质黏土	−23.12～−22.57	1.30～2.30	灰黄色，可塑，含锈斑，25.4～25.8m 为黄绿色黏土
	⑦₂ 粉土	−17.97～−16.22	4.60～6.90	褐黄色，密实，湿，含锈斑及姜石，23.0～23.4m 为粉质黏土薄层
$Q_3^{d}mc$	⑧₁ 粉质黏土	−25.42～−23.87	1.50～3.70	褐色，可塑，含锈斑
$Q_3^{c}al$	⑨₁ 粉质黏土	−40.62～−31.07	2.10～2.70	褐黄，35.4～35.8m 为黄绿色，可塑，含锈斑及姜石
	⑨₂ 粉土	−39.42～−30.27	0.80～1.20	褐黄色，密实，湿，含锈斑及少量贝壳
	⑨₃ 粉砂	−34.72～−33.77	2.80～3.50	褐黄色，36.5～36.8m 为灰绿色，37.7m 以下为褐色，密实，饱和

2）水文地质条件

本场地表层地下水类型为第四系孔隙潜水。第Ⅱ陆相层及其以下的粉土、粉细砂层的地下水具有微承压性，为微承压水。

微承压水以⑤₁、⑥₁为主要隔水层，顶板粉质黏土为相对隔水顶板，地铁工程影响范围内微承压水主要赋存于⑥₂粉土、⑦₂粉土中，主要接受上层潜水渗透补给，与上层潜水联系紧密，排泄以相对含水层中的径流形式为主，同时以渗透形式补给深层地下水。该层地下水水位受季节影响较小，稳定水位埋深 3.2m。

根据场地内所取原状样室内渗透试验分析结果，将场地内土层渗透性指标列于表 19.4.2 中。

各含水层的渗透系数及透水性　　　　　表 19.4.2

地层岩性	渗透系数（m/d）平均值		透水性
	$K\perp$	$K/\!/$	
③₃ 粉土	0.053	0.15	弱透水
④₂ 粉土	0.055	0.055	弱透水
⑦₂ 粉土	—	0.0398	弱透水
⑨₁ 粉质黏土	—	0.0477	弱透水
⑨₃ 粉砂	0.35	0.6	中等透水
⑨₄ 细沙	0.583	0.883	中等透水

（3）设计参数

1）水泥浆搅拌工艺参数

水泥型号：P.O 42.5；

水灰比：1.0。

2）双轮铣切削注浆搅拌参数

水泥掺入比：18m 以下 18%，18m 以上 8%；

单槽段水泥土墙尺寸：2.8m×0.8m；

槽段间套铣宽度：200mm；

向下切铣速度：小于 1m/min（硬地层取小值，软地层取大值）；

向上切铣速度：小于 2m/min（根据注浆量选择速度）；

铣轮厚度（成墙厚度）：800mm。

（4）施工特点、要点及控制措施

本项目施工主要有以下特点：

1）搅拌墙施工深度大。本项目止水帷幕施工深度分别为 38.6m 和 45.1m。

2）止水帷幕有效深度为 18m 以下部分，18m 以上部分在开挖过程中需要破除。双轮铣工法的优势体现为在下沉钻进过程中不注入水泥，提升过程中注入水泥浆量可分段调整。本工程如 18m 以上部分不掺入水泥，则不利于槽壁的稳定性，容易造成周边地面塌陷；但如果与 18m 以下有效部分注入相同的水泥量，则造成原材料的浪费，并且因强度问题在开挖作业时造成困难。综合分析认为 18m 以上的止水帷幕使用 8% 的水泥掺入比，既保障槽壁稳定同时也不对开挖造成额外困难。

3）地铁 2、6 号线联络通道部分开挖深度达到 21.18m，比其他部分开挖深度大 3m，从而形成一个深度 3m 左右的浅基坑，此浅坑一侧为地下连续墙，另一侧为双轮铣搅拌墙，不另设其他支护结构，对双轮铣搅拌墙的强度有较高的要求。为此，本项目对开挖过程进行了实时的跟踪，并对双轮铣搅拌墙的强度进行了系统的取样分析，墙体强度满足工程需求，最终开挖结果也达到了预期效果。

（5）实施效果

天津地铁 2 号线红旗南路站 4 号出入口止水帷幕深度大，超出了三轴搅拌桩的施工深度范围。双轮铣深搅工法强大的切削能力和良好的垂直精度控制,为大深度的水泥浆搅拌墙施工提供了可能性,在大深度条件下使用双轮铣水泥土搅拌墙施作止水帷幕,达到工程预期效果。

对双轮铣搅拌墙的抗压强度进行系统的取样分析。施工过程中和开挖过程中分别采用浆液取样、水钻取样和大块试样切割三种方法,对双轮铣搅拌墙进行取样。试样抗压强度试验结果为:8%水泥掺入量的平均强度为1.95MPa;18%水泥土掺入量的平均强度为4.7MPa。试验结果高于设计要求的1.2MPa。

图19.4.2、图19.4.3为天津地铁2号线红旗南路站4号出入口止水帷幕工程施工及效果图。

图19.4.2 水泥土原位钻芯取样

图19.4.3 双轮铣搅拌止水墙面

3. 双轮铣搅拌止水帷幕墙体渗透性分析

(1) 双轮铣搅拌墙体渗透性

在水泥土组成中，水泥起着固结土粒、填充空隙的作用。从水泥土内部结构考虑，影响水泥土渗透系数的主要因素是土颗粒间孔隙的封闭情况，水泥的水化产物可以填充水泥土内土颗粒之间的大孔隙，从而降低水泥土的渗透系数；当水泥掺入量达到一定程度，可以使 7d 时水泥水化的产物填充绝大部分大孔隙，即使 7d 以后水化产物继续增加，土颗粒之间的大孔隙的改变量并不很大，进而导致渗透系数变化不大。根据现有研究成果，随着水泥掺入量的增加，龄期对水泥土渗透系数的影响逐渐减小。

综上，水泥掺入量是水泥土强度及渗透性的显著影响因素。但实际施工过程中，传统施工方法不能完全搅拌均匀，在局部会出现浆液富集和黏土结块现象而造成局部抗渗性能不理想问题。双轮铣搅拌水泥土地下连续墙的突出特点则大幅度改善了传统搅拌桩施工的不足。

为充分验证双轮铣搅拌水泥土地下连续墙水泥土墙的抗渗性能，在双轮铣搅拌水泥土地下连续墙施工后的墙体内采用专利水泥土桩、墙浆液取样器定深取浆液试样进行水泥渗透试验（图 19.4.4～图 19.4.7）。

图 19.4.4　原位取浆液试样

 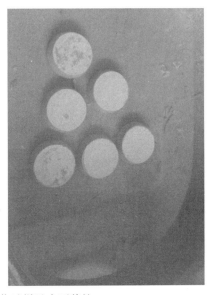

图 19.4.5　制作试样及水下养护

图 19.4.6　渗透试验

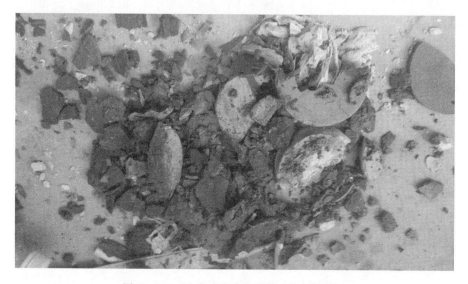

图 19.4.7　试验后破碎的试样，均匀性较好

通过 0.3MPa 定水头渗透试验，模拟天津地区 30m 水头差条件下，双轮铣搅拌水泥土地下连续墙的抗渗性能测试。试验的 6 个试件在 0.3MPa 的压力下，经历 6h 未能观测到有水渗出，经分析认为此水泥土试件渗透系数很小，需要更长时间才可能测得渗流量，或者渗流量可能大部分以水汽蒸发的形式扩散到大气中。因此，根据试验判定双轮铣搅拌水泥土的渗透系数小于 10^{-8}cm/s。

（2）双轮铣搅拌墙咬合部位渗透性分析

双轮铣搅拌槽段间咬合部位的锯齿状结合面确保双轮铣搅拌墙的连续无缝效果（图 19.4.8）。

针对双轮铣搅拌墙槽段咬合部位进行原位钻芯取样，取样后进行无侧限抗压强度试验，两个试样的强度分别为 2.39MPa 和 2.33MPa（此项目水泥掺入比为 18%，墙体内取样的平均抗压强度为 2.21MPa）。据现有水泥土理论及经

图 19.4.8　锯齿状结合面实景图

验，其渗透性与强度呈正相关关系，说明双轮铣搅拌墙咬合部位与墙体的抗渗性能相近，墙体是连续无缝的（图 19.4.9）。

 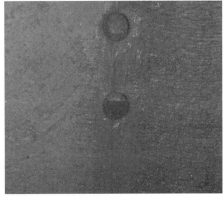

图 19.4.9　双轮铣搅拌墙咬合部位钻芯取样

某项目中支护墙体共分两期施工，在前期墙体施工完成 102d 后，进行双轮铣搅拌墙体咬合施工，开挖后验证其连续无缝搭接效果极佳（图 19.4.10）。

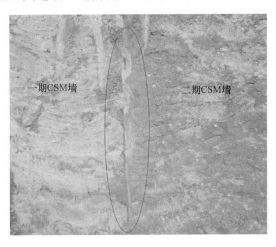

图 19.4.10　开挖后一、二期墙体咬合情况

19.4.2　双轮铣搅拌水泥土地下连续墙作挡土止水墙及地下连续墙施工槽壁保护

1. 概况

地下连续墙作为地铁工程深基坑支护常用的主要支护墙体结构，因其突出的整体性和抗渗性等优点而得到广泛应用，尤其对于紧邻建（构）筑物的深、大基坑围护，更倾向于采取地下连续墙形式。但是，地下连续墙施工中须重点关注成槽槽壁的稳定性控制，自地下连续墙推广以来，因槽壁坍塌而导致围护结构侵界、地下压力管线爆裂、邻近建（构）筑物产生不可逆破坏等质量安全事故时有发生，尤其在周边环境复杂的软弱地层及松散沉积地层进行地下连续墙施工，成槽过程中的槽壁稳定性控制更为关键。

由于天津地处九河下梢，地下水位高，土质属于软土性质，浅部存在松散沉积层，在进行地下连续墙成槽施工之前,为防止地下连续墙在成槽施工中出现塌方,对周边环境产生不利影响及对围护地下连续墙成墙质量产生不良影响,需先进行地下连续墙外侧(或内外两侧)土体加固施工,增加地墙槽壁土体强度,并起到隔水效果,减少地下水对成槽的影响。

双轮铣搅拌墙体平整度高,成墙垂直精度高于地下连续墙的规范要求,施工过程对周边环境无影响。因此,用双轮铣搅拌水泥土地下连续墙作为地下连续墙成槽施工期间的槽壁加固措施是适宜的,双轮铣搅拌的优势弥补了地下连续墙的不足,得以使地下连续墙的功能发挥到极致。

此外,双轮铣搅拌内插H型钢作为地铁工程中等深度基坑的支护墙体具有较高性价比(图19.4.11)。双轮铣搅拌内插H型钢是SMW工法的升级工法,双轮铣搅拌墙体强

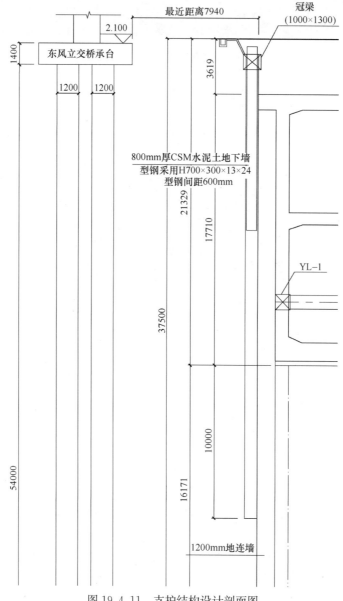

图19.4.11　支护结构设计剖面图

度较三轴搅拌桩高出 3 倍左右。内插 H 型钢的位置不再受三轴的模数影响，而是任意布置，可充分发挥型钢性能，调整为最优间距。双轮铣搅拌的全断面切削特性以及强劲的搅拌功能避免了三轴搅拌桩的局部夹泥的缺点，确保墙体连续无缝。

2. 工程案例

（1）工程概况

地铁 5 号线津塘路项目位于河东区红星路与前进街交口处、东风立交桥南侧，车站主体长 176.3m，车站采用明挖法施工，结构形式为地下两层三跨矩形框架结构。车站基坑标准段开挖深度 20.981～21.260m，小里程端头井处开挖深度约 22.645～22.678m，大里程端头井处开挖深度约 22.964～22.997m。基坑围护结构采用 1.00m 厚地下连续墙，靠近桥桩一侧采用 1.2m 厚地下连续墙，在紧邻东风立交桥一侧采用双轮铣搅拌水泥土墙（CSM）内插 H 型钢形成双轮铣搅拌隔离保护墙来加固地下连续墙槽壁，内插型钢用于车站顶板施工的浅部基坑开挖支护，从而减少地下连续墙成槽施工引起的东风立交桥的沉降变形。

（2）工程地质条件

1）场地土层情况

本项目场地埋深 65.00m 深度范围内，地基土按成因年代可分为以下 9 层，按力学性质可进一步划分为 17 个亚层，其岩性特征及分布详见表 19.4.3。

各土层的岩性特征表　　　　　　　　　　　　　　　表 19.4.3

时代成因	地层编号	岩土名称	土层厚度（m）	层底高程（m）	岩性及分布描述
人工填土层 (Q^{ml})	①$_1$	杂填土	0.60～2.30	−1.74～−0.16	呈杂色，松散状态，由砖渣、石子、废土等组成，表层局部为沥青路面
	①$_2$	素填土	0.50～2.70	−1.24～−1.26	呈褐色～褐灰色，软塑～可塑状态，黏土、粉质黏土质，含砖渣、石子，属中压缩性土。填垫年限大于 10 年
全新统新近冲积层 ($Q_4^{3N}al$)	③$_1$	粉质黏土	1.70～4.30	−1.90～−3.34	呈褐黄色、软塑～可塑状态，无层理，含铁质，属中压缩性土。局部夹粉土、黏土透镜体
	③$_4$	粉质黏土	1.90～12.00	−4.15～−12.67	呈褐灰色，软塑～流塑状态，无层理，含腐殖物、有机质，属中压缩性土。局部夹黏土、淤泥质粉质黏土透镜体
全新统上组陆相冲积层 (Q_4^3al)	④$_1$	粉质黏土	3.10～4.00	−2.84～−3.31	呈灰黄色，可塑状态，无层理，含铁质，属中压缩性土
全新统中组海相沉积层 (Q_4^2m)	⑥$_1$	粉质黏土	1.50～5.70	−8.00～−9.01	呈灰色，流塑～软塑状态，有层理，含贝壳，属中压缩性土
	⑥$_4$	粉质黏土	2.20～6.20	−11.27～−12.74	呈灰色，软塑状态，有层理，含贝壳，属中压缩性土

续表

时代成因	地层编号	岩土名称	土层厚度（m）	层底高程（m）	岩性及分布描述
全新统下组沼泽相沉积层（Q_4^1h）	⑦	粉质黏土	1.00~2.00	-12.25~-14.06	呈黑灰~浅灰色、软塑~可塑状态，无层理，含有机质、腐殖物，属中压缩性土
全新统下组陆相冲积层（Q_4^1al）	⑧$_1$	粉质黏土	2.40~6.00	-16.07~-19.86	呈灰黄色、可塑状态，无层理，含铁质，属中压缩性土。局部夹黏土、粉土、粉砂透镜体
	⑧$_2$	粉土	0.70~3.40	-18.87~-20.56	呈褐黄色、密实状态，无层理，含铁质，属中压缩性土。局部夹粉质黏土、粉砂透镜体
上更新统第五组陆相冲积层（Q_3^eal）	⑨$_1$	粉质黏土	1.70~8.60	-19.86~-27.00	底板起伏大，呈黄褐色、可塑状态，无层理，含铁质，属中压缩性土。夹黏土、粉土透镜体
	⑨$_2$	粉土	1.00~7.40	-25.46~-30.37	呈黄褐~褐黄色、密实状态，无层理，含铁质。属中（偏低）压缩性土。局部分布黏土、粉质黏土、粉砂、细砂夹层
上更新统第三组陆相冲积层（Q_3^cal）	⑪$_1$	粉质黏土	6.50~10.00	-34.74~-38.35	呈灰黄色、可塑状态，无层理，含铁质，属中压缩性土。局部夹黏土、粉土、粉砂透镜体
	⑪$_2$	粉土	1.40~5.00	-37.56~-41.87	呈褐黄色、密实状态，无层理，含铁质，属中压缩性土
	⑪$_3$	粉质黏土	1.30~6.50	-38.99~-42.56	呈褐黄色、可塑状态，无层理，含铁质，属中压缩性土。局部夹黏土透镜体
	⑪$_4$	粉砂	4.00~6.70	-44.70~-47.45	呈褐黄色、密实状态，无层理，含铁质，属中（偏低）压缩性土。局部夹黏土、粉质黏土薄层
上更新统第二组海相沉积层（Q_3^bm）	⑫$_1$	粉质黏土	未穿透，最大18.00	-62.37~-62.78	呈黄灰~灰色、可塑状态，无层理，含铁质、贝壳，属中压缩性土。局部夹粉土、黏土透镜体

2）水文地质情况

根据地基土的岩性分层、室内渗透试验结果，场地埋深60.00m以上可划分为3个含水层：

① 潜水含水层

主要指人工填土层（Q^{ml}）杂填土①$_1$、素填土①$_2$，全新统新近冲积层（$Q_4^{3N}al$）粉质黏土（③$_1$）、粉质黏土（③$_4$），全新统上组陆相冲积层（Q_4^3al）及中组海相沉积层（Q_4^2m）中粉土、粉砂夹层，视为潜水含水层。

静止水位埋深0.90~1.30m，相当于标高1.60~0.95m。

表层地下水属潜水类型,主要由大气降水补给,以蒸发形式排泄,水位随季节有所变化。一般年变幅在0.50~1.00m左右。

② 第一承压含水层

场地内全新统下组陆相冲积层粉土（$⑧_2$）局部夹粉砂、上更新统第五组陆相冲积层粉土（$⑨_2$）局部夹粉砂,透水性好,为承压含水层。第四组滨海潮汐带沉积层粉质黏土（$⑩_1$）及上更新统第三组陆相冲积层粉质黏土（$⑪_1$）透水性较差,可视为该承压含水层隔水底板（表19.4.4）。根据本场地水位试验观测结果,该承压水稳定水位大沽标高约为0.100m。

③ 第二承压含水层

上更新统第三组陆相冲积层粉土（$⑪_2$）、粉砂（$⑪_4$）透水性好,为承压含水层（表19.4.4）。其下粉质黏土（$⑫_1$）为该承压含水层的隔水底板。根据本场地水位试验观测结果,该承压水稳定水位大沽标高约为－1.000m。

各含水层的渗透系数及透水性　　　　表19.4.4

地层编号	岩性	室内试验		渗透性
		K_V (cm/s)	K_H (cm/s)	
$⑧_2$	粉土	$6.00×10^{-4}$	$8.25×10^{-4}$	弱透水
$⑨_1$	粉质黏土	$4.66×10^{-7}$	$9.08×10^{-6}$	微透水
$⑨_2$	粉土	$2.35×10^{-4}$	$3.15×10^{-5}$	弱透水
$⑩_1$	粉质黏土	$2.50×10^{-7}$	$3.40×10^{-7}$	不透水
$⑪_1$	粉质黏土	$4.15×10^{-6}$	$6.42×10^{-6}$	微透水
$⑪_2$	粉土	$8.50×10^{-5}$	$1.05×10^{-4}$	弱透水
$⑪_3$	粉质黏土	$6.88×10^{-6}$	$1.14×10^{-5}$	弱透水
$⑪_4$	粉砂	$8.05×10^{-4}$	$2.70×10^{-4}$	弱透水

(3) 设计参数

1) 水泥浆搅拌工艺参数

水泥型号：P.O 42.5；

水灰比：0.8。

2) 双轮铣切削注浆搅拌参数

水泥掺入比：20%（根据设计施工图选用）；

单槽段水泥土墙尺寸：2.8m×0.8m；

槽段间套铣宽度：200mm；

向下切铣速度：小于1.2m/min（硬地层取小值,软地层取大值）；

向上切铣速度：小于1.8m/min（根据注浆量选择速度）；

铣轮厚度（成墙厚度）：800mm；

双轮铣搅拌墙底埋深：34.0m。

3) 内插型钢参数

型钢长度：12.0m；

型钢型号：H700×300×13×24；

型钢中心距：600mm。

(4) 施工特点、要点及控制措施

本项目场地上部人工填土较厚，基坑地下连续墙成槽施工时可能对周边环境造成影响，引起周边地面沉降，从而使其北侧的东风立交桥发生变形。双轮铣搅拌对周边环境无影响，不会造成周边地基变形。在紧邻东风立交桥一侧采用双轮铣搅拌水泥土墙（CSM）内插 H 型钢形成隔离保护墙，减小地下连续墙成槽施工对周边环境的影响程度。同时，双轮铣搅拌墙在地下连续墙成槽过程中亦起到垂直度导向作用。因此，本项目对双轮铣搅拌水泥土墙施工的平面位置及垂直精度控制是本项目施工的要点。而内插 H 型钢的组合结构整体挡土性能要求较高，对型钢的定位、垂直度的控制也是本项目施工的要点。

(5) 实施效果

津塘路地铁站围护结构 CSM 隔离墙项目顺利完成了水泥土搅拌墙内插 H 型钢的工作，双轮铣搅拌墙垂直度偏差控制在 1/500 以内，在细致的定位和垂直度控制措施下，H 型钢插入顺利。基坑地下连续墙施工过程中，东风立交桥运营正常，没有产生变形。

图 19.4.12 和图 19.4.13 为本项目施工过程中的照片。

图 19.4.12　津塘路地铁站 CSM 隔离墙工程施工现场

图 19.4.13　津塘路地铁站基坑开挖后效果图

第19章 双轮铣搅拌水泥土地下连续墙技术在天津地铁工程的应用

3. 双轮铣搅拌墙作地下连续墙槽壁加固成果分析

(1) 双轮铣搅拌水泥土地下连续墙成墙精度

双轮铣搅拌在津塘路站项目中施工槽段数为96个,施工的各槽段最大垂直偏移数据见表19.4.5。

天津地铁5号线津塘路站双轮铣搅拌施工墙底最大垂直偏移统计表　　表19.4.5

墙号	垂直偏移 Y轴 (+mm)	垂直偏移 Y轴 (-mm)	墙号	垂直偏移 Y轴 (+mm)	垂直偏移 Y轴 (-mm)	墙号	垂直偏移 Y轴 (+mm)	垂直偏移 Y轴 (-mm)
1	8.2		33	4.2		65	5.2	
2		5.4	34	3.9		66	2.5	
3		5.4	35	5		67	1.3	
4		3.5	36		7.2	68		3.8
5		9.7	37	1.8		69		5
6		7.6	38	3.5		70		3.3
7	6.9		39	4.3		71		4.9
8		5.9	40	6		72		4.5
9		8.2	41	5.8		73	3.1	
10		5.2	42	3.2		74		8.1
11		8.3	43		6.1	75		5.2
12		6.5	44		3.3	76		4.2
13	7.1		45		3.9	77		8.7
14		7.2	46		7.3	78		7
15	4.9		47	2.9		79		5.8
16		8.8	48		5.6	80		4.6
17	6.1		49		3.2	81		8.7
18	3.7		50	5.9		82		3.5
19	6		51	1.6		83		6.1
20	3.8		52	2.3		84	3.2	
21		5.2	53	3.1		85	4.1	
22		7.3	54	4.8		86		3.2
23		1.9	55		5.2	87		9.3
24		3.9	56	1.4		88		1.5
25		6.2	57		6.1	89	3.6	
26		3.3	58		4.4	90	2.1	
27		6.1	59		5	91	2.9	
28	6		60	5.2		92	3.4	
29	3.5		61		3.9	93	7.7	
30		6.1	62	3.8		94	6	
31		2.8	63		2.3	95		5.8
32		4.4	64	3.2		96		9.4

所有槽段的垂直度偏差控制在设计要求的 1/300 之内，如果提出更高的要求仍是可以满足的，仅是加强控制精度，施工时间适当加长 10% 左右，较目前施工功效有所降低。目前，其他施工方法 100% 保障达到这种精度级别是较为困难的。

（2）双轮铣搅拌水泥土地下连续墙对周边环境的影响

在双轮铣搅拌施工期间对周边既有建筑物进行了沉降监测，监测数据表明双轮铣搅拌施工期间周边既有建筑未发生沉降变形。

（3）双轮铣搅拌水泥土强度与深度的关系

在项目施工过程中，取得了不同墙体、不同深度的原位水泥土浆液试样，并将试样置于水下进行养护，养护 28d 后进行无侧限抗压强度试验。强度与深度的分布关系如图 19.4.14 所示，抗压强度最大值 4.48MPa，最小值 3.10MPa。据此，在后续工程参数选择时，建议水泥掺入比为 20% 的墙体强度可按小值 3MPa 取用。双轮铣搅拌水泥土墙体的强度在深度上无显著差异，可以忽略地层及深度因素对双轮铣搅拌墙体强度的影响。

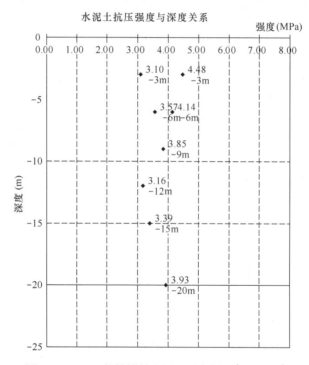

图 19.4.14 双轮铣搅拌水泥土强度与深度的分布图

19.5 效益分析

19.5.1 经济效益

（1）双轮铣搅拌水泥土地下连续墙对型钢的回收重复利用，可以降低基坑支护中挡土止水结构的造价。

（2）双轮铣搅拌水泥土地下连续墙的成墙质量、强度参数研究，有助于业界对双轮铣搅拌水泥土地下连续墙技术适用性的深入认识，对设计、施工有较大的参考意义。

(3) 双轮铣搅拌水泥土地下连续墙有精密的施工准确度和卓越的抗渗止水效果，对其加以深入研究并合理利用可以降低深基坑工程建设中地下水渗漏、突涌带来的工程风险，有效减少经济损失。

(4) 双轮铣搅拌水泥土地下连续墙施工功效高、占地少，可节省占地费用，节约工期，综合经济效益佳。

(5) 双轮铣搅拌设备及工艺在施工水泥土产品过程中，对水泥有效使用的控制效果佳，水泥基本无浪费。而其他水泥土施工工艺都有不同程度的工艺必要损耗。以传统的三轴搅拌桩工艺为例，在施工过程中水泥使用量严格执行设计图纸要求，但因工艺问题，实际掺入土中的水泥量约为设计值的 $60\%\sim70\%$，30% 以上的水泥在施工过程中随搅拌疏松土体流到地表，最终成为弃土的一部分。这也是造成现场钻取水泥土试样强度远低于室内配比试验强度的因素之一。

19.5.2 社会效益

引入双轮铣搅拌水泥土地下连续墙这一技术为有效控制风险源带来有力的技术保障。对双轮铣搅拌水泥土地下连续墙的深入研究和使用，可进一步促进这一新技术的发展和应用，在城市建设中起着多方面的积极作用：降低工程风险，减少了深基坑工程建设对周边环境影响并降低施工噪声施工污染，从而避免产生不良社会影响。

19.5.3 环境效益

对双轮铣搅拌水泥土地下连续墙的应用和研究，其环境保护效益如下：减少或避免对周边环境和管线、建筑物的影响，减低工程各种工程灾害如渗漏、突涌现象发生的可能性，同时减少建筑废浆排放量，降低施工噪声。

第 20 章　天津地区地铁车站基坑安全与环境影响控制关键技术

20.1　超深基坑地下水控制技术研究

随着对地下空间的开发利用，工程施工深度大幅增加，尤其是存在多层地下承压水条件时，控制地下承压水已经成为工程建设中的关键环节。国内多个城市的工程施工都已涉及地下承压水问题，但地层分布各有特点，天津地铁线路大部分车站的基坑开挖深度在 17～30m 之间。然而，已进行的研究表明，天津地区地基土层受沉积环境、海进、海退以及海陆交互作用的影响，土层的变化比较复杂，渗透系数变化大。地下潜水位埋深浅，一般离地表面 0.4～2.1m，浅部的粉土或砂土层中的地下水具有微承压性，深部影响范围内存在承压水头较高的承压含水层。潜水与微承压水的相互渗透补给又进一步增加了地质条件的复杂性，容易出现因流沙、管涌、坑底失稳、坑壁坍塌等而引发的重大工程事故，造成周围地下管线和建（构）筑物不同程度的损失。

此外，因如下原因抽降承压水对环境造成了一定影响。

（1）缺乏地下连续墙截水深度指导原则；

（2）缺乏设置悬挂止水帷幕或地下连续墙（即不截断承压含水层、对承压含水层进行降压以保证基坑地突涌稳定安全）的工程经验；

（3）缺乏悬挂止水帷幕引发地面沉降准确计算研究成果支撑；

（4）缺乏悬挂止水帷幕可能引起的坑外地面沉降控制技术。

因此，对于开挖深度在 17～30m 之间的超深基坑，往往采取深度达 50～70m 的超深地下连续墙，对承压水含水层大多采取了完全截断措施。

目前，天津地铁超深基坑安全性主要在于地下水是否在地下连续墙处发生渗漏，是否在坑底形成流沙、管涌和突涌；地铁深基坑的工程造价则主要在于地下连续墙的深度。

虽然国内外针对超深基坑开展了大量研究，但由于各地工程地质条件和水文地质条件的独特性，加之天津市工程地质条件和水文地质条件的复杂性，对于深度 20～30m 的超深基坑，采用传统的完全截断突涌影响范围内的承压含水层时，地下连续墙深度往往需要达 60～70m，甚至更深。超深地下连续墙的施工面临着如下问题：

（1）施工难度极大：承压含水层土体强度高，成槽难度大；钢筋笼加工、起吊困难；易塌槽；占用场地大。

（2）深部墙体接缝可靠性差：深部槽段接缝难以清理干净、墙体垂直度不易保证、混凝土绕流等均可使单元槽段墙体之间接缝易漏水，截水可靠性差。

（3）造价高：60～70m 超深墙体造价很高。

（4）工期长：当砂层密实、强度高，成槽困难时，一幅墙体的施工工期需 2～3d。

(5) 施工时环境影响大等问题：由于施工时间长、易出现塌槽引起地面沉降；需大量护壁泥浆，泥浆排放污染环境。

要克服以上问题，在目前的设备条件下，只能通过减小地下连续墙的深度来解决。但是，由于缺乏针对性研究，对不截断深层承压水的做法没有经验，对其可能引起的邻近地面沉降、影响范围及沉降控制技术等没有成熟的经验，沉降计算方法仍然套用分层总和法，其在天津地层条件下的适用性和沉降计算的经验系数缺乏研究，导致承压水降压产生的沉降无法有效、准确预测，使承压水控制缺乏可靠的理论依据，从而在承压水的抽降过程中给环境带来较大风险。

20.1.1 天津地铁车站深基坑承压水分布条件分析

天津市位于渤海西岸、华北平原内的海河流域，地貌特征以冲积平原为主，在155m深度范围内，地基土层形成的地质时代和成因类型可划分15个成因层，埋深5m以上的底层均为海退后形成。天津地区地基土层受沉积环境、海进、海退以及海陆交互作用的影响，土层的变化比较复杂，渗透系数变化大，第四系地下水系统可分为4个孔隙含水组，与地下工程建设密切相关的为第一含水组，地下前水位埋深浅，一般距地表0.4~2.1m，由杂填土、粉土、黏土、粉砂组成。该含水层埋藏较浅，主要接受降水、河渠渗漏和灌溉回归水的入渗补给，主要通过蒸发和开采排泄。

浅部的粉土或砂土层中的地下水具有微承压性，深部影响范围内存在承压水头较高的承压含水层。潜水与微承压水的相会渗透补给又进一步增加了地质条件的复杂性，容易出现因流砂、管涌、坑底失稳、坑壁坍塌等而引发重大工程事故，造成周围地下管线和建(构)筑物不同程度的损失，在人员和经济上造成不可估量的损失。基坑控制作为防范此类工程事故的一项重要的配套措施，方案的设计、选择及施工效果对基坑工程的安全性和经济性影响重大。近年来，随着天津市的快速发展，特别是以地下铁路为代表的城市地下工程以及高层建筑与超高层建筑的发展，深基坑的开发深度越来越大，已有很多基坑深度超过30m，如天津117大厦等为代表的超深基坑工程，除了市区内的超深基坑工程以外，天津滨海新区特别是于家堡和响螺湾，也大规模开始了有很大埋深的地下工程的建设，而深基坑的降水过程会对周围的环境造成一定影响，如不加以控制会造成严重的后果。

目前，天津基坑降水主要分为两种：

(1) 疏干开挖范围内土体中的地下水，方便挖掘机和工人在基坑内施工作业；

(2) 降低下部(微)承压含水层的承压水水位，减小坑底隆起和围护结构的变形量，防止基坑底部突涌的发生，确保施工时基坑底板的稳定性。

本节选取文化中心站、凌宾路站、环湖西路站、辽河北道站、天津北站地铁站、仁恒基坑点位，讨论了各个地铁及建筑基坑的承压层分布情况，其中各基坑在天津市位置如图20.1.1所示，总结见表20.1.1，基本可以覆盖天津市区。

各含水层埋深　　　　　　　　　　表20.1.1

承压层＼工程	文化中心站	凌宾路站	环湖西路站	辽河北道站	天津北站地铁站	仁恒基坑
第一承压含水层	16.5~29m	23~30m	27~30m	16~28m	19~33m	21.5~34.5m
第二承压含水层	35.5~50.5m	33~40m	34~45m	34~38m	37~42m	40.5~53.5m
第三承压含水层	>62.5m	—	55~61m	45~57m	—	—

根据统计结果可见，天津市第一承压含水层埋深主要在 16～34.5m 之间，且以粉砂、粉土、粉质黏土互层为主；第二承压含水层埋深主要在 33～53.5m 之间，以粉土、粉砂为主；第三承压含水层以粉砂为主，且由于埋深较深、水头较低，对深 30m 以内基坑影响较小。文化中心站土层分布较具有代表性，可以作为天津市典型地层分布进行分析（图 20.1.2）。

图 20.1.1　各基坑在天津市位置图

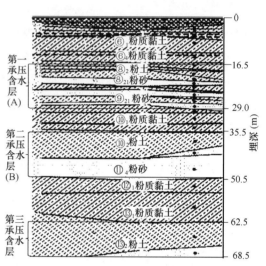

图 20.1.2　天津市典型地质剖面

20.1.2　抽水量的估算及参数优化

1. 基坑抽水量经验算法

（1）潜水抽水量

对于基坑止水帷幕将潜水含水层截断的情况，潜水井抽出的总水量（Q_p，单位：m^3）等于降落漏斗的体积（V_p，单位：m^3）乘以给水度（μ，无量纲），即：

$$Q_p = \mu V_p \qquad (20.1.1)$$

式中，给水度（μ）为经验数值。

由于潜水降水会将基坑开挖深度范围内的潜水疏干，因此 V_p 的计算如下：

$$V_p = A(h_1 + h_2 + \cdots\cdots + h_n) \qquad (20.1.2)$$

其中，A 为基坑面积；h_1，h_2，……h_n 为潜水井深度范围内各土层厚度。考虑到潜水降水井以下含水土层会发生越流而引起潜水抽水量的进一步增大，因此计算 V_p 时应考虑潜水降水井以下透水性较好（如渗透系数大于 0.001）的土层。为保守起见，认为潜水降水井以下透水性较好土层中的水也能被疏干，并采用式（20.1.1）、式（20.1.2）计算潜水井抽水量。

（2）承压水抽水量

对于基坑止水帷幕将第一承压含水层截断的情况，减压井抽出的总水量（Q_c，单位：

m³）等于降落漏斗的体积（V_c，单位：m³）乘以贮水系数（S，无量纲），即：

$$Q_c = SV_c \tag{20.1.3}$$

其中

$$S = S_s \times M \tag{20.1.4}$$

式中：S_s 为贮水率；M 为承压含水层厚度。

V_c 可按下式计算：

$$V_c = A \times \Delta h \tag{20.1.5}$$

式中：A 为基坑面积；Δh 为基坑范围内承压含水层理论水位降深（可按照规范抗突涌稳定性验算计算）。

（3）越流补给量

开挖过程中，基坑底面的突涌稳定性验算，可按下式进行：

$$\frac{h_s - \gamma_s}{h_w - \gamma_w} \geqslant F \tag{20.1.6}$$

式中：h_s——基坑底至承压含水层顶板之间的距离（m），计算时，承压含水层顶板埋深取最小值（m）；

γ_s——基坑底至承压含水层顶板之间的土的层厚加权平均重度（kN/m³），取 19.6kN/m³；

h_w——承压含水层顶板以上的承压水头高度（m）；

γ_w——地下水重度，取 10.0kN/m³；

F——基坑突涌稳定性安全系数，一般为 1.05~1.1。

根据上式可得出第二层承压水与潜水水头差，对于基坑止水帷幕将第一承压含水层截断的情况，第一层承压水在基坑内进行疏干处理，越流补给量（Q_e，单位：m³）如下式表达：

$$Q_e = A \times K \times (\Delta h/L) \times t \tag{20.1.7}$$

式中：A——基坑总面积；

K——第一、二承压含水层之间弱透水层的垂向渗透系数（m/d）；

Δh——第一、第二承压含水层水头差；

L——渗流路径；

t——疏干降水时间。

2. 基坑抽水量的理论公式

该理论公式适用于止水帷幕悬挂于含水层的情况。

（1）潜水抽水量

对于基坑止水帷幕悬挂于潜水含水层的情况，按完整井稳定流理论公式近似计算基坑涌水量（q_p，单位 m³/d），即：

$$q_p = 1.366K(2H_0 - s_w)s_w / \log\left(\frac{R + r_0}{r_0}\right) \tag{20.1.8}$$

式中：K——潜水含水层渗透系数；

R——降水影响半径；

H_0——潜水含水层初始水位高度；

s_w——基坑开挖至设计深度时的疏干含水层中平均水位降深,如图 20.1.3 所示;
r_0——假想半径,与基坑形状及开挖面积有关,可按下式计算:

$$r_0 = \sqrt{\frac{A}{\pi}} \text{(圆形基坑)} \tag{20.1.9}$$

$$r_0 = \zeta(l+b)/4 \text{(矩形基坑)} \tag{20.1.10}$$

其中,l 为基坑长度;b 为基坑宽度;ξ 为基坑形状修正系数,可按表 20.1.2 取值。

基坑形状修正系数计算表 表 20.1.2

b/l	0	0.2	0.4	0.6	0.8	1
ξ	1	1.12	1.16	1.18	1.18	1.18

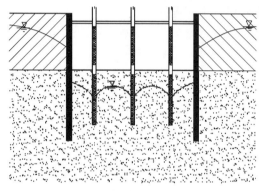

图 20.1.3 止水帷幕悬挂式潜水(承压水)降水

(2)承压层抽水量

对于基坑止水帷幕悬挂于承压含水层的情况,按完整井稳定流理论公式近似计算基坑涌水量(q_c,单位为 m^3/d),即:

$$q_c = 2.73 K M \Delta h / \log\left(\frac{R+r_0}{r_0}\right) \tag{20.1.11}$$

其中:M 为承压含水层厚度;其余同上。

3. 基坑抽水量经验算法、数值计算与实测值对比

建立含水层三维地下水渗流模型如图 20.1.4 所示。分别对大都会基坑、名门基坑、北站地铁站基坑、凌宾路站基坑进行抽水量经验算法、数值计算与实测值对比,得到如图 20.1.5~图 20.1.8 的对比分析。

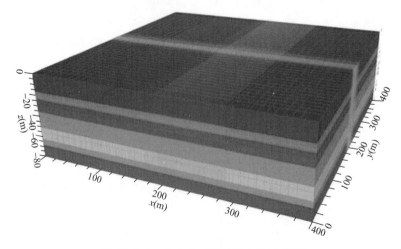

图 20.1.4 含水层三维地下水渗流模型

对图 20.1.2 所示天津市典型地层剖面的潜水含水层进行抽水(井泵未深入第一承压含水层时),抽水刚开始时的单井出水量一般介于 10~40m^3/d。但是随着降水时间的延

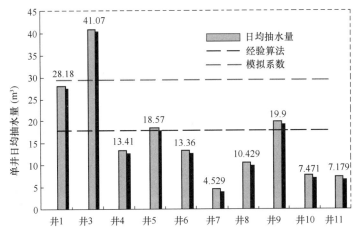

图 20.1.5　大都会基坑抽水量计算值与实测值对比分析图

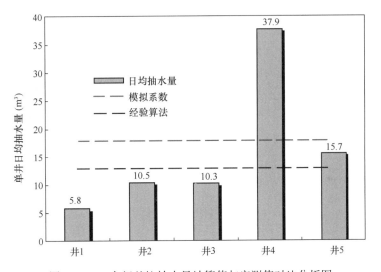

图 20.1.6　名门基坑抽水量计算值与实测值对比分析图

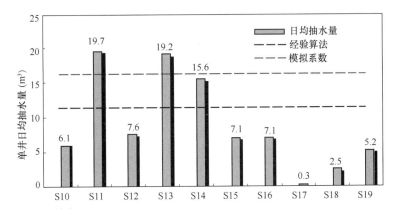

图 20.1.7　北站地铁站基坑抽水量计算值与实测值对比分析图

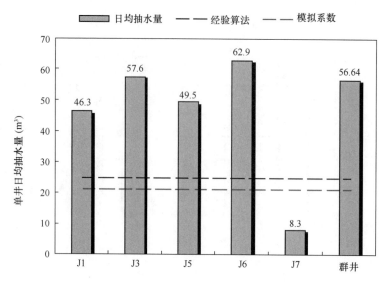

图 20.1.8 凌宾路站基坑抽水量计算值与实测值对比分析图

长,则出现以下两种情况:(1)若止水帷幕隔水性好(无渗漏),且潜水含水层与其下含水层间弱透水层的隔水性较好(渗透系数小于 0.001m/d),也就是说潜水的水力补给条件不好时,对潜水进行抽水时,单井抽水量会逐渐减小,一般 5~7d 内会从 10~40m³/d 衰减至 1~10 m³/d,见表 20.1.3;(2)若止水帷幕出现渗漏,或潜水与其下含水层间弱透水层的隔水较弱或出现较多粉土粉砂夹层以致与下层含水层连通,也就是说潜水的水力补给条件较好时,对潜水进行抽水,单井抽水量可能会保持恒定或衰减很慢,此时潜水井的单井出水量可能会长时间保持在 10~40m³/d,见表 20.1.4。

潜水水力补给条件不好时的潜水疏干井抽水量数值　　　　表 20.1.3

	单井抽水量 (m³/d)	10~40
降水开始时	单位出水量 [(m³/d)/m]	0.604~2.94
	单位滤管长度的单位出水量 [(m³/d)/m/m]	0.0384~0.196
	单井抽水量 (m³/d)	1~10
降水 5~7d 后	单位出水量 [(m³/d)/m]	0.381~0.927
	单位滤管长度的单位出水量 [(m³/d)/m/m]	0.0191~0.0463

潜水水力补给条件较好时的潜水疏干井抽水量数值　　　　表 20.1.4

单井抽水量 (m³/d)	10~40
单位出水量 [(m³/d)/m]	1~5
单位滤管长度的单位出水量 [(m³/d)/m/m]	0.05~0.2

对图 20.1.2 所示天津市典型地层剖面的潜水含水层、第一承压含水层采用混合井进行抽水(井泵深入第一承压含水层),抽水刚开始时的单井出水量一般介于 17.5~120m³/d;单位出水量介于 1.25~17.142 (m³/d)/m;单位滤管长度对应的单位出水量介于 0.064~0.879 (m³/d)/m/m。

其中，混合疏干井的抽水量根据第一承压层分布是否连续及潜水含水层是否含有粉土粉砂等透水性较好的土层又分为三种情况，见表 20.1.5。

潜水、第一承压层混合疏干井抽水刚开始时的抽水量结果　　　　表 20.1.5

第一种情况	单井抽水量（m³/d）	17.5～24.5
	单位出水量 [(m³/d)/m]	1.25～2.579
	单位滤管长度的单位出水量 [(m³/d)/m/m]	0.064～0.132
第二种情况	单井抽水量（m³/d）	90～120
	单位出水量 [(m³/d)/m]	5.294～17.142
	单位滤管长度的单位出水量 [(m³/d)/m/m]	0.271～0.879
第三种情况	单井抽水量（m³/d）	24.5～90
	单位出水量 [(m³/d)/m]	2.579～5.294
	单位滤管长度的单位出水量 [(m³/d)/m/m]	0.132～0.271

注：第一种情况为混合疏干井位置处第一层承压层不连续甚至缺失，且潜水含水层主要由粉质黏土构成；第二种情况为混合疏干井位置处第一承压含水层连续甚至较厚，且潜水含水层中存在粉土粉砂等透水性较好的土层；第三种情况为混合疏干井位置处潜水含水层、第一承压含水层的构成及厚薄介于以上两种情况之间。

对图 20.1.2 所示天津市典型地层剖面的潜水含水层、第一承压含水层采用混合井进行抽水（井泵深入第一承压含水层），如果对于第一种情况，即混合疏干井位置处第一承压层不连续甚至缺失，且潜水含水层主要由粉质黏土构成，则混合疏干井的单井抽水量、单位出水量、单位滤管长度的单位出水量与井泵未进入第一承压含水层时仅对潜水含水层抽水的相应抽水量基本一致。

通过对比有、无止水帷幕条件下降水井的出水量，可知：（1）在有止水帷幕条件下（至少截断潜水含水层），降水井刚开始抽水时（如 1～2d），单井出水量可达到无止水帷幕条件下降水井的单井出水量（一般地，前者为后者的 0.5～1 倍）；（2）在降水 5～7d 后，若潜水水力补给条件好，则有、无止水帷幕条件下降水井单位出水量仍相差不大（一般地，前者为后者的 0.5～1 倍），若潜水水力补给条件较差，则有止水帷幕条件下降水井单位出水量将减小，一般地，为无止水帷幕条件下降水单位出水量的 0.17～0.4 倍。

对于止水帷幕截断潜水及承压含水层的基坑，可以采用公式对基坑抽水量进行估算，此时计算出来的基坑抽水量是总量（单位为 m³）；对于止水帷幕未截断潜水及承压含水层的基坑，可以采用公式对基坑抽水量进行估算，此时计算出来的基坑抽水量是稳定抽水量（单位为 m³/d），即随着施工时间的延长，总抽水量会增大。

20.1.3 天津市不同含水层间水力联系和隔水能力研究

天津市区在 155m 深度范围内的地基土层，按其形成的地质时代和成因类型可划分为 15 个成因层。埋深约 5m 以上的地层均为海退后形成。第四系地下水系统可分为 4 个孔隙含水组，与地下工程建设密切相关的为第Ⅰ含水组：含水层底界面埋深 20～60m 的全新统潜水含水层，地下水位高程 2～-1m，由杂填土、粉土、黏土、粉砂组成。该含水层埋藏较浅，主要接受降水、河渠渗漏和灌溉回归水的入渗补给，主要通过蒸发和开采排泄。由于天津市的地质成陆特点，在天津市一般基坑影响的 60m 深度范围内，形成了陆相层与海相层交互沉积、黏性土层与砂性土层交替分布的特点，如图20.1.9所示。

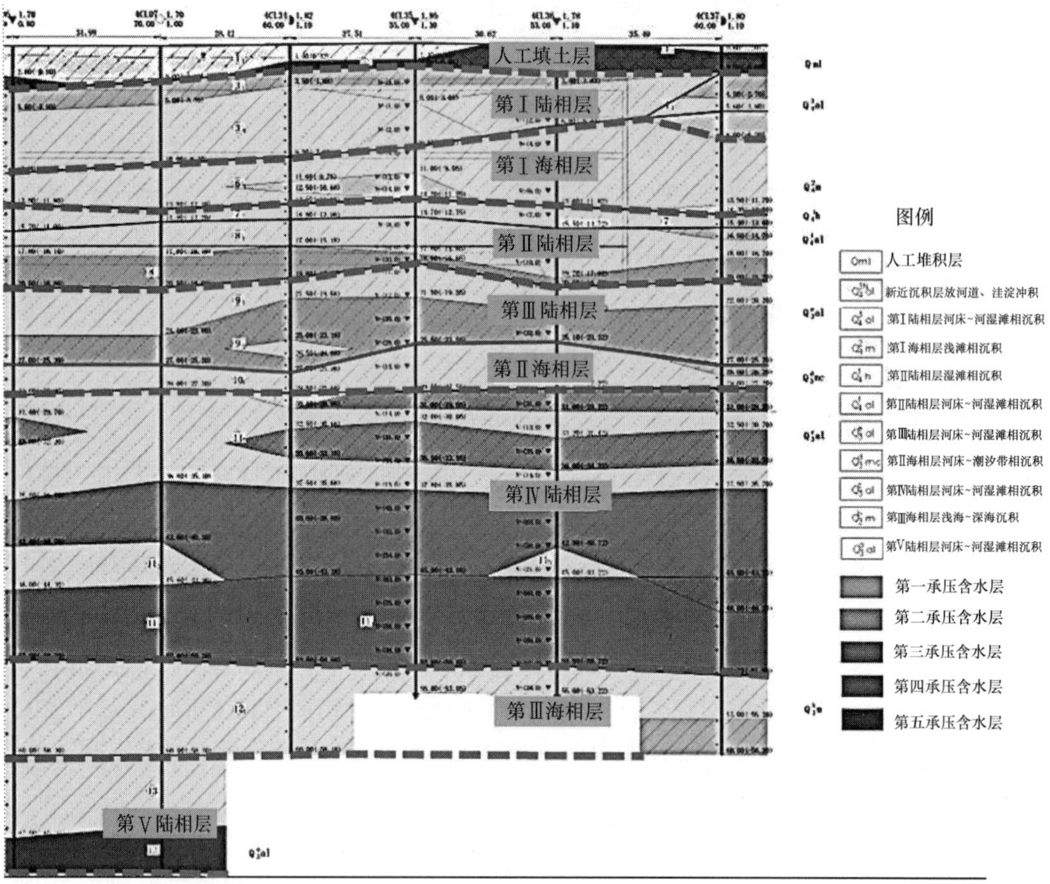

图 20.1.9　天津市浅层土层分布

通过对天津站交通枢纽基坑抽水试验、文化中心站抽水试验、军粮城现场抽水试验资料的收集，本章对天津市水位下降条件下各含水层间水力联系进行研究，结论如下：

（1）所收集的资料内容解释了天津各层含水层的形成机理。结合天津市目前已经进行的抽水试验，了解到天津市70m埋深范围内承压含水层的划分，可分为4个含水层组，分别为：第一含水层（潜水含水层）、第二含水层（第一承压含水层）、第三含水层（第二承压含水层）、第四含水层（第三承压含水层），见表20.1.6。

各观测井水位变化统计　　　　　　　　　　　　　　　表20.1.6

参数 含水层	渗透系数 K（m/d）	贮水率
潜水层	0.01～0.6	2×10^{-4}～8×10^{-2}
第一承压含水层	1～9	2×10^{-5}～8.5×10^{-5}
第二承压含水层	0.9～3	4×10^{-5}～7.5×10^{-5}
第三承压含水层	1～5	7×10^{-5}～1.8×10^{-3}

（2）各含水层之间的水力联系强弱与隔水层的渗透系数、厚度有直接联系。天津站3

次大型抽水试验显示潜水层与第一承压含水层之间具有较强水力联系，其余各含水层之间水力联系较弱，在计算中可以不考虑越流问题，该水力联系说明两层之间的弱透水层渗透性较好，深入分析该水力联系则需要对两层之间的弱透水层进行详细研究，具体分析弱透水层的水文地质参数。应用数值反演得到了含水层（包括潜水层和第一微承压含水层）与弱透水层的水文地质参数见表20.1.7。

弱透水层与含水层水文地质参数表　　　　表20.1.7

含水层	K_x (m/d)	K_y (m/d)	K_z (m/d)	S_y	S_s
潜水层	0.160	0.430	0.284	0.023	—
弱透水层	0.229	0.003	0.001	—	1.9×10^{-5}
承压含水层	4.123	2.500	3.625	—	5.1×10^{-5}

注：K_x、K_y、K_z 分别为 x、y、z 方向的渗透系数，S_y 为潜水层给水度，S_s 为承压含水层弹性释水系数。

20.1.4　承压水控制策略

在实际工程中，基坑降水引起地面沉降的范围较远，往往能达到墙后5～10倍基坑开挖深度的距离，而实际基坑工程坑外沉降的测点往往布置在墙后1～4倍基坑开挖深度的距离，因此难以全面地获得不同类型基坑（如基坑深度不一）降水对地面沉降的影响范围。因此本节利用有限差分软件 Modflow 建立三维地下水渗流模型，并利用文化中心站的工程实测数据对该模型进行验证，最后利用该模型研究不同开挖深度的基坑（5～25m）降水对地面沉降的影响范围。

通过模型计算结果与实测值的对比，建立的三维地下水渗流数值模型可以反映实际场地土层特性，因而用该模型来研究基坑降水引发沉降的范围。

1. 基坑深度5m及10m

基于验证过的数值模型，对不同开挖深度的基坑（5m、10m）分别进行模拟，通过对截断第一层承压含水层的程度来控制沉降的影响范围，从而对地下支护结构设计方案进行优化。截断方式有三种：

工况一：未对第一承压含水层进行处理；

工况二：截断第一承压含水层总厚度的1/2；

工况三：对第一承压含水层全部截断。

计算结果如下：

（1）开挖深度5m的基坑

对于降深满足深度为5m的基坑，用验证后的模型，对三种截断方案均进行了模拟。由于开挖深度较浅，经过抗突涌计算，基坑施工过程中，并不需要对第一承压含水层进行减压处理，发现第一承压含水层是否截断对基坑外沉降影响较小，基坑外最大沉降未超过0.5mm。沉降等值线如图20.1.10所示。

（2）开挖深度10m的基坑

同上，由于开挖深度较浅，所以在基坑施工过程中，并不需要对第一承压含水层进行减压处理。发现第一承压含水层是否截断对基坑外沉降影响较小，基坑外最大沉降未超过0.5mm。沉降等值线如图20.1.11所示。

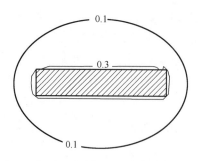
图 20.1.10 开挖深度 5m 的基坑在工况一下降水完成后 180d 沉降

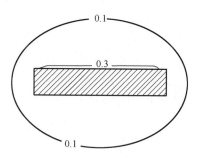
图 20.1.11 开挖深度 10m 的基坑在工况一下降水完成后 180d 沉降

2. 基坑深度 15m、20m 及 25m

基于验证过的数值模型，对不同开挖深度的基坑（15m、20m、25m）分别进行模拟，通过对截断第二层承压含水层的程度来控制沉降的影响范围，从而对地下支护结构设计方案进行优化。截断方式有五种：

工况一：未对第二承压含水层进行处理；
工况二：截断第二承压含水层总厚度的 1/4；
工况三：截断第二承压含水层总厚度的 1/2；
工况四：截断第二承压含水层总厚度的 3/4；
工况五：对第二承压含水层全部截断。

计算结果如下：

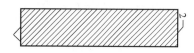

图 20.1.12 开挖深度 15m 的基坑在工况一下降水完成后 180d 沉降

（1）开挖深度 15m 的基坑

对于降深满足深度为 15m 的基坑，用验证后的模型，对五种截断方案均进行了模拟。由于开挖深度较浅，所以在基坑施工过程中，并不需要对第二承压含水层进行减压处理，发现第二承压含水层是否截断对基坑外沉降影响较小，基坑外最大沉降未超过 3mm。沉降等值线如图 20.1.12 所示。

（2）开挖深度 20m 的基坑

工况一下，基坑外最大沉降约 20mm，180d 沉降等值线如图 20.1.13 所示。

工况二下，180d 沉降等值线如图 20.1.14 所示。

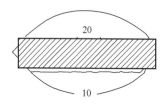
图 20.1.13 开挖深度 20m 的基坑在工况一下降水完成后 180d 沉降

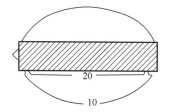
图 20.1.14 开挖深度 20m 的基坑在工况二下而降水完成后 180d 沉降

工况三下，180d 沉降等值线如图 20.1.15 所示。

工况四下，180d 沉降等值线如图 20.1.16 所示。

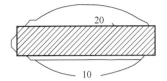

图 20.1.15 开挖深度 20m 的基坑在工况三下降水完成后 180d 沉降

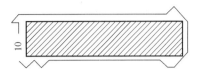

图 20.1.16 开挖深度 20m 的基坑在工况四下降水完成后 180d 沉降

(3) 开挖深度 25m 的基坑

工况一下，当未对第二承压含水层进行处理时，基坑外沉降严重，且影响范围较大，基坑外沉降最大值 40mm，180d 沉降等值线如图 20.1.17 所示。

工况二下，当地下连续墙对第二承压含水层截断 1/4 时，基坑外最大沉降约 40mm，如图 20.1.18 所示。

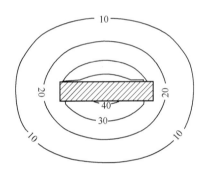

图 20.1.17 开挖深度 25m 的基坑在工况一下降水完成后 180d 沉降

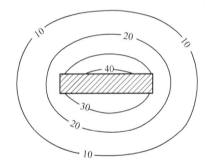

图 20.1.18 开挖深度 25m 的基坑在工况二下降水完成后 180d 沉降

工况三下，基坑外最大沉降约 30mm，如图 20.1.19 所示。

工况四下，当地下连续墙对第二承压含水层截断 3/4 时，基坑外最大沉降并未超过 30mm，如图 20.1.20 所示。

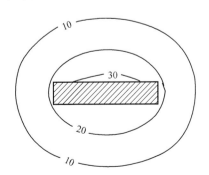

图 20.1.19 开挖深度 25m 的基坑在工况三下降水完成后 180d 沉降

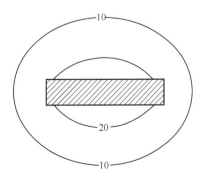

图 20.1.20 开挖深度 25m 的基坑在工况四下降水完成后 180d 沉降

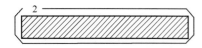

图 20.1.21　开挖深度 25m 的基坑在工况五下降水完成后 180d 沉降

当地下连续墙将第二承压含水层全部截断时，基坑外最大沉降不超过 2mm，如图 20.1.21 所示。

基于地下连续墙对第二承压含水层的截断方式不同，来控制基坑周边地表沉降。将地表沉降分为 10、20、30、40mm 四条等值线，研究基坑中部地连墙与四条等值线距离，得出地面沉降影响范围从而提出墙深控制指标，如图 20.1.22 所示。

统计计算结果见表 20.1.8 至表 20.1.11。

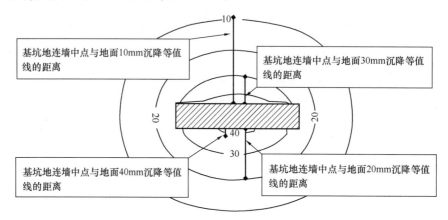

图 20.1.22　基坑周围地表沉降等值线与基坑距离示意图

地连墙中点与 10mm 等值线距离（单位：m）　　表 20.1.8

第二层承压含水层截断比例 \ 基坑深度	15m	20m	25m
0	0	42.3	139.5
0.25	0	41.2	138.2
0.5	0	32.3	124.2
0.75	0	6.3	108.1
1	0	0	0

地连墙中点与 20mm 等值线距离（单位：m）　　表 20.1.9

第二层承压含水层截断比例 \ 基坑深度	15m	20m	25m
0	0	9.5	88.3
0.25	0	9.3	87.7
0.5	0	0	62.5
0.75	0	0	39.7
1	0	0	0

地连墙中点与30mm等值线距离（单位：m） 表20.1.10

第二层承压含水层截断比例 \ 基坑深度	15m	20m	25m
0	0	0	46.2
0.25	0	0	44.6
0.5	0	0	20.4
0.75	0	0	0
1	0	0	0

地连墙中点与40mm等值线距离（单位：mm） 表20.1.11

第二层承压含水层截断比例 \ 基坑深度	15m	20m	25m
0	0	0	10.2
0.25	0	0	8.7
0.5	0	0	0
0.75	0	0	0
1	0	0	0

通过上文计算，可以得到15～25m深度基坑在不同止水帷幕深度的工况下10、20、30、40mm沉降的影响范围，从而根据不同需要进行止水帷幕优化设计。此外，对于基坑开挖深度为5m、10m的基坑，由于基坑开挖深度相对较小，且坑底距离天津市区第一稳定承压含水层层顶距离较大（一般约15m），且天津市第一承压含水层总体由粉砂、粉土、粉质黏土互层为主，渗透系数较小，故一般不需对第一承压含水层进行降压处理，故基坑降水引起的坑外地面沉降范围很小（若止水帷幕不发生渗漏的条件下）。

3. 沉降发展过程

基于上文数值模型，以25m深基坑为例，探讨5种不同止水帷幕截断方式的工况下坑内降水后坑外水位及地面沉降随时间的发展关系，选取坑外距离地连墙中点约10m位置进行分析。图20.1.23为地面沉降时程曲线，图20.1.24为坑外承压层水位变化时程曲线。由图20.1.23可以看出，地面沉降在降水开始后10～20d发展较快，且能完成最终沉降的75%以上，而由于承压层上弱透水层及潜水层中渗透性较差土层的存在，地面沉降在所计算的180d后仍未稳定，尤其是止水帷幕没有截断承压层的各工况。

通过以上分析，可得出以下结论：

（1）对于基坑开挖深度为5m、10m的基坑，由于基坑开挖深度相对较小，且坑底距离天津市区第一稳定承压含水层层顶距离较大（一般约10m），故一般不需对第一承压含水层进行降压处理，故基坑降水引起的坑外地面沉降范围很小（若止水帷幕不发生渗漏的条件下）。

（2）深15m基坑由于不需要对第二承压含水层进行减压，所以基坑降水并不会引发该含水层水位明显下降，故第二承压含水层是否截断对坑外地表沉降影响较小。

（3）深20m基坑需要对第二承压含水层进行减压，加深止水帷幕深度会增加地下水

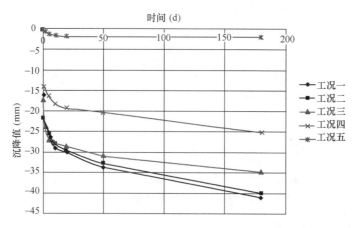

图 20.1.23 深 25m 基坑不同工况下地面沉降随时间变化

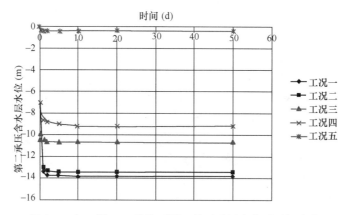

图 20.1.24 深 25m 基坑不同工况下承压水位随时间变化

渗流路径，从而改变地下水渗流，减小坑外土体沉降。

对于 10mm 的沉降影响范围，根据基坑止水帷幕深度的不同，该范围介于 0~42m；对于 20mm 的沉降影响范围，根据基坑止水帷幕深度的不同，该范围介于 0~10m；而不论基坑止水帷幕是否截断第二承压含水层，深 20m 基坑满足降压要求后，基本不会出现坑外 30mm 的沉降。

此外，当止水帷幕截断 50% 以上时，10mm 沉降影响范围有明显收缩，当止水帷幕截断 75% 以上，可将 10mm 沉降控制在距离基坑 10m 以内。

(4) 深 25m 基坑开挖较深，如地下连续墙未截断第二承压含水层，为防止坑底突涌，需对该含水层进行减压处理，由于降深较大，坑外地表会出现较大沉降（约 40mm）。对于 10mm 的沉降影响范围，根据基坑止水帷幕深度的不同，该范围介于 0~140m；对于 20mm 的沉降影响范围，根据基坑止水帷幕深度的不同，该范围介于 0~88m；对于 30mm 的沉降影响范围，根据基坑止水帷幕深度的不同，该范围介于 0~46m；对于 40mm 的沉降影响范围，根据基坑止水帷幕深度的不同，该范围介于 0~10m。

此外，对于 10mm 的沉降影响范围，增加止水帷幕深度对其影响不大，如果周围建筑对沉降敏感，沉降需要控制在 10mm 以内时，建议将第二承压含水层截断；对于 20mm

的沉降影响范围，止水帷幕截断50%以上时，其沉降影响范围有明显收缩；对于30mm的沉降影响范围，止水帷幕截断25%以上时，其沉降影响范围有明显收缩。

（5）基坑降水后，地面沉降在降水开始后10～20d发展较快，且能完成最终沉降的75%以上，而由于承压层上弱透水层及潜水层中渗透性较差土层的存在，地面沉降在较长时间内仍不能稳定（如180d），尤其是止水帷幕没有截断承压层的工况。

20.1.5 减小与控制降水引起地面沉降的措施

1. 基坑预降水阶段变形及控制

（1）基坑降水施工产生变形的机理、变形形式及危害、治理措施见表20.1.12。

（2）对深度较大的基坑，当环境变形要求严格时，不宜一次降水深度过大。宜先设置第一道水平支撑、分层分段降水，每次降水深度以满足本层、本施工区域土方开挖为原则。

（3）通过降水运行试验、地下连续墙或止水帷幕渗透探测等方法，对基坑渗漏可能性、渗漏位置进行判断，并对渗漏点进行封堵。

基坑降水施工产生变形的机理、变形形式及危害、治理措施　　表20.1.12

产生原因	产生机理	变形形式及危害	治理措施
基坑开挖前的坑内降水	降水导致降水深度范围内土体的有效应力增加；在墙产生水平位移前墙两侧降水产生压力差	桩墙附加水平位移；水平支撑的支撑柱向上位移；桩、墙向上位移；（盖挖逆作法）施工时中间桩、墙出现差异变形并产生附加内力；工程桩中产生拉应力，严重时工程桩断裂；降低坑底工程桩竖向承载力与竖向刚度	先设置水平支撑；分段（分仓）降水；分层降水
基坑疏干降水	止水帷幕未进入隔水层，导致坑外地下水位下降；地下水产生自坑外向坑内的渗流，坑外竖向	地表下沉；邻近建筑物沉降；邻近地下隧道变形；邻近管线变形；邻近建筑物、桥梁桩基位移产生附加弯矩	止水帷幕进入隔水层；坑外回灌
基坑开挖开始后抽降承压水	承压水含水层水头下降，有效压力增加；弱透水层释水固结；相邻含水层产生越流，水头下降，有效压力增加	桩、墙附加水平位移（引起的环境影响同上）；水平支撑的支撑柱向上位移；桩、墙向上位移；（盖挖逆作法）施工时中间桩、墙出现差异变形并产生附加内力；工程桩中产生拉应力，严重时工程桩断裂；降低坑底工程桩竖向承载力与竖向刚度	截断承压含水层；减少抽水量；缩短工期，减少承压水水头下降；承压含水层回灌

2. 基坑降水与开挖阶段变形及控制

（1）基坑开挖产生变形的机理、变形形式及危害、治理措施见表20.1.13。

基坑开挖产生变形的机理、变形形式及危害、治理措施　　表20.1.13

产生原因	产生机理	变形形式及危害	治理措施
桩、墙水平位移	坑内开挖卸载，造成坑内外压力差；坑内外灌注桩桩孔不回填；支撑安装不及时；土方开挖方案不合理；坑外荷载过大；水平支撑因温度差膨胀、收缩；基坑因开挖深度、坑外注浆等原因造成不对称，基坑发生整体位移	地表下沉；邻近建筑物沉降；邻近地下隧道变形；邻近管线变形；邻近建筑物、桥梁桩基位移产生附加弯矩	合理选择桩、墙及支撑刚度；及时设置支撑；制定合理的开挖方案；控制坑外荷载；考虑不对称的基坑整体计算；采取减小不对称所产生变形的控制措施

续表

产生原因	产生机理	变形形式及危害	治理措施
坑底隆起	坑底地基土承载力不足;桩、墙插入深度小;被动区支挡结构物向基坑前移(踢脚);坑底下承压水的扬压力	桩墙附加水平位移(引起的环境影响同上);水平支撑的支撑柱向上位移;桩、墙向上位移;(盖挖逆作法)施工时中间桩、墙出现差异变形并产生附加内力;工程桩中产生拉应力,严重时工程桩断裂;降低坑底工程桩竖向承载力与竖向刚度	增大桩、墙插入深度;被动区土体加固;坑内隆起变形大的区域设置减小隆起的桩;分块开挖土方、分块施工基础底板;缩短基坑暴露时间;减小地下水渗流的水力梯度;垫底承压水水头

（2）土方开挖过程中基坑疏干降水引起的变形宜采取如下措施进行控制：

1）封堵勘察、基础施工等在土层中形成的穿透隔水层的孔洞。

2）采用地下连续墙或止水帷幕截断含水层进入相对不透水层。

3）对局部深坑、钻孔、打桩等造成不透水层削弱或破坏处进行土体加固。

4）分层降水。每层土方开挖前，降水深度不宜超过本层土方开挖的要求。

5）先撑后降。每层土方开挖前，宜在本层土方之上的支撑（锚杆）完成后，才进行本层土方的疏干降水。

6）分区降水。当每层土方采取分区开挖时，疏干降水范围深度以满足本层土方开挖的要求为目的实施分区降水。

（3）工程桩混凝土出现离析、夹泥时，要注意避免地下水由桩体排出而引起基坑外地下水位下降、渗流破坏和地层沉降。

（4）土方开挖引起的变形宜采取如下措施进行控制：

1）对基坑形状复杂、基坑开挖深度不均匀、基坑各边荷载差异较大时，宜采取空间计算的方法分析基坑开挖可产生的变形。

2）支护体系的平面形状，应使支护结构整体均衡受力。在阳角部位应采取加强措施。对于重力式支护体系，边长过大时，应采取中部加强的措施。

3）在软土地区，支护体系的插入深度满足稳定要求外，当有较好下卧土层时，支护体的底部宜插入好土层。

4）当坑底土层比较软弱时，可对被动区土体进行加固。被动区土体加固应在基坑开挖前进行，并应有充分的养护期，保证加固土体的强度达到设计要求时，方可开挖基坑。

5）当基坑变形不能满足坑外周边环境控制要求时，应对被影响的建筑物、构筑物和各类管线采取防范的措施，如土体加固、结构托换、暴露或架空管线等。

6）对被保护的建筑物采取加固措施时，应考虑加固施工过程中土体强度短期降低的影响；必要时要采取保护措施。

7）利用时空效应，分层分段开挖、先支后挖，不得超挖。

8）必须以缩短基坑暴露时间为原则，减少基坑的后期变形。

9）支护体系有渗漏时，必须及时采取有效的堵漏措施。

10）基坑分段、分块开挖至坑底，分段、分块及时铺筑垫层。必要时可在垫层中加钢筋；采用隔离桩、水泥搅拌桩隔离墙。

3. 承压水抽降引起的变形及控制

(1) 当需对基坑底以下的承压水进行抽水降低水头时，其引起的坑外变形应采取如下措施进行控制：

1) 地下连续墙或止水帷幕进入需抽降承压含水层的下卧隔水层；

2) 当地下连续墙或止水帷幕无法进入需抽降承压含水层的下卧隔水层，导致未截断承压含水层时，可采取坑外回灌措施。

(2) 应综合考虑基坑深度、基坑周边环境、水文地质条件的复杂程度等因素，按表20.1.14的规定确定基坑外地下水回灌工程的等级。

基坑外地下水回灌工程等级 表 20.1.14

等级	内　　容
一级	满足下列条件之一的工程为一级工程：基坑降水影响范围内存在保护性建（构）筑物、重要地下管线的基坑外地下水回灌工程；存在基坑外地下水回灌引起基坑内承压水层突涌风险的工程；需对第二、第三承压水层进行回灌的工程
二级	除一、三级以外的其他基坑外地下水回灌工程
三级	需对基坑外第一承压含水层进行回灌的工程，且基坑周边无浅基础支撑的建筑物或桩端位于第一承压含水层之上的建筑物

(3) 基坑外地下水回灌工程必须进行专门回灌工程勘察及专项基坑回灌设计，设计方案应通过技术论证后实施。

4. 基坑抗突涌稳定控制

(1) 基坑施工与设计过程中，未经设计允许，不得出现增大基坑内外水头差、减小基坑底至承压含水层顶板之间土层厚度的改变。

(2) 地下水作用下的突涌稳定可采取如下措施进行控制：

1) 准确掌握承压含水层水头及基坑施工期间的可能变化；

2) 封堵勘察、基础施工等在土层中形成的孔洞；

3) 采用减压井降低承压水头；

4) 采用地下连续墙或止水帷幕截断承压水层，并提前检测、及时封堵地下连续墙或止水帷幕的渗漏；

5) 对局部深坑、钻孔、打桩等造成不透水层削弱或破坏处进行土体加固；

6) 严禁基坑超挖。

5. 基坑抗渗流稳定控制

(1) 基坑施工与设计过程中，未经设计允许，不得出现增大基坑内外水头差、减小地下水渗流距离的改变。

(2) 地下水作用下的渗流稳定可采取如下措施予以控制：

1) 增加地下连续墙或止水帷幕长度，增大坑内外渗流路径；

2) 基坑开挖前采取抽水试验或其他检测方法检测地下连续墙或止水帷幕的渗漏；

3) 及时封堵地下连续墙或止水帷幕的渗漏；

4) 邻水、水中基坑要考虑因波浪作用在围护桩产生的往复荷载引起的围护桩与土分离对渗流路径的减小作用；

5）穿越基坑底与基坑底以下承压含水层顶板之间的黏性土隔水层的工程桩、基坑支撑系统的立柱桩、降水井和减压井井管，在基坑土方开挖过程中，要避免对其产生水平向较大的推动，而导致桩、井管与隔水层之间产生透水缝隙，引起渗流破坏。

20.2 地铁深基坑施工全过程变形控制技术研究

20.2.1 基坑开挖引起的全过程变形及特点

基坑开挖不仅引起支护体系和坑内外土体产生变形，在施工全过程中，还可有其他原因使其产生变形。根据基坑工程施工全过程中产生变形的机理、危害及控制方法，可将基坑施工全过程划分为基坑支护结构施工、基坑降水、基坑开挖、基坑使用、支撑拆除、地下水位回复等阶段。

1. 支护结构施工阶段

天津地区工程实践及理论研究均表明，当采用水泥搅拌桩作为基坑止水帷幕或重力式挡土墙时、地下连续墙成槽时、大直径密排灌注桩成孔时以及锚杆施工时，均可能导致土体产生变形。

地连墙施工引发周边土体位移的影响程度，主要与沟槽的宽度、深度及长度，以及泥浆的护壁效果紧密相关。虽然地连墙成槽施工中引发的土体位移占整个基坑开挖变形总量的比例很小，但是在一些工程中，地连墙成槽施工引发的沉降量却占总沉降量的40%~50%，尤其是对于基坑周边环境保护要求较高的情况，其影响需要给予足够的重视。

除了地连墙成槽施工对周边土体产生影响外，灌注桩或咬合桩的施工也将对周边地层产生一定的影响。工程实践表明，灌注桩与咬合桩引发的周边土体位移不仅包含竖向沉降，还包含水平方向的位移，其中，沉降影响范围约为2倍的桩深，最大沉降值一般为0.05%桩深；而最大侧移的影响范围约为1.5倍的桩深，对应于灌注桩与咬合桩，其最大位移分别可达0.08%和0.04%的桩深。

2. 基坑降水阶段

基坑降水分为基坑开挖前的降水阶段、基坑疏干降水阶段以及基坑开挖至一定深度、进入承压含水层的降压井抽降承压水三个阶段。

在基坑开挖前的降水阶段可能产生的变形，目前尚未被重视，其研究成果也较少。对深基坑来说，基坑降水可包括土方开挖前的疏干降水（此时水平支撑尚未安设）、土方开挖过程中的降水（水平支撑安装后的降水）和基坑下伏承压水的降水。

3. 基坑开挖阶段

将基坑开挖阶段引起的变形分为围护桩（墙）的水平位移、坑底隆起变形及由二者共同引起的坑、内外土体变形，这三者之间是相互关联的（表20.2.1）。

4. 基坑使用阶段

基坑使用阶段引起的变形主要为荷载引起的变形，止水帷幕渗漏年期的变形，土体固结、流变、温度变化引起的位移等。

5. 基坑支撑拆除阶段

当基坑开挖到底后，随着基础底板的施工，水平支撑可逐渐拆除。工程实践表明，在达到拆除支撑条件前提前拆除支撑、地下室外墙与桩、墙之间回填土不密实、没有按照设计要求在拆除支撑时进行换乘等,均会产生围护桩的附加水平位移,其产生影响与"基坑开挖"中"桩、墙水平位移"产生的影响相同。其控制措施一般是按设计要求拆除支撑、按设计要求换撑、回填土按要求压实、在地下室楼板标高处设置素混凝土传力带等。

基坑开挖阶段产生的变形风险及控制　　　　　　　　　　　　表 20.2.1

产生阶段	产生原因	产生机理	变形形式及危害	治理措施
基坑开挖	桩、墙水平位移	坑内开挖卸荷,造成坑内外压力差;坑内灌注桩孔不回填;支撑安装不及时;土方开挖方案不合理;坑外荷载过大;水平支撑因温差膨胀、收缩	地表下沉;邻近建筑物沉降;邻近地下隧道变形;邻近管线变形;邻近建筑物、桥梁桩基位移产生附加弯矩	合理选择桩、墙、支撑刚度;合理选择桩、墙刚度;及时设置支撑的开挖方案;控制坑外荷载
		基坑因开挖深度、坑外荷载、土质条件、坑外注浆等造成不对称,基坑发生整体位移	同上	考虑不对称的基坑整体计算;采取减小不对称所产生变形的控制措施
	墙底隆起	坑底地基土承载力不足;桩、墙插入深度小;被动区支挡结构物向基坑前移(踢脚);坑底开挖减载土体回弹;地下水自坑外向坑内渗流;坑底下承压水的扬压力	桩墙附加水平位移;水平支撑的支撑柱向上位移;桩、墙向上位移;逆作法施工时中间柱、墙出现差异变形并产生附加内力;工程桩中产生拉应力,严重时工程桩断裂;降低坑底工程桩竖向承载力与竖向刚度	增大桩、墙插入深度;被动区土体加固;坑内设置减小隆起的桩;分块开挖土方、分块施工基础底板;缩短基坑暴露时间;减小地下水渗流的水力梯度,降低承压水水头

6. 地下水位回复阶段

当基坑底以下分布有隔水层,其下为承压含水层时,如基坑底在承压水水头作用下不满足抗突涌稳定安全系数时,需对隔水层以下承压含水层进行抽排承压水,以降低承压水水头高度来满足坑底抗突涌稳定安全系数要求。但当基坑基础及地下室结构施工进度达到停止抽降承压水的条件前停止抽降承压水,将可能导致基础底板上浮而增大基坑底隆起量,对工程桩造成不利影响。此外,当基坑停止降水时如已施工的地下结构的重量小于地下水的浮力,还将会引起地下结构上浮。

20.2.2 基坑支护结构施工引起的土层变形预测及控制技术研究

1. 地连墙施工引起土体变形

城市中的深基坑工程,周围往往存在密集的建筑物、道路及地下设施。深基坑工程施工时要求必须充分考虑周围的环境。

围护结构施工过程中周围地层原始平衡状态被打破,造成地层损失,引发土体测斜和沉降变形,孔隙水压力也会相应改变。继而对既有建筑物、路面、既有铁路线路、轨道、地下结构和管线造成影响。基坑围护结构施工阶段作为基坑工程施工全过程的第一个阶段,虽然其施工所引起的周围环境的变形量(如土体测斜值、孔隙水压力等)和施工全过

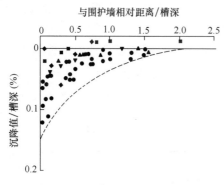

图 20.2.1 地表沉降对地下连续墙施工的影响

程变形总量相比较小，但很多工程实例表明基坑围护结构施工所引起的变形量非常可观（图 20.2.1）。尤其是在开挖深度大、环境保护要求较高的区域中，基坑围护结构施工对周围土体的影响更应该引起足够重视。

地连墙施工期间，引起的土体水平位移占到了施工总区间水平位移绝对值和的一半以上。在距地下连续墙 15 倍槽段宽度的距离处，这一比例更高，围护结构施工引起的土体变形非常可观，不容忽视。

地下连续墙施工引发周边土体位移的方向很大程度上取决于地层中的初始侧向压力系数 K_0。天津地区工程实例表明，地连墙施工完成后，坑外土体位移均远离地连墙方向，这主要是由于天津地区土质条件较为软弱，且一般为正常固结土，侧压力系数值一般较小（小于 1）。地连墙开挖成槽和灌注混凝土两个阶段的特征明显。开挖成槽阶段，表现为卸荷效应占主导，槽段周围土体孔隙水压力有所下降。而灌注混凝土阶段，加载效应显著，土体孔隙水压力有所上升。

2. 不同工况下地连墙施工造成的土体变形

（1）搅拌桩隔离墙对土体变形的影响

1）有无搅拌桩对土体变形影响

在地连墙施工之前，在地下连续墙两侧施工水泥搅拌桩以减小地下连续墙成槽对坑外土体位移的影响。地连墙槽段两侧的土体变形，无论是开挖成槽阶段还是灌注混凝土阶段，有搅拌桩一侧的土体变形要明显小于无搅拌桩一侧。

搅拌桩的存在可有效地减小坑外土体的水平位移，尤其是浅层土的水平位移。尽管该位置开挖成槽阶段的水平位移不大，在有搅拌桩情况下仍能观察到地表的水平位移有所减小。

有搅拌桩存在时，距离地连墙 10m 范围以内的坑外地表沉降明显小于无搅拌桩存在的情况，而距离较远处的地表沉降略大于无搅拌桩存在时的沉降。搅拌桩隔离墙的存在可以明显减小地连墙施工对坑外土体的扰动。

2）搅拌桩不同嵌固深度对土体变形影响

就搅拌桩插入三种不同深度进行对比分析。三种深度分别为搅拌桩与地连墙深度完全相同（即基本工况，埋深 33.5m）、搅拌桩埋深为 36.5m 及搅拌桩埋深为 30.5m。

不同搅拌桩嵌固深度对土体测斜的影响并不显著，且对浅层土体的影响更小。深度为 25～30m 范围的土体内，在地连墙开挖成槽的过程中，搅拌桩嵌固深度越深，土体指向地连墙方向的水平位移值越大。而在灌注混凝土阶段，搅拌桩嵌固深度越深，土体背离地连墙方向的水平位移值越小。

（2）地表有建筑物（超载）情况时的土体变形（无搅拌桩墙）

地连墙施工过程中，土体位移方向很大程度上取决于地层的初始水平向应力，当地表有建筑物（或堆载）情况下时，地层应力将发生变化，其效果相当于增加了地层的初始应力。

1）不同建筑物荷载条件下的土体变形规律

在地连墙开挖成槽阶段，由于地表建筑物产生的附加应力作用，开挖卸荷过程中，坑外土体产生指向地连墙方向的水平位移，且位移值随建筑荷载增加而增加。存在建筑物时的地表沉降大于空旷场地的地表沉降，且沉降值随建筑物荷载的增加而增加。

在灌注混凝土阶段，由于地表建筑物存在，导致地层水平向应力有所增加，对于挤土效应产生了一定抑制作用，表现为随着地表建筑物荷载增加，坑外土体背离地连墙水平位移逐渐减小。存在建筑物时的地表隆起值小于空旷场地条件下的隆起值，且隆起值随建筑物荷载的增加而减小。

2）不同建筑物距离下的土体变形规律

地连墙离建筑物的距离越近，影响越显著。具体表现为：在开挖成槽阶段，指向地连墙的水平位移随建筑物距离的减小而增加。而在灌注混凝土阶段，背向地连墙的水平位移随建筑物距离的减小而减小。

由于超载作用，邻近建筑物距离较近位置处的测点，地连墙施工完成后的土体水平位移已指向坑内。建筑物荷载会有效增加浅层土体的水平向应力（影响深度约30m），且距离建筑物越近，受影响程度越大。

当地表有建筑物存在时，地连墙施工引起的地表沉降槽形状与空旷场地相比表现出明显的起伏。在地连墙开挖成槽阶段，由于建筑物下的土体水平向应力得到释放，建筑物荷载作用范围内的土体沉降值较大，而建筑物两侧的土体受到来自建筑物下土体的侧向挤压作用，则表现出相对的隆起，并且建筑物荷载值越大，这种趋势越明显。在灌注混凝土阶段，由于受到来自地连墙侧壁的挤压作用，建筑物下的土体表现为回弹，而两侧土体由于继续受到挤压作用而隆起更加明显。

3. 搅拌桩隔离墙与地表建筑物（超载）同时存在时的土体变形

综合考虑上述两种因素共同作用，并与地表有建筑物但无搅拌桩隔离墙存在时的情况作对比，研究有地表超载时搅拌桩控制土体变形的能力。

与空旷场地条件下的规律类似，在超载作用下，搅拌桩的存在仍可有效减小开挖成槽阶段指向坑内的土体位移，同时也可减小灌注混凝土阶段背离地连墙方向的位移，即对向里和向外的位移都可起到一定的控制作用。

超载作用下，搅拌桩的存在可有效减小坑外土体的不均匀沉降。具体表现为：发生较大沉降的位置处（建筑物下方）的沉降值减小，而发生相对隆起的区域（建筑物旁边）的隆起值基本保持不变，即影响很小。

4. 结论

地连墙施工对周围土体的影响主要有：

（1）地连墙施工完成后，坑外土体水平位移可能指向地连墙，也可能背向地连墙。嘉海一期基坑工程中，地连墙施工使坑外土体产生远离地连墙方向的水平位移，这主要是由于天津地区土体侧压力系数值较小（小于1）。

（2）地连墙施工过程中土体变形主要经历两个阶段：第一阶段为开挖成槽阶段，该阶段由于泥浆重度值较小，产生的侧向压力不足以抵抗土体的侧向应力，故会产生指向地连墙方向的土体位移，同时卸荷效应占主导，槽段周围土体孔隙水压力有所下降；第二阶段为灌注混凝土阶段，该阶段产生的土体挤压力大于土层初始水平向应力，而产生背离地连墙方向的位移，同时加载效应显著，土体孔隙水压力有所上升。

（3）搅拌桩隔离墙的存在可有效地控制坑外土体的水平位移和沉降，且不同施工阶段（开挖成槽和灌注混凝土）土体位移变化的幅度均明显减小。不同搅拌桩嵌固深度（搅拌桩底端与地连墙底在同一标高、比地连墙底浅3m、比地连墙底深3m）对地连墙成槽造成的土体变形影响并不显著。

（4）地表存在建筑物（超载）会增加地层中的初始水平应力，继而会对地连墙施工后土体变形结果产生较大影响。具体表现为：随着地表建筑物荷载的增加及距离的不断减小，在地连墙开挖成槽阶段，土体产生的指向地连墙方向的位移不断增加；而在灌注混凝土阶段，土体产生的背离地连墙方向的水平位移逐渐减小，甚至在距离建筑物较近位置处有可能出现指向地连墙方向的位移。

（5）在建筑物荷载作用下，地表沉降会表现出明显的不均匀性，即建筑荷载作用范围内的土体会发生较大沉降，而建筑物旁边的土体会发生相对"隆起"。搅拌桩的存在可以减小这种沉降不均匀性。

20.2.3 基坑开挖前降水及开挖过程降水引起的土层变形预测及控制技术研究

1. 基坑分层降水开挖条件下土的强度与变形性状

针对天津典型软土的工程特性，在基坑开挖深度20m以上的超深基坑，水平支撑的竖向间距一般为3～6m，在多道水平支撑的条件下，基坑须分层进行开挖和降水，以分层开挖时每层的平均厚度4～5m计算，基坑要分4层以上分层开挖。基坑工程施工降水使得土的含水量降低，常能提高原位土的强度，这在先期的工程勘察取样中是得不到反映的。此外，基坑分层开挖也可对坑内土体的固结状态产生影响。当上层开挖完成后，进行下一步开挖前，此时开挖面以下的土体处于超固结状态，对于开挖深度达30m以上的超深基坑，开挖后期的开挖面以下土体甚至可处于强超固结状态。这一方面可对坑内被动区土体在墙体水平荷载作用下的受力与变形产生影响，另一方面，由于坑内开挖面以下土体处于强卸荷状态，对坑底土的回弹也产生影响。

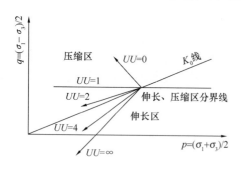

图 20.2.2 卸荷应力路径

（1）对于天津地区典型软土，无论哪一种加荷、卸荷方式，土体应力-应变关系曲线都接近于双曲线。所有曲线均呈现先剪缩后剪胀的特性，卸荷路径条件下土体的剪胀性更明显（图20.2.2）。

（2）常规三轴试验的总应力强度指标与有效应力强度指标间相差较大，而K_0固结、不排水卸荷应力路径下土体的总应力强度指标与土体的有效应力强度指标相差较小。就总应力强度指标而言，天津地区软土在常规三轴试验条件下的内摩擦角小于K_0固结条件下主动区、被动区排水卸荷应力路径下的结果，尤其是和被动区排水卸荷路径下土体的内摩擦角相比，减小幅度可达58%。

（3）土体土样的变形特性与应力路径密切相关。卸荷比决定着土样应变的大小，在固结状态相同的情况下，卸荷比越大，应变值越大。

(4) 对不同深度处土样的侧向或轴向卸荷应力-应变关系曲线应用双曲线函数进行模拟，存在比较明显的归一化性状。在同一类应力路径条件下土样的初始切线卸荷模量随固结围压的增大而增大。

(5) 是否考虑降水过程对基坑土体回弹变形有显著影响。总体上来说，对于典型软土，考虑开挖降水作用比仅考虑开挖时土体总的回弹值要小，但在每一步的开挖中，考虑降水作用土体的回弹量比仅考虑开挖的大，其比值在 2.0～2.5 之间。原因在于之前的降水作用加大了土体的回弹变形。

(6) 典型软土表现出超固结土的特性，在超深基坑工程设计计算时，应建立能反映土体超固结特性的参数指标和本构模型。

2. 基坑开挖前潜水降水引起的地下连续墙侧移

根据天津地区工程实例及基坑开挖前潜水预降水（疏干降水）试验监测成果，在有限元数值模拟及数值拟合的基础上，对基坑开挖前潜水降水引起长条形地铁车站基坑地连墙侧移机理、规律及控制方法进行研究（图 20.2.3），总结得出以下结论：

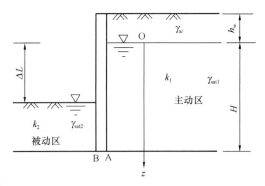

图 20.2.3　基坑降水分析图

(1) 对于长条形基坑，其开挖前潜水预降水（疏干降水）过程会使地下连续墙发生向坑内的侧移。如果降水前不施工墙顶侧向支撑，地连墙将发生悬臂型侧移，本工程实测墙顶最大侧移可达近 10mm；如果降水前施工墙顶侧向支撑，地连墙发生内凸型侧移，墙体最大侧移发生在墙顶以下一定深度处，墙顶侧移显著减小，墙体最大侧移也大大减小。提前设置水平支撑可有效控制基坑开挖前降水引起的墙体侧移。

(2) 基坑开挖前潜水预降水（疏干降水）引起的地连墙侧移又会进一步引起坑外地面和建（构）筑物沉降。本工程实测表明，这类沉降可达 10mm 以上。

(3) 基坑开挖前潜水降水导致坑内土体发生三向固结，墙体因而发生向坑内的侧向位移，坑内外墙、土压力发生重分布。

(4) 当基坑周围环境对变形控制要求严格时，潜水预降水（疏干降水）过程中要做好地连墙变形监测，并将该监测结果叠加至基坑开挖阶段地连墙总变形的结果中，以此来判别地连墙变形是否达到报警值。

(5) 当基坑长度和深度较大时，为减小潜水预降水（疏干降水）产生的地连墙及坑外土体变形，不应在设置第一道水平支撑前一次性降水深度过大。应配合水平支撑施工和土方分层分段开挖进度，实施先撑后降、分层分段降水、分层分段开挖、分段及时设置下一道支撑的施工措施来更好地抑制潜水降水全过程引起的变形。

基坑开挖前潜水降水引起开挖深度大的长条形地铁基坑围护桩（墙）水平位移并进一步引起坑外土体位移的情况已经引起关注，天津的部分地铁基坑正逐渐放弃采用在基坑开挖前对坑内土体大深度降水进行土体预加固的做法，以减小该阶段产生的环境影响。

3. 非对称基坑分步降水开挖引起的围护结构变形性状

在深基坑朝着超深超大的趋势发展过程中，由于对地下利用空间的深度不同，出现了很多开挖深度不一致的非对称基坑。根据天津地区工程实例以及数值模拟结果与实测数据的对比分析，非对称基坑在分步降水开挖过程中，其围护结构的变形特点及非对称性的影响主要为：

（1）在软土地区采用盖挖逆作法对非对称基坑进行分步降水开挖过程中，由于其开挖深度的不同和整体围护结构刚度较大，围护结构的竖向变形出现深坑高浅坑低、沿横断面方向倾斜、水平位移出现整体往浅坑侧方向偏移的变形特点，整个围护结构出现整体非对称的变形性状。

（2）非对称基坑由于中间地下连续墙的存在，在对深坑开挖时，中间地下连续墙会随着开挖深度的增加产生较大的水平变形，中间地下连续墙两侧抗拔桩桩顶发生偏向浅坑侧、桩低端偏向深坑侧的水平变形，这也反映了围护结构非对称变形特点。

4. 潜水降水引起基坑及土体变形规律及控制策略研究

根据潜水降水引起基坑变形的机理及规律，在基坑开挖过程中，为了减小支护结构及土体的变形，常采用先撑后挖、分段开挖、分层开挖的方法。类似地，对于潜水降水问题，也可采用先撑后降、分段降水、分层降水来控制其引起的支护结构变形。

（1）先撑后降

先撑后降包括两个方面的含义：其一，在土方开挖前，先撑后降指的是先施作墙顶第一道支撑，再进行潜水降水；其二，在土方开挖过程中，先撑后降指的是先完成上一道支撑的施作，再进行下一层的降水。

先撑后降策略可以大幅度减小潜水降水引起的最大墙体侧移或墙顶侧移，相对于直接降水的方案而言，其对墙体侧移的减小幅度达到 $56\%\sim84\%$，并使得墙体由悬臂型侧移转变为内凸型侧移。

由于水平支撑体系在基坑开挖过程中通常是要设置的，只是设置时间往往在基坑即将进行土方开挖前。因而，对于涉及潜水降水的基坑工程，建议将第一道水平支撑的设置时间提前到潜水降水之前。

（2）分段降水

分段降水的含义是将基坑分成若干段，每次开启其中一段或者距离较远的若干基坑段中的降水井进行潜水降水。分段降水使得被降水基坑段对应的墙体发生相对较大的侧移，而非降水段处则发生相对较小侧移，通过工程实测和数值计算均发现，每一阶段降水所引起的对应基坑段的墙体侧移占该位置处墙体最终侧移的一半以上。在分段降水中，不论是最先进行降水的基坑段，还是最后进行降水的基坑段，降水所引起的墙体最大侧移均小于整段降水所引起的侧移。

在采用了先撑后降策略的情况下，对于长度大于约 80m 的基坑，进一步采用分段降水策略可以更明显地限制纵墙墙体侧移的发展，并减小约 20% 以上的最大墙体侧移（对于最后进行分段降水的基坑段，最大墙体侧移减小的程度更大）；而对于长度小于约 80m 的基坑，采用分段降水策略则对纵墙墙体侧移的限制效果不明显。

在未采用先撑后降策略的情况下，对于长度大于约 40m 的基坑，采用分段降水策略可以明显地限制纵墙墙体侧移的发展，并减小约 20% 以上的最大墙体侧移（对于最后进行分段降水的基坑段，最大墙体侧移减小的程度更大）；而对于长度小于约 40m 的基坑，采用分段降水策略则对纵墙墙体侧移的限制效果不明显。

对于没有条件在潜水降水前设置墙顶第一道支撑的基坑（如设计方案中将第一道支撑设置在地表以下一定埋深位置），应当采用分段降水的方案来进行潜水降水，并且应及时进行第一道支撑的施作，以尽可能地减小潜水降水引起的墙体侧移。

(3) 分层降水

分层降水的含义是根据分层开挖的要求，每次将降水泵放置在每层开挖面下 1m 进行降水，而不是一次性将基坑内地下水降至最终开挖面以下 1m。分层降水策略的特点是：(1) 减小了一次性降水的深度；(2) 应用了先撑后降策略。由于先撑后降、分段降水、分层降水均可以起到限制潜水降水引起的墙体侧移的发展，课题组建议在实际基坑施作过程中，综合运用该三种方法，即：先分段施工支撑，再分段、分层降水，进而分段、分层挖土，并如此重复，那么整个基坑施作过程中由于疏干降水而引起的墙体位移将能得到很好的控制。

20.2.4 基坑支护结构不同变形模式对建筑物的影响及支护结构变形控制标准研究

1. 基坑开挖引起的土体变形

随着城市密集化程度的增加，基坑工程的周边环境也愈加复杂，除地表存在建筑物外，浅层土体中还会存在建筑物浅基础、市政管线，深层土体中则可存在地铁车站、隧道，以及贯穿于浅层深层土体的桩基础等各类结构物。基坑围护结构在基坑内外水、土侧压力差的作用下发生向坑内方向的移动，加之基坑底面以下土体的隆起变形，可引起坑外土体位移，从而对周边环境产生影响。

受水平支撑沿深度的布置间距、水平支撑不同位置提供围护结构的支撑刚度以及施工方法等因素的影响，围护结构可以表现为多种变形模式，相应的墙后地表曲线也会呈现三角形和凹槽形的不同分布形式。

围护结构变形主要分为 4 类：悬臂、踢脚、内凸和复合模式（图 20.2.4）。

(1) 对柔性围护结构，当不设置支撑或者开挖较浅、还未设置支撑时，表现为顶部位移最大的悬臂式分布；

(2) 开挖初期顶部即设置支撑，则表现为墙顶位移不变或向坑外移动，墙体中部向基坑内突出的内凸式模式；

(3) 悬臂式与内凸式的组合即为复合式变形；

(4) 而对于墙底位于软土中的围护结构，若插入深度较浅，墙底则会产生较大的位移，表现为踢脚变形模式。

2. 基坑支护结构不同变形模式对建筑物的影响

在实际工程中，初始不均匀沉降、基坑开挖、围护结构变形形式、坑角效应均会对基坑周边建筑物的变形产生影响。

(1) 任意围护结构变形形式的基坑开挖对邻近建筑物的影响

当围护结构发生不同形式的变形时，坑外地表沉降曲线的分布将存在显著的差异，这对坑外相同位置处的建筑物变形也将产生明显不同的影响。

同时，由天然地表及建筑物沉降曲线的对比可以看出，建筑物的存在对坑外土体沉降变形趋势的影响并不大，墙体沉降曲线变化的趋势与天然地表沉降曲线的变化趋势基本保持一致，仅当建筑物跨越坑外沉降槽最低点及上凸曲率最大点时，建筑物的存在具有较为

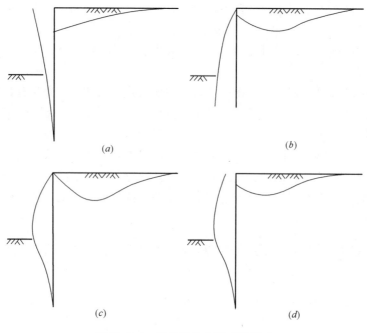

图 20.2.4　围护结构典型变形模式
(a) 悬臂；(b) 踢脚；(c) 内凸；(d) 复合

明显的约束、协调作用，使得墙体沉降挠曲程度显著小于天然地表沉降曲线的挠曲程度，且沉降曲线的挠曲更为平缓（图 20.2.5）。

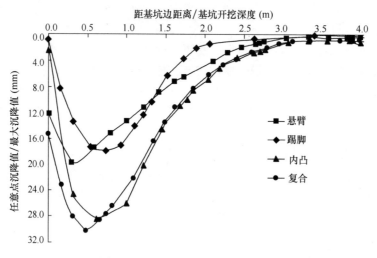

图 20.2.5　坑外地表沉降曲线示意

此外，对比不同围护结构变形形式所对应的建筑物沉降曲线可知，建筑物自重的影响使得建筑物的沉降值明显大于天然地表沉降值，但随着建筑物距围护结构距离的增大，沉降值的增大幅度逐渐减小，最大沉降值增幅约可达天然地表沉降最大值的 $1/5 \sim 1/2$。同时，在建筑物自重的作用下，坑外沉降槽的宽度亦呈现不同程度的增大。

当围护结构发生悬臂式变形时，建筑物的挠曲变形基本呈上凸挠曲，且变形值较小，即建筑物较为安全。对于踢脚、内凸及复合形式，当建筑物紧邻基坑边时，当围护结构发生踢脚及内凸变形时，建筑物的挠曲变形最为显著。

（2）基坑开挖对邻近建筑物变形的影响

1）墙体沉降

当建筑物横墙垂直于基坑围护墙时，由于其在垂直于基坑边方向上的长度较小，对坑外土体竖向及水平位移的分布趋势影响程度较弱，建筑物墙体的沉降分布仍基本保持原有天然地表土体的位移变化趋势；相对于前者，纵墙垂直于围护墙的建筑物对坑外土体位移的调整作用更大，尤其在坑外沉降槽的最低点及上凸区域处，建筑物的存在将显著改变其沉降曲线曲率。

对于纵墙垂直于基坑边且跨越坑外沉降槽最低点时，墙体将产生下凹挠曲变形，该变形趋势与建筑物的初始挠曲变形趋势相同，若此时考虑初始变形的影响，将在一定程度上增大墙体的变形及拉应变，并改变墙体最大拉应变所在位置。故此时在对建筑物进行安全评估时，合理考虑建筑物的初始变形将使评估结果偏于安全。

对于纵墙垂直于基坑边的建筑物，当建筑物近基坑端跨越坑外沉降槽最低点，而远基坑端跨越沉降槽的上凸区域，此时建筑物分为下凹及上凸挠曲变形两段，应分别对下凹段和上凸段进行变形分析，且对于建筑物的下凹部分，应考虑建筑物的初始变形的影响。

2）建筑物扭转变形

当建筑物距基坑边较近并跨越坑外地面沉降槽最低点时，即建筑物主要发生下凹挠曲变形时，建筑物呈逆时针扭转变形，且随着距基坑边距离的增大而减小。

当建筑物距基坑边距离增大至跨越坑外沉降槽的上凸区域时，建筑物则呈顺时针扭转，尤其是当建筑物中部跨越坑外距基坑约2倍开挖深度处，建筑物与基坑边之间的夹角为60°时的扭转变形为最大。

（3）坑角效应对基坑周边建筑物变形的影响

对于平面上具有一定尺度的建筑物，当其所跨范围内的坑外土体因坑角效应而在建筑物不同位置的沉降出现显著差异时，必将对建筑物带来附加的挠曲和扭转变形，这将使得建筑物的变形更加复杂。

当建筑物距坑角距离小于1倍开挖深度时，建筑物的扭转变形最大，即此时建筑物受坑角效应的影响最为显著，而当建筑物距坑角距离大于3倍开挖深度时，建筑物的扭转变形逐渐减小，即受坑角效应的影响显著减小。这表明对于纵墙垂直于基坑边的建筑物，基坑开挖所引发建筑物的扭转变形在距坑角1倍开挖深度范围内最为显著，此时坑角效应对建筑物的扭转变形起不利作用，使得建筑物的扭转变形显著增大；而随着建筑物与坑角距离的增大，扭转变形逐渐减弱，并当其距坑角大于3倍基坑开挖深度时，建筑物的扭转变形基本不受坑角效应的影响（图20.2.6）。

3. 不同围护结构变形模式对坑外既有隧道变形的影响

（1）不同围护结构变形模式下坑外隧道变形特性及影响

即使保证围护结构的最大水平位移相同，由于围护结构的变形模式不同，对坑外既有隧道的影响程度也不相同。而对于隧道位移影响范围，表现为悬臂型模式最小，内凸型和复合型模式居中，踢脚型模式最大。因此，针对坑外存在既有隧道的基坑支护体系设计方案，除了控制围护结构的最大位移外，同时还应结合隧道位置选择恰当的围护结构变形模

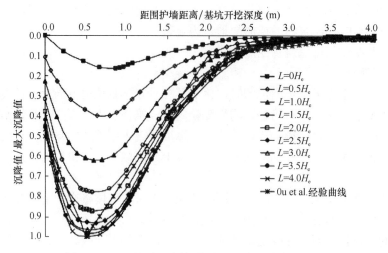

图 20.2.6 距坑角不同距离处的地表沉降曲线示意

式以减小对既有隧道的扰动。若能将围护结构最大变形控制在允许范围内，则首先推荐悬臂型变形模式的支护体系（如反压土与支护结构相结合体系等），以尽量减小对坑外既有隧道变形的影响，但围护结构产生悬臂型变形会导致坑外地表和浅层土体产生较大的水平位移，对地表道路、建筑物以及浅埋管线的结构安全会产生威胁，因此若基坑周边环境中存在此类结构则应慎重选择悬臂型模式的支护体系；其次推荐内凸型或者复合型变形模式，但这两种模式对于隧道变形影响较大，尤其当隧道埋深位于基坑坑底或者以下一定深度范围内，需密切注意隧道的变形，必要时应采取适当的保护和修复措施；此外应避免围护结构产生踢脚型变形，防止对坑外既有隧道产生过大的影响，尤其是对于深埋隧道，踢脚型变形模式的影响更加不利。

（2）基坑开挖卸荷对坑外既有隧道的影响与控制

1）基坑开挖卸荷对坑外既有隧道的影响

基坑开挖卸荷必然会改变周围土体的应力场和位移场分布，从而对周围既有结构的变形产生强烈的影响，其中包括基坑开挖对既有盾构隧道的影响。

对于不同埋深的隧道，其位移随着水平距离的增加而减小，当达到一定的水平距离后，基坑开挖引起的隧道变形趋于平缓。

隧道的竖向位移随着埋深的增加逐渐减小，且相应范围明显小于水平位移，基坑开挖对隧道的竖向位移的影响主要集中在距基坑较近的浅部土层，且埋深越浅受到的影响越大。

隧道在坑底以上竖向与水平方向位移均较大。而当隧道埋深超过坑底后，隧道总位移曲线与水平位移曲线基本重合，表明此范围内隧道的总位移基本受水平位移影响，在基坑开挖过程中应尤为注意基坑卸荷作用造成的隧道水平方向位移变化。

2）隔离桩的效果

地下铁路隧道对于变形比较敏感，稍大的变形往往会导致隧道破坏或无法正常运营。仅采用控制变形源头的方式往往不能很好地将隧道变形控制在标准之内。因此，可考虑在隧道和邻近开挖的基坑中间设置隔离排桩（或隔离墙）的方式来阻隔基坑开挖卸荷导致的周边土体变形在坑外的传播，将其变形在坑外截断，从而控制隧道向着坑内方向移动（图20.2.7）。

若是能够很好地设计隔离桩的桩长和位置，就有可能减小基坑开挖对邻近隧道的影响。而课题的分析结果中也说明，若不能很好地对隔离桩的桩长和位置进行设计，不仅不能减小隧道的最大水平位移，反而会加剧其变化过程。传统意义上从地表开始打设的隔离桩效果并不理想，若要更好地提高隔离桩的隔离效果，需设置桩顶位于地表以下的埋入式隔离桩。这样

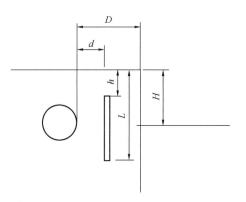

图 20.2.7 隔离桩位置示意图

既可以有效地利用隔离桩控制邻近隧道因基坑开挖而产生的变形，又可以在隔离桩的设计施工过程中减小材料用量，取得很好的经济效益。

3）隧道注浆纠偏的效果

工程中常用注浆纠偏的方式对变形过大的构筑物进行变形控制。工程中考虑在隧道与隔离桩之间打入注浆管注浆来对隧道过大的水平位移进行控制。

注浆纠偏对于隧道自身结构体的保护作用效果明显，采用注浆纠偏措施，可使隧道的整体形变减小、隧道的弯矩内力减小。

4. 基坑开挖引起的隆起变形

随着基坑开挖深度越来越大，特别是在软土地区深度达 20～30m 的深基坑，甚至 30m 以上的超深基坑，土方开挖卸荷导致坑底隆起变形可达数厘米甚至超过 10cm，其对围护结构的内力与变形、坑外地面沉降、邻近建筑物、道路及地下管线设置以及坑内工程桩将产生不可忽视的影响，甚至危及整个基坑的稳定，必须采取措施加以控制。

基坑开挖产生的变形主要包括三部分：坑底隆起变形、支护结构变形与坑外土体变形，三方面互相联系。

深基坑开挖，坑底的隆起变形一般认为主要是由以下四个因素引起的：①由于土体开挖，由开挖面以上土产生的自重应力被释放，致使基底土产生卸荷回弹。由于地下连续墙、排桩等对土体回弹的约束，在基坑角边处的隆起量为最小，基坑中央的隆起量为最大，坑底隆起呈反扣锅底形。②基坑开挖后，支挡结构向基坑内侧变位，被动区土体产生三轴拉伸剪切变形，造成基底的隆起。③地下水绕地下连续墙在坑内产生自下而上的渗流，当水力梯度较大时，可导致在渗流影响区域对土体作用较大的动水力，从而产生隆起变形。④有承压水存在时，在隔水层以上的上覆土重因基坑开挖而减少，从而导致隔水层及隔水层以上土体因承压水的浮托力作用而产生隆起。

(1) 坑内降水对基坑隆起变形的影响

软土地基的深基坑开挖，一般都需要进行基坑降水，以此保证在干燥的环境下进行土方开挖，为机械化进场施工创造良好的环境。

根据天津地区基坑开挖实例及数值分析结果，坑内降水对基坑隆起的影响包含以下方面：

1）基坑开挖导致围护桩桩顶整体向上隆起。

2）随着基坑开挖的进行，坑内中间立柱随着坑底的隆起而不断上抬。通过监测坑内工程桩的隆沉变化趋势能近似反映基坑隆起变形的发展情况。

3）中间柱隆沉的变化趋势与盖板的沉降变化趋势一致。基坑开挖完成后，中心区域呈较大隆起。根据天津地区经验，顺作法施工基坑坑底回弹量为（0.5‰～1‰）D（D为坑深），而对于有桩基的顺作法基坑回弹量为常规基坑的 $1/4$～$1/3$，即（$1/4$～$1/3$）（0.5‰～1‰）D（D为坑深）。

（2）逆作法施工对基坑隆起变形的影响

对于盖挖逆作基坑，坑底土始终受到工程桩的约束，一方面制约了坑底土的回弹，使桩周、桩间和地连墙边等不同位置的坑底回弹量不同，而同时桩柱上部又被水平的结构梁板约束，因此，坑底土卸荷回弹会使不同位置的桩柱和地下连续墙产生不均匀的隆起和沉降，进而对基坑支护体系产生影响，引起支撑柱的附加轴力，此时若支撑柱失稳则导致水平楼盖坍塌；对有支撑柱的内支撑，回弹引起支撑的附加弯矩，梁板在过大的附加弯矩作用下易开裂。因此盖挖逆作法的整个支护体系对差异变形要求更高，这样给设计和施工带来了更大的难度。

1）在开挖阶段各柱产生明显的隆起；层板浇筑阶段隆起趋于稳定，甚至出现一定程度的沉降。离围护结构近的柱回弹值较小，坑中间柱的回弹值较大；楼板与围护结构的连接方式对边柱回弹的影响较大，刚接时边柱回弹值比铰接的大。但是刚接时边柱附加轴力要小于铰接情况，中间各柱的附加轴力值几乎相等。楼板与围护结构刚接对减少边柱因坑底回弹引起的附加轴力有利。

2）基坑回弹受楼板与围护结构连接方式的影响较小，坑内土体回弹曲线呈现锯齿形，支撑柱所在位置处基坑土体回弹值最小。

3）地连墙的隆起远远小于中间柱。相同施工步，各结构柱变化表现为中部隆起量最大，离地下连续墙越近隆起量越小，隆起量与距地下连续墙的距离存在一定的联系，地下连续墙的存在、层板浇筑、未开挖土体对结构柱隆起均能起到约束作用。结构柱隆起具有明显的时空效应。

4）未挖土区域对立柱隆起具有一定的约束作用，表明利用时空效应的分块开挖方法对抑制基坑隆起变形有利。

5. 基坑开挖对邻近桩基的影响及控制

基坑开挖对邻近桩基础影响方面的研究，针对该问题的研究方法主要为试验法和数值模拟法，结合天津市工程实测数据的研究得出如下结论：

（1）对于排桩围护结构，有必要考虑桩间临空土体对桩后土体变形的影响，尤其对于间距较大的排桩结构，应注意桩间土临空面土体对桩后止水帷幕侧移的影响，防止止水帷幕出现过大侧移而危及工程安全。

（2）桩基距坑距离、桩身抗弯刚度、桩顶荷载（即上部结构传来的荷载）和桩基顶部约束条件（即桩顶承台约束条件）等均对桩基受基坑开挖的影响大小和性状有显著影响。表现为：

1）随着围护结构与桩基距离的增大，桩身侧移和弯矩均有减小的趋势，当间距大于1倍基坑开挖深度时，基坑开挖对桩基的影响已经很小，当间距超过2倍基坑开挖深度时，基坑开挖对桩基的影响甚微，施工中可以不考虑。

2）工程桩桩身刚度的变化对其自身侧移的影响不显著，但对其弯矩的影响比较明显，当桩基刚度减小时，桩身附加弯矩随之减小；反之，则随之增大。

3）随着桩基顶部作用荷载的增大，桩身所受的偏心距也增大，桩身的最大侧移值和弯矩值亦随之增大。

4）对比几种约束条件，当桩基顶部只能移动而不能转动和当桩基顶部完全约束时桩基偏于不利，尤其当桩基顶部完全约束时，桩身弯矩较大且在桩顶位置出现最大弯矩。因此，在工程中对开挖基坑邻近的建筑物桩基进行监测时，应对桩顶部位进行重点监测。

6. 天津市基坑工程对邻近建（构）筑物影响控制技术

（1）监测技术

基坑工程施工对邻近建（构）筑物的影响，需首先对环境条件进行初次检测，以评价邻近建（构）筑物的承载能力，并对被影响的建（构）筑物进行跟踪监测。

（2）分级预警技术

在跟踪监测中，根据评价标准设定的分级标准，实行分级预警。在技术可能的条件下，可开发采用可视化分级预警方法。根据不同分级标准，采取相应控制措施，保证工程施工过程中的环境安全。

（3）减小环境影响的基坑设计控制技术

包括时空效应设计方法、支护结构与主体结构相结合设计方法、分区施工设计方法、土体加固设计方法、敏感环境条件下基坑工程的动态设计方法等控制技术。

（4）基坑施工中地下水控制技术

对于潜水降水问题，也可采用先撑后降、分段降水、分层降水来控制其引起的支护结构变形。

当基坑底层有承压水并经验算抗承压水稳定性不满足要求时，可视具体情况采用隔水帷幕隔断承压水、水平封底加固隔渗以及降压等措施。

基坑施工过程中，如围护结构发生渗漏应及时采取封堵措施，以避免基坑外侧浅层潜水位发生较大幅度下降。

（5）基坑施工控制技术

包括围护墙施工控制技术、基坑开挖控制技术、隔断基坑变形传播途径的控制措施、环境预加固控制技术，这些技术均对减小基坑周边建（构）筑物的变形起到有效的控制作用。

20.3 超深复杂地铁基坑防止局部破坏诱发连续破坏的设计理论

由于基坑开挖深度越来越大，对于由支护结构、土、坑内外土中结构物（包括桩）、地下水组成的复杂多体多场系统，现有分析方法和研究已经不能揭示其复杂的失稳破坏机理。深基坑、超深基坑的稳定问题是软土地区城市地下工程安全最为关键的问题之一。已经发生的2004年新加坡Nicoll Highway超深基坑连续坍塌、2009年科隆地铁基坑坍塌、2008年杭州地铁基坑坍塌，以及上海地铁4号线事故、北京地铁10号线事故均是因局部结构构件失效（节点破坏、局部渗漏）引发的基坑大范围连续坍塌，造成重大损失。因此，开展地铁基坑因局部结构构件失效引发的基坑大范围连续坍塌破坏及其应急抢险策略的研究极其必要和重要。

20.3.1 基坑开挖支护结构与土体大变形产生机理

天津地铁多个枢纽工程经验表明，某些条件下，基坑支护结构可能会产生过大变形，包括地下连续墙过大水平位移、水平支撑产生较大变形、格构柱产生过大隆沉等，并存在着引起支护结构体系进一步变形和破坏的可能性。

1. 围护结构过大变形下的坑外土体位移分析

研究表明，围护结构的变形模式与围护结构类型、支撑体系刚度、支撑布置及架设等因素有关。围护结构常见的4种变形模式如图20.2.4所示。

当围护结构发生大变形时，坑外土体位移随之发生变化，极端情况下甚至导致坑外建筑物基础、地下隧道或管线受拉开裂。针对这4种围护结构变形模式，采用有限元模拟天津典型土层——粉质黏土条件下，坑外土体位移场的变化，从而为实际基坑工程中更有效合理地保护周边环境提供参考（图20.3.1）。

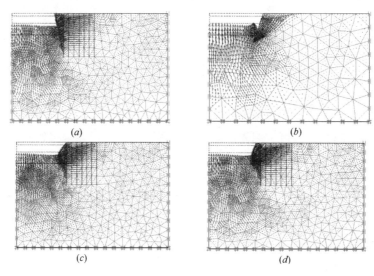

图 20.3.1　不同变形模式下的位移矢量图
（a）悬臂；（b）踢脚；（c）内凸；（d）复合

有关研究显示，当围护结构发生过大变形时，4种变形模式对应的坑后土体位移分布形式不变，但是坑后地表土体位移最大点的位置向基坑一侧移动，土体最大位移与围护结构水平位移的比值有所增加，土体角应变和水平应变显著增加。其中，内凸式围护结构在发生大变形时，其墙后地表土体最大角应变和最大水平拉应变的增加幅度均为最大，这意味着控制围护结构变形时，内凸式的最大变形值更为重要。

（1）角应变变化情况

当围护结构发生过大变形时，悬臂模式下，地表土体角应变的影响范围由2倍基坑开挖深度增加为2.5倍的开挖深度。踢脚、内凸和复合3种模式下，角应变的影响范围仍与较小变形时的影响范围大致相同，踢脚模式下为2倍的开挖深度，内凸和复合模式下为2.5倍的开挖深度。4种变形模式下，土体角应变均随深度衰减，即地表角应变最大；土体角应变的影响深度为0.5倍的开挖深度。

(2) 水平应变变化情况

当围护结构发生过大变形时,4 种变形模式下的地表土体水平应变的影响范围均没有显著增加。但是在悬臂模式下,由于地表土体水平位移最大点的位置不变,因此土体压应变和拉应变的影响区域也没有改变;而踢脚、内凸和复合 3 种模式下,由于地表土体最大水平位移点向基坑一侧移动,因此土体压应变的影响区域减小,而拉应变的影响区域增加,这会造成更大范围的管线和建筑物易因土体拉应变而开裂破坏,因此应当重点保护。4 种变形模式下,距地表 0.5 倍开挖深度以下的土体,水平应变仅表现为拉应变,悬臂模式下土体拉应变最大值发生在距地表 0.5 倍开挖深度处的土体,踢脚模式下土体拉应变最大值发生在距地表 1 倍开挖深度处的土体,内凸和复合模式下土体拉应变最大值发生在距地表 0.5~1.0 倍开挖深度处的土体。

2. 超挖对基坑变形和稳定性的影响分析

研究显示,基坑超挖是基坑发生过大变形的主要原因之一。深基坑施工工程中,由于工期的限制,超挖的现象更是时有发生。土方超挖并且未能及时加撑,土体附加应力增大,围护结构发生过大变形,并进一步对基坑的稳定性造成负面影响。

2008 年 11 月 15 日的杭州地铁 1 号线湘湖站基坑坍塌事故,造成现场 17 人遇难、4 人失踪,经济损失达 4962 万元,事故现场景象如图 20.3.2 所示。

图 20.3.2 杭州地铁基坑事故现场景象

根据事故调查分析报告显示,主要原因有 4 点,为土方超挖、支撑和地下连续墙连接存在薄弱环节、监测工作失效、篡改坑底加固方案。通过有限元分析显示,土方超挖导致湘湖站基坑稳定性系数降低了 16.5%。

上海地铁远程监控系统统计的预警信息显示，由于超挖引起的围护结构过大变形超过50%。由此可见，超挖施工对基坑变形的影响非常显著。因此，基坑开挖时，应当严格遵循"分层、分区、分块、分段、对称开挖"的原则。特别是基坑超挖时，更应该控制一步开挖的深度和范围，并且应当在基坑施工过程中做好监测工作。

(1) 地下连续墙插入深度的影响

基坑开挖，地连墙的插入深度是控制基坑变形、提高基坑稳定性的关键因素。基坑超挖，地连墙插入深度不足，是造成基坑发生过大变形、基坑稳定性大幅下降的主要原因之一。地连墙插入深度越大，超挖对基坑变形的贡献相对越小，但地连墙深度的增加对提高基坑稳定性的效果并不显著，有研究显示，超挖时，地连墙插入深度由 $1.0h$ 增加到 $1.3h$（h 为开挖深度），基坑稳定性系数仅提高了 3.5%。因此，开展设计工作时一味地考虑通过增大围护结构插入比来提高基坑稳定性，不仅工程效果有限，而且并不经济。

(2) 支护结构刚度的影响

适当增加支护结构的刚度，例如增加地连墙的厚度和提高支撑的刚度，有利于控制基坑变形、提高基坑稳定性；但过分加大支护结构刚度效果并不显著。

(3) 支撑位置的影响

基坑开挖，最下一道支撑与开挖面之间的距离是控制基坑变形、提高基坑稳定性的关键因素。相关数值模拟研究显示，基坑正常开挖时，支撑位置降低或提高 1m，对地连墙侧移和坑外地表沉降变化的影响均很小，然而超挖时（不及时架设第四道撑），最下一道撑与开挖面之间距离过大，则是造成基坑发生过大变形的又一主要原因。

因此，在设计时开展优化围护结构支撑布置的工作则是十分有必要且有价值的。

(4) 坑底加固的影响

不论是正常开挖还是超挖的情况，通过加固基坑坑内土体来控制基坑变形，都是提高基坑稳定性的有效措施，但当加固深度大于最优加固深度时，基坑变形不再有显著变化。

基坑超挖，通过坑底加固是控制基坑过大变形的有效措施。

3. 基坑变形冗余度的概念及应用

总结国内外多起基坑工程事故原因发现，基坑大变形往往是由局部构件大变形开始，逐渐扩展为周围构件的大变形，最终引起基坑支护的连续倒塌。基坑工程作为系统工程，不仅应当控制局部大变形的发生，更应当防止基坑局部大变形发展为连续大变形，以免造成不可挽回的严重后果。因此，基坑设计中如果能够适当增加基坑支护体系的冗余度，那么基坑抵抗连续破坏和变形过大等风险的能力则可以显著提高。

(1) 基坑支护体系变形冗余度分类

郑刚等首次将冗余度设计的理念引入到基坑工程中，并且将基坑支护体系的变形冗余度分为三类：

1) 基坑竖向支挡结构的变形冗余度：即当基坑局部出现坑外超载、土质差和深挖等情况时，竖向支挡结构可以将局部过大的荷载传递至相邻土体或竖向支挡结构，从而避免局部变形过大的能力。

2) 基坑水平支撑体系的变形冗余度：即当基坑水平支撑体系中出现局部构件刚度或强度下降等情况时，水平支撑体系可以将局部薄弱区的荷载传递给周边结构，从而避免局部薄弱区变形过大的能力。

3) 基坑立柱的变形冗余度：即当基坑出现坑内土方高差过大或隆起过大时，支承水平支撑系统的立柱可以避免因较大荷载产生变形过大的能力。

(2) 基坑竖向支挡结构变形冗余度的概念

参照结构构件承载力冗余度参数的计算公式，可以得到竖向支挡结构变形冗余度公式：

$$R_s = \frac{S_{\text{intact}}}{S_{\text{damage}} - S_{\text{intact}}} \tag{20.3.1}$$

其中，S_{intact} 为原始结构在使用荷载下的最大位移，S_{damage} 为受损结构在使用荷载下的最大位移。

相关数值模拟研究显示，外凸形基坑（基坑开挖 16m，模型尺寸 90m×18m×50m）在正常开挖（intact）和局部超挖（damage）两种工况下，有腰梁支护体系与无腰梁支护体系相比，有腰梁支护体系能够减小不同剖面的地连墙侧向位移和坑外地表沉降的差异，提高基坑的整体性。通过分别计算竖向支挡结构变形冗余度指标 R_s，增加腰梁可使 R_s 提高 1～1.5 倍，说明腰梁的设置增加了支护结构的传力路径，从而将偶然增大的荷载传递给周围支护结构，提高基坑支护结构变形的冗余度。

(3) 变形冗余度在设计中的应用

增加基坑变形冗余度的方法主要有 4 种，分别为：增加基坑支护结构的传力途径；提高基坑支护结构刚度的均匀性；提高基坑支护结构中关键构件的安全系数；增强基坑支护结构的整体性。

例如，向坑外凸出的基坑，由于土拱空间效应的原因，比向坑内凸出的阳角形基坑冗余度高。因此坑内凸出的阳角形基坑就要通过加强支撑系统等方式提高其变形冗余度；有角撑的水平支撑体系由于增加了传力路径等原因，就比无角撑的水平支撑体系冗余度高；外凸形基坑若因围护墙受拉发生整体刚度下降，也会导致对基坑变形控制产生不利影响，从而降低了基坑变形的冗余度。而通过采用增加连续腰梁的方法对其进行加固，则可达到基坑在局部超挖时变形不显著增加和提高基坑变形冗余度的目的。

20.3.2 基坑支护体系连续破坏与坍塌机理

1. 深基坑工程中的冗余度设计方法

冗余度是结构体系抵抗连续倒塌能力的一种体现及衡量标准。如果一个结构具有充足的冗余度，那么其在初始局部破坏的情况下，就可以改变原有的受力路径，"跨越"初始破坏，使初始局部破坏不向外扩展，并且最终达到新的平衡与稳定状态，避免连续性倒塌和破坏的产生。简而言之，如果结构的局部构件遭到外部偶然荷载的作用而突然破坏，理想的结构应该仍然能够继续承担荷载，而不至于连续倒塌。总体来讲，结构冗余度有两层作用，概括如下：①提高结构在设计荷载下的可靠性；②降低结构对意外或偶然荷载情况的敏感性。冗余度设计理念在结构工程中已经应用很广，重大建筑物的建设均需进行冗余度设计以提高其抵抗连续倒塌的能力。

(1) 冗余度常见表达式

基于结构的设计强度、极限强度、残余强度、超静定次数和失效概率等，研究者们提出了很多冗余度的表达式，比较简洁常用的概括起来有如下几种：

1) 冗余度等级（Degree of Redundancy）R_1，即一般结构分析中的超静定次数，定义如式（20.3.2）所示：

$$R_1 = F - E \qquad (20.3.2)$$

其中，F 为未知力的个数，E 为独立平衡方程的个数。

2) 储备冗余因子（Reserve Redundant Factor）R_2，定义如式（20.3.3）所示：

$$R_2 = \frac{L_i}{L_d} \qquad (20.3.3)$$

其中，L_i 为结构体系的极限承载能力，L_d 为结构体系的设计荷载。

3) 冗余度指数 R_3，定义如式（20.3.4）所示：

$$R_3 = \frac{P_\beta - P_f}{P_f} = RI \qquad (20.3.4)$$

其中，P_β 为结构体系中最容易破坏构件的失效概率，P_f 为整个结构体系的失效概率。

4) 当结构的局部构件由于外部突发荷载作用而破坏，性能良好的结构应该仍然具有承担荷载的能力，而不是连续倒塌，但是局部构件受损后，结构整体的极限承载能力必然会有所降低。综合考虑局部结构受损前后的承载能力，Frangopol 和 Curley 提出了结构强度冗余因子（Strength Redundant Factor），计算公式如式（20.3.5）所示：

$$R_4 = \frac{L_{intact}}{L_{intact} - L_{damage}} \qquad (20.3.5)$$

其中，L_{intact} 为原始结构的极限承载力，L_{damage} 为构件受损后结构的极限承载力。

Frangopol 和 Curley 的观点受到了很多学者的认可，因为简单采用静力超静定次数衡量复杂结构体系的总体性能是不完整不充分的，结构整体的冗余性能应该用构件和结构整体的承载能力综合去评估。

除了上述冗余度评价指标，国内一些学者还提出了一些基于刚度或者广义刚度的结构构件重要性评价指标，并且指出了构件重要性系数与结构体系冗余度的关系。

（2）增强基坑支护结构体系冗余度的设计方法

根据典型基坑坍塌事故的分析，联系结构工程中的冗余度研究成果，结合基坑工程的独有特点，可以初步总结出如下几个增强基坑支护结构体系冗余度的定性方法。

1) 通过支护结构的合理布置及设计，增加支护体系的传力路径；
2) 通过加强支护结构连接节点的强度，提高支护体系的整体性和鲁棒性；
3) 保证支护结构的节点和构件具有足够的延性；
4) 通过斜撑或其他构造措施对支护体系每隔一定距离进行一次加强；
5) 通过设置具有足够强度的连续腰梁、帽梁等横向构件来增加支护体系水平方向上的冗余度，这一点在支护结构平面形状为外凸形或者是阳角时尤为重要；
6) 加强对关键构件的设计，使其具有更高的强度与延性。

2. 基坑水平支撑结构连续破坏问题及冗余度

以基坑环梁支撑体系为例，在分析水平支撑的冗余度时，考虑了轴力、弯矩相耦合的压弯、拉弯破坏等多种钢筋混凝土杆件破坏模式。通过支撑平面布置与构件截面的优化设计，可以在不增加支撑工程量的情况下，增加和优化支撑体系的传力路径，均匀地提高水平支撑体系提供给围护桩（墙）的支撑刚度。提出构件破坏荷载和整体破坏荷载的概念，如图 20.3.3 所示。

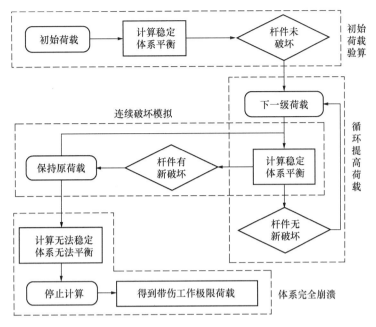

图 20.3.3 连续破坏模拟及整体破坏荷载确定流程图

对于无角撑环梁水平支撑体系，所有构件均为关键构件，构件破坏荷载等于整体破坏荷载，意味着当拆除任一构件后，剩余结构一旦出现任一构件的破坏，必然引发其他构件的连续破坏并直至整体破坏；而有角撑的环梁水平支撑体系，存在部分构件拆除时，当作用的荷载达到构件破坏荷载而发生局部构件破坏时，水平支撑体系不会发生不收敛的连续破坏，继续增加荷载至整体破坏荷载时才会发生连续破坏导致整体崩溃，即整体破坏荷载可大于构件破坏荷载（图 20.3.4）。

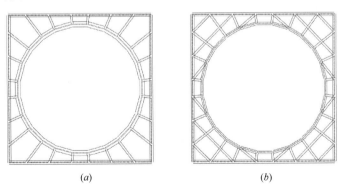

(a) (b)

图 20.3.4 无角撑体系及有角撑体系模型
(a) 无角撑体系；(b) 有角撑体系

下面选取一个较为复杂的环梁水平支撑体系的例子展开介绍（图 20.3.5）。

基于结构强度冗余因子 R_4，将设计荷载引入冗余度衡量方法中，针对基坑水平支撑体系，提出综合冗余度因子 R_5，表达式如式（20.3.6）所示：

$$R_5 = \frac{L_{\text{intact}} - L_{\text{design}}}{L_{\text{intact}} - L_{\text{damage}}} \tag{20.3.6}$$

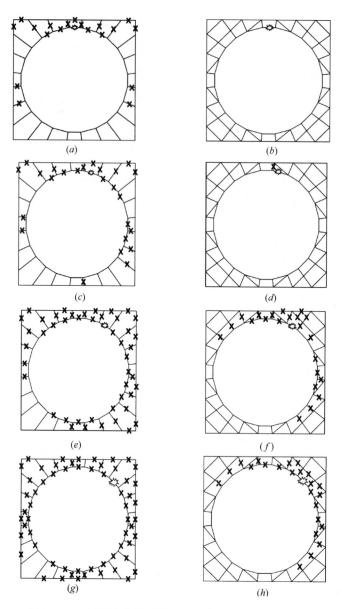

图 20.3.5 拆除构件体系的极限承载力及杆件破坏情况

(a）无角撑体系—拆除杆件 1，极限荷载 65kN/m；（b）有角撑体系—拆除杆件 1，极限荷载 425kN/m；（c）无角撑体系—拆除杆件 2，极限荷载 54kN/m；（d）有角撑体系—拆除杆件 2，极限荷载 143kN/m；（e）无角撑体系—拆除杆件 3，极限荷载 42kN/m；（f）有角撑体系—拆除杆件 3，极限荷载 114kN/m；（g）无角撑体系—拆除杆件 4，极限荷载 39kN/m；（h）有角撑体系—拆除杆件 4，极限荷载 88kN/m

利用此两个冗余度指标对有角撑体系和无角撑体系进行了分析，发现其均可很好地反映结构的冗余承载能力大小以及杆件在体系中的重要程度，可以作为支撑体系冗余度的定量评价方法。同时，综合冗余度因子 R_5 可以更为直观地体现结构体系在局部破坏的情况下是否能够继续承担设计荷载而不至于发生连续破坏直至整体破坏，具有更明确的理论与实用意义，对于实际工程中发生局部构件破坏时的水平支撑体系的安全评价和应急处置更有参考和指导作用。

通过冗余度分析，有角撑支撑体系的冗余度明显高于无角撑支撑体系，证明传力路径的多寡和传力路径的布置是否合理是影响结构冗余度的重要因素。局部构件拆除或破坏后导致水平支撑体系冗余度较低的杆件是结构体系的关键构件。建议对深度与规模大、支撑受力复杂、破坏后果严重的深基坑的支撑体系开展冗余度分析，优化支撑设计，提高水平支撑系统的冗余度并确定关键构件。

3. 基坑垮塌问题及支撑节点的冗余度

当采用数值方法对基坑支护结构冗余度进行研究时，可以采用基于局部破坏的冗余度分析模拟方法，即构造出一种基坑局部损伤或破坏的情况，分析其破坏发展过程与最终状态。经过实际模拟分析对比，说明此方法可以直观的评判基坑支护结构冗余度的相对大小。

工况一是一个典型的连续破坏现象，如图 20.3.6 所示。首先，左侧地连墙断裂，使经过断裂点处的基坑外土体的整体滑动面形成，断点以上墙体后仰，导致水平支撑掉落，使水平支撑体系迅速失效。其次，断裂点下部地连墙转变为悬臂结构，在坑外土压力作用下向坑内倾覆，断裂点上部地连墙由于失去支撑支持，随墙后土体一同沿过断裂点的滑动面向坑内整体滑动，并且发生后仰。与此同时，右侧地连墙也失去水平支撑转变为悬臂结构，发生倾覆破坏。这种由一种形式的破坏诱发了

图 20.3.6 工况一基坑最终破坏形态
（节点较弱工况）

其他形式的破坏，由局部破坏引发整体破坏的现象可以称之为地下工程中的连续破坏现象。

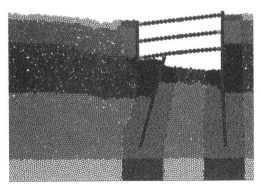

图 20.3.7 工况二基坑最终破坏形态
（节点较强工况）

图 20.3.7 中显示，工况二中，由于有效节点连接的存在，水平支撑没有掉落，断裂点上部地连墙没有整体滑动失稳（即没有发生后仰型的变形），右侧地连墙则没有向坑内倾覆。

通过两种不同支撑与地连墙连接条件的基坑破坏过程与破坏形态的对比分析，说明了支撑端部连接对基坑支护结构冗余度的重要影响。良好的节点连接可以有效提高整个支撑体系的整体性与冗余度，防止支撑迅速失效，延缓破坏发展过程，减轻最终破坏程度。

由基坑倒塌过程的冗余度分析可知，基坑工程中存在由局部破坏引起的连续破坏现象（图 20.3.8）。提高支护结构的冗余度可以抵抗连续破坏的发生，防止基坑在局部损伤情

况下，由一种形式的破坏引发其他形式的破坏，由局部破坏导致整体崩溃。在重大基坑工程设计中应该从支护体系整体着眼，通过增加体系的有效传力路径，保证构件的延性，从提高节点的强度等方面提高支护结构的冗余度。

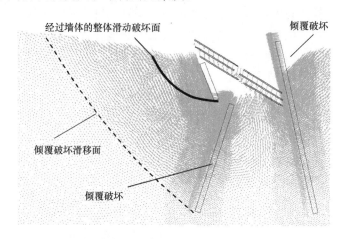

图 20.3.8 工况一中基坑坍塌中的破坏方式

4. 基坑沿长度方向连续破坏问题

以悬臂排桩支护的长条形基坑为例，研究基坑在长度方向上的连续破坏机理，对基坑局部支护结构失效情况下的土压力转移和支护结构受力变化的情况进行分析，存在以下特点：

（1）在基坑支护桩局部失效部位土体发生失稳滑动的初始阶段，局部破坏位置两侧一定范围内的相邻桩的土压力以及桩身受力急剧增加，因此，如局部破坏引起相邻桩内力的升高程度足以导致相邻桩发生连续破坏，则连续破坏的发生和发展是迅速的，这与实际工程中的连续破坏都是很快完成是吻合的。

（2）定义局部破坏前后相邻未失效桩的内力之比为荷载传递系数。当桩的破坏形式为弯曲破坏时，在基坑沿长度方向的连续破坏问题中，荷载传递系数、相邻单桩抗弯承载力安全系数的相对大小决定了相邻桩是否会因局部破坏而引起继发连续破坏以及连续破坏发展范围，并且能够为支护结构抗连续破坏设计提供参考和依据，是连续破坏研究的重要指标之一。

（3）对于不同基坑初始局部破坏范围，当初始失效根数较少时，随着初始局部破坏范围的增大，相邻桩的土压力及桩身内力随之增大，荷载（弯矩）传递系数随之增加，在初始局部破坏范围达到一定值后，土压力及结构受力所受影响将不再随初始局部破坏范围的变化而变化，荷载传递系数也将不再变化（图 20.3.9、图 20.3.10）。

（4）对于悬臂排桩支护结构，在基坑发生局部破坏情况下，当存在连续冠梁时，与无连续冠梁的排桩相比较，局部破坏引发的相邻桩发生内力增大的范围更大，但内力增加幅值减小，即连续冠梁的存在可以降低荷载传递系数，使处于同样局部破坏情况下的基坑降低连续破坏发生的可能性，对提高基坑支护结构抗连续破坏的能力有重要作用。

（5）对于荷载传递系数不同的基坑，触发其发生连续破坏所需的局部破坏桩的数量也不同。荷载传递系数越高，触发连续破坏所需局部破坏的桩数越少，也更容易发生连续

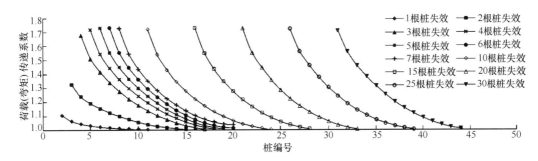

图 20.3.9 不同局部破坏范围情况下其余桩的荷载（弯矩）传递系数

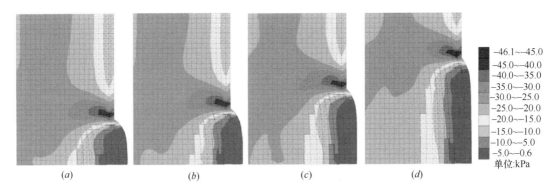

图 20.3.10 不同局部破坏范围情况下地表下 3m 处水平向土压力云图及主应力矢量
(a) 4 根桩失效；(b) 5 根桩失效；(c) 7 根桩失效；(d) 10 根桩失效

破坏。

（6）无论对于砂性土还是黏性土基坑，荷载传递系数均近似随土体强度的提高线性提高（图 20.3.11）。因此对于支护结构具有同样的安全系数的基坑，其所在土层的土体强度越高，其在同样程度局部破坏情况下发生连续破坏的可能性越大。所以当土质条件较好时更应采取措施防范局部破坏的发生和提高支护结构的抗连续破坏能力。

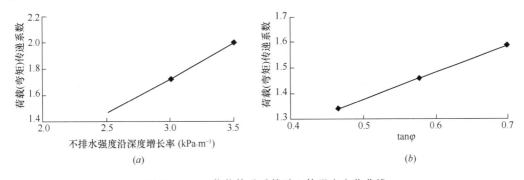

图 20.3.11 荷载传递系数随土体强度变化曲线
(a) 黏土；(b) 砂土

5. 空间效应对基坑连续破坏机理的影响

以设置连续冠梁的悬臂桩支护的正方形基坑为例，通过研究基坑发生局部破坏后的荷载传递机理、对比有无空间效应作用下基坑的荷载传递规律、探讨空间效应作用下土体强

度和基坑尺寸对荷载传递的影响,在此基础上分析空间效应作用下基坑局部破坏引发的连续破坏机理:

(1) 局部破坏会导致邻近未失效桩的桩身弯矩、桩后土压力和桩身位移增长。与无空间效应的基坑相比,有空间效应的基坑中局部破坏引起的桩后土压力和桩身位移增长量较小,靠近破坏处的支护桩的荷载传递系数也较小,即在有空间效应的基坑中,局部破坏引发荷载传递的范围更小。

(2) 在有空间效应的基坑中,定义局部破坏前后未失效桩的最大弯矩之比为弯矩增大倍数,定义局部破坏后未失效桩的弯矩峰值与基于二维基坑剖面计算得到的破坏前的最大弯矩之比为荷载传递系数。弯矩增大倍数反映了局部破坏对支护桩内力变化的影响,荷载传递系数是判断局部破坏是否会导致连续破坏的重要指标。图 20.3.12 和图 20.3.13 分别显示了最大弯矩增大倍数和荷载传递系数随基坑尺寸的变化规律。

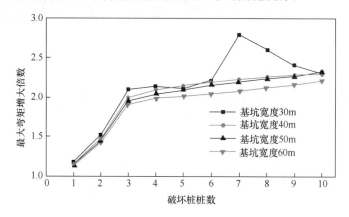

图 20.3.12　四种基坑尺寸下最大弯矩增大倍数对比图

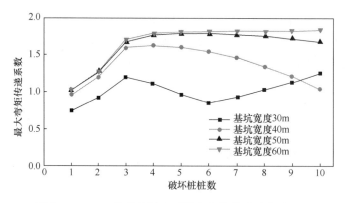

图 20.3.13　四种基坑尺寸下最大荷载传递系数对比图

(3) 与无空间效应的基坑相同,有空间效应的基坑所在黏性土和砂性土的土质越好,局部破坏引起的支护桩的弯矩增大倍数越高,桩后土压力的增长倍数越大,最大荷载传递系数也越大,即由局部破坏引发连续破坏的可能性反而越大。

(4) 总体来讲,基坑尺寸越大,局部破坏引起的支护桩的桩顶位移增长倍数越小,但是荷载传递系数越大,即由局部破坏引发连续破坏的可能性越大。但当基坑尺寸增大至一定程度时,荷载传递系数随基坑尺寸的变化减弱(图 20.3.13)。当基坑较大时,远离坑角的支护桩的荷载传递系数变化规律逐渐接近于无空间效应时的情况。

（5）当基坑存在显著的空间效应时，基坑一侧中部发生局部破坏后，最大荷载传递系数随失效桩数的增多先增大后减小（图20.3.14）。因此，在基坑发生连续破坏时，当破坏范围增大到一定程度后，最大荷载传递系数将小于支护桩的抗弯承载力安全系数，此时支护桩不会继续破坏，连续破坏会自然终止。由此可见空间效应可能是导致连续破坏自然终止的一个原因。

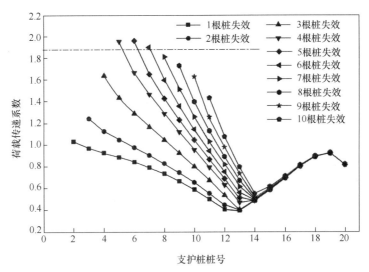

图20.3.14　土体中支护桩的荷载传递系数

第 21 章 天津地铁 1 号线信号系统改造工程关键技术

随着京津冀城市群发展进程加快，高效、便捷、安全、可靠的轨道交通一体化势在必行。作为天津第一条地铁线路，地铁 1 号线运营年限较长，既有准移动闭塞制式的信号系统运行能力有限，已无法满足大客流、网络化运营需求。本章结合天津地铁 1 号线信号系统改造工程的实施，总结了轨道交通既有线路设备改造工程的关键技术，为京津冀轨道交通一体化发展提供有益参考。

21.1 改造背景

随着全国各个城市开始加快建设公共交通系统，尤其是具有大容量、节能、高速度和高效率的城市轨道交通系统得到了充分的重视和发展。地铁信号系统是城市轨道交通自动控制系统中的重要组成部分，是集行车指挥和列车运行控制为一体的高度集中自动化系统，直接关系到地铁的运营安全、运营效率以及服务质量。信号系统制式在国内外逐步呈现多样化和标准化的趋势，从以往的基于模拟轨道电路的固定闭塞制式，到基于数字轨道电路的准移动闭塞制式，到基于感应环线的移动闭塞制式，到基于无线通信的移动闭塞制式，在国内都已得到了广泛应用。

伴随轨道交通行业迅猛发展，传统信号系统制式已无法满足轨道交通网络化大客流的运营需求，移动闭塞制式信号系统逐渐成为高效、便捷、安全、可靠的主流制式系统。国内早期建设地铁的城市，其地铁公司根据信号系统运营寿命也正在研究和进行升级提升改造。北京地铁 2 号线于 2008 年提升改造为移动闭塞系统，北京地铁 1 号线 2015 年内完成改造。深圳、上海等城市也在结合其早期开通线路的信号系统运行情况，研究改造提升方案，以提升系统整体性能，满足运营需求。

天津作为全国第二个建设地铁的城市，早期为"7047 工程"，后期随着发展在其基础上进行改扩容后，于 2006 年开通了天津地铁 1 号线。1 号线既有信号系统为准移动闭塞制式信号系统，其系统能力已无法按照新的运营需求再行提升，随着运营年限增加，设备逐步出现老化现象，故障率逐年增加，系统整体安全和可靠性逐渐降低，并且运营维护成本逐年升高。此外，原设备厂商西屋公司已被并购无法正常提供服务与保障，既有系统可维护性大大降低。1 号线线路连通了天津中心城区的西北与东南，途径大量商业区和居民区，成为骨干线路，客流量较大，随着天津城市建设发展，地铁线路逐年增加，地铁网络化运营逐渐形成，1 号线客流量更是增加巨大，因此既有信号系统下的 1 号线已无法满足网络化的运营需求。与此同时，按照天津城市建设规划部署，地铁 1 号线东延线陆续开工建设，既有线信号系统也无法实现与东延线信号系统的兼容与统一。因此，天津地铁 1 号线信号系统改造即在此背景下酝酿而出、开展实施。

21.2 改造技术难点

设备改造工程不同于地铁线路的新建,既有线路需保持着正常运营,不受影响,因此,既有线路的设备改造有着其众多且独有的技术难点。

以天津地铁 1 号线改造工程为例,其改造内容主要包含 1 号线财经大学站至刘园站的信号系统改造以及由信号改造引起的车站装修、供电系统改造、空调通风增设等相关工作,完成与安全门、乘客信息系统、广播等相关既有系统的接口以及与东延线工程的兼容衔接。其在实施过程中遇到的技术难点主要有以下几个方面:

(1) 技术难度大:既有线路土建及现场环境复杂,线路参数陈旧,相关接口系统设备也已运行多年,接口规范及参数陈旧,很多技术难点均需创新研究专项接口技术方案。

(2) 专业接口多:信号系统改造升级牵扯到的接口专业和设备系统较多,包含车辆、安全门、乘客信息系统及广播、时钟、火灾报警系统/环境与设备监控系统、电力监控系统、低压配电、装修、环控等,改造时均需统筹考虑。

(3) 施工风险大:既有线路昼间运营、夜间改造施工,天窗时间短(仅有 4 个小时),作业量大,既有线路环境复杂,新旧设备频繁倒切,既有机房空间受限,设备拆旧复杂,但总的原则是不能影响运营,给施工带来了极大的风险挑战。

(4) 工程工期紧:结合工程建设安排,工期极为紧迫,从授权到开通仅 18 个月,压力巨大。

(5) 人员投入多:鉴于不能影响运营,改造工程实施工程中投入了大量的技术骨干人员,从安全、质量、进度等方面全程把控,人员投入量最多时有百余人同时在线施工,施工组织难度极大。

因此,如何在以不影响既有线路正常运营为根本的原则下,顺利完成设备改造成为既有线路设备改造的关键技术难点,所有改造关键技术必须以此为根本出发点去制定和实施。

21.3 改造关键技术应用

天津地铁 1 号线,因其老旧的线路条件和复杂环境、既有旧信号系统的特点,设备改造从设备倒切、施工安装、调试、施工组织、设备改造等诸多方面采取了合理而有效的技术措施,确保了设备改造的顺利完成。

21.3.1 新旧设备倒切技术应用

作为设备改造工程,新旧系统的无缝倒切成为最关键的技术措施。

天津地铁 1 号线信号改造工程综合考虑各方面因素,采取以倒切工作量小、步骤少、配线少,减少开通过渡前的过渡倒切的工作量和风险,减少新系统对既有系统的干扰,倒切出现问题易于后期补救等为原则,创新采用操作少但效率高的新型设备倒切技术,仅需波动开关即可完成新旧系统倒切,实现了多系统的新旧倒切,并缩短倒切时间提高夜间有效施工调试时间。

工程施工安装势必受到既有运营限制,所有现场施工作业只能在夜间天窗时间开展,作业时间有限,安全防护要求高。在新系统测试开始前,需完成新、旧设备间的切换,在测试结束后,同时再次切换新/旧设备,恢复白天运营的状态。因此,为最大限度减少改造对既有运营线路的影响,工程采用新设计的操作少但效率高的新型倒切开关技术,选取由倒切开关柜及单刀双掷倒切开关组组成的室内倒切装置,实现多系统的新旧倒切,并缩短倒切时间和提高夜间有效施工调试时间,降低对倒切设备线缆的确认工作强度、复杂度及倒切时出现人为失误的可能性。

各集中站倒切接入设备包括转辙机、安全门接口等,仅需设置一个倒切柜即可完成本站倒切需求。倒切开关接线简单、衔接容易,并且接线较少,最大限度地减少了不必要的混乱和复杂性。实际倒切时,仅需打开倒切柜门,然后将倒切开关拧至对应位置即可完成倒切。经过现场实际应用,此种方案安全、可靠、操作省时、效率高。

21.3.2 高效的施工安装调试技术应用

鉴于改造工程的工期紧、难度大、风险高等技术难点,严重影响着施工安装和调试的连续性和进度,经过周密的测算研究,引入模块化管理理念,工程采取分段施工、分段调试、分段发布安全证书技术方案,最终再进行交叉融合全线联调联试,获取贯通安全证书,不但使得工程的安全、质量、进度等得到了有效的保障,并且极大地缩短了工程工期。

以天津1号线设备改造实施为例,在2016年工程重点开展施工安装及调试等任务,结合工程整体设计,1号线新信号系统下设计为3个联锁区域,施工安装及调试时便以此为依托,充分利用3个区域之间的相互关系,利用4、5、6月三个月分别完成各区域的施工安装,6、7、8月三个月分别完成各区域的软件研发及现场发布,7、8、9月三个月分别完成各区域的调试任务,随后开展全线整体的联调联试,最终取得了全线载客安全认证,顺利地完成了施工安装和调试任务。

21.3.3 多级梯度层级的施工组织技术应用

设备改造工程的施工组织,较新线建设,要非常复杂和麻烦,要考虑的因素较多,而且施工天窗时间受到极大限制,但工作任务和工作量巨大,因此,设备改造必须应用非常合理有效的施工组织技术。

天津地铁1号线信号改造工程在施工开始前便充分考虑到了此方面内容,实施过程中,借用金字塔式的多级梯度层级管理架构,设置了高效的施工组织管理体系,成立了运营、设计、监理、集成商及施工单位的联合项目组,采取联合办公机制,统筹协调,最大优化施工组织方案,采取项目组多层级融合监管机制,推进工程有序开展,使得改造工程既保证了旧系统昼间运营,同时在夜间停运后仅仅在4个小时的天窗时间内顺利地完成了所有的改造任务。

工程实施期间,联合项目组制订全周期的夜间施工计划,建立施工进度汇报群,建立详细的多级施工检查制度及表单,配备多维度的监督管理人员,使得工程安全、质量、进度、成本等方面得到最大化的保障。

21.3.4 规范标准的施工工艺技术应用

改造工程以现行国家标准《城市轨道交通技术规范》GB 50490《城市轨道交通信号工程质量验收规范》GB 50578 为依据，结合《建设工程质量管理条例》《城市地铁工程机电设备工程质量检验标准》《天津地铁设备施工管理规定》等文件要求，对标国际先进工艺标准，创新施工工艺，开展工程施工作业，成为天津地铁首个大规模系统设备升级改造的成功案例。

主要施工工艺技术应用包括：

1. 室外施工工艺

（1）信号光电缆敷设：光电缆敷设排列整齐划一，标牌绑扎位置统一。

（2）室外设备安装采用全站仪精确定位，安装位置、尺寸、高度等使用专用测量尺测试确保安装数量"0"误差。针对长度不可截断的设备尾缆，在接线盒基础下面盘圈固定，工艺美观。墙壁设备安装支架采用旋转可调角度支架，机箱支架为伸缩可调支架，螺栓使用双螺母固定。

（3）统一设备出线方式、绑扎间距、弯曲度等，将数据以毫米级落实到作业指导书中，严格现场落实。

2. 室内施工工艺

（1）提前结合机柜尺寸和线缆走向，合理布置机柜位置，安装机柜底座，机柜整齐划一。

（2）室内电缆成端布线采用新工艺，将模胎提高为电缆成端盒＋接地铜排施工工艺，提高了电缆屏蔽连接的牢固性、安全性和 $5mm^2$ 黄绿地线施工工艺美观度。柜间走线在型材支架上或钢槽里，使用建筑信息模型系统提前绘制柜间线缆布设顺序、分层、走向、交叉点等，便于施工人员实施，减少返工。

（3）机柜内端子使用万可端子方式连接，机柜配线长度严格使用配线卡尺保证了每个端子芯线长度的统一，以保证配线工艺标准的落实；机柜侧粘贴安全质量卡片，使每项工作都可查到责任人。

21.3.5 专项设备改造技术应用

1. 信号设备改造技术应用

（1）室内设备改造技术方案

室内设备改造主要涉及设备安装及调试、供电改造、空调通风改造和室内装修改造等，其中重点是设备安装及调试。

针对正线车站信号设备，主要考虑以下原则对各站设备间内信号设备安装位置进行设计：

1) 新旧设备共用信号机械室；
2) 以铁路信号设计规范中信号设备室内布置距离要求为设计原则；
3) 新旧设备尽量分区域布置；
4) 有效利用既有电池间空间；
5) 考虑设备间顶部空调口或通风口位置；

6) 不影响既有设备运营维护及应急处理。

针对部分设备间因新系统设备较多、既有旧系统设备也较多的情况，设计人员安排对于部分新系统设备在现场设置临时摆放点，待后续新系统正常投入运营且旧系统室内设备完成拆除后，再行对新系统设备进行二次就位。

(2) 室外设备改造技术方案

1) 信号机

既有旧信号系统轨旁信号机设置较少，仅在岔区防护位置、线路尽头位置等设置信号机，考虑此情况，针对信号机改造方案为全线各点位均新设信号机，同时室内信号机不做倒切设置，在既有旧系统信号机位置处设置新信号机时采取原点位避让原则错开设置。

考虑所有新设信号机在新旧系统未倒切前，新系统不能对既有正常运营线路产生影响和对司机产生误导，施工过程中对新系统信号机设置了无效标，并在每日调试完毕后均在室内电源屏处对室外信号机进行断电处理。

2) 转辙机

转辙机是信号系统重要的轨旁基础设备，综合考虑工程整体进度，确定转辙机改造技术方案为：新系统开通前暂不对转辙机及其组件进行更换，仅对转辙机分线盒至室内控制电缆进行新设，待新系统正常开通运营后再陆续对转辙机及其组件进行更换。

鉴于新系统夜间调试时联锁系统需对转辙机进行控制，因此，改造工程在设备室设置了一个倒切设备用于转辙机在新旧信号系统间的切换，以实现新旧信号系统对转辙机快速且安全的转换。本工程转辙机倒切设备由倒切开关柜和单刀双掷倒切开关组组成，每个倒切柜内设置 $N+1$ 冗余的倒切开关组，以确保倒切开关故障下的临时备用插接更换。倒切开关组上的开关打到一侧时连接旧系统转辙机控制电路，开关打到另一侧时则连接新系统转辙机控制电路，两者互不影响，既提高了调试效率，又保障了既有系统安全。

3) 应答器、计轴设备

既有天津 1 号线采用西屋公司的固定闭塞系统。使用应答器、轨道电路和列车自动防护/列车自动运行环线等轨旁设备，改造为移动闭塞后，轨旁设备为应答器和计轴设备，由于改造工程的不中断运营，要求既有系统和新系统开通前同时存在于线路上，不同系统的设备（应答器、计轴磁头）同时安装，可能会存在互相干扰的问题，干扰主要包括电磁干扰和安装位置的干扰。从电磁干扰的角度看，新系统轨旁设备与既有系统轨旁设备的工作频率相差较大，互相之间基本无干扰。此技术问题在后期动车调试开始时也得到了实际的验证，确认不会受到互相干扰。

针对可能存在的安装位置的冲突，在经过详细现场调研和工程设计后，在设计时进行规避，确保新系统应答器与计轴磁头的安装位置正确，使既有系统与新系统设备均可正常运行。

4) 紧急停车按钮

既有旧系统紧急停车按钮在全线各站均有设置，每站设置 4 个紧急停车按钮，上下行各设置两个，分别安装于站台两侧墙壁或者柱子上。由于紧停按钮处于站台乘客上下车位置，并且现场不具备再行开孔安装新紧停按钮条件，因此，工程创新采取多接点按钮设计方案，利用新紧停按钮更换旧紧停按钮，同时为确保不影响既有信号系统对紧停按钮的控制，新紧停按钮接点部分增加接点，将新旧信号系统紧停控制电缆全部连接到新按钮接点组上，使得新旧信号系统均能对新紧停按钮进行控制。

此方案在新系统调试时，不必对紧停进行倒切操作，当新系统正式投入运营时也仅需将旧信号系统断电即可，待后续拆旧施工时再行对接至新紧停按钮上的旧系统控制电缆予以拆除即可，拆除后空余接点还可作为后续备用接点使用。

5) 车地无线设备

结合设计布点位置，经过现场实地勘察，最终确定了车地无线设备的安装方式及设置位置。车地无线设备安装方式采取墙壁安装和立杆安装两种方式，其中地下站采取在洞体侧面墙壁安装固定，高架站采取在上下行线路中间立杆安装固定，并且杆顶部设置有避雷针。

2. 控制中心改造技术应用

既有1号线控制中心在双林车辆段内，但结合天津市线网规划新建了华苑综合控制中心，因此，此次改造仅需在华苑综合控制中心新增设中心信号设备，并与本地信号系统设备完成网络控制连接即可，不存在控制中心倒切工作。

3. 场段改造技术应用

采用固定闭塞模式的地铁信号系统在车辆段不设列车自动监视（ATS）设备和无线设备，因此在进行改造时，主要对ATS系统进行新增，安装一套全新的ATS设备，同时对既有联锁系统进行升级改造（主要是升级控制台、驱采），并增加检轨旁无线接入点，在车辆段列检库增加不间断电源系统（包含电池）供ATS派班工作站及无线接入点使用。此外如果考虑既有线路延伸线工程，还需要对场段进行扩容。

既有线改造完成后，既有线新系统需考虑场段接口设计，考虑正线新设计轴设备和信号机，必须考虑正线与车辆段接口处的区段和信号机引起的变化。

(1) ATS系统

在场段各新设一套ATS设备，以满足场段ATS功能需求。

(2) 车地无线设备

在列车投入运营前，需要对车载设备自检，以确保车载设备完好地工作，因此必须执行无线通信检测。为了确保发车检测成功，场段区域存车区须无线通信覆盖。通过安装必要轨旁无线设备来提供日检库内的无线覆盖，其场强覆盖满足系统功能要求。

(3) 骨干网

为满足场段ATS系统与中心数据传输以及场段轨旁无线接入点与正线节点站环网接入交换机的数据传输，在场段设备室至节点站设备室之间需敷设光缆，同时需敷设场段设备室至派班室的光缆，用于派班室工作站数据通信。

(4) 联锁升级改造

场段联锁升级改造基本方案如下：

1) 对原有联锁系统进行软硬件升级改造，对于扩容改造部分增加的道岔、信号机和轨道电路增加驱采板，修改联锁主机软件增加联锁逻辑，实现与新设ATS进行接口；

2) 因扩容导致的站场形状发生改变需更新联锁上位机软件；

3) 对控制台、应急盘操作按钮、表示灯进行改造；

4) 对场段与正线接口改造，在既有组合柜增加与接口站出入段线场联继电器，利用既有采集模块空闲点或增加联锁采驱模块，实现联锁继电接口；

5）场段设备室至接口站设备室室外电缆或光缆的敷设，采用电缆敷设，用于接口继电电路驱采。

(5) 信号机

考虑到场段信号机与既有线新系统信号机的统一维护性，新增的型号按与既有线新系统保持一致考虑。

(6) 转辙机

在既有改造时，若考虑到场段既有转辙机大修周期即到，为便于地铁运营维护，可将既有转辙机及安装装置全部更新，其型号保持既有。同时针对新增道岔，安装型号一致的转辙机。

(7) 轨道电路

在既有改造时，若考虑到场段轨道电路使用的生命周期，为便于地铁运营维护、减少轨道电路故障率，可将既有停车场轨道电路全部更新。同时针对扩容区域新增的设备，安装型号一致的轨道电路。

(8) 道岔融雪系统

对于因扩容增加的道岔需要新增道岔融雪装置，道岔融雪设备包括：车站控制柜、环境温度检测装置、电加热元件、隔离变压器及接线盒。

4. 接口系统改造技术应用

既有信号系统改造后，系统制式由准移动闭塞升级改造为移动闭塞，由于既有接口设备系统接口制式陈旧，致使新信号系统实现与外部设备接口衔接时存在极大难度。外部接口系统主要包括通信传输系统、时钟系统、广播系统、乘客信息系统、应急控制中心、火灾自动报警系统、环境与设备监控系统、电力监控系统、安全门系统、既有列车车辆设备系统。

综合考虑各个因素，改造工程采取不调整外部接口系统设备和既有接口为原则，逐一研究各个外部接口，创新提出专项技术方案，实现各个接口的完美衔接。

(1) 既有车辆接口

考虑到既有系统与新系统在机械接口和电气接口两方面的差异，须在车辆厂对相关差异进行比对，以顺利完成车载系统改造。

考虑到既有系统与新系统在电气接口上存在如下差异，在既有车改造中应对相关参数予以充分考虑。

1）既有车载设备的供电需求与新系统车载设备的供电需求不一致，需要车辆方对信号电源（空开、电源线）进行改造；

2）新系统车载信号与车辆接口电路和既有系统的接口电路原理不同，且输入输出电路中要求的继电器接点的电气特性不同，建议车辆方依据新车的接口电路安装敷设既有列车接口电路；

3）由于新系统车载需要与列车控制和管理系统接口，既有系统采用的是列车管理系统，车辆方须考虑两个系统的差异进行改造；

4）既有车载设备向车辆牵引/制动系统发送的牵引/制动级位信号，与新系统车载设备发的信号类型不一致，需要车辆方对该接口进行改造。

新系统要求既有列车的牵引/制动特性应能达到要求，如不能达到以上要求，将影响精确停车，需要与车辆专业配合研究专项技术方案解决。

鉴于上述因素，既有车辆牵引制动控制系统无法兼容信号车载设备冗余控车，创新提出概念设计方案，转换逻辑命令编码、构建冗余控制网络，最终实现与车辆冗余控车的完美接口。

（2）乘客信息系统及广播接口

既有乘客信息系统及广播设计为本地各站逐一与本站信号设备进行数据接口，而新信号系统设计为中心列车自动监控设备全线集中统一计算而后通过数据链路下传至本地，属于集中控制接口，因此，工程创新提出增设中间接口服务器技术方案，实现二者兼容。

考虑中心和本地各站各增设一台服务器分别与中心列车自动监控系统、本地乘客信息系统及广播系统接口，用于收发列车自动监控系统计算并下发的乘客信息系统及广播数据，并经内部配套软件解析后分别传递给对应的乘客信息系统和广播系统，以实现接口数据的正确发送。

（3）安全门接口

既有安全门接口为本站供电采集设计，无法实现远距离电信号采集，工程转换供电方式，创新提出集中站信号供给采集电信号方式技术方案，实现了接口命令传输。

5. 既有设备防护技术应用

既有信号改造要将准移动闭塞升级为移动闭塞，为满足不中断运营改造的要求，设备房间会出现既有机柜和新增机柜同时存在的情况，必须考虑既有运营设备的防护技术方案。

因既有集中站机柜较多，新机柜安装需在下方加装角钢支撑架，需要将既有防静电地板按新机柜的位置切割拆除后，再加装角钢支撑架，防静电地板在切割后，整体的支撑改变导制承重改变，危及既有机柜的稳固，易造成既有机柜倾倒，因此，改造工程新设备机柜安装时采取同步在既有机柜下方加装垫木的技术方案，进一步加强既有机柜稳固性，杜绝了对运营的影响。

21.4 改造后评价效果

21.4.1 总体效果

地铁属于民生工程，天津地铁1号线信号系统改造后，至今已开通载客运营三年多，系统整体运行安全稳定、高效可靠，系统可靠性、可用性、可维护性等性能指标，较原既有信号系统，有了较大的提高，极大满足了网络化运营下的系统性能需求。

新系统运营能力较强，经过运行图调整，加大了列车上线数量，最小行车间隔由原来的5min缩减到了现在的4min以内，在充分保证列车运营安全的基础上，极大满足了大客流需求，有效缓解了客流压力，使得乘客在高峰时段减少了等待时间，最大限度地为乘客提供了方便，高效的运能水平和安全稳定使得客流逐步增加，提高了乘客的满意度。

21.4.2 系统技术指标效果

基本指标：正线区段列车行车间隔为120s，系统设计最小行车间隔为90s；折返站设计折返间隔不大于 108s；列车出入段/场设计追踪间隔与正线行车间隔相适应，出入段/场线与车辆段/停车场的接口设计不影响行车间隔能力；点式模式下，列车最小行车间隔至少满足 4min 间隔要求；在满足本项目的车站站停时间的要求下，初、近、远期列车平均旅行速度不低于 35km/h。

停车精度指标：车载信号设备站台设计停车精度要求为±0.5m；列车 ATO 模式运行下，停车精度在±0.3m 范围内的准确率不低于 99.995%，停车精度在±0.5m 范围内的准确率不低于 99.9998%。

21.5 改造技术应用总结

本章节以天津地铁 1 号线信号系统改造工程为实例，分析了设备改造的技术编制原则、技术难点，总结了设备改造过程中应用的关键技术，为京津冀轨道交通一体化发展提供有效的工程实践。

对比国内已完成改造的北京地铁 1 号线（耗时近 24 个月）、2 号线（耗时 17 个月），天津地铁 1 号线的信号系统改造工程从实际施工调试到通过专家评审，再到完成新旧系统倒切正式开通运营仅耗时 9 个月，这突显了相关关键技术应用后取得的显著效果，并且实现了不中断运营、安全零事故前提下的设备过渡改造，突破了在外部老旧系统不变的原则下接口功能实现的难题，创新了设备改造施工工艺，成为天津地铁首个大规模系统设备升级改造的成功案例，形成了示范标准，为后续既有线路的其他设备系统改造，积累了丰富而又宝贵的工程实践经验，提供了有效的工程应用借鉴。

第22章 新一代地铁车辆应急驾驶防碰撞系统应用研究

22.1 研究背景

城市轨道交通列车作为密集人群的流动载体,其运行安全受到高度重视。目前地铁信号系统普遍采用列车自动防护(ATP)系统防护列车运行,确保列车与前车保持距离,避免碰撞。然而,由于城市轨道交通系统高度复杂,实际运营中信号、车辆故障时有发生,发生故障后,根据故障等级的不同,ATP会采取不同的措施保障系统安全,如遇比较严重的故障时,ATP会触发紧急制动甚至降级。一旦发生降级,线路运营的效率会大打折扣,在早、晚运营高峰时期,会造成线路列车大面积晚点、乘客滞留站台等多方面问题。为了使故障对运营的影响降至最低,列车司机往往采取切除ATP的人工驾驶方式。此外,线路施工、维护以及救援的工程车并不安装ATP系统,对运营过程中发生故障的列车实施救援时,工程车需要与运营列车同时上线运行。

以上情况发生时,列车的运行安全主要依赖于驾驶员对运行规章的严格执行以及运行线路前方的目视瞭望。而目前已建成并投入运营的轨道交通线路中,线路条件并不理想,尤其是小半径($R<400m$)曲线弯道线路条件下,驾驶员的可视距离受到较大限制。此外,在地上轨道线路中,天气因素也会影响驾驶员的可视距离。综合以上因素,通过驾驶员的瞭望行车无法有效保证列车运行安全,需要增加设备层面的列车应急驾驶辅助防护手段。

22.2 关键技术研究

22.2.1 列车间通信、测距技术

如图22.2.1所示,地铁车辆应急驾驶防碰撞系统中列车间通信、测距流程如下:

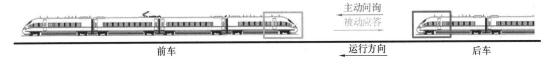

图22.2.1 系统工作原理示意图

(1)后车的系统主机向雷达天线发送主动问询请求;
(2)后车的雷达天线接收到请求后,将本车信息进行编码、调制,然后通过天线对外发送;
(3)前车雷达天线接收信号,对信号进行解码、解调,并将结果传输给系统主机;

（4）前车的系统主机对接收的数据进行协议校验，如校验通过，则向雷达天线发送允许应答器请求；若校验失败，则不进行响应；

（5）前车的雷达天线接收到允许应答请求后，将本车信息进行编码、调制，然后通过天线对外发送；

（6）后车的雷达天线接收信号，并发送给系统主机。

该系统基于问询-应答的方式工作，后车发送问询信号后，前车主动发送应答信号。由于信号由前车射频模块直接发送，因此信号较强，可在复杂线路条件下实现较远距离的传输，同时，具有较强的抗干扰能力以及抗多径衰落性能。

列车间通信、测距通过独立的雷达天线模块实现，可在列车间通信的同时，实现高度精度测距功能。

列车间通信，基于信号扩频通信机制，工作在 2.4GHz 频率，可灵活配置信道，具有在低信噪比、复杂电磁环境中稳定工作的优点。此外，它还具有抗干扰能力强、抗多径性能好等特点，可在轨道交通线路中，尤其是复杂隧道路段（弯道、坡度）情况下稳定通信。

如图 22.2.2 所示，发送方使用独立码序对所传信息进行扩频，再经过编码和调制后通过天线对外发送；接收方则用同样的独立码序进行同步接收、解扩及恢复所传信息数据。这种技术具有发射功率密度低、保密性高、抗干扰能力强以及极好的抗多径衰落性能。

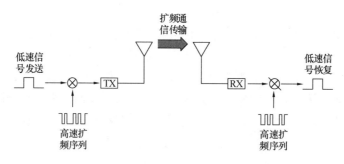

图 22.2.2　扩频通信技术原理示意图

列车间测距，基于双向单程伪距测量技术实现列车间的距离测量，采用这种技术进行测距时，通过伪码和载波相位测量，发送方和接收方各自得到相对伪距，再通过双向测量消除钟差，实现精确测距。

此种测距方法主要是通过相位比较器对比最初发送的伪随机码序列和接收到的伪随机码序列的相位，根据相位差来确定延时以求得距离。距离的测量有两个质量参数：精度、模糊度。

采用此种通信、测距技术方案，具有比较广阔的应用前景。例如：通过设计实现更高精度的测距设备，可实现车辆段内列车在复杂交叉线路情况下的定位功能，实现车辆段列车辅助防护功能；通过同时提高系统通信、测距性能，可考虑应用在车－车通信的信号系统当中。

22.2.2　列车位置识别技术

地铁车辆应急驾驶防碰撞系统需要在正线道岔附近系统地部署 RFID 电子标签，当列车经过电子标签时,列车上安装的 RFID 接收天线可读取地面电子标签内的信息,实现列车位置识别。

根据系统功能,将地面电子标签分为 A~G 7 个类型。标签部署如图 22.2.3 所示。

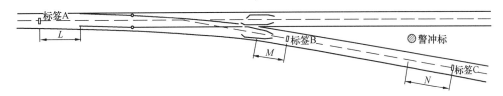

图 22.2.3　地面电子标签部署示意图

不同类型电子标签部署原则如下:
(1) A、D 型:正线直向轨道上,靠近道岔基本轨的标签;
(2) B、E 型:道岔所在轨道上,靠近辙叉心的标签;
(3) C、F 型:道岔所在轨道上,警冲标对应位置的标签;
(4) G 型:车辆段联络线位置的标签。

其中,A、D 型标签,用于识别列车车头占用直向轨道;B、E 型标签,用于识别列车车头占用侧向轨道;C、F 型标签用于识别列车车尾出清直向轨道;G 型标签用于识别列车进入或离开车辆段。

地面电子标签部署过程中,工程人员根据电子标签类型以及所在上、下行位置向标签内写入不同类型的数据,用于列车识别当前所处位置,数据类型如下:
(1) Ⅰ型:靠近上行线路侧,A 型电子标签内;
(2) Ⅱ型:靠近上行线路侧,B 型电子标签内;
(3) Ⅲ型:靠近上行线路侧,C 型电子标签内;
(4) Ⅳ型:靠近下行线路侧,D 型电子标签内;
(5) Ⅴ型:靠近下行线路侧,E 型电子标签内;
(6) Ⅵ型:靠近下行线路侧,F 型电子标签内。

当列车连续经过一个或多个地面电子标签时,可根据接收到的标签数据,识别列车所在位置:
(1) 当接收到的数据类型为Ⅰ型时,即可判断信息接收端运行在上行直向线路上;
(2) 当先后依次接收到Ⅰ型和Ⅱ型时,即可判断信息接收端正在由上行线路向下行线路运行;
(3) 当先后依次接收到Ⅱ型和Ⅲ型时,即可判断信息接收端已完全离开上行线路;
(4) 当接收到的数据类型为Ⅳ型时,即可判断信息接收端运行在下行直向线路上;
(5) 当先后依次接收到Ⅳ型和Ⅴ型时,即可判断信息接收端正在由下行线路向上行线路运行;
(6) 当先后依次接收到Ⅴ型和Ⅵ型时,即可判断信息接收端已完全离开下行线路。

列车首、尾端接收到地面电子标签后,均按以上原则独立识别所在端的位置类型,并通过首尾贯通线实现首、尾端位置类型的交互。

列车首、尾端位置类型识别完成后,可通过数据链技术实现列车间位置类型信息的交互。当检测到本车位置类型与其他列车位置类型存在冲突时，即可对目标车进行预警，否则对目标车信息进行过滤，防止虚警的发生。

22.3 系统构成及功能

22.3.1 系统构成

本系统是一套独立于信号系统的列车智能化子系统，它与列车智能化网络系统联网，传输应急驾驶防碰撞相关信息，可在车载信号系统切除或失效的情况下，实时测量本车与前方同轨道运行的其他列车的距离，并为司机提供安全距离预警信息，预防列车碰撞事故发生。

系统结构由车载设备和地面设备组成。车载设备包括：系统主机、显示终端、雷达天线、射频识别（RFID）天线；地面设备包括：地面雷达天线、地面电子标签。

车载设备结构如图 22.3.1 所示。

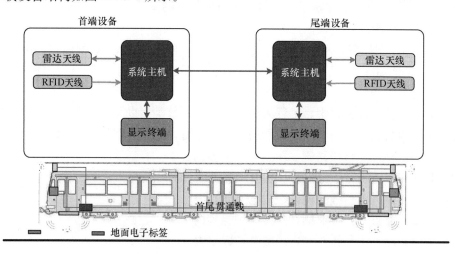

图 22.3.1　系统车载设备结构图

地面设备结构如图 22.3.2 所示。

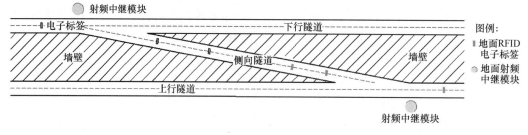

图 22.3.2　系统地面设备示意图

22.3.2 系统主要功能

本系统采用军用技术，通过军民技术结合，将具有完全自主知识产权的军用雷达技术应用在轨道交通领域,结合系统内的其他设备,可实现列车首尾端自动识别、预警模式自动转换、列车相对速度测量、列车间距离测量、列车间点对点通信、列车位置识别、列车出入车辆段自动识别、追尾冲突预警、正面冲突预警、侧面冲突预警、危险车距评估及预警以及车辆救援模式等功能(图22.3.3)。

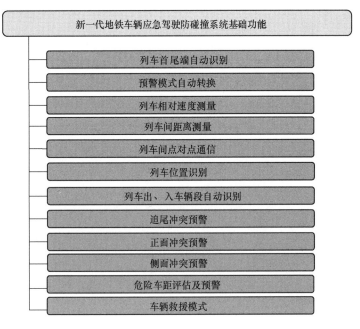

图 22.3.3 系统功能汇总

22.4 测试及应用分析

22.4.1 系统应用分析

由于列车间的通信、测距功能是基于无线传输的系统,因此,需要考虑实际应用环境对无线电波传播所造成的影响。在实际运营线路中,隧道内的弯道和坡道对射频模块的通信、测距影响较大。

1. 直线坡道影响分析

在直线坡道线路条件下,前后两列车间相互发送的电磁波有可能被坡道遮挡,致使无法正常通信,从而无法测距。线路模型如图22.4.1所示。

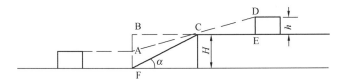

图 22.4.1 线路坡道模型示意图

对于直线坡道线路来说,最恶劣的情况应该是一列车在坡道底端,另一列车在坡道顶端，且距坡道顶端一定距离处。临界位置如图22.4.1所示，设列车天线安装高度为h，坡道CF的长度为x，坡度为α，CE段长度为y。根据几何图形关系解算可以得出：

$$\frac{x \cdot \sin\alpha - h}{x \cdot \cos\alpha} = \frac{h}{y} \quad \text{也即} \quad y = \frac{h \cdot x \cdot \cos\alpha}{x \cdot \sin\alpha - h} \tag{22.4.1}$$

上式成立的条件为：

$$x \cdot \sin\alpha - h > 0 \tag{22.4.2}$$

由上述分析可以看出，$x+y$为两车之间的距离，假设200m为两车之间的最小安全距离，天线安装高度$h=3.8$m，坡度$\alpha \leqslant 3.5\%$，带入上式可以画出x与y的关系曲线如图22.4.2所示。

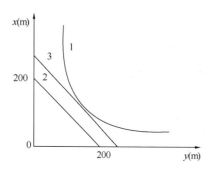

图22.4.2 距离与坡道的关系图

从图中可以看出，当坡度$\alpha \leqslant 3.5\%$、天线安装高度$h=3.8$m时，曲线1与曲线2没有交点，保证两车天线发射的无线电信号不被坡道遮挡，可以直射传播到达对方。但却对测距精度会有一定影响。因为在测距时，如图22.4.1所示，实际测量的距离是AD的长度，而两车实际距离是$x+y$。根据几何关系计算如下：

$$AD = \sqrt{h^2 + x^2 - 2 \cdot h \cdot x \cdot \cos\alpha} + \sqrt{h^2 + y^2} \tag{22.4.3}$$

当y远大于h时，$AD \approx x - h + y$，则测量误差$e = AD - (x+y) = -h$。

可见，由直线坡道引起的误差不会超过$-h$，也即不超过3.8m，远远小于200m的安全距离，不影响应急驾驶防碰撞系统安全应用。

2. 隧道弯道影响分析

无线信号在隧道弯道传播时，有可能会出现非视距传播情况，即前后车相互不可见。在这种情况下，无线信号需要经过多次的反射，才能到达接收机，传播路径同实际列车间距并不吻合，产生测距误差。此外，电波在隧道内经过多次反射后，信号有可能衰减到灵敏度以下，因此需要预留一定的链路裕量。

众所周知，当弯道的弧长一定的时候，弯道的半径越小，无线信号需要经过反射的次数也会越多。以隧道的最小转弯半径$r=300$m、隧道宽度5.5m、两车之间信号传输经过3次反射为例，传输模型如图22.4.3所示。

其中，$r=300$m，$d=302.75$m，$R=305.5$m，对上图中的几何关系求解，可以得到：

$$AB = \sqrt{d^2 - r^2} = 40.71$$
$$BC = \sqrt{R^2 - r^2} = 57.71$$
$$CD = DE = 2 \cdot BC$$
$$a = \arcsin\left(\frac{AB}{d}\right) = 7.7278°$$

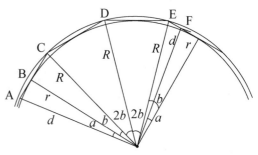

图22.4.3 隧道弯道无线信号传输模型

$$b = \arcsin\left(\frac{BC}{R}\right) = 10.8888°$$

$$EF = R \cdot \sin b - R \cdot \sin a = 16.63\text{m}$$

则测量距离结果：$L = AB + 5 \cdot BC + EF = 345.89\text{m}$

实际距离弧长：$D = (a + 6b - a) \cdot d = 345.02\text{m}$

误差：$e = 0.87\text{m}$

如果反射 2 次达到，则

测量距离结果：$L = AB + 3 \cdot BC + EF = 230.47\text{m}$

实际距离弧长：$D = (a + 4b - a) \cdot d = 229.95\text{m}$

测量误差：$e = 0.52\text{m}$

也即测量误差小于 1m，同时，如果两车间距离小于当前距离，信号传输反射的次数不大于 2 次即可到达，由于弯道反射造成的误差更小，由上述分析可以看出，弯道隧道内信号传输不影响雷达在应急驾驶防碰撞系统中应用。

22.4.2 系统测试情况总结

为了验证系统的功能和性能，本系统先后在试验室、公路模拟测试环境、地铁高架线路环境、地铁隧道环境进行了系统的验证和测试工作。

其中，本系统于 2019 年在天津地铁 1 号线东延线开展了正线运营场景下的功能验证和测试工作。试验区段北起高庄子站，南至双桥河站，全长约 10km，由 7 座车站组成，试验区段线路示意图如图 22.4.4 所示。

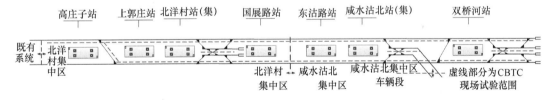

图 22.4.4　试验区段示意图

现场测试期间，采用天津地铁 1 号线编号 105、121 的列车作为测试车，测试列车为 6 编组，车长 118.59m，空载质量 200320kg，列车正常运行时最大速度为 80km/h。两列车均为正线正常运营车辆，车况正常。

系统动车测试期间，全程在 ATP 监督下运行，覆盖的测试场景包括：出/入车辆段、上/下行运营、正线折返等场景，通过现场测试，验证了系统可以在以上场景下，有效进行系统工作状态自动转换、追尾冲突预警、正面冲突预警及侧面冲突预警等功能。在隧道弯道、坡道以及混合路段情况下，系统的测距范围可达 600m 以上，测距精度可达 3m。

借助天津轨道集团丰富的安全运营管理经验，精心组织、密切配合、深入参与了现场各项测试。现场累计执行测试案例 500 多条、测试里程累计达 5000 多车公里，系统整体功能完善、性能稳定。

22.4.3 系统应用效果评价

现场测试结束后，中国城市轨道交通协会装备专委会于 2019 年 7 月在天津组织召开了评审会，与会专家组认为采用军用雷达通信技术的新一代地铁车辆应急驾驶防碰撞系统，可在信号系统故障情况下对列车运行安全起到预警作用。此外，本系统经过3个月的现场测试，现场测试期间系统运行稳定，工作状态良好，满足用户要求。目前，该系统已在天津地铁10号线一期工程项目中实施，共装备了22列车，进一步提高了地铁运行过程的安全性，为人民安全出行保驾护航。

第 23 章 列车蓄电池自牵引应用研究

23.1 研究背景

车辆是城市轨道交通系统设备的核心，也是整个地铁中最易受到外界环境和条件干扰的系统。限界、轨道、供电、信号等系统若出现问题，都会对行车造成影响。随着天津地铁的发展，新建线路逐年增多，既有线路也逐渐老化，很多意想不到的问题会随之出现，如地铁隧道的接地扁钢脱落使供电三轨接地、接触网挂断等都极易造成车辆长时间停滞区间。但进行区间人员疏散，易给国家、人民生命财产造成损失，并使地铁公司声誉受到影响。为了提高灾害情况下正线车辆的自救性能，同时兼顾段场车辆自行专线，从而减少调车机和电化配置的成本，天津地铁开展了列车蓄电池自牵引项目的研究试验，取得了良好效果。

目前在满足 AW3 载荷下，基于地铁全线路全天候的使用工况，在不大幅增加列车自重的情况下，实现自牵引功能，国内外地铁项目尚无实际应用案例。个别有轨电车、轻轨线路配置小容量的电池包实现较短距离的牵引，但无法满足地铁大运量、较长距离运输要求。并且国内主流蓄电池牵引形式以碱性高倍率电池为动力，主要用于平直道运行及段场调车使用，由于碱性蓄电池能量密度比低，导致列车增重较大，大大降低其应用的可行性。

为满足天津地铁全线路全天候的使用工况，拓展轨道交通列车蓄电池牵引功能的应用边界，天津地铁以车辆牵引系统、高性能锂电池系统和线路匹配度等为基本研究对象，在地铁 2 号线、5 号线、6 号线列车中各选取一列车，分别选用钛酸锂电池、三元锂电池、磷酸铁锂电池开展了锂电池牵引研究，验证了在保证列车轴重的基础上，通过列车蓄电池紧急牵引功能，在大坡道长距离超员载荷工况下实现车辆自身救援的可行性，并通过 3 条线路列车的对比试验，验证了不同类型锂离子电池作为动力电池在轨道交通车辆中抗振动冲击、防火、耐久性、低温等条件下的工作状态，并在后续的地铁 10 号线中全线采用了钛酸锂电池牵引系统。

23.2 技术方案

23.2.1 电池选型

1. 使用工况

为满足天津地铁全线路全天候的使用工况，根据天津地铁线路基础数据，并结合实际运营情况，项目技术需求为：可退行，在 AW3 工况下，以约 5km/h 的行驶速度，满足从全线路最恶劣点位自行牵引到最近车站的情况。具体要求见表 23.2.1。

应用需求　　　　　　　　　　　　　　　　　表 23.2.1

线路	应用需求
2号线	AW3条件，速度大于5km/h，20‰坡度下运行325m，平直道运行500m
5号线	AW3条件，速度大于5km/h，24.04‰坡度下运行520m，2‰坡度下运行200m
6号线	AW3条件，速度大于5km/h，22.3‰坡度下运行700m，2‰坡度下运行300m

2. 蓄电池选型

由于列车轴重限制，传统镍镉蓄电池、铅酸蓄电池作为动力蓄电池实现上述技术需求难度极大，而锂电池从能量密度、经济性等方面优势明显，但锂电池虽已在汽车行业得到广泛应用，但在轨道交通领域，多作为系统后备电源，很少用作动力来源，其安全性需要进一步试验验证。表23.2.2为常见蓄电池性能参数的初步对比。

常见蓄电池性能参数对比　　　　　　　　　　　表 23.2.2

项目	铅酸	镍镉	磷酸铁锂电池	三元锂电池	钛酸锂电池
市场占有率	<5%	0.95	试验阶段	试验阶段	试验阶段
额定电压	2V	1.2V	3.2V	3.7V	2.3V
能量密度	30Wh/kg	50Wh/kg	100～120Wh/kg	159Wh/kg	80Wh/kg
持续放电电流	1C	2C	4C	6C	6C
循环寿命	500	800	2000	2000	10000
寿命	6～8年	8～10年	6～8年	8～10年	8～10年
低温放电能力	约60%	约90%	70%（－20℃）	70%（－20℃）	85%（－20℃）
环保	低毒	重金属	无污染	低毒	无毒

根据以上技术需求分析，项目分别选用钛酸锂电池、三元锂电池、磷酸铁锂电池，在既有线车辆（2、5、6号线新车各一列）上进行锂电池自牵引技术的研究，充分验证各类锂电池在轨道交通车辆上应用的安全性和可靠性。

3. 容量计算（以2号线为例）

在AW3工况下20‰坡道运行325m、在0‰的坡道上运行500m的能耗仿真结果如下：当牵引主回路输入电压为DC750V时，列车运行在AW3工况下20‰坡道运行325m、在0‰的坡道上运行500m的直流侧能耗约为11.67kWh（图23.2.1）。

根据上述牵引需求以及蓄电池供应商现有成熟产品，选择表23.2.3所示参数的蓄电池。

2号线牵引蓄电池参数　　　　　　　　　　　表 23.2.3

参数名称	参数值
电池类型	钛酸锂电池
额定容量	40Ah
电池组串并联方式	2并264串
电池组额定电压	607.2V
蓄电池组额定电量	24.28kWh
长脉冲（240s）放电倍率	6C
短脉冲（10s）放电倍率	10C

40Ah/607V电池组额定能量为24.28kWh。影响其可用容量的因素有：

（1）电池过放：电池放电末期，单体电池内阻绝对值以及整组电池不一致性增大，为了延长使用寿命，电池SOC使用区间应在10%～100%之间，计算系数取0.9。

（2）大倍率放电：钛酸锂电池在6C以内放电几乎不影响其放电容量，计算系数取0.98。

第23章 列车蓄电池自牵引应用研究

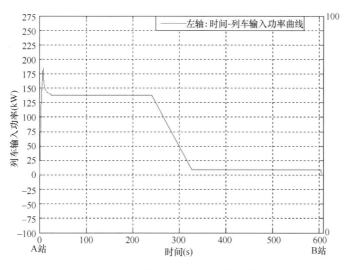

图 23.2.1 蓄电池应急牵引特性曲线

(3) 循环次数：每年应急牵引1次，则电池8年内工作次数为8次，由于车辆段内调车功率需求为17kW，能量需求为1.9kWh，对蓄电池影响极小，8次循环后电池容量保持率为99.9％，计算系数取0.95。

(4) 温度影响：电池在工作温度范围内容量保持率在80％以上，由于电池放置在箱体中，放电过程中电池发热，综合考虑温度影响，计算系数取0.9。

(5) DC/DC效率：计算系数取0.95。

综合以上影响因素，电池实际可用容量占额定容量的百分比为：

$$0.9 \times 0.98 \times 0.95 \times 0.9 \times 0.95 = 71.6\%$$

实际可用能量为：

$$607.2 \times 40 \times 71.6\% = 17.4 \text{kWh} > 11.67 \text{kWh}（牵引所需能量）$$

综上，蓄电池选型见表23.2.4。

试验蓄电池参数　　　　　　　　　　　　　　　表 23.2.4

项目	2号线	5号线	6号线
电池类型	钛酸锂电池	镍钴锰三元锂电池	磷酸铁锂电池
额定容量	40Ah	150AH	270AH
电池组额定电压	607.2V	266.4V	230.4V
整车额定电量	24.28kWh	78kWh	115kWh
持续放电倍率（25℃）	3C	3C（600A）	3C
整列电池系统总重量	1组，0.9t	2组，1.76t	2组，1.72t
整列车增重	1.5t	2.1t	2.6t
IP等级	IP55（箱体出风口除外）	IP54	IP67
冷却方式	风冷	液冷	风冷
预估寿命	10年	10年	10年
规范、标准符合性	均符合现有车辆行业各项标准		
可维修性	免维护，靠自身BMS进行管理		

23.2.2 系统设计

1. 地铁 2 号线系统设计

蓄电池应急牵引系统主要包括：牵引蓄电池、DC/DC 变流器、转换开关箱、辅助隔离开关箱、模式转换开关、控制电源断路器等。

通过在 T 车加装独立的紧急牵引用蓄电池组、电池组为额定电压 DC607V 的钛酸锂电池。在第三轨无网压的紧急情况下，车辆辅助用应急电源由安装于 TC 车的两组蓄电池组供电，而紧急牵引时使用安装于 T 车的紧急牵引蓄电池供电（图 23.2.2、图 23.2.3）。

（1）在车辆正常使用情况下，转换开关箱 CS 在"网压"位，车辆 VVVF 由第三轨供电。

（2）在车辆需要使用蓄电池紧急牵引的情况下，通过将位于司机室的"供电模式"开关置于"电池"位，则 CS 开关转换箱内 K2 接触器闭合，VVVF 由蓄电池经过 DC/DC 升压为 DC750V 进行供电。

（3）DC/DC 变流器在收到"电池"位信号＋TCMS 传输的≥2 个转换开关"电池"位，或 DC/DC 变流器在收到"电池"位信号＋"紧急运行按钮"信号后，将蓄电池电压升压为额定 DC750V 电压，再通过应急牵引母线给 M/M1 车的 VVVF 供电。

（4）在 T 车设置辅助隔离开关箱 AIS，用以检修时切断 AIS 后端设备电源。

（5）在 TC、M/M1、T 车设置供电模式控制断路器 PSMN、转换开关控制断路器 CSN、牵引电池控制断路器 TBCN、DC/DC 变流器控制断路器 DC/DCN。

（6）在司机室控制柜上设置一个供电模式开关 PSMS（旋钮），用于控制转换开关箱在"第三轨"与"电池"位之间转换。

（7）DC/DC 通过 MVB 网络与 TCMS 通信，DC/DC 与蓄电池管理系统之间通过 CAN 总线通信。

2. 地铁 5 号线系统设计

一列车配备两套蓄电池牵引系统，采用锂电池动力系统供电，经过蓄电池牵引箱输出给两半组车的 PH 箱，由 8 个电机实现蓄电池牵引。在司机室设定蓄电池牵引模式旋钮，在正常情况下通过 TCMS 网络传输蓄电池牵引模式信号给 MCM，在紧急牵引模式下通过硬线输入给 DX44。满足条件后 MCM 闭合 BOP 箱中主接触器实现电源输入进而实现蓄电池牵引。

系统设置专门的充电机给动力蓄电池箱充电；蓄电池牵引箱中 BOPC 协调充电机及 BMS，实现能量管理、安全管理、故障诊断并与 TCMS 通信。动力蓄电池有自己的独立的管理系统 BMS，动力蓄电池输出给 PH 箱的同时也输出给紧急逆变器，给 PH 箱外部风机和本节车的空调供电。动力蓄电池是液冷设计，压缩机工作电源正常来源于车辆三相母线，蓄电池牵引时来自于紧急逆变器。在紧急情况下，通过 BOPC 触发 E-stop 断开动力蓄电池的输出。

主电路如图 23.2.4 所示。

3. 地铁 6 号线系统设计

主电路形式：在 M1/M2 车牵引逆变器与蓄电池之间设置电动转换开关箱，以实现对蓄电池牵引的开关控制，蓄电池牵引高压电路如图 23.2.5 所示。

蓄电池应急牵引时控制蓄电池最低电压为 200V，牵引时采用蓄电池牵引，制动时采用纯空气制动。

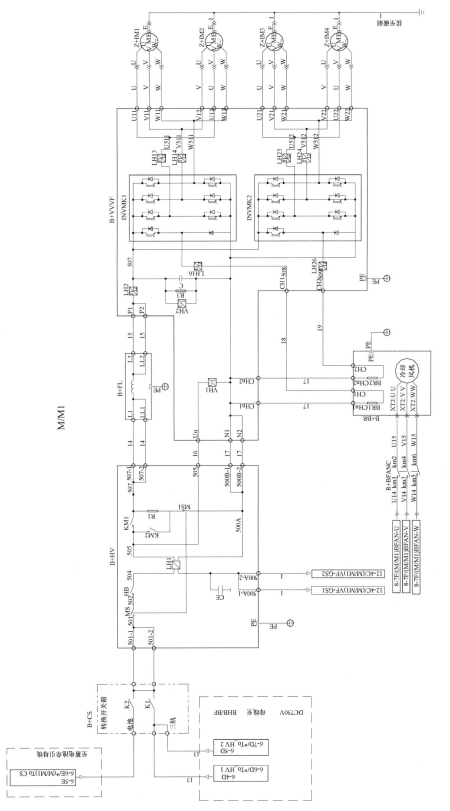

图 23.2.2 2号线蓄电池牵引主电路 1

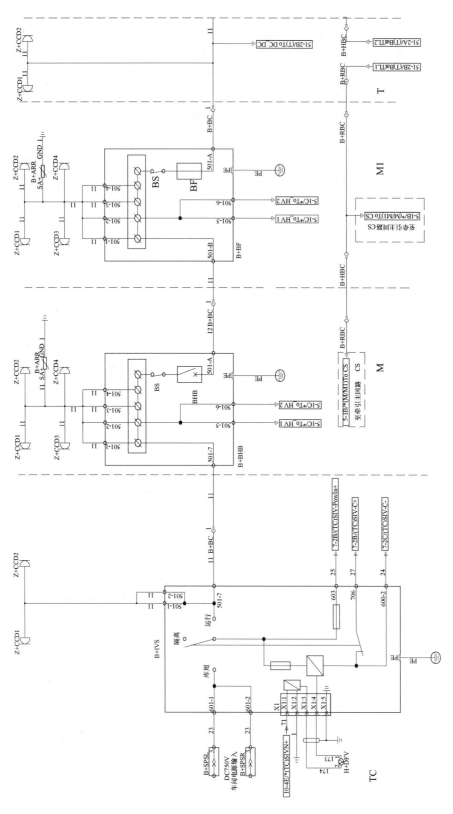

图 23.2.3 2号线蓄电池牵引主电路 2

第23章 列车蓄电池自牵引应用研究

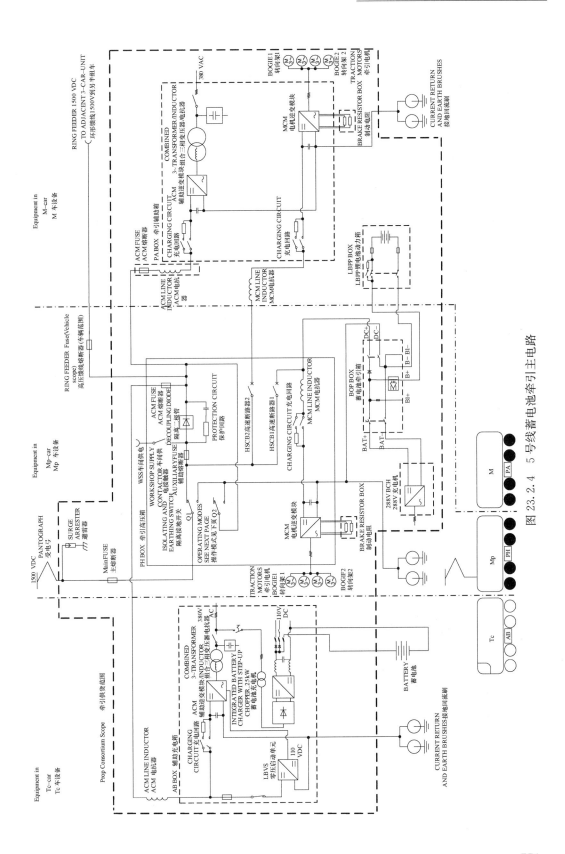

图 23.2.4　5号线蓄电池牵引主电路

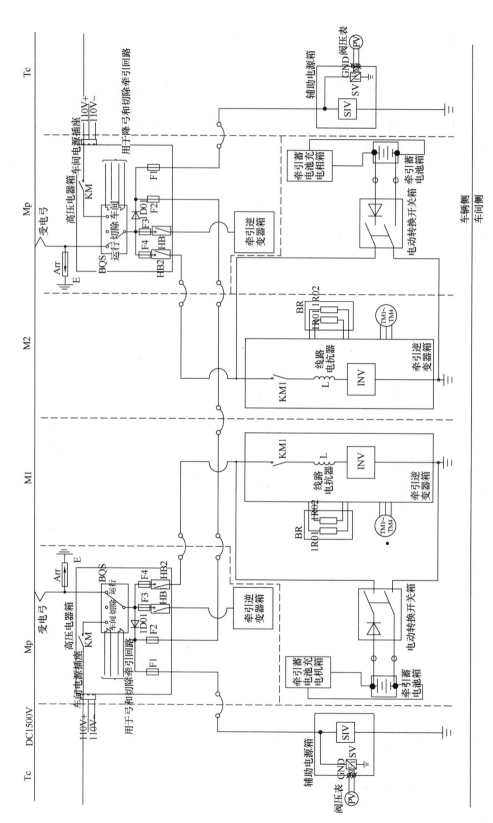

图 23.2.5 6号线蓄电池牵引高压电路

23.3 安全可靠性设计

轨道交通车辆作为一种城市大运量的运载工具,对安全性要求极高,此次试验是锂电池首次作为动力电池在轨道交通车辆上的应用,故列车在系统设计上进行了一系列优化,并重点对锂电池在轨道交通车辆的安全性进行了验证。

23.3.1 整车级安全设计及试验

1. 电气互锁

蓄电池牵引电路与车辆高压电路电气互锁。在控制硬连线及控制软件同时设置蓄电池牵引主回路与受电弓、高速断路器的电气互锁。

2. 电气隔离

通过 BOP 接触器和隔离二极管隔离蓄电池系统及车辆高压。

3. 接地检测

除蓄电池系统设置接地检测外在蓄电池牵引回路设置冗余的接地检测,发生接地故障时自动切断蓄电池供电并向 TCMS 发送故障报警。

4. 火灾探测

监测电池箱内空气温度,超温时自动切断蓄电池供电并向 TCMS 发送故障报警。

5. 充电机保护

充电机投切控制;充电电压、充电电流控制;过压、过流、过温保护。

6. 电气保护

过压、欠压、过温、降功率、断开高压保护;电池箱排气、隔热、温度监控;配备接触器、熔断器、继电器等保护器件。

7. 故障诊断

设置完备的故障报警和诊断系统。具备人机界面、故障存储、故障下载和地面专家分析能力。

23.3.2 锂电池安全设计

动力电池的国际安全标准主要有 IEC 标准和 ISO 标准。IEC 62660-3 针对动力电芯安全要求,ISO 6469-1 和 ISO 12405-3 针对电动车辆电池安全要求。北美动力电池的安全标准主要有 SAE 和 UL 标准。国内动力蓄电池的安全标准主要有《电动汽车用动力蓄电池循环寿命要求及试验方法》GB/T 31484—2015、《电动汽车用动力蓄电池电性能要求及试验方法》GB/T 31486—2015 和《电动汽车用动力蓄电池安全要求及试验方法》GB/T 31485—2015。由于目前尚无轨道交通车辆用动力蓄电池相关标准,故从安全出发,确立以下原则:在满足电池相关标准的基础上,锂电池电芯及系统上车前均应满足所有城轨车辆标准。此次试验所采用的三种电池,均为成熟通用产品,均按照满足国标或 UL 标准进行了验证。

1. 钛酸锂电池安全性技术(2 号线)

(1)以石墨作为负极材料的锂离子电池嵌锂的电位约为 0.1V,在低温、高倍率充电时易在负极表面析出锂金属，锂金属堆积到一定程度便会刺破隔膜，造成电池内部短路，产生燃烧爆炸等严重危害人身安全的事故。而以钛酸锂作为负极材料的电池充电电位平台稍负于 1.55V，即使在充电后期、低温或高倍率充电的情况下，此负极的电位也不会达到锂离子还原成金属锂的电位，不会产生由析锂引发的安全事故。

（2）针刺、挤压、加热、热循环、过充、过放、跌落、海水浸泡、低气压等试验后，电池不会发生冒烟、起火、爆炸等现象。

（3）蓄电池箱的防火设计严格按照 DIN 5510 标准执行设计生产，箱体为金属框架，箱内部件按 DIN 5510 或 BS 6853 标准要求执行，箱内电气设备选择行业内业绩被广泛认可的产品，提高箱体可靠性、安全性。

（4）蓄电池箱热管理

设置有散热风机，当 BMS 检测到电池箱体内最高温度大于 35℃（持续 3s）且通过电池的电流大于 20A（持续 3s）则启动风机，当电池的最高温度降低到小于 30℃（持续 3s）且通过电池的电流小于 20A（持续 3s）则 BMS 停止风机。

（5）蓄电池管理系统（BMS）

1）单体电池电压检测。

2）温度检测：可以完成高精度电池温度检测，同时具有温度传感器故障识别功能和故障定位功能。

3）均衡控制：检测单元支持均衡控制，通过电阻，可以对任何一个单体电池进行不小于 30mA 电流的放电均衡。

4）数据记录：配备集成的实时时钟模块，提供大容量存储器，记录电池管理系统工作过程中检测到的电池数据及发生时间，以便进行系统诊断及性能优化。

5）风机控制：检测单元对检测到的电池温度数据进行温度场分析，可以控制风机的开启与关闭。

6）通信功能：检测单元提供 1 路高速 CAN 通信接口，将采集到的单体电池电压信息、电池温度信息、均衡状态信息及检测的其他状态信息发送给主控单元或 TCMS。同时，检测单元通过该 CAN 通信接口接收主控单元发送过来的控制命令并进行相应的命令执行。

7）考虑到电池组系统对电气隔离安全的需求，电压检测模块、均衡控制模块与温度检测模块都进行了模块化隔离设计，将整车高压部分同低压部分实现电气隔离。

蓄电池管理系统（BMS）原理如图 23.3.1 所示。

2. 三元锂电池安全设计（5 号线）

（1）模块层面的保护措施

结构设计中考虑散热、振动、穿刺防护，电池模块用的是金属材料，易燃等级较低。电池模块会将热逃逸事件控制在其金属外壳之内，并将传导至邻近模块的热量控制在最小范围。如果电池模块内部出现压力，模块顶部有一个盖子会被顶开以释放一部分压力，使内部压力维持在 6 磅/平方英寸（psi）。

（2）蓄电池冷却与加温技术

蓄电池箱内设置电池加热/冷却系统，列车的 TCU 会自动对电池电芯进行加热/冷却，冷却系统的目标温度为 15℃，系统可控制的范围为 20～30℃，在该温度范围内，电

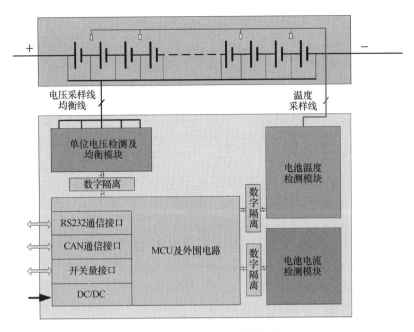

图 23.3.1 BMS 系统原理

池工作状态稳定。

(3) 对于"热逃逸"的后果及预防措施

为了降低热逃逸发生的可能性,模块中安装了温度和电压传感器。这些传感器会监测电芯的温度和电压,如果接近设置的安全界限则发出警报(60℃),超过了则断开电路(65℃),关闭系统。通常情况下可以确保电芯温度永远不会达到非常严重的 160℃。

当电池电芯或者模块内部温度超过 60℃,并且系统关闭以后仍然不能阻止热逃逸,电池组基于以下特点可以降低热逃逸带来的危害:电池模块用的是金属材料,易燃等级较低。少数易燃等级较高(＞V1)的部件其体积很小,而且不属于燃料的范畴。电池模块会将热逃逸事件控制在其金属外壳之内,并将传导至邻近模块的热量控制在最小范围。如果电池模块内部出现压力,模块顶部有一个盖子会被顶开以释放一部分压力,使内部压力维持在 6 磅/平方英寸(psi)。

当外部火烧等极端工况导致对电芯的急剧加热而产生热逃逸时,每个模块最多可释放出 $2.5m^3$ 的有害气体。因此蓄电池系统采用防火材料,可将外部火源与模块隔离开来。热逃逸时有害气体并不是一次全部释放,而是持续释放的。箱体设有专门的通风口用于排出该有害气体,一般情况下保持车下良好通风环境即可将有害气体排出,且由于其中气体中有害成分含量较低,因此对大气环境影响非常低。而通常情况下,TCU 会自动对电池电芯进行加热/冷却,冷却系统的目标温度为 15℃,系统可控制的范围为 20~30℃,在该温度范围内,电池工作状态稳定。

(4) BMS 保护

针对蓄电池存在热失控的潜在可能性,BMS 设置了实时监控电池所有电芯状态的功能,并根据电芯温度、电压、均衡情况做出相应的预警措施。当电池模块超过这些界限,就会触发"故障"状态,电池组控制器将关闭系统(切断电流)。

3. 磷酸铁锂电池安全设计（6号线）

该项目使用的为磷酸铁锂电池，不同于锂金属电池，磷酸铁锂电池组在正常使用过程中不会出现"析晶"，只有在电池低温充电或过充失效时才有可能发生。

（1）电池安全防范

1）电池自身的化学/热管理等安全设计减少失效概率；电池在低温下通过系统保温棉及内部加热片对电池包进行加热保温，使电池始终保持在 20（15）～35℃最佳工作温度范围；电池合理设计正负极过量比例，减少失效下析锂的风险。

2）制定合理的充放电限流窗口，采用 BMS 对电池温度、电压、电流进行分级保护，一般保护对温度、电压、电流进行监控预警，严重保护级别通过切断动力保护（继电器、隔离开关），达极限时判断为 broken，电池不再使用。

（2）对于"热逃逸"的后果及预防措施

电池组发生所谓的"热逃逸"：外部失效诱导电池内部的副反应，电池温度升高释放大量热量电池副反应进一步发生，产生大量易燃气体，热量不断地累积，造成电池内部温度持续上升，最终可能导致电池燃烧甚至爆炸的风险。电池正常使用情况下不会发生"热逃逸"，当发生过充/短路等外部失效时存在风险，通过如下几方面进行预防：

首先，电池通过自身的化学体系减小失效概率，BYD 选用的是磷酸铁锂电池，它较目前市面上的锂钴电池、三元电池拥有更高的分解温度。

其次，通过热管理降低滥用条件，电池在低温下通过系统保温棉及开启加热片对电池包进行加热保温，在高温下通过系统保温隔热棉阻止外界高温对电池包的影响，使电池始终保持在 20（18）～35℃最佳工作温度范围。

最后，采用 BMS 对电池温度、电压、电流进行分级保护，一般保护对温度、电压、电流进行监控预警，严重保护级别通过切断动力保护（继电器、隔离开关），达极限时判断为 broken，电池不再使用。

（3）BMS 监控功能及安全控制说明

电池管理系统具备电池故障的实时分析能力，对电池的滥用进行预警和报警，对故障进行定位，为电池的维护提供便利。电池管理系统负责完成单体电池电压检测、温度检测及电池在线均衡控制功能，同时对相应的电路板电路单元进行硬件故障诊断，执行相关的控制指令，负责对检测的数据进行实时处理，匹配硬件完成信号采集、解析和处理，对内网总线进行管理。同时，负责与充电机进行数据交换和过程控制。

电池管理系统功能应包括但不限于以下几个方面：

1）充电过程中与 DC/DC 通信，实现协调控制和优化充电，保障充电的快速性和安全性，避免电池在使用过程中因过充电或过放电而影响电池寿命，降低运行成本。

2）具有电流检测、SOC 估算、容量累计功能。

3）具备电池状态数据的分析解析能力，完成数据处理和相关控制策略。

4）具备单体电池电压检测，检测单元可以支持不同电池节数需求，可以通过参数灵活配置以适应不同的检测通道数量需求，精度达到±10mV 以内。

5）具备单体故障检测和上报功能，在单体出现重要故障（如欠压、过压、短路等）时需对整个电池组采取保护功能，保证其他单体和整个电池组不受影响。

6）具备均衡控制功能，对任何一个单体电池进行不小于 30mA 电流的放电均衡。

23.4 试验验证

此次试验的锂电池电芯及系统上车前均进行了所有城轨车辆标准的验证工作，特别是部件防火、冲击振动、部件及整车电磁兼容等关键试验进行了第三方测试验证，满足相关标准要求。

整车方面，由于蓄电池牵引项目为改造项目，对型式试验内容中的 EMC 电磁干扰、起动加速性能、蓄电池牵引性能重新进行了试验，其余项点采用已有试验报告替代。

表 23.4.1 为地铁 2 号线蓄电池自牵引项目试验清单。

地铁 2 号线蓄电池自牵引项目试验清单　　　表 23.4.1

序号	设备分类	试验项点	报告名称
1	电池单体	循环寿命	QU16E11DZ0201 东芝 20Ah 电池 GB/T 31484—2015 试验报告
2		安全要求	QU16E11DZ0201 东芝 20Ah 电池 GB/T 31485—2015 试验报告
3		性能要求	QU16E11DZ0201 东芝 20Ah 电池 GB/T 31486—2015 试验报告
4	蓄电池牵引变流器	外观检查	SYBG-01-201703005 天津地铁蓄电池变流器检验报告
5		尺寸公差确认	SYBG-01-201703005 天津地铁蓄电池变流器检验报告
6		称重	SYBG-01-201703005 天津地铁蓄电池变流器检验报告
7		铭牌检查	SYBG-01-201703005 天津地铁蓄电池变流器检验报告
8		绝缘电阻试验	SYBG-01-201703005 天津地铁蓄电池变流器检验报告
9		绝缘介电强度试验	SYBG-01-201703005 天津地铁蓄电池变流器检验报告
10		牵引电池放电试验（放电空载试验）	SYBG-01-201703005 天津地铁蓄电池变流器检验报告
11		牵引电池放电试验（放电轻载试验）	SYBG-01-201703005 天津地铁蓄电池变流器检验报告
12		牵引电池放电试验（放电满载试验）	SYBG-01-201703005 天津地铁蓄电池变流器检验报告
13		牵引电池充电试验	SYBG-01-201703005 天津地铁蓄电池变流器检验报告
14		满电流恒流充电试验	SYBG-01-201703005 天津地铁蓄电池变流器检验报告
15		负载突变试验（牵引电池充电工况）	SYBG-01-201703005 天津地铁蓄电池变流器检验报告
16		负载突变试验（牵引电池放电工况）	SYBG-01-201703005 天津地铁蓄电池变流器检验报告
17		温升试验	SYBG-01-201703005 天津地铁蓄电池变流器检验报告
18		功率损耗试验	SYBG-01-201703005 天津地铁蓄电池变流器检验报告

续表

序号	设备分类	试验项点	报告名称
19	蓄电池牵引变流器	交变湿热试验	SYBG-03-201706015 蓄电池牵引变流器检测报告（环境）
20		高温试验	SYBG-03-201706015 蓄电池牵引变流器检测报告（环境）
21		低温试验	SYBG-03-201706015 蓄电池牵引变流器检测报告（环境）
22		低温存放试验	SYBG-03-201706015 蓄电池牵引变流器检测报告（环境）
23		噪声测试试验	SYBG-01-201703005 天津地铁蓄电池变流器检验报告
24		电磁兼容试验	SYBG-03-201707001 DC-DC变流器电磁兼容试验报告
25		随机功能振动试验	SYBG-03-201706015 蓄电池牵引变流器检测报告（环境）
26		振动冲击试验	SYBG-03-201711001 蓄电池牵引变流器振动冲击检验报告
27	牵引电池箱	外壳防护等级试验	SYBG-03-201703003 牵引蓄电池箱检测报告（环境）
28		常温工况放电能力及温升试验	SYBG-01-201703004 天津地铁牵引电池箱检验报告
29		常温放电容量试验	SYBG-01-201703004 天津地铁牵引电池箱检验报告
30		低温放电容量试验	SYBG-03-201703003 牵引蓄电池箱检测报告（环境）
31		高温放电容量试验	SYBG-03-201703003 牵引蓄电池箱检测报告（环境）
32		一般检查	SYBG-01-201703004 天津地铁牵引电池箱检验报告
33		验证尺寸与公差试验	SYBG-01-201703004 天津地铁牵引电池箱检验报告
34		绝缘电阻测量试验	SYBG-01-201703004 天津地铁牵引电池箱检验报告
35		耐压测试	SYBG-01-201703004 天津地铁牵引电池箱检验报告
36		保护功能测试	SYBG-01-201703004 天津地铁牵引电池箱检验报告
37		随机功能振动试验	SYBG-03-201703003 牵引蓄电池箱检测报告（环境）
38		振动冲击试验	SYBG-03-201711004 蓄电池箱振动冲击检验报告
39		电磁兼容试验	SYBG-03-201706004 牵引蓄电池电容兼容试验报告
40	转换开关箱	一般检查	SYBG-01-201705001 转换开关箱型式试验报告
41		尺寸检查	SYBG-01-201705001 转换开关箱型式试验报告
42		称重	SYBG-01-201705001 转换开关箱型式试验报告
43		淋雨试验	SYBG-03-201705004 转换开关箱型式试验报告
44		绝缘电阻试验	SYBG-01-201705001 转换开关箱型式试验报告
45		介电强度试验	SYBG-01-201705001 转换开关箱型式试验报告
46		随机功能振动试验	SYBG-03-201705004 转换开关箱型式试验报告
47		振动冲击试验	SYBG-03-201708010 转换开关箱振动冲击检验报告
48		电气性能试验	SYBG-01-201705001 转换开关箱型式试验报告

续表

序号	设备分类	试验项点	报告名称
49	隔离开关箱	一般检查	SYBG-01-201705002 转换开关箱型式试验报告—电气性能
50		尺寸检查	SYBG-01-201705002 转换开关箱型式试验报告—电气性能
51		称重	SYBG-01-201705002 转换开关箱型式试验报告—电气性能
52		淋雨试验	SYBG-01-201705005 辅助隔离开关箱型式试验报告—环境
53		绝缘电阻试验	SYBG-01-201705002 转换开关箱型式试验报告—电气性能
54		介电强度试验	SYBG-01-201705002 转换开关箱型式试验报告—电气性能
55		随机功能振动试验	SYBG-01-201705005 辅助隔离开关箱型式试验报告—环境
56		振动冲击试验	SYBG-03-201708011 辅助隔离开关箱振动冲击检验报告
57	车辆试验	蓄电池牵引车辆型式试验	天津地铁 2 号线延长线车辆蓄电池牵引车辆型式试验报告
58		牵引制动性能试验	SYBG-01-201801003 天津地铁 2 号线延长线电动客车车辆试验报告
59		辐射骚扰试验	SYBG-03-201801002 天津地铁 2 号线延长线电动客车车辆（电磁兼容测试）试验报告

各试验列车均可实现在 AW3 工况下，以约 5km/h 的速度行驶，从全线路最恶劣点位自行牵引到最近车站。目前试验列车均已上线载客运营，运用情况良好。根据项目实践来看，三元锂电池、磷酸铁锂电池、钛酸锂电池三种锂电池在性能方面均可满足使用需求，并各有其特点。其中三元锂电池的能量密度最高，但在安全性、耐高温性能上表现一般，磷酸铁锂电池在能量密度和安全性等指标上表现较为均衡，但低温性能相对较差。钛酸锂电池在安全性、使用寿命、高低温工作范围上有优势，但能量密度偏低，且价格昂贵。后续新车可根据其不同特点进行具体选型。

23.5 应用前景

近年来，我国为了提高轨道交通运行的安全性，已经有一系列的措施在实施，如防追尾系统、脱轨检测系统等，蓄电池紧急牵引系统是对电力故障、隧道火灾等故障或事故状态下，人员疏散的又一强有力的保证，它能保证在 10min 内，完成列车至站台的救援疏散，相比逃生平台的疏散方式大大节约了时间。蓄电池紧急牵引功能亦可作为段场内车辆调车使用，降低调车机的使用率，缓解调车压力。

目前天津地铁 10 号线已采用钛酸锂电池牵引技术。

1. 控制方案

整车配备两组 DC460V 蓄电池，当列车需要应急牵引时，列车断开电网（高压1500V），将高压蓄电池投入列车母线，牵引逆变器利用蓄电池电压（额定 DC460V）进行应急牵引（图 23.5.1）。

系统主要由两组电池组组成，每组蓄电池分别由 1 组 BMS 作为电池的核心控制管理单元进行管理。

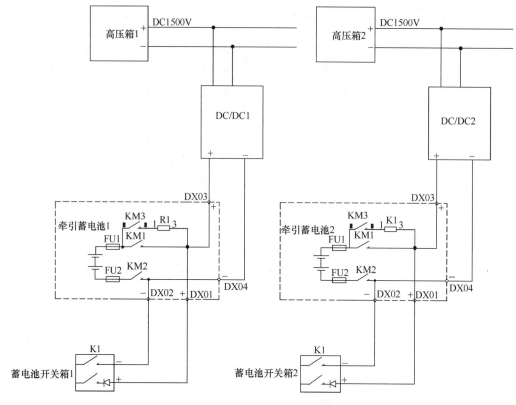

图 23.5.1　10 号线蓄电池牵引电路原理图

接触器 KM1、KM2：作为蓄电池的上电接触器；蓄电池上电时，BMS 首先控制闭合 KM2 接触器，然后闭合 KM3 接触器进行预充电，预充电完成后，控制闭合 KM1 接触器，断开 KM3 预充接触器。蓄电池下电时，首先断开 KM2 接触器，延时 1s 再断开 KM1 接触器。

熔断器 FU1、FU2 对整个电池系统进行过载和短路保护。

电流传感器、电压传感器对蓄电池系统充放电电流和蓄电池总电压数据进行采样，系统闭环控制。

控制接口：具备 CAN/MVB 通信接口，可以实现与上位机的信息交换、通信控制，以便于故障信息以及实时信息的查询。

2. 电池选型及参数

地铁 10 号线牵引蓄电池参数见表 23.5.1。

地铁 10 号线牵引蓄电池参数　　　　　表 23.5.1

电池类型	钛酸锂电池	
电芯	20Ah	
模组	2P10S	
整列电池箱数量	2 箱	
额定容量	40Ah	(40Ah)×2

续表

电池类型	钛酸锂电池	
额定电压	460V	
工作电压区间	320~540V	
控制电源	110V	
额定存储能量（电池满电）	18.4kWh	36.8kWh
持续放电电流	200A	200A×2
峰值放电电流（90%SOC，10s）	400A	400A×2
工作温度范围	−20~45℃	
电气性能	过压、过流、过热、过载、短路保护等保护报警功能	
电池管理系统	单体电压、模块温度、总电流、总电压、SOC估算、接触器控制、温度控制	
建议的SOC使用范围	10%~95%	
蓄电池保温	门端面增设保温棉	
箱体数量	2箱	
外形尺寸	2520mm×1103mm×590mm	
重量	≤850kg/箱	
IP等级	IP65	
冷却方式	自然散热	
结构形式	台车抽出式（方便维护更换）	

3. 控制策略

（1）蓄电池正常上电

车辆供110V控制电源（取自于110V辅助蓄电池）到蓄电池系统。电池管理系统（BMS）开始自检，BMS自检无故障，收到整车发送的"蓄电池允许启动"信号，闭合预充接触器KM3，检测压差小于23V，闭合总正接触器KM1和总负接触器KM2，断开预充接触器，并与整车通信成功，此时电池系统上电完成。蓄电池可以做放电或充电准备。

BMS检测到电池系统严重故障时，BMS断开KM1和KM2接触器避免电池发生损坏，避免故障蔓延。

（2）蓄电池正常牵引

BMS正常上电完成，TCMS综合判断蓄电池是否具备牵引条件，如具备牵引条件，那么整车发送"蓄电池牵引"信号至蓄电池，并且向牵引系统发送蓄电池牵引信号，牵引系统控制闭合蓄电池开关箱中的接触器，蓄电池开始为牵引变流器供电。同时BMS向整车实时发送最大允许放电电流和电压，整车根据电池状态，控制输出电压和电流。

（3）正常充电流程

应急牵引结束后，或者蓄电池总电压≤DC510V时，BMS发送请求充电指令到TCMS，TCMS判断是否具备充电条件（网压正常、蓄电池充电机无故障、蓄电池牵引使能信号为0、蓄电池无故障、通信正常），如果具备充电条件，那么整车发送"蓄电池允许启动信号"至牵引蓄电池，牵引蓄电池按照正常上电流程来动作。同时整车发送牵引蓄电池充电机启动命令，充电机收到启动命令后，按照BMS发送的最大充电电流和电压值进行恒流充电。电池充满后通过通信系统发送"充电机停机指令"，充电机停止电池侧的输出充电电流。TCMS判断蓄电池不需要充电也不需要放电，那么将"蓄电池允许启动信号"置0。BMS控制蓄电池内总正接触器和总负接触器断开。BMS保持运行，监测电池状态，并通过通信系统实时发送蓄电池状态数据到整车网络。

下电：整车将"蓄电池允许启动"信号置0，蓄电池内主接触器断开，蓄电池完成下电；整车控制切断DC110V辅助电源，电池管理系统及蓄电池下电。

23.6 经济、社会效益分析

蓄电池紧急牵引系统是对电力故障、隧道火灾等故障或事故状态下，人员疏散的又一强有力的保证，它能保证在短时间内完成列车至站台的救援疏散，相比逃生平台的疏散方式大大节约了时间。该技术应用后，可以提升地铁自救的能力，避免逃生平台逃生时带来的次生安全隐患，为旅客安全出行提供保障。并且通过增加蓄电池自牵引功能，可优化段场电客车调车模式，减少了调车机配置，节约段场建设投资及后期维护使用成本。

为满足天津地铁全线路全天候的使用工况，拓展轨道交通列车蓄电池牵引功能的应用边界，天津地铁首次采用锂离子电池作为动力电池，验证了电池组的抗振动冲击、防火、耐久性、低温等条件下的工作状态，是锂电池首次应用于轨道交通电力牵引领域，具有开创性意义。

第四篇 智　能　篇

　　智慧城轨建设是城轨交通高质量发展的主要抓手，以打造基于物联网/工业互联网技术的多专业综合精准智慧运维应用体系，以项目管理为核心的智慧建设应用体系，是实现智慧城市轨道交通的行动目标。基于"问题导向"与"目标导向"，从城市轨道交通建设和运维业务出发，充分运用物联网、生物识别、移动互联、自动化、大数据、云存储和智能算法等先进信息技术手段，做好应用场景研究，构建基于物联网/工业互联网平台架构的关键设备感知单元配置标准、阈值体系，开发关键设备维修模型应用场景。首先，从京津冀城市轨道交通BIM标准体系研究，即制定城市轨道交通建设、运营BIM应用的标准框架体系开始，提出建立从规划设计、建设施工、竣工交付到运营维护全阶段，在数据标准、信息交换、应用实施和建设方法等方面的轨道交通BIM技术标准体系。同时，通过北京大兴机场线车辆段基于大数据的智能车辆段研究及应用、北京地铁电梯物联网建设及应用研究、天津地铁1、4、10号线车辆智能维保应用等实体项目的相关探索，提出了以设备状态监测为基础，以实现智能诊断、可视化信息管理、检维修决策支持、检修管理、安全风险预测、全寿命周期管理等功能为目标，进而为地铁运营实现设备安全监控和状态维修大数据分析和应用提供了有力的支撑。

　　通过流程管理、事件管理、问题管理、运行管理、综合分析管理，实现运营故障处置、设备健康评估、设备安全预警，实现设备健康状态智能感知、诊断及分析，提高了车辆和设备运营的可靠性和安全性，优化车辆设备维修模式、提升维修诊断效率和资源利用率。同时，研究建立设备运维评价考核指标体系，依托在线监测和设备运维管理平台建立车辆/车辆段、机电等信息数据库，实现城轨车辆/车辆段、机电的多专业综合监控、监测、巡检等数据共享与智能应用，提升了轨道交通建设智能运维水平，其相关研究成果已在西安、成都、南京等城市进行应用推广。

第 24 章 城市轨道交通智能化运营与维保系统

24.1 背景

随着中国经济的高速发展和城市化建设的日益加快，中国城市交通拥堵问题日趋严重，城市轨道交通是公共交通系统的骨架，其中地铁车辆以其运量大、安全、环保、全天候运行等特点，成为缓解城市交通压力的重要方式。近年来，国内城市轨道交通行业快速发展，新运营里程持续扩大，投入运营的地铁车辆约30000辆。目前所有正在运营的地铁车辆仍旧是通过以单纯时间周期为基础，单人分散作业、利用列车间隙零星要点检修制度，由列检、月检、定修、架修、厂大修等定期检查来保证车辆安全性。每年都需要投入大量的人力、物力进行车辆检修。

不可否认，地铁车辆目前执行的车辆检修方式如车流密度小、运营速度低的运营条件下有其灵活性和适应性，但如果随着客流密度的增加，行车密度相应加大，这种检修方式如对设备的运用状态掌握不准，必然造成部分设备欠修和部分设备过剩维修，过剩维修浪费人力、物力，欠修导致设备故障频繁发生。为了适应日益快速发展的地铁轨道交通战略，提高检修效率、节约人力资源、减少作业对运营的干扰、保证维修人员人身安全、提高车辆设备在功能和性能方面的安全系数、减低维修成本，需要把现有的车辆计划周期检修制度，逐步发展到以车辆设备的实际技术状态为基础的科学检修制度。

目前，大部分地铁车辆故障维修只能在列车回库后进行，列车运行及故障数据是单独存储在列车监控系统（TCMS）中，只有通过测试、试验、检查线路的方式进行故障筛选、分类、处理。如想实现地铁车辆设备状态维修，则需要提高车辆设备智能化水平。

智能化列车通过建立智能化系统，将历史故障数据库、地铁重要性能参数、关键部件的应急处理措施等存储在车载数据中心，通过车载数据中心中设计的故障诊断专家系统，将使故障的定位更加准确、故障诊断信息更加丰富，从而实现对车辆的实时预警分析。同时，丰富车辆数据智能化的采集和传输能够大大节省人力成本，同时提高列车的安全性和可靠性。总之，通过智能化系统，能更加全面、更加系统的掌控车辆运行状态，达到故障预警、及时维护指导和合理采取应急措施的目的。本章对列车智能化走行部检测诊断系统、车门诊断系统、牵引/辅助系统和智能网络检测系统进行了简要描述，具体包括车辆走行部、车门、牵引等主要设备的信息数据采集和传输，以及地面设备数据处理结果等，最终指导运行和维修以提高地铁运营的可靠性和安全性。

24.2 技术方案

24.2.1 总体方案

本项目是在天津地铁 1 号线新车基础上，增加车载智能化系统、地面智能化系统，实现地铁车辆智能化，智能化总体方案构架框图如图 24.2.1 所示。它采用现有控制、通信等系统以及前沿的信息技术构成地铁车辆智能化的技术基础，主要包括数据采集技术、网络通信技术、智能决策与评价技术和面向服务架构技术。利用智能化技术获得地铁车辆运行及列车安全运营关键设备的状态数据，建立车辆信息数据库，通过异常预警、预判分析等手段，排除影响列车安全运营的不利因素，提高车辆运营的可靠性和安全性，并通过专家分析数据积累，优化车辆设备维修模式、提升维修诊断效率和资源利用率。

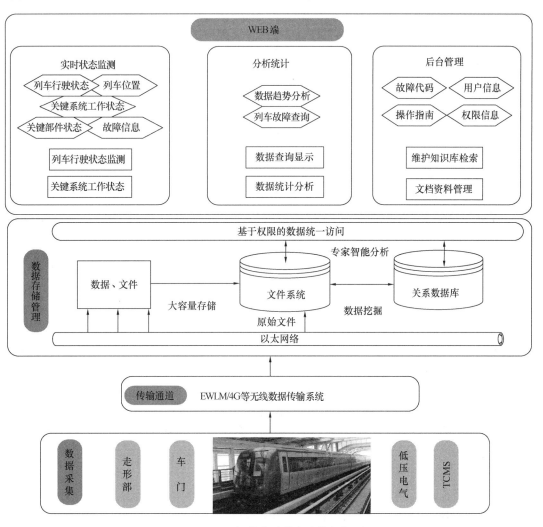

图 24.2.1　智能化总体方案构架框图

1. 数据采集技术

地铁车辆作为智能化载体，完成车门系统、走形部系统和低压电气设备状态数据的采集是智能化的前提。通过在走形部安装高精度复合传感器、在门控器上安装数据采集以太网卡等方式，来采集在轨运行的地铁车辆走形部的冲击、振动、温度等物理量，以及车门驱动电机的电流、转速、转角等 HALL 信号；通过车载 TCMS 监控 IO 模块，采集到车辆控制系统低压继电器开关状态信号。以上能反馈走形部、车门、低压继电器工作状态的信息，通过车载以太网接入到智能网络中。

2. 网络通信技术

智能化车地传输网络是整个智能化的重要媒介，智能网络采用"以太网＋无线局域网"和"以太网＋移动通信网络"为骨干网络，兼容总线技术的集成。车载以太网传输网络，独立于列车控制及监控系统（TCMS）之外，不参与列车正常行车控制与监控，仅从列车数据记录仪中读取数据。在新的 IEC 61375 标准中，基于实时的以太网，提供100Mb/s 的通信带宽。以太网通过快速交换、服务质量、实时以太网协议等算法策略，在提高传输质量的同时，保证实时性和确定性。同时，新的 IEC 61375 标准规定了车-地无线通信网络子标准，通过 4G 移动通信网络，传输轨道交通车辆在途实时状态数据到地面控制中心，通过 IEEE 802.11b/g/n 标准高速无线局域网，下载车辆的故障记录、事件记录等历史数据。

3. 智能决策与评判技术

在轨运行的地铁车辆关键设备的监测、诊断等数据通过智能化传输网络发送到地面数据中心存储，通过数据挖掘、历史数据故障模型的分析比对，获得相关系统设备故障发生发展的趋势，从而给出设备"亚健康"警告推送，并针对亚健康信息给出初步诊断结果和维修方案；针对车辆运行过程中出现的设备故障信息，则直接向数据中心进行报警，为故障车辆救援提供第一手的资料。

4. 面向服务架构技术

地铁车辆智能化的核心是提供标准化的功能服务接口，以相互协作完成一系列特定的用户功能需求，而协同工作需要面向服务的架构技术作为支撑，将应用程序的不同功能单元通过定义的服务接口和协议联系起来，使得复杂系统的功能单元可以统一和通用的方式进行交互。IEC 62580 标准中规定轨道交通车载系统（视频监控、维护系统、司机操作系统、运营支撑系统）将采用 SOA 架构来规范相关设备的应用程序组建及接口。

本项目依据天津地铁 1 号线东延线现有地铁车辆设计出发，对车门系统、走形部系统、传输网络系统、数据库系统和服务软件集成等关键技术攻关，总体技术路线分四步：

（1）首先通过顶层设计，根据现有车辆整体架构设计方案，进行主要子系统改造技术参数匹配设计与接口设计，然后进行车门系统、牵引辅助系统、网络控制系统、车载传输网络系统、车载无线通信设备等车辆系统集成优化设计技术研究。

（2）对整车新增硬件功能设备整备组装。

（3）结合关系数据库构成一体化的存储管理支撑环境，完成数据归类、分析、判断、融合，并进行统一存储管理。通过整个系统的数据处理和数据发布等统一操作管理 Web 端，提供人机交互对话平台。

（4）对样车进行功能调试、优化和线路动态试验，验证各子系统及整车性能指标，完成智能化地铁研制。

24.2.2 走行部状态监测系统

走行部检测诊断系统是一种走行部安全监测装备，通过安装在走行部关键部件上的复合传感器，同时监测冲击、振动、温度3个物理量，并通过基于广义共振与共振解调的故障诊断技术，实现走行部关键部件的车载在线实时诊断，对于故障实现早期预警和分级报警，准确指导车辆的运用和维修。该系统不仅能检测轴承温升，对轴箱轴承、轮对踏面和轨道的波磨引起的冲击振动进行在线实时监测和分析，还能对轨道波磨区段进行分析及精确定位，为轨道的及时打磨提供依据，且能实现分级报警。

本系统由6台诊断仪、18台前置处理器、60只复合传感器、1只转速传感器组成车辆走形部监测系统，如图24.2.2、图24.2.3所示，通过在中间拖车增加转速传感器获取转速信号。通过在转向架上安装新增的复合传感器，同时监测冲击、振动、温度3个物理量，在线实时监测诊断车辆走行部状态，实现故障分级预、报警。重大故障向司机报警，指导乘务人员及时采取措施，保障行车安全；一般故障指导状态维修；早期故障跟踪、关注。

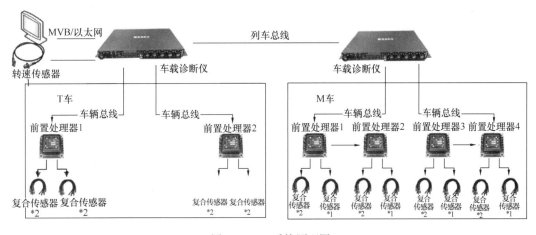

图 24.2.2 系统原理图

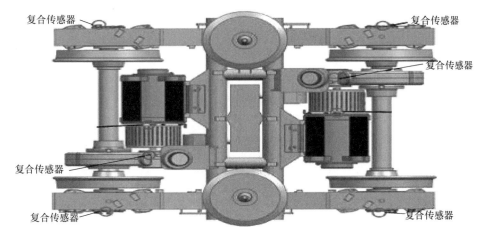

图 24.2.3 传感器安装图

24.2.3 车门健康状态监测系统

目前，地铁车辆门控器只能输出已产生的显性故障结果，缺乏故障发生前的异常工作状态的分析判断。门控器的输出故障通过车辆总线网络上传给车辆 TCMS 在司机室的屏幕上显示，也可以通过门控器的 LED 指示灯显示。故障数据只能在列车入库后人为下载，维护人员依据经验逐个门进行日常检查和简单故障判断。

车门检测诊断系统更换原有客室门门控器，其他硬件设备不做改变。新的智能门控器，把数据采集以太网卡嵌入到门控器内部，实现电动机控制与数据采集装置的一体化。在保留门控器原有功能的基础上，进一步增加了实时监测电动机特性参数（转角、转速、转矩）的功能。数据采集完成之后智能门控器将这些数据通过以太网实时发送到车载以太网设备并通过车载以太网设备实时发送至地面服务器，从而达到对电动机的运行参数实时监测的目的。

通过系统的故障规则知识库智能化判断当前的车门是否产生了故障以及故障的原因和解决方案。如开门障碍检测、关门障碍检测、3s 不解锁、非法离开关锁到位、关到位开关无法触发、关到位开关无法释放、锁到位开关无法触发、锁到位开关无法释放等。

通过智能算法的比较，判断未来出现故障的概率，判断车门是否工作于亚健康状态，通过系统的亚健康知识库智能化判断当前的车门可能存在的问题以及检修的范围。如对中异常、V 型异常、上滑道异常、阻力过大、阻力过小、下挡销横向干涉、下挡销纵向干涉等（图 24.2.4）。

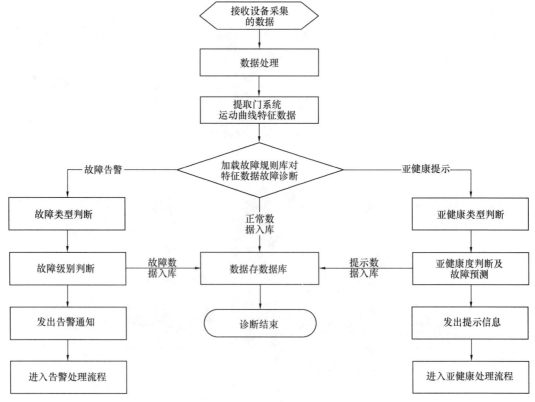

图 24.2.4 亚健康判断逻辑

24.2.4 车地无线传输系统

车地无线传输系统包含在地铁车辆上全新搭建的车辆智能化以太网络系统，以太网主要有子系统设备控制器、以太网交换机、车载无线数据传输模块及车载天线、库内轨旁裂缝波导天线、中心机房4G接收天线以及用来做数据存储和分析的数据服务器等。车载无线数据发送模块具有车辆数据分析处理能力，将整合出完整可用的数据信息传给车载天线发送至地面。车地无线通信方式主要有两种：4G无线传输模式和EDRM无线传输模式。

1. 4G无线传输模式

4G无线传输模式联合移动运营商基于物联网解决方案并通过PPTP/L2TP VPN通道及实时服务器软件保证数据传输的可靠性，实时传输走行部检测诊断系统、车门检测诊断系统、TMS数据（故障信息和状态信息）、关键继电器动作、空开状态等。其工作原理如下：列车各车厢的子系统控制器设备通过以太网交换机相连，并按照协议传送本系统相关状态信息、故障信息和指令等信息，这些信息数据将通过车载无线数据发送模块程序整合后发回给地面接收设备（图24.2.5）。

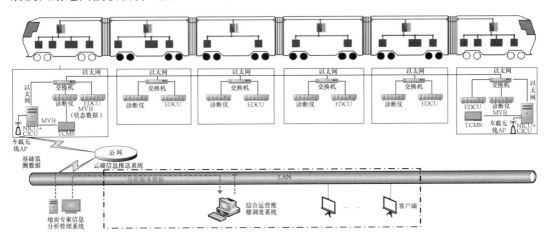

图 24.2.5 正线数据传输

从而在地面服务器实现以下功能：

（1）走行部状态分析及维修预警；

（2）车门状态分析及维修预警；

（3）对列车故障及状态信息实时监控；

（4）列车各空开闭合状态；

（5）车辆继电器动作次数记录；

（6）结合整车电器逻辑判断关键继电器是否发生故障。

2. EDRM无线传输模式

EDRM无线传输模式利用波导局域网，采用5.8GHz频段避免同信号系统2.4GHz同频干扰，采用MIMO技术，提升无线带宽至300Mbps，经过软件完善，解决无线传输稳定性、安全性等问题，自动将事件记录仪EDRM大文件数据（.mevt）高速自动上传到地面服务器，免去人工下载的工作。

其工作原理如下:通过铺设在轨旁的裂缝波导天线,连接地面无线通信设备,地铁车体上配备车载 ANT 天线,连接车载无线传输模块,两天线间进行收发信号,传输信息,形成车地通信。主控器及软件控制车载数据的文件生成、加密、文件传输(图 24.2.6)。

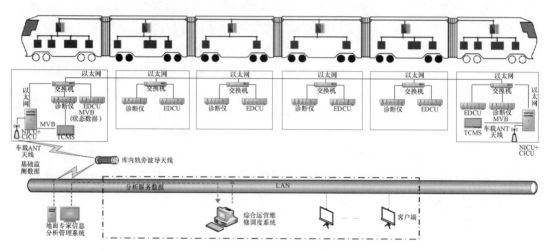

图 24.2.6 库内数据传输

24.2.5 地面设备

地面以太网主要有地面接收天线、地面服务器和与其相连的客户端计算机组成。其工作原理如下:地面服务器可以获取地面接收天线收到的列车数据信息,并通过数据服务器中的服务程序对列车车载无线数据发送模块发出的数据进行接收、存储。客户端计算机通过安装好的应用软件可对地面服务器存储的列车数据进行查询和分析(图 24.2.7)。

图 24.2.7 地面专家分析系统

24.2.6 地面设备显示界面

本系统以列车运营管理的实际工作需求为核心开展建设工作,其主要具有列车组及关键部件的实时监视、数据分析、故障预测功能,即通过列车组及关键部件或子系统当前状态,对故障进行诊断或识别,并对潜在的故障进行预测或报警。建立一套可实现列车实时监控、数据分析和故障预警等功能的在线系统(图24.2.8)。

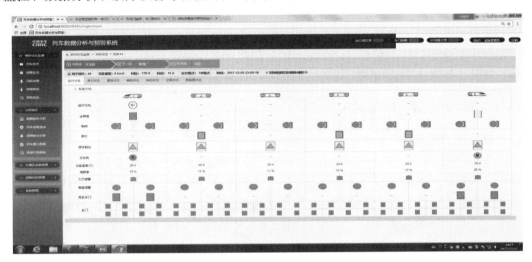

图 24.2.8 系统界面

24.3 经济、社会和环境效益

24.3.1 经济效益

通过车辆数据采集、数据传输、数据分析,组成一套统一的感知、识别、交流、诊断与决策系统,减少了维修人员的日常工作量、工作时间和维修人员数量,降低了维修成本;通过在亚健康状态下的预防维修,减少了故障发生率,延长了车辆设备的使用寿命,降低了车辆的全寿命的维护成本。

24.3.2 社会和环境效益

通过构建数字化平台、数据交换和处理平台,完成列车运行状态监测、维修预测以及安全评估,实现地铁车辆在途状态监测和安全预警的智能化,提高地铁车辆装备水平,实现车辆运营的安全性、可靠性、舒适性。

24.4 推广应用前景

城市轨道交通智能化运营与维保系统工程以全息化列车状态感知和动态数字化运行环境为基础,以信息智能处理与交互为支撑,具有自检测、自诊断、自决策能力,通过对牵引控制、辅助电源、走行部、车门、网络、制动、旅客信息等系统的设备运营状态进行实时动态监控，通过标准化的网络组成一个统一的感知、识别、交流、诊断与决策的开放式系统，以支撑列车智能控制、智能监测诊断、智能维护、智能安全等功能，对提升列车运行性能、安全性、乘客舒适性、运营维护和运营管理水平有着重要的意义。

24.4.1 天津地铁1号线应用

在天津地铁1号线列车上进行系统应用，利用智能化技术获得地铁车辆运行及列车安全运营关键设备的状态数据，建立车辆信息数据库，通过异常预警、预判分析等手段，排除影响列车安全运营的不利因素，提高车辆运营的可靠性和安全性，并通过专家分析数据积累，优化车辆设备维修模式、提升维修诊断效率和资源利用率。

24.4.2 天津地铁4、10号线应用

科技成果已向天津地铁4、10号线进行推广，将成果进一步拓展应用。天津市整体规划轨道交通线路29条，同时全国有28个城市已建或在建地铁，预计市场占有率50%，此新产品的推广以及在铁路行业的辐射应用，将带来巨大的经济效益；且该项目能够提高运营可靠性和安全性，节约人力成本，所带来的社会和经济效益无法估量。目前，本项目的研究成果正在城市轨道交通大力建设和迅速发展的西安、成都、南京等城市进行应用推广。

第 25 章　基于大数据的智能车辆段

25.1　车辆检修模式及车辆基地概述

25.1.1　车辆检修模式

目前，国内外的车辆运用维护和检修有两大体系：一是以计划预防性检修为主；二是以可靠性为中心的检修制度。

"计划预防为主检修"是通过研究机械设备各部件的维修机理，提出计划性的维修机制。其核心内容是统计收集设备机械零部件损伤的数据信息，进行数据分析研究，将设备中的机械零部件按照一定损伤规律及损伤速度，科学分为若干组，并评估每个机械零部件的损伤极限，进而计算出设备在不同修程内的修理时间期限和修理范围。其中修理时间通过统计并绘制机械设备零部件故障曲线，得出设备的耗损故障期起点来确定。"计划预防为主检修"的核心内容是统计推理计算得出设备主要零部件的维修周期。科学确定修理等级及修理时间周期，制定对应的维修制度和规范。目前，我国城市轨道交通车辆的维修制度基本采用以整列车为维修目标的计划预防修的大框架，具体方式为：计划修+故障修。

"以可靠性为中心检修"的基础是计划预防修，但现实中发现，有些设备并不是维修次数越多、修理范围涵盖越广，就能更多地减少车辆故障，恰恰相反由于对车辆的频繁拆装反而出现更多的未知故障，这是由于设备的可靠性由设计制造时的制造或组装工艺来保证，只有有效的维修才能保持其固有可靠性。

"以可靠性为中心检修"提出检修应按照设备各部件的功能、故障原因和故障表现来确定需要做的维修工作，并提出维修方式的"逻辑分析决断图"，对重要维修项目逐项分析其可靠性特点及发生功能性故障对车辆带来的后果，来确定应采用哪种维修方式。

维修方式是指对设备维修时机的控制。对维修时机的掌握通过采用不同的维修方式来实现。目前的维修方式有计划修、状态修和故障修 3 种。

（1）计划修是以使用时间作为维修节点，只要时间达到预先规定的时间节点，不管其运行状态如何，都要按照规定进行维修工作，这是一种强制性的预防修理。定期维修要解决的难点在于如何确定维修周期。正确的维修时间点应是偶然故障阶段的起始点，即在故障率进入耗损故障期急剧上升之前。

（2）状态修是指在连续性检测过程中，设备参数值出现明显数值波动，用此数值确定设备的状态，如果检查确认后发现性能正在下降，则对故障和失效部位进行定位，从而达到记录和追踪失效过程和时间的一种维修。

（3）故障修是在部件已经发生故障后才进行修理的一种方式，不是通过时间确定。

"计划预防为主检修"维护模式主要存在的问题是维修周期过短、在修时间过长。维修中基本没有考虑状态修，过剩维修严重、维修机构不合理、维修专业化程度差等。目前，我国轨道交通车辆段检修仍采取以计划修为主、状态修为辅的策略，主要原因是由于我国辅助检修装备制造水平、车辆技术水平及辅助设施的供应不足等。以定期维修为主要特征的计划修体制通常采用现车修和互换修方式，有条件时宜更多采用互换修的方式，以减少车辆在线检修时间，提高车辆周转效率，降低车辆全生命周期成本。在计划修的基础上，还创新出一种"均衡修"的维修策略，根据列车部件维护周期，定时、有针对性地对列车部件进行"小病防治"，使列车在其余时间仍可上线运营，大幅缩短了车辆的停用时间。

25.1.2 车辆综合基地功能及分类

目前，全国各地检修线网规划及资源共享方案不一，车辆段的功能定位也有一定差别，本节主要以北京地铁车辆段为例进行分析。

1. 车辆综合基地功能

车辆综合基地作为整个城市轨道交通系统后勤保障基地，功能体现在它是为整个城市轨道交通系统服务，根据运营使用要求，车辆综合基地必须满足以下基本功能：

（1）运用功能：车辆的停放、技术检查运用整备与管理。线路固定设施的运营及管理。

（2）检修功能：车辆定期检修、临时性检修及事故车辆检修。线路固定设施的检查、维修。

（3）救援功能：在线事故车辆的救援。

（4）供给功能：全线各运营、设备系统的备品、备件及材料的采购、管理和发放。

（5）培训功能：技术、业务培训。

2. 车辆综合基地分类及功能定位

车辆综合基地根据承担的功能、任务范围不同，车辆综合基地划分为停车场、车辆段和车辆厂。

停车场是车辆运营组织基地，必要时也可包含临修的功能。其基本功能包括：车辆的停放、编组、运用、清洗、清扫和列检任务；根据运营管理模式的需要，负责所属列车的乘务工作；根据需要承担所属列车的月检任务；根据需要承担固定机电设备巡检。其设施主要有：停车列检库、洗车库、月检库、临修库（根据需要设置）、综合维修工区（根据需要设置）。

车辆段是车辆运营组织和维修的基地，除具备停车场的基本功能外，主要增加了车辆维修功能。车辆段基本功能包括：车辆的停放、编组、运用、清洗、清扫、消毒和列检任务，临修及不落轮镟轮任务，月检任务，架修任务，事故列车的救援工作，固定设备、设施、机具的维修及技术革新工作，折返线列检所的业务工作，行政、技术管理和材料供应，后勤等工作，隧道、桥梁、建筑及其他设施的日常值班、巡检和修理，运营所需设备、材料、物资的采购、储存和发放。其设施主要有：停车列检库、洗车库、月检库、临修库、不落轮镟库、轨道车库、架修库、试车线，综合维修中心，材料备品库。

车辆厂是轨道交通车辆厂修及部件集中检修的专业工厂。车辆厂基本功能包括：车辆的厂修任务，车辆的部件集中检修任务，车辆的技术革新。其设施有：厂修库、轨道车库、调试库、油漆库，各类部件检修车间，试车线，材料备品库。

25.2 基于大数据的智能车辆段建设

基于大数据的智能车辆段建设主要包括：车辆实时监测数据的落地应用、车辆地面检测设备的配置及应用以及智能管控系统平台建设三个方面的内容。

25.2.1 车辆实时监测数据的落地应用

1. 车辆 TCMS 监测数据

挖掘列车全生命周期数据所蕴含的技术价值和安全信息，突破距离、时间、设备等的限制，实现互联网化、数据化、可视化、主动化的列车运维服务新模式。针对牵引、制动、转向架、网络等主要系统，建立预警模型（如牵引功率一致性、空转异常、网压一致性、中间电压一致性、制动力异常提醒、滑行异常、紧急短路提醒、空气制动切除监控等），实现车辆状态监测与健康管理（表 25.2.1）。

车辆实时监测数据统计表　　表 25.2.1

序号	上传的数据	备注
1	牵引辅助系统数据	牵引辅助命令、状态、故障
2	制动系统数据	制动系统命令、状态、故障
3	乘客信息系统数据	乘客信息系统命令、状态、故障
4	车门系统数据	车门状态、故障
5	空调系统数据	空调命令、状态、故障
6	蓄电池管理系统数据	蓄电池状态、故障
7	蓄电池充电机数据	蓄电池充电机状态、故障
8	火灾报警系统数据	火灾命令、状态、故障
9	公共广播系统数据	公共广播命令、状态、故障
10	走行部检测系统	走行部检测状态、故障
11	弓网检测系统	弓网检测系统故障

数据分析与处理又可分为两个层面，各系统控制器是数据的采集设备也是数据的第一层分析与处理设备，控制器可对采集数据进行简单的分析处理，用于子系统运行的控制；第二层面即为地面控制中心，通过接收每列车传输的子系统状态以及车辆运行状态，基于大数据理论对各子系统状态进行预测及诊断，实现子系统状态的智能诊断，提前预警子系统故障，及时推送维修建议。

以北京新机场线为例，车辆 TCMS 数据通过无线 LTE 下传至控制中心，控制中心通过光缆接入车辆检修网关，从检修网关接入智能管控系统汇聚交换机，通过网闸接入智能管控系统服务器。

通过智能采集、大数据多模型分析，集成车辆各类动态和静态信息，并对车辆的故障进行诊断和分析，主要包含以下内容：故障描述；故障代码；故障触发条件；故障消失条件；对系统造成的影响；故障等级分类；司机解决办法；检修解决办法（表 25.2.2、表 25.2.3）。

BCU 故障分析示例　　　　表 25.2.2

故障代码	故障名称	设备故障等级	列车故障等级	故障描述	司机解决办法	检修解决办法	……
1201	本车制动重故障	中等	2	① 紧急制动不能施加；② 最大常用制动不能施加；③ 制动不缓解	① 只有一辆车报出重故障的情况下，由车辆触发快速制动停车，停车后信号系统向中心请求远程隔离故障车，隔离后列车正常运行至终点退出运营。② 两辆车报制动重故障或一辆车已被远程隔离且另一辆车报重故障时，由信号系统触发紧急制动不可缓解，司机上车手动隔离故障车空气制动 B35 塞门，切除信号转人工驾驶，按限速表运行，回库处理	① 检查制动控制单元 B01B12.03 紧急电磁阀及其接线，如果有问题，请更换。② 检查制动控制单元 B01B12.06 空重阀，如果有问题，请更换。③ 检查制动控制单元 EP 控制电磁阀 B01B12.04-1/2、压力传感器 B01B12.04-3 及其接线，如果有问题，请更换。④ 检查制动控制单元 B01B12.13 中继阀，如果有问题，请更换。⑤ 检查制动控制单元远程缓解阀 B01B12.12 和 B01B12.19，如果有问题，请更换，检查远程缓解阀 B01B12.12 的接线，如有问题，请解决。⑥ 检查制动控制单元 B01B12.17 制动缸压力传感器，如果有问题，请更换。⑦ 检查制动控制单元 B01B15.06 双向止回阀，如果有问题，请更换。⑧ 检查制动控制单元 EBCU 的 A4、A5 主板和 A7、A8 扩展板，如果有问题，请更换，并下载应用程序	……
2201	本车制动重故障	中等	2	① 紧急制动不能施加；② 最大常用制动不能施加；③ 制动不缓解	① 只有一辆车报出重故障的情况下，由车辆触发快速制动停车，停车后信号系统向中心请求远程隔离故障车，隔离后列车正常运行至终点退出运营。② 两辆车报制动重故障或一辆车已被远程隔离且另一辆车报重故障时，由信号系统触发紧急制动不可缓解，司机上车手动隔离故障车空气制动 B35 塞门，切除信号转人工驾驶，按限速表运行，回库处理	① 检查制动控制单元 B01B12.03 紧急电磁阀及其接线，如果有问题，请更换。② 检查制动控制单元 B01B12.06 空重阀，如果有问题，请更换。③ 检查制动控制单元 EP 控制电磁阀 B01B12.04-1/2、压力传感器 B01B12.04-3 及其接线，如果有问题，请更换。④ 检查制动控制单元 B01B12.13 中继阀，如果有问题，请更换。⑤ 检查制动控制单元远程缓解阀 B01B12.12 和 B01B12.19，如果有问题，请更换，检查远程缓解阀 B01B12.12 的接线，如有问题，请解决。⑥ 检查制动控制单元 B01B12.17 制动缸压力传感器，如果有问题，请更换。⑦ 检查制动控制单元 B01B15.06 双向止回阀，如果有问题，请更换。⑧ 检查制动控制单元 EBCU 的 A4、A5 主板和 A7、A8 扩展板，如果有问题，请更换，并下载应用程序	……

续表

故障代码	故障名称	设备故障等级	列车故障等级	故障描述	司机解决办法	检修解决办法	……
3201	本车制动重故障	中等	2	① 紧急制动不能施加；② 最大常用制动不能施加；③ 制动不缓解	① 只有一辆车报出重故障的情况下，由车辆触发快速制动停车，停车后信号系统向中心请求远程隔离故障车，隔离后列车正常运行至终点退出运营。② 两辆车报制动重故障或一辆车已远程隔离且另一辆车报重故障时，由信号系统触发紧急制动不可缓解，司机上车手动隔离故障车空气制动 B35 塞门，切除信号转人工驾驶，按限速表运行，回库处理	① 检查制动控制单元 B01B12.03 紧急电磁阀及其接线，如果有问题，请更换。② 检查制动控制单元 B01B12.06 空重阀，如果有问题，请更换。③ 检查制动控制单元 EP 控制电磁阀 B01B12.04-1/2、压力传感器 B01B12.04-3 及其接线，如果有问题，请更换。④ 检查制动控制单元 B01B12.13 中继阀，如果有问题，请更换。⑤ 检查制动控制单元远程缓解阀 B01B12.12 和 B01B12.19，如果有问题，请更换，检查远程缓解阀 B01B12.12 的接线，如有问题，请解决。⑥ 检查制动控制单元 B01B12.17 制动缸压力传感器，如果有问题，请更换。⑦ 检查制动控制单元 B01B15.06 双向止回阀，如果有问题，请更换。⑧ 检查制动控制单元 EBCU 的 A4、A5 主板和 A7、A8 扩展板，如果有问题，请更换，并下载应用程序	……
……	……	……	……	……	……	……	……

TCU 故障分析示例　　　　　　　　　　　　　　　　　　　　　　　表 25.2.3

故障代码	故障名称	设备故障等级	列车故障等级	故障描述	司机解决办法	检修解决办法	……
X301	网流异常	中等	3	网流异常	①可以继续运行；② 如果自动恢复，正常运行；③ 无法自动恢复，维持运行，回库检修	①确认线路供电、弓网接触良好，检查相应传感器接线是否良好；②重新上电复位，查看故障是否消除；③更换模拟采样板或者传感器	
X302	网压异常	中等	3	网压异常	① 可以继续运行；② 如果自动恢复，正常运行；③ 无法自动恢复，维持运行，回库检修	① 确认线路供电、弓网接触良好，检查相应传感器接线是否良好；② 重新上电复位，查看故障是否消除；③ 更换 LSC 板或者传感器	……

续表

故障代码	故障名称	设备故障等级	列车故障等级	故障描述	司机解决办法	检修解决办法	……
X303	网压中断	中等	3	网压中断	① 可以继续运行；② 如果自动恢复，正常运行；③ 无法自动恢复，维持运行，回库检修	① 确认线路供电、弓网接触良好，检查相应传感器接线是否良好；② 重新上电复位，查看故障是否消除；③ 更换 LSC 板或者传感器	……
X304	网压过低	中等	3	网压过低	① 可以继续运行；② 如果自动恢复，正常运行；③ 无法自动恢复，维持运行，回库检修	① 确认线路供电、弓网接触良好，检查相应传感器接线是否良好；② 重新上电复位，查看故障是否消除；③ 更换 LSC 板或者传感器	……
X305	网压过高2	严重	3	网压过高2	① 可以继续运行；② 如果自动恢复，正常运行；③ 无法自动恢复，维持运行，回库检修	① 确认线路供电、弓网接触良好，检查相应传感器接线是否良好；② 重新上电复位，查看故障是否消除；③ 更换 LSC 板或者传感器	……
X306	网压过高1	中等	3	网压过高1	① 可以继续运行；② 如果自动恢复，正常运行；③ 无法自动恢复，维持运行，回库检修	① 确认线路供电、弓网接触良好，检查相应传感器接线是否良好；② 重新上电复位，查看故障是否消除；③ 更换 LSC 板或者传感器	……
……	……	……	……	……	……	……	……

地面车辆管控平台对接收的数据进行分析，通过故障诊断和预警模型对各系统整体性能以及制动部件进行诊断，并根据需求提供设备保养和维护建议，有助于车辆健康长期运行。

基于大数据的智能化车辆基地管控系统将车辆 TCMS 系统数据经过信号处理与特征提取、健康评估、健康诊断等环节的数据分析流程，利用趋势图、性能雷达图、故障分类图、风险图等实现关键部件健康状态的可视化，并生成相应数据库。

2. 车辆走行部监测数据

走行部是车辆的重要部件之一，可以保证车辆灵活、安全平顺地沿钢轨运行和通过曲线；可靠地承受作用于车辆的各种力量并传给钢轨；缓和车辆和钢轨的相互冲击，减少车辆振动，保证足够的运行平稳性和良好的运行质量；具有可靠的制动机构，使车辆具有良好的制动效果。走行部故障对于城轨车辆的运营安全尤为重要。

基于广义共振与共振解调技术，实现走行部关键部件的车载在线、实时、自动、精确诊断，实现故障早期预警和分级报警，准确指导车辆的运用和维修。该系统还可以实现在运营车辆上间接监测轨道状态，反映钢轨波磨、钢轨伤损等问题，从车轨系统工程角度保障轨道交通运营安全。

数据通过安装在走行部的复合传感器，将采集到的温度、振动、冲击等多个物理量进行检测、处理并传输至前置处理器；前置处理器负责将传感器网络传输的温度信息进行处理、采集、存储；将传感器网络传输的模拟（振动、冲击）信息进行信号切换与路由；将温度信息和模拟信号通过总线传输到车载诊断仪；车载诊断仪负责将传感器网络传输来的信号进行处理、采集、诊断与存储，通过内置的在线故障诊断专家系统软件，实现在线自动诊断，并实时给出诊断结论；最后，通过无线模块实现无线数据传输、报警信息输出、走行部检测状态查询、轮轨监测模式切换的装置，可以使车载系统的数据实时自动的传递到车辆段地面系统（图25.2.1）。

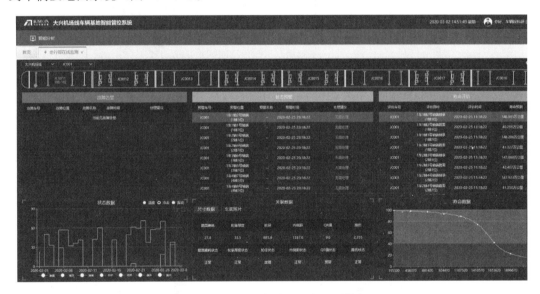

图 25.2.1　北京新机场线走行部监测数据页面

3. 车辆其他系统监测数据

随着智慧地铁的技术发展，车门、受电弓、牵引、制动、空调、火灾报警、FAS 等车载子系统均在研究 PHM 健康管理，这些数据都将给车辆维修带来很大帮助。

25.2.2　车辆地面检测设备的配置及应用

随着市域快线的建设、全自动驾驶等技术的应用，传统的依靠人员对车辆状态的监测已无法满足要求，采用轮对、受电弓、车底在线检测系统，以更加安全、高效、准确地检测车辆关键部位的状态信息（图25.2.2）。

1. 轮对在线检测设备

车轮在线检测系统安装在车辆入库线路上，在线动态自动检测车轮外形尺寸、踏面擦伤、车轮缺陷状况。具体功能如下：

（1）轮对外形尺寸自动检测：踏面磨耗、轮缘厚度、QR 值/垂直磨耗、车轮直径、轮对内距。

（2）车轮擦伤自动检测：擦伤深度。

（3）踏面图像自动监测：车轮踏面擦伤、剥离、硌伤等踏面表面缺陷。

（4）擦伤检测单元自动升降保护装置。

（5）车号及端位自动识别，车号图像展示。

（6）绘制轮对外形检测曲线并与踏面标准外形进行比较显示。

（7）图像化检测视图分析、缺陷定位、直观判别缺陷。

（8）检测结果可存储、查询、统计、对比、打印，具备超限报警显示功能。

（9）具备数据联网管理功能，对检测出的数据进行分析、判断、汇总和统计。

（10）通过数据的综合分析比较（按时间段、走行公里数对同一列车、同一辆车、同一转向架、同轴车轮各检测数据进行综合分析比较）对轮对的技术状态做出综合评价，给出优化的综合维护保养方案，以指导轮对的检修。

（11）提供与车辆段智能管控系统的接口。

图 25.2.2　检测棚及在线检测设备

轮对在线检测系统由基本检测单元、现场控制中心、远程传输通道和远程控制中心四个部分组成，如图 25.2.3 所示。

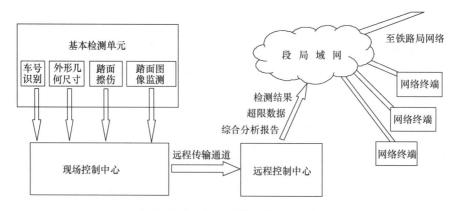

图 25.2.3　轮对在线检测系统结构

轮对在线检测系统采用"光截图像测量技术"实现车轮外形轮廓和轮对关键外形尺寸的非接触动态自动检测。根据轮对尺寸检测原理，线光源沿轮心方向投射到车轮踏面部分形成从轮缘到踏面的光截曲线，该光截曲线包含了踏面外形尺寸信息。用与光入射方向成一定角度的CCD摄像机拍摄车轮外形光截曲线图像，经过图像实时采集、处理获得车轮外形曲线，将检测的外形曲线与标准曲线比较后得到车轮外形尺寸。系统在实际实施中，采用内外两侧光源入射的方式形成车轮外形的完整轮廓曲线。轮对擦伤检测的基本检测原理是通过测量车轮一周的轮缘高度变化，实现对踏面擦伤及车轮不圆度的测量。轮对在线检测系统检测参数及误差见表25.2.4。

轮对检测数据 表25.2.4

检测部件	检测项	检测误差	来源模块
轮对	踏面磨耗	±0.2mm	尺寸检测模块
	轮缘厚度	±0.2mm	
	QR	±0.2mm	
	轮径	±0.8mm	
	轮对内距	±0.8mm	
	同轴轮径差	—	
	转向架轮径差	—	
	车厢轮径差	—	
	踏面擦伤（长×宽）	±0.1mm	擦伤检测模块

2. 受电弓在线检测设备

受电弓在线检测系统安装在车辆入库线路上，用于定点实时在线检测车辆受电弓磨耗、轮廓、中心线偏移、多向倾斜、受电弓与接触网工作位接触压力、车顶状态观测等情况，同时还能为用户制订受电弓维修计划，并预测滑板的替换时间。通过无线或有线方式将全列车检测报告上传至车辆段控制中心（DCC）。具体功能如下：

（1）对入库车辆受电弓外轮廓自动监测；
（2）自动检测受电弓中心线偏移；
（3）自动检测受电弓倾斜；
（4）自动记录车辆编号及分析受电弓滑板的历史磨耗数据；
（5）利用高速、高分辨照相技术，实现列车受电弓状态的可视化；
（6）能以磨耗趋势预测滑板的更换时间，以便对消耗品进行正确计划管理；
（7）车辆车号自动识别，提供数据接口，实现车号共享；
（8）提供检测项目的图像及数据报表输出；
（9）提供检测结果的查询、统计、综合分析、打印、故障预警；
（10）提供与车辆段智能管控系统的接口。

受电弓在线检测系统由基本检测单元、现场控制中心、远程传输通道和远程控制中心四个部分组成。基本检测单元，包括车号识别模块、受电弓检测模块、车顶监控模块。现场控制中心，包括现场控制系统、数据采集控制系统、数据处理系统。

受电弓磨耗和中心线检测采用"图像测量法"非接触动态检测。受电弓滑板磨耗情况用高分辨率高清晰度相机以设计角度对受电弓进行拍摄，经过实时图像处理，得到受电弓滑板厚度曲线。中心线检测用高分辨率高清晰度相机以设计角度对受电弓左右两端的羊角进行拍摄,则受电弓羊角在图像中的位置包含了受电弓相对于轨道中心线的位置信息,经过实时图像处理,结合标定信息,得到受电弓中心相对轨道中心线的偏移量。受电弓与接触网工作位接触压力检测使用杠杆原理,通过压力装置的测量臂传递到压力传感器测得。具体检测参数见表25.2.5。

轮对检测数据　　　　　表 25.2.5

检测部件	检测项	检测误差	来源模块
受电弓	最小磨耗剩余量	±0.5mm	磨耗检测模块
	最大磨耗差	—	
	最小剩余差	—	
	中心线偏差	±5mm	
	工作压力	±5N	压力检测模块

3. 车底成像设备

车底成像设备通过在轨边安装高速高清工业摄像头,采集通过车辆底部及两侧部重要部件的图像,对图像进行分析处理;自动检测闸瓦厚度,超过警戒值或限度值时,检测系统及时进行预警、报警提示;自动识别闸瓦缺失、车底部牵引装置、电机盖、闸瓦或制动盘、撒砂器、齿轮箱、抱轴箱等走行部关键部件缺失、变形等异常情况,发现问题及时报警提示。系统具有二维尺寸测量及比对技术,可对部件进行自动异常分析、报警,排除水渍、污渍、粉笔标识、人工划痕等非故障因素的干扰,有效减少异常报警数量,提高故障识别准确率。

随着技术的发展,目前市场上已经出现城轨车辆全景彩色图像智能检测分析系统,这是一种自动监测地铁车辆外观异常状态的智能化检测系统。系统融合了线阵高清彩色成像、深度学习等技术,以不停车检测的方式实现了日常检修中对车顶、车侧、车底走行部及其他关键部件工作状态的智能检测与分析预警(图25.2.4)。

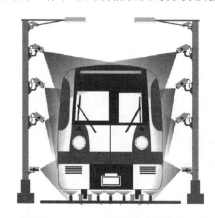

图 25.2.4　城轨车辆全景彩色图像智能检测分析系统安装示意图

4. 其他工艺检修设备

除了在线检测设备,车辆段内配置了探伤设备、不落轮镟床、车轮车床、静载试验台等关键工艺设备,这些工艺设备需将检测数据及设备运行状态数据提供给车辆段智能管控系统。

25.2.3 智能管控系统平台建设

1. 智能管控系统功能

新机场线智能管控系统功能模块如图 25.2.5 所示。

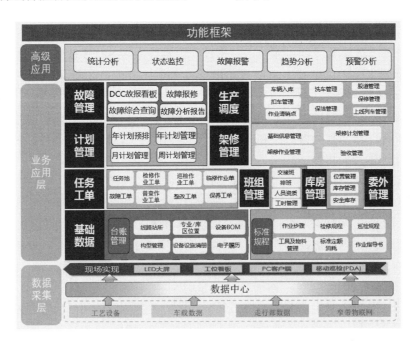

图 25.2.5 新机场线智能管控系统功能模块图

（1）综合管理平台

综合管理平台具备决策分析、监控和调度等功能，完成生产调度指挥、数据智能接入和分析。

1）决策分析中心

建立基于风险、成本、费用等管控主线的重点业务分析，为领导层提供辅助决策数据。

2）监控中心

应用大屏，实现对关键状态的动态展现与跟踪，主要包括车辆实时状态、检修作业状态及检修进度的监控，检修安全管理及设备监测报警等。

3）调度中心

应用大屏，实现对重点调度业务集中管控与追踪管理，主要包括故障调度、人员调度、车辆设备调度、物资调度等管理。

4）大数据存储分析中心

大数据存储分析中心应由大数据存储系统、数据分析处理及可视化系统等组成。系统基于物联网技术构建集中的高效运行数据库，通过大数据分析手段建立实时的状态趋势及故障预警模式。

(2) 车辆检修智能管理系统

车辆检修管理模块是围绕车辆检修的计划、调度、作业、质量和协作几个方面，通过对现场作业的指导和检修过程的数据采集，对车辆检修提供全面的信息化覆盖和智能化的信息协作。

根据用户的检修规程与作业指导书设置及其他要求，定制标准作业计划管理功能，包括电客车所有修程。

1) 检修作业管理

针对电客车、车辆段工艺设备的不同修程，以车辆设备部件维修维护为对象，根据计划维护管理的特点与实际情况，定期自动地安排工作。根据设备检修修程、节假日等信息，自动编制预防性维修计划。

建立电客车故障编码体系，不同设备、不同系统、不同类别的故障通过唯一编码进行标识。通过故障工单实现设备故障和维修记录的管理，便于对运营生产过程中出现的设备故障进行归档和汇总分析。

实现工单的创建、流转、关闭等闭环管理。

采用图形化方式实现对段内车辆生产工作组织状态监控，包括在修车辆基本信息、车辆所在位置、车辆检修状态。点击车辆后可显示车辆检修的具体信息，包含：车辆修程、检修内容以及整体进度状态、物料供应进度、标准工时与实际工时对比、修检验人员的具体信息等。

2) 生产调度管理

车辆检修、设备检修生产调度模块实现车辆段内生产调度的信息化管理，合理安排人员、股道等检修资源，支持相关业务的流转、审批在系统内完成；包含车辆入库管理、报修管理、作业流程监控管理、派活管理、领活管理、交活管理、验收管理功能。生产调度包括不限于检修中心生产、设备生产和架大修生产。

3) 车辆数据分析和状态监测、故障管理

系统通过对车辆状态参数数据、运行状态等数据的采集和传输，构建集中的状态监测运行数据库，建立实时的状态评价及状态数据超标准预警，并对车辆进行相关技术分析。主要功能包括：车辆数据采集和管理、车辆数据分析、告警故障分析、车辆状态评价、状态监测标准、状态趋势管理、状态数据超标准预警等。

(3) 检修设备管理系统

检修设备管理系统是关于车辆检修设备的维护保养、故障采集、状态监控的综合管理系统。该系统在设备上设置巡检点，使用智能手持终端定期对设备进行巡检和维护保养。系统功能主要体现在为全段特种车辆、大型维修机械设备的定期检查提供作业自动周期制定、实时联动反馈检查结果。通过系统的实时监测，为资产、设备状态提供完备、周密的运维保障。主要包括如下功能：设备巡检管理、设备维修管理、设备档案管理、智能钥匙柜管理、查询报表等。

检修设备管理系统对段场内重要的工艺设备（如不落轮镟床、架车机等）和重要的机电设备进行状态监测管理。

1) 实时监测

设备通过接口向智能采集终端传输设备实时运行数据，智能采集终端接收到实时数据后结合设备的技术参数，对设备的运行状态以及故障情况进行实时监测。

2）维护保养

根据设备的使用操作说明、维保规程以及列车检修计划，制定设备维保计划，自动生成维保工单；根据设备维保计划、操作说明，为设备管理人员提供保养计划提醒和指导。

3）维修管理

根据检修设备的技术参数和检修设备实时的运行数据自动诊断是否出现故障或者存在潜在的故障。并结合以往故障发生时的运行数据进行设备状态的挖掘分析，判断潜在故障，进行预防性维修，防止发生设备故障；在系统中记录设备检修作业信息，需记录故障来源、故障原因，处理对策和结果、替代设备更换使用情况等。维修记录应方便查询，并可统计输出。

4）关键工艺设备监测数据管理

应用物联网技术，实现工艺设备如镟床、架车机等设备（含机台 PLC 等数据）的状态参数数据、数字仪表数据、运行状态等数据的采集上传。

5）设备报警管理

应支持对纳入状态管理的工艺、机电各类设备的实时状态数据进行分析并按照系统内预设的预警界限进行实时预警与监测，通过 PC 端进行报警信息的展现。

6）设备监测故障分析

建立设备异常判定的规则库，实现对段场工艺设备、机电设备的异常报警数据的故障分析和结果输出功能，可以分析诊断设备的典型故障，并能按要求生成所有设备异常报警和各单项设备的日表、月表、季表和年表。

（4）检修安全管控系统

运用库处于全自动运行区，在列车出、入库及库内作业过程中，必须确保检修人员的人身安全和设备安全。作业区是被隔离的无电区，应通过隔离开关将接触网断开并挂接接地线。在整个作业过程中，必须对库内的关键设备如接触网高压隔离开关断开、接地、上车顶平台作业等进行安全联锁控制，应对运用库全自动运行区域内的请销点检修施工进行全程安全管理。

安全联锁系统基本逻辑流程：

人员登平台作业的流程为：

1）施工受理，作业人员在施工受理处登记，拿到授权；
2）通过授权进入相应股道，进行对应股道的隔离开关断电；
3）接地杆可靠接地，得到下一步授权；
4）允许人员登平台作业；
5）支持多组人员检修施工管理。

检修完毕人员退出的流程为：

1）所有人员全部离开平台；
2）接地杆脱离接触网，并回到接地杆安置箱；
3）对应股道的隔离开关可送电；
4）调度室销点。

检修安全管控系统是一套安全管理系统，系统采用机械联锁的方式，按照实际需求进行组合，构成具有唯一逻辑操作顺序且具有物理强制性的一整套系统，实现安全管理的目的。同时，本系统还应把现场工作状态、联锁情况，配合智能钥匙追踪系统、IC卡（员工卡）管理系统等实现钥匙管理、人员管理、时间管理、事件管理的智能化和数据化管理。

检修安全管控系统由智能钥匙管理系统、闸刀联锁模块、接地联锁模块、钥匙交换联锁模块、平台隔离门联锁模块、智能管理联锁软件等组成。

2. 智能管控系统硬件

系统硬件按车辆检修智能管理系统、检修设备管理系统、检修安全管控系统三部分划分，主要包含调度拼接大屏设备、计算与存储设备、服务器、工作站、专业网络设备、作业支持系统设备、检修安全管控硬件设备、机房设施、手持机、智能工位终端机、车间电子屏幕等硬件设备，为系统运行提供硬件支撑。

3. 智能管控系统数据接口

（1）与其他系统、专业接口

1）与公司综合运维管理系统接口

设备设施编码、位置码、设备设施分类等基础数据必须保持统一；资产主数据及编码必须保持统一；检修规程主数据、故障主数据等保持一致；检修计划、故障工单、台账档案、维修履历等数据与公司系统交互；与资产主数据进行数据集成，资产变动信息交互。

2）与物资管理系统接口

库存、物料信息集成共享，实现工单的领用消耗、退库与库存自动集成，并实现工单对物料的有效性检查和库存预留功能。

物资主数据、库存信息集成共享，维修系统与物资系统使用相同的物资编码、仓库等信息，库存信息同步。

与工单中的中心、班组等信息集成，物资消耗、物料成本可归集到中心、班组，及各级修程。架大修可将物资消耗及成本归集到每列车。

（2）与人力资源系统、统一用户认证平台接口。

员工信息接口：从人力资源系统和统一用户认证平台获得工号、姓名、工种、部门等相关人员信息。

组织结构接口：从人力资源系统和统一用户认证平台获得组织编号、组织名称等。

（3）与信号系统/综合监控系统接口

从信号系统/综合监控系统获取列车停稳标志、股道、列车编号信息。信号系统提供TCMS数据给车辆智能检修管理子系统。

（4）与供电系统接口

供电系统在停车列检库内设置手动隔离开关，检修安全管控系统在隔离开关设置接口，采集股道停送电状态信息。

（5）与车辆车载设备接口

与车载自诊断系统实现数据交互，通过无线网络获取车辆轴箱轴承、齿轮箱轴承、电动机轴承等相关走行部件的报警信息。该模块与计划编制模块存在接口，为检修计划的编制提供依据。

（6）与工艺设备接口

车辆检修设备向车辆智能检修管理子系统提供检测数据,向车辆检修设备智能管理子系统提供设备运行状态(表 25.2.6)。

工艺设备接口数据基本内容 表 25.2.6

传输方向	数据内容	数据交换时机	主要应用目的
上传	检测/测试/维修数据	对于实时在线联网设备,在作业结束后立即传;对于非实时在线联网设备,在与智能管控系统网络联通后立即上传最近的检测结果	实现检测、测试、维修、作业数据的采集
	设备状态监测数据	自设备启动时起定时上传,其周期根据设条要求具体确定;状态发生改变时立即上传;对于实时在线联网设条,正常状态信息的上传时机需根据设备的状态变化频度确定	实现设备在线监测和运行状态管理,提供设备故障实时报警和设备性能动态管理
	作业记录数据	在设备操作人员完成一项作业时	记录作业,掌握作业实绩
下传	作业工单	设备开启时,设备接口程序向智能管控系统查询;设备运行期间,设备接口程序定时向信息系统查询	自动接收作业安排,完善设条自身功能,如轮对踏面检测设备和洗车机需通过信息系统获得作业安排,以区分正常作业过车和非作业转线过车
	通知消息	一旦产生通知消息立即向设备发送	在下传数据前向设备下发数据和消息通知
	系统命令	一旦产生系统命令立即向设备发送	向无人值守设备发送起、停、自检等设备运行系统命令

4. 智能管控系统性能

(1) 系统稳定性:要求系统软硬件整体及其功能模块具有稳定性。

(2) 易于维护性:要求系统维护方便、快捷。后期维护简单易行,维护工作应尽量少地改动程序源代码。系统测试不影响系统正常运行。

(3) 安全性:实现信息的保护和隔离,系统应分别针对不同的应用和不同的网络通信环境,采取不同的措施,包括系统安全机制、权限控制、身份认证等,要求保障系统数据安全,不易被侵入、干扰、窃取信息或破坏。

(4) 可扩展性:要求系统从规模上、功能上易于扩展和升级,预留相应的接口。随着业务的发展和负载的增大,能够快速扩展和适应。

(5) 系统可靠性:系统必须是可靠的,一般的人为和外部的异常事件不会引起系统的崩溃;同时系统有较高的可用性,当系统出现问题后能在较短的时间内恢复,且保障系统数据完整性。

(6) 集成性:与综合运维管理系统业务以及现有 IT 技术架构无缝融合。

25.2.4 车辆段机电设备设施监控

随着车辆基地智能化建设的不断发展，车辆基地内重要机电设备（如风机、空调、水泵、电梯等）、重要通信设备（如摄像头、交换机）、重要自动化设备（如轨旁设备、车载设备等）的智能监测，对车辆基地各类能源的计量，及对生产环境的智能监测也可以纳入智能管控的范畴。

综合利用各类传感器采集多源监测数据，建立实时的状态趋势及故障预警模型。依托监测设备状态数据，经过滤、分析、判别设备运行参数等，反向判别设备故障类型，多维度创建设备健康评价体系，为制订检修计划排程和部件更换提供依据。通过与已有的模型库或自学习数据进行比对，分析、判断预警设备的运行状态和故障风险。

25.3 关于智能车辆段建设的思考与建议

1. 智能车辆段的建设要以需求为导向

智能车辆段要根据车辆运维及检修需求，有针对性地建设。建设前期要做好车辆段生产组织构架的调研，分析生产环节存在的问题，建立适应完善的生产管理体系的智能车辆段的信息化系统框架。

2. 信息化系统整体规划，分步实施

信息化系统建设宜采用"整体规划、分步实施"的策略。切忌想到一块上一块、多套系统各自为政、造成信息孤岛；建立公司集成统一的信息共享平台，提高工作效率和信息沟通；以产、供、销为主线，人事、行政、财务为基础，为企业的良性发展提供科学的决策和分析；实现物流、信息流、资金流的集成统一，提高决策的科学性。从系统规划到实施的整个过程存在种种风险，总体规划、分步实施是规避风险的最有效方法。

3. 良好的可扩展性

可扩展性是指在后续应用中的扩展能力和二次开发能力，扩展的需要是由用户需求决定的。随着系统运行和深入使用，特别是使用者有了新的需求或进行功能调整与完善，才能体会其重要性，在后续应用中进行扩展和二次开发，系统因需而变确保软件的适应性，降低系统的实施和开发成本。

良好的集成性是扩展性的另外一个方面的体现，企业信息化不可能只拥有一个管理系统，多管理系统的存在使系统之间的数据和信息的交换成为必然和可能，因此，系统需要能够支持异构系统之间的集成。

4. 数据安全

车辆基地内数据繁多，且关系到行车安全。随着大数据的应用，很多专业数据需要委外或在云平台上进行，需采取有力的措施以保证数据安全。

第 26 章 北京地铁电梯物联网解决方案

为加强地铁电梯设备运行安全管控能力与维修管理水平，北京地铁研究了电梯物联网技术与功能，电梯物联网系统以设备状态监测为基础，提供智能诊断、可视化信息管理、检维修决策支持、检修管理、安全风险预测、全寿命周期管理功能，从而加强自动扶梯设备安全运行监管，为地铁运营实现设备安全监控和状态维修提供了有力工具。

26.1 概况

随着北京地铁运营线路增多，车站自动扶梯、自动人行道、电梯设备（以下简称电梯设备）总数已超过 3000 台。近年来由于电梯设备故障导致的事故时有发生，为保障地铁运营安全，政府陆续出台了相关政策，要求推进地铁电梯物联网建设，从信息化、智能化角度入手，提高设备监测水平和维护水平，加强自动扶梯安全运行能力。从地铁运营自身角度，提高电梯设备的养护能力也是迫切需求，因此在 2017 年进行了北京地铁电梯物联网系统的工程建设。

26.2 系统建设目的

（1）实现地铁自动扶梯设备易损部件故障早期发现，排除故障隐患，规避安全风险

地铁电梯物联网系统研究车站自动扶梯设备关键部位机械装置的故障监测，这些部件属于在实际运行中经常损坏、极易磨损，并且是其他故障的源头。通过对这些重点机械装置、零件状态的实时检测，来判断设备是否有更大范围故障的风险。同时通过对设备内部运行状态参数的监测，分析设备运行是否正常，规避设备安全运行风险，降低因设备故障对乘客人身安全的威胁。

（2）提高运营公司自动扶梯设备维护维保效率

系统对自动扶梯这种结构复杂、零件众多的大型机电设备进行实时状态数据检测，收集设备故障代码并通过专家数据库进行故障智能化诊断，根据故障部位、原因匹配维护、维修信息，为机电维修人员提供故障原因和维修建议，使维修人员在去现场前，可预先了解设备故障情况和维修方法，提前进行准备工作，提高整个维修过程的工作效率。

（3）利用智能化、信息化手段，强化运营维修管理体系

北京地铁线网内自动扶梯设备数量持续增长，原有的运营维修管理体系也需要随之优化，在扩充维修人员数量、提高维修工作效率的同时，设备运营维保方式要向科学化发展，需要树立"重检慎修、多检少修"的养修理念。研究机电故障监测及智能诊断系统不只是完成设备的状态分析和故障诊断，更重要的是引领运营维修向智能化、信息化发展，强化运营维修管理体系，也为北京地铁建设线网级的综合设备监测维修管理中心打下

基础。

26.3 系统设计

26.3.1 总体功能

电梯物联网系统有别于车站的环境与设备监控系统（BAS），系统应能对自动扶梯、自动人行道、电梯设备运行特征状态进行实时监测与风险预警，设备故障报警应能有利于现场检修与事故的应急处置；通过建立具有自学习能力的风险预警分析模型，实现对设备的风险预警管理和预警处置功能；对设备规格、运行、故障、维修、维保等数据信息等进行分类管理与存储，实现设备全生命周期管理；通过有效的信息化管理手段，对电梯设备的维护保养工作进行支持，强化设备维修过程的管理能力。

26.3.2 建设要求

电梯物联网初期建设以搭建北京地铁企业级管理平台为核心目标，建立电梯设备信息数据中心，具备目前北京市地铁运营有限公司负责的 15 条地铁线约 3000 台设备基本数据接入能力，同时预留远期 10 条线数据管理能力。在全线网中选取 20 台自动扶梯与 8 台垂直电梯进行改造，使设备具备运行特征状态监测与智能诊断功能；选取 400 台设备进行通信接口改造，将设备内更详细的故障信息上传至系统内；选取地铁 5 号线的 BAS 对电梯设备运行监控数据，上传至物联网系统内；实现维修信息化，将业务功能在各线路级项目、车站维修中心、公司级调度室进行部署。

26.3.3 系统结构

1. 组织框架结构

针对地铁运营用户需求和特点，系统集监测显示、报警、智能诊断、趋势分析、养护管理、维修支持于一体，能为地铁运营中预防电梯故障提供有效的技术支持，开辟了政府部门和行业部门都对自动扶梯设备监管的途径。自动扶梯物联网框架结构设计如图 26.3.1 所示。

电梯物联网监测系统的服务对象包括市级质监部门、市交通委、北京市地铁运营有限公司等用户。

市级质监部门：作为电梯安全运行和应急管理物联网平台的所属机构，负责汇总管理电梯常态运营信息；负责电梯安全运行情况监督检查，实现对电梯故障与应急响应事件的监管，同时对电梯故障信息与故障应急处置信息进行统计分析，对电梯的运行品质进行综合分析评估；负责应急指挥相关业务。电梯物联网监测系统需要将市级质监部门所需要的数据信息上传到对应的监管平台。

市交通委：市交通委工作人员可通过远程调取地铁系统电梯物联网汇聚平台的电梯数据，实现对地铁电梯信息的查看，并对汇聚平台上传的数据进行分析统计，实现对地铁系统电梯的行业监管。电梯物联网监测系统需要将行业监管部门所需要的数据信息上传到对应的监管平台。

第 26 章 北京地铁电梯物联网解决方案

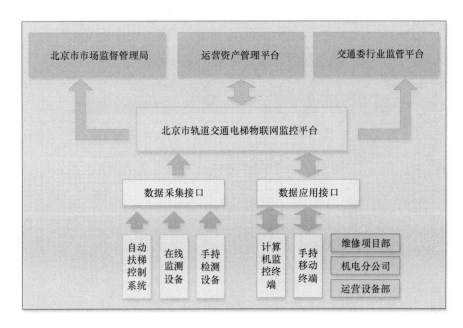

图 26.3.1 自动扶梯物联网框架结构

北京市地铁运营有限公司：北京市地铁运营有限公司是电梯物联网监测系统主要的服务对象，结合企业自身的管理需求，通过对地铁系统电梯数据进行管理，实现电梯管理信息化，强化使用单位对电梯管理的主体功能。

电梯物联网监测系统需要结合运营公司的管理需求，对自动扶梯、电梯数据进行管理，实现设备管理信息化，强化运营单位对电梯管理的主体功能。具体功能如下：

建立数据库体系和数据分析统计模块。

实现电梯故障、事故的实时应急报警和救援功能。

对故障信息进行分类管理，实现故障信息的统计、查询及报表功能。

实现预警处置功能，增加风险预警功能模块。考虑数据架构和关键零部件、使用寿命等关键因素，固定优化风险评估的规则，建立具有自学习能力的风险预警数学模型，实现对地铁系统自动扶梯、电梯的风险预警管理。

实现电梯运行状态管理和人员管理功能。

与电梯汇聚及管理平台建立数据交换功能，实现对地铁系统电梯的设备基本信息、检验信息共享，进行设备的统计、查询、报表等日常管理功能。

根据系统的组织框架架构，结合目前地铁运营模式和机电设备维护使用需求，系统结构设计为三级管理、三级监测组成架构，三级管理为机电分公司级、项目部级、维修中心级，三级监测为项目部级、维修中心级、设备现场级（图 26.3.2）。

系统的分级管理主要依靠应用软件平台和网络传输来完成，系统应用软件平台应分层分布式架构，部署灵活，易于扩展，并采用基于 Web 的技术提供更便捷、开放的功能应用。

（1）机电分公司级

机电分公司是整个北京线网内自动扶梯和电梯维修维护管理的核心，需要对所有自动

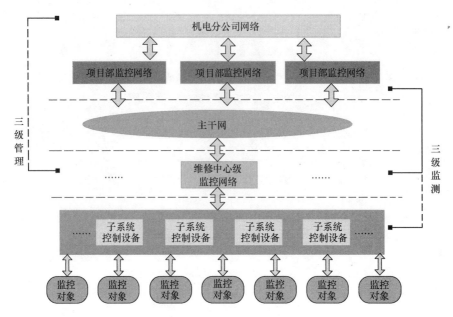

图 26.3.2 系统分级结构图

扶梯和电梯进行状态统计、数据存储、档案管理、信息统计等工作，机电分公司级功能应用偏向于对设备数据的利用，对整个线网设备运行状态和维修维护工作实现宏观上的管理，可对所有设备数据进行查询，对于线网内的紧急事项进行处理和指挥。

（2）项目部级

项目部级系统通常设在线路车辆段维修中心，中心的职能是对全线机电设备运行情况进行统筹管理，显示设备综合运行风险评估状况，显示设备故障趋势和故障报警，定位故障原因，安排维修保养计划；对维修工单进行派发操作；对维修资源和备品备件进行信息化管理；对系统采集的设备数据进行存储、查询；对整个系统的维护管理服务等。项目部级系统应能实现系统的所有完整功能。

（3）维修中心级

维修中心级系统主要监视管区内车站机电设备的安全状态和故障信息，能调取现场采集的所有状态数据，显示设备运行风险评估结论和故障诊断分析结果，显示设备故障原因和维修建议，接受项目部的维修工单管理和维修资源管理。

（4）现场设备级

现场设备级位于线路车站内，主要负责对机电设备进行数据采集和故障解析，现场级系统按照设备等级类型划分采用不同的数据采集方案，完成对机电设备单一部位故障诊断分析，并可在现场显示诊断结果和采集的原始数据，现场级网络支持手持或便携终端的接入，方便维修人员现场数据调用操作。现场级数据采集系统可独立运作，脱离全线系统后仍能完成对机电设备数据的采集和诊断分析。

2. 系统构成

电梯物联网系统设有企业级平台，设置数据中心和应用服务中心，通过无线专用网络,采集车站自动扶梯、电梯设备监测数据,在运营公司机电分公司、线路级项目部、车站维修中心设置监测终端,同时系统在现场支持手持终端操作。电梯物联网具备与地铁运营信息化平台连接接口,可与资产管理系统、人力资源系统、全量数据库进行数据传递,同步信息(图26.3.3)。

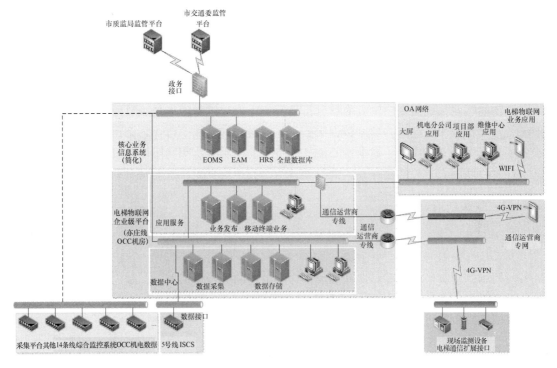

图 26.3.3 电梯物联网系统构成图

3. 系统软件架构

电梯物联网系统软件架构设计为"一个中心、两个平台、三大模块"的组成体系(图26.3.4)。

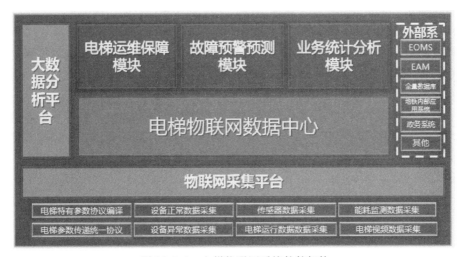

图 26.3.4 电梯物联网系统软件架构

一个中心：以数据为基础，提供电梯物联网系统核心功能。数据中心存储电梯物联网系统内全部的数据，包括设备的档案数据、设备状态监测数据、运行参数数据、业务功能模块产生的数据。

两个平台：物联网采集平台和大数据分析平台。物联网采集平台负责采集自动扶梯设备监测的状态数据和运行参数；大数据分析平台负责针对数据应用需求进行数据计算。

三大模块：包括电梯运维保障模块、故障预警预测模块、业务统计分析模块，实现系统的业务功能。电梯运维保障模块主要实现设备运维信息化管理；故障预警预测模块实现现场设备的状态监测与故障智能诊断；业务统计分析模块实现各种数据可视化和业务数据统计分析。

电梯物联网系统需要建设大数据分析平台、电梯运维保障模块、故障预警预测模块和业务统计分析模块。电梯物联网数据中心是系统运行的基础平台，它为保证系统正常运行提供了最基本的基础设施。数据中心硬件设备主要由服务器和网络设备组成。

电梯物联网具备外部接口，实现与地铁运营其他信息化系统的信息联动和数据互通。

26.3.4 数据采集方案

1. 现场设备监测等级划分

自动扶梯设备的运行数据采集是电梯物联网系统的重要功能之一，根据地铁运营环境和设备检维修现有经验，针对地铁自动扶梯和电梯的实际使用工况，制定线网内自动扶梯运行数据采集方案。为控制物联网系统造价投资成本，对现场设备按照重要程度进行分级，针对不同重要级别的设备，将数据监测方案分为以下三类：

（1）A类：特别重要设备

此类自动扶梯设备是安装位置在换乘通道内且客流量非常大，扶梯停止运行后换乘通道将无法实现正常换乘功能，严重影响正常客运组织秩序的自动扶梯。

对此类设备采用自动扶梯状态监测设备进行在线监测和故障智能诊断，同时采集自动扶梯控制器报警信息，系统对状态数据进行分析评估，辅助运营维修工作。

（2）B类：较重要设备

此类自动扶梯是安装位置在换乘通道内且客流量较大，自动扶梯停止运行后对正常客运组织秩序产生较大影响，非高峰时段在扶梯停运状态下可实现换乘功能的自动扶梯。

对此类设备采用远传设备控制器报警信息，积累设备自身监测数据，同时配合人工检测仪表现场采集数据信息，系统进行数据统计分析，辅助运营维修工作。

（3）C类：一般重要设备

此类设备主要指在客流量较少车站部位的自动扶梯，设备处于一般负荷状态，机械磨损强度相比较低，故障风险不大。

对此类设备采集综合监控系统监视的基本状态信息，以及设备自身的静态档案信息。此类级别设备为除A、B类设备外的其他设备。

2. 分类设备的数据采集方案

对A类、B类、C类的自动扶梯，采用不同程度的现场监测方法，以完成对设备运行状态和故障风险的监测和预防。在北京市地铁运营有限公司管辖的线路中，挑选了20台A类、400台B类自动扶梯设备，其余设备为C类（表26.3.1）。

第 26 章 北京地铁电梯物联网解决方案

自动扶梯分级监测方案　　　　　表 26.3.1

设备重要等级	监测方法	备注
A 类 20 台	运行特征状态监测与智能诊断 设备运行状态趋势监测	通过增加传感器和分析系统完成
	设备故障信息远程监测	通过改造设备通信接口完成
	ISCS、BAS 远程监控	
	设备静态档案信息	
B 类 400 台	设备故障信息远程监测	通过改造设备通信接口完成
	设备静态档案信息	
C 类 其余设备	ISCS、BAS 远程监控	目前只完成地铁 5 号线数据接入
	设备静态档案信息	

目前，现场 C 类自动扶梯设备仅地铁 5 号线进行 ISCS（综合监控系统）接口改造，接入 BAS（环境与设备监控系统）对自动扶梯设备监视的信息（BAS 集成在 ISCS 中），其他 C 类设备，采用静态档案信息对设备进行管理，并由物联网系统参照 A 类、B 类设备运行数据和设备信息进行趋势推算，实现设备运行、维修管理。

26.3.5 状态监测与智能诊断

地铁原有的 BAS 对自动扶梯的监视数据并不能有效支持自动扶梯的智能维修业务需求，因此电梯物联网系统通过在自动扶梯设备上安装传感器，并利用智能诊断技术对自动扶梯实现在线状态监测，判断设备的运行状态，有效支持设备养护与运维决策。

针对北京地铁客流较大的车站和换乘通道，根据设备运行特点，选取了 20 台 A 类自动扶梯进行在线运行特征状态监测，实现故障智能诊断功能。自动扶梯运行状态监测方案如图 26.3.5 所示，所有监测数据通过物联网网关上传到监测平台。

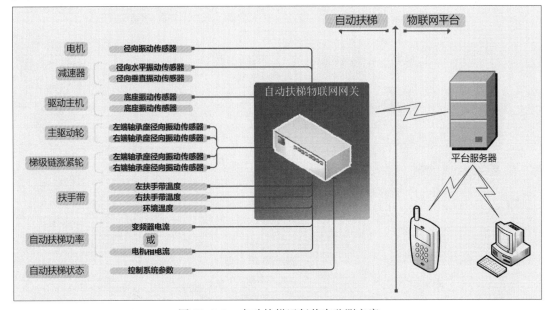

图 26.3.5　自动扶梯运行状态监测方案

自动扶梯的机械部件多处于机坑桁架内，主要的驱动负荷运动部件为电动机、减速器、主驱动轮、梯级链涨紧轮、扶手带等。这些部件是扶梯运行中驱动负荷量较大的核心部件。电动机、减速器、主驱动轮、梯级链涨紧轮均属于旋转机械，磨损和故障多发生在转动部件上，如轴承、齿轮等。这些部件在日常检查中，由于部件不容易直观查看，在自动扶梯长期处于高负荷状态下，机械部件由于磨损或调整不当发生的早期故障特征，不易被及时发现，设备带病运行会带来安全隐患，引发更严重的事故。

扶梯电动机、减速器、主驱动轮、梯级链涨紧轮等动力部件的轴承属于旋转机械，可以采用旋转机械故障智能诊断监测的方法，对轴承进行在线状态监测，其原理是通过对轴承运动过程中振动信号的采集，对信号进行模数转换，用计算机对信号进行运算处理，提取故障特征信号，达到对轴承故障的智能诊断监测。目前在工程实践中，旋转机械故障智能诊断技术较为成熟的方法是进行快速傅里叶变换，将振动信号从时域变换到频域，对振动频率进行分析，提取故障频率，从而判断轴承的故障原因。使用此技术可以进行智能诊断的故障类型有：轴承内/外圈故障、轴承滚动体故障、轴承保持架故障、轴承跑套故障、轴承润滑不良故障、减速箱断齿故障、减速箱磨损故障、固定架松动故障、链条磨损。

驱动主机固定底座上安装振动传感器，实时监测振动数据值变化，以预防螺栓松动的危险。

针对自动扶梯扶手带，采用非接触式红外温度传感器进行温度监测，并与环境温度进行对比，通过温度数据的变化，判断扶手带摩擦、滑动的状态趋势。

状态监测系统除对故障原因可以进行分析外，还可以通过设备运行振动频率的变化，分析部件的故障趋势，提出故障预警，可以使维修部门有效地安排维修时间和周期。

系统对自动扶梯各监测点趋势预警与故障诊断内容见表 26.3.2。

自动驱动部件状态趋势预警与故障诊断内容 表 26.3.2

设备名称	故障类型	诊断内容	趋势预警	报警
电动机	转子故障	不平衡	√	√
		不对中	√	√
	轴承故障	内圈磨损	√	√
		外圈磨损	√	√
		滚珠磨损	√	√
		保持架磨损	√	√
		轴承跑套	√	√
		润滑不良	√	√
减速器	齿轮故障	断齿故障	√	√
		咬合故障	√	√
		点蚀故障	√	√
	轴承故障	内圈磨损	√	√
		外圈磨损	√	√
		滚珠磨损	√	√
		保持架磨损	√	√
		轴承跑套	√	√
		润滑不良	√	√

续表

设备名称	故障类型	诊断内容	趋势预警	报警
驱动主机	固定螺栓	松动故障	√	√
	底座	主机移位		√
主驱动轮	轴承故障	内圈磨损	√	√
		外圈磨损	√	√
		滚珠磨损	√	√
		保持架磨损	√	√
		轴承跑套	√	√
		润滑不良	√	√
梯级链涨紧轮	轴承故障	内圈磨损	√	√
		外圈磨损	√	√
		滚珠磨损	√	√
		保持架磨损	√	√
		轴承跑套	√	√
		润滑不良	√	√
制动器	制动性能	制动距离	√	√
扶手带	摩擦性能	扶手带温度与环境温度差	√	√

在电动机轴承、减速器轴承、减速器底座、主驱动轮轴承、梯级链涨紧轮轴承的轴承座或固定端安装加速度振动传感器,在现场安装数据采集器进行信号转换和网络传输,供系统进行故障分析和状态监测。

26.3.6 数据采集方案

1. 动态数据采集

(1) 状态监测数据采集

地铁物联网系统对 A 类设备的状态监测与故障诊断信息进行采集,采集的信息见表 26.3.2 内容。同时系统能调取现场自动扶梯各种监测点传感器模拟量波形数据,供工人检查。

(2) 自动扶梯控制器数据采集

自动扶梯设备本身带有故障报警功能,详细故障信息代码存在本地控制器内。这些数据对设备运行管理和维护支持是非常重要的。通过接口改造,使用无线物联网网关对故障代码数据进行采集,当维修人员接到设备故障报警时,可在赶赴现场前预知设备详细信息,对故障处理初步准备,提高处置效率。同时这些数据也可以为自动扶梯运行风险评价提供数据支持。

(3) 运行能耗数据

自动扶梯运行的能耗数据是重要的状态参数,通过对能耗数据的统计和记录,可以有效判断设备所处工作环境和运行工况,为制订维修保养计划提供更多的数据。可以从自动扶梯变频器上获取，或是在动力电源线路上安装单独的计量表。

2. 离线数据采集

（1）手持仪表数据

针对客流不大的地铁车站，可采用手持仪表定期对自动扶梯进行检查，记录状态数据。仪表采集的数据需要传输到物联网管理平台进行统一存储和分析，仪表数据格式要转换为统一的标准格式。

（2）人工信息录入

自动扶梯设备的巡检、保养、维修的信息由人工进行电子化数据录入，形成设备信息档案。人工可通过手持移动终端或工作站，进行事件信息的编辑输入，信息内容包括文字、图片、视频、声音、监测数据等。

26.3.7 网络方案

在线监测的数据通过物联网网关进行采集后，需要传输给数据与应用平台。既有运营线路的车站环境不适合进行大面积的局域网改造。为保证监测数据的实时上传，同时发挥移动终端高效的操作功能，系统租用 4G 运营商无线专网进行数据传输；信息化应用借助办公 OA 网络部署业务应用功能。在整个物联网考虑信息安全防护，保证系统数据安全。

26.4 工程建设

北京电梯物联网工程建设历时 8 个多月，包括现场设备安装、数据图谱调试、监控中心设备部署。

1. 现场设备安装

20 台 A 类自动扶梯设备需要安装在线状态监测设备，现场主要安装传感器、数据分析设备以及线缆；400 台自动扶梯需要安装物联网通信网关。

（1）传感器安装

在自动扶梯上安装传感器，传感器类型与安装位置见表 26.4.1。

传感器类型与测点位置　　　　表 26.4.1

部件	测点定义	传感器
驱动电机	壳体振动	加速度振动传感器
减速器	壳体振动	加速度振动传感器
	基座振动	加速度振动传感器
	地脚振动	加速度振动传感器
底盘	底盘振动	加速度振动传感器
主驱动轮	轴承座	加速度振动传感器
梯级链涨紧轮	轴承座	加速度振动传感器
扶手带	扶手带温度	红外温度传感器
	环境温度	红外温度传感器

在驱动电动机外壳安装振动传感器，用于监测电机轴承运行状态（图 26.4.1）。

在减速器外壳安装振动传感器，用于监测减速器齿轮、轴承运行状态（图 26.4.2）。同时在减速器底座固定螺栓处安装振动传感器，用于监测螺栓紧固（图 26.4.3）。

图 26.4.1　驱动电动机振动测点安装位置　　图 26.4.2　减速器振动测点安装位置

在主驱动轮轴承座和梯级链涨紧轮轴承座上安装振动传感器,用于监测轴承运行状态(图 26.4.4)。

图 26.4.3　驱动主机底座振动测点安装位置　　图 26.4.4　驱动轮振动测点安装位置

在自动扶梯桁架上通过附件支架,安装红外温度传感器,监测扶手带温度。左右两处扶手带监测的温度,与环境温度比对,监测温度差(图 26.4.5)。

(2) 数据分析设备安装

振动测点信号通过数据采集器,传输给故障诊断分析器,对数据进行故障特征提取,主要设备均安装在金属保护箱体内,在自动扶梯机坑内进行安装(图 26.4.6、图 26.4.7)。

图 26.4.5　扶手带温度测点安装位置　　图 26.4.6　自动扶梯状态监测数据采集与诊断设备

（3）物联网数据采集网关设备安装

400台B类自动扶梯通过现场安装物联网数据采集网关，与自动扶梯控制器通信端口连接，采集自动扶梯运行数据和故障代码。

2. 数据图谱调试

自动扶梯驱动部件在线运行状态监测可诊断驱动部件早期故障，如轴承内/外圈故障、轴承滚动体故障、轴承保持架故障、轴承跑套故障、轴承润滑不良故障、减速箱断齿故障、减速箱磨损故障、固定架松动故障、链条磨损等故障。通过网络数据连接，可实远程状态监测，针对被监测自动扶梯，由专业技术人员对采集的波形进行分析（图26.4.8），逐步组建故障特征数据库和专家分析规则。

3. 监控中心设备部署

电梯物联网监测系统在地铁运营公司机电分公司建设了线网监控中心（图26.4.9），可以对自动扶梯设备的状态进行监视和分析，对故障维修业务进行调度与监管。在各线路项目部、车站维修中心设置业务工作站。

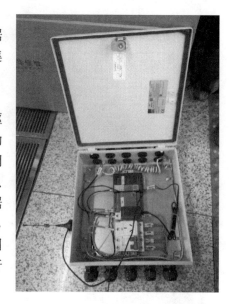

图26.4.7 自动扶梯状态监测数据采集与诊断设备安装

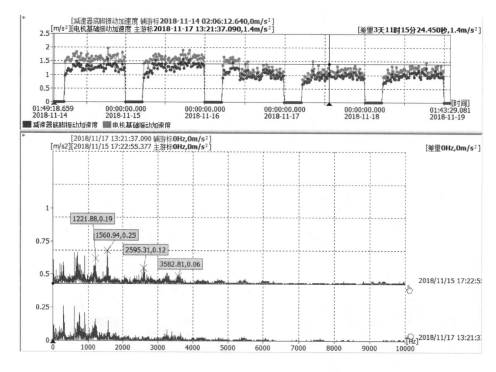

图26.4.8 自动扶梯运行状态特征图谱

图 26.4.9　电梯物联网监测系统监控中心

26.5　系统功能

电梯物联网系统以状态监测为基础，实现智能诊断、可视化信息管理、检维修决策、检维修管理、安全风险预测、全寿命周期管理等功能。系统将设备运行状态与维修管理有机结合在一起，形成了以设备状态为核心的智能维修管理体系（图 26.5.1）。

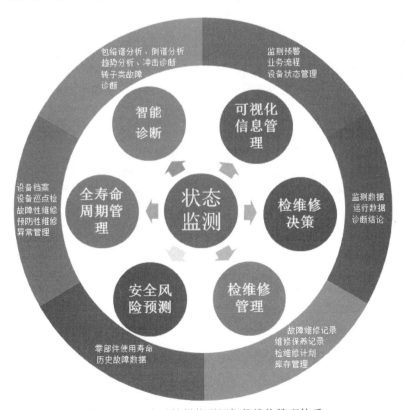

图 26.5.1　自动扶梯物联网智能维修管理体系

26.5.1 智能诊断

当自动扶梯发生异常或故障时（超过阀值、预警异常、人工判断等），由物联网系统给出预警、报警提示，并上传详细的分析图谱，对故障诊断给出客观的科学依据。根据故障诊断规则，给出故障原因，诊断内容参考表 26.3.2。

状态监测系统主要针对机械故障进行诊断，但是对于电气故障而言，需要利用自动扶梯已有接口进行数据采集，目前自动扶梯品牌、型号众多，采集上来的数据接口、含义各不相同，为了更好地进行分析汇总，有必要根据电气故障的种类、针对各个电梯的数据进行标准化处理。当发生电气故障时，结合历史数据及各种电气故障特点，对故障类别进行诊断，并对数据进行维护。

26.5.2 可视化信息管理

可视化信息管理有利于检修人员和管理人员很直观地查看统计数据和信息报表。可按照线网、线路、车站不同规则方式查看设备运行状态及报警情况，主要包括实时报警统计、停机状态统计等，并且支持用户自定义编辑统计规则，可对数据统计生成图表显示。可视化信息以大屏显示方式在监控中心对数据进行显示（图 26.5.2）。

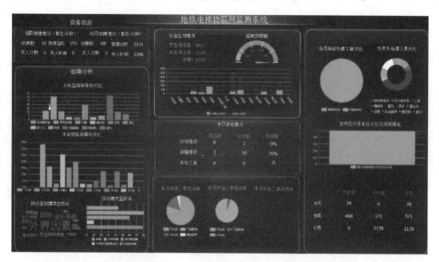

图 26.5.2 可视化信息显示

26.5.3 检维修决策

检维修决策功能是利用系统监测数据和专家数据库内存储的设备维修信息、历史经验数据、状态评估模型等内容，对自动扶梯运行状态信息进行分析处理，对设备的运行安全、故障风险进行统筹评估；对故障趋势进行预警判断，计算故障预计时间，提出维修计划建议；分析故障原因并匹配维修维护建议。

26.5.4 检维修管理

检维修管理功能是对电梯设备常规保养、日常巡检、故障检修等维修过程进行信息化管理。检修计划、维修事项等信息录入和管理可通过移动手持终端完成。检维修管理能对自动扶梯的整个操作规程、维修过程以及修后验收进行全过程管理，并从维修工单中提取重要的维修经验数据录入经验库，供维修决策功能使用。

26.5.5 安全风险预测

1. 安全风险指标统计

系统需要根据自动扶梯设备故障检修、维修保养中的数据进行设备运行指标分析。设备安全运行指标主要分为运行时间、可靠性和可用率指标、设备运行表现及综合比较排名。

2. 安全风险预警

物联网系统根据设备运行指标、故障、维修、保养等数据的分析，对设备可能存在的风险进行预警。安全风险预测是一个长期经验、数据积累的过程，目的是能在有限的检修资源下，实现有针对性的设备检查。

26.5.6 全寿命周期管理

建立自动扶梯设备的电子档案，包含设备台账、零部件信息、运行记录、事件记录、维修记录、养护记录、零部件更换记录、责任人员、故障原因分析等伴随设备全寿命周期的信息。

26.6 未来展望

电梯物联网系统首次在北京地铁中将设备运行监测数据与维修数据合为一体，在满足管理业务功能的同时，数据的积累为智能维修技术发展奠定了基础。在"重检慎修"的状态维修发展趋势下，对电梯设备故障预测、健康评估的技术研究需求更为强烈，也是电梯物联网在数据应用领域需要进一步发展的方向。

26.6.1 故障预测与健康管理

地铁电梯物联网的技术研究一方面着重在信息化管理的建设，另一方面则注重对设备状态的判断预测与健康评估。利用传感器或探测器对设备状态进行主动感知，根据设备运行机理与特征，建立关系模型和诊断规则，综合维修维护数据，构建一个完整的设备状态评估体系。这需要一个较长时间进行数据积累与分析，同时需要各专业在技术上的相互融合。

26.6.2 智慧地铁应用

5G、互联网技术与地铁行业信息化业务深度融合，移动网络、云计算、大数据、地理信息等技术应用，地铁建设逐步向智慧化方向发展。北京地铁电梯物联网系统配置了大数据分析平台，通过研究建立分析模型，实现在电梯机械运行机理分析基础上，关联传感信息、管理信息，从数据的角度进一步实现智慧化业务应用，结合移动网络技术与微导航技术，实现更完善的智能巡检与应急指挥业务。

第 27 章 京津冀城市轨道交通 BIM 标准体系

目前，在住房和城乡建设部的主导下，我国工业与民用建筑工程领域的 BIM 应用标准体系已初步建立。轨道交通行业的 BIM 技术标准，除住建部发布的《城市轨道交通 BIM 应用指南》指导性意见外，无其他相关国家标准。在轨道交通建设项目 BIM 技术应用与实施过程中，缺乏对模型建设、数据信息建设、工作流程及方法等内容的统一要求与指导。受行业特点限制，我国的民用建筑领域和铁路建设领域 BIM 数据标准不能直接用于城市轨道交通领域，因此需要制定适合我国城市轨道交通建设、运营 BIM 应用的标准框架体系。城市轨道交通的标准框架体系应由数据模型 IFC 标准（基于对象的通用信息交换格式标准）、数据字典 IFD 标准（进行数据交换的通用数据字典）和过程信息分发手册 IDM 标准（具体工作所需要的信息交换内容标准）三部分组成。围绕数字轨道交通建设总体目标，在轨道交通工程的规划设计、建设施工、竣工交付及运营维护四个主要阶段，从数据标准、信息交换、应用实施和建设方法等四个方面，构建轨道交通 BIM 技术标准体系。

27.1 BIM 标准体系概述

由 BIM 技术的定义及内涵可以看出，BIM 技术的基础是基于参数化技术和协同技术的三维设计；BIM 技术的核心是关联信息；BIM 技术的价值主要体现为工程全寿命周期内的信息交换，即 BIM 技术众多应用形式的技术实质。根据 BIM 技术的初衷，BIM 技术在设计阶段的应用应该是直接在三维环境下进行设计，利用三维模型和其中的信息，自动生成所需要的图档，这个过程就是 BIM 的正向设计过程。

目前颁布发行的各类标准，特别是轨道交通行业内发布的各类 BIM 标准均对正向设计方式无必要的针对性，更多的是针对模型后生成模式即翻模的形式给出的标准规范，此类规范仅仅对模型的生产过程，特别是模型成果给出一定的规范约束，而对于立足于参数化协同设计的正向设计过程没有相应的说明。

此外，在三维正向设计环境下，不同于二维设计环境时仅采用平面图纸及文字、表格等形式对设计成果进行表达，而需要根据各专业在不同阶段的成果表达需求，采用除传统二维图纸、文字、表格等形式之外，增加动画、模型、巡游、空间曲线、体量等多种表达形式，用以更准确、直观、高效地展现、共享、传递设计成果。目前在此方面的标准尚处于空白阶段。

BIM 标准体系的制定应将模型生产与专业设计有机结合，将 BIM 设计标准与专业设计标准有机结合，与专业标准、规范一起，形成对城市轨道交通工程 BIM 设计行为及成果的全面约束和有效规范。适应并引导 BIM 技术在城市轨道交通领域的应用，特别是设计阶段应用的发展方向，符合 BIM 技术的发展趋势及城市轨道交通工程本身的 BIM 应用需求，为城市轨道交通领域 BIM 标准体系的全面建立奠定坚实的基础。

27.2 国内外标准研究

27.2.1 国外标准研究情况

目前，国外针对三维正向设计环境下的表达标准尚无专门的规范或标准规定，只是在部分规范、标准、指南中对此部分内容有所涉及。

2006 年美国国家标准与技术研究院（NIST）开始制定 BIM 应用标准——NBIMS (National Building Information Modeling Standard)，2008 年发布了 NBIMS-US 第一版的第一部分，主要目的在于提供电子式对象数据的组织和分类的手段，以提升建筑物整个生命周期纵向跨阶段和横向跨专业之间信息交换的顺畅，从而促进业主、设计、材料供货商、施工、设施管理及所有与此建筑环境相关的利益相关者之间的沟通。2012 年 5 月发布第二版，以进一步鼓励建筑师、工程师、承包商、业主、营运团队的所有成员都能真正在工程项目的全生命周期中进行生产实践，让各专业人员皆能在开放的、共享的、标准的环境下工作，虽尚未达到完整的地步，但在信息分类方法上重点引入了 OCCS-OmniClassTM 信息分类法。2015 年 7 月发布第三版，第三版标准除了继承前两版的内容和编制方式，还在此基础上根据实践发展情况增加并细化了一部分模块内容，以便更有效地促进 BIM 应用的落地。新版 NBIMS 由综述、参考标准、信息交流、操作文件以及定义表几部分组成，而其中最为引人注目的亮点就是在标准中引入了二维 CAD 美国国家标准。

新加坡建设局于 2012 年 5 月正式发布的《新加坡 BIM 指南》是在大量参考已有的标准和指南基础上编写而成，内容主要停留在指南和应用层面，技术层面上内容不足。但其内容务实、简明，仍有一定的参考价值。特别是，项目成员在采用 BIM 的项目中的不同阶段承担的角色和职责；如何实现在整个项目中创建和共享 BIM 可交付成果的措施，如何指导项目团队在不同项目阶段创建达到正确模型深度的 BIM 成果，如何制定合适的流程指导项目团队与其他项目团队共享成果；各专业典型的 BIM 构件、建筑信息模型建立要求等内容都值得参考、借鉴。

澳洲工程创新合作研究中心于 2009 年 7 月正式发布的《国家数码模型指南和案例》，目的是指导和推广 BIM 在建筑各阶段（规划、设计、施工、设施管理）的全流程应用，改善建筑项目的实施与协调，释放生产力。该指引还指出，将 BIM 真正地应用于建筑业将需要对现有工作模式做出大量的调整。该指引主要由三部分构成，分别是 BIM 概况、关键区域模型的创建方法和虚拟仿真的步骤以及案例。其中基于 IFC 开放标准并涉及模型的复杂层次、模型属性、模型信息和数字化的合作模式对本任务有一定的借鉴意义；关键区域模型的创建方法和虚拟仿真的步骤以及关于建设项目实施的经验和心得也对 BIM 的实施有一定指导意义。

2011 年 10 月 24 日，挪威公共建筑机构（Statsbygg）推出了英文版的《BIM Manual1.2》，内容涵盖了技术标准和应用标准相关内容，对设计、施工、管理和软件商都具有一定的参考价值。该标准基于 IFC 分类的建筑信息模型标准，是技术标准和实施标准的结合，标准中对模型的拆分参考 ISO 标准，解决方案与 OCCS-OmniClassTM 类似，在模型应用方面给出了指南，在模型应用的质量控制方面提出了细致的要求，根据模型的不同用途提出了多种模型深度要求。这些对于 BIM 面向全寿命周期的应用定位、需求给出了借鉴。

韩国国土海洋部分别在建筑领域和土木领域制定了 BIM 应用指南。其中，*Architectural BIM Guideline of Korea* 于 2010 年 1 月完成发布。该指南是建筑业业主、建筑师、设计师等采用 BIM 技术时必需的要素条件以及方法等的详细说明文书。此外韩国公共采购服务中心发布了《韩国设施产业 BIM 应用基本指南书—建筑 BIM 指南》、韩国虚拟建造研究院发布了《BIM 应用设计指南—三维建筑设计指南》等指导性意见。

2012 年 7 月由日本建筑学会（Japanese Institute of Architects，JIA）正式发布了 *JIA BIM Guideline*，该指南是以设计者的观点制定而成的，将设计和施工分开来加以考虑，旨在利用 BIM 技术进一步扩大设计业务、减少成本、缩短工期和提高竞争力。该指南涵盖了技术标准、业务标准和管理标准三个模块，对设计企业的组织机构、人员配置、BIM 应用技术、质量把控、模型规则、各专业的应用、交付标准等做了详细指导。指南将设计项目分为设计规划和施工规划两个方面，并就 BIM 对设计规划和施工规划的应用做了探讨。

芬兰政府物业管理机构（Senate Properties）于 2007 年正式发布了 *BIM Requirements* 2007，以项目各阶段与主体之间的业务流程为蓝本构成。包含总则、建模环境、建筑、机电、构造、质量保证和模型合并、造价、可视化、机电分析等内容。该标准要求在设计阶段，对各专业之间协作的内容进行约束和管理，明确定义 BIM 构件的各种要求，并要求开发自适应的分类系统，提出了建筑全生命周期中产生的所有构件的细致建模标准，根据各阶段的特征，进行多专业衔接，并衍生为有效的分工。同时其将建模过程分为空间组的建筑信息建模、空间的建筑信息建模、初步建筑元素的建筑信息建模和建筑元素的建筑信息建模等 4 个阶段，并对各阶段建模工作提出了具体要求。

国外与模型表达相关的标准、规范见表 27.2.1。

国际 BIM 标准情况一览表 表 27.2.1

国家	标准名称	发布机构	发布时间
美国	National Building Information Model Standard（NBIMS-US V2）	NIBS	2012 年
	BIM Guide Series	GSA	2012 年
	BIM Requirements	USACE	2011 年
	The VA BIM Guide	Department of VA	2010 年
	CoSA BIM Standards	City of San Antonio	2011 年
	LACCD Building Information Modeling Standards For Design-Bid Build Projects	Build LACCD	2011 年
	Building Information Modeling Guidelines and Standards for Architects, Engineers, and Contractors	Indiana University	2012 年
	MIT CAD and BIM Guidelines	MIT Dep. Of Facilities	2012 年

续表

国家	标准名称	发布机构	发布时间
英国	Princeton University BIM Specification	Princeton University	2008 年
	AEC (UK) BIM Standard	AEC (UK) Committee	2009 年
	AEC (UK) BIM Standard for AutodeskRevit		2010 年
	AEC (UK) BIM Standard for Bentley building		2011 年
芬兰	Common BIM Requirements	Building SMART Finland	2012 年
挪威	Statsbygg BIM Manual	Statsbygg	2011 年
澳大利亚	National Guidelines for Digital Modeling	CRC for Construction Innovation	2011 年
	National BIM Guide	Natspec	2011 年
新加坡	Singapore BIM Guide	BCA/CORENET	2012 年
韩国	Architectural BIM Guideline of Korea	MLTMA	2010 年
日本	JIA BIM Guideline	JIA	2012 年

目前，国外BIM标准主要分成了两个层级：一类是以国家或行业级标准为目标，以美国的NBIMS为代表，从软件技术和工业实施两方面对BIM的实现提出标准和指导；一类是基于某个BIM平台软件，以实现项目BIM实施过程的规范和统一为目标，以英国和新加坡制定的基于特定软件的实施指南为代表。

27.2.2 国内标准研究情况

现有国内BIM标准基本可分为三类：

第一类：CBIMS标准框架，主要是从信息化的角度，从理论层面论述BIM标准体系的框架和方法论。该标准框架的理论和方法与NBIMS标准类似。CBIMS标准框架可以作为我国国家和行业BIM标准编制的理论基础。

第二类：中国国家BIM标准系列。为住房和城乡建设部主持编写的建筑领域国家BIM标准，研究思路参照借鉴国际BIM标准的同时兼顾国内建筑规范规定和建设管理流程要求。

第三类：地方BIM标准。主要是对地域内建筑BIM应用的统一规定。例如北京市地方标准《民用建筑信息模型（BIM）设计基础标准》。

国内与模型表达相关的标准、规范见表27.2.2。

国内标准情况一览表　　　　表27.2.2

序号	标准名称	备注
1	《中国建筑信息模型标准框架研究》(CBIMS)	—
2	《建筑信息模型应用统一标准》	GB/T 51212—2016，执行标准
3	《建筑工程信息模型存储标准》	征求意见，基础标准
4	《建筑信息模型设计交付标准》	GB/T 51301—2018，执行标准

续表

序号	标准名称	备注
5	《制造工业工程设计信息模型应用标准》	GB/T 51362—2019，执行标准
6	《建筑信息模型施工应用标准》	GB/T 51235—2017，执行标准
7	《建筑工程设计信息模型制图标准》	JGJ/T 448—2018，执行标准

其中《建筑信息模型应用统一标准》GB/T 51212—2016 对模型在各个阶段的应用做出了统一规定，全生命周期的应用需求主要考虑对此标准的满足，同时对于轨道交通设计阶段的相关要求予以遵循。

《建筑工程设计信息模型制图标准》JGJ/T 448—2018 为统一建筑信息模型的表达，保证表达质量，提高信息传递效率，协调工程各参与方识别设计信息的方式，适应工程建设的需要，特制定本标准。本标准适用于工程设计过程中建筑信息模型的建立、传递和使用，各专业之间的协同，工程设计各参与方的协作等过程。

《建筑信息模型设计交付标准》GB/T 51301—2018 规范了建筑工程设计信息模型的交付行为，包括：建筑工程设计信息模型的建立、传递和使用，各专业之间的协同，工程设计各参与方的协作，以及质量管理体系中的管控等过程。

《建筑信息模型施工应用标准》GB/T 51235—2017 主要对施工信息模型应用提出要求。

此外，除上述国家层面标准外，北京市、广东省、深圳市、上海市、江苏省等陆续发布了管辖区域内的 BIM 地方标准或应用指南。如北京市地产标准《民用建筑信息模型设计标准》DB11/T 1069—2014、《上海市建筑信息模型技术应用指南（2017 版）》《深圳市建筑工务署政府公共工程 BIM 应用实施纲要》和《深圳市建筑工务署 BIM 实施管理标准》等。

在轨道交通行业，有关 BIM 技术应用方面的标准主要以企业标准为主，地方标准、行业标准和国家标准较少。主要企业标准有：

（1）2014 年上海申通地铁集团有限公司发布了上海城市轨道交通 BIM 技术应用系列标准。

（2）2015 年广州地铁集团有限公司发布了《广州市城市轨道交通 BIM 建模与交付标准》Q/GZMTR-SJ-001-2015。

（3）2017 年青岛地铁集团有限公司发布了《建筑工程信息模型创建与交付标准》Q/QD-ZG-J-XX-8-2017 以及《安装工程信息模型创建与交付标准》Q/QD-ZG-J-XX-9-2017。

（4）北京市轨道交通设计研究院有限公司为天津市滨海新区建投轨道交通建设有限公司编写的企业标准有：《城市轨道交通建筑信息模型应用标准》《城市轨道交通建筑信息模型交付标准》《城市轨道交通建筑信息模型指导意见》《城市轨道交通 BIM 技术应用总体管理方案》。

综上所述，轨道交通建筑信息模型在国外尚未形成独立的标准体系，主要在交付标准或建模要求等标准、指南中对此部分内容有所涉及。国内建筑行业正处于颁布关于模型表达的国家标准的阶段中，但对于城市轨道交通领域，目前仍处于一个完全的空白时期。

27.3 轨道交通 BIM 标准体系建设需求

BIM 标准隐含着工程建设的法律法规、政府监管、建设管理模式、市场等一系列约束和需求，BIM 标准的背后是一个国家对工程项目的管理体系，轨道交通 BIM 标准体系应充分考虑行业特殊性，从各参与方价值目标体系出发，结合实际工程需要，全面综合统筹 BIM 技术应用与实施。

对轨道交通 BIM 标准应分为三个层次：一是行业标准，首先要满足和遵守国家 BIM 标准的相关要求和规定以及对轨道交通建设行为具有强制要求、指导或借鉴意义；二是企业 BIM 标准，轨道交通设计、施工、建设管理、运营等企业，在 BIM 国家标准、行业标准、地方标准的约束指导下，为实现不同参与方自身价值而制定的工作手册或作业指导书；三是企业项目团队针对具体的建设项目制定，具有高度项目相关性的项目 BIM 工作原则。

27.3.1 轨道交通 BIM 标准体系框架

根据 CBIMS 基础框架理论研究成果，轨道交通 BIM 标准体系应分为技术标准与实施标准。

1. 技术标准

技术标准分为数据存储标准、信息语义标准、信息传递标准，其主要目标是为了实现轨道交通建设项目全生命周期内不同参与方与异构信息系统间的互操作性，用于指导和规范铁路 BIM 软件开发，主要面向 IT 工具。

技术标准的主要目标是为了实现轨道交通建设项目全生命周期内不同参与方与异构信息系统间的互操作性，并为 BIM 实施标准的制定提供技术依据。主要用于指导和规范铁路 BIM 软件开发。依据 CBIMS 和 NBIMS 方法论，轨道交通 BIM 标准体系的技术标准可分为数据存储标准、信息语义标准、信息传递标准。

（1）数据存储标准。主要研究 BIM 模型数据存储格式、语义扩展方式、数据访问方法、一致性测试规范等内容。

（2）信息语义标准。包括分类编码体系和数据字典两部分。

（3）信息传递标准。主要研究信息的传递和交换过程、信息模型的交付标准、信息安全与信息模型的知识产权等问题。

2. 实施标准

实施标准主要是从资源、行为、交付物三方面指导和规范轨道交通行业规划、设计、施工、建设管理、运营管理中实施 BIM 标准。

实施标准是技术标准的使用规范，企业可根据实施标准对自身的工作程序、管理模式、资源搭建、环境配置以及成果交付物进行规范化。实施标准中一般包括：资源标准、行为标准、交付标准。

（1）资源标准：资源指各阶段工作中实施 BIM 应用所需要的条件和环境。资源标准是指资源组织和定义相关规范，如软件要求、硬件要求、网络要求、构件库要求等。

（2）行为标准：行为是指实施 BIM 应用工作中相关人员的活动和过程。行为标准是指规范行为的要求和规章制度，如建模、制图、协同规范。

（3）交付标准：交付物是指实施管理 BIM 应用产生的成果。交付标准是指定义、组织和管理交付物的规范规定。

27.3.2 轨道交通 BIM 标准编制需求

BIM 实施标准和规范的编制需求主要依据的是该项目建设管理的实际需求，BIM 技术的核心价值之一是依托模型的可视化应用，在工程管理中应用 BIM 虚拟建造的技术特征，充分利用数字化建造过程中建筑成果前置的特点，通过不同的专业模型，直观地表达和理解工程各专业的具体内容，实现开发建设者针对该项目建设与管理的可视化决策，运用 BIM 的信息化工具和手段，通过实现建筑设计成果与施工建造过程由抽象理解到形象化表达的飞跃，提高管理决策的效率和水平。标准和规范编制依据的管理需求如下：

1. 建设全景项目

工程模型的三维几何信息表达基本形体、性状，模型所附属的非几何信息表达规定加载属性信息，并保证模型在 BIM 管理平台上可以统一展示，并与其相关图纸、图片、文档组成统一、立体、综合或专项的新的表达方式。实现领导层项目管理决策过程可视化应用、基于项目级部门协商及决策层可视化应用、基于局部的变更决策协商及决策层可视化应用和工程项目竣工可视化交付应用等。

2. 统筹全程协同

工程的建设和管理是多方协作的过程，各相关方的交互效率是建设过程中的关键环节之一，长期以来，基于传统二维图纸信息交互方式，各交互方易产生理解歧义、交互效率低下等不足。BIM 提供了有效的技术手段，通过 BIM 模型的三维可视化交互，可以明显提高开发方与设计方、施工方、监理方等相关方对设计方案、施工过程的统一理解。特别是在该项目建设相关方信息交互过程中，利用 BIM 模型对变更信息的智能化表达、参数化变更，都会提高各方交互效率，解决信息交流的实际问题。标准和规范编制将涵盖如下内容：

通过工程 BIM 管理平台、模型创建和提交方与其他相关方的可视化信息交互，即通过模型或与模型关联的视图，相互沟通交流，精准地理解设计、施工专业内容和工程管理内容，精准地理解设计、施工、工程管理的各项变更，并据此统一认识，提高沟通效率。

3. 深化设计

目前，项目工程主要采用传统的设计方法，即传统的离散式分项设计流程。此种设计流程中缺乏专业之间有效的横向联动机制，易形成设计孤岛，其各专业的设计成果缺乏协调，易相互干涉，影响整体设计质量，并可直接影响施工过程。引入 BIM 技术，通过创建各专业模型并使之叠合，发现设计中的相互干涉问题，实现设计各专业间的综合协调，开发建设方通过此项措施，可以控制该项目的整体设计质量，达到优化设计成果的目的。通过 BIM 模型创建模拟的土建、机电工程施工方案，可以时间、空间、成本等不同维度进行分析，实现方案优化，降低工程施工的过程风险。

4. 通过 BIM 模型初步实现施工过程管理

施工过程管理是建设管理效率的又一重要方面，通过三维模型的可视化施工模拟，可以在一定程度上形象地理解施工进度，在一些特殊的施工环节，通过建立虚拟的施工过程时间维度，以实现对施工过程管理的预判，即通过模型的有效使用，达到对工程建造过程的初步管理。标准和规范编制将涵盖如下内容：

工程利用模型以施工管理大节点为目标的多种级别的施工进度的同步可视化表达及进度、变更、现场作业的有效管控。工程基于同一模型，施工企业在平台上申报进度，管理公司在BIM管理平台上签署确认实际进度，甲方最终确认，通过模型准确表达，实现计划进度与实际进度对比；基于BIM管理平台，设定时间维度，施工总包方及监理方通过模型时间维度的过程变化并与初始模型的定期比对及可视化表达，准确、完整地理解施工进度的变化；建设方/施工总包方依据此，辅助工程进度大节点管控及项目投资的准确拨付。

5. 通过BIM模型进行专业分析与计算

随着工程建设精细化施工的普遍要求，建设与运行安全标准的提高，相关的模拟、分析和计算需求日显突出，通过施工行为和过程的模拟以及模型的几何信息和非几何信息的计算分析，可以得到工程项目量化结果，预判其相关的技术指标，提升该项目的建设品质，实现安全、节能、环保的更高诉求。通过模型对建筑施工过程的模拟和统计计算，可以获得准确的数据或报表，这些数据或报表对施工过程管理有重要意义。通过模型进行相关专业的参数化分析，可以直接取得准确数据，利于设计、施工和工程管理的优化和改进；通过必要的属性信息，自动计算和统计相关部品、设备的准确数量，并自动输出统计报表用以提升工程管理的效率和精度；通过现有模型的分析计算，估算相关的面积、体积，计算统计的速度大幅度提高。

6. 通过BIM模型实现项目成果数字化交付

通过建立完整的竣工模型，实现虚拟的项目成果竣工交付。竣工交付包括：阶段交付和综合竣工交付，即各专业竣工模型及综合的竣工模型；还包括模型输出的三维视图以及相关表单，这些交付应当与项目成果一致。工程项目成果数字化交付可以提高竣工交付质量。竣工模型经过信息优化生成运维模型，可以辅助未来长期的物业运行和管理。通过BIM模型实现建筑成果数字化交付是BIM技术应用的最重要内容。

工程施工及管理的相关方基于模型向业主进行可视化竣工成果交付；确定模型与建筑实体的完全对应，所有的几何信息和非几何信息准确无误，形成工程三维、二维、实体、报表的统一交付，提高工程项目的交付水平。竣工模型向运行维护方移交，保证运维模型的数据提取和后续运维BIM的展开。

27.3.3 轨道交通BIM标准编制原则

BIM实施标准和规范编制包括以下原则：

1. 合理、可行、可用的原则

工程项目BIM实施标准和规范应有明确的应用对象和使用边界，该标准和规范必须以BIM实际需要为对象，最大限度地强调合理、可行、可用的原则，保障BIM技术顺利实施。

2. 逐步实施，层层深入的原则

工程项目BIM实施标准和规范的基础、通用和专项标准及规范应通过与对应专业的对接，采用迭代方式分步完成，各基础、通用和专项标准和规范的实施也应逐步开展、有序实施，保证各项标准和规范的顺利导入。

3. 迭代归纳提升的原则

工程项目 BIM 实施标准和规范经过前期的编制与验证，在后期全面的推广和实施阶段，以项目级实施细则为基础，总结、归纳提升为企业级 BIM 实施标准和规范。

4. 总体把握分项编制的原则

工程项目 BIM 标准和规范是体系性的标准和规范，由标准和规范框架（总则）以及基础、通用与专项标准和规范（细则）组成，编制分项标准和规范须符合标准和规范框架的基本要求，各基础、通用与专项标准和规范之间应相互协调。

27.3.4 轨道交通 BIM 标准体系建设要点

根据标准体系框架及编制需求，BIM 标准和规范主要建设内容如下：

（1）工程项目模型粗粒度分类标准和规范（如目录树、分类表）；模型深度等级及深度表达规范；模型文件类型及轻量度要求；局部的系统级、构件级的模型粒度；模型深度（LOD）等级及深度表达规范；各专业模型几何信息规范表；各专业模型非几何信息规范表；可视化交互模型文件类型及轻量度要求；多专业、多参与方交互流程标准和规范；交互批注的版本管理规范；交互可视化 IT 环境要求。

（2）工程基于设计施工图的模型创建规范；图纸提交和模型审核规范；模型分类标准和规范；各专业模型的叠合规范；模型输出图纸的规范；施工模拟的规范；优化变更规范；会审批注版本管理规范等。

（3）工程模型创建软件与模型分析软件信息交互规范；用于分析和计算的模型几何信息和非几何信息规范；基于模型分析与计算的流程规范；分析与计算结果的文档提交和管理规范。

（4）工程竣工模型的分类与命名规则；竣工模型的交付内容标准和规范；可视化竣工成果交付流程规范；竣工模型向工程运维方移交具有相关数据接口规范；工程建设管理平台运行的 IT 环境规范。

标准和规范内容主要为了实现工程基于 BIM 的基本共识、行为准则和信息共享。工程 BIM 实施标准和规范由若干主标准和规范以及一系列相应的子标准和规范（规范、细则、规定）组成。

27.4 轨道交通 BIM 标准体系主要内容

本章已对城市轨道交通 BIM 标准体系的框架体系、编制需求、标准原则及建设要点进行了分析与论述。结合目前北京、天津、石家庄等地轨道交通建设项目的实际经营，对 BIM 标准体系的主要内容进行总结与分析。

随着 BIM 技术实践工作的进一步开展以及技术研究的不断深入，逐步完善轨道交通 BIM 标准体系。

27.4.1 模型建设标准

城市轨道交通工程模型创建应满足各阶段应用目标，其内容以数据共享的管理需求为导向，进而确保最终交付。城市轨道交通模型建设分为可行性研究阶段、初步设计阶段、施工图设计阶段、施工阶段和竣工验收阶段。

1. 可行性研究阶段

本阶段主要以数据信息采集为主，可创建包含场地、地质、线路、车站建筑等专业的方案设计模型。

2. 初步设计阶段

在方案设计模型基础上，通过增加或细化模型元素等方式创建初步设计模型，模型范围重点为场地、地质、线路、车站建筑等，可根据实际需要扩大模型范围、提高模型深度。

3. 施工图设计阶段

在初步设计模型的基础上，通过增加或细化模型元素等方式创建施工图设计模型。建模范围包括场地、地质、车辆、限界、线路、轨道、路基、车站建筑、高架结构、地下结构、工程防水、通风空调及供暖、给水排水、通信、信号、自动售检票系统、火灾自动报警系统、综合监控系统、环境与设备监控系统、乘客信息系统、门禁、运营控制中心、站内客运设备、站台门、车辆基地、防灾、环保等系统。可根据应用需要设定模型深度。

4. 施工阶段

在施工图设计模型的基础上，通过增加或细化模型元素等方式创建深化设计模型和施工过程模型。深化设计模型宜包括土建、机电、装修等子模型，施工过程模型宜包括标准化管理、进度管理、质量管理、成本管理等子模型。

5. 竣工验收阶段

在施工过程模型基础上，通过删除、增加或细化模型元素等方式创建竣工验收模型；模型细度应与工程实体和竣工图纸相符合，宜具备工程资料编码、设备编号、资产编码等信息，满足竣工资料归档和资产移交的需求。

模型建设标准章节划分可参考：

---

1. 总则

主要内容为：标准概况、编制目的、适用范围等。

2. 术语

3. 基本规定

主要内容：模型体系、建模软件等一般性要求。

4. 建模准备

主要内容：各阶段建模资料准备、建模软件选型要求等。

5. 建模流程

主要内容：样板文件、任务分工、模型集成、变更修改等工作要求。

6. 基本规定

主要内容：坐标体系、度量单位、命名规则、模型颜色、不同对象的建模方法、模型信息录入的要求等。

7. 模型审核

主要内容：模型检查内容、检查要点和方法。

27.4.2 模型应用标准主要内容

根据可行性研究、初步设计、施工图设计、施工准备、施工及竣工交付等各阶段的BIM应用价值目标，城市轨道交通工程模型应用体系包含应用目的、应用内容、应用流程、交付成果四个方面，概述如下：

（1）可行性研究阶段：以方案设计模型为基础，利用GIS、大数据、云计算等技术对设计方案进行规划符合性分析、服务人口分析、景观效果分析、噪声影响分析、征地拆迁分析及地质适宜性分析等，选择最优设计方案，并以设计方案为依据进行相关区域的规划控制管理。

（2）初步设计阶段：利用初步设计模型对建筑设计方案、结构施工方案、专项风险工程、交通影响范围和疏解方案、管线影响范围和迁改方案进行可视化沟通、交流、讨论和决策。

（3）施工图设计阶段：利用模型开展设计进度和质量管理、限界优化设计、管线碰撞检查、三维管线综合、预留预埋检查及工程量统计等方面的应用，提高设计质量。

（4）施工准备阶段：结合施工工艺和现场情况，利用模型开展机电深化设计、装修深化设计、土建深化设计、大型设备运输路径检查、关键复杂节点工序模拟和工程筹划模拟等方面的应用，指导现场施工。

（5）施工阶段：结合GIS、物联网、移动互联等技术开展标准化管理、进度管理、安全风险管理、质量管理、重要部位和环节条件验收、成本管理等方面的应用，实现对工程项目的精细化管理。

（6）竣工验收阶段：城市轨道交通工程竣工验收合格后，将各阶段验收形成的专项验收情况、设备系统联合调试数据、试运行数据等验收信息和资料附加或关联到模型中，形成竣工验收模型，分别向政府管理部门和运营单位移交。

模型应用标准章节划分可参考：

1. 总则
主要内容为：标准概况、编制目的、适用范围等。
2. 术语
3. 基本规定
主要内容：BIM应用原则、组织分工、成果要求等。
4. 方案设计阶段应用
5. 初步设计阶段应用
6. 施工图设计阶段应用
7. 施工阶段应用
7.1 施工准备
7.2 施工实施
7.3 竣工验收及交付

第4~7章主要内容：该阶段各项BIM应用内容（如方案比选、管线综合、工程量统计、深化设计等）的应用目标、技术要求、交付成果等。

27.4.3 模型交付标准主要内容

城市轨道交通工程竣工验收合格后，将各阶段验收形成的专项验收情况、设备系统联合调试数据、试运行数据等验收信息和资料附加或关联到模型中，形成竣工验收模型，分别向政府管理部门和运营单位移交，实现工程建设信息的数字化交付。

通过数字化交付建立虚拟城市轨道交通，对工程竣工实体的工程前期、勘察设计、施工管理、设备采购等信息及图档资料进行一体化管理，为基于 BIM、物联网、大数据等技术开展智能运维奠定数据基础。城市轨道交通工程的数字化交付以满足下列数据需求为目标：

（1）满足基于 BIM 对工程档案进行图像查询的需要，实现工程建设资料的电子化管理，推动基于 BIM 的档案管理新模式。

（2）满足基于 BIM 对城市轨道交通资产进行核查、移交以及运营期间资产管理的需要，推动基于 BIM 资产管理新模式。

（3）满足基于 BIM 进行控制保护区管理、运营维保管理和应急管理的需要，推动基于 GIS、物联网、大数据、云计算等技术的运营管理新模式。

（4）满足城市规划管理（含三维报建）、应急管理的需要，实现竣工实体的数字化备案，补充数字城市建设。

模型交付标准章节划分可参考：

---

1. 总则
主要内容为：标准概况、编制目的、适用范围等。
2. 术语
3. 基本规定
主要内容：模型细度、交付形式和要求等基本规定。
4. 方案设计阶段
主要内容：本阶段需要建模的专业、几何和非几何信息要求。
5. 初步设计阶段
主要内容：本阶段需要建模的专业、几何和非几何信息要求。
6. 施工图设计阶段
主要内容：本阶段需要建模的专业、几何和非几何信息要求。
7. 施工阶段
主要内容：本阶段需要建模的专业、为满足施工阶段应用应补充的信息要求。
8. 竣工交付
主要内容：模型应包含的信息、应关联的文档资料等。

27.4.4 BIM 构件标准主要内容

BIM 构件（在 Revit 中称为"族"）的建设，应从 BIM 技术的整体发展需要综合规划，充分考虑到 BIM 模型在建筑全生命期的应用，统一专业信息分类和编码规则，且信息存储、信息分类、信息传递应确保互操作性、开放性和安全性。

BIM 构件标准章节划分可参考：

1. 总则
主要内容为：标准概况、编制目的、适用范围等。
2. 术语
3. 基本规定
主要内容：建模软件选择、参数化驱动、分类和存储要求。
4. 构件分类与创建要求
主要内容：构件分类方法、编码规则和参照依据、族创建范围等要求。
5. 存储要求
主要内容：族文件的命名、存储和管理要求。
6. 族创建流程和方法
主要内容：详细的创建族的方法，包括建立几何形体、参数化设置、添加控件和表达符号等。
7. 族校验
主要内容：族文件的校验内容和方法。

参 考 文 献

[1] 曾少华，李铮，李晓江. 城市轨道交通产品标准体系[M]. 北京：中国建筑工业出版社，2010.
[2] 江华. 北京典型砂卵石地层土压平衡盾构适应性研究[D]. 北京：中国矿业大学，2012.
[3] 刘鑫. 浅层地下水对天津地铁工程的影响研究[D]. 成都：西南交通大学，2015.
[4] 龚选波. 石家庄地区地下水降落漏斗现状分析[J]. 中华建设，2014(10)：96-97.
[5] 王炜，陈学武. 城市交通系统可持续发展理论体系研究[M]. 北京：科学出版社，2004.
[6] 邸菁，陈正举，富尧. 京津冀数据开放共享研究现状、问题及对策[J]. 数字通信世界，2018，161(05)：29-32.
[7] 中国城市轨道协会. 城市轨道交通团体标准体系研究[M]. 北京：中国铁道出版社，2019.
[8] 铁道第三勘察设计院. 天津滨海国际机场扩建配套交通中心工程可行性研究报告[R]. 天津，2012.
[9] 吕宝伟，田巧焕. 围护结构兼竖向支撑系统在盖挖逆作地下交通工程中的应用[J]. 铁道标准设计，2013(8)：94-97.
[10] 吕宝伟. 盖挖逆作法竖向支撑系统设计关键技术[J]. 石家庄铁道大学学报（自然科学版），2013，0(S2)：183-187.
[11] 哈达，朱敢平，李竹，等. 天津市承压含水层条件下地下连续墙深度优化[J]. 地下空间与工程学报，2018，14(2)：490-499.
[12] 郑刚，曾超峰，刘畅，等. 天津首例基坑工程承压含水层回灌实测研究[J]. 岩土工程学报，2013，0(S2)：491-495.
[13] 郑刚，曾超峰，薛秀丽. 承压含水层局部降压引起土体沉降机理及参数分析[J]. 岩土工程学报，2014，0(5)：802-817.
[14] 张海顺，姜忻良，张亚楠. 高架桥-地铁站-桩-土复杂结构体系地震反应分析[J]. 工程力学，2013，30(B06)：53-58.
[15] 中国城市轨道交通协会. 2019年度中国城市轨道交通行业十件大事[J]. 城市轨道交通，2020(01)：8-23.
[16] 国家统计局. 2018年农民工监测调查报告[N]. 2019-04-210.
[17] 王梦恕. 地下工程浅埋暗挖技术通论[M]. 合肥：安徽教育出版社，2005.
[18] 刘志学. 北京地铁走行式钢模板台车模筑施工技术[J]. 建筑机械，2017(4).
[19] 司书凯，鹿群，仲晓梅. 地下钢管柱定位安装方法述评[J]. 施工技术，2012(S1)：192-195.
[20] 中国建筑标准设计研究院，中国建筑科学研究院. JGJ 1—2014 装配式混凝土结构技术规程[S]. 北京：中国建筑工业出版社，2014.
[21] 中国建筑科学研究院有限公司，上海市建筑科学研究院（集团）有限公司. GB/T 50378—2019 绿色建筑评价标准[S]. 北京：中国建筑工业出版社，2019.
[22] 北京市住房和城乡建设科技促进中心，北京建筑技术发展有限责任公司. DB11/T 825—2015 绿色建筑评价标准[S]. 北京：北京城建科技促进会，2016.
[23] 施仲衡，王新杰，沈子钧. 解决我国大城市交通问题的根本途径——稳步发展地铁与轻轨交通[J]. 都市快轨交通，1996，(1)：2-5.

[24] 钱七虎. 岩土工程的第四次浪潮[J]. 地下空间，1999，19(4)：267-272.

[25] 钱七虎. 现代城市地下空间开发利用技术及其发展趋势[J]. 铁道建筑技术，2000，(5)：1-6.

[26] 钱七虎，陈晓强. 利用地下空间建设"花园城市"[J]. 地下空间，2003，23(3)：302-305.

[27] 田鸿宾，张金彪，那允伟. 地下世界[J]. 北京：人民交通出版社，2003.

[28] 朱永全，宋玉香. 地下铁道[M]. 北京：中国铁道出版社，2012.

[29] 高波，王英学. 地下铁道[M]. 北京：高等教育出版社，2013.

[30] 陈克济. 地铁工程施工技术[M]. 北京：中国铁道出版社，2014.

[31] 樊骅，张中育. 国内外混凝土预制件发展现状分析[J]. 混凝土世界，2013，(2)：70-75.

[32] 蒋勤俭. 国内外装配式混凝土建筑发展综述[J]. 建筑技术，2010，41(12)：1074-1077.

[33] 黄小坤，田春雨. 预制装配式混凝土结构研究[J]. 住宅产业，2010，(9)：28-32.

[34] 黄小坤，田春雨. 预制装配式混凝土结构的研究进展[C]. 第二十一届全国高层建筑结构学术会议论文集，南京，2010.

[35] 中华人民共和国住房和城乡建设部建筑结构标准化技术委员会. JG/T 398—2012 钢筋连接用灌浆套筒[S]. 北京：中国标准出版社，2012.

[36] 中华人民共和国住房和城乡建设部建筑结构标准化技术委员会. JG/T 408—2019 钢筋连接用套筒灌浆料[S]. 北京：中国标准出版社，2019.

[37] 严义招. 高速铁路大跨度双线隧道矿山法施工的装配式衬砌力学特性研究[D]. 成都：西南交通大学，2008.

[38] 陈敬军. 矿山法施工的铁路隧道装配式衬砌力学特性研究[D]. 成都：西南交通大学，2005.

[39] 刘建洪. 明挖装配式地铁车站结构设计优化及施工过程力学特性研究[D]. 成都：西南交通大学，2007.

[40] Yurkevich P. Developments in segmental concrete linings for subway tunnels in Belarus[J]. Tunnelling and Underground Space Technology，1995，10(3)：353-365.

[41] 王华. 白俄罗斯地铁隧道混凝土管片衬砌的发展[J]. 现代隧道技术，1996，(5)：71-80.

[42] 李志业，曾艳华. 地下结构设计原理与方法[M]. 成都：西南交通大学出版社，2003.

[43] 铁道部工程管理中心. 西安—安康铁路秦岭隧道TBM掘进施工技术总结[M]. 北京：中国铁道出版社，2004.

[44] 刘惠敏. 地下铁道明挖区间装配式衬砌力学特性研究[D]. 成都：西南交通大学，2003.

[45] 贾永刚. 铁路隧道装配式衬砌力学特性研究[D]. 成都：西南交通大学，2003.

[46] 侯永寿. 预应力锚索支护体系在地铁明挖深基坑施工中的应用[J]. 民营科技，2014，(1)：190，198.

[47] 丛敏. 装配式结构车站在长春地铁中的应用[J]. 工业设计，2015，(4)：119，124.

[48] 隋秀龙. 大型预制装配式构件吊运技术研究[J]. 珠江水运，2016，(13)：76-77.

[49] 李兆平，王臣，苏会锋，等. 预制装配式地铁车站结构榫槽式接头力学性能研究[J]. 中国铁道科学，2015，36(5)：7-11.

[50] 苏会锋，李习伟，王臣. 全装配式地铁车站结构接头抗弯承载能力试验研究[J]. 铁道学报，2016，38(9)：118-123.

[51] 孙伟丰. 成层地基中地下结构振动台试验及数值模拟[D]. 哈尔滨：中国地震局工程力学研究所，2013.

[52] Samata S，Ohuchi H，Matsuda T. A study of the damage of subway structures during the 1995 Hanshin-Awaji earthquake[J]. Cement and Concrete Composites，1997，19(3)：223-239.

[53] Hashash Y M A，Hook J J，Schmidt B，et al. Seismic design and analysis of underground structures[J]. Tunneling and Underground Space Technology，2001，16：247-293.

[54] 于翔,赵跃堂,郭志昆.人防工程的抗地震问题[J].地下空间,2001,21(1):28-32.

[55] 王文礼,苏灼谨,林峻弘,等.台湾集集大地震山岳隧道受损情形之探讨[J].现代隧道技术,2001,38(2):52-60.

[56] 付鹏程.地铁地下结构震动变形的实用评价方法研究[D].北京:清华大学,2004.

[57] Kuesul T R. Earthquake design criteria for subways[J]. Journal of the Structural Division,1969,(6):1213-1231.

[58] 福季耶娃 H H.地震区地下结构物支护的计算.徐显毅,译.北京:煤炭工业出版社,1986.

[59] John C M S, Zahrah T F. Aseismic design of underground structures[J]. Tunnelling and Underground Space Technology,1987,2(2):165-197.

[60] 林皋.地下结构抗震分析综述(上)[J].世界地震工程,1990,2:1-10.

[61] 林皋.地下结构抗震分析综述(下)[J].世界地震工程,1990,3:1-10.

[62] Wang J N. Seismic design of tunnels: A simple state-of-the-art approach[M]. New York: Brinckerhoff Quade and Douglas Inc.,1993.

[63] Penzien J. Stress in linings of bored tunnels[J]. Earthquake Engineering and Structure Dynamics,1998,27:283-300.

[64] Penzien J. Seismically induced raking of tunnel linings[J]. Earthquake Engineering and Structure Dynamics,2000,29:683-691.

[65] Hashash Y M A, Park D. Ovaling deformations of circular tunnels under seismic loading, an update on seismic design and analysis of underground structures[J]. Tunnelling and Underground Space Technology,2005,20:435-441.

[66] Sedarat H, Kozak A, Hashash Y M A, et al. Contact interface in seismic analysis of circular tunnels[J]. Tunnelling and Underground Space Technology,2009,24:482-490.

[67] Huo H, Bobet A, Fernandez G, et al. Analytical solution for deep rectangular structures subjected to far-field shear stresses[J]. Tunnelling and Underground Space Technology,2006,21:613-625.

[68] Kramer G J E, Sedrat H, Kozak A. Seismic response of pre-cast tunnel linings[C]. Rapid Excavation and Tunneling Conference, Toronto,2007.

[69] 国家人民防空办公室.GB 50225—2005 人民防空工程设计规范[S].北京:中国建筑工业出版社,2005.

[70] 国家人民防空办公室.GB 50038—2005 人民防空地下室设计规范[S].北京:中国建筑工业出版社,2005.

[71] 中国建筑科学研究院.GB 50010—2010 混凝土结构设计规范(2015 年版)[S].北京:中国建筑工业出版社,2015.

[72] 中华人民共和国铁道部.GB 50111—2006 铁路工程抗震设计规范(2009 年版)[S].北京:中国计划出版社,2009.

[73] 北京市规划委员会.GB 50157—2013 地铁设计规范[S].北京:中国建筑工业出版社,2013.

[74] 中国建筑科学研究院.GB 50011—2010 建筑抗震设计规范(2016 年版)[S].北京:中国建筑工业出版社,2016.

[75] 中华人民共和国住房和城乡建设部.GB 50909—2014 城市轨道交通结构抗震设计规范[S].北京:中国计划出版社,2014.

[76] 北京市规划委员会,北京市质量技术监督局.DB11/995—2013 城市轨道交通工程设计规范[S].北京,2014.

[77] 刁玉红.矩形地下结构地震反应的拟静力解析解[D].大连:大连理工大学,2013.

[78] 李亮,杨晓慧,杜修力.地下结构地震反应计算的改进的反应位移法[J].岩土工程学报,2014,

36(7): 1360-1364.

[79] 陶连金,王文沛,张波. 地层结构模型反应位移法的探讨[J]. 土木建筑与环境工程,2010,32(S2):265-267.

[80] 刘晶波,王文晖,赵冬冬. 地下结构地震反应计算反应位移法的改进[J]. 土木建筑与环境工程,2010,32(S2):211-213.

[81] 刘晶波,王文晖,张小波,等. 地下结构横断面地震反应分析的反应位移法研究[J]. 岩石力学与工程学报,2013,32(1):161-167.

[82] 刘晶波,王文晖,赵冬冬,等. 地下结构抗震分析的整体式反应位移法[J]. 岩石力学与工程学报,2013,32(8):1618-1624.

[83] 刘晶波,王文晖,赵冬冬,等. 复杂断面地下结构地震反应分析的整体式反应位移法[J]. 土木工程学报,2014,47(1):134-142.

[84] 叶家强,陈建平. 反应位移法在盾构隧道横断面抗震设计中的应用[J]. 安全与环境工程,2010,17(2):108-112.

[85] 禹海涛,袁勇,张中杰,等. 反应位移法在复杂地下结构抗震中的应用[J]. 地下空间与工程学报,2011,7(5):857-862.

[86] 晏启祥,刘记,何川. 公路盾构隧道地震响应的反应位移法分析[J]. 公路交通科技,2011,28(4):96-99.

[87] 戚洪伟. 反应位移法在地铁抗震计算中的应用[J]. 铁道建筑技术,2012,(S2):100-103.

[88] 王桂萱,陆旭华,赵杰,等. 基于反应位移法的现浇钢筋混凝土地下沟道抗震分析[J]. 世界地震工程,2012,28(4):28-35.

[89] 姜波,卿伟宸,杨昌宇,等. 反应位移法在铁路隧道设计中的应用[J]. 石家庄铁道大学学报(自然科学版),2013,26(S):279-282.

[90] 杨靖,高悦,燕勋. 综合管廊的纵向抗震计算——反应位移法[J]. 工业建筑,2013,43(S):559-561.

[91] 熊娟,陈绍元,杨丹. 基于反应位移法的地铁车站结构地震响应分析[J]. 中国水运,2013,14(2):113-114.

[92] 张伟. 装配整体式混凝土结构钢筋连接技术研究[D]. 西安:长安大学,2015.

[93] 中华人民共和国住房和城乡建设部. JGJ 107—2016 钢筋机械连接技术规程[S]. 北京:中国建筑工业出版社,2016.

[94] 中华人民共和国住房和城乡建设部. GB 50204—2015 混凝土结构工程施工质量验收规范[S]. 北京:中国建筑工业出版社,2015.

[95] 韩瑞龙,施卫星,周洋. 灌浆套筒连接技术及其应用[J]. 结构工程师,2011,27(3):149-153.

[96] 吴小宝,林峰,王涛. 龄期和钢筋种类对钢筋套筒灌浆连接受力性能影响的试验研究[J]. 建筑结构,2013,43(14):77-82.

[97] 韩超,郑毅敏,赵勇. 钢筋套筒灌浆连接技术研究与应用进展[J]. 施工技术,2013,42(21):113-116.

[98] 陈洪,张竹芳. 钢筋套筒灌浆连接技术有限元分析[J]. 佳木斯大学学报(自然科学版),2014,32(3):341-344,349.

[99] 陈建伟,闫文赏,苏幼坡,等. 钢管混凝土柱节点灌浆套筒连接装置设计及应用[J]. 世界地震工程,2014,30(4):102-106.

[100] 张微敬,钱稼茹,于检生,等. 竖向分布钢筋单排间接搭接的带现浇暗柱预制剪力墙抗震性能试验[J]. 土木工程学报,2012,45(10):89-97.

[101] 苏强,谢正元,卢双桂,等. 套筒式钢筋连接技术在预制桥墩中的试验研究[J]. 预应力技术,

2013,(05):11-16.
[102] 钱稼茹,胡妤,赵作周,等. 装配整体式连梁抗震性能试验研究[J]. 土木工程学报,2014,47(9):9-20.
[103] 张臻. 高层钢筋混凝土结构中预制拼装柱的抗震性能研究[D]. 哈尔滨:哈尔滨工业大学,2013.
[104] 杨卉. 装配式混凝土框架节点抗震性能试验研究[D]. 北京:北方工业大学,2014.
[105] 杨旭. 装配整体式混凝土框架节点抗震性能试验研究[D]. 北京:北京建筑大学,2014.
[106] 杜修力,刘洪涛,路德春,等. 装配整体式地铁车站侧墙底节点抗震性能研究[J]. 土木工程学报,2017,50(4):38-47.
[107] 中华人民共和国住房和城乡建设部. JGJ 355—2015 钢筋套筒灌浆连接应用技术规程[S]. 北京:中国建筑工业出版社,2015.
[108] 全国地震标准化技术委员会. GB 18306—2015 中国地震动参数区划图[S]. 北京:中国标准出版社,2015.
[109] 天津市勘察院. 合生国际公寓项目地铁3号线天塔站—吴家窑站区间隧道现状检测报告[R]. 2018
[110] 国家铁路局. TB 10413—2018 铁路轨道工程施工质量验收标准[S]. 北京:中国铁道出版社,2018.
[111] 国家铁路局. TB 10001—2016 铁路路基设计规范[S]. 北京:中国铁道出版社,2016.
[112] 中华人民共和国住房和城乡建设部. GB 50911—2013 城市轨道交通工程监测技术规范[S]. 北京:中国建筑工业出版社,2013.
[113] 束龙仓,杨建青,王爱平,等. 地下水动态预测方法及其应用[M]. 北京:中国水利水电出版社,2010.
[114] 汤连生,王思敬. 湿吸力及非饱和土的有效应力原理探讨[J]. 岩土工程学报,2000,(22)1:83-88.
[115] Jackson D C. It is a crime to design a dam without considering upward pressure:engineers and uplift,1890-1930[C]. In:Brown GO,et al,Henry P. G. Darcy and Other Pioneers in Hydraulics,Philadelphia,2003:220-232.
[116] 张在明,孙保卫,徐宏生. 地下水赋存状态于渗流特征对基础抗浮的影响[J]. 土木工程学报,2001,34(1):73-78.
[117] 李广信,吴剑敏. 关于地下结构浮力计算的若干问题[J]. 土工基础,2003,17(3):39-41.
[118] 张第轩,陈龙珠. 地下结构抗浮计算方法试验研究[J]. 四川建筑科学研究,2008,34(3):105-108.
[119] 袁正如. 地下工程抗浮设计中的几个问题[J]. 地下空间与工程学报,2007,3(3):519-521.
[120] 肖林峻,杨治英. 地下结构抗浮设防水位和浮力计算[J]. 河北理工大学(自然科学版),2009,31(4):89-92.
[121] 邱向荣,邓高,黄平安. 地下水浮力计算的若干问题探讨[J]. 广东土木与建筑,2004,(11):21-23.
[122] 宋林辉,梅国雄,宰金珉. 黏土地基上基础抗浮模型试验研究[J]. 工程勘察,2008,(6):26-30.
[123] 张欣海. 深圳地区地下建筑抗浮设计水位取值与浮力折减分析[J]. 勘察科学技术,2004,(2):12-15.
[124] 刘国亮,杨志武,孙国春. 浅析天津市区地下水抗浮设防水位确定方法[J]. 地下水,2009,31(2):102-104.
[125] 孙耿琴. 关于结构抗浮安全系数的对比分析[J]. 煤炭工程,2008,(1):29-30.

[126] 李松柏，李宏泉. 城市立交隧道结构抗浮设计与计算分析[J]. 矿产勘查，2007，10(5)：56-59.
[127] 李胜勇. 建筑抗浮设计水位取值方法——以北京市某工程为例[J]. 中国安全科学学报，2005，15(7)：58-62.
[128] 赵庆华. 地下结构抗浮方案评价指标体系的建立[J]. 扬州大学学报(自然科学版)，2009，12(4)：74-78.
[129] 赵玉波. 对设抗浮锚杆的基础底板受力分析与讨论[J]. 煤炭工程，2009，(4)：92-94.
[130] 叶飞，朱合华，丁文其. 盾构隧道抗浮计算模式及其适应性分析[J]. 公路交通科技，2009，26(5)：91-96.
[131] 曹先富. 合肥地区的抗浮设计水位取值分析[J]. 安徽建筑，2009，16(4)：97-98.
[132] 胡章喜，谢承栋，冯云. 地下三层侧式站台车站抗浮方案选择[J]. 地下工程与隧道，2001，(1)：6-11.
[133] 于鑫，杨林. 浅析地铁车站抗拔桩设计[J]. 四川建材，2009，35(2)：139-141.
[134] 崔京浩，崔岩. 地下结构抗浮[J]. 工程力学，1999，(a01)：62-78.
[135] 辛红芳. 地铁车站工程抗浮措施的技术经济比较[J]. 都市快轨交通，2008，21(3)：67-69.
[136] 侯勉望. 地铁车站设计中抗浮问题的研究[J]. 科技之友，2008，(20)：34-35.
[137] 中华人民共和国住房和城乡建设部. GB 5007—2011 建筑地基基础设计规范[S]. 北京：中国建筑工业出版社，2011.
[138] 上海市工程建设规范. DGJ 08-11—2010 地基基础设计规范[S]. 上海，2010.
[139] 广东省住房和城乡建设厅. DBJ 15-31—2016 建筑地基基础设计规范[S]. 北京：中国建筑工业出版社，2017.
[140] 湖北省地方标准. DB 42/242—2014 建筑地基基础技术规范[S]. 湖北，2014.
[141] 中华人民共和国国家标准. GB 50021—2001 岩土工程勘察规范(2009年版)[S]. 北京：中国建筑工业出版社，2009.
[142] 北京市市政工程设计研究总院. GB 50069—2002 给水排水工程构筑物结构设计规范[S]. 北京：中国建筑工业出版社，2003.
[143] 王孟科. 石家庄市工程地质综合评价[C]. 第四届全国工程地质大会论文选集(一)，1992，10(23)：249-250.
[144] 中国兵器工业北方勘察设计研究院. 河北省石家庄市第四系工程地质地层层序划分标准[R]. 2000.
[145] 北京城建勘测设计研究院有限责任公司. (2011勘察061-1)石家庄市城市轨道交通1号线一期工程岩土工程勘察报告(初步勘察阶段)[R]. 2012.
[146] 北京城建勘测设计研究院有限责任公司. (2011勘察017)石家庄市城市轨道交通3号线工程岩土工程勘察报告(可研勘察阶段)[R]. 2011.
[147] 铁道第三勘察设计院集团有限公司. 石家庄市城市轨道交通2号线一期工程岩土工程勘察报告(可研勘察阶段)[R]. 2012.
[148] 北京城建勘测设计研究院有限责任公司. (2011勘察061-2)石家庄市正定新区市政预留工程岩土工程勘察报告(初步勘察阶段)[R]. 2011.
[149] 周笑. 浅谈抗浮设防水位[J]. 福建建筑，2013，(3)：94-95.
[150] 张景花. 地铁车站的设计[J]. 山西建筑，2010，36(8)：122-123.
[151] 邰东明，谭跃虎，马伟江. 地下结构的浮力分析[J]. 地下工程，2006，9(7)：61.
[152] 刘光明. 地下室抗浮设计措施[J]. 山西建筑，2010，36(25)：96-97.
[153] 谢德平. 地下工程的抗浮优化设计[J]. 科技资讯，2009，(12)：36-36.
[154] 北京城建勘测设计研究院有限责任公司. 石家庄市轨道交通一期工程抗浮设防水位及地下水浮

力取值方法研究报告[R]. 2014.
- [155] 李镜培、孙文杰. 地下结构的浮力计算与抗拔桩设计方法研究[J]. 结构工程师, 2007, 23(2): 80-84.
- [156] 郑刚, 曾超峰. 基坑开挖前潜水降水引起的地下连续墙侧移研究[J]. 岩土工程学报, 2013, 12: 2153-2163.
- [157] 北京市规划委员会. GB 50307—2012 城市轨道交通岩土工程勘察规范[S]. 北京: 中国建筑工业出版社, 2012.
- [158] 郑刚, 曾超峰. 基坑开挖前潜水降水引起的地下连续墙侧移研究[J]. 岩土工程学报, 2013, 35(12): 2153-2163.
- [159] 郑刚, 陈红庆, 雷扬, 等. 基坑开挖反压土作用机制及简化分析方法研究[J]. 岩土力学, 2007, 28(6): 1161-1166.
- [160] 郑刚, 窦华港. 软土地区深基坑工程中存在的变形与稳定问题及其控制[J]. 施工技术, 2011, 40(340): 1-6.
- [161] 中国建筑科学研究院. JGJ 120—2012 建筑基坑支护技术规程[S]. 北京: 中国建筑工业出版社, 2012.
- [162] 天津市勘察院. DB29-202—2010 建筑基坑工程技术规程[S]. 天津: 天津市建设管理委员会, 2010.
- [163] 郑刚, 李志伟. 不同围护结构变形形式的基坑开挖对邻近建筑物的影响对比分析[J]. 岩土工程学报, 2012, 34(6): 970-977.
- [164] 李琳, 杨敏, 熊巨华. 软土地区深基坑变形特性分析[J]. 土木工程学报, 2007, 40(4): 66-72.
- [165] 韩煊, Jamie R. Standing, 李宁. 地铁施工引起的建筑物扭转变形分析[J]. 土木工程学报, 2010, 43(1): 82-88.
- [166] 郑刚, 焦莹. 深基础工程设计理论及工程应用[M]. 北京, 中国建筑工业出版社, 2010.
- [167] 中华人民共和国住房和城乡建设部. GB 50202—2018 建筑地基基础工程施工质量验收标准[S]. 北京: 中国计划出版社, 2018.
- [168] 中华人民共和国住房和城乡建设部. GB 50007—2011 建筑地基基础设计规范[S]. 北京: 中国建筑工业出版社, 2011.
- [169] 上海岩土工程勘察设计研究院有限公司. DG/TJ 08-2001—2006 基坑工程施工监测规程[S]. 上海, 2006.
- [170] 郑刚, 焦莹. 超深基坑工程设计理论及工程应用[M]. 北京: 中国建材工业出版社, 2010.
- [171] 中华人民共和国住房和城乡建设部. GB 50911—2013 城市轨道交通工程监测技术规范[S]. 北京: 中国建筑工业出版社, 2013.
- [172] 刘焱, 胡清平. 锂离子动力电池技术现状及发展趋势[J]. 中国高新技术, 2018, (7): 58-64.
- [173] 谢潇怡, 王莉, 何向明. 锂离子动力电池安全性问题影响因素[J]. 储能科学与技术, 2017, (1): 43-51.
- [174] 何文辉. 轨道交通列车车载动力电池储能系统关键技术研究[D]. 北京: 北京交通大学, 2014.
- [175] 林成涛, 张宾, 陈全世, 等. 典型动力电池特性与性能的对比研究[J]. 电源技术, 2008, (11): 735-738.
- [176] 谭海云. 蓄电池牵引在上海地铁16号线车辆上的应用[J]. 机车电传动, 2015, (6): 83-85.
- [177] 唐堃, 金虹, 潘广宏. 钛酸锂电池技术及其产业发展现状[J]. 新材料产业, 2015, (9): 12-17.
- [178] 北京市轨道交通设计研究院有限公司. 基于大数据的车辆基地管控系统关键技术研究与应用[R]. 北京, 2019.
- [179] 李欣, 彭继红. 地铁机电设备故障监测与智能诊断系统[J]. 都市快轨交通, 2015, 28(1):

117-120.
- [180] 李欣,梅棋,霍苗苗,等. 城市轨道交通自动扶梯在线监测与智能诊断系统应用功能设计与研究[J]. 工程建设与设计,2016,(12):203-206.
- [181] 黄宏伟,叶永峰,胡群芳. 地铁运营安全风险管理现状分析[J]. 中国安全科学学报,2008,18(7):55-62.
- [182] 罗春贺,宋永发. 基于物联网技术的地铁安全监控研究[J]. 工程管理学报,2014,27(2):35-39.
- [183] 张勋,陈晓东. BAS系统在地铁环境控制中的应用与实现[J]. 地铁与轻轨,2007,5:30-37.
- [184] 徐岩,李胜琴. 物联网技术研究综述[J]. 网络通讯及安全,2011,7(9):2039-2040.
- [185] 吴明强,史慧,朱晓华,等. 故障诊断专家系统研究的现状与展望[J]. 计算机测量与控制,2015,13(12):13011-1304.
- [186] 刘志杰. 物联网技术的研究综述[J]. 软件,2013,34(5):164-168.